W0173720

Mit der Welt
auf Buchfühlung

Evan H. Rhodes ist einer der wenigen amerikanischen
Autoren, die sich mit europäischer Geschichte befassen.
Nach seinem Erstling *Im Zeichen des Kreuzes*, der den
legendären Kinderkreuzzug schilderte, legt der profilierte
Schriftsteller mit *Die Gaukler der Krone* einen monumen-
talen Roman über das Elisabethanische Zeitalter vor.
Evan H. Rhodes lebt in London und Key West, Florida.

Evan H. Rhodes
Die Gaukler der Krone

Aus dem Amerikanischen von
Peter A. Schmidt

BLT
Band 92 086

1. Auflage: Oktober 2001

Vollständige Taschenbuchausgabe

BLT ist ein Imprint der Verlagsgruppe Lübbe

Titel der amerikanischen Originalausgabe:
THE DEVIL IS A VIRGIN
© 1999 by Evan H. Rhodes
© für die deutschsprachige Ausgabe 2001 by
Verlagsgruppe Lübbe GmbH & Co. KG, Bergisch Gladbach
Umschlaggestaltung: Gisela Kullowatz unter Verwendung eines
Gemäldes von Antoine Watteau (»Italienische Komödianten«, um 1720)
© by AKG, Berlin
Satz: hanseatenSatz-bremen, Bremen
Druck und Verarbeitung: Elsnerdruck, Berlin
Printed in Germany
ISBN 3-404-92086-4

Sie finden uns im Internet unter
http://www.luebbe.de

Der Preis dieses Bandes versteht sich einschließlich
der gesetzlichen Mehrwertsteuer.

VORBEMERKUNG DES AUTORS

Das Leben im elisabethanischen England war kurz und intensiv. Krieg, Hungersnöte und Seuchen wie die Pest waren allgegenwärtig. Die Lebenserwartung der Bevölkerung lag bei vierzig Jahren. Mit zwölf war ein Mädchen nach gängiger kirchlicher Ansicht im heiratsfähigen Alter, mit vierzehn hatte ein Bursche bei der Arbeit und im Ehebett seinen Mann zu stehen. Es sei daran erinnert, dass Romeo und Julia vierzehn beziehungsweise dreizehn Jahre alt waren, als sie ihre leidenschaftliche Liebesaffäre erlebten.

DIE GAUKLER DER KRONE erzählt die Geschichte von zwei solchen jungen Leuten. Die Geschichte der Liebe einer außergewöhnlichen Königin für ihr Volk und der Liebe eines jungen Mannes zu seiner Angebeteten ziehen sich als roter Faden durch die Geschehnisse der damaligen Zeit. Dieser Roman über Intrigenspiel und Spionage, über Mord in hohen und niederen Häusern spielt vor dem Hintergrund der glanzvollen Höfe Englands und Spaniens, der Spelunken, Bordelle und Theater von London und Madrid. Die Großen und die weniger Großen der Zeit reiten und segeln durch die Seiten dieses Buches. Königin Elisabeth I., Philipp von Spanien, Francis Drake sowie Christopher Marlowe und William Shakespeare aus der Welt des Theaters geben sich hier ein Stelldichein.

Im Mittelpunkt der Handlung geht es um nichts weniger als um das Schicksal der englischsprachigen Welt und um die Frage, ob

Spanien oder England die Herrschaft über Europa und vor allem über die Neue Welt übernehmen. Der historische Roman DIE GAUKLER DER KRONE erzählt, von einigen kleineren dichterischen Freiheiten abgesehen, eine wahre Geschichte.

ERSTER TEIL

DER DIEB

1.

Tuet Buße, ihr verkommenen Sünder! Ihr, die ihr Unzucht treibt in diesen Freudenhäusern des Teufels!«, rief der wild blickende Prediger, der auf den unkrautüberwucherten Gassen von Shoreditch dahergestolpert kam. »Tuet Buße! Es steht geschrieben, in zwei Jahren ist euch das Jüngste Gericht beschieden!«

»Jon Ransom, dein Jüngstes Gericht findet heute statt«, schrie Mistress Goodfellow den zappelnden Burschen an, den sie sich gegriffen hatte und der nun seinerseits rief: »Lasst mich los, Frau, lasst mich gehen!«

In dem Gärtchen, das an die Hollywell Lane angrenzte, nahm der Kampf der walkürenhaften Frau mit dem dürren Kerl seinen Fortgang. Eine gescheckte Katze von außerordentlichen Ausmaßen beäugte argwöhnisch das Geschehen. »Gib Acht auf meine Curiosity! Du erschreckst meine Mieze ja zu Tode!«, keifte die Frau. »Und hör endlich auf, um dich zu schlagen, sonst setzt es wirklich was – du hast doch gehört, was der Meister befohlen hat: Du wirst heute das Haus nicht verlassen. Jedenfalls nicht, solange ich hier das Sagen habe!«

Alarmiert stellte Jonathan einen Augenblick die Gegenwehr ein. Er hörte den vorüberziehenden Prediger räsonieren und schelten. »Was schreit dieser Narr so herum?«, stieß er hervor. »Es ist doch keiner da! Alle Leute sind zum Jahrmarkt.«

»Er schreit, weil er so verrückt ist wie du«, zischte die Frau und presste den Jungen an ihren Leib, dass er beinahe erdrückt wurde. Sein Kopf versank im Gefältel ihrer wogenden Brüste.

»Hilfe, ich krieg keine Luft! Was nützt Euch ein toter Lehrling?«, tönte es dumpf aus dem Mieder.

»Auch nicht weniger als ein lebendiger, wenn er so aussieht wie du! Wozu der Meister dich ins Haus genommen hat ... erst zwei Monate bist du hier und nichts als Ärger ...« Aufheulend gab sie den Jungen unvermutet frei. »Autsch! Was beißt du mich in die Brustwarze?« Sie gab ihm eine Kopfnuss, die ihn zu Boden warf.

»Ich wäre glatt erstickt, wenn ich's nicht getan hätte«, japste er und brachte sich vor ihren Armen in Sicherheit, die sich wie Dreschflegel bewegten. Er hatte geglaubt, leicht mit ihr fertigwerden zu können, aber sie war stark und erstaunlich flink für eine Frau, deren Fülle einem Bierfass in nichts nachstand.

»Jon Ransom, komm sofort zu mir«, fuhr sie den Burschen an, der ihr immer wieder geschickt auswich und sich quer durchs Gemüsebeet an den rückwärtigen Zaun und die dahinter lockende Freiheit heran arbeitete. »Kommst du wohl aus meinen Rabatten! Zertritt nicht meinen Lauch!« Sein Fuß traf ein Pflänzchen. Sie griff sich ans Herz. »Du hast es gemordet!«, rief sie und schleuderte ihm das matschige Gewächs hinterher. Sie traf ihn mitten ins Gesicht.

»Prima Wurf«, stieß er hervor, gleichermaßen betroffen wie erstaunt über ihre Treffsicherheit. »Kommt mit zum Jahrmarkt, und Ihr werdet an der Wurfbude sämtliche Preise abräumen. Heute habt Ihr Eure letzte Chance, es ist der letzte Tag.«

»Wer auf den Jahrmarkt geht, läuft dem Teufel in die offenen Arme«, erklärte sie. »Anständige und gottesfürchtige Leute vergeuden ihre Zeit nicht auf dem Spielplatz des Satans. Aber was weißt du schon von Anstand, Gottesfurcht und Ehrlichkeit – und von Gott? Der Meister hat befohlen, dass du zu Hause bleibst und ...« Sie wuchtete wurfbereit eine Melone in die Höhe.

Es wird Zeit, dass ich wegkomme, dachte der Junge, dieses Weib schlägt mir noch den Schädel ein! Er sprang über den Zaun. Mit einer Geschicklichkeit und Kraft, die man dem Bürschchen gar nicht zugetraut hätte, schwang er sich über die anderthalb Meter hohe Barriere. Eine Schimpfkanonade schallte hinter ihm her.

»Du nichtsnutziger Pisspott, der Meister hätte dich im Arbeitshaus verschimmeln lassen sollen – einmal ein Strolch, immer ein Strolch! Ein Wunder, dass man uns noch nicht allesamt mit durchschnittener Kehle in unseren Betten gefunden hat – oh, mein armer Lauch! Wenn du wiederkommst, wirst du vor verschlossener Tür stehen! Heute Nacht kannst du bei den Hundekadavern im Houndsditch schlafen!«

Das Gekeife verklang, als er die holprige Landstraße hinunterrannte, aber die Drohung wirkte nach. Mistress Goodfellow schätzte es nicht, übertölpelt zu werden. Zudem behütete und betütelte sie ihre Gemüsepflanzen wie Schoßhündchen. Schon aus Rachgier würde sie die Tür verrammeln. »Wie komme ich heute Abend wieder ins Haus? Ach, das überleg ich mir später«, jauchzte er in die Nachmittagsbrise. »Alles hat seine Zeit, und jetzt ist's Zeit für Jahrmarkt und Vergnügen.«

Er lief die Hollywell Lane hinunter und dann rechts in die Bishopgate Street. Vor ihm lag verlockend die befestigte Stadt London mit ihren ungezählten Kirchtürmen, die in den leuchtenden Augusthimmel ragten. Er rannte über die wackelige Holzbrücke, die den Houndsditch überspannte und nahm kaum den Gestank der zahlreichen Hundekadaver wahr, die man in diesen Graben geworfen hatte und denen er seinen Namen verdankte. Er gelangte an einen hohen Erdwall, der sich um ganz London herumzog. Der Wall war zur Römerzeit als wichtigstes Bollwerk der Stadt aufgeschüttet worden, doch man hatte das knapp sechs Meter hohe Bauwerk schon vor langer Zeit verfallen lassen.

Als er sich eine Viertelstunde später der nordwestlichen Ecke der Stadtmauer näherte, konnte er bereits den Lärm des Bartholomäusmarkts herüberdringen hören, der auf dem Smithfield abgehalten wurde. Sein Gewissen regte sich. Noch war es Zeit, wieder umzukehren – doch ein durchaus verwerflicher Gedanke behielt die Oberhand. Auf dem Jahrmarkt wird mir manche fette Börse vor die Finger kommen, überlegte er und steckte sich die Horntülle mit der messerscharf geschliffenen Schneide auf den Daumen. »Ein letztes Mal«, flüsterte er. »Ich will ja bloß wissen, ob ich mich noch für den geschicktesten Beutelschneider von London halten darf.« Das neue Gewerbe, das er seit zwei Monaten erlernte, hatte die Erinnerung an sein altes noch nicht verdrängen können.

Alle Welt schien sich an diesem letzten Tag des jährlich wiederkehrenden Ereignisses in der drangvollen Enge auf dem Smithfield zu tummeln. Der Jahrmarkt dauerte insgesamt drei Tage, vom Vorabend des Bartholomäustages über den vierundzwanzigsten August, den eigentlichen Gedenktag des Heiligen, bis zum Tag danach. An diesen drei Tagen war der Jahrmarkt auf den paar Hektar Brachland neben dem Kloster des heiligen Bartholomäus die am dichtesten bevölkerte Quadratmeile Englands. Bei Regen verwandelte sich der Boden in einen einzigen Morast, bei Trockenheit sorgten das Vieh und die Pferde, die dort zum Verkauf angeboten wurden, für reichlich Staub und Gestank. Der Markt war eine von einem Netzwerk enger Gassen durchzogene eigene kleine Stadt aus Zelten, Buden und Ständen. Am Rand wuchs eine gigantische Müllhalde empor, auf der sich mit jeder Stunde noch mehr Abfälle jeglicher Art, Unrat und Mist anhäuften – wie überall, wo Menschen sich vergnügen.

Jonathan schlenderte durch das Gewühl und nahm den Anblick der Köstlichkeiten in sich auf. Er hoffte, von niemand erkannt zu werden, denn jedes Mal, wenn er einem der zahlreichen Grüppchen predigender Puritaner auffiel, kam es unvermeidlich zu einer Prügelei, bei der er ebenso unvermeidlich den

Kürzeren zog. Diese sauertöpfischen schwarzen Krähen wurden immer zudringlicher. Einen Lehrling seiner Couleur hatten sie geradezu zwangsläufig auf dem Kieker.

»Es war immer schon so«, sagte er unbekümmert zu sich selbst, »dass der Schwarm den Vogel mit dem bunteren Gefieder tothackt.«

Er schlenderte durch die belebten engen Budengassen aus Reihen wackeliger Stände. Er begaffte die Jongleure und Zauberer, die feilgebotenen Affen und Papageien, das Spielzeug, den kuriosen Tand und die Pfefferkuchen. Der pikante Duft nach geröstetem Bartholomäusferkel, der traditionellen Jahrmarktsdelikatesse, ließ ihm das Wasser im Munde zusammenlaufen – wie gut würde ihm das mit einem Krug Starkbier munden! Er öffnete die Faust und betrachtete die Viertelpennymünze in seiner Hand, diesen einsamen Farthing, den er geklaut hatte, während die Hausbesorgerin Mistress Goodfellow ihm ans Leder wollte. Für eine Scheibe Ferkelbraten würde es wohl reichen – aber er konnte die Münze auch, wie er es sich schon so lange vorgenommen hatte, für einen Blick hinter die Kulissen des Schicksals ausgeben und sich die Zukunft voraussagen lassen.

Er beschloss, die Scheibe Ferkelbraten zu stehlen. Aber die Frau am Grill hatte die Augen überall, und als ihn gar der Konstabler anstieß, verdrückte er sich schleunigst – nur um festzustellen, dass die Berührung reiner Zufall gewesen war. Dessenungeachtet streifte er sich die Horntülle vom Daumen und verbarg sie in seinem Wams. Gott hatte ihm eine Warnung geschickt. Oder war es der Teufel?

Was wäre ein Jahrmarkt ohne Missgeburten und Ungeheuer? Und davon bot Sankt Bartholomäi alles, was das Herz begehrte. Zudem gab es tanzende Hunde, einen Tambourin spielenden Rammler und einen Bullen mit fünf Beinen und zwei gewaltigen Ruten. Zwei betrunkene Färber, von denen sich der eine am anderen aufrecht hielt, beäugten fassungslos das Phänomen. »Ich rühr ... nie wieder 'nen Tropfen an, ich seh schon alles doppelt!«, hickste der eine.

Ein Beutelschneider namens Tyrone, den Jonathan von seinem früheren Leben auf der Straße her kannte, stellte sich unauffällig neben ihn. »Wollen wir uns die beiden Saufbrüder vornehmen? Die sind ja sternhagelvoll. Du machst den Lockvogel.«

»Kann nicht, bin mit meinem Betthasen verabredet.«

Tyrone wedelte verächtlich mit der Hand. »Lügner! Du wüsstest ja gar nicht, was du mit einem Betthasen anstellen solltest. Du bist doch die älteste Jungfer weit und breit! Willst du dir eine so leichte Beute durch die Lappen gehen lassen? Du lässt nach, Jon. Bevor das Jahr um ist, bist du erledigt!«

Eine Menschentraube drängte sich um den Käfig von Apus Major, dem gelehrigen Affen. Wenn sein Meister »Königin Elisabeth« rief, machte Apus fröhliche Sprünge, rief er aber »Papst Sixtus in Rom«, fletschte Apus die Zähne, und sagte der Meister gar »Philipp der Zweite, König von Spanien«, dann schrie Apus Zeter und Mordio – worauf ihn die Menge mit einem Hagel von Münzen belohnte.

Jonathan setzte seine Suche nach dem idealen Astrologen fort. Auf dem Jahrmarkt gab es Wahrsager genug, doch die mit der großen Aufmachung waren viel zu teuer. Schließlich wurde er am Rande von Smithfield fündig, wo es genau einen Farthing kostete, und die lange Schlange vor dem Stand war Zeichen genug, dass der Preis stimmte. Die Faust fest um die Münze geschlossen, stellte Jonathan sich als Letzter in die Reihe. Er hatte schon oft davon geträumt, sich sein Horoskop stellen zu lassen, aber stets war all sein mühsam zusammengestohlenes Geld für Essbares draufgegangen. Sein neues Lehrverhältnis gab ihm tausend Fragen auf. Würde er durchhalten? Oder würde er sein altes Leben wieder aufnehmen müssen?

Während die Schlange langsam vorrückte, näherte sich ein junges Mädchen. Die Köpfe fuhren herum, jeder gaffte sie an.

Die schön geschwungene Linie ihres geschmeidigen Körpers wurde von dem Korb akzentuiert, den die junge Frau auf der Hüfte balancierte. Am unverhüllten Busen war sie als unverheiratete Frau zu erkennen. Ihre festen hohen Brüste hüpften fröhlich, während sie einherschritt. Sie war vielleicht achtzehn Jahre alt, aber etwas größer und üppiger als ihre Altersgenossinnen. Der Schmutz auf ihrem Gesicht verbarg nur unvollkommen ihre Schönheit, eine ländliche allerdings und keine höfische. Sommersprossen sprenkelten das entzückende Näschen, perlweiße Zähne waren noch nicht von der englischen Leidenschaft für Zuckerwerk angegriffen, und die großen leuchtenden Augen schimmerten je nach Gemütslage in nachdenklichem Grau oder einem kecken Haselnusston. Ob das vom Staub und Schmutz des Sommers verfilzte Haar von kastanienbrauner oder gar roter Farbe war, würde sich erst nach einer gründlichen Wäsche erweisen.

Ihr Gang hatte etwas Herausforderndes. Ein knorriger Alter reckte sich. Neues Feuer glomm in seinen trüben Augen auf, als er ihr nachstarrte. Ein Witwer griff sich an den Hosenlatz. »Na, du lockeres Vögelchen«, rief er, »trägst du in deinem Korb deine Waren zu Markte? Ich hab hier etwas, das dein Körbchen füllen wird!«

Das Mädchen betrachtete ihn wie einen toten Fisch. Sie schlenkerte abschätzig ihre Röcke. »Locker bin ich vielleicht«, rief sie zurück, »wählerisch aber *bestimmt,* merk dir das! Dein schlapper Latz interessiert mich nicht!«

Sie stellte sich hinter Jonathan an. Als er sich nach ihr umwandte, huschte Erkennen über sein Gesicht. Er riss sich vom Anblick ihrer rosigen Brüste los und betrachtete angelegentlich die Bude des Astrologen. Doch immer wieder zog es seine Augen zu ihr zurück. Mit jedem Blick schien er sie mehr herauszufordern.

Sie beugte sich vertraulich zu ihm hin. Er konnte ihren Atem spüren. »Ah, mein junger Freund«, murmelte sie, »ich schätze nichts so sehr wie einen Neuling im Bett. Willst du meine Waren kaufen? Es kostet nur einen Farthing – weil du es bist.«

Er wandte sich ganz zu ihr um. Sie lächelte ihn so gewinnend und aufgeräumt an, dass er nur zurücklächeln konnte. Sie roch nach London, nach verwinkelten Gassen, Nebel, Torffeuer, Dung und Tau, wilden Blumen und strahlender Sonne. Und nach Liebe.

Er warf sich mannhaft in Positur. »Ich habe nur einen einzigen Farthing, und den hab ich mir aufgespart, weil ich mir mein Horoskop stellen lassen will.«

»Das sagt dein Kopf. Aber wie ich sehe, melden sich deine unteren Regionen mit ihrer eigenen Stimme zu Wort – und es scheint eine sehr lüsterne Stimme zu sein. Wer hätte das gedacht, mager wie du bist?«

»Ich bin allemal so stark gebaut, dass du nicht meckern kannst!«, trumpfte er auf.

»Ho, ein Prahlhans! Mir scheint, du trägst ein bisschen zu stark auf. Ist dein eifriger Teufelsfinger gar noch unberührt?« Sie hob die geschwungenen Brauen und genoss seine Verlegenheit. »Du wirst ja rot. Da hab ich wohl den Nagel auf den Kopf getroffen. Also, was ist, mein lieber Unschuldsengel?«

Er trat von einem Bein aufs andere. »Ich habe aber nur diesen einen Farthing. Ich *muss* in Erfahrung bringen, was mir die Zukunft bringt!«

»Willst du etwa zu Gunsten von zukünftigem Unglück auf dein gegenwärtiges Glück verzichten? Doch was rieche ich da? Lauch?«

»Es könnte auch das Gegenteil von Unglück sein!«

»Wird es aber nicht! Denn ich sage dir, nur Narren und Pechvögel leben in der Zukunft. Bedenke, mein Lieber, der Wahrsager in diesem Zelt könnte dir für dein Geld eröffnen, dass du morgen schon tot bist – während ich dir für deine Münze die Freuden der Welt bereiten würde, hier und jetzt.«

»Wenn du nichts von der Wahrsagerei hältst, warum stehst du dann überhaupt hier?«, gab er hitzig zurück.

»Ah, wie wunderbar temperamentvoll wir sind! Schau an, wie der Zorn aus deinen Augen blitzt und deine Nasenflügel bläht! Du bist zwar noch ein halbes Fohlen, aber bald wird ein Hengst daraus geworden sein, oder ich müsste mich schon sehr irren.«

Obwohl sie ein paar Jahre älter war als Jonathan – in der Lust des Fleisches hatte sie ihm allerdings Jahrhunderte voraus –, fühlte er sich durch die instinktive Gewissheit zu ihr hingezogen, in ihr seinesgleichen vor sich zu haben, einen Menschen, der wie er selbst auf den schmutzigen und gleichgültigen Straßen Londons den Kampf ums tägliche Überleben führen musste.

Sie setzte den Korb ab und massierte sich den Fuß, wobei eine schön geschwungene Ferse und Wade zum Vorschein kamen. »Letztes Jahr habe ich einen Astrologen befragt, ob ich es zu einem eigenen Marktstand bringen würde, statt meine Waren immer nur aus dem Korb anzubieten. Ich werde nämlich allmählich zu alt für die Gassen von London. Er hat die Sterne befragt und gesagt, die Zeichen stünden gut. Aber wie du siehst, ziehe ich immer noch als Hausiererin umher. Dann habe ich unlängst einen Mann kennen gelernt« – ihre Augen leuchteten bewundernd auf – »einen Mann von solcher Schönheit ... ich kann es immer noch nicht fassen, dass er sich ausgerechnet für mich interessiert. Ich *muss* wissen, ob es von Dauer ist. Lass uns also hören, was dieser Scharlatan dazu meint.«

Die junge Frau blickte ihn scharf an. Jonathan fühlte sich auf einmal, als hätte er einen Boxhieb in den Magen bekommen. »Du kommst mir irgendwie bekannt vor. Wie heißt du?«

»Jonathan Ransom, aber meistens nennt man mich nur Jon.«

»Der Name sagt mir nichts. Ich heiße Maude, und wer mich mag, darf mich Maudy nennen. Wir haben uns schon einmal getroffen, aber wo das war, kann ich nicht sagen. Versuch nicht, es zu leugnen, du hast mich vorhin ebenfalls erkannt, ich hab's dir angesehen. Lügen lohnt sich nicht. Was verbirgst du vor mir?«

Erzürnt über ihre Hartnäckigkeit, nahm er die Herausforderung an. »Ich wollte es dir ersparen, aber wenn du es unbedingt wissen willst: Ich war einmal dabei, wie man dich ausgepeitscht hat. In Bridewell, wegen Hurerei.«

»Und was hattest *du* dort zu schaffen?«, brauste sie auf. »Du mit deinen treuherzigen braunen Augen und deinem zarten jungen Leib? Hast du selber ein bisschen herumgehurt und den Hintern versohlt bekommen?«

»Nein, ehrlich nicht!«, verteidigte er sich und wurde puterrot.

»Dann gehörst du offenbar zu denen, die sich lustvoll am Unglück anderer Leute weiden. Schande über dich!«

»Du kommst dir wohl sehr schlau vor, Fräulein Allwissend! Man hatte mich in den Block geschlossen, weil ich versucht hatte abzuhauen. Da ist mir gar nichts anderes übrig geblieben, als zuzusehen, wie man dich ausgepeitscht hat. Bridewell war mein Zuhause. Angeblich bin ich dort auf die Welt gekommen.«

Maudy griff sich an die Kehle. Echtes Mitgefühl ließ ihre Züge weich werden. »Gott steh uns bei, du bist eine Waise? Oder sind deine Eltern tot? Oder hat man dich ausgesetzt?«

Er zuckte die knochigen Schultern. »Ich weiß es nicht.«

»Na ja, ist gehüpft wie gesprungen. Allein ist allein. Du hast Recht, in Bridewell gibt es keine Hurerei. In diesem Pestloch muss man sich freiwillig den Wärtern und Aufsehern und Lehrern hingeben, oder wie diese Schweine sich zu nennen belieben. Wenn einer ein Gesicht hat wie du, mit ein bisschen Pfirsichflaum, dazu ein ungebändigtes Temperament und so einen knackigen Hintern – du hast bestimmt eine schreckliche Zeit hinter dir, möchte ich meinen.«

Er starrte sie an, als wäre auf einmal sie die Wahrsagerin, hatte sie doch in einem kurzen Augenblick das ganze Buch seines

Lebens gelesen. Von Geburt an allein auf sich gestellt, von einem Waisenhaus ins andere abgeschoben, war er ausgerissen, sooft er konnte. Er hatte auf der Straße gelebt, sich von Gelegenheitsdiebstählen und Beutelschneiderei ernährt, geklaut und betrogen, nichts davon war ihm fremd. Als man ihn wieder einmal schnappte, wurde er in Bridewell eingeliefert, Waisenhaus, Arbeitshaus und Gefängnis in einem. Die Wärter hatten versucht, ihn solange zu kneten, zu prügeln und zu verdreschen, bis ein gesetzesfürchtiger Bürger aus ihm geworden war. Rebellisch und stets auf Flucht bedacht, hatte er die Züchtigungen der verzweifelten Wärter über sich ergehen lassen – und die sündhaften Demütigungen der Sadisten unter ihnen.

Dann hatte ihn eine merkwürdige Laune des Schicksals aus Bridewell erlöst und zum Lehrling eines jungen Unternehmers gemacht, der ihn ein derart seltsames und exotisches Handwerk erlernen ließ, dass es ihm immer noch nicht so recht in den Kopf wollte. Mit Mistress Goodfellow war er von Anfang an aneinander geraten, aber er musste zugeben, dass sein neues Leben besser war als alles, was er bislang kennen gelernt hatte. Und trotzdem hatte er das alles aufs Spiel gesetzt und war zum Jahrmarkt ausgerissen ... und morgen würde er sich wohl in einer Zelle in Bridewell wiederfinden. Vielleicht haben die Richter, Konstabler, Wärter und Aufseher doch Recht, ging es ihm durch den Kopf, und ich bin dazu verdammt, in der Hölle zu schmoren.

»Wieso auf einmal so traurig?«, forschte Maudy. »Wir alle haben unsere Prügel abbekommen, aber die Vergangenheit ist vergangen und kommt nicht mehr zurück, außer wir beschwören sie wieder in uns herauf. Lass uns den Jahrmarkt genießen. Der morgige Tag wird schwer genug. Komm, lach doch mal ... na also, schon besser. Weißt du, ich habe dich doch nur ein bisschen veralbert. Ich kann es dir doch an den verträumten braunen Augen ablesen, dass eine Liebesdienerin wie ich für dich nicht infrage kommt. Für dich gibt es nur die wahre Liebe.«

Ach, wenn sie dir nur ins Herz schauen könnte, dachte er betrübt.

Sie waren inzwischen näher an das Zelt des Astrologen herangerückt. Jonathan betrachtete die bunt bemalte Tafel mit den schrecklichen Vorhersagen des berühmten Wahrsagers Regiomontanus.

»Was steht denn da drauf?«, wollte Maudy wissen. »Ich habe die Buchstaben nie so gut gelernt, dass ich all diese schwierigen Wörter entziffern könnte.«

»Da steht, dass im Jahr 1588 großes Unheil über die Welt hereinbrechen wird. Christus wird mit dem Antichrist um die Seelen der Menschheit kämpfen, und große Reiche werden zu Grunde gehen. Die Welt, wie wir sie kennen, wird enden, und das Jüngste Gericht wird über uns gehalten.«

»Gott sei uns gnädig und stehe uns bei! Das ist ja schon in gut zwei Jahren!«

Der Dieb und die liederliche Hausiererin starrten einander in stummem Schrecken an. Die Prophezeiungen waren ihnen nicht unvertraut. Wie jeder andere in Europa waren auch sie damit aufgewachsen.

In einer Epoche, in der geheimnisvolle Mächte regierten, in der die Alchimisten ungeheure Anstrengungen unternahmen, gemeine Metalle in Gold zu verwandeln, in einer Zeit, in der man in England in den übersetzten Werken des Regiomontanus die verborgene Botschaft suchte, in der sogar Königin Elisabeth sich vom Magier Dr. John Dee das Horoskop stellen ließ – in einer solchen Epoche wurden die Prophezeiungen des Regiomontanus sehr ernst genommen. Es gab kein Dorf und keine Stadt, in der man nicht das drohende Unheil fürchtete. Vom Leibeigenen über den Gutsbesitzer und den Kaufmann bis hin zum Adeligen fühlten sich sämtliche Schichten der Bevölkerung angesprochen.

Und dass die vorausgesagte große Schlacht zwischen Gott und dem Teufel unmittelbar bevorstand, machte die Sache nur noch bedrohlicher.

Auf einmal klangen von ferne gellende Schreie auf. Der Lärm wurde lauter und näherte sich in einer wallenden Staubwolke. Maudy packte Jonathans Arm. »Was geht da vor?«

Ein Trupp Reiter löste sich aus der Wolke und galoppierte mit donnerndem Hufschlag heran. Kreischend stoben die Wartenden auseinander. Jeder rannte um sein Leben.

Auch Jonathan und Maudy wollten flüchten, doch Maudy strauchelte und stürzte vor die alles niedertrampelnden Hufe der Pferde.

2.

Pferdeleiber bäumten sich auf und zertraten Zelte und Menschen unter ihren tödlichen Hufen. Mitten in dem grausamen Getümmel bemerkte Jonathan mit jähem Schrecken, dass die Reiter die schwarz-rote Uniform der königlichen Garde trugen.

Ein Hengst bäumte sich über Maudy auf. Seine Hufe drohten Maudys Schädel zu zerschmettern. Jonathans Hechtsprung schleuderte sie aus der Gefahrenzone. Ein Huf erwischte Jonathan an der Schulter. Mit einem Salto flog er zur Seite und landete auf dem Hintern. Sein Körper war von oben bis unten taub.

»Ihr Mörderbande, seid ihr wahnsinnig?«, kreischte Maudy. Sie sprang zu Jonathan. »Lebst du noch?«

Unfähig zu antworten, rang er nach Luft.

»Sag doch was!«, flehte sie mit Panik in der Stimme.

Mit einem Zeichen bat er um Geduld, bis er wieder zu Atem gekommen war. Vorsichtig betastete er die Schulter und den schmerzenden Hintern. »Nichts gebrochen«, stieß er schließlich hervor, »aber ich werde wohl eine Woche nicht sitzen können.«

Das Zelt des Astrologen war zerfetzt, die Leute geflohen. Die königliche Garde formierte sich neu und stob davon. Da galoppierte ein weiterer Reiter heran und hielt schnurstracks auf die beiden zu. In Erwartung des Huftritts barg Jonathan den Kopf in den Armen, doch in einer einzigen atemberaubenden Parade zügelte der Reiter sein Ross, glitt aus dem Sattel und schloss Maudy in die Arme.

»Christian, Gott sei Dank«, schluchzte sie und klammerte sich an ihn.

»Wo bist du geblieben?«, rief er. »Hast du unsere Verabredung vergessen? Ich habe dich auf dem ganzen Jahrmarkt gesucht ...«

»Christian, dieser Junge hat mir gerade das Leben gerettet!«, rief sie immer wieder aus, voller Verwunderung, dass jemand sich für eine hausierende Straßenhure wie sie, die auf der untersten Stufe der Straßenhändler Londons rangierte, in Lebensgefahr begeben hatte. »Christian Lightborn, das ist Jon Ransom!«

Christian ergriff Jonathans Hand. »Ich danke dir. Ich könnte es nicht verwinden, meine Maudy zu verlieren.« Sein durchdringender Blick ruhte eine Weile prüfend, aber nicht ohne Wohlwollen, auf Jonathan. »Als ich endlich alles bis hier durchgekämmt hatte und das Zelt des Astrologen sah, fiel die königliche Garde schon über euch her.«

An dem vertrauten Blick, mit dem Christian und Maudy einander betrachteten, erkannte Jonathan sofort, dass sie etwas miteinander hatten. Die Eifersucht erhob ihr garstiges Haupt. Jonathan suchte nach einem Makel an diesem Mann, fand aber keinen.

In ganz London hatte noch niemand einen Makel an Christian Lightborn finden können. Der Klatsch beschäftigte sich eingehend mit diesem Neuankömmling am Hof Königin Elisabeths, der bei seiner Größe von sechs Fuß fast alle anderen überragte und dessen goldene Haarmähne wie ein Leuchtfeuer sämtliche Blicke auf sich zog. Gerüchte wollten wissen, dass er aus Rom gekommen sei. Er verstand sich elegant in fließendem Italienisch auszudrücken, ebenso auf Französisch. Eine Kammerzofe der Königin behauptete aus absolut verlässlicher Quelle zu wissen, dass Christian Lightborn in Alexandria geboren worden sei, oder war es Jerusalem? – denn in einem Moment leidenschaftlicher Erregung sei er unvermittelt in eine Sprache verfallen, bei der es sich nur um Hebräisch gehandelt haben könne, oder war es Arabisch? Woher er auch stammen mochte, hinter seinen goldenen Augen verbargen sich Geheimnisse – Geheimnisse des Fleisches und des Geistes.

»Während der letzten Stunden hat die königliche Garde auf dem ganzen Jahrmarkt sämtliche Astrologenzelte niedergerissen«, berichtete Christian. »Gebrochene Knochen und zertrümmerte Schädel säumen überall ihren Weg.«

»Und warum das alles?«, brauste Maudy in rechtschaffenem Zorn auf.

»Aus Angst«, erklärte Christian. »Habt ihr nicht in den letzten Monaten die wachsende Unruhe in London bemerkt? Alles brodelt über von Gerüchten, vor allem wegen der Weissagungen des Regiomontanus über das achtundachtzigste Jahr, in dem Königreiche untergehen werden und sich das Unterste in der Welt zuoberst kehren wird. Königin Elisabeth hat angeordnet, dass die Prophezeiungen mit keinem Wort erwähnt werden dürfen. Grund zur Besorgnis hat sie reichlich, denn in den vierundzwanzig Jahren ihrer Regentschaft ist ihr Leben oft genug bedroht worden – vom Papst, von Maria, der Königin von Schottland, von Philipp von Spanien, und die Verschwörer werden immer kühner. Nun, da England am Rande eines Krieges mit Spanien entlang manövriert, drängt sich nur allzu sehr der Gedanke auf, dass das vom Untergang bedrohte Königreich ihr eigenes sein könnte. Sie muss unbedingt verhindern, dass es zu öffentlichen Panikreaktionen kommt – daher der Einsatz der Garde. Ich bin zwar kein Prophet, aber ich kann jetzt schon vorhersagen, dass sich der Befehl der Königin als genauso wirksam erweisen wird wie der Befehl von König Knud Canute, der den Gezeiten Einhalt gebieten wollte.«

Maudy schenkte Christian einen bewundernden Blick. »Siehst du, er weiß alles!«, sagte sie zu Jonathan. »Christian, wir müssen meinen jungen Helden nach Hause bringen, er hat einen fürchterlichen Huftritt bekommen – sieh nur, wie böse seine Schwellungen sich röten!«

Jonathan schüttelte den Kopf. »Ich komm schon allein nach Hause. Das sind nur ein paar Prellungen.« Der Schmerz pochte von seiner Schulter bis in die Zähne, und seine ganze Rückseite brannte wie von glühenden Nadeln, doch Mistress Goodfellows Reaktion auf Maudy machte ihm weitaus größere Sorgen, falls er mit dieser Person zu Hause aufkreuzen würde.

Christian redete ihm gut zu. »Du humpelst ganz erbärmlich. Du wirst nur ein paar Schritt weit kommen, bis du zusammenbrichst, und ich möchte dein Blut nicht auf dem Gewissen haben. Wo wohnst du?«

»Kennt Ihr Hollywell Lane, ungefähr eine halbe Meile die Bishopsgate Road aus London hinaus, bei den drei Windmühlen?«

»Ich weiß, wo das ist. Dort war ich schon oft.«

Christian sprang in den Sattel seines Arabers. Der Hengst nahm ihn auf, als wären Tier und Mensch ein einziges Geschöpf, weshalb Christian ihm auch den entsprechenden Namen gegeben hatte: Zentaurus. Christian beugte sich herab, hob Maudy in einer fließenden Bewegung zu sich herauf und setzte sie vor sich; dann packte er Jonathan, den er auf die gleiche Weise hinter sich setzte. »Leg die Arme um meinen Leib«, sagte er, »Zentaurus kann übermütig und unberechenbar sein, aber deshalb macht es ja so viel Spaß, auf ihm zu reiten. Doch jetzt ab nach Hause. Durch das Stadtinnere von London geht es viel schneller!«

Während sie dahinritten, suchte Jonathan immer noch eine Unvollkommenheit an diesem Mann zu entdecken. Jeder Mensch hatte einen Makel, das predigten sämtliche Pfaffen. Christian Lightborn musste ein Edelmann sein, und seiner Haltung nach vielleicht sogar von königlichem Geblüt, vermutete Jonathan. Mitte zwanzig, schneidig, selbstsicher, von blendendem Äußeren – er war alles, was Jonathan nicht war. Jonathan fragte sich, wie die Natur es geschafft hatte, die Säfte des Mannes so vollkommen auszubalancieren, dass dieser außergewöhnliche Mensch entstanden war, mit goldenem Haar und goldenen Augen, ein Mensch, von dem das Licht der Sonne auszugehen schien. Noch nie hatte er einen eindrucksvolleren Mann gesehen, noch nicht einmal unter den Lords, die in Königin Elisabeths Gefolge bei den Umzügen durch die Straßen Londons schritten. Was hatte jemand wie dieser Mann mit einer Straßenhändlerin und Dirne wie Maudy zu schaffen? Jemand, den die edelsten Damen des Hofes in ihr Bett einladen würden?

Maudy beugte sich nach hinten zu Jonathan. Als sie seine ratlose Miene sah, fing sie zu kichern an. »Du hast keine Ahnung vom Leben«, sagte sie lachend, »ich sehe es dir an der Nasenspitze an. Manchmal hat ein Mann eben genug von Schminke und Puder, von feinem Benehmen und all dem vornehmen Getue, manchmal braucht er eben das Erdige und Schmutzige. Und darin ist niemand besser als Maudy, die Pflanze von der Straße.«

Auf dem Jahrmarktgelände kündigte sich die Dämmerung an, Kaufleute und Händler machten sich daran, die Stände abzubauen. Der Markt war vorüber, bald würde auf Smithfield Market wieder die Normalität Einzug halten. Die Mauern der Stadt erhoben sich vor den Reitenden. Als sie die Torflügel von Newgate passierten, bekam Jonathan das Gefühl, dass jemand ihnen folgte. »Ich glaube, da ist wer hinter uns her«, flüsterte er Christian zu.

»Hab keine Angst, das ist nur mein Diener Blutkopf. Er passt auf, dass mir nichts zustößt.«

In den Häuserreihen der Stadt wurde aus einem der oberen Stockwerke ein Nachtgeschirr ausgegossen. Sein Inhalt platschte bedenklich nahe herab. Christian tätschelte beruhigend den scheuenden Zentaurus. »Ruhig, mein Schöner! – Auf einem fabelhaften Araber wie diesem ist Mohammed vom Felsendom gen Himmel geritten.«

Maudy runzelte die Brauen. »Wer ist Mohammed?«

»Das Volk der Araber hält ihn für den Propheten Gottes.«

»Blasphemie!«, schrie Maudy entsetzt auf.

»Was ist der Felsendom?«, wollte Jonathan wissen.

»Bringen euch denn hier die protestantischen Pfaffen gar nichts bei? Es ist eine wunderbare Moschee in Jerusalem, die über dem heiligen Felsen erbaut wurde, auf dem Abraham seinen Sohn Isaak opfern wollte, aber der Herr ist ihm in den Arm gefallen und hat sich mit der Einführung der rituellen Beschneidung zufrieden gegeben.«

»Seid Ihr schon einmal dort gewesen?«, fragte Jonathan ehrfurchtsvoll.

»Meine Reisen haben mich schon mehrfach hingeführt. Die Moschee hat eine Kuppel aus echtem Gold und steht auf den Ruinen des Tempels von König Salomo.«

»Ich hab dir doch gesagt, dass er alles weiß und schon überall gewesen ist«, stellte Maudy sachlich fest.

»Dann stammt Ihr wohl aus Jerusalem?«, meinte Jonathan.

»Ich komme und gehe, woher und wohin der Wind mich trägt. Zur Zeit habe ich mein Nest in London.«

Das Gespräch warf mehr Fragen auf, als es beantwortete. Jonathans Neugier, wer Christian eigentlich war, blieb gänzlich unbefriedigt. Christian ließ Zentaurus etwas langsamer gehen, um den Hengst mit der Last von dreien nicht zu überfordern. Das langsame Wiegen des Pferdes, der warme Druck von Christians Lenden, Maudys eindeutiges Angebot vor dem Zelt des Astrologen – alles verschwor sich gegen Jonathan, der widerstrebend den Teufel in sein schwellendes Glied fahren spürte.

Nach einer Weile drehte Christian sich mit einem amüsierten Blick zu ihm um. »Das nächste Mal, mein Schlingel, wirst du vor mir aufsitzen!«, spottete er.

Sie gelangten an die breite Durchgangsstraße Cheapside. Zentaurus fiel in Trab. Er freute sich, die saugende Umklammerung seiner Hufe durch den Morast der Gassen hinter sich zu haben. »Zentaurus bekommt immer gute Laune, wenn wir in die Cheapside einreiten und in den Strand«, erläuterte Christian. »Es sind die beiden einzigen gepflasterten Straßen in ganz London – und er produziert sich doch so gern.«

Christian ließ dem Hengst die Zügel schießen. Zentaurus stürmte voran, Maudy und Jonathan wurden auf seinem Rücken herumgeschleudert. Um des lieben Lebens willen klammerten sie sich an den schlanken blonden Reiter. Die Schar der Kirchgänger, die nach dem Abendgottesdienst aus der St. Paul's Cathedral quoll, flüchtete sich ins Gotteshaus zurück, während Christians kehliges Lachen wie ein freudvolles Banner hinter ihnen herflatterte.

Die Glockenklang von St. Mary le Bow kündigte die Sperrstunde an. Christian zügelte Zentaurus. Der Hengst verfiel in Schritt. Christians Körper hob und senkte sich mit dem wiegenden Gang des Hengstes. Maudy und Jonathan wurden in Einklang mit seiner Bewegung versetzt, bis die drei Reiter zu einem einzigen verschmolzen waren.

Ächzend schlossen sich die gewaltigen Flügel der acht Stadttore, und die eisernen Gatter fuhren polternd herunter. Mit Hellebarde, Laterne und Glocke begaben sich die Nachtwächter in ihren langen wallenden Umhängen auf die Runde und ließen ihren Ruf erschallen:

Denkt an die Uhren,
Bewacht die Schlösser,
Hütet Feuer und Licht!
Gott schenk euch eine gute Nacht,
Die der Glocke Schlag gebracht!

Eilig verrammelte die Bürgerschaft des eine Quadratmeile großen Londoner Stadtgebiets Fenster und Türen gegen die tödlichen Gefahren der Nacht.

»Ach, mein junger Freund«, murmelte Christian, »ich befürchte, jetzt bist du in der Stadt eingeschlossen.«

»Das macht nichts«, meinte Jonathan. »Die Mauer hat genug Lücken, durch die ich problemlos hinausschlüpfen kann. Ich hab es oft genug getan, besonders wenn die Konstabler hinter mir her waren.«

»Ausgezeichnet. Aber zuerst musst du mir die Ehre erweisen, mit mir einen kleinen Krug Ale zur Feier der Rettung unserer Maudy zu leeren ...«

»Habt Dank, Mylord, aber das geht nicht. Ich muss wieder zurück ...«

Christian stieg ab und hob Maudy und Jonathan vom Rücken des Hengstes. »Und dazu eine dampfende Rindfleischpastete, und als Nachtisch ein schaumiges Fruchtsorbet, mit Südwein abgeschmeckt – bitte, beleidige mich nicht mit einer Absage.« Mit diesen Worten schlug er die Schöße des seidenen Mantels um seine beiden Begleiter und führte sie in die engste Gasse weit und breit.

»Was ist mit Zentaurus?«, fragte Jonathan.

»Mein Diener Blutkopf wird sich um ihn kümmern.«

Die gewundene Gasse, früher hatte man sie »Punzengrabschgässchen« genannt, hieß dank der Bemühungen vernünftiger und verantwortungsbewusster Stadtväter inzwischen nur noch »Grabschgasse«, doch hatte die Namensänderung wenig an den dort gepflegten Betätigungen zu ändern vermocht. Die baufälligen Fachwerkhäuser zu beiden Seiten der Gasse neigten sich bedenklich einander zu. Um ihr völliges Ineinanderfallen zu verhindern, hatte man sie mit kreuzweise angebrachten seitlichen Balkenverstrebungen abzufangen versucht. Eine Dirne, die auf der Schwelle eines Eingangs hockte, rief die drei an und stellte eifrig ihre käuflichen Reize zur Schau.

Christian warf ihr eine Münze zu. »Lass gut sein, Schätzchen«, sagte er.

An einer Spelunke, vor der ein verwittertes Schild mit der Aufschrift »Taverne zu den drei Tonnen« quietschend in der Abendbrise schwang, hielt Christian an. Sie betraten einen langen niedrigen Schankraum. Er war von ungefähr einem Dutzend Zechern in unterschiedlichen Stadien der Trunkenheit bevölkert. Auf der steinernen Feuerstelle brodelten in eisernen Töpfen mehrerlei Stews. Im Hintergrund des Schankraums führte eine wackelige Stiege ins erste Geschoss hinauf.

Jonathan hatte viele Londoner Tavernen kennen gelernt, manchmal auf der Suche nach essbaren Resten jeglicher Art, manchmal um den Betrunkenen ein paar Münzen aus der Tasche zu angeln, aber dieser Ort hatte etwas, das ihm die Nackenhaare zu Berge trieb. Mach bloß, dass du hier rauskommst, rief eine warnende innere Stimme ihm zu, aber ein durchdringendes Geruchspanorama von Tabak, Bierdunst und kopulierenden Leibern hing in der Luft und machte ihm Lust auf alles drei zusammen.

»Wenn das nicht Christian ist!«, rief wichtigtuerisch die Wirtsfrau. »Hedwig!«, rief er zurück.

Sie kam geschäftig hinter der Bar hervorscharwenzelt. Ihr verhüllter Busen ließ erkennen, dass sie verheiratet war, doch ein böser Schalk in ihrem breiten Lächeln sagte: »Zum Teufel mit der Ehe!«

»Christian, du Schlimmer, wir haben dich schon seit Wochen vermisst«, flötete sie und schickte sich an, ihn sehr vertraulich zu umarmen. Maudy drängte sich geschickt dazwischen und vermasselte ihr die Tour.

»Den besten Tisch im Haus für *meinen schönen Christian*«, zwitscherte Hedwig und führte die drei zu einem Tisch mitten in der Schankstube. Am Nebentisch saßen drei bereits ziemlich angetrunkene Männer, kippten ein Ale nach dem anderen und stritten sich.

Christians Blick glitt wachsam über die Betrunkenen. Er machte von Hedwigs Angebot keinen Gebrauch und wählte einen anderen Tisch, wo er sich mit dem Rücken zur Wand setzen und in den Schankraum blicken konnte. Einer der betrunkenen Männer schien sich daran zu stören – nach dem Schnitt seiner Kleidung wohl ein Student, dachte Jonathan –, und wenn er nicht gerade dem Bierkrug zusprach, starrte er finster zu Christian hinüber.

Christian bestellte ein üppiges Mahl. »Hedwig, bring uns vom Besten, was du hast, und bitte kein ungenießbares Fleisch und kein verwässertes Bier!«

»Aber doch nicht bei mir!« Hedwig kicherte und wedelte abwehrend mit der Patschhand. Sie rauschte davon und kam gleich darauf geschäftig mit drei Bierkrügen und einem bis zum Rand mit Ale gefüllten Ledereimer wieder. Mit einer Heringspelle strich sie über die Innenkante der Krüge, damit das Bier beim Eingießen nicht überschäumte.

Christian schenkte ringsum ein. Er nötigte Jonathan, einen Krug zu nehmen. »Nimm einen kräftigen Zug, mein Junge. Wenn mich nicht alles täuscht, schmerzt dich der Huftritt immer schlimmer, aber das beste Schmerzmittel ist immer noch der Alkohol.«

Schon nach ein paar Schlucken fühlte Jonathan sich besser, und als er den zweiten Krug geleert hatte, war der pochende Schmerz so gut wie abgeklungen. Nach dem dritten Krug spürte er überhaupt nichts mehr. Die Taverne verlor ihre klaren Konturen. Der finster dreinblickende Student am Nebentisch hatte sich eine Tonpfeife angezündet. Die Schwaden des aufsteigenden Rauchs legten sich in Etagen um seinen Kopf und ließen allmählich den ganzen Tisch in blauem Dunst verschwinden.

Die betrunkenen Zecher wurden noch lauter. Sie schienen sich aus reinem Spaß am Zanken zu streiten. Der Student war der Jüngste und Ärmste am Tisch, doch erwies er sich als der

Stimmgewaltigste. Mit seinem Organ beherrschte er die Runde und alsbald auch die ganze Taverne.

Blinzelnd versuchte Jonathan, sich ein klareres Bild von ihm zu verschaffen. Der Betrachtete war vielleicht zwanzig Jahre alt, hatte braune Augen und Haare, ein rundes Gesicht und ein schütteres Bärtchen. Das Sternzeichen des Krebses musste in seinem Horoskop eine beherrschende Rolle spielen. Seine Gesten und Stimme verrieten pulsierende Energie. Als der Mann aufsprang, um einem Argument Nachdruck zu verleihen, konnte Jonathan seine ganze Erscheinung betrachten. Der Mann war nur von mittlerer Größe und mittlerem Gewicht, doch seine Leidenschaft schien die gesamte Weite des Raumes bis an die niederen Deckenbalken zu füllen.

Mit tintenbeklickstem Finger deutete er auf einen seiner Gefährten, einen hageren jungen Mann mit pockennarbigem Gesicht. »Frazier, du bist ein Idiot. Gott, sagst du? Nimm deinen Gott und mach ihm den Garaus! Dieser Gott ist doch nichts anderes als die Erfindung abergläubischer Männer. Und was das Locken mit dem Himmel und die Drohung mit der Hölle angeht – das sind doch nur Lügenmärchen der Kirche und ihrer Brut von Kaufleuten, lediglich zu dem Zweck, uns zu versklaven. Es gibt keinen Himmel und auch keine Hölle. Nach der Mühsal dieser Erde kommt nur noch ein großes Nichts.«

»Und was ist mit den großen Propheten?«, wandte der mit Frazier Angesprochene ein. »Was ist mit Moses, was mit unserem Herrn Jesus Christus?«

»Moses war nichts weiter als ein geschickter Taschenspieler«, gab der Student scharf zurück, »und Jesus trieb es mit seinem Jünger Johannes! Papst und Puritaner sind alle miteinander nichts als Lügner, die sich nur die eigenen Taschen füllen wollen. Und von uns verlangen sie, alles nachzuplappern, was sie uns vorbeten.«

Maudy verschluckte sich an ihrem Ale. »Das ist Gotteslästerung!«, stieß sie hustend hervor und sah den keineswegs erschütterten Christian Beifall heischend an. Ein verstohlenes Lächeln spielte um seine Lippen.

Mit einem Schritt stand der Student an ihrem Tisch. »Gefällt euch nicht, was ich sage?«, grollte er. Sein Blick blieb an Jonathan hängen. »Dich habe ich doch schon einmal gesehen. Wir kennen uns!«, sagte er in viel zu vertraulichem Tonfall. »Wir sind uns schon begegnet!«

»Noch nie!«, sagte Jonathan und schüttelte heftig den Kopf.

Maudy hakte Jonathan beschützerisch unter. »Ein Flittchen wie du spielt die Schockierte?«, höhnte er. »Warum? Wer nichts für Tabak und junge Burschen übrig hat, ist ein Narr.« Er starrte Jonathan an. »Komm her, und stoß auf einen Krug mit mir an!«

»Der Junge gehört zu uns«, sagte Christian ruhig.

Der Student hieb mit der Faust auf den Tisch. »Hat er keine Zunge? Er soll selber das Maul aufmachen!«, brüllte er und streckte die Hand nach Jonathan aus.

Christian hatte blitzschnell den Dolch in der Faust und stieß ihn in die rissige Tischplatte. »Nimm die Pfoten weg, sonst wirst du nie wieder einen Federkiel führen!«

Der Student versuchte in trunkenem Wahn, seinen Dolch aus dem Gürtel zu ziehen. »Wenn du aus erster Hand erfahren willst, ob es Himmel und Hölle gibt, oder nur ein großes Nichts, wie du behauptest, dann nur zu, zieh dein Messer!«, zischte Christian mit schneidender Stimme. »Nur zu! Doch überleg es dir gut, mein junger Heißsporn, oder willst du die Erfüllung all deiner ehrgeizigen Träume aufs Spiel setzen, nur weil du immer noch nicht gelernt hast, dich im Suff zu beherrschen? Ich weiß sehr wohl, wer du bist, verstehst du?«

Die Situation stand Spitze auf Knopf. Mit wildem Blick schaute der Student Hilfe suchend zu seinen Gefährten hinüber, doch keine Hand rührte sich für ihn. »Wir sind noch nicht fertig miteinander!«, zischte er grimmig fluchend Christian an, um sich zum Abschied Jonathan vorzunehmen. »Und was dich angeht – so groß ist London nicht, dass wir uns nicht noch einmal über den Weg laufen!«

Er scheuchte seine Saufkumpane hoch. Frazier warf ein paar Münzen auf den Tisch, und sie zogen ab. Im Hinausgehen trat der Student wütend ein paar Hocker beiseite.

Maudy zitterte. »Wer ist denn dieser wahnsinnige Trunkenbold?«

»Ein Student aus Cambridge, dem die Götter das Talent zum großen Schriftsteller geschenkt haben, sofern er nicht durch eigenes Bemühen schon vorher ins Gras beißt. Christopher Marlowe heißt er.«

»Wie kommt es, dass du ihn kennst?«, wollte Maudy wissen.

»Er verkehrt hier in den ›Drei Tonnen‹. Ich komme manchmal her, wenn mir danach ist. Da der St. Bartholomäusmarkt so viele Studenten nach London gezogen hat, habe ich damit gerechnet, dass er hier auftaucht.«

»Aber wozu suchst du die Nähe eines solchen Verrückten?«

»Er amüsiert mich. Wo sonst bekomme ich blasphemische Sprüche solchen Kalibers zu hören? Als Martin Luther vor siebzig Jahren die Notwendigkeit von Kirche und Papst infrage stellte, ahnte er nicht, dass er damit sämtliche Schleusen öffnete. Vom Papst und der Kirche brauchen wir gar nicht mehr zu reden. Heutzutage bezweifeln die Leute schon die Notwendigkeit Gottes selbst.«

Maudy zog die Schultern hoch. »Wie kann sich dieser Marlowe solche Reden erlauben? Ich habe erlebt, dass Leute für weitaus weniger in den Kerker und sogar an den Galgen gekommen sind!«

Christian lachte leise. »Er hat dich schockiert, nicht wahr? Vieles von dem, was er sagt, soll vor allem schockieren. Ob er Atheist ist, weiß ich nicht, und ich wage zu behaupten, dass er es selber nicht so genau weiß. Hast du den Mann neben ihm gesehen, dessen Gesicht wie gemeißelt aussah? Das ist Ingram Frazier, ein Bediensteter von Sir Francis Walsingham, der auf Marlowe aufpassen soll. Der andere, der aussieht, als wäre er von den Toten auferstanden, ist Thomas Phelippes, ein anderer Lakai von Walsingham. Marlowe erfreut sich, aus welchem ruchlosen Grund auch immer, der Protektion durch unsere Königin Elisabeth. Da fragt man sich, warum eigentlich?«

Jonathan stand mit wackeligen Beinen auf. »Ich muss gehen«, sagte er, »Mistress Goodfellow verriegelt mir sonst die Tür vor der Nase ...«

Christian zog ihn auf die Bank zurück. »Warte lieber noch ein wenig, bis Marlowe und seine Kumpane eine Weile fort sind – oder hättest du gern ein Messer zwischen den Rippen?«

In diesem Moment kam das Essen. Leckere Fleischpasteten, aufgeschnittenes Brot, eine staubige Flasche Burgunderwein wurden von einer stolzen Hedwig aufgefahren. Jonathan hatte noch nie zuvor Wein getrunken. Allein schon der schwere Duft des tiefroten Getränks fuhr ihm in die Glieder, und der Geschmack ließ ihn erst richtig spüren, wie hungrig er war. Während er die Pastete verschlang und mit noch mehr Wein hinterherspülte, konnte er beobachten, wie sich Maudys und Christians Lippen mit jedem Glas stärker röteten, und er fragte sich, ob es ihm selbst genau so erging.

Christian klappte an seinem Fingerring eine Kapsel auf, schüttete ein Pulver in Jonathans Glas und verrührte es. »Dieses Zaubermittel wird deine Schmerzen bannen. Trink, mein kleiner Ausreißer, trink aus bis zum Grund!«

Jonathan tat, wie ihm geheißen. Christian rief nach einer neuen Flasche Wein. »Wie ich sehe, dürstest du nach dem Leben«, sagte er und zauste Jonathans Haar. »Das gefällt mir. Einen schlauen Burschen wie dich könnte ich bei meiner Arbeit gut gebrauchen.«

Jonathan strahlte angesichts dieses Lobes. Man hatte ihn nie etwas anderes genannt als Tölpel, Pisspott, Strolch und was der Schmähungen mehr waren. »Ich bin aber schon bei einem Meister in der Lehre«, sagte er dann mit einem traurigen kleinen Hicksen. »Für die nächsten sieben Jahre bin ich sein Eigentum.«

»Ein Lehrverhältnis kann man auslösen. Dann wärst du mein Eigentum. Und glaub mir, das wäre weitaus interessanter für dich.«

Christian veranstaltete ein neues Spiel, ein Wetttrinken, wer das Glas am schnellsten leeren konnte, hatte gewonnen. Bald rann ihnen der Wein aus den Mundwinkeln, und sie konnten sich vor Lachen über ihre Faxen nicht mehr halten. Jonathan verlor jegliches Zeitgefühl. Er wünschte sich, der Abend würde niemals enden. Als er aufstehen wollte, wäre er fast vornüber gefallen. Christian klemmte ihn sich unter den Arm, legte den anderen um Maudy und führte die beiden die schmale Treppe hinauf in ein Zimmer, das Hedwig für derlei Fälle bereithielt.

Oben angekommen, warf er Jonathan auf den Strohsack. Mit Maudy machte er sich über Jonathan her, um ihn gnadenlos zu kitzeln. Plötzlich hielt Christian inne und hockte sich auf die Fersen. »Jon, hast du nicht Hollywell Lane gesagt? Und Marlowe behauptet, er würde dich kennen ...« Er betrachtete den Jungen eingehend. Sein Gesicht verzog sich zu einem strahlenden Lächeln. »Maudy, weißt du, was unser Jonathan macht?«

»Ja, er lässt sich in den Stock schließen, weil er aus Bridewell abhauen will«, keuchte sie, »und er lässt sich halb zu Tode trampeln, weil er einer verfolgten Unschuld beisteht ...«

»Das und noch viel mehr! Dass wir uns getroffen haben, ist wirklich mehr als ein glücklicher Zufall. Aber halt ... heißt das, dass du lesen kannst, Jon?«

»Ich hab's in Bridewell gelernt.«

Wie ein jäher Wetterwechsel schlug Christians Stimmung um. Sein Gesicht verdüsterte sich, sein Griff wurde fester. Sogar schmerzhaft, bis Jonathan sich wand. »Du kannst also lesen«, zischelte Christian. »Sei's drum, wir können trotzdem noch eine Menge Spaß miteinander haben.«

Das Letzte, woran Jonathan sich erinnern konnte, war die prickelnde Kälte auf seinem nackten Fleisch, als ihm die Kleider vom Leib gezerrt wurden, und Maudys warmer Körper, und dass er und sie, von Christians Gelächter umgaukelt, immer näher zueinander und tiefer ineinander glitten, bis er in eine düstere Ekstase verfiel. Als er endlich wieder daraus auftauchte, flammte sein Körper innerlich und äußerlich von Kopf bis Fuß vor Schmerz.

Das ist der Wein, sagte er sich, und die Huftritte der Pferde der königlichen Garde – ja, das muss es sein. Aber irgendwo tief in ihm regte sich der Argwohn, dass irgendetwas weitaus Bedeutsameres geschehen war.

Maudy lag neben ihm. Das blasse Mondlicht übergoss ihren nackten Leib mit lichtestem Blau. Jonathan versuchte, sie zu berühren, doch sein bleierner Arm versagte ihm den Gehorsam, und seine Beine ebenfalls. Sein ganzer Körper war wie betäubt. Er vergrub sich in seinem Strohlager und versuchte, das um ihn kreisende Zimmer zum Stehen zu bringen. Der blutrote Wein und die Prophezeiungen des Weltuntergangs wirbelten in seinem pochenden Kopf ... in zwei Jahren würde die Welt untergehen, aber die Garde der Königin versuchte, die furchtbare Weissagung zu vertuschen. Aus galoppierenden Hufen wuchs eine Phantasmagorie der apokalyptischen Reiter, die zu einem sich aufbäumenden und bockenden, goldäugigen Kentauren verschmolzen, aus dessen Rippe sich das verlockende Mysterium von Maudy bildete, der willigen Hausiererin. Vom Durcheinander der Bilder und fiebrigem Verlangen verfolgt, glitt Jonathan in einen bewusstlosen Schlaf.

3.

Der schrille Schrei eines durch die Lüfte segelnden Falken riss Jonathan aus seinem totenähnlichen Schlaf. Die Sonnenstrahlen fielen schräg in die Enge der Kammer und verrieten Jonathan, dass er zu lange geschlafen hatte. Er schoss hoch. Christian und Maudy waren fort. Ein scharfer Essiggeruch drang ihm in die Nase ... jemand hatte ihm die Geschlechtsteile mit Essig abgerieben, mit jenem uralten Hausmittel gegen die Syphilis, wie ihm sein auf der Straße geschärfter Instinkt sagte. Der pochende innere und äußere Schmerz hatte seinen Griff noch immer nicht gelockert. Er konnte sich nicht erinnern, was wirklich geschehen war.

Jonathan rappelte sich vom Strohsack auf und sprang in die Kleider. Seine Lehrstelle hatte er bereits verloren, das war so gut wie gewiss. Zwei Stufen auf einmal nehmend, polterte er in den Schankraum hinunter.

»Christian ist mit seinem Flittchen schon beim ersten Tageslicht auf und davon«, verriet ihm Hedwig mit säuerlicher Miene, während sie einen Haufen alegetränktes Reisig mit dem Besen zur Tür hinausschob. »Sie haben geturtelt, was das Zeug hielt – ich werde nie begreifen, was er an dieser verkommenen Straßenhändlerin findet, wo er doch eine gestandene Frau haben könnte, die wenigstens etwas an den Füßen hat, und ...«

»Wo sind sie denn hin?«, fiel ihr Jonathan ins Wort. »Haben sie denn keine Nachricht für mich hinterlassen?«

»Ach so, ja, sie hätten dich nicht wachbekommen, aber dringende Geschäfte hätten sie gerufen. Christian lässt dir sagen, er wüsste schon, wo er dich finden kann.«

»Wie spät ist es jetzt?«, fragte Jonathan mit Verzweiflung in der Stimme.

»Sechs Uhr durch, der Glockenschlag ist noch nicht lange vorbei.«

»Vielleicht ist es noch nicht zu spät«, murmelte er und stürmte zur Tür hinaus. Er kam an der Dirne vorbei, die immer noch in einem Eingang hockte. Inzwischen sah sie noch mitgenommener aus; sie hatte offensichtlich rastlos ihr Gewerbe betrieben.

Unter Ausnutzung sämtlicher Abkürzungen rannte Jonathan durch die Gassen und Straßen und hoffte, doch noch rechtzeitig nach Hause zu gelangen. Er bog nach links in die Bishopsgate Street und rannte und rannte, bis ihm das Seitenstechen einen langsameren Schritt aufzwang. Die große Uhr über der königlichen Börse schlug die volle Stunde. Jeder dumpfe Schlag war ein Schlag der Totenglocke für all seine Hoffnungen. Siebenmal schlug die Uhr. Noch nie in seinem Leben hatte Jonathan länger geschlafen als bis sechs.

Dann ging es zum Bishopsgate hinaus auf die offene Landstraße jenseits der Stadtmauer nach Norden. Rennend, gehend, hinkend und wieder rennend gelangte er an die Shoreditch Road. An der Kreuzung mit der Hollywell Lane sah er das eindrucksvolle Gebäude aus den Feldern aufragen, das die Stadtväter und jeder Londoner Bürgermeister schon seit Jahren zu schließen sich bemüht hatten, jenes Gebäude, das die Puritaner mit der Bezeichnung »der Abort der Hölle« belegt hatten.

Jonathan lief zu dem dicht danebenstehenden Wohnhaus und platzte durch die Tür.

Mistress Goodfellow beäugte ihn säuerlich. Sie räusperte sich. »Unser falscher Fuffziger ist also endlich wieder aufgetaucht?«, knurrte sie. Am heutigen Morgen schien die Knolle rechts an ihrer Nase den perfekten Ausgleich zu ihrem schielenden linken Auge zu bilden.

»Sind schon alle drüben?«, rief Jonathan. »Kann ich mich noch dranhängen?«

»Das wird dir wenig nützen. Der Meister hat geschworen, dass er dich wieder nach Bridewell zurückschickt.«

»Seit wann sind sie schon fort?«, stieß Jonathan hervor, griff sich ein Stück Weizenbrot und schüttete einen Becher Ale hinterher.

»Seit einer halben Stunde, obwohl das für dich jetzt nichts mehr ändert. Der Meister wird sich jemand nehmen, auf den mehr Verlass ist. Bei ihm ist Disziplin gefragt, Zuspätkommen gibt's bei ihm nicht. Da nützt kein Bitten und Betteln, sein Entschluss steht fest. Und das ist gut so. Gott sei's gedankt, mein Garten ist wieder vor dir sicher. Nun geh deine Sachen zusammenpacken, damit du fertig bist, wenn dich der Konstabler holen kommt ...«

Hau ab, bevor der Konstabler dich holt, schrie es in Jonathan auf, und er flitzte zur Tür hinaus. Irgendwohin, wo es sicher ist – auf dem anderen Flussufer in Bankside werden sie dich niemals finden! Sogar die Konstabler haben Angst, sich in dieses Diebesnest zu wagen! Doch er hatte nicht mehr die Kraft zu rennen. Hilflosigkeit und Erschöpfung hatten ihn überwältigt. Wie lange würde er sich dort halten können? Ein paar Monate vielleicht, bestenfalls ein paar Jahre würde es dauern, bis er von einem älteren und stärkeren Dieb einen Dolch zwischen die Rippen bekam.

Dann regte sich ein winziger Hoffnungsschimmer. Vielleicht hatte der alte Drache ihn angelogen? Vielleicht war der Meister gar nicht so wütend? Wenn ich ohnehin wieder eingesperrt werden soll, dachte er, was kann es da schon schaden, wenn ich dem Meister noch einmal von Angesicht zu Angesicht gegenübertrete? »Geh noch mal zu ihm zurück, fleh ihn an, wenn es nicht anders geht. Richard Burbage scheint so ein übler Kerl nicht zu sein«, murmelte er und spielte im Geiste alle möglichen Entschuldigungen durch, mit denen er Burbage möglicherweise milde stimmen konnte.

Er ging zurück, hinüber zu dem massiven Bau, der aus den Feldern ragte. Dieses Gebäude musste sich heute als sein Tor in die Sicherheit erweisen, sonst gab es nur ein Zurücksinken in die Ehrlosigkeit der früheren Existenz. Er würde niemals wieder eine zweite Chance bekommen, dessen war er sich bis ins Mark gewiss. Er atmete ein paar Mal tief durch und betrat »Das Theater«.

Im Jahre 1576 hatte Richard Burbages Vater James seinen Tischlerberuf an den Nagel gehängt, alles auf eine Karte gesetzt und ein Gebäude errichtet, das dem Bärengarten in Southwark nachempfunden war. James Burbage hatte eine Vision: Bislang hatten die Theaterkompanien in den Hinterhöfen der Gasthäuser Londons auf improvisierten Bühnen ihre Vorstellungen geben müssen, aber er wollte ein dauerhaftes Gebäude mit tausend Sitzplätzen errichten, in dem die Schauspieler mit ihren Stücken auftreten konnten. Er hatte die unternehmerische Weitsicht, sich für seinen Bau ein im Eigentum der Krone befindliches Gelände mit der Bezeichnung »the liberties« weit außerhalb der Mauern Londons auszusuchen, wo er nicht der Rechtsprechung der Stadtväter unterstand. Wäre es nach denen gegangen, hätten sie das Gebäude längst in Schutt und Asche legen lassen, denn sie waren zutiefst davon überzeugt, dass die Schauspielerei die Londoner Spielart der Wiedergeburt der Hure Babylons darstellte. Burbage hatte seinen Bau »Das Theater« genannt.

Das dreistöckige Gebäude mit dem vieleckigen Grundriss konnte zweitausend Menschen aufnehmen. Die Sitzplätze auf den Galerien waren durch ein Strohdach geschützt, der ungedeckte Innenhof, das Parterre, war dem Wetter ausgesetzt. Der Erfolg übertraf Burbages wildeste Träume. Bald entstand gegenüber eine weitere Spielstätte, »Der Vorhang«, die sich aber binnen kurzem an »Das Theater« anschloss. Die Spielhäuser hatten Burbage innerhalb von zehn kurzen Jahren zu einem reichen Mann gemacht.

In dieser Zeit sicherte sich Burbages Schauspieltruppe auch den Ruf, eine der besten Londons zu sein, was ihm die Gönnerschaft von Robert Dudley einbrachte, Earl von Leicester und Königin Elisabeths Günstling am Hof. Zu Ehren ihres aristokratischen Gönners hatte sich die Truppe von James Burbage ursprünglich »Die Männer des Earl von Leicester« genannt.

Königin Elisabeth, die gern eine eigene Schauspieltruppe gehabt hätte und vermutlich ein bisschen neidisch auf den Erfolg des Earl von Leicester war, baute unter Verwendung der Kernmannschaft der Leicestertruppe ihr eigenes Ensemble auf, »The Queen's Men«, »Die Männer der Königin«. In diesem Umfeld waren James Burbages beide Söhne Richard und Cuthbert aufgewachsen. Nachdem Richard sich als talentierter Schauspieler erwies, trat er in die Truppe ein und war inzwischen ihr erster Charakterdarsteller geworden. Cuthbert kümmerte sich um die kaufmännischen Belange des Unternehmens.

Der Star der Truppe und Londons erstes Idol der Matineevorstellungen war der Clown Richard Tarleton. Er war so berühmt, dass er auf die Verwendung seines Vornamens verzichtete. Er war der Jagdaufseher des Earl von Leicester gewesen. Leicester, dem Tarletons ungewöhnliche Mischung von bodenständigem gesundem Menschenverstand und ausgelassenen Narreteien gut gefiel, hatte ihn ermutigt, sich als Schauspieler zu versuchen. Tarleton war ein kleiner, gedrungener Mann von unerschöpflicher Energie. Er konnte knuddelig sein wie ein Honigbär, doch sein Witz war so scharf wie dessen Krallen. Nachdem Königin Elisabeth über seine Possen gelacht hatte, lachte auch ganz London, und das Rad des Glücks trug ihn auf den Gipfel seiner Laufbahn.

Auf Samtpfoten kroch Jonathan auf die Vorbühne, die sich

ungefähr anderthalb Meter über den gestampften Lehmboden des Parterres erhob. Die Schauspieler probten gerade das Stück für diesen Nachmittag. So unauffällig wie möglich nahm er seinen Platz auf der Bühne ein. Doch Burbage erspähte ihn. »Mach, dass du fortkommst, du Pisspott! Weißt du überhaupt, wie viel Umstände ich wegen dir gehabt habe? Rollen umbesetzen, neue Stichwörter, neue Requisiten!«

»Aber jetzt bin ich doch da«, ließ Jonathan sich im kleinlautesten Tonfall vernehmen, der ihm zu Gebote stand.

»Aber nicht mehr lange, du elender Mistkäfer«, brüllte Burbage und packte ihn am Ohr. »Du wirst jetzt in die Requisitenkammer eingesperrt, bis der Konstabler dich holt und nach Bridewell zurückschafft.« Er zerrte ihn in die Garderobe, wo die Schauspieler ihre Kostüme wechselten. »Wir haben dich gestern Abend von den Wächtern suchen lassen. Den ganzen Sprengel haben wir durchforstet. Krank vor Sorgen waren wir, als du nicht nach Hause gekommen bist. Unsere Arbeit ist schon schwer genug, da können wir auf die Knüppel, die du uns zwischen die Beine wirfst, gern verzichten!«

»Es war nicht meine Schuld! Ich schwöre, es waren wild gewordene Gäule, die ...«

Burbage rümpfte die Nase. »Was sticht mir da in die Nase? Ist das etwa Essig? Ho, ho, daher also weht der Wind! Wild gewordene Gäule – na warte! Es scheint sich wohl eher um eine wild gewordene Stute gehandelt zu haben. Der Teufel wird dich holen, Jon Ransom, für deinen Mutwillen und deinen Ungehorsam!« Burbage schubste ihn in die Requisitenkammer und legte den Riegel vor.

Jonathan kauerte sich in das enge Gehäuse. »Du bist ein Trottel«, beschimpfte er sich selbst. »Wozu bin ich überhaupt zurückgekommen? Ich hätte genau so gut in Southwark untertauchen können. Christian hätte ich schon irgendwie gefunden. Er hat doch gesagt, dass er jemand wie mich brauchen kann.«

Jetzt blieb ihm nur noch die Aussicht auf Bridewell und die schadenfroh dreinblickenden Wärter. »Du wirst bald wieder hier sein«, hatten sie gehöhnt, »es dauert nur eine Woche, vielleicht auch einen Monat, aber dann bist du wieder hier in Bridewell. Du hast den Teufel im Leib, du Dieb!«

Die Schauspielertruppe arbeitete den ganzen Vormittag. Man probierte Verbesserungen, man schrie sich an, und einmal kam es fast zu Handgreiflichkeiten, während die Probe für das Stück *Ralph Roister Doister* voranschritt, das an diesem Tag gegeben werden sollte. Die Knie ans Kinn gezogen, wartete Jonathan in dem engen Kämmerchen. Die Schulter schmerzte ihn zwischendurch so schlimm, dass ihm die Sinne schwanden. Um die Mittagszeit öffnete Burbage die Tür einen Spalt und schob einen Kanten Brot und einen Napf mit Gemüsebrühe herein. »Ich kann dich ja nicht verhungern lassen«, knurrte er, »wo bleibt nur dieser verdammte Konstabler?« Dann war das Querholz auch schon wieder vorgelegt.

»Zeit, die Fahne aufzuziehen«, hörte Jonathan, wie Burbage dem Inspizienten zurief. Durch eine Ritze in der Brettertür konnte er die Schauspieler nacheinander in die Garderobe kommen und in die Kostüme schlüpfen sehen. Mit Hilfe von Nadeln, Drahtgestellen, Reifen, Perücken, Puder und Schminke verwandelten sich normale Sterbliche in etwas Außergewöhnliches. Einige Zeit darauf vernahm Jonathan die wachsende Unruhe der Menge, die Rufe und Begrüßungen, während das Publikum allmählich *Das Theater* füllte. Er hörte die Kassierer klirrend die Münzen in die umgehängten hölzernen Boxen werfen, die sie spöttisch ihr *box office* nannten. Er hörte die Händler schreien, die in dem allgemeinen Durcheinander Nüsse, Obst und Ale feilboten.

Eine Trompetenfanfare kündigte den Beginn der Vorstellung an. Jonathan vernahm die Stimme des Schauspielers, der mit dem Prolog das Publikum einstimmte, dann das scharfe Wechselspiel der Dialoge. Während das Spiel seinen Fortgang nahm, überkam ihn tiefe Traurigkeit. »Gibt es denn keinen Ausweg aus diesem Gehäuse?«, murmelte er. »Hätte ich ein Schwert, könnte ich mir den Weg in die Freiheit frei kämpfen.« Aber es stand ihm keine andere Waffe zur Verfügung als die, durch die er überhaupt erst an *Das Theater* gekommen war ...

Er machte sich daran, den Spalt in der Brettertür wie ein Rasender mit den Händen und schließlich sogar mit den Zähnen zu bearbeiten. Seine Finger bluteten, und sein Mund war wund, als der Spalt endlich so breit geworden war, dass er den Stiel des Suppenlöffels hindurchstecken und das Querholz anheben konnte. Davonlaufen? Er konnte vor lauter Schmerzen noch nicht einmal richtig gehen. Er würde niemals an den Kassierern vorbeikommen. Es gab nur eine Möglichkeit.

Die Vorstellung war nicht gut gelaufen. Der Regen aus rohen Stachelbeeren und faulem Obst war Beweis genug für den Unmut des Publikums. Unverdrossen begab sich die Truppe zum Klang von Flöte und Tambourin auf die Bühne, um mit dem Schlusslied und einem schmissigen Schlussreigen noch alles herauszureißen.

Jonathan schlüpfte aus der Requisitenkammer. Bevor einer der Schauspieler ihn aufhalten konnte, war er schon zur Bühnenmitte – mehr gehumpelt als gesprungen. Die Musiker oben auf dem Schnürboden hielten verwirrt inne. Einen Augenblick lang hing alles in der Luft, doch dann räusperte sich Jonathan und stimmte auf Teufel-komm-raus das Liebeslied »When My True Love Goes A« an.

Vor lauter Schmerzen sang er die Strophen nicht besonders gleichmäßig, manchmal zitterte auch seine Stimme, doch als er zum Refrain gelangte, hatte er sein Selbstvertrauen wiedergewonnen, und seine reine Stimme schallte in das Rund des Parterres und hinauf zu den Rängen der Galerien, wo die betuchteren Zuschauer saßen. Er sang, als ginge es um sein Leben, wodurch das Lied eine betörende Wirkung bekam, die das Publikum ruhig werden und schon bald gebannt lauschen ließ.

Die Menge, die alles gern beklatschte, was auch nur den Anschein von Können erregte, spendete reichlich Applaus.

Einmal in Gang gekommen, legte Jonathan von den Rufen nach »Mehr! Mehr!« ermutigt mit einem skandalträchtigen Publikumsrenner los, dem Lied »Ein dickes Ende ist das beste«:

Ein dickes Ende ist das beste
Das ist doch leicht zu verstehn.
Von allen Enden die ich gesehen,
Sind die blanken dicken die Besten!

Er sang mit soviel Schwung, dass die Menge in den vertrauten Gassenhauer einfiel und mitsang:

Hab gesehen, wo das Fass zu Ende
Und des Meeres Ende auch,
Das Ende auch der Brunnenwände.
Doch den himmlischsten Gebrauch
Gewährt das blanke dicke Ende,
Das mir die Liebste zugewendet!
Oh, ein dickes Ende ist das beste,
Drum, Liebling, tu doch unverhohlen,
Was der Heiland einst befohlen
Halt hin die andre Backe auch,
Die andre Backe auch,
Die andre Backe auch!

Das wilde Klatschen und Trampeln ließ Burbage keine andere Wahl, als die schäumende Stimmung von der übrigen Truppe mit einem ausgelassenen Tanz aufnehmen zu lassen.

»Noch ein Lied! Noch ein Lied!«, tönte es im Sprechchor aus der begeisterten Menge, doch Burbage flüsterte Jonathan zu: »Nichts mehr, lass sie hungrig bleiben.« Dann faltete er flugs die Hände und sprach ein Bittgebet für die Erhaltung der guten Gesundheit der Königin, womit der unterhaltsame Nachmittag beendet war.

Die Zuschauermenge strömte hinaus, die Schauspieler zogen sich in die Garderobe zurück und wechselten wieder in die Alltagskleider. Allein mit Richard Burbage blieb Jonathan auf der Bühne zurück.

Burbage tigerte mit kaum verhohlenem Zorn auf den Brettern auf und ab. »Mag sein, dass deine Faxen die Vorstellung gerettet haben, aber glaubst du etwa, dein unerträgliches Verhalten sei schon vergessen und vergeben, weil du das Publikum mit ein paar frechen Liedern gekitzelt hast?«

»Nein, Sir«, japste Jonathan.

»Zwei volle Monate bist du nun schon bei uns, und du benimmst dich immer noch wie ein Knastbruder. Ich bin mit meinem Latein an Ende. Ich bedaure den Tag, an dem sich unsere Pfade gekreuzt haben, Jon.«

Die Eichendielen ächzten unter Burbages Tritt. »Ich bin es ja selber schuld, schließlich hat man mich vor dir gewarnt – und wie!«

Vor zwei Monaten hatte Richard Burbage am westlichen Stadtrand von London, wo der Fleet River in die Themse mündet, auf den Schiffer gewartet, der ihn übersetzen sollte. Der Gesang des Gefängnischores von Bridewell war zu ihm herübergedrungen. Als ein »Miserere« erklang, erhob sich eine Stimme über die restlichen empor, wie der Ruf eines eingesperrten Vogels, der sich nach der Freiheit sehnt. Je länger Burbage zuhörte, desto mehr betörte ihn der Gesang dieser Stimme. Zudem war er auf der Suche nach Ersatz für einen Schauspiellehrling, der unlängst der Pest zum Opfer gefallen war. Aus einer Laune des Augenblicks unterbrach er seine Reise und wurde beim Oberaufseher von Bridewell vorstellig.

»Er hat mich vor dir gewarnt, Jon. Er hat mir alles aufgezählt: Du seist ein Lügner und unverbesserlicher Dieb. Dreimal seist du ausgerissen, und dreimal hätte man dich wieder zurückgebracht. Er sagte, du wärest schon zu alt, zu verhärtet, um dich noch zu ändern. Aber ich dachte, wenn man dir mit Güte begegnet, dich einen Beruf lernen lässt, könnte ich dir vielleicht einen frühen Tod im Gefängnis ersparen. Deshalb habe ich unter beträchtlichen Kosten einen Lehrvertrag für dich unterschrieben und mich verpflichtet, dich sieben Jahre lang zu ernähren, zu kleiden und dir in gesunden und kranken Tagen ein Dach über dem Kopf zu geben.« Er beendete seine unruhige Wanderung. »Hilf mir, dich zu verstehen. Hat man dich hier schlecht behandelt?«

»Nein, Sir.«

»Bist du mit deiner Arbeit unzufrieden?«

»Nein, Sir.«

»Nein, Sir! Nein, Sir! Ein ganzer Sack voll ›Nein, Sir‹! Fällt dir nichts anderes ein als immer nur ›Nein, Sir‹? Du bist doch nicht blöde. Deine Auffassungsgabe kann es mit allen anderen aufnehmen, und dein schauspielerischer Instinkt gibt Anlass zur Hoffnung. Aber da sind deine elenden Diebereien – o ja, wir haben es längst gemerkt – und deine Lügengeschichten und andauernd diese Keilereien mit den anderen Anfängern. Und dann, gestern, hatte ich dich gebeten, zu Hause zu bleiben und deine Rolle zu lernen – legst du es eigentlich bewusst darauf an, wieder nach Bridewell zu kommen?«

»Nein, S ...«, lag es Jonathan auf der Zunge, doch er besann sich noch einmal. »Bitte, Sir, geben Sie mir noch eine Chance!«

Burbage schaute ihn prüfend an und versuchte, zu einem Entschluss zu gelangen. »In deinen Augen spukt der Teufel, Jon Ransom, aber ich bin überzeugt, in deiner Kehle wohnt ein En-

gel und schenkt dir deinen Gesang. Und diesem Engel zuliebe –
also gut, ich gebe dir noch einmal eine Chance, aber wenn du die
Truppe noch ein einziges Mal sitzen lässt ...«

»Das werde ich niemals, bei meinem Eid!«

Burbage nickte streng. »Eines noch, wir wollen jetzt reinen
Tisch machen und noch einmal von vorn anfangen. Diese Geschichte mit den wildgewordenen Gäulen – das war doch wieder
eine von deinen Schwindeleien?«

»Nein, Sir, bestimmt nicht!«

Burbage platzte der Kragen. »Einfach unverbesserlich!«

Jonathan schnürte sein Wams auf und zog die Bluse aus. Große schwarze und blaue Male bedeckten seinen Rücken. Dann
brach er zusammen.

4.

Jonathan musste ein paar Tage das Bett hüten. Meist lag er im Dämmerschlaf und träumte von Christian und Maudy. Mistress Goodfellow umsorgte ihn mit unermüdlicher Geschäftigkeit. Ihr plötzlicher Sinneswandel machte ihn völlig ratlos. Er dachte, sie kann wohl nur nett sein, wenn man ihr mit Haut und Haaren ausgeliefert ist – oder kam es daher, dass jeder, der krank war, die mütterlichen Instinkte der kinderlos gebliebenen Frau herausforderte?

Sie brachte ihm eine Bibel. »Deine bösen Streiche haben dich zwar hinter die Mauern von Bridewell gebracht, aber Gott sei Dank haben sie dich dort Lesen und Schreiben gelehrt. Ich sage ja immer, jedes Übel hat irgendwo auch eine gute Seite. Während dein Leib heilt, solltest du dir die Zeit nehmen, auch deiner Seele etwas Gutes zu tun.«

Er vertrieb sich die endlosen Stunden mit der Lektüre des an Abenteuern reichen Buches und ließ sich in graue Vorzeiten versetzen, wo er mit einem Schuss seiner Schleuder bösen Ungeheuern und Gefängnisaufsehern den Garaus machen oder mit dem Schall seiner Posaune die Mauern von Bridewell zum Einsturz bringen konnte. Das Neue Testament und Die *Offenbarung des Johannes* fesselten ihn mit ihren unergründlichen Geheimnissen. Worin bestand das Geheimnis des siebenten Siegels oder des Zeichens der dreifachen Sechs? Waren das Untier und der Teufel dasselbe? Wann würde der Weltuntergang kommen? Im Jahr 1588, wie die Astrologen und Propheten vorhergesagt hatten? Wozu eigentlich gesund werden, wenn das alles stimmt?, dachte er bei sich. Misteress Goodfellow unterbrach stündlich seine Träumereien, um seine Prellungen mit ihren knoblauchgespickten Heilerdepackungen zu behandeln oder ihm eine kräftige Markbrühe zu verabreichen. Schließlich verkündete sie mit Bestimmtheit: »Jetzt liegst du schon drei Tage, ohne dass es besser geworden ist. Ich muss den Barbier kommen lassen, damit er dich zur Ader lässt!« Da rappelte Jonathan sich lieber von seinem Lager hoch und begab sich wieder an seine Arbeit, als sich von der Heilkur womöglich noch umbringen zu lassen.

In den darauffolgenden Monaten war Jonathan die Emsigkeit selbst. Burbage hatte ihn einem etwas älteren Lehrling namens Puddington Potts hinzugesellt, der ihn in seine täglichen Obliegenheiten einweisen sollte. In aller Herrgottsfrühe mussten sie nach London ziehen, an belebten Straßen und Plätzen Plakate ankleben und sich dann rechtzeitig zum Frühstück und den Vormittagsproben wieder in der Hollywell Lane einfinden. Jonathan konnte Puddington, oder Pudge, wie er kurz genannt wurde, nicht besonders gut leiden, diesen altklugen Schnösel, der aussah wie ein Schweinchen, sich bei jedem, der in der Truppe etwas zu sagen hatte, anbiederte und mit seiner vorwitzigen Nase an Orten herumschnüffelte, an die noch nie ein Sonnenstrahl gedrungen war. Es ärgerte ihn maßlos, dass Pudge ein talentierter Schauspieler war, der Nebenrollen von Königinnen, Hausmädchen, Schankwirten, alten Damen, Bauerntölpeln und dergleichen bravourös auf die Bretter legte.

Mit zusammengebissenen Zähnen ertrug er Pudges unablässige Sticheleien. »Bilde dir bloß nicht ein, du hättest Talent. Du hast einfach keine Bühnenausstrahlung. Außerdem bist du für weibliche Rollen zu groß, und hübsch bist du auch nicht. Du wirst es nicht lange machen.« Für Jonathan gab es deshalb nur eines: pünktlicher als alle anderen bei den Proben zu erscheinen, besser als alle anderen den Text zu lernen – jeden Tag ein neues

Stück, Komödien, Tragödien. Er prägte sich so viele Texte und Rollen ein, dass er glaubte, der Kopf müsse ihm platzen. Doch nachdem er sich einmal für dieses seltsame Gewerbe entschieden hatte, stellte er überrascht fest, dass er sich zusehends besser hineinfand und dass es ihm manchmal sogar Spaß machte.

Er bewunderte die Kameradschaft in der Truppe, die engen Familienbanden in nichts nachstand. Die meisten älteren Schauspieler waren verheiratet und wohnten in Shoreditch in der Nähe des Theaters. Von den unverheirateten jüngeren wohnten einige zusammen, ein paar wohnten auch in der Stadt, um am vornehmen und weniger vornehmen Leben von London teilnehmen zu können. Die Schauspielschüler waren in Burbages Mietshäusern untergebracht, wo Mistress Goodfellow mit argwöhnischem Auge über Lebensführung und Moral wachte.

Wie in jeder Familie gerieten auch hier die verschiedenen Charaktere manchmal hart aneinander. Tarleton und Richard Burbage standen in zähem Konkurrenzkampf um die dankbarsten Rollen, stritten sich über Interpretationen und führten mitunter hitzige Auseinandersetzungen über Kleinigkeiten: »Wie kannst du es wagen, bei meiner Sterbeszene an deinem Hosenlatz herumzufummeln?« Sie brüllten sich an und spielten sich manchmal auf, bis es fast zu Tätlichkeiten kam. Aber da jeden Nachmittag ein neues Stück zur Aufführung gebracht werden musste, blieb für ernsthaften Verdruss einfach keine Zeit.

Damit niemand über die Stränge schlug, verlas Burbage jede Woche einmal vor versammelter Mannschaft die Regeln seiner Truppe. Wer zu spät zur Probe kommt, zahlt zwölf Pence Strafe. Wer zu Beginn der Vorstellung noch nicht in Kostüm und Maske ist, zahlt drei Shilling. Bei Trunkenheit – zwölf Shilling. Die übliche Wochengage betrug zwölf Shilling. Die Schauspieler waren folglich sehr darauf bedacht, sich nichts zuschulden kommen zu lassen. »Wer ohne triftigen Grund eine Vorstellung versäumt, bekommt eine Wochengage gestrichen. Im Wiederholungsfall fliegt er.«

Kurz bevor sich der Vorhang hob, war die Spannung kurz davor, in Hysterie umzuschlagen. Schreie wie: »Wo sind meine Requisiten?«, oder: »Was war noch mal mein Stichwort?« mischten sich mit dem Tonleitergeträller der Schauspieler, die ihre Stimme in Form zu bringen suchten. Die Stimme war das A und O, sie musste bis in die hinterste Reihe des Parterres und hinauf zur obersten Galerie dringen können.

Durch ein Guckloch in der Seitenverkleidung beobachtete Burbage das hineindrängende Publikum. »Obacht, der Feind erstürmt unsere Bastionen!«

»Wieso der Feind? Sie haben uns doch ihren Obolus von einem Penny bezahlt, oder nicht?«, nuschelte Jonathan mit einer Garbe Stecknadeln im Mund, während er sich in ein Taillenmieder zwängte.

»Für einen Penny Eintritt erwarten sie für zwei Pennies Kurzweil als Gegenleistung. Gib ihnen bloß nicht zu knapp heraus, sonst schreien sie nach deinem Blut.«

Zur festgesetzten Stunde erstarben Geschnatter und Gezänk. Eine merkwürdige, geradezu stumme Erregung entstand, dann verkündete das Trompetensignal den Beginn der Vorstellung, und die Schauspieler sprangen mit der Disziplin eines kampferprobten Bataillons auf die Bühne.

Während dieser kurzen Augenblicke auf der Bühne vergaß Jonathan die Qual und Mühsal seines früheren Lebens. Je nach den Erfordernissen des Stückes und seiner eigenen Vorstellungskraft konnte er ein König, Eroberer, Liebhaber oder Geliebter sein. Er konnte den Duft von arabischem Zimt und Safran und den scharfen Geruch von Tabak aus fernen Ländern riechen. Lediglich seine eigene Vorstellungskraft setzte ihm Schranken, wenn er mit ihrer Hilfe den Gestank und die Schrecknisse seines Lebens auf der Straße und im Gefängnis von Bridewell in sich auslöschte. In diesen kurzen Momenten konnte er alles vergessen und sich selbst, dem Wundervogel Phönix gleich, als ein neues Wesen erschaffen.

Der ausufernde Ehrgeiz des Despoten war ihm durchaus vertraut – hatte er sich doch schon unzählige Male ausgemalt, der mächtige Herrscher zu sein, zu dem die Bittsteller, vorzugsweise Gefängnisaufseher, um Gnade winselnd auf dem Bauch herbeigekrochen kamen. Er kannte die Leidenschaft der jung Verliebten – hatte er nicht selbst davon geträumt, zu lieben und geliebt zu werden? Rachsucht, Verrätertum, Menschenschinderei, all das drängte in seinem reifenden Körper zur Oberfläche, doch seine in einer grausamen und gleichgültigen Welt gealterte Seele verjüngte sich nicht.

*

Auf trostlosen grauen Wolken glitt der September vorüber. Oft genug durchnässte der Regen die »Gründlinge« im Parterre, die ihre Bezeichnung wegen ihrer Ähnlichkeit mit dieser billigen Fischsorte erhalten hatten, da sie zumeist mit offenen Mündern zu den Schauspielern hinaufstarrten. An diesen trüben Tagen gab die Truppe sich ganz besondere Mühe. Manche Vorstellungen waren dann besser als gewohnt, manche waren sogar inspiriert – doch Inspiration hin oder her, die Truppe war mit dem Publikum, das seinen Penny bezahlt hatte, einen unauflöslichen Pakt eingegangen. Ob Regen oder Sonnenschein, ob gesund oder krank, man ging für sein Publikum auf die Bühne.

»Hör mir gut zu«, sagte der bärbeißige alte Tarleton zu Jonathan, während sie sich verbeugten, »der Tag wird kommen, an dem der Schauspielerberuf so respektabel sein wird, dass wir unsere eigene Gilde haben werden, sogar eine stärkere als die Fischhändler, und man wird unsere Erfolge mit großartigen Festen feiern.«

»Du alter Narr, du wirst mit jedem Jahr trotteliger«, knurrte Burbage. »Von wegen unsere eigene Gilde. Wir können froh sein, wenn uns die Stadtväter und die Puritaner nicht den Laden dichtmachen!«

»Unser Tag wird kommen«, beharrte Tarleton, »weil wir den Leuten etwas geben, das sie brauchen. Wir erlösen sie von ihrer Alltagsmühe und schenken ihnen das Lachen, das Manna, ohne das kein Mensch leben kann. Warum beenden wir denn unsere Vorstellung immer mit einem lustigen Lied und einem schwungvollen Tanz? Weil wir instinktiv wissen, dass man die Leute lachend auf den Heimweg schicken muss, egal ob wir eine Komödie oder Tragödie spielen.«

✻

Jonathans Ausbildung ging Schritt für Schritt voran: Akrobatik, Fechtunterricht, neue Lieder, neue Rollen. Das Leben eines Schauspielers war ein endloser Lernvorgang. Jonathan kam sich vor wie ein leeres Gefäß, das sich allmählich mit gehaltvollem Wein füllte. Er begriff, wie unwissend er war, und entwickelte großen Lerneifer.

An manchen Abenden schaffte er es kaum, auf den Dachboden hinauf und in sein Bett zu kommen, aber er konnte sich mit vollem Magen und unter einer wärmenden Decke schlafen legen. Vor dem Einschlummern stiegen Visionen von Christian und Maudy in ihm auf – und da die eigene Hand nur ein unzureichender Ersatz war, schwor er sich, zur Grabschgasse zurückzugehen und nach den beiden zu suchen. Doch es kam nie dazu. Er hatte Richard Burbage sein Wort gegeben und war entschlossen, es nicht zu brechen.

Der Oktober zog vorüber. Die Blätter fielen, die Zuschauer hüllten sich enger in ihre Mäntel. Während der Aufführung von »The Marriage of Wit and Wisdom« bemerkte Jonathan aus dem

Augenwinkel im Parterre einen jungen Mann. Er war ungefähr einsfünfundsiebzig groß. Aus seinen Katzenaugen blickte er mühelos auf die erhöhte Vorbühne.

»So groß ist London nicht, dass wir uns nicht noch einmal über den Weg laufen ...«

Die Erinnerung an die Drohung brachte Jonathan völlig aus dem Konzept. Der Souffleur auf der Seitenbühne zischelte ihm den Text vor. Irgendwie konnte Jonathan den Hänger ausbügeln, versuchte jedoch, Christopher Marlowes stechenden Blick während des Rests der Vorstellung tunlichst zu vermeiden.

»Warum hast du dich von Marlowe fertig machen lassen?«, rüffelte Burbage ihn nach der Vorstellung. »Was macht dieser verkommene Tunichtgut überhaupt in London? Warum ist er nicht in Cambridge? Diesem Angeber ist kein Stück gut genug. Er droht sogar damit, selber eins zu schreiben. Mit Blut, vermutlich!« Burbage packte Jonathan an den Schultern. »Nie, niemals darfst du zulassen, dass jemand den unsichtbaren Vorhang zwischen dir und dem Publikum durchbricht. Wenn du dein Publikum in den Bann schlagen willst, darfst du dich niemals aus der Welt des Stücks herausreißen lassen.«

Pudge konnte es nicht lassen, seinen Senf dazu zu geben. »Amateur!«, schnaubte er verächtlich.

Am folgenden Tag erspähte Jonathan Marlowe auf der ersten Galerie. Er hatte sich neben den Mann mit dem gemeißelten Gesicht gelümmelt, den Christian als Ingram Frazier bezeichnet hatte. Sie sprachen fleißig einer voluminösen Flasche zu und bewarfen die Schauspieler mit Erdnussschalen, sehr zum Missfallen eines sturen Bürgers, der wie eine Salzsäule bei ihnen saß. Der eisengraue Mann mit seinen grauen Augen und Haaren und dem geheimnisvollen Gehabe hatte etwas an sich, das Jonathan unsicher machte. Als er seinen Auftritt beendete – auch das Stück ging dem Ende entgegen –, bedachte Marlowe ihn mit übertriebenem Applaus, der sich nur mit überreichlichem Alkoholgenuss erklären ließ, und warf ihm einen Farthing zu.

Später, als er mit Pudge die Bühne abräumte, stichelte dieser: »Jetzt biedern wir uns also bei den Cambridge-Typen an. Als Nächstes wird er dir wohl versprechen, extra für dich ein Stück zu schreiben. Pass nur gut auf deinen Allerwertesten auf. Kit Marlowe ist bekannt dafür, dass er für einen Farthing nichts anbrennen lässt!«

»Du scheinst ja gut im Bilde zu sein«, erwiderte Jonathan schlagfertig. »Marlowe hat dir wohl schon angetragen, dir ein Stück auf den Leib zu schreiben.«

Pudge sprang ihn an. Sie rollten auf der Bühne herum wie zwei sich balgende Kater, bis Burbage eingriff und die beiden auseinander zerrte. »Macht mir die Kostüme kaputt, und ich ziehe euch beiden das Fell über die Ohren!«, fauchte er.

»Wer war denn der Grauhaarige bei Marlowe?«, erkundigte Jonathan sich beim Ablegen der Kostüme.

Burbage blähte die Wangen. »Puh, als ich ihn sah, hätte *ich* beinahe vor lauter Schreck über diesen grimmigen grauen Fiesling einen Hänger gehabt. Das ist Raymond de Bon Cœur, Erzpuritaner und Sekretär von Sir Francis Walsingham, dem Geheimen Staatssekretär unserer Königin. Ich habe Bon Cœur hier noch nie gesehen. Während der ganzen Vorstellung dachte ich immer nur, warum ist der hier? Will er uns den Laden dichtmachen? – Pudge und Jon, habt ihr unsere Plakate an Kirchenwände geklebt?«

»Ich bestimmt nicht«, sagte Pudge. »Aber für unsere klapprige Bridgewellpflanze kann ich die Hand nicht ins Feuer legen. Er versucht seine Plakate immer ohne Rücksicht auf Verluste loszuwerden.«

»Du bist ein verdammter Lügner«, brüllte Jonathan.

»Wir haben zehn Prozent unserer täglichen Einnahmen für die Armen gespendet«, sagte Burbage nachdenklich, »wegen ausstehender Zahlungen können sie uns also nicht ans Leder. Die Krone könnte die Schließung verfügen, falls die Pest ausgebrochen wäre, aber meines Wissens ist schon seit Monaten kein Fall mehr aufgetreten.«

Burbage begann sich mit Olivenöl abzuschminken, das durch einen Tropfen Honig verdickt war. »Was also hatte Raymond de Bon Cœur hier zu suchen, und auch noch ausgerechnet zusammen mit Christopher Marlowe? Liebe Leute, hier ist etwas im Busch, und was es ist, werden wir noch früh genug erfahren.«

»Früh genug« war bereits ein paar Tage später. Nach der Vorstellung vor kaum viertelvollem Haus hatte Burbage seine mutlos gewordene Truppe in der Garderobe um sich versammelt. »Noch nie hatten wir einen trüben Herbst wie diesen, nichts als Regen, Regen und noch mal Regen, und dabei ist der November noch längst nicht um. Wir haben kaum noch Einnahmen. Die Leute bleiben zu Hause und wärmen sich am Kamin. Bald ist Weihnachten. Lasst uns dafür beten, dass die Königin sich unsere Truppe für eine Vorstellung bei ihrem Weihnachtsbankett aussucht. Falls nicht, weiß ich auch nicht, wie wir über den Winter kommen sollen.«

»Warum befreien wir die Truppe nicht von überflüssigem Ballast?«, schlug Pudge mit einem Seitenblick auf Jonathan vor.

Auf der Schwelle des Garderobenraums erschien ein ganz im düsteren puritanischen Schwarz livrierter Lakai. Er betrachtete die Anwesenden mit dem hochmütigen Blick des Lakaien für Tiefergestellte.

»Es meldet sich Doublevay«, näselte er mit affektiertem französischem Akzent. »Ich überbringe ein Schreiben für Monsieur Richard Burbage.« Er händigte Burbage den Brief aus, um sich sogleich hastig zu empfehlen wie jemand, der eine ansteckende Krankheit befürchtet.

Hoffnungsfrohes Gemurmel erhob sich. Manchmal bestellte

sich ein Adliger zur Feier eines besonderen Ereignisses wie einer Kindsgeburt oder einer Hochzeit eine Privatvorstellung, und bei solchen Gelegenheiten konnte man ein hübsches Sümmchen verdienen. Aller Augen ruhten erwartungsvoll auf Burbage, als er das sehr offiziell wirkende Siegel erbrach.

Er las das Schreiben und runzelte die Brauen. »Es ist von Sir Francis Walsingham«, sagte er mit belegter Stimme.

Alles verstummte. Noch nie zuvor hatte es Kontakt mit Sir Francis Walsingham gegeben. Er war der Vorsitzende des Geheimen Königlichen Staatsrats, einer der mächtigsten und geheimnisumwittertsten Männer Englands – was hatte ein Mann solchen Kalibers mit einer schäbigen Schauspieltruppe zu schaffen?

»Jedes Jahr etwas Neues«, seufzte Burbage. »Bislang haben wir für Aufführungen am Hof nur die Genehmigung des Maître de Plaisir einholen müssen. Jetzt teilt Mylord Walsingham uns mit, dass er sämtliche Stücke persönlich lesen möchte, um sicherzugehen, dass sie nichts Umstürzlerisches enthalten.«

»Aber Walsingham ist doch Puritaner!«, trumpfte Jonathan auf. »Verabscheuen denn die Puritaner nicht das Theater?«

»So ist es, sehr zum Missfallen Ihrer Majestät«, sagte Tarleton, wie immer darauf aus, sein besonderes Verhältnis zu Königin Elisabeth hervorzukehren. »Je schwieriger die Zeiten werden, desto mehr spielt sich Sir Francis als ihr Beschützer auf«, fuhr er fort. »Täglich werden paketweise ungeheuerliche Pamphlete nach London geschmuggelt, die allesamt zur Ermordung der Königin aufrufen. Seid versichert, dahinter stecken Papst Sixtus und König Philipp von Spanien – die Pest über ihre Häuser!«

»Der spanische Gesandte hat es praktisch zugegeben«, warf Burbage ein, der sich von dem Clown nicht ausstechen lassen wollte. »Warum hat die Königin ihn letztes Jahr des Landes verwiesen? Man hat Bernardino de Mendoza auf frischer Tat als einen der Verschwörer des Throgmorton-Komplotts ertappt, durch das Maria von Schottland auf den englischen Thron gehievt werden sollte.«

»Möge England dieser Tag auf immer erspart bleiben!«, verwahrte sich Tarleton, der das letzte Wort behalten wollte.

»Und was hat dieser spanische Verräter von sich zu geben gewagt, als man ihm das Beweismaterial unter die Nase hielt?«, setzte Burbage im Brustton des Rhetorikers eins obendrauf.

Tarleton nahm die Herausforderung an. »Sagt Eurer Königin, wenn ich es ihr im Frieden nicht besorgen darf, dann vielleicht im Krieg!«, tönte er unisono mit seinem Konkurrenten.

»In den nächsten beiden Jahren wird es noch viel schlimmer kommen!«, platzte Jonathan eifrig heraus, den das Wortgefecht mitgerissen hatte. Nun wollte auch er sein Wissen hervorkehren. »Den Weissagungen des Regiomontanus zufolge ...«

Burbage verschloss Jonathan mit der Hand den Mund. »Sprich nie wieder diesen Namen aus! Streich ihn aus deinem Gedächtnis, sonst bekommen wir den Zorn der Krone zu spüren.« Er nahm drei Bände mit Stücken aus dem Spind des Inspizienten, wickelte sie wasserdicht ein und reichte Jonathan das Paket. »Bring das in die Seething Lane zu Mylord Walsingham, gleich beim Tower Hill.«

»Das ist doch auf der anderen Seite von London! Außerdem regnet es schon wieder.«

»Es nieselt bloß, dein Haar wird davon wachsen.«

»Ich gehe, ich möchte gehen!«, bettelte Pudge, dessen Nase vor Neugier immer spitzer wurde.

Burbages Zeigefinger fuhr auf Jonathan los. »Ab mit dir zur Seething Lane! Wenn man dich etwas fragen sollte, dann sagst du nur ja oder nein – und kein Wort von Propheten und Weissagungen, sonst landen wir noch alle im Gefängnis!«

Mit einem ergebenen Achselzucken machte Jonathan sich auf den Weg. Feiner Nieselregen erfüllte die Luft. Er fuhr sich mit den Fingern durchs Haar, nicht sicher, ob es wirklich wuchs oder nicht. Er ging durch das mächtige Stadttor, dann die Bishopsgate Street hinunter und an der eindrucksvollen Merchants Taylor Hall vorbei. Er schlug sich die Arme um den Körper, um nicht allzu sehr zu frieren. »Pudge wollte doch diesen blödsinnigen Gang übernehmen, weshalb hat Burbage ihn dann nicht gehen lassen?«, murrte er vor sich hin. Eine halbe Stunde darauf erreichte er durchgefroren und bis auf die Haut durchnässt die Gegend am Tower Hill und bald darauf auch das Haus von Sir Francis Walsingham an der Seething Lane.

Das Gebäude diente dem höchsten Staatsdiener nicht nur als Londoner Wohnung, sondern auch als Amtssitz. Jeder, der zum Kontinent reisen wollte, musste sich hier einen Pass ausstellen lassen, und die diplomatischen Botschaften aus der ganzen Welt gingen hier ein. Noch nie hatte sich Jonathan so nahe am Zentrum der Macht befunden. Während er den bronzenen Türklopfer betätigte, gab der Knoten in seinem Magen beredtes Zeugnis von seiner Aufregung und Anspannung.

Doublevay öffnete die Tür. Er blickte hochnäsig hinunter auf die abgerissene triefende Gestalt, die vor ihm stand. »Mach dir gefälligst am Schuhkratzer die Latschen sauber!«, herrschte er Jonathan an.

»Ich habe ja gar keine Schuhe an, bei diesem Regen wären sie mir längst von den Füßen gefallen«, gab Jonathan zurück, führte aber dennoch die Fußsohlen über den Abstreifer und wischte sie zusätzlich an einer derben Hanfmatte.

Doublevay hielt einen silbernen Kerzenleuchter in die Höhe und führte Jonathan einen langen Korridor entlang. Hier lagen kostbare Perserteppiche auf dem Boden, nicht der übliche Reisig. Wandteppiche hielten die Kälte fern. Jonathan marschierte an ein paar Familienportraits vorbei. Zwei der Dargestellten kannte er. Jeder Londoner kannte Walsinghams Tochter Frances, vor allem deshalb, weil sie den allseits beliebten Sir Philip

Sydney geheiratet hatte, der als Englands perfekte Verkörperung von Höfling, Dichter und Held in einer Person galt.

Wieder ein langer Gang, dann noch einer. Jonathan hatte das ungute Gefühl, dass ihm aus jedem der Portraits prüfende Blicke folgten. Mit Konstablern und Wächtern hatte er genügend einschlägige Erfahrung sammeln können, um sofort zu spüren, wenn er beobachtet wurde. Aber warum, fragte er sich, du hast doch nichts geklaut – bis jetzt jedenfalls nicht, wobei seine Hand unentschlossen über einem wunderbar getriebenen silbernen Präsentiertellerchen schwebte.

Nach vielerlei Umwegen betraten sie ein Vorzimmer, das ohne weiteres direkt von der Eingangshalle her zugänglich gewesen wäre, wie Jonathan bemerkte. Es war ein rechteckiger Raum mit spärlichem Mobiliar: Bücherborde, dunkle Eichenschränke, ein Refektoriumstisch. Im Kamin glommen die Reste eines ersterbenden Feuers, an der Wand hing ein Portrait von Königin Elisabeth. Sie war als Gloriana dargestellt, umgeben von allerlei mythologischem Getier, darunter einem Hermelin, dem Symbol der Jungfräulichkeit. Rammeln Hermeline etwa nicht, fragte sich Jonathan. Woher kommen dann die kleinen Hermeline?

Doublevay zog sich mit einer Verbeugung aus dem Zimmer zurück. Ein blondhaariger Schreiber mit dem strengen Mützenschnitt der Puritaner saß über seine Arbeit gebeugt am Tisch. Er war so sehr in seine Arbeit versunken, dass ihm Jonathans Eintritt entgangen war. Als Jonathan sich mit einem Räuspern bemerkbar machte, sprang er erschrocken auf. Er stieß seine Bank um; bei dem Versuch, wieder Ordnung zu schaffen, kippte auch das Tintenfass. Am Ende hatte er sich über und über mit Tinte bekleckert.

»Du bist Jonathan Ransom?«, erkundigte er sich eifrig. »Ach du lieber Gott, du bist ja nass bis auf die Haut. Stell dich ans Feuer, nun mach schon! Es tut mir Leid, es ist leider kein Holz mehr da, wir gehen sehr sparsam damit um, bis wieder Geld von der

Königin kommt. Hast du die Stücke mitgebracht?« Er streckte die Hände nach den Bänden aus, aber Jonathan zog sie fort.

»Wisch dir lieber zuerst die Hände sauber, mein Meister reißt mir den Kopf ab, wenn ich die Bände mit Tinte bekleckert zurückbringe. Das Kopieren kostet einen Haufen Geld.«

Wer ist dieser tollpatschige Tölpel, wunderte er sich. Wie kann so einer es zu einer Anstellung im Büro des Geheimen Staatssekretärs bringen? Und woher weiß er, wie ich heiße?

Der Schreiber errötete heftig. Beflissen wischte er sich die Tinte von den Händen. »Ich heiße Boy, Boy de Bon Cœur.«

Während Jonathan den Namen registrierte, ging in seinem Kopf eine Alarmsirene los. Das war zweifellos ein Verwandter jenes eisengrauen Raymond de Bon Cœur, und das erklärte auch, weshalb er hier war. Der Schreiber war vielleicht achtzehn oder neunzehn Jahre alt, doch die mangelnde Koordination seiner Bewegungen – er wirkte wie ein torkelndes Lämmchen, das noch unsicher auf den Beinen stand – ließ ihn jünger erscheinen. Seine Augen waren hellblau wie Glockenblumen, und jede Gemütsregung spiegelte sich im verräterischen Farbenspiel seiner hellen Haut. Die Natur wollte, dass Boy de Bon Cœur, der Gutherzige, seine Liebe oder Abneigung allen sichtbar zur Schau trug.

Jonathan hielt den älteren Burschen für arglos, vielleicht sogar ein bisschen einfältig, aber gerade deshalb fühlte er sich zu ihm hingezogen. In diesem düsteren Haus war ihm zwar unbehaglich zumute, doch er war weit davon entfernt, es Boy anzulasten. Im Gegenteil, er mochte ihn sogar. Unwillkürlich half er ihm, mit einem Stofffetzen die Hände zu säubern.

Boy zeigte sich erkenntlich, indem er Jonathan das triefende Haar trocknete, was allerdings nicht ohne Hinterlassung von umfangreichen Tintenspuren in Jonathans Gesicht abging. »Du bist Schauspieler, nicht wahr?«, erkundigte er sich unter vielfältigen Entschuldigungen.

»Erst in sieben Jahren, wenn meine Lehrzeit vorüber ist. Gehst du ins Theater?«

»Aber nein, meine Eltern sind strenge Puritaner. Mein Vater würde es nie zulassen. Aber es geht mir auch nicht ab«, setzte er hastig hinzu.

Wie kannst du das wissen, wenn du noch nie drin warst, hätte Jonathan ihn am liebsten gefragt, hielt aber die Zunge im Zaum. Eine kurze peinliche Pause entstand. Sie hätten gerne noch ein bisschen geplaudert, doch es passte einfach nicht in die feierliche Schweigsamkeit dieser Umgebung. »Ich muss jetzt gehen«, sagte Jonathan. »Ich habe einen langen Weg vor mir, und bis zum Schlafengehen muss ich noch allerhand erledigen.«

»Ob wir uns wiedersehen?«, fragte Boy. Hoffnung schwang in seiner Stimme.

»Ich hätte nichts dagegen«, meinte Jonathan und öffnete die Tür. Er konnte gerade noch zwei Männer am Ende des langen Gangs verschwinden sehen. Er blieb wie angewurzelt stehen. »Waren das nicht Raymond de Bon Cœur und –« er schnippte mit den Fingern – »Ingram Frazier?«

»Ich habe niemand gesehen«, gab Boy wenig überzeugend zurück. Seine flammende Röte verriet, dass er die Unwahrheit sagte.

Von Natur aus argwöhnisch – verdankte er diesem Argwohn doch sein bisheriges Überleben – spürte Jonathan, dass die Anwesenheit dieser Männer durchaus kein Zufall war. Dahinter steckte eine bestimmte Absicht, möglicherweise sogar das stille Einverständnis von Richard Burbage. Wie sonst hätte Boy de Bon Cœur seinen Namen wissen können? Aber was war der Zweck? Und wem sollte es nützen? Ihm selber bestimmt nicht, dessen war er sich gewiss.

5.

Als Jonathan gegangen war, trat ein gertenschlanker Mann ins Vorzimmer. In seiner lediglich von einer kleinen weißen Halskrause aufgehellten tiefschwarzen Kleidung wirkte er wie jemand auf dem Weg zu einer Beerdigung. Allein, Sir Francis Walsingham sah immer so aus, als wäre er auf dem Weg zum Friedhof. Gerüchte wollten ohnehin wissen, dass nicht wenige Beerdigungen auf sein Konto gingen. Er hatte Jonathan durch das Guckloch im Auge des Einhorns im Glorianaportrait genau beobachtet.

Walsingham hatte einen kantigen Kopf, der durch den nach italienischer Mode geschnittenen Spitzbart noch kantiger wirkte. Die unablässige Bewegung seiner tiefliegenden scharfen Augen spiegelte die rastlose Tätigkeit eines durchdringenden Verstandes. Vieles verlangte, bedacht zu werden. Er war nicht nur der höchste Minister des königlichen Staatsrats, sondern auch Chef des in ganz Europa operierenden Geheimdienstes von Königin Elisabeth.

Drei Probleme brannten ihm zur Zeit besonders auf den Nägeln: Das Schicksal von Maria, der Königin von Schottland, die Verschwörungen, die das Leben seiner Königin Elisabeth bedrohten, und die Frage einer möglichen Invasion Englands durch König Philipp von Spanien. Diese drei eng miteinander verflochtenen Probleme glichen einer vielköpfigen Hydra. Zur Bekämpfung dieses Ungeheuers brauchte er Informationen, aber die Beschaffung von Informationen kostete Geld, und davon hatte er erbärmlich wenig. Wenn ihm Königin Elisabeth nur die verzweifelt benötigten Mittel zur Verfügung stellen würde – er hätte ihr den besten Geheimdienst Europas aufgebaut. Aber sie wachte wie ein Luchs über ihre Börse, und er hatte sich gezwungen gesehen, einen Großteil seiner Aufklärungsoperationen aus eigener Tasche zu finanzieren und sich und seine Familie an den Rand des finanziellen Ruins gebracht.

Die Folge war, dass er oft auf ungewöhnliche Hilfsquellen angewiesen war, die man als unorthodox und gelegentlich auch als bizarr bezeichnen musste. Aber er hatte keine andere Wahl. Die Königin war in Gefahr. Gott war in Gefahr. Der Antichrist zog durch die Lande.

Christopher Marlowe trat herein zu Walsingham, Ingram Frazier folgte ihm wie ein Schatten. Als nächster kam Raymond de Bon Cœur, dicht gefolgt von Thomas Phelippes, Walsinghams Spezialisten für die Ver- und Entschlüsselung von Botschaften. Phelippes war eine hagere ungepflegte Erscheinung, knapp über dreißig Jahre alt; strähniges Haar von der Farbe ranziger Butter hing ihm um sein pickeliges Gesicht.

»Hab ich Euch nicht gesagt, dass dieser Ransom sämtliche erforderlichen Eigenschaften aufweist?«, platzte Marlowe erregt heraus. »Allein schon am Gang eines Menschen kann man eine Menge ablesen. Erinnert Euch, wie leichtfüßig er durch den Korridor ging, aber dennoch zielstrebig. Er wirkt so natürlich, dass kein Mensch Verdacht schöpfen würde.«

Es klopfte leise an der Tür. Walsingham legte den Finger auf die Lippen. »Herein!«, rief er.

Doublevay trat ein. Er trug ein silbernes Tablett, auf dem Karaffen mit Wein und eine mit Datteln, kandierten Orangenscheiben und Marzipan beladene Schale standen. »Mylord, Ihr habt ohne Mittagspause ununterbrochen durchgearbeitet. Ich ließ deshalb den Koch eine Kleinigkeit vorbereiten, denn ich meine, Ihr habt eine Stärkung nötig.«

»Was würde ich ohne meinen guten Doublevay nur tun?«

Doublevay machte sich gemächlich mit dem Servieren des Naschwerks zu schaffen. Marlowe goss sich indessen unaufgefordert einen großen Pokal Wein ein, schüttete ihn hinunter, um sich sogleich ein zweites Mal zu bedienen.

»Wie ich soeben ausführte«, sagte Walsingham, als nähme er ein unterbrochenes Gespräch wieder auf, »glaube ich nicht, dass Philipp von Spanien an einem Krieg mit England interessiert ist. Ganz im Gegenteil, ich weiß aus verlässlicher Quelle, dass er gegen seinen Erzfeind Frankreich rüstet.«

Nachdem Doublevay endlich katzbuckelnd dem Raum verlassen hatte, brauste Marlowe auf. »Seid Ihr von Sinnen, Mylord? Weiß nicht jeder, dass Philipp von Spanien sein linkes Ei oder vielleicht sogar beide darum geben würde, England zu erobern!«

Ein herablassendes Lächeln spielte um Walsinghams schmale Lippen. »Der gute Doublevay, ohne den ich völlig aufgeschmissen wäre, arbeitet zufällig auch für den Geheimdienst des französischen Botschafters Monsieur Châteauneuf.«

Marlowes aufgerissene braune Augen wurden noch runder. »Ihr beherbergt einen Spion in Eurem eigenen Haus?«

»Es funktioniert durchaus befriedigend. Ich lasse Doublevay gelegentlich ein paar Informationen aufschnappen – Fehlinformationen, natürlich –, die er eiligst dem Botschafter Châteauneuf zuträgt, der sie wiederum pflichtschuldigst in seine Berichte an Heinrich III. aufnimmt. Der französische König beschwert sich dann bei Mendoza, dem spanischen Gesandten in Paris, der sich wiederum gezwungen sieht, für seinen König eine Lanze zu brechen, und das ganze Spiel beginnt von vorn.«

»Ach so, ich verstehe, Information und Desinformation.«

»Ganz genau.« Walsingham füllte für Phelippes, Raymond de Bon Cœur und sich selbst drei Pokale mit Wein. Er hielt einen davon in die Höhe, begutachtete Farbe und Bukett. »Ich weiß, wenn ich das trinke, werde ich dafür büßen müssen, aber der heutige Abend ist sehr unwirtlich.« Er leerte das Glas. »Wo waren wir stehen geblieben?«

»Bei diesem Ransom«, drängte Marlowe.

Walsingham hob abwehrend die Hand. »Das kann warten, bis wir mit den wichtigeren Themen fertig sind. Bevor dieser Bursche eintraf, habt Ihr mir doch von dunklen Machenschaften in Cambridge berichtet.«

Vom dritten Glas Wein beflügelt, sah Marlowe seinen Auftritt gekommen. »Mylord, Euer Verdacht hat sich bestätigt. Mehrere Jesuiten haben den Lehrkörper von Cambridge unterwandert mit dem Ziel, die Studenten zum Katholizismus zu bekehren.«

»Verräterisches Papistenpack«, knirschte Raymond de Bon Cœur. »Wir sollten sie auf der Stelle verhaften lassen.«

Walsingham schüttelte den Kopf. »Raymond, Geduld, warum nur eine Wachtel in den Sack stecken, wenn wir den ganzen Schwarm fangen können? Wir müssen herausfinden, wo und wie diese Jesuiten nach England gelangen und bei welchen Katholiken sie hierzulande Unterstützung finden. Marlowe, fahrt bitte fort.«

»Eurer Weisung folgend gab ich vor, Sympathien für die katholische Sache zu hegen und bin mit einem der Jesuiten in Verbindung getreten. Er verhielt sich schlau und vorsichtig, und es bedurfte all meines Geschicks, ihn über die Bank zu ziehen – die Kommunionbank natürlich.«

Er begleitete sein Bonmot mit dem Entblößen seiner gleichmäßigen Zähne. Walsingham tat es ihm anerkennend gleich. »Der besagte Ordensmann wittert bei mir Bereitschaft zum Glaubensübertritt, denn er deutete an, in Reims würden Berufung und Erlösung auf mich warten.«

Das Blut wich aus Raymond de Bon Cœurs Gesicht. Er wurde noch bleicher. »Er meint das Englische Priesterseminar in Reims, das dieser Abtrünnige William Allen gegründet hat, der für seinen Landesverrat mit Gewissheit in der Hölle schmoren wird«, wandte er sich erklärend an Boy.

Walsingham strich sich nachdenklich den Bart. »Wir wissen schon seit geraumer Zeit, dass englische Umstürzler in Reims in der jesuitischen Irrlehre unterwiesen und dann nach England geschickt werden, um zur Rebellion gegen die Krone aufzustacheln. Wenn wir dieses Priesterseminar unterwandern könnten ...«

»... dann wäret Ihr über alle dort geplanten Operationen im Bilde und könntet die Jesuiten schon beim Betreten unseres Landes aus dem Verkehr zu ziehen«, beendete Marlowe den Gedanken.

»Ihr seid ein schlauer Bursche«, bemerkte Walsingham.

»Ihr schmeichelt mir, Mylord – als Ihr in Cambridge mit mir Kontakt aufnahmt, bedurfte es allerdings keines Genies, Eure Absichten zu erraten.«

Sorgfältig legte Walsingham den Köder aus. »Es ist wohl kaum damit zu rechnen, dass jemand aus der schreibenden Zunft bereit wäre, sich einer solchen Aufgabe zu stellen. Für Land und Königin natürlich – und eine erkleckliche Summe ...«

Marlowe beschnüffelte den Köder. »Ich könnte es mir vorstellen. Für Land und Königin natürlich. Und ein erkleckliches Sümmchen. Vor allem aber reizt mich das Abenteuer.« Das perverse Vergnügen an einer Herausforderung des Schicksals ließ seine Katzenaugen funkeln. »Es gibt jedoch zwei ernsthafte Schwierigkeiten.«

Jetzt war es Walsingham, der an Marlowes Köder herumschnüffelte. »Und die wären?«

»Ich befinde mich mitten im Studium. Müsste eine längere Abwesenheit von Cambridge nicht zur Folge haben, dass mir der akademische Grad versagt bleiben würde?«

»Was das angeht, braucht Ihr keine Befürchtungen zu hegen. Wie ich höre, geltet Ihr als ausgezeichneter Student, bei manchen sogar als brillant – wenn auch etwas zersetzerisch. Es liegt der Königin fern, jemanden zu benachteiligen, der der Nation einen großen Dienst erweist. Euer akademischer Grad wird Euch garantiert, darauf habt Ihr mein Wort. Zwei Probleme, sagt Ihr?«

»Das zweite ist etwas vielschichtiger. Bislang habe ich zwar noch nicht das volle Vertrauen des besagten Priesters in Cambridge gewonnen, aber falls es mir gelingen und ich im weiteren Verlauf nach Reims gehen sollte, brauche ich einen Kurier, der meine Berichte nach London bringt. Aus diesem Grund wollte ich mir diesen Ransom näher anschauen – und bei den Wunden der Herrn, er wäre ideal!«

Walsingham zeigte sich widerborstig. »Ich kann nichts an ihm erkennen, das ihn für unsere Arbeit empfehlen würde. Ganz im Gegenteil. Ich habe einen grünen Jungen gesehen, völlig unerfahren, und – seine Sünde komme über ihn – obendrein ein Schauspieler!« Aus Walsinghams Mund wurde das Wort »Schauspieler« zum vernichtenden Vorwurf, zum Verbrechen gegen die Menschlichkeit, zur achten Todsünde.

Kit Marlowe nahm die Herausforderung an. »Gerade seine Jugend macht ihn weniger verdächtig. Gut, er ist ein Schauspieler – aber ist das nicht gerade der Witz an der Sache? Was ist ein Schauspieler denn anderes als ein Verstellungskünstler? Ich habe Ransom an einem einzigen Nachmittag als Pagen, als alten Bettler und als Stallknecht gesehen – und wenn man ihm eine Perücke aufsetzt, verwandelt er sich in eine Frau, ein bisschen zu groß zwar, aber immer noch glaubhaft. Ihr hättet es mit eigenen Augen sehen können, wärt Ihr in die Vorstellung gegangen, wie ich Euch gebeten hatte.«

»Für solche Possen habe ich weder Zeit noch Lust«, murrte Walsingham. »Lediglich bei Hofe und wenn ich durch die Königin dazu gezwungen bin, wohne ich Theateraufführungen bei.«

»Ich kann Marlowes Ausführungen nur bestätigen«, ließ Raymond de Bon Cœur sich vernehmen. »Der Bursche hat in vielerlei Verkleidungen überzeugt.«

»Aber er hat doch keinerlei Erfahrung in der Kunst der Beschaffung von Informationen«, wandte Walsingham ein. »Bei unserer Arbeit müsste er sich auf dem Kontinent bewegen, in fremden Städten, in gefährlichen Situationen.«

»Bei allem gebührenden Respekt, Mylord«, unterbrach ihn Marlowe, »wer auf den Straßen von London zu überleben vermag, schafft es überall auf der Welt. Falls Ihr mich nach Reims gehen zu lassen beabsichtigt ... ich habe den Eindruck, dieser Ransom würde für mich den idealen Kurier abgeben. Ich bin überzeugt, dass wir bestens ... zusammenpassen.«

Zusammenpassen ... Das Wort stand in unguter Vieldeutigkeit im Raum. Walsingham war mit Marlowes Neigungen nicht unvertraut – war nicht sein eigener Vetter Thomas dem Bann dieses Sodomiten erlegen? Er schaute hinüber ins Halbdunkel, wo Ingram Frazier stand, ein Gefolgsmann der Familie. Er hatte ihn Marlowe als Diener beigegeben, um nach Möglichkeit Schaden von dem jungen Thomas Walsingham abzuwenden.

Aber Marlowe ein junges und leicht zu beeindruckendes Bürschchen anvertrauen? Das hieße dem Teufel Vorschub leisten. Walsinghams Züge wurden hart. »Es ist nicht meine Art, mich auf Gutdünken für einen Kurier zu entscheiden, so ›passend‹ er auch sein mag. Wir wissen nicht, wie die Loyalitäten dieses Burschen aussehen. Er ist ein Waisenjunge mit kriminellem Hintergrund und könnte für Bestechungsversuche des Feindes anfällig sein, was unsere ganze Operation über den Haufen werfen würde. Unser Plan, Boy de Bon Cœur als Kurier einzusetzen, ist weitaus solider. Er ist älter, von erprobter Frömmigkeit, und wir wissen, dass wir ihm vertrauen können.«

Boy de Bon Cœur strahlte bei dem Lob, aber die grauen Augen seines Vaters wurden von unsäglicher Trauer verdunkelt.

»Alter Freund«, wandte sich Walsingham an Bon Cœur, »ich

weiß, dass Ihr bereits einen Sohn an die mörderischen Papisten verloren habt, aber wenn wir nicht zum äußersten Risiko bereit sind, könnten wir unsere Königin, unser Land und unser Seelenheil verlieren. In dieser Angelegenheit müssen wir unser ganzes Vertrauen auf Gott setzen.«

Raymond de Bon Cœur nickte resigniert, doch Kit Marlowe widersprach. »Bei diesem gefährlichen Spiel traue ich niemand«, giftete er. »Gott hilft denen, die sich selbst helfen, und über mein Schicksal befindet niemand außer mir selbst.« Er schaute durchdringend auf Boys tintenverschmierte Hände. »Ich habe nichts gegen diesen Schreiber, aber ich brauche jemand, der meines Geistes Kind ist. Ich werde ernsthaft überlegen müssen, ob ich ohne geeigneten Kurier nach Reims gehe.«

Die Drohung hing schwer in der Luft. Ingram Frazier zog Marlowe beiseite. »Walsingham ist ein sehr einflussreicher Mann«, sagte er eindringlich und leise. »Er könnte deiner Karriere enorm nützen. Wozu willst du das wegen einer vorübergehenden Leidenschaft aufs Spiel setzen? In London wimmelt es nur so von Strichjungen wie dieser Ransom, einer bereitwilliger als der andere, und ...«

»Du Narr, du hast ja keine Ahnung, was der Antrieb eines wahren Mannes ist. Ich will Ransom ja gerade deshalb haben, weil er mir einen Korb gegeben hat. Mensch, es ist das Spiel, das zählt, und wenn ich mich nicht gewaltig täusche, ist es ein Spiel, das dieser Ransom bestens beherrscht.«

»Könnten wir uns nicht auf einen Kompromiss einigen?«, schlug Phelippes devot vor. »Wie wäre es, wenn wir uns über diesen Burschen besser informieren und uns über seine Verlässlichkeit und Loyalität ein Bild machen.«

»Und wie?«, fragte Walsingham scharf zurück.

»Nach seiner Begegnung mit Boy im Vorzimmer zu schließen, scheinen sich die beiden zu mögen. Könnte Boy nicht mit ihm Freundschaft schließen und auf diesem Wege alles Wissenswerte herausbekommen? Ich bin sicher, auch unser guter Marlowe würde es für klüger halten, sein Leben nicht durch jemand zu gefährden, der unerprobt und unausgebildet ist, falls Ransom sich als ungeeignet erweisen sollte.«

Walsingham hielt wenig von dem Vorschlag, aber angesichts Raymond de Bon Cœurs unverhohlenem Schmerz und auch, um Marlowe nicht zu vergraulen, zeigte er sich nach außen hin an Phelippes Vorschlag interessiert. »Man leite das Erforderliche in die Wege – ich werde mich inzwischen mit den Stücken befassen, die Burbage vorgelegt hat. Falls ein einigermaßen würdevolles dabei sein sollte, werde ich dafür sorgen, dass diese Truppe beim Weihnachtsbankett am Hof auftritt. Das wird mir Gelegenheit geben, diesen Musterknaben selbst zu begutachten, obwohl ja allseits bekannt ist, dass ich das Theater für die Leimrute des Teufels halte. Jesus war nie im Theater, weder in der Krippe noch als Prediger, und am Kreuz hörte er keine andere Stimme als die von Gottvater. Gewöhnliche Sterbliche wie wir sollten ihre Zeit im Gebet und mit der Lektüre der Bibel verbringen!« Er wandte sich an Marlowe. »Geht nach Cambridge zurück. Gebt Bescheid, wenn Ihr das Vertrauen dieses Priesters gewonnen habt«, sagte er und entließ ihn.

Kit Marlowe und Ingram Frazier waren kaum gegangen, als Walsingham explodierte. »Lastet denn die Sorge um dieses Königreich nicht schon schwer genug auf mir? Muss ich mich auch noch um das unappetitliche Gequengel dieses verdammten Sodomiten kümmern? Dieser Mann bringt Unglück, ich spüre es in jeder Faser meines Körpers. Dieser Abenteurer! Dieser Gotteslästerer! Sein ganzes Gehabe verrät mir, dass er uns nur ausnutzen will – am Ende gar als Vorwurf zu einem Stück, das er über uns zu schreiben gedenkt!«

Phelippes schaute ihn an. »Aber dennoch, wenn es ihm gelingt, das Englische Kolleg in Reims zu unterwandern, wäre das für uns gewiss von großem Vorteil«, wandte er ein.

»Weshalb wohl habe ich diesen Marlowe so lange ertragen?«, schnaubte Walsingham verächtlich. »Mein Gott, wie ich es hasse, mit diesen von perversen Zielsetzungen getriebenen Amateuren zu arbeiten! Wahre Wunder könnte ich vollbringen, hätte ich erfahrene Spione zur Verfügung! Oh, dieses Geld! Immer diese Bettelei um Geld!« Resigniert hob er die Hände. »Wir müssen nun mal mit dem Kroppzeug arbeiten, das Gott uns schickt – und sei es Marlowe.«

»Und was ist mit diesem Ransom?«, erkundigte sich der alte Bon Cœur.

»Um den brauchen wir uns nicht besonders zu kümmern, er ist nur eine von diesen Launen Marlowes. Beständigkeit ist noch nie eine Stärke unseres Möchtegern-Dramatikers gewesen. Bei ihm gilt: Aus den Augen, aus dem Sinn. Ich möchte wetten, in einem Monat erinnert Marlowe sich nicht einmal mehr an den Namen.«

»Ich soll also keine Freundschaft mit ihm schließen?«, fragte Boy mit tiefer Enttäuschung in der Stimme.

»Du kannst ihn meinetwegen ein paar Mal treffen«, meinte Walsingham achselzuckend. »Mach einen Bericht, dann haben wir etwas in der Hand, falls Marlowe nachfragen sollte. Aber, Boy, ich habe immer wieder bemerken müssen, dass du dich zu Überschwänglichkeiten hinreißen lässt. Nimm dich bei diesem Burschen in Acht. Diskretion ist alles, und lass vor allem nie deine wahren Absichten erkennen. Bei der Vergangenheit dieses Kerls als Straßendieb und seinem derzeitigen Beruf als Schauspieler dürfte es doch nicht allzu schwer sein, bei ihm ein Haar in der Suppe zu finden und ihn zu diskreditieren. Komisch, vorhin im Korridor hatte ich einen Moment lang den Eindruck, er wollte meinen Silberteller mitgehen lassen.«

Walsingham entließ den jungen Schreiber. Er griff nach der Weinkaraffe. »Ich weiß, dass das mein Ruin sein wird, aber dieser Marlowe kostet mich den letzten Nerv. Mein armer, fehlgeleiteter Vetter. Aber der junge Thomas hat diesen Marlowe überhaupt erst für uns angeworben, und das macht die Situation so verfahren. Thomas ist in unserem Komplott gegen Maria von Schottland ein unentbehrlicher und geschickter Drahtzieher, und wenn ich Marlowe in die Wüste schicke, kann mich das die Dienste meines geschätzten Vetters kosten. Und das kann ich mir einfach nicht erlauben – England kann es sich nicht erlauben!«

Er seufzte und leerte das Glas. »Meine Herren, wir haben eine arbeitsreiche Nacht vor uns. Neue Verschwörungen gegen das Leben der Königin müssen schon im Vorfeld abgefangen werden. Wir müssen dem Zustrom dieser zersetzerischen päpstlichen Traktate in unser Land Einhalt gebieten. Wir müssen uns überlegen, wie die von Maria von Schottland ausgehende Bedrohung auszuschalten ist. Und wir müssen herausbekommen, was Philipp von Spanien im Schilde führt: Will er England erobern, oder will er es nicht?«

6.

Walsingham schloss eine massive Truhe auf, um ihr einen Packen Berichte zu entnehmen, die an jenem Tag eingetroffen waren, darunter ein Schreiben, dem er größte Wichtigkeit beimaß. Es war am Hof des Kaisers des Heiligen Römischen Reichs Deutscher Nation in Prag abgesandt worden. Er übergab es an Phelippes, der sich sogleich an die mühselige Arbeit machte, die verschlungene Botschaft zu entziffern.

In der Zwischenzeit befasste sich der Staatssekretär mit den anderen Berichten. Sie kamen von den Agenten, die er in die verschiedenen Höfe Europas eingeschleust hatte. Die meisten Agenten, insgesamt waren es dreiundfünfzig, waren englische Botschafter, manche gehörten auch zu deren Haushalt. Außerdem erhielt Walsingham Berichte von achtzehn frei operierenden Informanten, darunter einige Studenten an ausländischen Universitäten, andere hatten sich als Bildungsreisende auf der »Grand Tour« getarnt, dem unverzichtbaren Bestandteil der Erziehung eines jeden vornehmen Engländers.

In unübersehbarem Gegensatz zum weit gesponnenen Spionagenetz Philipps von Spanien, das Tausende Mann stark, von profunden Fachleuten organisiert und finanziell großzügig ausgestattet war, hatte Walsingham ein Netzwerk aus Neulingen zusammengeschustert, deren einziger Schutz vor dem Verderben in ihrem glühenden Patriotismus bestand.

Nachdem Königin Elisabeth den spanischen Gesandten Bernardino de Mendoza wegen seiner Beteiligung am gegen sie geschmiedeten Throckmorton-Mordkomplott des Landes verwiesen hatte, hatte Philipp mit der Ausweisung des englischen Gesandten aus Madrid reagiert und Walsingham damit um eine lebenswichtige Informationsquelle am spanischen Hof gebracht. Er war nun auf andere Quellen angewiesen, vor allem auf die beiden Kaufleute Johannes Wychergerde und Harm Himmelfaert aus den Niederlanden, die Philipps Armeen mit Fleisch versorgten, und auf einen Schotten namens Anthony Standen, der unter dem Deckmantel eines Italieners ausgedehnte Reisen in die Toskana, nach Venedig und Spanien unternahm. Walsinghams verlässlichste Quelle war jedoch Dr. John Dee, der jetzt in Prag operierte. Sein Brief wurde soeben von Phelippes dechiffriert.

Walsingham hatte für Dr. Dee nicht besonders viel übrig, denn der berühmte Magier praktizierte die schwarzen Künste der Alchemie und der Wahrsagerei – für fromme Puritaner wie Walsingham eine Zumutung. Dee war hochgebildet, Kollege des Geographen Mercator, und seine Seekarten und Wettervorhersagen hatten manchem englischen Kapitän bei der Erforschung der Neuen Welt beste Dienste geleistet. Zudem war Dr. Dee einer der berühmtesten Astrologen Europas, was ihm das Interesse des deutschen Kaisers Rudolf von Habsburg beschert hatte. Der Kaiser, selbst ein anerkannter Astrologe, der sich ausgiebig mit den Prophezeiungen des Regiomontanus beschäftigte, hatte Dr. Dee an seinen Prager Hof eingeladen, um gemeinsam mit ihm die Fragen um das bevorstehende »Ende der Zeiten« zu diskutieren, studieren und zu interpretieren.

Die Gelegenheit, einen Agenten am Hof Rudolfs einzuschleusen, konnte sich Walsingham trotz seiner Vorbehalte gegen Dr. Dee nicht ungenutzt entgehen lassen, denn der Kaiser unterhielt nicht nur freundschaftliche Beziehungen zum Vatikan, er war obendrein der Neffe Philipps von Spanien, mit dem er sich in ständigem Gedankenaustausch befand.

Dee hatte den Ruf nach Prag freudig angenommen. Er hegte die visionäre Auffassung, dass England dazu bestimmt sei, die Welt in ein neues Zeitalter zu führen. Er war glühend davon überzeugt, dass das Schicksal sich Elisabeth als sein Werkzeug auserkoren hatte. Als Elisabeth in ihren dunkelsten Tagen von ihrer Schwester Maria Tudor unter der Anklage des Hochverrats im Tower inhaftiert war, gehörte Dr. Dee zu den wenigen, die es wagten, ihr Mut zuzusprechen. Aus Elisabeths Tierkreiszeichen gehe hervor, beteuerte er, dass sie England eines Tages in ein goldenes Zeitalter führen werde.

Bei ihrer Thronbesteigung hatte Elisabeth Dr. Dee mit der Bestimmung des geeigneten Krönungstages beauftragt. Ähnlich der französischen Königswitwe Katharina von Medici, die vollkommen auf Nostradamus vertraute, oder Philipp von Spanien, der in allem seinen Astrologen Prospero befragte, stützte sich Elisabeth auf Dr. Dee. Als günstigsten Krönungstag bestimmte er den fünfzehnten Januar, weil dieser Steinbocktermin in optimaler Harmonie mit ihrem Geburtssternzeichen Jungfrau stand.

Königin Elisabeth besuchte Dee häufig in seinem Haus in Mortlake unmittelbar vor London, wo er die größte Privatbibliothek Europas sein Eigen nannte. Er gestattete ihr den Blick in seinen »Zauberspiegel«, eine hochglanzpolierte Obsidiankugel, in der sich seinem Blick die Ereignisse der Vergangenheit, der Gegenwart und der Zukunft offenbarten, wie er behauptete.

Er lehrte sie, den Charakter eines Menschen in den Augen zu erkennen, den Fenstern der Seele. Es war durchaus kein Zufall, dass die Königin den Earl von Leicester »meine Augen« und ihren anderen zeitweiligen Favoriten Sir Christopher Hatton »meine Lider« nannte. Der Earl von Leicester zeichnete seine Briefe an die Königin mit einem Punkt in einem Kreis, Hatton benutzte einen Punkt in einem Dreieck. Der von der Königin als »meine allgegenwärtigen Augen« titulierte Dee signierte seine Briefe ebenfalls mit einem Geheimcode: Zwei Augen, OO, plus die restlichen vier Sinne, dazu der okkulte Sinn für das Übernatürliche, ergaben zusammen sieben Sinne. Wenn Königin Elisabeth eine Nachricht von Dr. Dee erhielt, war deren Echtheit sofort an der Geheimparaffe OO7 zu erkennen.

Als Dee sein fünfzigstes Lebensjahr überschritten hatte, entdeckte er, dass er über sein Medium Edward Kelley mit einem Engel namens Madimi Kontakt aufnehmen konnte. Im Trancezustand übermittelte Kelley die von Madimi vorhergesehenen Ereignisse, was von Dee in seinen »Gesprächen mit dem Engel Madimi« aufgezeichnet wurde. Er benutzte dazu die hochkomplexe Sprache von Enoch, die er zusammen mit Madimi entwickelt hatte.

Dr. Dee berichtete Königin Elisabeth in regelmäßigen Briefen aus Prag detailreich von diesen »Gesprächen«. Seine Briefe wurden von den Spionen des Kaisers regelmäßig mitgelesen, aber sie hielten Dee für geistig verwirrt, da die Botschaften lediglich schwachsinniges Gestammel zu enthalten schienen. Doch Dee hatte die an Rudolfs Hof gesammelten Informationen als Geheimbotschaften in diese Briefe hineincodiert.

Endlich hatte Phelippes den Brief Dees aus Prag dechiffriert, und Walsingham konnte Bon Cœur das Schreiben vorlesen. Die beiden Männer wurden von wachsender Erregung ergriffen. »Dee schreibt, dass die Agenten Philipps von Spanien in ganz Europa sämtliche Vorräte an Kanonen, Munition und Schiffsverpflegung aufkaufen. Ferner hat Philipp bei den genuesischen Bankiers einen weiteren Großkredit angefragt, mit dem man eine ganze Armee ausrüsten könnte.«

»Das kann nur eines bedeuten!«, sagte Bon Cœur ernst.

Walsingham rieb sich die Augen. »Ganz meine Meinung. Es ist nur eine Frage der Zeit, wann Philipp gegen uns marschiert. Aber ich kann mich vor der Königin auf den Kopf stellen, sie ist nicht davon zu überzeugen, dass wir in handfester und unmittelbarer Gefahr schweben. Sie glaubt immer noch an die Möglichkeit, mit Philipp in den Niederlanden ein befriedigendes Friedensabkommen zurechtzuzimmern. Ihre Blindheit kann uns England kosten.«

Walsingham näherte sich dem Ende des Schreibens. »Was ist das?«, rief er aus. »Dee schreibt, dass Kaiser Rudolf vom päpstlichen Nuntius in Prag bearbeitet wird, ihn zu verhaften und nach Rom zu überstellen, wo Anklage wegen schwarzer Magie gegen ihn erhoben werden soll.«

Bon Cœur ballte die Fäuste. »Dazu darf es nicht kommen. Wenn Dee der Inquisition in die Hände fällt, bedeutet das sein Ende auf dem Scheiterhaufen.«

»Dee sagt, bislang habe der Kaiser seine Hand über ihn gehalten, aber es sei ungewiss, wie lange Rudolf dem Druck des Papstes noch standhalten könne. Außerdem sei es zu riskant, weiterhin über die üblichen Kanäle Briefe an uns zu schicken. Sie könnten gegen ihn verwendet werden.« Walsingham hob hilflos die Hände. »Wir können uns diese wertvolle Informationsquelle nicht verstopften lassen. Wir werden ihm einen Kurier schicken müssen. Heute war kein guter Tag für England.«

Walsingham trat an den Kamin, doch die Glut war nur noch Asche und spendete wenig Behagen. »Und nun zu unserem dringendsten Problem: Was gibt es Neues von der Natter an unserem Busen?«

Phelippes räusperte sich. »Marias Bewacher melden uns aus Chartley, dass die Königin von Schottland im Begriff ist, abermals ein Komplott gegen unsere Königin zu schmieden.«

»Bei allem, was heilig ist, gibt sie denn niemals Ruhe?«, fuhr Walsingham auf. »In jede Verschwörung gegen das Leben unserer Monarchin, angefangen vom Norfolk-Komplott über das Ridolfi-Komplott bis zum Throckmorton-Komplott, war diese Mörderin maßgeblich verwickelt. Solange sie auf Erden wandelt, ist das Leben unserer Königin Elisabeth in beständiger Gefahr!«

»Aber Königin Elisabeth weigert sich beharrlich, einen Thronfolger zu benennen – was gibt es da für einen Ausweg?«, wandte Phelippes ein. »Nach Recht und Gesetz ist die schottische Königin die erste Anwärterin auf den Thron von England.«

»Niemals«, murmelte Walsingham. »Dazu darf es nicht kommen. Eine Hure und Gattenmörderin? Eine Katholikin, die geschworen hat, uns ihre Religion aufzuzwingen? Haben wir schon vergessen, was unter der letzten Katholikin geschah, die England regiert hat? Maria Tudor ließ die Protestanten zu Hunderten auf dem Scheiterhaufen verbrennen! Und der Herr strafe mich, wenn ich je vergesse, dass in Frankreich am St. Bartholomäustag die Protestanten zu Tausenden abgeschlachtet wurden.«

Bon Cœur sank bei seinen Worten gegen den Tisch. Phelippes eilte herbei und half ihm auf einen Stuhl. Walsingham trat zu ihm. »Vergebt mir, lieber Freund, dass ich bei Euch alte Wunden aufgerissen habe«, sagte er und legte ihm die Hand auf die Schulter. Dann wandte er sich an Phelippes. »Was unsere Natter am Busen betrifft: Fahrt fort, uns zu berichten, worin sie neuerdings verwickelt ist.«

Nervös fuhr sich Phelippes mit den unsauberen Fingern durch das strähnige Haar. »Erinnert Ihr Euch an den Jesuitenpriester Ballard, der als Soldat verkleidet aus Frankreich kam und den wir in den vergangenen Monaten beschattet haben? Von dem wir angenommen haben, er werde Kontakt zur Königin von Schottland aufnehmen?«

Walsingham nickte. »Gestern erst hat sich dieser Ballard mit einem von Königin Elisabeths Höflingen getroffen, mit Anthony Babington«, fuhr Phelippes eifrig fort.

»Babington?«, wiederholte Walsingham leise den Namen. »Raymond, erinnert Ihr Euch an ihn? Mitte zwanzig, bartloses Gesicht, gefällt den Weibern, rothaarig, sehr reich? Wir nahmen damals an, er sei insgeheim ein Katholik. Phelippes, war das Zusammentreffen zufällig oder verabredet?«

»Ohne jeden Zweifel verabredet.« Phelippes kam in Schwung.
»Babington war früher einmal Page im Schloss des Earl von
Shrewsbury, als dieser die Königin von Schottland zu bewachen
hatte. Es heißt, dass Babington als Halbwüchsiger Maria verfallen
ist. An dem könnte es durchaus immer noch sein.«

Walsingham tigerte im Zimmer auf und ab. »Da hätten wir also Babington und Ballard, nicht wahr? Ich habe Babington dieses Jahr oft am Hof gesehen. Er ist der Anführer eines bunten
Schwarms junger Höflinge, die unentwegt um unsere Königin
herumscharwenzeln. Bei der bekannten Schwäche unserer Königin für ein hübsches Gesicht und einen muskulösen Schenkel
haben sie problemlos Zugang zu ihr. Ach, die Eitelkeit! Die Eitelkeit ist noch ihr Untergang. Phelippes, lasst sie alle überwachen. Aber unter gar keinen Umständen darf die Königin in Gefahr gebracht werden!«

Walsingham wurde plötzlich aschgrau im Gesicht. Mit einem
Schmerzensschrei griff er sich an die Seite. Phelippes bemühte
sich um ihn, doch Walsingham wedelte ihn beiseite. »Die Steine.
Nur ein Anfall«, stöhnte er. »Man braucht nur die Natter am
Busen zu erwähnen, und schon geht es mir schlecht! Dabei muss
ich noch dem Herrn dankbar sein, dass mich diesmal nicht die
Fallsucht niedergeworfen hat. Ich bin todmüde, wir sehen uns
morgen wieder.«

Er schloss die Papiere wieder ein, nicht ohne ein paar belang-
lose Berichte liegen zu lassen, damit sie von Doublevay beim
Aufräumen gefunden werden konnten. Er schlurfte zur Tür,
hielt jedoch inne. »Apropos gut aussehende Männer«, sagte er
zu Phelippes, »habt Ihr etwas Neues über den derzeitigen Favoriten der Königin herausbekommen können, diesen Christian
Lightborn?«

»Nur das, was wir bislang schon wussten. Er scheint über un-
begrenzte Mittel zu verfügen, hat einen furchteinflößenden Diener namens Blutkopf, der auf ihn aufpasst, und ist dafür bekannt,

dass er sich gern mit den niederen Elementen unserer Londoner Bevölkerung einlässt, darunter eine Hausiererin namens Maud.«

»Und dabei taucht er hier bei uns mit vorzüglichen Empfehlungsschreiben der höchsten gekrönten Häupter Europas auf, sogar vom Sultan in Istanbul«, sagte Walsingham nachdenklich. »Könnten es Fälschungen sein?«

Bon Cœur schüttelte den Kopf. »Arthur Gregory und ich haben alles sorgfältigst geprüft, die Siegel, die Schriften. Alles echt.«

Walsingham rieb sich den Sattel seiner fein geformten Nase. »Was mag hier dahinter stecken? Er hat makellose Empfehlungen vorzuweisen, aber dennoch wissen wir so gut wie nichts von ihm. Ist er Protestant, Katholik, ein Ungläubiger? Was hat ihn ausgerechnet jetzt nach London gezogen? Sämtliche Instinkte sagen mir, dass ich ihn aus unserem Reich ausweisen sollte, doch das Auge der Königin ruht wohlgefällig auf ihm – sie will nichts davon hören.«

Walsingham dachte einen Augenblick nach. »Phelippes, hol mir Engelbert Mühlenbach her, er ist in der Remise.«

Phelippes verließ den Raum und kehrte kurz darauf mit einem Mann in mittleren Jahren zurück. Der Ankömmling schien zum Scherz riesige Elefantenohren angelegt zu haben, doch es waren seine eigenen. Engelbert Mühlenbach unternahm alles Erdenkliche, diese Ohren zu verbergen. In seiner Jugend hatte er sich lange Haare wachsen lassen, aber ein widriges Schicksal hatte ihm vorzeitig einen Kahlkopf beschert. Er trug bauschige Mützen, die seine Ohren bedeckten, doch wenn er gezwungen war, das Haupt zu entblößen, kam es notorisch zu allgemeinem Gekicher. Am Ende blieb ihm nichts anderes übrig, als seine Ohren als sein persönliches Kreuz zu betrachten.

Walsingham jedoch wusste, dass Mühlenbach auf Grund seiner äußeren Erscheinung einen ausgezeichneten Spion abgab, da er von jedermann eher belacht als beargwöhnt wurde. Kaum in der Lage, ein Lächeln zu unterdrücken, wies Walsingham seinen

Agenten in alles Wissenswerte über Christian Lightborn ein.
»Beschatte ihn, melde mir jede seiner Bewegungen, jeden Kontakt, mit wem auch immer, gleichgültig wie belanglos. Falls er sich an den Hof begibt, werde ich selbst seine Freundschaft suchen. Ich werde unseren großen Unbekannten aushorchen und herausfinden, wo seine Loyalitäten liegen. Falls er das Gehör der Königin genießt, könnte er sich für uns als wertvoll erweisen. Sollten wir jedoch zu dem Schluss kommen, dass er eine Gefahr für die Königin darstellt, muss er beseitigt werden.«

7.

Je mieser das Wetter, desto mehr Werbung brauchen wir, um Zuschauer ins Theater zu bringen«, sagte Richard Burbage zu Jonathan. »Sieh zu, dass du die Royal Exchange, die Poultry, Cheapside und St. Paul's mit Plakaten zupflasterst. Und trödle nicht herum. Zur Kostümprobe bist du wieder zurück! Nimm deine Trompete mit, und vergiss nicht, bei jeder Klebeaktion ins Horn zu stoßen, und dann schreist du: ›Die spanische Tragödie ist das beste und blutigste Stück, das je geschrieben wurde, mit Richard Burbage in der Hauptrolle als General Heironimo!‹«

»Und mit Puddington Potts als Bel-Imperia«, ließ Pudge sich vernehmen, von Jonathan postwendend mit der Bemerkung »von wegen« bedacht.

Die tragische Heldin Bel-Imperia war die saftigste Frauenrolle im Repertoire der Kompanie. Pudge spielte sie gut, jedenfalls gut genug, um bei Jonathan Eifersuchtsstürme auszulösen. Er gierte danach, sich auf die Rolle zu werfen – auch wenn er eine Kleinigkeit zu groß dafür war – und diesem Pudge zu zeigen, wie man sie zu spielen hatte.

Jonathan gähnte gewaltig, würgte einen Kanten Brot und etwas Hartkäse herunter und spülte mit einem Becher Ale nach. Als das schwere Gebräu durch seine Adern rann, erschien ihm die Anstrengung, die ihm an diesem Morgen bevorstand, schon etwas leichter.

»Heute ziehst du dein wollenes Wams und Schuhe an, sonst

gibt es was hinter die Ohren«, verkündete Mistress Goodfellow. »Das könnte dir so passen, wieder krank zu werden, und ich muss mich mit deiner Pflege noch einmal bis aufs Blut schinden!« An der Tür bepackte sie ihn mit den Plakaten und einem Eimer Mehlkleister und steckte ihm verstohlen einen Apfel ins Wams. »Für später«, zischelte sie und schob ihn hinaus in den Morgen.

Der Raureif auf den Gräsern glitzerte in der Sonne, die langsam über den Horizont stieg. Eine steife Brise plusterte Jonathans Ärmel und ließ ihn auf der Straße nach London schneller voranschreiten. Er straffte sich in der Morgenluft, die so scharf war wie der Apfel sauer, in den er biss. »Für später« war etwas für Eichhörnchen und Hamster. Sein vormaliges Leben hatte ihn immer noch fest im Griff: Iss, bevor jemand es dir wegnimmt. Er verschlang den Apfel samt Kerngehäuse, während ihm unentwegt die Frage im Kopf herumging: »Bildest du es dir nur ein, oder sind auf einmal wirklich alle viel netter zu dir?«

Es kam ihm durchaus so vor, besonders seit dem Tag, an dem er die Wälzer zu Mylord Walsingham gebracht hatte. Die Erinnerung an dieses einschüchternde Haus verfolgte ihn noch immer, und an dem Warum rätselte er nach wie vor herum. Manchmal hatte er daran gedacht, wieder hinzugehen, um ein bisschen mit Boy zu plaudern, es dann aber doch wieder gelassen. Boy würde sich ohnehin kaum noch an ihn erinnern.

Als er sich dem Bishopsgate-Stadttor näherte, hörte er das mahlende Geräusch, mit dem die schweren Gatter hochgezogen wurden. Die lange Schlange von Bauern, Freisassen, Milchmädchen, Landstreichern und ordentlichen Reisenden, die sich am Tor angestellt hatten, setzte sich langsam stadteinwärts in Bewegung. Jonathan pappte ein paar Plakate an die massiven Mauern. Er kam sich ziemlich blödsinnig vor, als er seine Fanfare blies und verkündete: »Das grausigste Stück, das je aufgeführt wurde! Fünf Leichen auf der Bühne ...« Dem Fußtritt eines verdrossenen Torhüters konnte er gerade noch ausweichen und tauchte im Menschenstrom unter, der sich nach London hineinschob.

Plötzlich war die Luft erfüllt von Geschrei und dem Geklirr von Stahl auf Stahl. Wachen kamen herbeigestürmt, rangen zwei Männer nieder und schlugen sie in Eisen.

»Was haben die Burschen angestellt?«, erkundigte Jonathan sich bei einem der Wächter.

»Das waren zwei Jesuiten. Sie hatten sich als Bauern verkleidet«, schimpfte der Bewaffnete. »In ihrem Karren haben sie stapelweise umstürzlerisches Material versteckt, Pamphlete, die zum Mord an unserer Königin Elisabeth aufrufen. Hoffentlich haben die Kerle ihren Frieden mit Gott gemacht. Wer sich mit Lord Walsingham anlegt, kann Gift darauf nehmen, dass sein Kopf in Bälde auf einem Spieß an der London Bridge steckt!«

Den Nachklang dieser Warnung im Ohr, trabte Jonathan weiter.

Er geriet in das Getümmel der erwachenden Stadt London, die sich streckte und reckte, kratzte, gähnte, gurgelte und furzte. Für Jonathan gab es keinen Zweifel, dass die Hauptstadt von Königin Elisabeth der ungestümste, stinkendste und lärmendste Ort der ganzen Welt sein musste. Die Stadt war zehnmal so groß wie ihre nächstgelegenen englischen Rivalinnen Bristol und Norwich. London war die größte Stadt Europas.

Während Elisabeths achtundzwanzigjähriger Regentschaft hatte sich die Bevölkerungszahl auf zweihunderttausend verdoppelt. Der Anstieg wurde vor allem durch den Zustrom der protestantischen Flüchtlinge aus Frankreich und den Niederlanden verursacht. In diesen beiden Ländern hatten die Papisten rücksichtslos jeden verfolgt, der die Oberherrschaft des Papstes ablehnte. Wer sich weigerte, Gott nach dem Ritus der römisch-katholischen Kirche zu verehren, wurde gnadenlos auf den Scheiterhaufen gebracht und verbrannt. London war zur letzten Bastion des Protestantismus geworden und Königin Elisabeth seine anerkannte Protagonistin.

Jonathans misstönende Trompetenstöße trugen überall das ihre zum allgemeinen Lärmen bei, dem Hufgetrappel, dem Gepolter der Karrenräder, den Flüchen der Fuhrleute. Die Tavernen, Wirtshäuser und Gaststätten öffneten ihre Pforten, und bald rannen beträchtliche Mengen Ale und Bier durch durstige Kehlen. Wasser? Kein Mensch trank dieses widerliche Zeug, in dem die Fische kopulierten. Ob Kind, Jugendlicher oder Erwachsener – Ale war das anerkannte Lieblingsgetränk, und auch das mit Hopfen gebraute Bier gewann immer mehr Anhänger. Die Folge war, dass alle stets leicht angesäuselt waren, auch wenn es vielen schon längst nicht mehr auffiel.

Jonathan bog nach rechts in die Threadneedle Street und gelangte am Ende in die Lombard Street, wo er auf der Royal Exchange das Konterfei des grünen Grashüpfers erblickte. Der Baukomplex war das geistige Kind von Thomas Gresham, der hier vor zehn Jahren achtzig heruntergekommene Bruchbuden hatte abreißen lassen, um Platz für diesen zweigeschossigen Arkadenbau zu schaffen. Gresham hatte das Erdgeschoss an Schifffahrtsgesellschaften, Bankiers, Woll- und Tuchgroßhändler und andere kapitalkräftige Unternehmer vermietet. In einem Anfall unternehmerischen Wagemuts hatte er in den Gängen des Obergeschosses hundert Läden für Einzelhändler eingerichtet und zu einem Jahreszins von vier Pfund vermietet. Jetzt waren Apotheken, Silberschmiede, Buchhändler, Waffen- und Glaswarenhändler und was das Herz eines Bürgers sonst noch an Geschäften begehren mochte, unter einem Dach vereint. Gresham hatte das erste Einkaufszentrum in London gegründet.

Die in Geldangelegenheiten stets hellwache Königin Elisabeth – es lag ihr im Blut, der Großvater aus der Boleyn-Linie war ein vermögender Londoner Kaufmann gewesen – hielt die Royal Exchange für bedeutungsvoll genug, um der Eröffnung durch ihre Anwesenheit einen offiziellen Stempel aufzudrücken, wodurch das Unternehmen sozusagen ihren Segen bekommen hatte. Als die Armeen Philipps von Spanien die Niederlande mit ihrem machtvollen Banksystem verwüstet hatten, sprang die Royal Exchange in die entstandene Bresche. London entwickelte sich schnell zum Handelszentrum der protestantischen Welt, und die Kaufmannsklasse stieg in Machtpositionen auf, die mit denen des Adels konkurrierten.

Jonathan machte sich daran, die Arkaden mit seinen Plakaten zu bekleben. Nicht lange, und er stieß auf ein paar geschminkte Kokotten, die müßig herumstanden. Beim Anblick ihrer entblößten Brüste mit den kunstvoll geschminkten Brustknospen fielen ihm fast die Augen aus dem Kopf. Ihre Gesichter waren schneeweiß gepudert, die Wangen zinnoberrot gefärbt, niedliche Perücken und eine üppige blaugestärkte Rüschenpracht vervollständigten das knusprige Äußere der Vögelchen.

»Punze gibt es nur für Penunze, Schätzchen«, flötete eines der Paradiesvögelchen, das in papageienblauen Taft gewickelt war.

Jonathan leckte sich die Lippen. »Kann ich dir die Penunze nicht nächste Woche bringen?«, schlug er vor, doch eine andere Nutte in gänseköttelfarbigem Seidentuch zischte leise: »Erst den Zaster, dann das Laster, Schätzchen. Nix Penunze, nix Punze!«

Ein kahlköpfiger Kaufherr schob sich um die Ecke, beäugte die Hühner und begab sich sofort in eine knallharte Verhandlung für einen Doppelschuss zum Preis von einem.

»Wenn ich endlich genug Geld beisammen habe, um mir eine von denen zu leisten, bin ich selber so kahl wie dieser Pfeffersack«, stöhnte Jonathan. Er stieß schrill in sein Horn. »Zehn Leichen auf der Bühne! Ströme von Blut! Bei uns kommt jeder auf seine Kosten! Einen Penny das Plätzchen, auch für euch Schätzchen!«, rief er und machte, dass er davonkam.

Er gelangte in das dichte Marktgedränge der Poultry. Es war inzwischen acht Uhr. Ambulante Kohlenhändler boten ihre Kohlensäcke auf den Straßen feil, rußgeschwärzte Kaminfeger riefen:

»Ihr Frau'n, ich feg euch den Kamin
mit meinem starken Besen.
Rauf und runter zieh ich ihn,
vom Keller
bis zum Söller.«

Orangenverkäufer und Austernhändler, Quacksalber mit Tinkturen gegen Hühneraugen, Frostbeulen und Ischias, Wasserträger mit ihren Tragejochen und Eimern, die Verkäufer von Obst, Kräutern und Pasteten, alles schrie in rauem Wettbewerb wild durcheinander und pries seine Waren an, und Jonathan schmetterte bei jedem angeklebten Plakat noch eine Trompetenfanfare dazu. Die Händler waren – zumeist – ein ehrliches Volk, aber die Stadt wimmelte auch von ausgemusterten Soldaten, arbeitslosen Gesellen, Dieben, Huren, Landstreichern, Krüppeln und Trickbetrügern, die alle früher oder später im Theater auftauchten.

Auf seinem Weg durch die Straßen hatte Jonathan stets ein wachsames Auge auf die Fenster, denn man musste stets damit rechnen, dass sich von oben der Inhalt eines Nachtgeschirrs ergoss – und Pudge hätte es bestimmt großartig gefunden, wäre Jonathan solcherart dekoriert nach Hause gekommen.

Gleichsam als Gegengewicht zu all dem Unrat und Gestank des Straßengewirrs drang allenthalben Musik aus geöffneten Fenstern. Aus Barbierläden tönte der Gesang der Lehrlinge beim Schnipseln und Schaben, man hörte Matronen das Virginale schlagen, aus Schmieden dröhnte der Bass der Schmiede zum Rhythmus von Hammer und Amboss. Straßenhändler boten überall Noten an, »Die Pfeife des Fuhrmanns«, »Hänschen klein« und den anstößigen Gassenhauer »Ein dickes Ende ist das beste«.

Weiter zog er, hinein in die Cheapside, die breiteste der Londoner Querverbindungen. Er bestaunte die prächtigen vierstöckigen Häuser der Goldschmiede mit ihrem Schmucksymbol der Golschmiedsarme. Auf der Mittellinie der Straße erstreckte sich ein offener Markt. Von der St. Paul's Cathedral bis Carfax reihten sich die Stände, auf denen vielerlei Güter aus den Dörfern des Umlandes angeboten wurden – Brot aus Stratford, Rüben aus Hackney, Käsekuchen aus Holloway, Pudding und Pasteten aus Pimlico.

Es war Tradition, auf der Cheapside verdorbene Waren durch Verbrennen aus dem Verkehr zu ziehen und Übeltäter öffentlich zu bestrafen. Jonathan kam an einer langen Reihe von Schließstöcken und Prangern vorüber. An einem der Pranger stand ein zänkisches Weib, dem man als Strafe für sein Schandmaul eine zackenbewehrte Trense in den Mund geschoben hatte. An einem anderen wurde ein Wirt, der schlechtes Ale unters Volk gebracht hatte, immer wieder mit dem Kopf in einen Kübel voll Kloakenbrühe getunkt, bis er fast ersoffen war. An einem dritten Pranger wurde ein aufbrüllender Beutelschneider für seine Schandtaten im Gesicht gebrandmarkt. Jonathan drückte sich eilig vorbei und hatte das ungute Gefühl, das sengende Brandeisen auf der eigenen Wange zu spüren.

Als die Glocken neun schlugen, erreichte Jonathan seinen letzten Zielpunkt, die St. Paul's Cathedral, das Herz und die Seele von London. Er machte sich daran, die wenigen übrigen Plakate an die Bücherkioske, Läden und Unterkünfte anzupappen, die sich an die Außenwände des fast fünf Hektar großen Kirchenbaus schmiegten.

So gut wie fertig, dachte er zufrieden. Er würde rechtzeitig zu Probe und Mittagessen wieder zurück sein. Als er von ferne ein Paar in die Kathedrale hineingehen sah, blieb er wie angewurzelt stehen; dann rannte er los. »Christian! Maudy!«, rief er.

8.

Jonathan stürmte in die Kathedrale. »Wo sind sie hin?«
Blinzelnd versuchte er, die Augen an das Dämmerlicht zu gewöhnen und über die Köpfe der Menge hinwegzuschauen. Er
verrenkte sich fast den Hals, aber ein Mann mit grotesken Elefantenohren verdeckte ihm immer wieder die Sicht.

Tag für Tag gaben sich in der Kathedrale die unterschied-
lichsten Leute ein Stelldichein. Anwälte kamen, um vor den
Altären den Eid auf Verträge ableisten zu lassen, Brautpaare
bestellten das Aufgebot, Ehebrecher benutzten die heiligen
Hallen als Kontakthof, Geschäftsleute suchten günstige Gelegenheiten, Diebe und Reisende kamen, und sogar einige Fromme fanden sich ein, um zu beten. Jonathan arbeitete sich durch
das Gedränge der Leute, die über den allgemein »Paul's Gang«
genannten Mittelgang promenierten. Viele waren elegant gekleidet, andere hatten durchgewetzte Ellbogen; man stieß auf
Arbeitssuchende, Matronen mit ihren Dienstmägden, Zuhälter
mit ihren Pferdchen und Taschendiebe mit ihrem Mann zur
Ablenkung des Opfers. Ob elegant oder abgerissen, ob reich
oder arm, jeder kam zur St. Paul's Cathedral, um zu sehen und
gesehen zu werden – und wo ging das besser als auf dem
»Gang«?

Ein rundlicher, vom Glauben um seine eigene Wichtigkeit
aufgeblähter Kirchendiener watschelte unter dem eindringli-
chen Gebimmel seiner Glocke vom Altar zum Eingang. Auf das
Signal strömten alle hinaus auf den Vorplatz zu St. Paul's Cross,

wo die wöchentliche Ziehung der Lotterie stattfand. Jonathan wurde vom Menschenstrom mitgeschwemmt, der schließlich draußen um das Pult für die Ziehung einen Halbkreis bildete.

Da erblickte er sie. Sie standen abseits der Menge. Christian lehnte sich an einen Pfeiler, Maudy kuschelte sich an Christian. Mit zurückgelegtem Kopf lachten sie beide aus vollem Halse. Wie in Trance strich Jonathan um sie herum. Sie hatten sich offensichtlich geküsst, denn Maudys Lippen waren gerötet, Christians Hand ruhte wie nebenbei auf ihrem bloßen Busen, und sein sich wölbender Hosenlatz kündete von bevorstehenden Vergnügungen.

Von Eifersucht geplagt, bemühte sich Jonathan, in rechtschaffene Empörung zu geraten. In der Kirche? Schon so früh am Tag? Dann fiel ihm ein, dass ihn seine eigene Sehnsucht jeden Morgen mit gezücktem Degen erwachen ließ. Ängstlich trat er näher. Was ist, wenn sie sich nicht an mich erinnern ...? Und wieso sollten sie auch, sie hatten doch einander. Maudy sah verändert aus, weniger abgerissen, und sie trug auch den Korb mit ihrem Krimskrams nicht bei sich. Aber die größte Veränderung war in ihren Augen vorgegangen. Wie sie strahlten!

Sie erblickte Jonathan. »Oh, mein Jon, wie schön, dich wiederzusehen!«, rief sie und drängte sich herbei.

»Wenn das so schön ist, warum habt ihr mich dann in der Taverne zu den drei Tonnen sitzen lassen?«

»Ein dutzend Mal haben wir versucht, dich wach zu kriegen, aber es war, als hättest du einen Zaubertrank intus. Dann mussten wir schließlich aufbrechen – Christian hatte eine Audienz bei der Königin.«

»Meine Audienz bei der Königin wollte überhaupt kein Ende nehmen«, schaltete Christian sich ein. »Sie war ja so versessen darauf, alles über die Orte zu erfahren, an denen ich schon gewesen war. Als wir wieder zur Taverne kamen, warst du fort, ohne ein Wort oder eine Nachricht zu hinterlassen. Was sollten wir da anderes denken, als dass du uns nicht wiedersehen wolltest? Aber lasst uns jetzt einen Bund schließen: Wir wollen niemals auseinander gehen!«

Mit diesen Worten schloss er Jonathan in eine erdrückende Umarmung. Als auch noch Maudy ihn herzhaft abküsste, wedelte er hilflos mit den Armen, und sein Herz strömte über.

Maudy grub die Finger in seinen Arm. »Still jetzt, die Ziehung fängt an.«

Maudy beging die wöchentliche Lotterie nicht minder inbrünstig als den Sonntagsgottesdienst. Sie hoffte, dass entweder das Glück oder Gott die große Wende in ihrem Leben bewerkstelligen würde. »Dann kann ich als Frau von Stand meinen Platz einnehmen«, erklärte sie spitzbübisch, »und Christian kann mich bei Hof einführen. Man sieht doch auf den ersten Blick, dass ich eine verloren gegangene Seele bin, die zur falschen Zeit und im falschen Leib wiedergeboren worden ist. Stünde Kleopatra mir nicht besser zu Gesicht, oder vielleicht die Königin von Saba?«

»Und was ist mit unserer guten Königin Bess?«, spöttelte Christian.

»Ich eine Jungfrau?«, prustete sie. »Unser Gott ist ein gnädiger Gott. Er würde niemals so grausam zu mir sein.«

Die Ziehung begann. Sie umklammerte aufgeregt die Hand, die ihren Busen umspannte. »Die frohe Erwartung bringt immer mein Blut zum Kochen. Eines Tages wird mir noch das Herz vor banger Hoffnung zerspringen.«

Mit angehaltenem Atem lauschte sie, wie die Gewinnnummern ausgerufen wurden, dann zerriss sie mit einem kleinen enttäuschten Achselzucken ihr Los. »Na, egal, nächste Woche wieder, das ist ja schon bald ...« Sie lächelte Jonathan gewinnend an. »Jetzt, wo ich meinen Lebensretter wiedergefunden habe, wird mein Blatt sich wenden. Übrigens, wie geht es deiner Schulter?«

Jonathan schlenkerte die Arme in großem Bogen im Kreis.

»Um mich kleinzukriegen, braucht es schon mehr als wilde Pferde.«

»Und dein Hintern? So ein süßer kleiner Hintern, einfach zum Reinbeißen! Aber als wir ihn zuletzt gesehen haben, war er schwarz und blau. Christian, schau ihn dir an, hast du jemals so süße Kirschbäckchen gesehen?«

Jonathan wurde feuerrot, doch er sagte sich: ›Jetzt weißt du wenigstens, dass das Ganze kein Traum war.‹

Ein Abgesandter des Parlaments erkletterte die hohe Rednertribüne und hob Schweigen gebietend die Hände. Wenn sich wegen der Lotterie eine große Menschenmenge eingefunden hatte, nutzte die Regierung häufig die Gelegenheit, wichtige Ankündigungen zu verlesen oder Propaganda unters Volk zu bringen. »Die Armeen Philipps von Spanien haben unter dem Kommando des Herzogs von Parma in den Niederlanden neue Gräueltaten begangen«, verkündete der Sprecher mit Stentorstimme. »Sämtliche protestantischen Bürger von Antwerpen, die den Übertritt zum Katholizismus verweigert haben, wurden dem Schwert überantwortet.«

Wütendes Murmeln durchlief die Menge. London hatte den Schock über den Fall von Antwerpen noch nicht verwunden. Das Ereignis war eine so entscheidende Niederlage für die Sache des Protestantismus, dass Königin Elisabeth unter dem Kommando des Herzogs von Leicester sechstausend Mann entsandt hatte, die die holländischen Kräfte verstärken und sich der spanischen Flut entgegenstemmen sollten. Sie verfolgte das Ziel, mit Spanien doch noch zu einer friedlichen Einigung zu gelangen und England einen regulären Krieg zu ersparen.

Ein Seiler spuckte verächtlich aus. »Es heißt, dass dieser Parma ein militärisches Genie ist, aber unser Leicester soll seinen Posten nur deshalb bekommen haben, weil er früher mal im Vogelbauer der Königin flattern durfte.«

»Tut er immer noch«, gab ein Schinder zurück, »auch wenn

das Rotkehlchen unserer Königin seine Eier jetzt in ein anderes Nest legt.«

Der Sprecher fuhr fort: »Es muss unter allen Umständen verhindert werden, dass Parma einen niederländischen Hochseehafen einnimmt, sonst ...«

Der jahrelange Albtraum der Engländer ergriff von der Menge Besitz. Rufe wie »Die Invasion steht bevor« und »Wir kriegen ein zweite Bartholomäusnacht« klangen auf und verbreiteten sich wie ein Lauffeuer in der Versammlung. Ein Kind fing an zu weinen. Eine Frauenstimme sprach tröstend auf das Kleine ein, während der Sprecher die Menge einpeitschte: »Wir müssen Parma aufhalten!«

»Das ist ungeheuerlich!«, murmelte Christian. »Die schlimmste puritanische Volksverhetzung, mit der die Königin in einen offenen Krieg hineingetrieben werden soll. Sie wird Walsinghams Kopf fordern, wenn sie dahinterkommt, welches Spiel er hier treibt.«

Maudys Züge wurden lebhaft. »Warum müssen die Männer sich nur immer gegenseitig töten, und jedes Mal im Namen Gottes?«

»Aus Angst«, murmelte Christian. »Die Angst lässt uns zum Dolch greifen, die Schlinge zuziehen, den Scheiterhaufen anzünden. Wir kauern alle am Rande des Abgrunds. Auf beiden Seiten stehen sich von der Angst getriebene Männer gegenüber und bestehen zwanghaft darauf, dass ihr Weg zur Erlösung der einzig wahre sei.«

»Erlösung?«, spottete Maudy. »Um erlöst zu werden, muss man sich erst umbringen lassen? Urteilt so ein gnädiger Gott?«

»Gnädig?«, sagte Christian. »Wer vermag schon den wankelmütigen Willen Gottes zu erkennen? Als alle Christen noch den gleichen Glauben hatten, war alles viel einfacher. Dann aber trat vor siebzig Jahren Martin Luther auf den Plan und griff die Ausschweifungen Roms an. Alle Versuche des Papstes, ihn zum

Schweigen zu bringen, gossen nur weiteres Öl ins Feuer des Protestes. Und das war die Geburt des Protestantismus.«

Seine Stimme hatte Maudy und Jonathan in ihren Bann geschlagen. Atemlos hörten sie zu. »Und als hätten Luthers Zumutungen nicht schon gereicht, behauptete dreißig Jahre darauf der Astronom Kopernikus ...«

»Wer?«, fragte Maudy dazwischen.

»... was andere Astronomen schon längst vermutet hatten, dass sich nämlich die Erde und die Planeten um die Sonne drehen. Oh, welch ein Schrei der Empörung war da aus Rom zu hören! Hätte die Inquisition Kopernikus in die Finger bekommen – sie hätte ihn todsicher auf dem Scheiterhaufen verbrannt, denn jeder wahre Gläubige wusste doch, dass Gott den Menschen als sein Geschöpf in den Mittelpunkt des Universums gestellt hat. Etwas anderes zu behaupten hieße, den Menschen und die Kirche in eine untergeordnete Stellung zu vertreiben.«

Jonathan legte die Brauen in finstere Falten. »Aber die Sonne dreht sich doch um die Erde, oder etwa nicht? Man braucht doch nur hinzuschauen, wie sie an jedem Morgen aufgeht und am Abend wieder untergeht.«

Christian stubste Jonathan vor die Brust. »Gerade darin, mein Lieber, besteht deine Lebensaufgabe: Finde heraus, was an solchen Wahrheiten dran ist! Aber sei gewarnt – was wir das eine Jahr noch glauben, kann im nächsten Jahr schon falsch sein. Nimm zum Beispiel Aristoteles ...«

»Wen?«, fragte Maudy.

»Aristoteles vertrat die Ansicht, dass das Universum unwandelbar sei, dass das Himmelsgewölbe für ewig festgefügt und unveränderlich wäre. Seine Theorie überdauerte mehr als tausend Jahre, bis im Jahr 1572 im Sternbild Kassiopeia ein neuer Stern am Himmel erschien. Jetzt müssen wir uns mit der Tatsache auseinander setzen, dass der Himmel doch veränderlich ist, und wie bei jedem Wandel regt sich auch hier die Angst vor dem

Unbekannten. Wenn die Welt jetzt schon vor Angst zittert, was wird dann erst im Jahr 1588 geschehen, wenn sämtliche Planeten in unheilschwangerer Opposition zueinander stehen?«

»Die Prophezeiung!«, platzte Jonathan heraus. »Christian, bist du ein Astrologe?«

»Ich verstehe jedenfalls genügend davon, um bevorstehende Sonnen- und Mondfinsternisse vorhersagen zu können, wie euer Magier Dr. John Dee und der Kaiser Rudolf und viele andere anerkannte Sterngucker. Begreifst du jetzt, dass in der Welt das Unterste zuoberst gekehrt wird und dass der Heilige Stuhl seine ganze Macht aufbieten muss, damit die Christenheit sich nicht unwiederbringlich millionenfach aufsplittert?«

Ach, wie Jonathan Christian bewunderte! Er wäre ihm gern den Rest seines Leben zu Füßen gesessen, um alles zu lernen, wonach es ihn zu wissen dürstete. Beinahe hätte er Christian vergeben, dass er Maudy hatte.

Auf dem Platz vor der Kathedrale war allmählich wieder Ordnung eingekehrt. Die Glocken verkündeten die elfte Stunde. »Ich habe eine Verabredung«, sagte Christin knapp. »Ich darf sie nicht versäumen.«

Maudy blickte enttäuscht. »Du hast doch gesagt, dass wir diesen Tag zusammen verbringen werden.«

»Das werden wir auch. Ich bin nicht lange fort, vielleicht eine Stunde. Hier ist ein bisschen Geld – steig mit unserem lieben Jon auf den Turm. Lass ihn London schauen, wie der Wanderfalke die Stadt betrachtet.«

»Aber ich möchte doch bei dir bleiben«, schmollte Maudy.

Christians Züge verzerrten sich zur Fratze eines Wüterichs. Maudy prallte zurück. Sie packte Jonathan am Arm, zog ihn in die Kirche hinein und strebte zur Pforte für die Turmbesteigung.

»Noch nie habe ich bei jemand einen so abrupten Stimmungswandel erlebt«, sagte Jonathan durch die Zähne. »Er ... schlägt dich doch nicht, oder?«

»So weit braucht er gar nicht zu gehen. Allein schon mit diesem Blick seiner Augen kann er mich zu Tode erschrecken.«

Sie gingen durch eine kleine Seitenkapelle, wo gerade ein junges Paar getraut wurde. Der Bräutigam war vielleicht fünfzehn, die Braut sogar noch jünger. Maudy hielt inne und betrachtete die Szene. Ein Lichtbündel, das durch die bunten Glasmalerien der Fenster einfiel, umspielte ihre Gestalt. Die Schönheit des Anblicks raubte Jonathan den Atem.

Maudys Blick wanderte hinüber zum Hochaltar mit den hohen bronzenen Kerzenleuchtern, hinein in die Deckengewölbe, und verharrte schließlich auf den Menschen unterschiedlichster Herkunft, die wieder im Mittelgang auf und ab flanierten. »Dieser Ort ist voller Erinnerungen für mich«, seufzte sie. »Ich kenne hier jeden Zoll. Als ich neun war oder so, bin ich jeden Tag hergekommen und habe um etwas zu essen gebettelt. Meine Mutter lag im Sterben – Wassersucht, sagte ein Nachbar –, und wir hatten kein Geld für einen richtigen Arzt. Einen Anteil von meinem Erbettelten musste ich dem Pfarrer abgeben, aber das müssen alle Bettler, die er hier drinnen betteln ließ. Als ich zehn war, bekam ich von den Männern größere Münzen, nur jetzt wollten sie auch etwas dafür. Ein geckenhafter feiner Herr zeigte mir ein schmutziges Buch, ich glaube, es kam aus Italien. Du hast vielleicht schon ein paar von den Radierungen gesehen, die man inzwischen in der ganzen Stadt zu kaufen bekommt.«

Jonathan nickte. »›Die widerspenstige Hure‹ von Aritinio. Ich habe mal ein solches Blatt geklaut und so oft angeglotzt, dass es allein schon vom Anschauen ganz abgenutzt geworden ist.«

»Lauter skandalöse Darstellungen von Männern und Frauen, die es in den artistischsten Stellungen miteinander treiben. ›Ist so was menschenmöglich?‹, habe ich den Herrn gefragt. ›Bricht man denn dabei nicht entzwei?‹ Der Herr versprach mir einen ganzen Penny, wenn ich es mit ihm ausprobieren würde ... und mit einem Penny konnte ich doch einen richtigen Arzt holen gehen. Als der Penny schließlich in meiner Faust steckte, bin ich so schnell ich konnte nach Hause gehumpelt, aber dort konnte ich nur noch feststellen, dass der Todesengel schon gekommen war und meine Mutter mitgenommen hatte. Damals habe ich begriffen, dass der liebe Gott ein Großer Gaukler ist. Ich stand alleine da, meine Unschuld war futsch für einen Penny – gab es da für mich noch eine andere Lebensperspektive, als nach und nach zu einer Hausiererin und Straßendirne abzurutschen?«

Er streckte die Hand aus, um sie zu berühren. Das Licht vergoldete seine Finger. »Macht nichts, Maudy, wir sind aus dem gleichen Holz. Ich habe mehr Beutel abgeschnitten und mehr Tölpel aufs Kreuz gelegt, als ich zählen kann. Aber für dich hat sich das Blatt gewendet.«

»Christian sei Dank! Aber weißt du, Jon, aus mir wäre vielleicht sowieso eine Dirne geworden, weil ich nämlich unumwunden zugeben muss, dass mir die Liebe Spaß macht.« Sie wurde munter. »Los jetzt, ab mit dir zum Dach der Welt.«

Wie jeder brave Tourist bezahlten sie ihren Penny und stiegen die hölzerne Wendeltreppe zum Dach des quadratischen steinernen Turmaufsatzes hinauf. Man hatte an der Kathedrale ungefähr vierhundert Jahre lang gebaut. Im Laufe der Jahrhunderte war auch ein hölzerner Turm auf den Turmaufsatz gesetzt worden, der sich fast einhundertsiebenundsiebzig Meter über den Erdboden erhob. Nach 1560 war der Holzturm einem Blitzschlag zum Opfer gefallen, aber der steinerne Turmaufsatz war intakt geblieben. Nach wie vor war es der höchste Punkt von London. Jonathan hatte nie das Geld gehabt, die Hauptattraktion der Stadt zu besuchen – was Wunder, dass er mit jedem Schritt aufgeregter wurde.

Als er oben auf die windige Terrasse hinaustrat, blieb ihm der Mund offen stehen. Vor ihm breitete sich London in alle Himmelsrichtungen aus. Mit einem Freudenschrei hob Jonathan Maudy in die Luft und schwang sie im Kreis, bis sie beide um

Atem rangen. »Christian hat Recht, ich komme mir vor wie ein Falke hoch in den Lüften. Maudy, hab Dank, denn näher zum Himmel werde ich wohl niemals kommen.«

»Dann musst du auch Christian danken, denn der hat es dir ermöglicht.« Sie atmete tief durch. Wie gut die Luft hier oben duftete, keine Spur von dem Gestank da unten. »Und schau mal, die vielen Gärten! Und überall mitten im schlimmsten Häuserwirrwarr das schönste Grün ... damit wir nicht vergessen, dass es einmal den Garten Eden gegeben hat.«

Jonathan stützte das Kinn auf die Balustrade und versuchte, sich zu orientieren. Von hier oben sah alles ganz anders aus. Überall ragten wie Stalagmiten vom Boden einer Höhle die Kirchtürme empor. »Sieh dir die vielen Kirchen an. Erstaunlich, man kann sie gar nicht alle zählen.«

»Christian sagt, es sind hundertvierzig, mehr als in jeder anderen Stadt von Europa. Er sagt, London ist so verderbt, dass wir jede einzelne Kirche brauchen«, setzte sie mit einem Augenzwinkern hinzu.

Jonathan prägte sich den Ausblick ein. Ein Erdwall schützte von drei Seiten die Quadratmeile, auf der sich die Stadt erhob. Das gespenstische Weiß des Towers markierte die östliche Ecke. Jonathan wusste zwar, dass seine Mauern fast sechs Meter hoch waren, aber von hier oben sah die Festung kaum höher aus als ein Maulwurfshügel. Die schnell dahinfließende Themse riegelte die Stadt zum Süden hin ab, überspannt von der mächtigen London Bridge, die Southwark mit der eigentlichen Stadt verband. Er schaute nach Nordosten und suchte mit den Augen Shoreditch, wo das Theater stehen musste. »Da ist es«, rief er aus, »und die Fahne ist aufgezogen! Bei den Wunden des Herrn, ich muss sofort zurück, wir haben ja vor der Vorstellung noch eine Probe.«

»Und für mich wird es Zeit, Christian wiederzusehen.«

Beim Hinabsteigen über die enge Wendeltreppe betrachtete

Maudy eingehend die zerkratzten Wände. »Sieh doch mal, wie viele Leute sich hier verewigt haben. Hunderte, Tausende vielleicht sogar!«

Jonathan zog den kleinen Dolch hervor, den er von Burbage geschenkt bekommen hatte, und kratzte seine Initialen in den Stein, dann dicht daneben die von Maudy, um das Ganze abschließend mit einer kleinen Verzierung zu versehen.

»Ist das ein Schlüssel?«, wollte Maudy wissen.

Er nickte. »Es ist der Schlüssel für unsere ewige ... Freundschaft.«

»Ewige Freundschaft«, wiederholte sie ernst. Impulsiv schloss sie ihn fest in die Arme. »Jon Ransom, in deiner Brust schlägt ein gutes Herz, und dafür liebe ich dich!«

»Dann versprich mir eines: Wenn du in Schwierigkeiten bist, egal warum und durch wen, wirst du zu mir kommen, damit ich dir helfen kann.«

»Das verspreche ich gerne, vorausgesetzt, du versprichst es mir auch.«

»Abgemacht. Und denk daran: egal warum und durch wen!«

Sie legte die schlanken Hände um sein Gesicht. »Christian hat dir einen Schrecken eingejagt, nicht wahr? Wenn er wütend wird, geht sein Zorn mit ihm durch. In einem Moment flößt er mir soviel Selbstvertrauen ein, dass ich glaube, ich könnte alles erreichen, was ich nur will, und im nächsten Moment erfüllt er mich mit Schrecken.«

»Dann musst du ihn verlassen«, sagte Jonathan resolut.

»Ich kann nicht. Er hat mich verzaubert. Ich brauche ihn so nötig wie ... die Luft zum Atmen. Aber er ist ja auch so gut zu mir«, setzte sie eilig hinzu. »Mein Leben hat sich erheblich zum Besseren gewandelt. Oh, ich meine nicht mein neues Kleid, oder das Essen und Trinken – obwohl mit vollem Bauch die Welt gleich viel freundlicher aussieht. Er hat mir neue Lebensgeister gegeben, hat in mir wieder das Vertrauen geweckt, dass ein

Mann auch gut und anständig und liebevoll sein kann. Vor langer Zeit habe ich mir geschworen, niemals ein Kind in diese Welt zu setzen, in der es nur Gemeinheiten erfahren würde. Aber für Christian würde ich jederzeit ein Kind austragen – Heirat hin oder her.«

»Das freut mich für dich«, sagte Jonathan munter, aber sein Herz blutete. Wie konnte er ihr jetzt noch sagen, dass das Zeichen, das er in die Wand gekratzt hatte, auch der Schlüssel zu seinem eigenen Herzen war?

Nach einigem Suchen sahen sie in einer der Seitenkapellen Christian stehen. Er war in ein Gespräch mit einem jungen Mann versunken, einem Adeligen, wie Jonathan angesichts des Schnitts seiner kostbaren Kleidung und seines pelzbesetzten Überwurfs annahm. Maudy und Jonathan wagten nicht, die beiden zu unterbrechen und hielten sich außer Sichtweite.

Von seinem Beobachtungsposten aus konnte Jonathan einen Mann sehen, der sich in der Nähe der beiden herumdrückte. Er war von einem kichernden Schwarm Kinder umringt, die staunend zuschauten, wie er ihnen mit seinen wunderlichen Elefantenohren etwas vorwedelte.

Jonathan konzentrierte sich wieder auf Christians Gesprächspartner. Er mochte Mitte zwanzig sein. Seine eindrucksvolle Erscheinung wurde durch seine angenehmen Züge noch hervorgehoben. Er trug nicht einmal einen Schnurrbart, und dichtes rotes Lockenhaar krönte seinen Kopf. Der Mann wirkte außerordentlich aufgeregt und blickte unentwegt argwöhnisch über die Schulter.

»Wer ist das?«, erkundigte Jonathan sich flüsternd bei Maudy.

»Einer von Christians besten Freunden, ein steinreicher junger Lord namens Anthony Babington.«

9.

Lasst uns die Gunst der Stunde nutzen!«, rief Burbage seiner Truppe zu. »Es hat aufgehört zu regnen. Jon, wisch die Bühne trocken. Pudge, du ziehst die Fahne auf, damit ganz London sieht, wir spielen weiter!«

Drei verregnete Tage lang hatten »Die Männer der Königin« in ihren Quartieren gehockt und waren immer unausstehlicher geworden. Als am Mittag der erste Sonnenstrahl durch die Wolken brach, wurde Burbage sofort rege.

»Wir haben lediglich eine Stunde für die Vorbereitungen und werden deshalb etwas spielen, das wir schon gut können. Inspizient, such uns die Rollen für ›Die spanische Tragödie‹ heraus!«

Ein wilder Ansturm auf die Garderobe setzte ein, wo der Inspizient die Rollen verteilte. Jonathan machte sich mit den Rollen vertraut, die ihm zugeteilt worden waren. Die Kopisten schrieben die einzelnen Rollen auf gut fünfzehn Zentimeter breite Papierstreifen, die aneinandergeklebt wurden und die »Rolle« ergaben, die Jonathan nun beim Proben oben ab- und unten wieder aufwickelte. Der vorangehende Schlusssatz des Partners war als Stichwort jeweils mit notiert, die Regieanweisungen standen auf dem linken Rand.

Er warf einen Blick ins Souffleurbuch und suchte sich die Requisiten zusammen, die er in den einzelnen Szenen brauchte. Einmal hatte er in einer Duellszene den Krummstab eines Schäfers in der Hand gehabt, statt eines Schwerts mit breiter Klinge, und dafür vom Publikum brüllendes Gelächter und vom Inspizienten einen Fußtritt geerntet. So etwas war ihm seither nie wieder passiert.

»Alles in die Kostüme«, rief Burbage und warf sich ins Kostüm des Heironimo, des tragischen Helden des Stücks. Haar und Bart puderte er sich weiß; um einen trübseligen Gesichtsausdruck hervorzurufen, zog er die Augen- und Mundwinkel mit Schminke nach unten. »Die Muse«, verkündete er, mit dem Aufwickeln eines langen blutroten Bandes beschäftigt, »hat mir ins Ohr geflüstert: ›Setz heute alles auf eine Karte‹ – und das werde ich tun.«

Stecknadeln, Puder und Schminke traten in Aktion, mit Schweinsblut gefüllte Blasen wurden unter weißen Lederwämsern befestigt, die Schwerter gegürtet ... mit der langsamen Verwandlung der Truppe vollzog sich auch ihre Verlagerung von England nach Spanien.

Pudge meckerte herum, während er in seine neue Geschlechtsrolle zu schlüpfen versuchte. »Ich hasse es, wenn ich mich unter Zeitdruck vorbereiten muss. Die Bel-Imperia ist eine sehr komplizierte Person. In diese Rolle kann man nicht einfach hineinspringen, da muss man ganz allmählich hineingleiten wie eine Prinzessin in ihr Bad!« Er rang die Hände. »O Melpomene, himmlische Muse, schenk mir deine Inspiration! ... Ich werde niemals beizeiten fertig sein, das ist ein Ding der Unmöglichkeit.«

»Lass mich doch deine Rolle übernehmen«, bot Jonathan an.

»Du eine Prinzessin?«, schnaubte Pudge verächtlich. »Du kannst bestenfalls als Küchenmagd durchgehen. Bleib bei deinen Rollen als Bettler oder Page oder Bote, und sei dankbar, dass man dich wenigstens das noch spielen lässt!«

»Hals- und Beinbruch«, murmelte Jonathan und meinte es keineswegs nur als glückbringende Floskel.

Ein Schwarm ungebärdiger Jurastudenten aus den Londoner Rechtsschulen verhalf dem Theater zu einer gut besuchten Vorstellung. Einige frönten auf der Bühnenkante ungeniert dem Würfelspiel, andere flirteten, was das Zeug hielt, mit jeder Frau, die ohne Begleitung erschienen war. Einer jener ungestümen Herren hatte es geschafft, die Hand unter einen Rock zu schieben, worauf sein Opfer ihm das Täschchen über den Kopf hieb. Nachdem die Dame dergestalt den Nachweis ihrer Sprödigkeit geliefert hatte, ließ sie seinen zweiten Annäherungsversuch in wohlgefälliger Hingabe über sich ergehen.

Auf Burbages Zeichen schmetterte Jonathan eine Trompetenfanfare. Der Prologsprecher trat vor und entfaltete eine Chronik von blutigen Gemetzeln, heimtückischem Mord, brutalem Raub und entsetzlicher Rache. Fast jeder kannte die Handlung, aber das war unerheblich. Das elisabethanische Theater lebte davon, dass Erwartungen erfüllt und das Ausharren in der Kälte belohnt wurden. Das Publikum wollte Blut sehen – Ströme von Blut.

Mitten im ersten Akt zog eine flachsblonde Mützenfrisur, die inmitten der »Gründlinge« auf und ab hüpfte, Jonathans Blick auf sich. Er kannte diese wasserhellen Augen, dieses harmlose Grinsen – Jonathan wurde seiner Überraschung kaum Herr, zumal Boy de Bon Cœur sich so unmissverständlich vom Theater distanziert hatte. Dass das Wiedersehen mit Boy ein Glücksgefühl in ihm auslöste, überraschte ihn noch mehr. Er versuchte Eindruck zu schinden und spielte seine Rolle als Bote mit solchem Einsatz, dass Burbage ihm hinter der Bühne eine Kopfnuss versetzte. »Wer glaubst du eigentlich, wer du bist? Merkur persönlich?«

Dann kam der Moment, auf den das Publikum schon gelauert hatte, die Szene, in der Heironimo entdeckt, dass sein geliebter einziger Sohn Horatio ermordet wurde, und seine Totenklage anstimmt. Die Zuschauer stimmten im Chor in die Verse ein, mit denen Heironimo seinen Schmerz herausschrie:

»O Augen, die ein Born ihr seid der quellenden Tränen,
O Leben, das ein Zustand du bist des lebendigen Todes,
O Welt, die ein Hort du bist der öffentlichen Unbill,
Eine Wirrnis, des Mordens und der Missetaten übervoll!«

Die Handlung strebte ihrem Höhepunkt zu. Ein Mord, von einem vor Schmerz wahnsinnig gewordenen Vater begangenen, reihte sich an den anderen. Um nicht in Versuchung zu kommen, seine Komplizen zu verraten, beißt Heironimo sich schließlich die eigene Zunge ab. Burbage hatte das aufgewickelte rote Band unter seiner Halskrause versteckt. Mit grässlichen Schmerzensschreien, die den Zuschauern das Blut in den Adern gefrieren ließen, taumelte er mit dem Rücken zum Publikum quer über die Bühne. Dann drehte er sich jäh zur Rampe, und aus seinem Mund ergoss sich wie ein Blutstrom das rote Band auf den Boden, wo es gleichsam eine Lache bildete.

Aus dem Publikum löste sich ein vielstimmiger Aufschrei. Frauen fielen in Ohnmacht, und jemand im Parterre rief: »Also, *das* war meinen Penny wert!«

Angesichts von acht auf der Bühne liegenden Leichen war die Botschaft unmissverständlich: Die endlose menschliche Tragödie von Mord und Rache zeugt immerfort neuen Mord und abermals Rache und würde sich in endloser Wiederholung fortspinnen, solange Menschen auf dieser Erde wandeln. Das Publikum, von dem Blutbad auf das Äußerste angetan, pfiff und brüllte und trampelte mit den Füßen. Die Schauspieler strahlten.

Als der letzte Zuschauer gegangen war, stieß Jonathan auf Boy, der im Parkett auf ihn wartete. Boy trat von einem Bein aufs andere; man wusste nicht, wem die Situation peinlicher war. »Möchtest du vielleicht, dass ich dir das Theater zeige?«, meinte Jonathan.

Boy blickte um sich, als wäre er in Gefahr, in eine Jauchegrube zu stürzen, nickte schließlich aber zustimmend. Jonathan führte ihn in die Garderobe. »Hier wechseln wir unsere Kostüme. Warte, ich zeig es dir mal.«

Boy staunte Bauklötze über Jonathans Verwandlungen. Hinkend und mit einem verschlissenen Hemd wurde sein Freund zum Bettler; eine bauschige Mütze und ein tänzelnder Schritt, und schon war er von Kopf bis Fuß ein Page. Schließlich setzte er zum Abschluss des Reigens der magischen Verwandlungen die lange schwarze Perücke der Bel-Imperia auf.

Von Boys ungläubig aufgerissenen Augen ermuntert, hielt Jonathan ihm die Perücke hin. »Los, setz dir das Ding selber mal auf, es beißt schon nicht.«

Boy prallte zurück. »Ich soll glauben machen, jemand zu sein, der ich nicht bin – und noch dazu eine Frau? Das ist eine Sünde gegen Gott und die Natur!«

»Dem lieben Gott ist's egal. Er weiß doch, dass es nur ein Spiel ist.«

Boy schüttelte heftig den Kopf. »Dem lieben Gott ist es *nicht* egal. Er verabscheut die Schauspieler, denn sie führen ein eitles und müßiggängerisches Leben. Schauspieler sind bunte Schmetterlinge und ergehen sich in Unzucht.«

»In Unzucht würde ich mich ja ganz gern ergehen – es mangelt mir nur leider an Gelegenheit. Aber das mit den bunten Schmetterlingen ist mir neu. Von wem hast du das denn?«

»Von den Stadtvätern. Und von meinem Vater.«

»Weshalb bist du eigentlich gekommen?«

»Ich wollte einfach nur mal sehen, wie es ist. Aber bei dem Verkleiden mache ich nicht mit, niemals!«, protestierte er, wobei er mit schlecht verhohlener Neugier die Perücke betrachtete. »Wir wollen uns nicht streiten«, lenkte er ein. »Ich freue mich über unser Wiedersehen. Wie wär's mit einem strammen langen Spaziergang?«

»Gerne ... nur, ich hab bereits einen strammen langen Tag hinter mir. Ich muss mal die Beine von mir strecken. Lass uns in den ›Roten Hirsch‹ gehen, wo all die bunten Schmetterlinge nach der Vorstellung einen heben.«

»In eine Taverne? Wenn das je meinem Vater zu Ohren kommt, dreht er durch.«

»Ich werd's ihm schon nicht erzählen, es sei denn, du sagst es ihm selber.« Jonathan hakte Boy unter und schleppte ihn ins Gasthaus.

An einem der Tische hockten mehrere Schauspieler zusammen und ließen die Vorstellung noch einmal Revue passieren. An einem anderen Tisch saß Pudge und vertilgte ein kostspieliges Geflügelgericht in Gesellschaft eines um ihn bemühten wohlgenährten Hufschmieds, der kokett mit Hühnerbrust und Hähnchenschenkel hantierte.

Boy bestellte zwei Krüge Ale. Pudge streifte Jonathan mit einem hochmütig-amüsierten Blick. »Setzen wir uns draußen hin«, sagte Jonathan. »Ich glaube, es gibt einen schönen Sonnenuntergang.«

In dem kleinen Wirtsgarten, der nach Westen auf ein Feld hinausging, in der angenehmen Luft, die der vorangegangene Regen reingewaschenen hatte, in dem Sonnenuntergang, der eine Palette aus Rosa, Lavendel und Türkistönen in den tiefblauen Himmel tupfte, überkam Jonathan ein merkwürdiger Frieden. Es tat ihm gut, mit Boy hier draußen zu sitzen. Der Junge roch so sauber, benahm sich so ganz anders als die Zuhälter und Schläger, Taschendiebe und Bettler, die während des größten Teils seines Lebens seine Gefährten gewesen waren und die ihn noch um den letzten Farthing betrogen hatten. Durfte er sich der Hoffnung hingeben, in diesem Jungen vielleicht einen Freund zu gewinnen?

»Bist du immer schon Schauspieler gewesen?«, wollte Boy wissen.

Jonathan war neugierig, ob Boy sich wie ein wahrer Freund verhalten würde, wenn er ihm reinen Wein einschenkte. »Nein, ich war Taschendieb und hab noch einen Haufen andere schlimme Sachen getan – was man eben so tun muss, will man überleben.« Er beobachtete Boys Gesicht, doch der erwartete Schock blieb aus.

Stattdessen schockte Boys nächste Frage ihn. »Hast du schon mal jemanden umgebracht? Nein? Könntest du es denn?«

»Es gibt ein paar Leute, die ich ganz gern umbringen würde – vorausgesetzt, ich würde nicht erwischt. Aber die Wahrheit ist, dass ich lieber davonrenne, wenn es brenzlig wird. Vermutlich bin ich ein Feigling.«

»Du bist bloß vernünftig. Du kennst sicher die Redensart: ›Lieber kein Held, aber lebendig‹. Du bist also ein guter Läufer und kommst irgendwie immer davon?«

»Nicht immer. Einmal hat es nicht geklappt, und so bin ich nach Bridewell hineingeraten.«

Boy nahm einen großen Schluck Ale. »Mir läuft es eiskalt den Rücken hinunter, wenn ich mir das vorstelle. Hätten sie dich ein zweites Mal erwischt, hätten sie dir die Hand abgehackt oder dich bei einem schwereren Verbrechen sogar aufgehängt. Der liebe Gott hat bestimmt die Hand über dich gehalten, sonst würdest du heute nicht neben mir sitzen.«

»Dessen bin ich mir sogar sicher«, bestätigte Jonathan. »Als ich einmal tagelang nichts zu essen gehabt hatte, bin ich in die St. Paul's Cathedral gegangen und habe Gott geschworen, wenn er mich am Leben lässt, würde ich nie mehr armen Leuten etwas wegnehmen oder mehr zusammenstehlen, als ich unbedingt brauche, und wenn möglich würde ich davon an andere abgeben. Bis jetzt habe ich mich auch an meinen Schwur gehalten, und der liebe Gott hat mir bislang immer eine Nasenlänge Vorsprung vor dem Henker gegeben.«

»Hast du deswegen denn gar keine Schuldgefühle? In den zehn Geboten heißt es doch: ›Du sollst nicht stehlen‹.«

»Aber als Moses das niedergeschrieben hat, ist immerhin das Manna vom Himmel gefallen. Hätte Gott mich mit ein bisschen Manna versorgt, hätte ich auch nicht zu stehlen brauchen.«

Boy schluckte schwer an diesem Argument. »Ich glaube, du kommst mir da mit etwas, das mein Papa Sophisterei nennt. Aber jetzt, wo du Schauspieler bist, brauchst du dir solche Sorgen doch nicht mehr zu machen.«

Jonathan zuckte die Schultern. »Ich mache mir nichts vor. Burbage kann mich brauchen, weil ich noch eine recht ordentliche Knabenstimme habe. Aber ich spüre meine Walnüsse jeden Tag ein bisschen dicker werden. Aus meinem Alt – ›bim!‹ – ist inzwischen – ›bam!‹ – ein Tenor geworden. Ich habe zwar geübt, ein paar Töne höher zu singen, aber das wird auch nicht ewig so weitergehen. Wie soll ich eine Bel-Imperia mit einer – ›bom!‹ – Baritonstimme glaubwürdig spielen?«

»Pudge ist älter als du und spielt die Rolle trotzdem noch.«

»Weil seine Walnüsse taube Haselnüsse sind.«

Eine Dienstmagd brachte einen Ledereimer mit Ale. »Mit den besten Empfehlungen von Mr. Burbage«, sagte sie zu Boy und schmiss augenklimpernd die Röcke.

»*Mir* hat er nie einen ausgegeben«, sagte Jonathan verdrießlich. Er sah zu, wie Boy in einem Zug einen ganzen Krug hinunterkippte. »Sachte, sachte«, sagte er. »Wenn du das Zeug nicht gewöhnt bist, kann es dich ganz schön umhauen.«

»Ich mag das Gefühl, das man davon bekommt. Worte und Gedanken fliegen mir dann immer nur so zu. Mir gefällt auch diese Bedienerin ... aber mein Papa ...« Boy stärkte sich mit einem weiteren deftigen Schluck. »Glaubst du an Gott?«, fragte er unvermittelt.

»Was soll diese dumme Frage? Alle glauben an Gott!«

»Christopher Marlowe aber nicht, und er ist dein Freund. Glaubst du an die Transsubstantiationslehre?«

»Ich weiß nicht so recht«, meinte Jonathan unbestimmt, der mit diesem Begriff herzlich wenig anzufangen wusste.

Boy wurde rot im Gesicht. »Du weißt nicht so recht, wie deine Haltung zur allerwichtigsten Frage auf der ganzen Welt aussieht? Zu der Frage, die Königreiche aufsteigen und fallen lässt? Die die Trennlinie zwischen Christus und dem Antichrist markiert, zwischen Protestanten und Katholiken? Nun hör mal gut zu, mein lieber Jon: Die Papisten glauben, dass sich Brot und Wein beim

Gottesdienst in der Wandlung unmittelbar in das Fleisch und Blut Christi verwandeln, dass Christus unmittelbar gegenwärtig ist, während wir Protestanten doch wissen, dass Seine Gegenwart lediglich symbolisch ist. Also, was glaubst du?«

»Lediglich symbolisch«, beteuerte Jonathan, der den Wink mit dem Zaunpfahl verstand. »Nur symbolisch. Das habe ich natürlich schon längst gewusst. Jeder wahre Christ weiß das.«

»Ausgezeichnet. Papa wird beruhigt sein, wenn er das hört.«

Noch mal gut gegangen, dachte Jonathan im Stillen. Aber wenn er mich mit der Prädestinationslehre löchert, bin ich geliefert. Das habe ich nie begriffen. »Boy, ich weiß so wenig von dir«, sagte er hastig. »Was machst du eigentlich für Mylord Walsingham?«

»Das ist alles viel zu vertraulich, um darüber zu reden«, sagte Boy geheimnistuerisch. »Ich werde wohl bald auf den Kontinent reisen müssen«, setzte er versonnen hinzu. Jonathan wurde hellhörig.

Viele Fragen brannten Jonathan auf der Zunge. Warum hat man mich zur Seething Lane geschickt? Warum war Boy heute gekommen? Aber er blieb stumm. Wenn er sich geschickt genug anstellte, würde alles ans Tageslicht kommen, denn wie hieß es bei Tom Kyd in der »Spanischen Tragödie«: ›Mord kommt immer ans Tageslicht‹.

Sie sahen zu, wie das Zwielicht heraufzog. Die Pastellfarben über dem Horizont intensivierten sich im Licht der sinkenden Sonne zu Königsblau, Zinnoberrot, Magenta und anderen vom Himmel inspirierten Farbtönen, bei deren Anblick Worte versagen.

Boys Zunge wurde allmählich schwer. Behutsam stellte Jonathan seine nächste Frage. »Arbeitest du gerne für Mylord Walsingham?«

»O ja, er ist einer der besten Menschen, die Gott geschaffen hat. Meine Familie verdankt ihm alles, sogar das Leben.«

»Wirklich?«

»Ich war damals erst fünf, darum habe ich keine besonders gute Erinnerung daran, aber mein Papa hat mir die Geschichte oft genug erzählt. Es geschah, als Walsingham englischer Gesandter in Paris war. Papa war Siegelmacher in Diensten des französischen Königs. Die Mutter des Königs, Katharina di Medici, die Giftmischerin, wie man sie überall nennt, inszenierte gemeinsam mit ihrem Mitverschwörer, dem Herzog von Guise, das Massaker in der Bartholomäusnacht. Mit der Hochzeit ihrer Tochter mit Heinrich von Navarra – er ist nämlich Protestant – köderte sie die Protestanten zu Tausenden nach Paris. Und dann schlug sie zu.

Jeder Protestant, den der katholische Mob in die Finger bekam, wurde abgeschlachtet. In den Straßen von Paris stand knöchelhoch das Blut. Viertausend Menschen wurden in Frankreich an einem einzigen Tag umgebracht. Da mein Vater wusste, dass Mylord Walsingham ein entschiedener Protestant ist, brachte er mich und meine Mutter zu Walsingshams Haus in St. Germain des Prés, weil er uns dort sicher wähnte. Walsingham hat uns in seinem Weinkeller versteckt, aber mein älterer Bruder Honor, der Augenstern meines Vaters, hatte weniger Glück. Er fiel dem Mob in die Hände und wurde umgebracht. Viele Leute halten meinen Papa für mürrisch und humorlos, aber das ist nur, weil er den Tod meines Bruders nie verwunden hat. Ich gebe mir alle erdenkliche Mühe, ihm Honor zu ersetzen, aber Papa hat ihn in seiner Erinnerung so verklärt, dass mein toter Bruder mit menschlichen Maßstäben nicht mehr zu messen ist.«

Boys Augen wurden feucht, ob vom Ale oder von der Erinnerung, war schwer zu sagen. Jonathan legte ihm tröstend die Hand auf den Arm.

»Wir hielten uns eine Zeit lang in Walsighams Haus versteckt. Später hat er uns unter beträchtlichem persönlichem Risiko in die Niederlande geschmuggelt, die in jenen Jahren für Protestanten noch eine sichere Zuflucht waren. Im Jahr darauf hat Königin Elisabeth William Cecil geadelt und als Lord Burghley zu ihrem Schatzkanzler bestellt. Walsingham nahm Cecils Stellung als Sekretär des Geheimen Staatsrats ein. Er erinnerte sich daran, dass mein Vater königlicher Siegelmacher war und ließ ihn herüberholen. In diesem Jahr sind wir nach London gezogen, und seitdem sind wir hier. Meine Schwester ist hier geboren, sie ist jetzt vierzehn.«

»Ich wusste gar nicht, dass du eine Schwester hast.«

»Oh, sicher, sie ist sogar auserwählt worden, unserer Königin Elisabeth bei der Parade zum Tag der Thronbesteigung ein Bukett zu überreichen. Übrigens, bis dahin sind es nur noch ein paar Tage. Wollen wir zusammen hingehen?«

»Gerne, aber ich kann nicht.«

»Das Theater ist dann doch zu, schon von Gesetz wegen.«

»Sicher, wir haben zu, aber da ich in unserem Theater der Stift bin, muss ich mich um tausenderlei Dinge kümmern, um Reparaturen im Bühnenbereich und solche Sachen. Soviel zum müßiggängerischen und unzüchtigen Leben eines bunten Schmetterlings.«

»Ich wette, dein Lehrmeister wird es sich anders überlegen. Glaubst du an die Kraft des Gebets? Bete heute Abend darum, und es ist schon so gut wie erhört. Wir treffen uns an der Ecke Cheapside und Threadneedle, bei der Tribüne, Punkt acht Uhr. Sei aber lieber ein bisschen früher da, es wird ein fürchterliches Gedränge geben.«

Boy stand auf, plumpste aber sofort wieder auf seinen Sitz zurück. »Potztausend, die Erde dreht sich auf einmal so schnell. Wie kommt das denn?«

»Boy, du hast einen sitzen. Bleib lieber heute Nacht hier bei mir, auf meinem Dachboden liegt noch ein zweiter Strohsack.«

»Wenn ich heute Nacht nicht nach Hause komme, bringt mein Papa mich um. Ich muss jetzt gehen.«

»Dann lass dich von mir nach Hause bringen. In deinem Zustand fällst du noch einem Wegelagerer in die Hände.«

Sie machten sich auf den Weg. Boy stützte sich schwer auf Jonathans Schulter. »Wo wohnst du?«

»Auf der London Bridge. Mein Vater hat eines der Brückenhäuser gemietet. Es wird ihm eines Tages vielleicht sogar gehören – wenn ich meine Arbeit gut mache.«

Die Stadttore waren schon geschlossen. Jonathan zeigte Boy, wie man sich durch eine der feuchten Ritzen der Stadtmauer quetscht. Jonathan musste kräftig niesen. »Helf Gott!«, stieß Boy hervor, »und mach schleunigst den Mund zu, damit der Satan in diesem unbewachten Moment nicht in dich hineinfährt. Der Böse lauert in diesen dunklen Stunden überall, stets darauf erpicht, von einer arglosen Seele Besitz zu ergreifen.«

»Gehörst du auch zu diesen Puritanern, die überall den Satan am Werk sehen?«

»Er *ist* überall am Werk. Kein Mensch, von dem er Besitz ergreifen will, ist seiner Verschlagenheit gewachsen. Er könnte in dir sein, und in mir auch.«

»In dir? Niemals, Boy de Bon Cœur, weil er nämlich weiß, dass ein so reiner Mensch wie du ihn im Handumdrehen bekehren würde.«

»Ich – rein?« Boy hickste. »Schön wär's! Ich bin ein Sünder mit einer pechschwarzen Seele.«

»Du ein Sünder? Du weißt doch gar nicht, was das ist.«

»Ich gestehe das niemand anderem als dir, aber manchmal ... bevor ich einschlafe ... oder sogar wenn ich in der Morgendämmerung wach werde ...«

»Ach, das meinst du? Das tun doch alle, jedenfalls, solange wir noch nicht verheiratet sind. Sonst würde man doch platzen oder im Irrenhaus Bedlam landen.«

»Mein Papa sagt, alle Irren in Bedlam sind vom Teufel besessen. Sie haben gesündigt, und deshalb sind sie verrückt geworden.«

»Aber nicht, weil sie *das* getan haben.«

»Vielleicht doch.« Er lehnte sich schwer gegen Jonathan. »Weißt du noch, wie die Zunge von Heironimo heute Nachmittag bis auf den Boden fiel? Die Zunge des Teufels ist noch viel länger und so geschickt, dass der Teufel damit jedes Mädchen in seine Falle locken kann.«

»Mensch, wenn ich eine so lange Zunge hätte ...«

»Jon, darüber macht man keine Witze. Die Teufelsanbeter haben geheime Initiationsriten, aber die sind so ekelhaft, dass man sie nicht mit Worten wiedergeben kann.«

»Kann man nicht? Versuch es lieber trotzdem, sonst liefere ich dich den Dämonen der Nacht aus.«

Boy blickte sich ängstlich um. »Wenn man in den Satanskult eingeweiht werden will, muss man, Männlein wie Weiblein, vollkommen nackt auf den Knien vor ihm herumrutschen. Man muss ihm ewigen Gehorsam schwören, und um das schändliche Gelöbnis zu besiegeln, muss man ihn küssen ...«

»*Das* hört sich für mich aber nicht sonderlich ekelhaft an.«

»... und zwar unter den Schwanz.«

»*Das* schon. Hoffentlich muss ich nie wieder niesen.«

»Der Teufel macht mit denen, die ihn geküsst haben, was er will. Die Frauen tragen ihm seine Kinder aus, die Männer sind seine willenlosen Sklaven.«

»Woher weißt du das denn alles?«

»Manches hat mein Papa mir gesagt, manches habe ich in der Sonntagsschule gelernt, und manches habe ich auch in Büchern über Hexerei gelesen. Sei also gewarnt ...«

Als sie sich endlich den Zugängen zur London Bridge näherten, hatte das Ale seine volle Wirkung entfaltet. Unter Absingen einer Spontandichtung torkelten sie einher:

Der Teufel eine Zunge hat,
länger als sein Schwanz.
Mit der Zung' verführt er dich,

sein Schwanz besorgt's dir ganz.
Ob du Mädchen oder Bursch,
gib Obacht drum auf deinen ...

»Guten Abend, Papa«, sagte Boy fröhlich. Laterne in der einen Hand, einen Hickorystock in der anderen, war Raymond de Bon Cœur unvermutet vor ihnen aus dem Boden gewachsen. Mit einem durchaus nicht wohlwollenden Blick auf Jonathan begann er, seinem Sohn Rücken und Hintern zu vertrimmen. »Du Sünder, du elender Sünder!«, keifte er bei jedem Hieb.

Boy stand einfach da und ließ sich verprügeln. Jonathan war völlig fassungslos. Wenn ein schon fast erwachsener Mensch das mit sich machen ließ – da konnte etwas nicht stimmen. Bei Boy nicht. Bei seinem Vater nicht. Und mit ihrem Glauben auch nicht.

10.

Bist du Hellseher?«, sagte Jonathan zu Boy. »Wie konntest du wissen, dass Meister Burbage mir heute frei geben würde?«

»Das ist die Kraft des Gebets«, gab Boy versonnen zurück.

»Ihr Puritaner behauptet doch, dass alles vorherbestimmt ist, stimmt's? Wenn man aber an nichts etwas machen kann, wozu soll man dann noch beten?«

»Willst du mir schon wieder mit Sophisterei kommen? Kannst du denn nie mit deiner blöden Fragerei aufhören?«

»Nur noch eine: Wie geht es deinem Hintern? Dein Vater hat dich ganz tüchtig verdroschen. Warum hast du so brav da gestanden? Ich wäre davongeflitzt wie ein Wiesel.«

Boy wurde puterrot. »Ich habe die Prügel verdient. Es war die angemessene Strafe für meine Sünden.«

Jonathan verkniff sich die Antwort. Er wusste, wenn einer spinnt, kann man nichts machen.

Die Kirchenglocken von ganz London hatten ihr frohes Geläut erhoben und würden den ganzen Tag nicht mehr schweigen. Seit im Jahr 1558 Elisabeths Halbschwester gestorben war, die »Bloody Mary« Tudor, und Elisabeth am siebzehnten November auf den Thron gelangte, wurde jedes Jahr an diesem Tag ihre Thronbesteigung gefeiert.

Die Straßen um Threadneedle und Cheapside waren proppenvoll. »Müssen wir ausgerechnet hier stehen?«, meuterte Jonathan. »Anderswo wäre es bestimmt besser, da könnte man wenigstens atmen.«

»Hier wird der Königin ein lebendes Bild präsentiert. Ich habe jemand versprochen, hier zu stehen. Ach, ich liebe diese Feierlichkeiten!«

»Und außer dir noch jeder Taschendieb in der ganzen Stadt«, murmelte Jonathan, wobei er argwöhnisch nach verdächtigen Gestalten Ausschau hielt. London hatte seinen Spaß an den vielen Umzügen, und die Londoner Diebeszunft nicht weniger, denn für die Taschendiebe und Beutelschneider war das dichte Menschengedränge ein Geschenk Gottes.

Ob ich wohl noch mein feinfühliges Händchen habe, fragte sich Jonathan. Ach was, jetzt bin ich doch ehrbar geworden.

Im Verlauf des Vormittags stieg die Spannung immer mehr. An den Straßenrändern drängten sich vier, fünf Reihen tief die Menschen. Eltern hoben ihre Sprösslinge auf die Schultern, damit die Kleinen die vorbeifahrende Königin auch sehen konnten.

»Mylord Walsingham hat dafür gesorgt, dass alle Läden und Geschäfte heute geschlossen bleiben, damit jeder zur Parade kommen kann«, sagte Boy. »Philipp von Spanien hat überall in London seine Spione, die ihm berichten, wie groß das Interesse der Bevölkerung war. Philipp würde gerne hören, dass das Land hoffnungslos entzweit ist, und deshalb möchte Walsingham diesen Spionen zeigen, dass die Nation einhellig hinter ihrer Königin steht.«

»Pass auf deine Geldbörse auf!«, warnte ihn Jonathan im Geschiebe und Gedränge der zahllosen Menschen.

Geschrei und Unruhe wuchsen und kündeten vom Nahen der Königin. Als ihre Sänfte ins Blickfeld kam, erreichten der Tumult und die lärmenden Huldigungen der Menge einen Höhepunkt. Man hatte Elisabeths Prozession sorgfältig geplant und darauf geachtet, dass sich dem Betrachter weniger der Eindruck einer irdischen als vielmehr einer göttlichen Monarchin vermittelte. Eine alterslose Gestalt in Prunkgewändern saß auf einer Prachtsänfte unter einem bestickten Baldachin auf dem Thron. Sie wurde ge-

tragen und umgeben von barhäuptigen Trägern des Hosenbandordens, bewacht von einem studentischen Aufgebot edelster Ab-
kunft aus Cambridge und gefolgt von vierundzwanzig prächtig
gekleideten Hofdamen. Der gesamte Hofstaat von eintausend-
fünfhundert Personen war in geschickt arrangierter Abfolge auf-
geboten worden, um die weltliche Göttin aufs Großartigste zu
präsentieren.

Jonathan und Boy beobachteten aneinander gedrückt die allmählich näher kommende Königin in ihrer königlichen Sänfte.
Üppiges flammend rotes Haar, die ganze Gestalt über und über
mit einer Juwelenpracht bedeckt, die eine Galeone zum Sinken
gebracht hätte, feste, weiß geschminkte Brüste mit bläulich
nachgezogenen Adern, die hoheitsvolle Adlernase, die blitzenden dunklen Augen, lebendig, wach, intelligent ... Mochte die
schottische Königin Maria Ansprüche stellen, wie sie wollte,
mochte der Papst sie noch so oft als ketzerischen Bastard verdammen und exkommunizieren, sie, Elisabeth Tudor, Tochter
der Anna Boleyn und Heinrichs VIII., war die einzige und einzig rechtmäßige Königin von England.

Schon vor ihrer Geburt hatte das Schicksal Elisabeth zur Vor-
kämpferin der protestantischen Sache auserkoren, denn ihre
Gegenwart im Schoße der Anna Boleyn veranlasste Heinrich
VIII. zu seinem entscheidenden Schritt, im Januar 1533 die
Oberhoheit des Papstes abzuschütteln. Da Heinrich einen
männlichen Erben brauchte, wollte er sich von Katharina von
Aragon scheiden lassen, mit der er mehr als vierundzwanzig Jahre lang verheiratet gewesen war. Doch der Papst wollte nicht
mitspielen. Heinrich, der sich noch nie etwas hatte vorschreiben
lassen, erklärte sich kurzerhand selbst zum Oberhaupt der englischen Kirche und heiratete Anna Boleyn.

Trotz ihrer schlimmen Enttäuschung, als Frau auf die Welt gekommen zu sein – und obwohl Heinrich ihre Mutter enthaupten ließ, um noch einmal heiraten zu können –, wuchs Elisabeth

in der Überzeugung auf, von Gott selbst in ihre Stellung hinein-gehoben worden zu sein. Sie *musste* eine große Monarchin sein, sie *musste* jeden Mann in den Schatten stellen, allein schon, um die Umstände ihrer Geburt Lügen zu strafen und den religiösen Weg zu rechtfertigen, den England genommen hatte.

Königin Elisabeth ließ die Prozession anhalten, um die Hul-digung einer alten Frau entgegenzunehmen, dann noch einmal, damit ein wettergegerbter Seemann ihre Hand küssen konnte, und abermals, um sich von einem Kind einen Blumenstrauß rei-chen zu lassen. Das alles war in keiner Weise gekünstelt. Elisa-beths Interesse an ihren Untertanen kam von Herzen. Ein tief in ihr verwurzeltes Gefühl sagte ihr, dass ihre Regierung nur durch das Wohlwollen ihrer Untertanen erfolgreich sein konnte. Wie oft schon hatte sie zu ihren Ratgebern gesagt: »Gebt Acht auf mein Volk ... Ein jeder unterdrückt es und beutet es gnadenlos aus. Seine Klagen finden keinen Rächer, und es kann sich selbst nicht helfen. Kümmert euch um meine Leute, denn sie sind mir anheim gegeben.«

Keine sechs Meter von der Stelle, wo Boy und Jonathan Auf-stellung genommen hatten, kam die Prozession zum Stehen. Die Begeisterung der Menge steigerte sich zu ekstatischen Ovatio-nen für die Monarchin, die mit Wort und Tat alles darangesetzt hatte, um der ihr entgegengebrachten Liebe gerecht zu werden. Es war ihr gelungen, während der vergangenen achtundzwanzig Jahre, in denen weite Teile Europas unter dem eisernen Joch von Religions- und Bürgerkriegen ächzten, ihr Reich aus den kriege-rischen Auseinandersetzungen herauszuhalten und eine noch nie da gewesene Periode des Friedens und des Wohlstands ein-zuläuten. Sie, die jungfräuliche Königin, ihre Gloriana, sie allein hatte es bewerkstelligt.

Unvermittelt packte Jonathan Boy am Arm. Die Welt begann sich um ihn zu drehen, und der Boden drohte ihn zu verschlu-cken.

»Was ist mit dir?«, erkundigte Boy sich besorgt.

Bebend deutete Jonathan auf ein kunstvoll arrangiertes lebendes Bild, das auf einer fahrbaren Plattform vor der Tribüne ins Blickfeld geschoben wurde. Ein Mädchen von vielleicht vierzehn Jahren saß darauf und überreichte als Höhepunkt der Darbietung der Königin eine einzelne weiße Rose, die Blume der Jungfräulichkeit.

»Das ist das allerschönste Wesen, das ich je erblickt habe!«, flüsterte Jonathan atemlos.

»Morgana!«, rief Boy und winkte mit unverhohlenem Stolz dem Mädchen zu. »Ist meine Schwester nicht allerliebst? Als sie geboren wurde, dachte mein Vater, eine Fee sei auf die Erde herabgestiegen; deshalb nannte er sie Morgana.«

Der Engel hieß also Morgana ... die Fee, die die Männer verzaubert und behext. In dieser Welt der abgesprochenen Ehen hatte ein Dichter das Wort von der Liebe auf den ersten Blick geprägt. Jonathan hatte es immer für Unsinn gehalten – bis zu diesem Moment. Das Mädchen wirkte kühl, unerschütterlich, das ovale Gesicht eine hoheitsvolle Maske. Verfeinerung und Privilegierung spiegelten sich in ihren schlehendunklen Augen, deren Juwelenschimmer sich jeglicher Beschreibung entzog. Amethyste, Saphire, Aquamarine wirkten matt im Vergleich zu diesen strahlenden Augen. Kurzum, dieses Mädchen war alles, was Jonathan nicht war. Von einem Augenblick zum andern entbrannte in ihm eine verzweifelte, hoffnungslose Liebe.

Nur allzu schnell war die Darbietung zu Ende. Jonathan sah der davonrollenden Plattform hinterher. Das Mädchen drehte sich kurz um und winkte. Jonathans Herz jauchzte auf. »Mein Papa ist ja so beruhigt, dass Morganas Zukunft schon gesichert ist«, erklärte Boy. »In Bälde wird sie sich mit einem der reichsten Kaufherren der Goldschmiedezunft verloben.«

»Mit einem Kaufmann?«, stieß Jonathan ungläubig hervor. »Dieser Inbegriff von Schönheit, diese schönste aller Blumen

soll sich einem Pfeffersack anverloben? Das ist vollkommen unmöglich! Es ist ihr nämlich vorherbestimmt, mich zu heiraten!«
Wie eine ungebetene Erleuchtung war dieser Satz aus einem verborgenen Winkel seiner Seele geschlüpft, wo die alltäglichen Regeln der Vernunft keine Geltung besaßen und nur die Gewissheit wohnte, dass dies der Gang der Dinge wäre, denn in diesem
Augenblick hatte er das Band der ewig verrinnenden Zeit durch-
brochen und die Zukunft erblickt. Er musste, er würde dieses
Mädchen heiraten. Jawohl, er spürte es deutlich, es war vorherbestimmt.

»John Ransom, du spinnst!«, lachte Boy.

Jonathan hatte den Schock noch nicht verdaut, als schon der
nächste folgte. »Schau mal, wer da ist!«, rief er und deutete gesti-
kulierend auf die Höflinge, die hinter der Leibgarde der Königin
einherschritten. »Christian!«, rief er, doch sein Ruf ging im allgemeinen Tumult unter.

»Du kennst diesen Mann?«, fragte Boy staunend. Er konnte
seine Verwunderung nicht verbergen.

»In meinem Beruf hat man mit vielen wichtigen Leuten zu
tun«, sagte Jonathan nonchalant.

Boy zeigte auf einen Mann, der neben Christian ging. »Der
Edelmann neben ihm, der Rothaarige ohne Bart – kennst du den
auch?«

»Nein. Wer ist das denn?«, sagte Jonathan. Er hatte in ihm
zwar den Mann erkannt, mit dem er Christian in der St. Paul's
Cathedral beobachtet hatte, aber ein Unterton in Boys Frage
hatte ihn auf der Hut sein lassen.

»Das ist Anthony Babington, ein aufgehender Stern am Hofe
der Königin. Er und Christian sind unzertrennlich. Da du den
einen kennst, dachte ich, du müsstest den anderen eigentlich
auch kennen.«

»Wie kommt es, dass du Christian kennst, Boy?«

»Jeder, der England betreten oder verlassen will, braucht einen von Sir Francis unterzeichneten Pass. Christian hat schon ein paar Mal bei Walsingham vorgesprochen. Einmal hat eine Unterredung mehrere Stunden gedauert. Als sie wieder herauskamen, haben sie beide gelächelt, und Walsingham lächelt sonst nie, es sei denn, er hat wieder einmal eine geheime Absprache getroffen.«

»Geheime Absprache?«, echote Jonathan eifrig.

Boy wechselte schnell das Thema. Er hatte schon zu viel verraten. »Ist es nicht seltsam, dass Babington und Christian die einzigen Bartlosen im ganzen Gefolge sind? Der venezianische Botschafter behauptet zwar, dass Bartlosigkeit in Italien zur Zeit der letzte Schrei ist, aber du weißt ja selber, wie korrupt diese Venezianer sind.« Boy strich sich wohlgefällig übers Kinn. »Mein Bart sprießt schon. Hier, fühl mal die Stoppeln.«

»Pass auf deine Geldbörse auf«, sagte Jonathan warnend. Er hatte beobachtet, wie sein alter Kumpan Tyrone sich durch die Menge schob.

Als die königliche Prozession vorbeigezogen war, schlossen sich Boy und Jonathan der hinterherziehenden Menge an. Man zog zum Whitehall Palace, wo zu Ehren der Königin Ritterturniere stattfanden.

Jonathan stieß Boy in die Seite. »Gott möge mir vergeben, dass ich mich über die Gebrechen einer armen Seele lustig mache, aber sieh dir mal den Mann vor uns an! Sind seine Elefantenohren nicht zum Brüllen? Ich wette, als Attraktion auf dem Jahrmarkt könnte er damit eine Menge Geld verdienen.«

»Jon, für einen erwachsenen Burschen bist du manchmal ganz schön kindisch. Eines Tages wirst du schon noch lernen, dass der erste Eindruck meistens trügt. Dieser Mann heißt Engelbert Mühlenbach und hat einen Auftrag, der für unser Königreich lebenswichtig ist.«

»Tatsächlich? Und das wäre?«, hauchte Jonathan fasziniert.

Boy wurde rot und sagte nichts mehr. Zum zweiten Mal hatte

er sich vergaloppiert. Die Menge zwängte sich durch das New-gate-Tor und zog singend und tanzend einen Uferstreifen der Themse nach Westen entlang, der die Bezeichnung »Strand« trug. Der Adel hatte hier seine vornehmen Anwesen. Vor der Auflassung der Klöster waren es meistens die Stadtsitze von Bischöfen gewesen. Sommerset House, Leicester House, Essex House – zu jedem Anwesen gehörte ein gepflegter parkartiger Garten, der sich zum Fluss hinunter zog.

»Eines Tages werde ich auch in so einem Haus wohnen«, sagte Jonathan, um leise und nur an die eigene Adresse gewandt fortzufahren: »… zusammen mit Morgana de Bon Cœur, *Lady* Morgana Ransom, denn wenn mir die Liebste das Bett wärmt, werde ich ganze Welten erobern.« Gedankenverloren lief er gegen einen Fahnenmast und stieß sich den Kopf blutig.

Boy zerrte ihn aus dem Menschenstrom, sonst wäre er im Gedränge niedergetrampelt worden. »Der Scheitel ist dir aufgegangen, damit ein bisschen Vernunft in deinen Kopf hineinkommen kann. Das ist die Strafe Gottes für deinen Hochmut. Mein Papa sagt, dass wir in einen bestimmten Stand hineingeboren werden, den wir zum Wohle der Menschheit nicht verlassen dürfen.«

»Ach was, wenn das stimmen würde, wäre ich immer noch ein Dieb.«

Jonathans Kopfwunde hörte auf zu bluten. Sie beeilten sich, zu den Nachzüglern aufzuschließen.

»Hast du Königin Elisabeth schon einmal persönlich getroffen?«, fragte Boy.

»Klar, wir sind doch immer zusammen klauen gegangen«, spottete Jonathan.

»Ich habe sie getroffen«, sagte Boy mit stolzgeschwellter Brust. »Mylord Walsingham hat jeden Tag mit ihr zu tun. Und oft genug fällt es mir zu, seine Berichte zu überbringen. Noch im vergangenen August durfte ich im Hampton Court vor sie treten. Ich war mit einer dringenden Botschaft gekommen. Nachdem ich aufs Knie gefallen war, habe ich ihr den Brief überreicht. Sie richtete diesen durchdringenden Blick auf mich, und weißt du, was sie gesagt hat?«

Jonathan tat desinteressiert, lauerte aber auf jedes Wort.

»›Du bist der Sohn von Raymond de Bon Cœur, Lehrling und Gehilfe von Mylord Walsingham, nicht wahr?‹ Ich war so von den Socken, dass ich kaum noch krächzen konnte: ›Euer Hoheit, gewiss, ganz wie belieben.‹ Stell dir vor, sie weiß einfach alles, was in ihrem Königreich vor sich geht: Wer mein Vater ist, bei wem ich in die Lehre gehe – ich, ein kleiner Schreiber! Das war der großartigste Tag meines Lebens.«

»Ich werde sie demnächst vermutlich auch kennen lernen, falls man unser Stück für das Weihnachtsbankett auswählt«, sagte Jonathan, um Boy die Antwort nicht schuldig zu bleiben.

Boy blickte sich argwöhnisch um. »Du darfst es niemand sagen, versprochen?«, sagte er mit verschwörerisch gesenkter Stimme. »Ich hab es im Urin, dass euer Verein den Zuschlag bekommt.«

»Wirklich?«, japste Jonathan. »Woher weißt du denn das nun wieder?«

»Mein Geldbeutel!«, rief Boy plötzlich. »Jemand hat mir meinen Geldbeutel geklaut!«

Jonathan hielt ihm die Ledertasche hin. »Beruhige dich. Habe ich dich nicht gewarnt, du sollst aufpassen? Als du mir zweimal nicht zuhören wolltest – weißt du noch, wie dich vorhin ein Kerl angerempelt hat? – da hab ich mir gesagt, ich nehme mir den Beutel lieber selber, bevor Tyrone ihn sich holt. Mit Pässen magst du dich ja auskennen, und mit Verschwörungen und Sternzeichen und vielleicht auch mit Geheimschriften, und vielleicht hast du sogar die Königin kennen gelernt – aber auf den Straßen von London bist du eine Katastrophe.«

»Danke«, murmelte Boy, »du bist ein wahrer Freund.«

Als sie sich der Flussbiegung der Themse und dem Whitehall-

Palast näherten, sahen sie vor sich die Leute aufgeregt zusammenlaufen. »Da ist was faul«, murmelte Jonathan.

»Was ist hier passiert?«, rief Boy in das Menschenknäuel hinein.

»Ein furchtbarer Unfall«, gab ihm eine ältliche Frau zur Antwort. »Diese Fuhre Krüge war auf dem Weg zu den Feiern im Palast, aber die Pferde sind scheu geworden. Wurden wohl von 'nem bösen Geist erschreckt. Die Krüge sind heruntergefallen und haben diesen armen Mann erschlagen.«

Jonathan und Boy starrten auf den wirren Haufen aus schweren Krügen und Tonscherben, der den grotesk verkrümmten Körper von Engelbert Mühlenbach unter sich begraben hatte.

Boy wälzte einen Krug beiseite, kniete nieder und fühlte den Puls des Verunglückten. »Der Engel des Todes ist mit seiner Seele davongeschwebt. Jon, ich muss schleunigst zur Seething Lane zurück.«

Er wandte sich zum Gehen. Mit dem Ruf »Fährmann!« lief er zum Flussufer hinunter. Jonathan blieb zurück. Die tödliche Wendung jagte ihm einen kalten Schauer über den Rücken.

ZWEITER TEIL

DER LEHRLING

11.

Im Lauf von zwei Wochen im Dezember machte jede nennenswerte Londoner Theaterkompanie ein Probespiel vor Edward Tilney, dem Maître de Plaisir der Königin. Sie gaben ihr Bestes für die Ehre, bei den zwölftägigen Weihnachtsfeierlichkeiten des Hofes auftreten zu dürfen. Die Königin nahm ihr Vergnügungsprogramm sehr ernst und sah darin ein Abbild ihrer Hofhaltung. Sie hatte Tilney den alten St. John's Palace in Clerkenwell zur Verfügung gestellt. Das Gebäude hatte früher zu den ausgedehnten Besitzungen der katholischen Kirche gehört. Der Baukomplex mit seinen dreizehn Räumen diente heute als Probebühne für neue Produktionen, die bei den Festlichkeiten der Königin zur Aufführung kommen sollten.

Tilney war ein ausgezeichneter Gelehrter und übte einen enormen Einfluss aus. Kein Stück konnte in London zur Aufführung gelangen, dem er nicht seinen Segen erteilt und bescheinigt hatte, dass es frei von zersetzendem Einfluss war und in keiner Weise zum Aufruhr gegen die Königin aufstachelte. Da er den Theaterkompanien durchaus wohlgesonnen und fördernd gegenüberstand, ließ er die Probespiele nachts stattfinden, damit die nachmittäglichen Vorstellungen nicht ausfallen mussten.

Nach dem Probespiel wartete man auf Tilneys Entscheidung, wartete und stritt sich. Eines schönen Tages erhielt Burbage ein Schreiben. »Gott hat auf uns herabgelächelt!«, rief er. »Wir sollen mit unserer ›Spanischen Tragödie‹ am Stephanstag auftreten, dem sechsundzwanzigsten Dezember.« Das ganze Ensemble geriet aus dem Häuschen, man umarmte sich und tanzte über die Bühne. Das Geld, das bei dieser Gelegenheit hereinkam, würde ihnen über die mageren Wintermonate hinweghelfen.

Als wieder etwas Ruhe eingekehrt war, schnappte Burbage sich Jonathan und Pudge. »Ich möchte, dass Jonathan die Rolle der Bel-Imperia als Zweitbesetzung einstudiert.«

Ein abgestochenes Schwein hätte nicht lauter kreischen können als Pudge. »Dieser Sprachbehinderte als Zweitbesetzung für meine Glanznummer? Wo bleibt da der Bezug zur Wirklichkeit? Welcher Prinz hätte Lust, mit so einer dürren Bohnenstange zu bumsen?«

»Und was ist, wenn du krank wirst?«, pfiff Burbage ihn an. »Wir müssen auf jede Eventualität vorbereitet sein.«

Pudge schmollte, meuterte, drohte sogar, zur Konkurrenz abzuwandern, zu den »Admiral's Men«, doch Burbage gab ihm nur kurz eins hinter die Ohren. »Von Gesetzes wegen gehörst du immer noch mir.«

Auch Jonathan machte sich seine Gedanken. Er hatte sich immer schon an der Bel-Imperia versuchen wollen, in erster Linie, um Pudge auf die Palme zu bringen, aber die Rolle gleich vor der Königin spielen zu müssen? Er massierte den Knoten in seinem Bauch. Ach was, kein Grund zur Aufregung, Pudge würde niemals krank werden, der war gesund wie ein Ferkel an der Muttersau.

Ein paar Tage vor Weihnachten begann es zu schneien. Hollywell Lane sah frisch und sauber aus. Mistress Goodfellow hatte vom Keller bis zum Söller alles geschrubbt, das Stroh in den Strohsäcken gewechselt und frisches Reisig auf den Böden verteilt. »Die Flöhe sind zu unverschämt und die Läuse zu dreist geworden«, erklärte sie. Curiosity ruhte wie ein orientalischer Potentat auf einem Polsterkissen, öffnete gelegentlich ein Auge und schlief dann sofort wieder ein.

»Eines Tages werde ich ein Hündchen mitbringen, und sei es

nur, damit du einmal wach wirst und dich bewegst«, flüsterte Jonathan der Katze ins Ohr. Aber er wusste, Mistress Goodfellow würde es niemals zulassen, so gern er auch einen Hund gehabt hätte.

Am Herd roch es verführerisch nach Gaumenfreuden. Topfgucker bekamen von Mistress Goodfellow mit dem Kochlöffel eins auf die Finger, wobei sie ihren frommen Psalmengesang keine Sekunde unterbrach. Tannenzweige standen in allen Zimmern, an der Eingangstür hing ein Kranzgebinde – Jonathan war überzeugt, dass es im Stall von Bethlehem sehr gemütlich gewesen wäre, hätte man Mistress Goodfellow dort ihr Wesen treiben lassen.

Am Weihnachtstag nahm Burbage nach dem Gebet Jonathan beiseite. »Du wirst morgen die Bel-Imperia spielen.« Jonathan konnte ein Aufstöhnen nicht unterdrücken. »Pudge fühlt sich nicht wohl«, setzte Burbage hinzu.

Jonathan fand das merkwürdig, hatte er sich mit Pudge doch noch kurz zuvor eine grimmige Schneeballschlacht geliefert und den Kürzeren gezogen. Wie auch immer, Burbages Wort war Gesetz. Die ganze Nacht warf sich Jonathan auf dem Strohsack hin und her. Solange er noch auf der Straße gelebt hatte, waren ihm Angstzustände so gut wie unbekannt gewesen, er hatte gar keine Zeit dafür gehabt. Entweder man kam durch, oder man krepierte. Aber vor der Königin auftreten? Und wenn auch noch Christian da war? Nicht auszudenken, wenn er sich vor Christian blamierte! Er verkroch sich noch tiefer in den Strohsack und sagte wieder und wieder seinen Text auf, doch im entscheidenden Moment würde er wie vor den Kopf geschlagen dastehen, da war er sicher.

Am nächsten Nachmittag trafen »The Queen's Men« im Whitehall-Palast ein. Die neuen Kulissen und Kostüme waren schon angekommen, der Hofmarschall hatte sich darum gekümmert und die Sachen mit dem Boot von Clerkenwell herbeischaffen lassen.

Jonathan war von dem Palast völlig überwältigt. Der Gebäudekomplex erstreckte sich über fast achteinhalb Hektar, mit ausgedehnten Gärten, einer Kirche, mehreren Obstgärten, Tennisplätzen, einer von Wegen diamantförmig durchzogenen riesigen Rasenfläche, einer Hahnenkampfarena und einem Turnierplatz. Es war eine eigene kleine Stadt und während der Regierungszeit der Königin das Nervenzentrum Englands.

Die Schauspielertruppe wurde von den Leibgardisten der Königin in ihren prächtigen rot-schwarzen Uniformen mit dem silbern gestickten Tudorwappen sofort umstellt und sorgfältig auf Waffen untersucht.

»Wir sind doch bloß Schauspieler«, flüsterte Jonathan Burbage zu.

»Sogar ein Schauspieler könnte ein Attentäter sein – zumal Walsingham uns für eine Diebes- und Mörderbande hält. Und vergiss nicht, der Papst hat ein Kopfgeld auf die Königin ausgesetzt. Hier wird um einen hohen Einsatz gespielt, um nichts Geringeres als ein Königreich. Bei so hohem Einsatz muss man jederzeit mit einem Anschlag rechnen, auch wenn der Attentäter dabei sein eigenes Leben aufs Spiel setzen muss. Walsingham ist gut beraten, diese Vorsichtsmaßnahmen zu treffen.«

Ein eifriger Wächter schlug Alarm. Er hatte ein Messer entdeckt, doch man führte ihm vor, dass es nur ein Requisit war, bei dem die Klinge in den Griff zurückgleitet. Als die Durchsuchung überstanden war, begab sich die Truppe hinter den Vorhang, der das untere Ende des Festsaales vom Hauptgeschehen abteilte. Das Bankett war schon in vollem Gang, Stimmengewirr, das Geklapper von goldenem und silbernem Tafelgeschirr und Fetzen von Instrumental- und Chormusik drangen durch den Vorhang herein.

Jonathan spähte durch ein Guckloch. »Sapperlot, das sind mindestens fünfzig Sänger im Chor und noch einmal fünfzig Musiker!«

Pudge stand kurz vor dem Herzschlag, weil Jonathan die Bel-Imperia spielte. Er hieb Jonathan den Ellbogen in die Seite. »Da bist du wohl platt! Wer wie ich bereits bei Hofe aufgetreten ist, weiß natürlich, dass sich die Königin bei ihren Festen nicht lumpen lässt.« Er senkte die Stimme. »Das werde ich dir heimzahlen, du hinterlistiger Bastard«, flüsterte er Jonathan ins Ohr. »Bei meinem Eid, das wirst du mir büßen.«

Jonathan schaute ihm direkt in die Augen. »Wovon redest du eigentlich?«

Der Bankettsaal, ein großer Holzbau mit einer bemalten Leinwanddecke, war im Jahr 1581 für die Bewirtung des mehrhundertköpfigen Gefolges des Duc D'Alençon errichtet worden. Der Duc, ein illegitimer Sohn der Katherina de Medici, war als Brautwerber um die englische Königin nach London gekommen. In der Hoffnung, Spanien mit einem günstigen Bündnisvertrag mit Frankreich im Rücken in die Schranken weisen zu können, hatte Elisabeth mit dem Gedanken gespielt, ihren hausbackenen Verehrer zu heiraten, ihren »Frosch«, wie sie Alençon zu nennen pflegte – ein Spitzname der Engländer für die Franzosen, der sich bis weit in die Zukunft halten sollte. Mit ihrer üblichen Hinhaltetaktik, ihrer Unentschlossenheit, ihren Ausflüchten und schließlich mit einer beträchtlichern Abfindung für Alençon hatte sie es geschafft, dass der Bündnisvertrag unterzeichnet wurde, ohne dass sie sich dem Eindringen eines Frosches oder Prinzgemahls in ihre Privatgemächer und die Erbfolge aussetzen musste.

Mittlerweile wurde der Saal vorwiegend für Staatsbankette und die Veranstaltung von Maskenbällen und Theateraufführungen genutzt. »Wann sind wir dran?«, erkundigte sich Jonathan und schluckte schwer. Lampenfieber machte ihm zu schaffen.

»Sobald das Essen vorbei ist«, sagte Burbage, »was soviel heißt wie irgendwann zwischen neun und zehn.«

Nie zuvor hatte Jonathan eine solche Pracht gesehen. Es kam

ihm vor, als hätte man sämtliche Reichtümer der Welt in diesem einen Saal angehäuft. Als man ihm zum ersten Mal erzählt hatte, dass die Königin für ihre Hofhaltung jede Woche tausend Pfund aufwenden musste, hatte er spöttisch gelacht, aber mit dem heutigen Abend glaubte er es selber. Hunderte von Höflingen waren angetan in prächtigen Wappenfarben, in scharlachrot und violett, in purpur, gelb und blau, und trugen Kleider nach dem neuesten französischen Schnitt mit breiten Schultern, Wespentaille und akzentuierten Hüften. Die Männer trugen lange, die muskulösen Beine hervorhebende enge Strumpfhosen und hatten den mit Grauwerk oder Eichhörnchenfell gefütterten Mantel lässig über die Schulter geworfen, und wer zum Erbadel gehörte, trug den berühmten Zobel aus Moskau. Zu Jonathans Überraschung waren die Damen ähnlich auffallend und freizügig gekleidet wie die Edelnutten, die er in den Straßen Londons gesehen hatte. Er fragte sich, wer hier eigentlich wen imitierte ...?

Über Jonathans zunehmende Blässe besorgt, suchte Burbage ihn auf andere Gedanken zum bringen. »Hast du bemerkt, wie der Blick, trotz all des Glitzerns im Saal, immer wieder von der Königin angezogen wird? Egal, wo sie sich befindet, stets ist sie der Mittelpunkt des Geschehens. Wenn ich eine solche Ausstrahlung hätte – ich wäre der größte Star von London. Sieh sie dir genau an, und spiel deine Bel-Imperia nach ihrem Vorbild. Wenn bloß Frauen auf die Bretter dürften! Es gäbe keine großartigere Schauspielerin als unsere liebe Bess. Wenn sie lacht, lacht der ganze Hof, und wenn sie die Stirn runzelt, macht der ganze Hof sich gleichzeitig in die Hosen.«

»Bist du wirklich im gleichen Saal wie die Königin von England?«, fragte sich Jonathan, »oder ist es eine Vorspiegelung des Teufels, mit der er dich ins Verderben locken will?« Aber das Rumoren in seinem Gedärm ließ keinen Zweifel an der Echtheit der Situation aufkommen. Los, sagte er sich, du musst diese Frau studieren.

Die Königin trug ein Gewand aus feinem Gespinst in jung-fräulichem Weiß mit einem hohen Kelchkragen, der ihr kalkwei-ßes Antlitz hoheitsvoll umrahmte. Eine strahlend rote Perücke, mit kräftigem Rouge geschminkte Wangen und karminrote Lip-pen vervollständigten die Erdbeer-Sahne-Farbkonstellation, die sie an ihrem Hof zum weiblichen Ideal erhoben hatte. Das Licht brach sich funkelnd in Tausenden von Streuperlen, die ihr Ge-wand überkrusteten und im Diamantschmuck an ihren Händen, ihrem Handgelenk und ihrem Hals. Sie saß leicht erhöht auf ei-ner kleinen Empore, flankiert von ihren Hofdamen, von denen einige als Vorkosterinnen fungierten, um sicherzustellen, dass ihre Speisen kein Gift enthielten. Die Königin aß sehr mäßig, und obwohl der ganze Hof dem Wein reichlich zusprach, trank sie ihn zu zwei Dritteln mit Wasser verdünnt. In einer von Män-nern beherrschten Welt, in der Jungfräulichkeit – gar die Jung-fräulichkeit einer Königin – ein wertvolleres Gut war als das gol-dene Vlies, setzte Elisabeth alles daran, niemals die Kontrolle über ihre Empfindungen und Gefühle zu verlieren.

Jonathan presste sich die Hand auf den Magen. Kalter Schweiß stand ihm auf der Stirn. »Ich glaube, man hat mich ver-giftet«, stieß er hervor.

»Das ist doch bloß Lampenfieber«, zischte Burbage ihn an. »Kerl, ich habe mir nicht diese unendliche Mühe gemacht, um mir von dir alles kaputtmachen zu lassen ...« Jonathan atmete schwer und keuchend. Verzweifelt versuchte Burbage eine ande-re Masche. »Wovor hast du eigentlich Angst? Sieh dich doch um, das sind alles auch nur lauter Sterbliche, die alle nur mit Wasser kochen. Siehst du diesen gebeugten Greis, der aussieht, als stün-de er bereits mit einem Fuß im Grab? Das ist Lord Burghley. Er hat der Königin siebenundzwanzig Jahre lang treu gedient, und sie hat ihn ausgelaugt bis aufs Mark. Er gehört zu Elisabeths Friedenspartei und ist ein Gegengewicht zu solchen Heißspor-nen wie Leicester, Raleigh und Walsingham – wo steckt der überhaupt? Ach, dort ist er, macht sich mit gebeugtem Knie an die Königin heran ... Schau nur, wie sie erstarrt, während er ihr etwas zuflüstert. Er hat ihr bestimmt wieder eine üble Nachricht serviert. Es ist ja kein Geheimnis, dass sie ihn nicht leiden kann, schließlich ist ihm alles, was ihr Spaß macht, ein Gräuel: Tanz, Theater, Maskenbälle, Gelächter. Er verabscheut diese Feste, kann es sich aber nicht leisten, die Königin durch seine Abwesenheit zu brüskieren.«

»Warum schickt sie ihn nicht einfach in die Wüste?«

»Weil sie weiß, was sie an ihm hat. Er ist der Mann im Hintergrund, der bislang jeden Anschlag auf ihr Leben vereiteln konnte. Und er *muss* dafür sorgen, dass sie am Leben bleibt, denn sein Kopf würde als erster rollen, wenn Maria von Schottland auf den Thron käme. Er ist ein gefährlicher Mann, doch das Menschliche ist ihm nicht fremd, denn er leidet bitter an den Steinen und an der Fallsucht.«

So also steht es um Walsingham, dachte Jonathan und vergaß vorübergehend sein eigenes Elend. Der von Kopf bis Fuß ganz in puritanisches Schwarz gehüllte Walsingham wirkte wie eine Nebelkrähe unter Papageien. Der Spitzbart machte sein düsteres Gesicht noch düsterer, und seine Augen forschten ruhelos nach jedem noch so kleinen Anzeichen der Gefahr für seine Herrscherin.

Pudge warf den Kopf in einem gespielten Ohnmachtsanfall nach hinten. »Bei meiner Seele, schaut euch doch diesen Edelmann an!«, rief er gekünstelt. »Der da, der Große mit den hellen Haaren, der mit dem blitzblauen Seidenanzug! Das ist der neue Favorit der Königin, ein gewisser Christian Dingsbums. Hat man je *solche* Schenkel gesehen? Das sind ja regelrechte Baumstämme, da möchte man ein Specht sein!«

So schlecht es Jonathan bereits ging, der plötzliche Anblick von Christian verzehnfachte sein Elend. Er vergaß einfach alles, sein Text war wie weggeblasen, der Schweiß brach ihm aus, und er spürte, wie ihm der Magen hochkam.

Unvermittelt gab die Königin das Zeichen, mit der Festvorstellung zu beginnen. Der große Saal verwandelte sich in einen Ameisenhaufen emsiger Betriebsamkeit. Eine Abordnung von Gardesoldaten hob die Festtafeln von den Böcken, auf denen sie geruht hatten, und trug sie ab, um für die bevorstehende Vorstellung die Sitzreihen für das Publikum aufzubauen. Vor dem Vorhang am Ende des Saales, hinter dem die Schauspieler warteten, wurde eine erhöhte Bühne von knapp fünf Metern im Quadrat errichtet.

Man hängte große schmiedeeiserne Armleuchter mit unzähligen Kerzen an Flaschenzüge und wand sie hoch. Das Gewicht der Leuchtergestelle war so gewaltig, dass sechs Mann für diese Arbeit erforderlich waren. Unter Walsinghams wachsamem Auge prüfte Peter Wright, der für die Beleuchtung verantwortlich war, die Sicherheit der gesamten Anlage.

Die Brandgefahr wurde durch Blechplatten gebannt, die an der Decke über den Kerzen angebracht waren, aber schon ein einziger herabstürzender Kandelaber hätte den Tod einer großen Zahl von Menschen und sogar der Königin bedeuten können, für Walsingham Grund genug, selbst eine abschließende Überprüfung vorzunehmen.

Während die Schauspieler mit zum Zerreißen gespannten Nerven darauf warteten, dass es endlich losging, hielt Tilney eine zündende Ansprache und forderte alle auf, in der Vorstellung alles zu geben. »Königshöfe werden nicht nur nach ihrem Glanz und Reichtum beurteilt, sondern auch nach ihrem geistigen Rang. Heute Abend sind Botschafter aus aller Herren Länder anwesend, darunter zweifellos auch Spione in Diensten Philipps von Spanien, die ihrem Herrn mit Vergnügen melden würden, dass an unserem Hof Rückständigkeit und Rohheit herrschen. Seid euch bewusst, die Königin bedient sich nicht zuletzt ihrer Theateraufführungen, um diese Verleumder Lügen zu strafen!«

Burbage packte Jonathan an den Schultern. »Wir stehen vor einer schweren und wichtigen Aufgabe. Hab keine Angst, öffne dein Herz und deinen Geist, lass die Muse dein Blut in Wallung bringen. Lass sie durch deinen Mund sprechen. Denn heute Abend, Jon Ransom, spielst du für den Ruhm und die Ehre Englands!«

Worauf Jonathan sich erbrach.

»Ich habe euch doch gesagt, dass dieser Straßenbengel es nicht schafft«, spöttelte Pudge. »Er gehört eben nicht auf die Bühne. Ich werde wohl die Karre aus dem Dreck ziehen müssen.«

»Nur über meine Leiche!«, keuchte Jonathan. Er griff sich einen Krug Ale, spülte sich den Mund und spie seine Übelkeit und seine Angst in einen Kübel. Er klatschte sich noch mehr weißen Puder ins Gesicht, knallte sich die kastanienbraune Perücke auf den Kopf, und mit einem leise gemurmelten »Jetzt oder nie, ihr Musen!« trat er vor das Ungeheuer mit den tausend Augen, das darauf wartete, ihn zu verschlingen.

12.

Nachdem Jonathan endlich auf der Bühne stand, ging er bald in der Handlung des Stückes auf. Die Vorstellung schien gut zu laufen. Er gab sich gebieterisch, wo die Rolle es verlangte, und verführerisch, als er die Mordbuben in ihr Verderben zu locken hatte. Er hatte ein paar kleinere Hänger, aber Burbage und die anderen Kollegen überspielten seine Patzer. Da die Königin aufmerksam zuhörte, war der Hofstaat ein diszipliniertes Publikum.

Als Burbage den herzzerreißenden Monolog des Heironimo am Totenbett seines Sohnes gab, jenes »Oh, Augen ...«, war Jonathan aus ihm unerfindlichen Gründen den Tränen nahe. Wie ist das eigentlich, fragte er sich, wenn man so sehr geliebt wird, wenn man von einem Vater umarmt, von einer Mutter umsorgt wird? ... Und als er mit bebender Stimme die Sterbeszene der Bel-Imperia spielte, vergoss er Tränen für jedes an ihr verübte Verbrechen ... Er verschmolz mit seiner Figur, seine Tränen wurden die ihren, und als sie starb, da starb auch er.

Ein langer Augenblick der völligen Stille entstand ... Du hast es geschmissen, dachte Jonathan verzweifelt. Dann applaudierte die Königin, riss den Beifall an; der Applaus brandete auf, bis der ganze Saal dröhnte. Der Beifall war berauschender als der stärkste Wein, füllte Jonathans ganzes Wesen, ließ ihn überströmen, ließ ihn größer werden, machte ihn stark und allwissend. Wenn doch auch Morgana de Bon Cœur seinen Triumph miterlebt hätte – sie würde ihn lieben, sie hätte gar keine andere Wahl, als sich in ihn zu verlieben! Beifall ...

Burbage wedelte ihn von der Bühne. »Jetzt hat es dich also auch erwischt. Von jetzt ab wirst du unausstehlich sein.«

Während die Schauspieler noch den Schlussreigen tanzten und die Königin sich köstlich über Tarletons Späße amüsierte, sah Jonathan Christian zur Monarchin treten und ihr etwas zuflüstern. Nach dem Schlussapplaus und den Verbeugungen trat Christian auf Burbage zu. »Die Königin möchte den jungen Ransom singen hören.«

Burbage war ganz begeistert, Pudge von Eifersucht zerfressen, Jonathan wie vom Schlag gerührt. »Jon, hör mir zu: Kennst du die Ballade ›Greensleeves‹? Kannst du sie a capella singen?«

»Nein, kann ich nicht – nicht solo und nicht vor der Königin!«, stöhnte Jonathan.

Christian packte Jonathan mit eisernem Griff am Arm. »Du kannst es singen, und du wirst es singen! Die Königin wünscht es, und ich will es. In deinem ganzen jämmerlichen Leben wirst du nie wieder eine solche Chance bekommen. Wenn du das Wohlgefallen der Königin erregst, nimmt sie dich vielleicht in ihren Chor auf. Dann wohnst du am Hof, wir könnten uns jeden Tag sehen ...« Der Blick seiner goldenen Augen bohrte sich in die Jonathans, hypnotisierend, verführend – ganz sacht schob er ihn hinaus auf die Bühne.

Jonathan trat an die Rampe ... sein Blick verschleierte sich, er beugte das Knie. »Wenn Euer Gnaden gestatten ...«, stammelte er und hob an, die Ballade zu singen, die angeblich von Heinrich VIII. komponiert worden war – »Greensleeves«.

Von der Reinheit der zarten Knabenstimme bezaubert, beugte die Königin sich vor. Die Erinnerung an den Vater stieg in ihr auf, der die Mutter hatte enthaupten lassen, als sie seinen Interessen nicht mehr dienlich war, an den Vater, der sie, die Tochter, als illegitim hatte erklären lassen. Dessenungeachtet hatte sie ihn vergöttert, von dieser beherrschenden Gestalt aber auch die

Lektion gelernt, die ihr ganzes weiteres Leben überschatten sollte: Traue niemals einem Mann.

Die Königin war für ihre plötzlichen Stimmungswechsel bekannt und gefürchtet. Das Lied machte sie traurig, die Erinnerungen, die es wachrief, erzürnten sie. Ihre Miene verdüsterte sich, das Gesicht wurde starr, der Mund hart. Der Hofstaat machte sich sofort die Emotion der Königin zu Eigen und schien kollektiv um Haltung zu ringen. Walsingham schritt schimpfend in Jonathans Darbietung ein, doch zu spät, das Unheil war bereits geschehen.

Was hast du angerichtet, dachte Jonathan. Du hast die Königin erzürnt, den ganzen Abend ruiniert! Das bringt dich in den Knast, ganz gewiss ... ob dich das Lied auch noch den Kopf kostet? Schweißnass überlegte er fieberhaft, wie er die Situation wieder herausreißen könnte ... Mit unerwarteter und den ganzen Hofstaat aufschreckender Energie rief er: »Gnädigste Majestät, zur Feier dieser heiligsten aller Jahreszeiten möchte ich Euch die Huldigung Eures ganzen Volkes darbringen«, und er sang aus vollem Herzen:

»Ich dein Allerliebstes bin,
Hab zur Erbin dich bestimmt,
Man nennt mich Merry Engeland.
Drum zög're nicht
und komm zu mir,
reich, liebe Bessie, mir die Hand.«

Atemlos stand er da. Die Königin blickte ihn unverwandt an. Einen Moment lang sah er ihre Lippen beben, dann wurde ihr Blick milde, und mit ihrer wohlklingenden Altstimme antwortete sie:

»Hier reiche ich dir meine Hand,
mein lieber Buhle Engeland.

Ich bin dein mit Herz und Seele,
auf immer und auf ewig.
Ich bin dein und du bist mein,
bis dass der Tod uns scheidet.«

Der ganze Hofstaat stimmte in den Refrain ein – das Lied war zu einer Art Nationalhymne geworden. Die Herren sangen aus voller Brust im Kontrapunkt zum Getriller der Damen, sogar die Leibwachen fielen ein in den Gesang, bis der ganze Bankett- saal widerhallte vom Lobgesang auf die Königin, die auf ihr per- sönliches Glück und die Freuden der Ehe verzichtet und sich England anvermählt hatte.

Die Königin lächelte; ein donnerndes »Hurra!« nach dem an- deren dröhnte hinauf zu den Dachbalken. Das Orchester stimmte eine schwungvolle Gaillarde an, und Christopher Hat- tingly bat Königin Elisabeth um die Ehre des ersten Tanzes. In einer großzügigen Geste hatte sie der Schauspielertruppe gestat- tet, im Saal zu verweilen und dem festlichen Treiben zuzuschau- en.

Christian trat zu Jonathan und massierte ihm die Schultern. »Gut gemacht, mein Kleiner«, sagte er. »Immer ein As im Är- mel, die Niederlage zum Sieg umfunktionieren! Du bist gewieft, mein Junge, das macht Spaß. Auf deine Geistesgegenwart darfst du dir ruhig etwas zugute halten.«

»Welcher Teufel hat Euch geritten, dass Ihr ausgerechnet die- ses Lied ausgesucht habt?«, sagte Jonathan empört, »… und wo war mein gesunder Menschenverstand, dass ich es auch noch ge- sungen habe? Ich habe schon damit gerechnet, dass die Königin mir die Zunge herausschneiden lässt!«

»Ich bin genauso fassungslos wie du«, verteidigte sich Chris- tian. »Ich konnte ja nicht ahnen, dass sie so reagieren würde, wo ich doch gehört hatte, dass ›Greensleeves‹ eines der beliebtesten Lieder von London ist, von dem mehr Noten verkauft werden als von jedem anderen. Maudy singt es ununterbrochen. Ich dachte, die Königin wäre gerührt!«

»Apropos Maudy – ist sie denn hier?«, erkundigte sich Jonathan eifrig.

Christians Antwort war ein kehliges Lachen. »Der Hof ist kaum der angemessene Ort für eine Hausiererin, selbst für eine so außergewöhnlich hübsche wie unsere Maudy, die dich so gern in deinen ... wie sagte sie noch? ... süßen kleinen Hintern beißen möchte.« Er tätschelte Jonathan wie nebenbei und setzte sein gewinnendes schiefes Lächeln auf. »Durchaus keine Kostverächterin, unsere Maudy. Jon, ich habe eine gute Idee: Wenn das Fest hier vorbei ist, kommst du zu mir in mein Haus am Strand. Ich werde tun, was ich kann, um meinen Schnitzer von heute Abend wieder auszubügeln. Alles, was du willst – und wenn ich mich recht entsinne, willst du am liebsten ...« Wieder lächelte er gewinnend. »Na, egal, wir werden uns in Bälde diesen männlichen Vergnügungen widmen. Jetzt muss ich mich aber um die Königin kümmern. Walsingham hat schon wieder die Klingen mit ihr gekreuzt, und wenn mich nicht alles täuscht, kocht der Kessel gleich über – etwas Wichtiges ist im Busch.«

Verwirrter als je zuvor schaute Jonathan Christian nach. Trotz der Komplimente und der Einladung hatte er das Gefühl, dass Christian mit dem Verlauf seines Soloauftritts keineswegs besonders zufrieden gewesen war. Maudys Worte vor der St. Paul's Cathedral fielen ihm ein: »Er hat mich verhext.« Es schauderte ihn, als er sich eingestehen musste, dass auch er sich hatte verhexen lassen. So jedenfalls kam er sich im Augenblick vor: verhext. Die Vorstellung, die Nacht mit den beiden zu verbringen, jagte das Blut pochend durch seinen Körper und ließ ihn jede Vorsicht vergessen.

Pudge machte sich an Jonathan heran. »Heutzutage darf jeder so tun, als wäre er ein Sänger, und mag sich auf die Bühne stellen«, sagte er mit triefendem Spott. »Hast du bemerkt, wie der ganze Hofstaat zusammengezuckt ist, als du das Fis nicht getroffen hast?«

»Sieh nur zu, dass ich dein Fis nicht treffe!«

»Du mieses Schwein hast Burbage mit Geld geschmiert, damit er dich heute Abend auf die Bühne schickt! Wo hast du denn die Kohle her? Wohl geklaut oder in einem stillen Winkel angeschafft! Aber warte nur, ich krieg dich schon.« Pudge warf die Lockenpracht zurück und stolzierte davon.

Jonathan wurde starr. Allerlei ungute Vermutungen stiegen in ihm auf ... Seething Lane, Augen, die ihn aus Gemälden heraus verfolgten ... Boys Andeutungen über die Vorstellung am Hof, die sich bewahrheitet hatten ... der tödliche Blick, den er soeben von Walsingham aufgefangen hatte. Er sah das Rad des Schicksals langsam und unerbittlich auf sich zurollen, und nichts, was er zu sagen oder tun vermochte, würde es aufhalten können.

Die Gaillarde war vorbei. Die Musiker schlugen eine beschwingte »Volta« an. Jonathan beobachtete, wie die Herren ihre Partnerinnen hoch in die Luft warfen und wieder auffingen, kurz bevor die Füße der Damen den Boden berührten. Bald hallte der Saal wider von dem jauchzendem Gekreisch, das unverzichtbar zur »Volta« gehörte.

Er bemerkte, dass Christian sich mit dem glattrasierten Anthony Babington in angeregtem Gespräch befand. Ein paar Höflinge standen um die beiden herum. Jonathan machte sich an Tarleton heran, der bereits tief ins Glas geschaut hatte. »Wer sind denn diese Leute?«, wollte er wissen.

Tarleton blinzelte ihn an und rülpste. »Der direkt neben Babington ist Chidiock Tichbourne. Hält sich für einen Dichter. Dahinter stehen John Travers, James Bellamy, John Savage und Gilbert Gifford. Iren, Schotten, Waliser und Engländer aus allen Grafschaften kommen an den Hof unserer Elisabeth und versuchen, ihr Glück zu machen. Der Hof ist der Born, aus dem alles fließt, und wer vom Hof verbannt wird, kann sich genau so gut gleich ins Fegefeuer setzen.«

Ununterbrochen gingen einzelne Höflinge die Königin um die Ehre eines Tanzes an. Sie ließ sich von Babington auffordern, der sie in eine ausgelassene »Spanische Panik« führte. Mitten im nächsten Tanz schlug es zwei Uhr, und die Königin reagierte auf den Glockenschlag wie auf einen Alarmruf. Ohne ein Wort stürmte sie von der Tanzfläche und warf sich auf ihren Thronsessel.

»Der Herr schütze uns vor ihren Launen!«, flüsterte Jonathan Tarleton zu. »Sie ist noch unberechenbarer als unser Londoner Wetter – in einem Moment eitel Sonnenschein und ein Schneesturm im nächsten.«

Mit herrscherlicher Geste winkte Königin Elisabeth mit dem Finger Sir Francis Walsingham herbei. Jonathan beobachtete, wie der Erste Staatssekretär sich ihr kniefällig näherte. Christian hat Recht, dachte er, jetzt ist der Kessel übergekocht. Gleich passiert etwas.

13.

N un, Mylord Walsingham, wo ist denn der Bericht?«, verlangte Königin Elisabeth zu wissen. »Ihr habt versprochen, er wird mir um acht Uhr vorliegen, doch inzwischen ist es schon zwei Stunden nach Mitternacht!«

»Euer Gnaden, ich versichere Euch, dass alles Menschenmögliche getan wird«, erwiderte Walsingham unbeeindruckt.

Eine Schweißperle rann die Wange der Königin hinunter und zog eine Spur durch das zähe Gemisch aus Alaun, Borax, Eiweiß und gemahlenen Perlen, das sie als Make-up benutzte. Sie schlug ihren kunstvollen Elfenbeinfächer auf und wedelte damit, als führe sie einen Degen.

»In den langen Jahren meiner Herrschaft habe ich gelernt, dass Versprechungen ein ganz miserabler Ersatz für Resultate sind. Vor nunmehr über zehn Stunden habt Ihr mich verständigt, dass die Sendung in Seething Lane eingegangen sei.«

Walsingham war dieses sündhaft lange Aufbleiben nicht gewohnt. »Madam, der Bericht aus Prag war wochenlang unterwegs«, sagte er mit schlecht kaschierter Verärgerung. »Auf ein paar Stunden mehr oder weniger dürfte es jetzt wohl kaum noch ankommen.«

»Das zu beurteilen steht nur mir zu!«, antwortete sie scharf.

Im Gegensatz zu den meisten Ratgebern der Königin war Walsingham nicht bereit, sich ihre Launen gefallen zu lassen. »In Seething Lane wartet ein Kurier, der die Botschaft nach ihrer Entzifferung unverzüglich hierher überbringen wird. Aber da auf der

Themse dichtes Eistreiben herrscht, könnte der Mann gezwungen sein, anstelle des schnelleren Wasserwegs den Landweg zu nehmen. Zudem ist Dr. Dees Code sehr kompliziert, und ...«

»Erzählt mir nicht Dinge, die mir ohnehin bekannt sind«, unterbrach die Königin ihn ungeduldig. »Niemand ist in der Verschlüsselungsmethode von Dr. Dee besser bewandert als ich. Er selbst hat sie mich gelehrt, damit ich mich für die Interpretation nicht auf andere Leute verlassen muss, sondern mir mein eigenes Urteil bilden kann.«

»Gewiss, Madam«, gab Walsingham gleichmütig zurück, »doch da Ihr mit Eurer Festlichkeit beschäftigt wart, durfte ich annehmen, Ihr würdet es vorziehen, den von Phelippes bereits entschlüsselten Text vorgelegt zu bekommen.«

»Ihr nehmt zu viel an, Mylord. Es ist eine schlechte Angewohnheit. Versucht sie Euch wieder abzugewöhnen. Ihr werdet mir doch zusammen mit Phelippes Entschlüsselung auch den Originaltext übermitteln?«

Walsinghams verkniffener Mund wurde noch verkniffener. »Wie Ihr befehlt, Euer Gnaden – aber ist das denn nötig?«

»Durchaus! Habe ich doch den Eindruck, dass meine Ratgeber ähnlich mit mir verfahren wie meine Ärzte, die mir ihre Medizin durch ein gutes Aroma schmackhaft machen oder ihre Pillen vergolden – und das alles, um Eure Kriegstreiberei um ein Weiteres zu befördern!«

»Euer Gnaden tun mir Unrecht, ich habe niemals ...«

»Genug! Ich sollte Euch für Eure skandalöse Kriegshetzerei an St. Paul's Cross auspeitschen lassen! Wir wissen durchaus, dass Ihr und Eure Kriegspartei lieber einen Mann als Herrscher hätten, vorzugsweise einen Kriegerkönig gar, doch Gott in seiner unendlichen Weisheit hat beschlossen, dass Ihr Euch vor einer friedliebenden Königin zu verantworten habt. Und Ihr werdet mir Rede und Antwort stehen!«, rief sie. Sie holte mit dem Fächer aus wie zu einem Hieb.

Er zuckte unwillkürlich zurück. »Euer Gnaden«, sagte er, wieder gefasst, »wir sind nicht einer Meinung und werden es auch nicht immer sein – aber ich darf doch wohl erwarten, dass Ihr von mir die Wahrheit zu hören wünscht.«

»Gewiss – aber wessen Wahrheit? Die Wahrheit, wie *Ihr* sie versteht?«

Geschickt wich er aus. »Habt Ihr mein dringendes Ersuchen noch einmal erwogen? Dr. Dee hat uns in seiner letzten Botschaft aus Prag warnend mitgeteilt, Kaiser Rudolf habe verlauten lassen, in den Werften Philipps von Spanien werde Tag und Nacht am Bau neuer Galeonen gearbeitet und Philipp kaufe in ganz Europa sämtliche verfügbaren Schiffe auf. Das kann nur eines bedeuten: Der König von Spanien plant, eine Armada gegen uns aufzubieten.«

Der Fächer fuhr vor wie ein Dolch. »Dafür habt Ihr keinerlei Beweis, keinen!« Die Augen der Königin glitten über den Saal. Sie senkte die Stimme. »Ich habe in niemand größeres Vertrauen als in Dr. Dee, und er vertraut mir nicht minder. Hat er mich nicht in seine magische Kristallkugel blicken lassen, in der er die Zukunft schauen kann? Aber auch Dr. Dee bleibt trotz all seiner Gaben immer noch ein Mann, und wie allen Männern ist ihm der Krieg näher als der Frieden. Doch ich verabscheue den Krieg, Krieg ist eine Vergeudung von Geld und Menschenleben, und mancher Mann erliegt der Versuchung, Belange des Staates, die besser mit Vernunft zu regeln sind, fälschlicherweise mit Gewalt durchsetzen zu wollen.«

Walsinghams Kinn wurde hart. »Wir können nicht, wir *dürfen nicht* zulassen, dass der Herzog von Parma einen niederländischen Hochseehafen einnimmt! Wenn ihm das gelingt, können er und seine Armee binnen vierundzwanzig Stunden den Kanal überqueren und unser Land verwüsten.«

»Schon wieder die alte Leier? Wir haben das bis zum Überdruss diskutiert, und Ihr fangt dennoch schon wieder damit an. Die Bedrohlichkeit der Lage ist mir wohlbekannt. Ich habe mich dem Rat meiner Berater gebeugt und Leicester mit einer Armee losgeschickt, um den Holländern zu helfen. Aber würden meine Berater vielleicht auch einmal auf mich hören? Nein, und der Grund ist einzig und allein, dass ich eine Frau bin. Dennoch ist meine Strategie die bessere: Wenn es uns gelingt, Parma in Schach zu halten, ihn gar matt zu setzen, wird Philipp nach meiner festen Überzeugung einer friedlichen Lösung weitaus zugänglicher sein.«

»Täuscht euch nicht, Madam, Philipp ist heimtückischer als der Teufel. Mit dem Antichrist kann man nicht verhandeln.«

»Und ich kann keinen totalen Krieg riskieren. Dazu haben wir weder die Männer noch das Geld, während Philipps Schatztruhe wie ein Füllhorn überströmt vom Gold aus Spanien, aus seinen europäischen Besitzungen und aus der Neuen Welt – Gold, mit dem er Söldner anheuern und Galeonen bauen kann, so viele er will. Da wir dem nichts entgegenzusetzen haben, müssen wir mit dem einzigen Pfund wuchern, das wir besitzen und worin unser bester Schutz liegt, nämlich dem Englischen Kanal und unserer königlichen Marine, die ihn verteidigt.«

Sie schlug flehend die Hände zusammen. »So Gott will, wird Dr. Dees Bericht uns Neuigkeiten bringen, die für unser Reich weniger bedrohlich sind«, murmelte sie. »Wo steckt denn nun euer verdammter Kurier?«

»Geduld, Euer Gnaden, er wird eintreffen, wenn Gott die Zeit für gekommen hält. Wir könnten uns ja inzwischen mit der Lösung anderer Probleme befassen. Dieser junge Bursche, der da gesungen hat ...«

»Ist das nicht der, den Marlowe als seinen Kurier einsetzen möchte?«

Walsingham nickte. »Ich habe dafür gesorgt, dass er heute hier auftritt, damit Ihr Euch selbst ein Bild machen könnt – eingedenk Eurer Forderung, über jede Einzelheit unserer Spionage unterrichtet zu werden.«

»Und zwar aus den soeben diskutierten Gründen«, gab sie zurück und ließ ihn in der selbstgelegten Falle zappeln.

»Madam, ich flehe Sie an – wenn ich ein klein wenig mehr Geld zur Verfügung hätte, könnte ich erfahrenere Agenten in meinen Dienst nehmen! Wenn ich ...«

»Wenn, wenn – Geld, Geld! Immer die gleiche Leier. Wollt Ihr nicht endlich zur Kenntnis nehmen, dass die Staatskasse so gut wie leer ist? Um den Schein zu wahren, trage ich den Staatsschatz an meinem Leibe und unterhalte diesen Hof, obwohl ich es mir eigentlich nicht erlauben kann. Unsere Feinde dürfen niemals gewahr werden, wie düster es um unsere Finanzen steht, sonst würden sie sofort zuschlagen.«

»Eine Erhöhung der Steuern ...?«

»Wenn wir die Steuern erhöhen, geht uns der Rückhalt beim gemeinen Volk verloren. Wir hatten das Glück, ein Vierteljahrhundert des Wohlstands zu erleben – nicht zuletzt deshalb, weil ich unsere Bürger nicht mit Steuern erdrückt habe. Vergesst nie, wir herrschen mittels der Liebe, und Liebe und Steuern sind ein schlechtes Paar.«

Sie strich sich mit den langen Fingern über die Brauen. »Was haltet Ihr von diesem Ransom?«

Er hob die Schultern. »Eine Kreatur der Gosse. Er könnte Bestechungsversuchen durchaus zugänglich sein. Zum Beispiel dieser Zwischenfall heute Abend, der Euer Gnaden in diesen Abgrund der Melancholie gestürzt hat – warum hat er ausgerechnet dieses Lied gesungen? Was ist zwischen ihm und Christian Lightborn im Schwange? Sie scheinen einander gut zu kennen. Man hat mir zwar berichtet, sie hätten sich rein zufällig getroffen, aber die beiden sind mir äußerst verdächtig.«

»Mylord, bei Euch heißt es einmal hüh und einmal hott! Als wir uns das letzte Mal unterhielten, habt Ihr mir gesagt, Ihr hättet Euch der Hilfe Christians versichert.«

»Um möglichen Verrätern das Handwerk zu legen, jawohl.

Aber bislang hat er mir nichts zu liefern vermocht, das meinen Vertrauensvorschuss gerechtfertigt hätte.«

»Aber Christian kommt zu uns mit den glühendsten ...«

»Habe ich diese betörenden Lippen meinen Namen nennen hören?«, ließ Christian Lightborn sich vernehmen. Die beiden schreckten auf. Christian hatte sich aus der Clique um Babington gelöst und war unbemerkt herangetreten. Walsingham war über die Unterbrechung verärgert, die Königin jedoch ließ Christian näher treten. Er beugte das Knie, sein Gesicht schwebte nur ein paar Zoll über dem edelsteinbesetzten Schuh der Königin.

Ihr Blick ruhte beifällig auf ihm. Sie weidete sich am Anblick seiner schmalen Taille, zu der sich seine breiten Schultern verjüngten, und besonders an ihrer besonderen Leidenschaft, den schwellenden Schenkeln und muskulösen Waden, die Christians Strumpfhosen zu sprengen drohten. Ihr Träger, der sich keiner Mode sklavisch unterwarf, verachtete die bei den Spaniern so beliebten geschlitzten bombastischen Pluderhosen und trug taillenlange hautenge Hosen, die seinen vollkommenen Körper vorteilhaft zur Geltung brachten. Im Unterschied zu den anderen Höflingen trug diese Idealgestalt eines Mannes weder ein Korsett noch eingearbeitete Fischbeinstangen oder Polster unter der Kleidung, um seine körperliche Erscheinung vorteilhaft zu betonen. Die Natur hatte ihn so vollkommen ausgestattet, dass eine Verbesserung schlichtweg unmöglich war. Während Elisabeth seinen Anblick genoss, entflammten ihre rotgeschminkten Wangen noch mehr.

Christians goldener Blick suchte den ihren. »Wenn es mir vergönnt ist, Eure Majestät Eurem Ersten Staatssekretär zu entreißen, werden wir dem Hof vorführen, wie die Volta getanzt werden muss. Wenn nicht, bin ich zufrieden, solange vor Euch knien zu dürfen, wie es Euch beliebt.« Er ließ langsam die Zunge über die Lippen gleiten. Man mochte die Geste als anzüglich deuten, vielleicht war sie aber auch nur der Ausdruck von Durst.

Das Glitzern in den grauen Augen der Königin spiegelte den in ihr tobenden Kampf zwischen der Jungfrau, die nach mehr hungerte, und der in ihre Pflichten eingezwängten Königin. »Ich habe Euch schon zu viel Aufmerksamkeit geschenkt«, seufzte sie schließlich, »sehr zum Verdruss meiner anderen Höflinge. Vergesst nicht, ich bin ganz England anvermählt, wie es im Lied so schön heißt.«

Er ließ sich den Korb artig gefallen und zog sich zurück, und man sah ihn alsbald mit einer der schönsten Damen des Hofes tanzen. Königin Elisabeth verfolgte das junge Paar mit gierigem Blick, als zöge sie eine geheime Befriedigung aus dem ausgelassenen Tanz der beiden.

Er kann sich mit den hervorragendsten Vertretern seines Geschlechts messen, die je diesen Hof geziert haben, sinnierte sie, und das schließt den Grafen von Leicester und sogar den jungen Essex ein. Diese Augen, golden wie die eines Löwen ... In den Augen eines Mannes ist vieles zu lesen, denn sie sind, wie Plato uns lehrt, das Fenster der Seele. Christians Augen sind sanft und raubtierhaft zugleich – eine Verbindung, die eine unbedachte Maid ihre Jungfernschaft vergessen machen kann. Apropos ... »Man sorge dafür«, sagte sie laut, »dass die junge Dame, die dort mit Christian herumtollt, die Nacht in meinen Gemächern verbringt. Ich werde nicht zulassen, dass ihre Tugend in Gefahr kommt, da die Männer, wie sie nun mal sind, den Gelüsten ihrer unbotmäßigen Hosenlätze nur allzu willig zu folgen bereit sind.«

Walsingham packte die Gelegenheit beim Schopf. »Männern wie Christian werden die Dinge oft allzu leicht gemacht, und ich misstraue ihnen. Ich möchte Euer Gnaden inständig bitten, die äußerste Vorsicht walten zu lassen. Wir wissen nicht, aus welcher Richtung wir den nächsten Schlag der schottischen Königin Maria zu erwarten haben.«

Von seiner offenkundigen Besorgnis milde gestimmt, redete Elisabeth ihn mit dem Spitznamen an, den sie vor Jahren dem gut aussehenden, aber dunklen Mann gegeben hatte. »Mein lieber Mohr, nun vermutet nicht gleich unter jedem Bett einen Spion! Christian ist wie ein frischer Luftzug an diesem dumpfen Königshof. Habt Ihr die Geschichten von der Königswitwe Katharina de Medici gehört? Von ihrem entzückenden *escadron volant*, durch dessen Schlafzimmereinsätze sie ansonsten sehr verschlossenen Diplomaten deren Staatsgeheimnisse zu entreißen verstand? Man mag sie verurteilen, aber man muss die Erfindungsgabe bewundern, mit der sie Frauen als Spioninnen benutzt.«

»Katharina de Medici befehligt ein Hurencorps, etwas anderes kann man von dieser Giftmischerin ja auch nicht erwarten. Wenn ich mir vorstelle, dass Eure Majestät fast deren Sohn Alençon geheiratet hätte ...!«

»Ihr wart letzte Woche leider nicht am Hof, als Christian uns so trefflich mit Geschichten von Papst Sixtus unterhalten hat – wie der Papst in der Öffentlichkeit gegen mich schäumt, im privaten Kreis aber anerkennend sagt, ich sei eine Zierde meines Geschlechts, die hervorragendste Herrscherin in ganz Europa. Wenn ich nur katholisch wäre, könnte er überaus zufrieden mit mir sein.«

Walsingham, der sich an dieser Geschichte schon längst satt gehört hatte, wurde ungeduldig. »Schmeichelei und Klatsch mögen ja ganz schön sein ...«, begann er, doch ein scharfer Schlag des Fächers ließ ihn innehalten.

»Täuscht Euch nicht, Christian hat mehr als nur leeres Geschwätz zu bieten. Seine Bildung ist beeindruckend. Unlängst hat er uns Entsprechungen der Prophezeiungen des Isaia, des Jeremias und der Offenbarung des Johannes erklärt, die allesamt die Weissagungen des Regiomontanus stützen. Christian ist überzeugt, dass im schlimmen achtundachtzigsten Jahr ... nun, mehr brauche ich nicht zu sagen, ich weiß, dass Ihr alles daransetzt, die wachsende Unruhe in der Bevölkerung zu unterdrücken. Er ist eine Ausnahmeerscheinung, die mich beflügelt. Er spricht das Auge an und den Geist, und da ich mich auf beiden Gebieten sehr bescheiden muss, bitte ich Euch, seid nachsichtig.«

»Madam, ich kann es nicht wagen, mir diese Nachsicht zu erlauben, so sehr Ihr mir auch zürnen mögt. Euer Leben ist unschätzbar. Es ist unschätzbar für unser Reich, für den Protestantismus, für Gott. Umstürzlerische Schriften überschwemmen unser Land, jesuitische Priester infiltrieren es und schüren Unruhe und Rebellion. Und die ganze Zeit brütet die schottische Königin eine Verschwörung nach der anderen aus wie eine Henne ihre Eier.«

»Führt meine Kusine wieder Übles im Schilde?«

»Geht morgens die Sonne auf ...? Wir halten sie zwar in Chartley in sicherer Verwahrung, aber es gelingt ihr immer wieder, Briefe hinauszuschmuggeln ...«

»Mit Eurem Wissen, nehme ich an?«

»Man muss Feuer mit Feuer bekämpfen, deshalb fangen wir ihre Botschaften ab. Nachdem sie von Phelippes entschlüsselt und von Raymond de Bon Cœur wieder versiegelt wurden, lassen wir sie an die Adressaten gelangen. Aber das alles ist Euch ja bereits bekannt. Die Klagen der Königin von Schottland sind immer dieselben – sie werde von Euch zu Unrecht gefangen gehalten, sie allein sei die rechtmäßige Erbin des englischen Throns. Ihre Hilferufe gehen in alle Richtungen, zu Papst Sixtus nach Rom, an ihre Verwandten des Hauses Guise in Frankreich, an Philipp von Spanien. Sie will Euch aus dem Weg räumen und in Besitz nehmen, was ihr angeblich rechtmäßig zusteht.«

Elisabeth erhob sich halb von ihrem Thron. »Diese verleumderische Mörderin! *Ich* bin von meinem Vater zu seiner Thronfolgerin bestimmt worden, nicht sie!«

»Euer Gnaden, ich befürchte, dass zur Zeit ein neues Komplott geschmiedet wird. Ihr seid in größter Gefahr, solange die Königin von Schottland unter den Lebenden weilt. Sie ist der Sammelpunkt sämtlicher katholischer Umtriebe gegen Euch. Ich bitte Euch inständig, wie Euch auch das Parlament inständig gebeten hat, gebt den Befehl ...«

»Das kann ich nicht! Was auch ihr Verbrechen sein mag, sie ist immer noch meine Kusine, Blut von meinem Blute, und zudem eine gesalbte Königin. Ich werde sie niemals hinrichten lassen. Wenn Euch das alles nicht beeindruckt, dann bedenkt wenigstens, was für einen fürchterlichen Präzedenzfall Wir schaffen würden. Seit damals, als sie an unsere Gestade geflohen ist, haben Wir nun schon sechzehn Jahre auf diese Weise zugebracht, und so Gott will, werden wir diesen ungemütlichen Zustand auch weitere sechzehn Jahre überleben. Vielleicht hat die Zeit dann das Problem gelöst.«

»Madam, bedenkt, sie ist jünger als Ihr. In diesem Fall könnte die Zeit gegen Euch spielen. Ihr solltet wenigstens einen Thronfolger benennen, damit der Thron nicht durch Euer Versäumnis Maria zufallen kann.«

»In dem Moment, da mein Nachfolger feststeht, ist mein Leben nichts mehr wert. Wenn Gott mich dereinst zu sich ruft, ist es noch früh genug dazu.« Sie seufzte tief und sah gar nicht mehr wie eine Königin aus, sondern wie eine ängstliche Frau in den mittleren Jahren.

»Ich befürchte«, sagte sie, »dass die Franzosen unter dem Vorwand, Maria wieder auf den Thron zu heben, in Schottland einfallen und dass sie die Grenze nach England überschreiten und auf London marschieren, wenn sie dort erst einmal Fuß gefasst haben. Sie haben stets ein Auge auf England gehabt, besonders jetzt, da wir das Sprungbrett zur Neuen Welt geworden sind. Philipp von Spanien, dem der Gedanke einer französischen Herrschaft über England unerträglich ist, wird von den Niederlanden aus bei uns einfallen. Könnt Ihr Euch die Schrecknisse ausmalen, wenn unser Land zum Schlachtfeld dieser beiden großen Mächte wird? Wie lange wird es dauern, bis England nur noch eine Wüstenei ist? Seit Jahrzehnten hängt dieses Damoklesschwert über unseren Häuptern. Maria von Schottland und Philipp von Spanien ... Gott hat es für richtig befunden, mir diese beiden Kreuze aufzuladen.«

»Ein Präventivschlag, Euer Gnaden ...«

»Niemals! Ich werde mich nicht wegen des Kreuzzugs von Euch Puritanern gegen den Katholizismus in einen Krieg hineinziehen lassen!«

»Dann bleibt uns nur die Wahl äußerster Wachsamkeit.«

Sie nickte müde. »Wo wir gerade davon reden: Gibt es neue Erkenntnisse über den traurigen Vorfall mit Euren ›Ohren‹?«

»Alles deutet darauf hin, dass es ein Unfall war. Dennoch lässt mich der gesunde Menschenverstand argwöhnisch werden. Ich habe Engelbert Mühlenbach den Auftrag erteilt, Christian Lightborn zu beschatten – er sollte herausfinden, ob dieser in irgendeiner Verbindung zu Maria von Schottland steht –, und kurz darauf kommt mein Agent um. Das soll reiner Zufall gewesen sein?«

»Habt Ihr es schon wieder vergessen?«, sagte sie scharf. »Zur Zeit des Unfalls befand sich Christian an meiner Seite!«

»Gibt es ein besseres Alibi? Aber der Auftraggeber ist nicht weniger schuldig als der Mörder.«

»Beweise, Mylord! Ist es in unserem Reich schon so weit gekommen, dass man ohne Beweise schuldig sprechen darf? Habt Ihr denn nicht selbst gesagt, es könnte ein Unfall gewesen sein? Welchen Kurs wollt Ihr jetzt wählen?«

»Wir müssen uns eingehend mit den Leuten befassen, die zum Kontinent reisen, denn in diesem Personenkreis dürften sich auch die Mitverschwörer der Königin von Schottland befinden.«

»Glaubt Ihr, es könnte jemand aus meinem Hof dazugehören?« Sie betrachtete eingehend das bunte Treiben. »Welche Hand unklammert den Dolch ...? All dieses Gerede von Krieg und Mordanschlägen hängt mir zum Halse heraus, besonders jetzt, da wir doch eigentlich das Geburtsfest des Friedensfürsten feiern sollten.«

Walsingham senkte den Kopf. »Seid versichert, Madam, lediglich der rasche Gang der Dinge zwingt mich, Euch zu behelligen. Nur noch eine Kleinigkeit: Was haltet Ihr von diesem Ransom?«

Sie dachte nach. »Für eine Rolle in einem so gefährlichen und komplizierten Unternehmen ist er nach meinem Dafürhalten noch zu grün und unerfahren. Und selbst wenn mangelnde Erfahrung kein Kriterium wäre – nach dem, was Ihr mir von Marlowe berichtet habt, hieße es, der Sittenlosigkeit Vorschub zu leisten. Ihr wäret gut beraten, Euren Vetter aus dem Einfluss dieses Mannes zu entfernen.«

»Ich wünschte, ich könnte es, ohne die Dienste Marlowes für unser Reich in Anspruch zu nehmen«, murmelte Walsingham. »Er hat das Vertrauen der jesuitischen Zelle in Cambridge gewonnen. Wenn ihm das auch in Reims gelänge, wären wir über jeden Schachzug der Jesuiten im Voraus im Bilde.«

»In der Tat eine schwierige Entscheidung, aber die Entscheidungen des Lebens sind immer schwierig. Ihr seid der Fachmann, und ich vertraue auf Euer Urteil. Aber geht mit diesem jungen Ransom sorgsam um ... Er hat etwas, das mich anrührt.«

Das Grau ihrer Augen hatte sich verdunkelt, ihr Blick war nach innen gerichtet auf eine längst vergangene Zeit. »Sein Lied hat Erinnerungen in mir wachgerufen. Ob Königin oder gemeiner Mann, unsere frühen Jahre haben uns alle geprägt – ich werde die meinen nie vergessen können. Gestern noch Prinzessin, beschimpfte man mich am nächsten Tag als Bastard. Heute noch wohnte ich in einem Palast, tags darauf saß ich als Gefangene meiner eigenen Schwester im Tower von London und wartete auf meine Enthauptung … Wer wollte da noch leugnen, dass es ein Rad des Schicksals gibt, das manchen emporhebt, nur um ihn wieder herabstürzen zu lassen? Wir müssen auf das Glücksrad springen, wenn es ganz oben steht – denn steht es unten, werden wir zermahlen.«

Am Eingang des Saales entstand Unruhe. Der ganze Hof wandte sich um. Ein Paket an sich gepresst, stolperte ein Kurier in den Saal.

Boy de Bon Cœurs unordentliches Haar, sein kurz und stoßweise gehender Atem und seine beschmutzten Kleider legten Zeugnis ab von einem langen scharfen Ritt. Er hielt Ausschau nach Walsingham, sein Blick fand ihn, und er ging auf den Gesuchten zu.

Walsingham wollte nach dem Paket greifen, doch die Hand der Königin kam ihm zuvor. Sie erbrach das aufwändige Siegel und entnahm dem Paket das Originaldokument und die Entschlüsselung. Es kam von Dr. Dee, daran konnte kein Zweifel bestehen, trug es doch seine Geheimsignatur: 007.

Sie las den ganzen Bericht. Ein Abschnitt gegen Ende machte sie betroffen. Ihre Mundwinkel zuckten, und alles um sie her schien sich zu verdunkeln, als müsse sie ein Todesurteil lesen. »Muss Prag schleunigst verlassen. Gefangennahme durch Papst droht. Korrespondenz wird wahrscheinlich überwacht. Schickt umgehend Kurier. Vermute, Philipp rüstet Armada.«

Sie stieß unüberhörbar ein Schimpfwort aus und erhob sich abrupt vom Thron. »Walsingham, folgt mir«, zischte sie. Gefolgt von ihrem Ersten Staatssekretär, rauschte sie aus dem Saal.

Musik, Tanz und Gesang fanden ein plötzliches Ende. Die Hofgesellschaft stand verdutzt da, doch jeder hatte begriffen, dass etwas Schlimmes geschehen sein musste.

14.

Die Wachen der Königin scheuchten die Festversammlung aus dem Saal. Jonathan versuchte Christian aufzutreiben, doch der war Elisabeth gefolgt. Er hatte Jonathan einfach stehen lassen, der mit Aufruhr im Unterleib die ungünstige Planetenkonstellation verfluchte, die ihm dieses Pech eingebrockt hatte.

Draußen war die Nacht kälter geworden, der schwarze Himmel wirkte wie mit Eissplittern übersät. Unter erregtem Geflüster über das Erlebte zog die Schauspielertruppe zu den Stallungen und rüstete zum Aufbruch. Jonathan bemerkte Boy, der versuchte, auf sein Pferd zu steigen, aber das erschöpfte Tier scheute immer wieder vor ihm zurück und warf ihn schließlich zu Boden. Jonathan rannte hin und half ihm wieder auf die Füße.

»Hast du dich verletzt?«, erkundigte er sich besorgt.

»Nur meinen Hochmut, aber der kommt ja bekanntlich vor dem Fall.«

»Jonathan, los!«, rief Burbage herüber. »Komm jetzt, wenn du nicht laufen willst.«

»Nur einen Augenblick!«, rief er und packte Boy am Arm. »Du siehst todmüde aus. Es ist ein langer und schwerer Ritt nach London, und ich habe Angst, du fällst mir in dieser Dunkelheit vom Pferd. Komm doch mit uns, wir haben einen Wagen, dein Pferd kann hinterhertrotten.«

»Unmöglich. Ich muss unbedingt zurück. Jetzt geht es nämlich los.«

Jonathan spitzte die Ohren. »Was geht los?«

»Du wirst es bald genug erfahren. Nicht mehr lange, und die ganze Welt wird es wissen. Lebewohl, Jon, morgen muss ich fort.«

»Wo musst du denn hin? Und wann kommst du wieder?«

»Ich weiß es nicht, aber wünsch mir Glück und dass es nicht so lange dauert.«

Er saß auf und ritt davon. Jonathan fror bis ins Mark, und keineswegs nur wegen der Kälte.

*

Mit den zehn Pfund von dem Auftritt beim Fest der Königin kam das Schauspielertrüppchen gut durch den eisigen und verschneiten Januar. Jonathan sah Boy während dieser Zeit kein einziges Mal. Mitte Februar machte er sich in der Hoffnung auf ein Zufallstreffen zur Seething Lane auf und trieb sich vor dem stattlichen Haus herum, bis er völlig durchgefroren war, aber von Boy gab es keine Spur.

»Und Christian hat auch nichts von sich hören lassen. Das sind alles nur Schönwetterfreunde«, schimpfte er vor sich hin und versuchte sich einzureden, es sei ihm egal.

Der tiefe Winter war die Zeit, in der das Theater auf Vordermann gebracht wurde. Die Truppe malte Kulissen, nähte Kostüme, las die neuen Stücke, die die Autoren an den Mann zu bringen versuchten, und bereitete sich auf den Moment vor, in dem der liebe Gott das Wetter um jenes bisschen besser werden ließ, dass man wieder spielen konnte.

An einem schönen Nachmittag im Februar balancierte Jonathan halsbrecherisch auf einer Leiter und strich die »Säulen des Herkules« an, jene beiden Säulen, die den Schnürboden über der Bühne trugen. Seine Finger waren gefühllos geworden und die Farbe vom Frost so steif, dass er kaum noch den Pinsel führen konnte.

Er hörte Pudges ewig beleidigte Stimme. »Wer? Was willst du denn von dem, den kennt doch kein Mensch – und wegen seinem Pimmelchen kommst du bestimmt nicht, das ist doch noch kleiner als mein kleiner Finger, wie man hört.«

Aus seiner Vogelperspektive sah Jonathan die optisch verkürzte Gestalt einer jungen Frau in sein Blickfeld treten. Sie trug einen dunkelblauen wollenen Mantel, der das Leuchten ihres kastanienbraunen Haars umso stärker hervortreten ließ. »Ist denn das möglich?«, rief er. Er umklammerte mit den Beinen die Rungen der Leiter, ließ sich herabgleiten und landete mit einem Bums auf dem Boden. »Maudy, meine Maudy!« Er riss sie in die Arme.

»Meine Maudy«, höhnte Pudge. »So wie die aussieht, kann das jeder sagen. Das sieht man doch sofort, am Gang und an den Augen. Wie wäre es mit einer kleinen Matinee, Schätzchen? Wir haben da ein kleines Zimmer, wo wir uns die eintönigen Nachmittage vertreiben. Besorg es mir schön, dann wird es für dich auch nicht zu teuer ...«

Von Maudys Faustschlag getroffen fiel er von der Bühnenrampe.

»Mordio, Mordio!«, kreischte er. »Holt den Konstabler!«

Jonathan hakte Maudy unter und rannte mit ihr aus dem Theater ins Freie.

»Komm zurück, du mieser Köttel, du bist mit dem Anstreichen noch nicht fertig. Warte nur, das werde ich Meister Burbage erzählen!«

Sie liefen über die Felder. Maudy war merkwürdig unbeholfen und bekam Seitenstiche. Unter den schneebedeckten Zweigen einer Tanne ließ sie sich erschöpft gegen den Stamm fallen.

»Was für ein Mistkerl«, keuchte Jonathan. »Der kann einfach keine Ruhe geben.« Er ergriff Maudys Hände. »Maudy, du siehst irgendwie verändert aus, gesünder.« Ihre Kleider waren neu, sogar Schuhe hatte sie an, und ihr voller gewordenes glühendes Gesicht war schöner noch als in seinen Träumen – bis auf die Augen. Die Heiterkeit war daraus gewichen. Sie wirkten gehetzt, fiebrig, sogar verzweifelt.

»Du schaust aber auch anders aus«, meinte sie. »Größer, ein bisschen mehr Fleisch auf den Knochen, und deine Stimme – mir scheint, der Mann in dir bricht allmählich durch die Schale des Knabenkörpers. Oh, wie süß rot du wirst. Komplimente haben dich immer schon verlegen gemacht, mein lieber Jon.« Sie drückte ihn heftig an sich. »Ich bin so froh, dass ich dich wiedersehe«, murmelte sie.

Er spürte, wie sie zitterte. »Maudy, was fehlt dir?«

Tränen quollen in ihre großen Haselnussaugen. »Ich weiß nicht mehr ein noch aus. Christian ist verschwunden. Ich habe überall in den Tavernen und Glücksspielspelunken nach ihm gesucht, wo er früher stets anzutreffen war, bin jeden Tag zu seinem Haus gegangen, aber er ist nirgends zu finden. Er hat mir erzählt, dass er dich bei den Weihnachtfestlichkeiten des Hofes getroffen hat. Ich dachte, vielleicht weißt du etwas.«

»Maudy, das war vor zwei Monaten, und seitdem habe ich ihn nicht mehr gesehen, obwohl er mir versprochen hat, dass wir alle zusammen wieder miteinander ...« Er unterbrach sich. »Wir sollten uns wieder bewegen. Mir gefriert allmählich der Schweiß von der Rennerei vorhin.«

Sie schlenderten nach London hinein. Wie zwei alte Freunde erzählten sie sich unterwegs alles, was sie seit ihrem letzten Zusammentreffen erlebt hatten. Maudy mochte berichten, was sie wollte, es ging immer nur um Christian, alles drehte sich um Christian.

»Wir haben uns fast jeden Tag getroffen, wann immer er den Fängen der Königin entkommen konnte – sie ist ja so vernarrt in ihn. Mir ist das egal, solange die Jungfrau eine Jungfrau bleibt und er mit *mir* schläft. Wir sind überall herumgekommen. Einmal ist er sogar mit mir in eine Herberge gegangen, ›Zum Halbmond‹, mit einem frischen Bett ganz für uns allein! Es war wie im Himmel. Und dann passierte das Wunderbarste: Er hat mich gefragt, ob ich für ihn arbeiten wollte. Er sagte, ich würde mein eigenes Zimmer bekommen und Geld obendrein. Dabei hätte ich umsonst für ihn gearbeitet, nur um in seiner Nähe sein zu dürfen.«

»Was sollte das für eine Arbeit sein?«, erkundigte sich Jonathan, plötzlich argwöhnisch geworden.

Sie funkelte ihn an. »Wie kannst du nur so etwas denken! Christian ist kein Zuhälter! Auf alle möglichen Botengänge hat er mich geschickt – weil ich doch von meiner jahrelangen Hausiererei jede Straße und jede Gasse in London kenne. Er hat hier die vornehmsten Freunde, am Strand, in Westminster, mit den tollsten Häusern. Hineingekommen bin ich nie, ich habe immer nur irgendwelche Briefe und Bücher abgeben müssen. Diese Kleider hat er mir gekauft – es hat nie einen glücklicheren Tag in meinem Leben gegeben als den, als ich ihn kennen gelernt habe!«

»Warum bist du dann so traurig?«

Sie schluckte schwer. »Christian hat mir gesagt, er müsse ins Ausland, dringende Geschäfte in Paris, aber in einem Monat wäre er zurück. Jetzt sind aber schon zwei Monate vorüber, und ich bin krank vor Sorge. Ich male mir immer all das Schreckliche aus, das passiert sein könnte ...«

»Wenn je ein Mann für sich selber sorgen konnte, dann Christian. Christian ist wohlauf, das habe ich im Urin. Hat er nicht außerdem noch diesen Diener, der auf ihn aufpasst? Weißt du, dieses Halbgespenst, ich habe ihn ja nie richtig gesehen.«

»Ach du liebe Zeit, der verfolgt mich bis in meine Träume mit seinem Fratzengesicht, das einen Dämon erschrecken könnte. Aber dieser Blutkopf ist hier in London. Christian hat ihm befohlen, auf mich aufzupassen. Es würde mich nicht wundern, wenn er uns in diesem Moment beobachtet.«

Jonathan blickte um sich. »Ich sehe niemand.«

»Kannst du auch nicht, er hat nämlich einen Zaubermantel, der ihn unsichtbar macht. Er kommt und geht wie der Sensenmann aus der Unterwelt, man hört ihn nicht, man sieht ihn nicht, und das einzige Zeichen, dass er hier war, sind die Leichen der Gestorbenen.«

Jonathan warf sich in die Brust. »Solche Geschichten sind reiner Aberglaube. Darauf fallen nur harmlose Gemüter herein.« Dessenungeachtet blickte er immer wieder argwöhnisch in die Runde.

»Christian will nichts mehr von mir wissen. Wozu sollte er auch eine Straßendirne haben wollen, wo er doch die schönsten Hofdamen bekommen kann? Jon, wie oft habe ich mir geschworen, mich nie in einen Mann zu verlieben! Aber er ist so ...« Sie verstummte. Tränen kullerten ihr über die Wangen.

Christian hat uns beide verhext, dachte Jonathan trübselig. »Du brauchst jetzt ein Hühnerbein und eine Pastete frisch aus dem Ofen, das wird den Bann schon brechen«, sagte er forsch. »Mit vollem Magen bist du auch wieder Herrin deiner selbst. Bloß – ich habe leider kein Geld.«

»Christian hat mir genug Geld dagelassen, aber ich brauche nur an Essen zu denken, dann wird mir übel. Aber vielleicht vertreibt ein Glühwein die Kälte aus meinem Herz.«

Irgendwie zog es sie zum Grabschgässchen und in die Taverne zu den »Drei Tonnen«. Sie betraten die Gaststube und setzten sich in die Nähe der Feuerstelle. Jonathan hätte sich nicht gewundert, auf die saufende Diskussionsrunde um Marlowe zu stoßen, aber von zwei zwielichtigen Gestalten am anderen Ende der Gaststube abgesehen war die Taverne leer.

Hedwig rauschte geschäftig herbei. »Das ist ein ehrliches Lokal, hier wird im Voraus bezahlt!«, sagte sie herrisch, schlug aber flugs einen anderen Ton an, als sie Maudys Silbermünze auf den Tisch klirren hörte.

Auch die Männer im Hintergrund vernahmen das süße Klingeln des Geldes. Mit gierigen Blicken taxierten sie die junge Frau und das Bürschchen in ihrer Begleitung.

»Hast du Christian gesehen?«, erkundigte Maudy sich bei Hedwig.

»Nicht, seit du mich das letzte Mal nach ihm gefragt hast. Du hast Flausen im Kopf, mein Täubchen«, raunzte sie Maudy an. Brüsk nahm sie die Bestellung auf. »Begreif doch endlich: Für Christian bist du nur ein Betthase von vielen.«

Maudy trank mit einer Zimtstange gewürzten Glühwein, und Jonathan genehmigte sich ein Ale. Bald wurde es Maudy wieder warm. Sie ließ den Mantel von den Schultern gleiten.

Jonathan blieb die Luft weg. Ihre bloßen Brüste waren um die Hälfte voller geworden. Hatte Christian sie tatsächlich verhext? War er dabei, die vollkommene Frau aus ihr zu machen?

Als die dampfenden Teller mit dem Essen vor ihnen standen, beobachtete Jonathan staunend, wie Maudy eine Schweinepastete, ein Wildhuhn und einen bunten Gemüseteller mit Artischocken und grünen Bohnen verdrückte und das Ganze mit einem großen Stück Gewürzkuchen krönte.

»Kein Wunder, dass du das heulende Elend hattest. Mir war auch immer so zumute, wenn ich fast am Verhungern war. Wann hast du denn das letzte Mal gegessen?«

»Heute Vormittag.«

»Heute Vormittag? Du hast für zwei gegessen und genug getrunken, um ein ganzes Regiment flachzu ... hicks ... legen.«

»Jonathan, bist du etwa betrunken? So betrunken wie ich?«

»Noch viel besoffener.«

Als sie aufbrachen, verließen auch die beiden Ganoven die Schänke. Einer ging voraus ins Dunkel der Nacht, der andere folgte Maudy und Jonathan dichtauf. Vor ihnen lag düster die Gasse in der hereingebrochenen Nacht und dem Nebel vom Fluss. Sie waren noch nicht einmal hundert Schritte gegangen, als sie über eine stöhnende Gestalt stolperten, die blutend im Schnee auf dem Boden lag. Maudy kniete neben dem Mann nieder. »Du armes Schwein, warst du nicht eben noch in der Taverne? Was ist dir denn passiert?«

»Es kam einfach so aus dem Nebel«, jammerte der Verletzte. »Kein Gesicht, nur ein paar glühende Augen unter einer schwarzen Kapuze. Ich wollte meinen Dolch ziehen, aber es hat meine Hand gepackt ...« Stöhnend betrachtete er seine Pfote. »Es hat mir sämtliche Finger gebrochen.« Sein Kumpan zerrte ihn eilig auf die Beine. Ängstlich in die Düsternis spähend, machten sie sich davon.

Die beißende Kälte ließ Jonathan wieder klar denken. »Die beiden Kerle wollten uns ausrauben oder noch Schlimmeres! Mein Gott, das hätte mir schon in der Taverne auffallen müssen. Dieses Leben mit einem Dach über dem Kopf hat mich träge gemacht. Ein Glück für uns, dass jemand dazwischengefunkt hat ...«

Maudy verkniff sich jeden Kommentar, aber die Botschaft ihrer hochgezogenen Brauen war eindeutig: Siehst du, ich hab es dir doch gesagt, er trägt einen Tarnmantel.

Ein paar Quergassen weiter bogen sie um die Ecke und stießen fast mit dem ungebärdigen Bußprediger zusammen, der immer noch sein schäbiges Schild mit sich herumschleppte und schrie: »Tuet Buße, das Ende der Welt ist nah!«

Die Arme in die Hüften gestemmt, trat Maudy ihm entgegen. »Seit Wochen drohst du uns nun schon mit dem Weltuntergang – letzte Woche habe ich darauf gewartet und gewartet und mich danach gesehnt und gesehnt, aber nichts ist passiert!«

»Gotteslästerin!«, keifte der Prediger, dass sein Speichel sprühte. »Tue Buße, du Hure, damit du nicht zu Tode gesteinigt wirst!«

Jonathan wollte ihm ans Leder, aber der Boden wurde auf einmal merkwürdig schwammig, und er landete auf dem Hintern. Maudy trommelte mit den Fäusten auf den Prediger ein. »Meine

Nase, ich blute!«, jammerte er kläglich und floh unter Verwünschungen. »Dirne! Satansbraten! Klinkenputzerin! Straßenhure!«

»Nenn mich ruhig Hure und Klinkenputzerin, nenn mich, was du willst, ich habe diese Namen alle schon gehört und sogar selber noch ein paar dazu erfunden. Aber der liebe Gott kennt mich, Er weiß, dass ich in Seinem Namen Wunder wirke!«

Jonathan kam wackelig wieder hoch. »Wunder?«, murmelte er.

Sie packte ihn mit Daumen und Zeigefinger am Adamsapfel und zog ihn ganz nah zu sich heran. »Schau mir tief in die Augen ... tiefer ... Christian behauptet, für unsere Königin sind die Augen die Fenster der Seele. Schau ganz tief hinein. Siehst du nicht den Heiland durch meine Augen wirken?«

Blinzelnd glaubte Jonathan goldene Fleckchen im Bernsteingrün ihrer Augen sprühen zu sehen. Die Augen saugten ihn tiefer in ihren Strudel, und verbotene Erinnerungen an jene Nacht in der Taverne zu den drei Tonnen durchströmten seinen Körper, als er geträumt hatte, er hätte ihren Leib besessen ... wie jede Nacht seither.

Maudys Ausgelassenheit kippte ins Ungebärdige. Ihr Stimmungsumschwung machte Jonathan verlegen. Er versuchte, auf Abstand zu gehen, doch mit festem Griff hielt sie ihn fest.

»Hat unser Heiland nicht die Last von den Schultern derer genommen, die an ihn glauben?«, fragte sie. »Mache ich denn etwas anderes? Nehme nicht auch ich den Männern ihre Last und lasse sie glücklicher weggehen, als sie gekommen sind? Wenn sie verzückt aufschreien – habe ich sie nicht in diesem Moment einen Blick ins Himmelreich tun lassen? Wieso soll das Sünde sein? Soll man denn nicht das Leben miteinander leben, miteinander lachen, die Liebe miteinander teilen? Und wer macht das besser als deine Maudy, die Klinkenputzerin? Christian hat mich sitzen lassen? Nun gut, es stehen noch andere Bullen auf der Weide!«

Irgendwo in seinem benebelten Gehirn registrierte Jonathan, dass sie belauert wurden, doch er gelangte zu dem Schluss, dass es wohl der Schatten des Satans sein müsse. Dann ergriff der Satan unübersehbar Besitz von seinem Unterleib. »Warum nicht?«, rief Maudy die umstehenden Häuser an. »Wenn wir alle schon durch die Erbsünde zum Verderben verurteilt sind, dann lasst uns die Sünde wenigstens genießen! Wenn morgen die Welt untergeht, soll sie lächelnd zu Schanden werden. Und du sollst genießen, sollst lächeln, mein lieber Jon.«

Wie ein dummes Tier seinen dumpfen Begierden folgte er Maudy in einen dunklen Winkel. Sein Mund verschmolz mit dem ihren, immer tiefer versank er in der warmen, von Glühwein und Zimt versüßten Feuchte ... dann aber schmeckte er das bittere Salz von Tränen.

Weinend löste sie sich von ihm. »Vergib mir«, flehte sie. »Ich kann es nicht ... darf es nicht. Es ist wahr, Christian hat mich verlassen ... aber ich trage sein Kind im Leib.«

Er taumelte gegen eine Wand. Du Idiot! Wie konntest du das nur übersehen? Auch wenn der Mantel sie verhüllt hatte, es hatte ja genügend Anzeichen für ihren Zustand gegeben: der unersättliche Appetit, die madonnenhafte Ausstrahlung, die schwellenden Brüste und die schroffen Stimmungswechsel. »Weiß Christian davon?«, stieß er mühsam hervor.

Sie schüttelte den Kopf. »Wieder und wieder habe ich es ihm sagen wollen, aber als ich schließlich meinen ganzen Mut zusammengenommen hatte, war er schon fort.«

»Wann ist es soweit?«

»Lange wird es nicht mehr dauern. Ich bin schon fast im siebten Monat. Als ich die ersten Anzeichen spürte, dachte ich – na ja, es gibt gewisse Kräuter, die man einnehmen kann ...« Sie verstummte. »Jon, wir leben in einer Welt voller Rücksichtslosigkeit. Selbst für ein ehelich geborenes Kind ist das Leben noch brutal genug. Wie soll es erst für einen Bastard werden?«

Er zuckte zusammen. Begütigend griff sie nach seiner Hand. »Du bist damit doch nicht gemeint, Jon, ganz und gar nicht!« Sie verschränkte die Hände über ihrem von neuem Leben gewölbten Leib. »Ich habe nächtelang wachgelegen und überlegt, was ich tun soll. Aber wie könnte ich ein Leben abtreiben, wo Gott mir selbst ein neues Leben geschenkt hat?«

»Christian wird dich heiraten, er muss es einfach.«

Ein mattes Lächeln spielte um ihre Lippen. »Männer wie Christian heiraten nicht solche Mädchen wie mich.«

»Dann heirate ich dich eben«, sagte Jonathan in ruhig entschlossenem Tonfall.

Ihre Augen wurden groß. Sie berührte zärtlich seine Wange. »Ich danke dir, aber ich möchte nicht, dass du dein Leben für mich aufopferst.«

»Aber wie geht es dann weiter?«, wollte er wissen. Schlimme Erinnerungen an Waisenhäuser und Bridewell zogen ihm durch den Kopf.

Hilflos und verloren hob sie die Schultern. »Gott wird es schon richten – und wenn nicht Gott, denn Er, der Teufel. Ich muss gehen.«

»Wohin? Wo kann ich dich treffen?«

»Ich komme zu dir ins Theater.« Er wollte widersprechen. »Mach es mir nicht noch schwerer, als es ist, mein süßer Jon«, sagte sie. »Ich fürchte, dass Christians Diener dir übel mitspielt, wenn du zu mir kommst. Bete darum, dass Christian bald wiederkommt und sich alles in Wohlgefallen auflöst. Eines noch: Willst du der Pate dieses Kindes sein?«

Er war sprachlos vor Erstaunen. »Soviel Ehre für mich?«, sagte er dann. »Wo du weißt, wer und was ich bin?«

»Ich kann mir keinen Besseren vorstellen.«

»Dann sag ich ja, aus ganzem Herzen und aus ganzer Seele. Ja!«

»Geh jetzt, Jon, bevor die Tore geschlossen werden. Du sollst nicht auch noch Schwierigkeiten mit unseren Nachtwächtern bekommen – bei all den Gerüchten über Papisten und Jesuiten, die sich heimlich in die Stadt hereinstehlen, sind sie sehr unruhig.«

Jonathan schaute ihr nach, bis sie in der Dunkelheit verschwunden war.

»Ich werde Taufpate!«, jubelte er, und dann noch einmal, bis er die Nachtwachen am Hals hatte.

Ein Kind ... Der Herrgott schien es darauf anzulegen, die Menschen zu prüfen, das Leben schwer, kompliziert und unerfreulich zu machen. Warum eigentlich? War Er doch der Große Gaukler, wie Maudy behauptete? Gaukler oder nicht – Maudys Kind, sein Patenkind, durfte auf keinen Fall in einem Waisenhaus enden. Niemals.

15.

Der März hielt London in eisernem Griff. Zitternde Hausierer und Lumpensammler jammerten, es sei der kälteste März seit Menschengedenken. Theatervorstellungen waren nur ganz vereinzelt möglich. Erst gegen Monatsende steckten die ersten Schneeglöckchen vorwitzig die Köpfchen aus dem Boden. Es wurde Mitte April, bis Mistress Goodfellow endlich ihren Gemüsegarten bestellen konnte.

»Du musst erst tüchtig umgraben, dann wird gedüngt, aber streu nicht zu viel Mist auf die Beete, sonst verbrennen die Wurzeln.«

»Ich dachte immer, der Sonntag sei der Ruhetag des Herrn.«

»Es ist der Ruhetag des Herrn, gewiss, aber wenn wir nicht die Pflanzen in die Erde bekommen, haben wir zu wenig Nahrung, und du brauchst besonders viel zu essen. Meiner Treu, noch nie habe ich jemand so schnell wachsen sehen. Was ist aus dem Mickerling geworden, der im letzten Sommer bei uns ankam! Dafür können nur zwei Dinge verantwortlich sein – die strikte Disziplin, die deine bessere Natur zum Vorschein gebracht hat, und meine Kochkunst, an der sie sich aufrichten konnte. Und dem Himmel sei Dank, seit Monaten ist nichts mehr aus dem Haus verschwunden. Jeden Abend bete ich, dass du auf dem schmalen Pfad der Tugend bleibst. Ich bin nämlich überzeugt, dass auch die verdorbenste Seele gerettet werden kann. Amen.«

»Mistress Goodfellow, habt Ihr jemals Kinder gehabt?«

»Das ist das einzige Wunder, das ich in meinem Leben nicht

erleben durfte«, antwortete sie seufzend. Ihr strenges Gesicht wurde weich. »Wer mich jetzt anschaut, glaubt es vielleicht nicht, aber als ich noch voll im Saft stand, waren viele scharf auf mich. Master Goodfellow war schließlich der Glückliche, und ich kann voll Stolz sagen, dass ich die Liebe eines guten Mannes kennen gelernt habe.«

»Wollte er denn keine Kinder?«

»Nicht wollen? Mein Gott, der war schlimmer als ein Karnickel! Er hat mich mit seiner Rammelei ganz fertig gemacht.« Sie blickte auf ihre Hände. »Ich hatte eine Fehlgeburt, das zweite Kind ist tot auf die Welt gekommen ... und dann starb Mr. Goodfellow an der Pest ...« Sie tat einen abgrundtiefen Seufzer. »Ich denke, der Herr wollte, dass ich mich um euch Lehrlinge kümmere – und um meine Curiosity.«

»Angenommen, Ihr würdet an einer Kirchentür ein ausgesetztes Baby finden ...«

»An welcher Kirchentür?«

Er warf verzweifelt die Arme in die Luft. »Das ist doch egal! Worauf es ankommt, ist doch das kostbare, hilflose, schreiende kleine Wesen. Was würdet Ihr tun?«

»Natürlich sofort zum Pfarrer bringen.«

»Der es seinerseits sofort ins Waisenhaus bringen würde – wo es nie die Liebe einer guten Frau kennen lernt! Ein wunderschönes Baby mit goldenem Haar und goldenen Augen, schön wie das Kind in der Krippe, und Ihr bringt es fertig, zu diesem Kind zu sagen: ›Für dich ist kein Platz in diesem Hause‹? Was wollt Ihr denn dem Heiligen Petrus antworten, wenn er Euch dereinst an der Himmelstür empfängt? Wollt Ihr sagen: ›Mein Lauch war mir wichtiger als mein Patenkind‹?«

»Aha, es ist also schon mein Patenkind?«

»Das ließe sich einrichten. Und wollt Ihr am Jüngsten Tag zum Herrgott sagen: ›Für meine dicke Katze hatte ich Liebe im Überfluss, aber keine Zeit für ein hilfloses ...‹«

»Jetzt reicht es! Hau bloß ab, du missratener Bengel, sonst ...«
Das ließ er sich nicht zweimal sagen. Behände schwang er sich
über den Zaun, bevor sie es sich anders überlegen konnte.

»Einen ganzen Tag gewonnen, um dieses Problem zu lösen«,
summte er vor sich hin. Maudy hatte ihn zwar vor einem Besuch
bei ihr gewarnt, aber er wusste, dass sie kurz vor der Entbindung
stand, wenn sie nicht schon entbunden hatte. Er machte sich auf
zum Strand. Wie schön wird es sein, sie wiederzusehen, dachte
er. Aber als er zu Christians Haus gelangte, fand er es verlassen
und verriegelt, und von Maudy war auch keine Spur. Schlimme
Ahnungen setzten ihm zu, schließlich war die Geburt eine der
tödlichsten Gefahren für Mutter und Kind. Er betete zu Gott,
dass beide wohlauf seien.

Niedergeschlagen wanderte er nach London zurück, schlenderte ziellos durch die Straßen, aber wie es die Fliege ins Spinnennetz zieht, so zog es ihn zur Seething Lane, wo er alsbald vor
dem Walsinghamschen Anwesen stand. Eine Zeit lang beobachtete er das Kommen und Gehen, in der Hoffnung ...

Plötzlich spürte er eine Hand, die sich von hinten auf seine
Schulter legte. Er fuhr herum und stand Auge in Auge Boy de
Bon Cœur gegenüber. »Potzblitz, du hast mich fast zu Tode erschreckt! Allmächtiger Gott, wie schaust du denn aus? Was ist
mit deinem Gesicht?«

Boy ignorierte die Frage. »Phelippes hat eine verdächtige Gestalt herumlungern sehen und meinen Papa und Sir Francis alarmiert. Sie haben dich anfangs nicht erkannt, du bist ja mächtig
gewachsen. Sie dachten, es könnte ein Spion sein, aber ich habe
sie davon überzeugt, dass es niemand anderer ist als du.«

In Boys Gesicht schillerte ein Veilchen in Grün- und Blautö-
nen. Einige tiefe Platzwunden am Kopf hatten aufwändig ge-
näht werden müssen. Die Narben würde er bis an sein Lebensende tragen. Zwar heilten die Verletzungen bereits, aber er hatte
zweifellos lebensgefährliche Prügel einstecken müssen.

Jonathan hätte gern etwas Tröstendes gesagt. »Ich hoffe, du hast kräftig Saures gegeben«, sagte er etwas lahm. »Ich habe den ganzen Winter hier herumgestanden. Wo warst du denn?«

»Unterwegs.« Sein Blick glitt zum Haus hinüber. »Jon, hör auf, mich auszufragen, wir bekommen sonst beide Ärger.«

»Wie du willst. Nimm's nicht so schwer. Das wird wieder heilen, und die bösen Erinnerungen werden verblassen.«

»Vielleicht, aber nicht die Erinnerung an das, was mein Vater zu mir gesagt hat. Das hat schlimmer wehgetan als jeder Messerstich.«

»Wozu soviel Aufregung wegen einer Schlägerei? Gut, du hast Dresche bekommen – na und? Versuch's doch mal positiv zu sehen: Du hast wenigstens nicht den furchtbaren Winter durchmachen müssen, den wir gehabt haben. Es war so kalt, dass einem der Strahl beim Pissen noch in der Luft gefroren ist.«

»Aber in Prag war es kälter!«, trumpfte Boy auf. Er hieb sich vor die Stirn. »Gnädiger Gott, mein Vater hat Recht, ich bin ein Trottel.«

»Du warst in Prag? Ich weiß zwar nicht genau, wo das liegt, aber es muss irgendwo am anderen Ende der Welt sein. Wie ich dich beneide!«

»Das würdest du ganz schön sein lassen, wenn dich Halunken überfallen, sämtliche Papiere stehlen und für tot liegen lassen.«

Jonathan pfiff durch die Zähne. »Wer war das?«

»Wegelagerer, Banditen. Sie waren maskiert. Es war pures Glück, dass meine Mission kein völliger Reinfall war. Als ich aus Prag abgereist war, hatte Dr. Dee eine Vorahnung, dass ich in Gefahr war, und reiste mir hinterher. Er fand mich ohnmächtig und blutend am Straßenrand liegen und hat mir das Leben gerettet. Die Botschaft, die sie mir abgenommen haben, war Gott sei Dank in seinem Geheimcode geschrieben. Er hat gesagt, das würden sie nie herausbekommen.«

Boy wirkte so mitgenommen, dass es Jonathan in der Seele

wehtat. »Ich bin ja so froh, dass du wieder hier bist – und noch lebst.«

Boy nickte verdrossen. »Danke schön. Jon, mein Papa hat mir aufgetragen, dass ich dich für den nächsten Sonntag zum Essen einladen soll.«

»Obwohl wir damals so besoffen waren …?«

»Er vergibt uns – sofern wir schwören, dass es nie wieder vorkommt. Papa sagt, du möchtest schon am Samstagabend zu uns nach Hause kommen und die Nacht bei uns verbringen, damit wir Sonntag früh zur Messe gehen können. Jon, es würde mir viel bedeuten, wenn du kommst.«

Jonathan legte eine bühnenreife Verbeugung hin. »Die Ehre ist ganz auf meiner Seite.« Die Glocken läuteten die Sperrstunde ein. »Ich mache mich besser auf den Weg, bevor ich eingeschlossen werde. Ich sehe dich dann am Samstag.«

Am Bishopsgate fegte Jonathan Rad schlagend durch das Tor. »Bist du übergeschnappt?«, rief der Wächter belustigt.

»Übergeschnappt vor Liebe!«, rief Jonathan zurück und schlug eine Rolle rückwärts. »Ich werde eine Nacht unter einem Dach mit meiner Geliebten verbringen! Oh, Morgana, du hast ja keine Ahnung, was ich für dich in petto habe.«

Als die Londoner am nächsten Morgen erwachten, hatte der Frühling die Bastionen des Winters gestürmt und mit einer Armee wilder Blumen besetzt. Innerhalb und außerhalb der Mauern brachen allenthalben die Wildblumen hervor, fleißige Lieschen, Sonnenröschen und Klematis, Rührmichnichtan, Senfblumen, Eisenkraut und Veilchen.

»Endlich Frühling!«, rief Burbage.

Man zog die Fahne hoch und ließ sie über dem Theater flattern. Am gleichen Nachmittag noch führten die »Queen's Men«, die »Männer der Königin«, wie die Truppe sich nun zu Recht nennen durfte, das Stück »Die Schlacht von Alcázar« auf. Nach der langen Schlechtwetterperiode zog es die Londoner mit

Macht aus ihren Behausungen. Auf den Galerien und im Parkett drängte sich eine dichte Menge. Studenten von den Rechtsschulen, Studenten vom College der Tuchhändler, Studenten aus Oxford und Cambridge mischten sich mit Matronen, Kaufleuten, Aristokraten und dem gemeinen Volk von London.

Das Ensemble war hoffnungslos aus der Übung und schaffte es nicht, die Zuschauer in den Bann zu schlagen – außer bei der Szene mit dem Bauchaufschlitzen. Mit einer Blase Schweinsblut vermischte Schafsdärme platschten unter dem Brustharnisch des Bösewichts hervor und besudelten die Zuschauer an der Rampe. Sofort war das allgemeine Interesse wieder wach.

Der plötzliche Schrei einer Matrone – »Haltet den Dieb, er hat meine Börse gestohlen!« – tat ein Übriges. Jonathan erkannte seinen alten Ganovenkumpan Tyrone. Er wurde von rachedurstigen Händen gepackt und verprügelt, bis die Konstabler erschienen und ihn davonschleppten. Aus irgendeinem Grund verstanden die Stehplatzinhaber den Eingriff der Ordnungshüter als Signal für eine Massenschlägerei. Im Sperrfeuer glitschiger Innereien flüchteten die Schauspieler von der Bühne.

*

Bei einer anderen Matinee erkannte Jonathan einige Höflinge, die er beim königlichen Fest gesehen hatte – die Gruppe schneidiger junger Edelleute um Anthony Babington. Sie achteten kaum auf die Vorstellung, unterhielten sich laut und waren vollkommen in ihre eigenen Angelegenheiten vertieft. Jonathan war maßlos darüber verärgert, aber es war nichts dagegen zu machen. Unverschämtes Benehmen war nun mal Bestandteil der Privilegien des Adels.

Vom Münzensegen in den Kästchen der Eintrittssammler ermutigt trat Burbage vor seine Truppe. »Wenn keine unvorhersehbare Katastrophe eintritt und alles so weitergeht, könnte das unser bestes Jahr werden.«

Aber wie war die zugleich erregende und bedrohliche unterschwellige Unruhe zu erklären, die das Publikum und die Schauspieler ergriffen hatte? Manchmal hing sie so zart in der Luft wie der Duft einer Rose und dann wieder so penetrant wie der Gestank von Buchsbaum. Tatsachen und Gerüchte waren ihre Nahrung. Da waren die schlimmen Nachrichten aus den Niederlanden, wo es dem Earl von Leicester nicht gelungen war, die Armee des Herzogs von Parma aufzuhalten. Es hatte Verhaftungen von Jesuiten gegeben, die illegal ins Land zu kommen versucht hatten und neuerliche Hinrichtungen von Verrätern. Die abgeschlagenen Köpfe hatte man über dem Zugangstor zur London Bridge zur Schau gestellt, wo ihnen die Raubvögel die Augen aushackten. Etwas war faul in London.

Gegen Ende der Woche hatte Jonathan einen lebensgefährlichen Unfall. Eine Szene des aktuellen Stücks spielte auf einem ländlichen Jahrmarkt. Sechs Schauspieler hatten eine Menschenpyramide zu bilden, mit Pudge als Schlussmann. Jonathan sollte vom »Himmel« herabsteigen, sprich: sich an einem langen Seil vom Schnürboden herunterlassen, jenem von den »Säulen des Herkules« getragenen Söller direkt über der Bühne, und die Pyramide vollenden. Sobald seine Füße auf Pudges Schultern Halt gefunden hatten, sollte er das Seil loslassen und frei stehen, bis Burbage das Zeichen gab, die Pyramide aufzulösen und sich herunterfallen zu lassen.

Vom Schnürboden mit seinen Seilwinden und Flaschenzügen spähte Jonathan auf die Bühne hinunter und wartete auf sein Stichwort. Der Bühnenarbeiter an der Kurbel der Winde deutete auf das hölzerne Geländer, das um die knapp zwei mal zwei Meter große Öffnung im Schnürboden gezogen war. »Jon, pass auf, das Geländer ist alt und wackelig, wenn du fällst, geht es tief hinunter!«

Während sich unten die Pyramide Mann für Mann aufbaute, lehnte sich Jonathan weit über das Geländer, packte das Seil und begann seinen »Flug«. Das Publikum hielt den Atem an. Jonathans Füße tasteten nach Pudges Schultern, doch Pudge hielt nicht still. Während Jonathan versuchte, festen Stand zu gewinnen, sah er plötzlich genau in Augenhöhe Christopher Marlowe von der Galerie gegenüber zu ihm herüberwinken. Er geriet vollkommen aus dem Konzept und stürzte kopfüber ab. Unter viel akrobatischem Hopsassa gelang es den anderen, den Sturz zu überspielen.

Als der Vorhang endgültig gefallen war, verpasste Pudge Jonathan ein paar gemeine Hiebe. »Du Mistkerl, du hättest uns alle umbringen können!«

Jonathan massierte sein gefühlloses Bein. »Warum hast du nicht stillgehalten, du Tollpatsch? Du hast herumgezappelt, als hättest du Flöhe im Hintern. Und dann noch der Anblick von Marlowe ...«

»Wie oft muss ich dir noch sagen, dass du dich in der Vorstellung nicht vom Publikum irritieren lassen sollst?«, schimpfte Burbage, wandte sich aber sofort zwei Herren zu, die soeben die Garderobe betraten. »Ah, Meister Marlowe, und ist das denn möglich – Mylord Walsingham?« Burbage geriet völlig aus dem Häuschen. »Wie schön, dass Euer Gnaden meinem unbedeutenden Etablissement die Ehre geben!«

Irritiert stieß Jonathan Pudge an. »Hat er Walsingham gesagt?«

»Du hast nicht nur zwei linke Füße, sondern auch noch ein zermatschtes Hirn. Das ist *Thomas* Walsingham, der Vetter des Ersten Staatssekretärs unserer Königin, Francis Walsingham. Thomas ist Marlowes neuer Gönner – es wird sogar behauptet, er sei mehr als das. Manche Leute haben eben unverschämtes Schwein.«

Jonathan betrachtete den jungen Mann. Er hatte aristokratische Manieren, sah gut aus und verfügte über die gleiche intelligente Ausstrahlung wie der Erste Staatssekretär. Sämtlichen Anwesenden einschließlich Marlowe nötigte er Ehrerbietung ab.

»Meister Burbage, habt Ihr den Entwurf zu meinem neuen Stück gelesen, den ich Euch zugeschickt habe?«, erkundigte sich Marlowe.

»Sehr wohl.« Burbage wandte sich an die gaffenden Schauspieler. »Der junge Herr Marlowe möchte uns das Stück verkaufen, an dem er gerade schreibt«, erklärte er. »Es handelt von dem orientalischen Despoten Timor dem Lahmen, der die halbe Welt erobert hat. Das Stück soll ›Tambourlaine‹ heißen.«

»Es könnte Eure beste Rolle werden«, sagte Marlowe zu Burbage. »Pudge könnte die Königin spielen – oder vielleicht der junge Ransom dort drüben.«

Thomas Walsingham trat auf Jonathan zu. »Du bist also jener Ransom.« Prüfend betrachtete er Jonathan. »Sehr gut, ein Allerweltsgesicht«, murmelte er, als ob Jonathan als Person nicht vorhanden wäre. »Nichts sagend, unauffällig, ein Dutzendgesicht. So einer kann in der Menge untertauchen, als hätte er sich« – er schnippte mit den Fingern – »in Luft aufgelöst.« Sein Blick richtete sich auf Jonathans Gesicht. »Und doch entdecke ich List und Wachsamkeit in diesen Augen.« Er lächelte Jonathan an. »Mein lieber Ransom, Sir Francis hat mir von deinem Bubenstück beim Weihnachtsbankett erzählt, als du mit dem einem Lied den Zorn der Königin herausgefordert und mit dem anderen den Hals wieder aus der Schlinge gezogen hast. Ja, ich denke, der graue Alte hat Recht. Wir werden uns gelegentlich unterhalten müssen, mein Lieber.«

Worüber, zum Teufel, hätte Jonathan ihn am liebsten angebrüllt, doch einem Edelmann stellt man keine Fragen.

»Marlowes Stück unterscheidet sich sehr von allem, was ich je gelesen habe«, säuselte Burbage, der mit seiner Belesenheit vor Walsingham Eindruck schinden wollte.

Walsingham nickte beifällig. »Sehr gut beobachtet. Es ist Drama gewordene Dichtung, zur Gänze in iambischen Pentametern verfasst. Ich halte dafür, dass Marlowe noch sehr von sich reden machen wird.«

»Ich möchte fünf Pfund dafür«, sagte der Dichter prosaisch.

Burbage fiel der Unterkiefer herunter, doch er wandelte sich augenblicklich vom Schmeichler zum Geschäftsmann. »Für ein Erstlingswerk? Ein noch nie aufgeführtes Stück? Dieser Preis spottet jeder Vernunft.«

»Fünf Pfund, oder ich verkaufe es an die Truppe von Edward Alleyn.«

Burbage spielte seine Trumpfkarte. »Bitte sehr, wenn Ihr meint. Aber vergesst nicht, dass diese Truppe keine feste Spielstätte hat wie wir.«

»Ihr wisst wohl noch nicht Bescheid?«, mischte Thomas Walsingham sich ein. »Edward Alleyn und sein Schwiegervater planen auf der South Bank ein festes Theaterhaus zu errichten. Sie wollen es ›The Rose‹ nennen.«

»Alles nur Gerüchte«, wiegelte Burbage eilig ab. »Zwei Pfund, das ist mein letztes Gebot, und es ist mehr als fair.«

Thomas Walsingham schaute Burbage von oben herab an. »Es ist eines wahren Künstlers unwürdig zu feilschen, und auf Marlowe trifft das ganz besonders zu. Wäre ich denn sonst sein Gönner geworden? Komm, Kit, was ich hier sehen wollte, habe ich gesehen.«

Sie waren kaum durch die Tür, da platzte Burbage der Kragen. »Dieser Marlowe spinnt. Er blufft nur. Die Pest soll ihn holen, aber er wird wieder angekrochen kommen!«

Wohl kaum, dachte Jonathan, denn mit einem mächtigen Gönner wie Thomas Walsingham im Rücken saß Marlowe am längeren Hebel. Von Walsinghams dunklen Andeutungen umgetrieben, brachte Jonathan sein Tagewerk zu Ende, las noch den Text für die Aufführung am nächsten Tag und ging zu Bett.

Die ganze Nacht warf er sich in Vorfreude auf den Samstag unruhig herum. Morgana ... In endlosen Wiederholungen flüsterte er ihren Namen: Morgana ... Vor seinem inneren Auge tummelten sich Traumbilder von einem Satyr und einer Nymphe in einem Zauberwald ... dem Zauberwald des kommenden Samstags. Doch Gott ließ die Welt sich immer langsamer drehen, und der Samstag wollte einfach nicht kommen.

Aber endlich war es doch soweit. Als Jonathan seine Pflichten im Theater erledigt hatte, bat er Burbage um Erlaubnis, die Nacht bei den Bon Cœurs zu verbringen. Ohne ein Wort der Frage willigte Burbage ein.

Federnden Schrittes, hoffenden Herzens und mit frühlingshaften Gefühlen im Wams machte Jonathan sich auf den Weg.

16.

*S*chneller, sonst kommst du zu spät!«, keuchte Jonathan und beschleunigte seinen Lauf zur London Bridge. Als er in die Nähe des Themseufers gelangte, drang das »Hol über« zu ihm herauf, mit dem die Fährleute herbeigerufen wurden, um die Vergnügungssüchtigen über den Fluss in die Spielhöllen und Bordelle von Southwark überzusetzen. Samstagabend – die letzte Gelegenheit zum Sündigen, bevor den Sündern am Sonntag von der Kanzel herab die Leviten gelesen wurden.

Auf der Brücke wurde Jonathan ratlos. Rechts und links reihten sich über hundert Brückenhäuser, alle in Fachwerk errichtet und vier bis fünf Stockwerke hoch – wie sollte er da in der Dunkelheit das richtige finden?

»Bist du das, Jon?«, hörte er eine Stimme flüstern und stieß auch schon auf Boy, der vor einem der Häuser auf ihn wartete. »Gott sei Dank bist du endlich hier. Papa hat dich schon abgeschrieben.« Boy führte ihn ins Haus und hinauf in das große Zimmer.

Raymond de Bon Cœur sah in seinem grauen Nachtgewand und der Nachtmütze längst nicht so eindrucksvoll aus, wie Jonathan ihn in Erinnerung hatte – seine Verärgerung war allerdings unübersehbar. »Du kommst zu spät, mein Freund, die Damen haben sich bereits zurückgezogen. Achte gefälligst darauf, dass du mit dem Glockenschlag von St. Mary le Bow im Bett bist, denn in den Stunden der Dunkelheit streift der Satan durch die Nacht, stets darauf aus, unbedachte Seelen zu verführen. Hüte dich vor fleischlichen Gelüsten und unkeuschen Träumen. Gott schenke dir eine gute Nacht.«

Bon Cœur verschwand im Schlafzimmer und ließ Jonathan verdattert stehen. Morgana schon im Bett? Tod und Teufel, es musste doch eine Möglichkeit geben, sie in dieser Nacht noch zu sehen ... zu berühren, in die Arme zu schließen ...

Boy führte ihn zwei enge Stiegen hinauf in ein Mansarden-zimmer im obersten Stockwerk. Ein kleines Giebelfenster ging hinaus auf den silbrig im Mondlicht dahinströmenden Fluss.

»Was für ein toller Ausblick. Schläft Morgana auch auf diesem Stockwerk?«

»Sie wandelt manchmal im Schlaf. Meine Eltern lassen sie des-halb unten neben ihrem Schlafzimmer schlafen.«

»Was für ein merkwürdiger Zufall, ich schlafwandle nämlich auch.«

Boy schaute ihn ungläubig an; dann zog er sich aus. »Lass uns zusehen, dass wir ins Bett kommen. Morgen müssen wir früh wieder heraus.«

Jonathan hatte sich ebenfalls nackt ausgezogen. »Ich muss noch mal. Wo ist der Nachttopf?«

»Brauchen wir hier nicht.« Boy lehnte sich zum Fenster hi-naus und schlug das Wasser ab. Jonathan drängte sich neben ihn und tat es ihm nach. Er schaute seinem Strahl hinterher, der als silbrige Tropfenschnur unten im Fluss verschwand. »Also, das nenne ich bequem!« Er strahlte.

»Außer bei Gegenwind«, sagte Boy grinsend. »Aber wir ha-ben Glück, hier zu wohnen. Wir sind jeden Tag dankbar dafür. Im Sommer haben wir die kühle Brise vom Fluss, und unseren Abfall nimmt die Strömung mit. Gott meint es gut mit den Be-wohnern der London Bridge. In all den Jahren, in denen der schwarze Tod gewütet hat und Tausende in der Stadt umgekom-men sind, hat es hier nur sechs Pesttote gegeben.«

Schulter an Schulter hingen sie zum Fenster hinaus. »Alle, die

die London Bridge gesehen haben, sind sich einig, dass sie das achte Weltwunder ist«, sagte Boy verträumt. »Seit Hunderten von Jahren wird daran gebaut.« Er lehnte sich weit hinaus und zeigte nach unten. »Zwanzig Bögen tragen die Brücke, und sie ruhen auf steinernen Pfeilern, Wellenbrechern, wie die Bootsführer sagen. Siehst du, wie das Wasser durch die Öffnungen rauscht? Es gibt immer wieder Idioten, die in diesen künstlichen Stromschnellen ertrinken.«

»Ich hatte ja keine Ahnung, dass die Themse so zauberhaft sein kann. Schau nur, die Masten und Takelagen der Schiffe, wie Spinnweben über dem Fluss!«

»Aus den hintersten Winkeln der Welt kommen sie nach London, die Laderäume voller Schätze«, murmelte Boy. »›Alle Ströme fließen ins Meer, aber das Meer wird niemals voll‹, hat König Salomo gesagt. Aber der weise König Salomo hat nie die Themse gesehen, denn hier wird das Meer zweimal am Tag voll, und der Strom kehrt um und fließt rückwärts. Deshalb ist London ein so bedeutender Hafen geworden, denn wenn ein Kapitän die Gezeiten kennt, kann er sein Schiff bis Greenwich hinaufbringen, manchmal sogar bis zur London Bridge, und seine Ladung hier löschen.«

Er deutete stromab. »Siehst du diese blinkende Laterne? Es sieht aus wie ein Glühwürmchen, das langsam immer schwächer wird. Das ist ein Schiff, das zum Meer hinunter fährt. Manchmal schaue ich in den Fluss, wie er endlos dahinfließt, und träume davon, wo er mich überall hintragen wird – aber hoffentlich nie wieder nach Prag.«

Jonathan legte Boy den Arm um die Schulter. »Schon in der Bibel steht: ›Ein Jegliches hat seine Zeit‹, und jetzt ist es für dich an der Zeit, Prag endlich zu vergessen.«

»Nie werde ich das vergessen, niemals«, sagte Boy und schüttelte sich. »Und ich werde auch nie vergessen, wie gut Dr. Dee zu mir gewesen ist. Es heißt, er kann die Zukunft vorhersehen, und ich glaube daran. Hat er mich denn nicht gewarnt, dass ich in ernster Gefahr schwebe? Dass überall Gefahren lauern – auf dem Kontinent, in London. Sogar die Themse kann ein Fluss des Todes sein.«

»Nun hör aber auf, oder willst du, dass wir Albträume bekommen?«

»Es ist aber wahr, der Fluss ist ein Verbindungsweg für so manches Komplott gegen die Königin gewesen, weil Verschwörer sich unentdeckt darauf bewegen können. Deswegen ist ja auch jeglicher Verkehr auf dem Fluss nach Einbruch der Dunkelheit untersagt. Nicht, dass die raffgierigen Bootsführer sich darum kümmern würden – man braucht bloß ›hol über!‹ zu rufen, und sie riskieren es, ins Gefängnis zu kommen, nur um das bisschen Fährgeld einzustreichen.«

Boy trat vom Fenster zurück und legte sich auf seinem Strohsack nieder. Jonathan streckte sich neben ihm aus. In seiner Körpermitte bildete sich ein beträchtliches Zelt. »Du musst versuchen, alle unkeuschen Gedanken zu unterdrücken«, sagte Boy ängstlich. »Mein Papa sagt, wenn du auch nur mit dem Gedanken an Onans Sünde spielst, lässt der liebe Gott ihn dir abfallen.«

»Meiner ist mir aber noch nicht abgefallen.«

»Man muss eben wissen, wie viele Male man gut hat«, sagte Boy nachdenklich.

»Wenn man das herausfinden könnte, bestünde der Trick darin, dass man genau einmal früher aufhört«, pflichtete Jonathan ihm bei.

»Ich wette, dass auch dieses Geheimnis irgendwo in der Numerologie der Bibel niedergelegt ist«, grübelte Boy. »Alles ist dort niedergelegt. Gute Nacht, Jon. Ich bin froh, dass du da bist.«

»Ich auch.« Er hörte Boys Atem allmählich regelmäßiger werden. Warte, bis alle fest eingeschlafen sind, dachte er, dann schleichst du hinunter in ihr Zimmer ... Der Dunst und die Gerüche des Flusses erfüllten die Dachkammer. Ich werde die Augen nur einen kleinen Moment zumachen ... Langsam glitt er an einen Ort, wo Morgana ihm in einem schlafwandlerischen Traum entgegenkam.

Eine feste Hand rüttelte ihn wach.

Jonathan schoss senkrecht hoch. Habe ich meine Chance vertan, fragte er sich, und das Herz wollte ihm stillstehen. Gott sei Dank, nein, es ist ja noch stockdunkel draußen.

»Wie spät ist es?«

»Vier Uhr durch. Mein Papa sagt, dass sieben Stunden Schlaf vollkommen ausreichen. Zu viel Schlaf verdirbt das Blut«, verkündete Boy. Er kniete nieder und faltete die Hände. »Lieber Gott, ich danke dir, dass du mich die ganze Nacht behütet hast.«

»Und wenn es geht, den lieben langen heutigen Tag auch noch«, stöhnte Jonathan und wand sich vor Verlegenheit.

»Ich weiß, morgens ist es besonders schlimm«, sagte Boy mitfühlend. »Mein Papa sagt, dass der Teufel jetzt seine letzte Gelegenheit hat, dich zur Sünde zu verführen, bevor ihn die reinigende Klarheit von Gottes Licht in die Schranken weist.«

»Ich glaube, Heirat ist der einzige Ausweg.«

»Aber auch dann darfst du es nur zum Zwecke der Vermehrung tun, um Gott neue Seelen für sein Erlösungswerk zuzuführen.«

»Ich werde es mir merken.«

Staunend, betroffen und entsetzt über seine eigene Unwissenheit beobachtete Jonathan Boys Morgenrituale, um sie sogleich eifrig nachzuahmen: das Abreiben der Kleider für den Kirchgang mit einem feuchten Schwamm, das Händewaschen, das Haarekämmen. Als Nächstes säuberte Boy sich die Fingernägel, dann putzte er sich die Zähne mit einem Elfenbeinstäbchen. Kein Wunder, dass er immer so sauber riecht, dachte Jonathan. Das wirst du jetzt auch jeden Tag machen, damit du *ihr* gefällst.

Unten im Wohnraum begrüßte Boy seine Eltern mit niedergeschlagenen Augen. Der alte Bon Cœur legte die Hand auf den Scheitel seines Sohnes. »Herr, wir armseligen Sünder erbitten deinen Segen für diesen deinen Tag«, sprach er, dann legte er die Hand schwer auf Jonathans Kopf und wiederholte das Gebet. Jonathan fühlte sich schuldig, verurteilt und verdammt.

Anette de Bon Cœur, eine sanfte zarte Frau, unterwarf sich ihrem Gatten in allen Dingen. Auf Jonathan wirkte sie wie eine graue Maus, beinahe schattenhaft, aber es war offenbar, woher Morgana den elfenhaften Charme geerbt hatte. Der Vater herrschte mit eiserner Hand über seine Familie, aber für seine Tochter steckte er sie in einen Samthandschuh. Es war unverkennbar, dass er Morgana abgöttisch liebte, und ebenso unverkennbar, dass sie es wusste. Jonathan spürte, dass sie schlau genug war, diesen Trumpf nicht für Kleinigkeiten auszuspielen, sondern für wichtige Dinge im Ärmel behielt.

Und als ihn der Blick der strahlenden Augen der Traumfrau traf, wurde er zum Ferkel.

Die Bon Cœurs gingen zum Gottesdienst in die Kirche des heiligen Botolph. Als die Schar der schwarzgekleideten Puritaner nach und nach die Kirchenbänke füllte, wurde es allmählich Tag. Jonathan schlug eine Bibel auf. Auf dem Titelblatt prangte eine Radierung von Königin Elisabeth.

Der Gottesdienst begann mit einem Gebet für die Gesundheit und das Wohlergehen der Königin. »Und Tod über jene, die der Königin nachstellen und ihr Leben bedrohen!«, rief der Pfarrer aus. »Denn haben wir in ihr nicht eine Herrscherin, die sich mit den Heldinnen des Alten Testaments messen darf? Die Kirche des Papstes«, fuhr er fort, seine Gemeinde zu bearbeiten, »verbietet den Laien bei Strafe des Todes das eigenständige Lesen in der Bibel. Die Kirche befürchtet ihre Autorität zu verlieren, wenn wir die Bibel eigenständig studieren und uns unvermittelt und aus erster Hand mit dem Wort Gottes befassen. Die Bibel könnte über den Papst gestellt werden! Jawohl – und deshalb bestehen wir Protestanten darauf, dass *jedermann* die Bibel studiert und sämtliche kirchlichen Lehren zurückweist, die Rom entgegen der Lehre der Heiligen Schrift hinzugefügt hat. Wir sind Bibelpuristen und stolz darauf, den Namen Puritaner zu tragen!«

Der alte Bon Cœur beugte sich zu Jonathan hinüber. »Achte gut darauf, was nun folgt«, sagte er. »Ich habe an der Vorbereitung dieser Predigt mitgewirkt. Vor allem deshalb habe ich dich auf den heutigen Sonntag zu uns eingeladen.«

Der Pfarrer stürzte sich in seine Predigt. Feuer und Schwefel schienen ihm aus sämtlichen Körperöffnungen zu schlagen. »Heute werde ich über die Hauptursache der Sünde zu euch sprechen, über das Theater.«

Jonathan erstarrte. Er fühlte die Blicke sämtlicher Anwesenden auf sich.

»Die Theaterhäuser sind Pfuhle der Sünde und des Frevels! Verderber der Jugend sind sie! Unsere jungen und aufsässigen Lehrlinge erliegen ihnen ganz besonders. Ihre Aufsässigkeit wird überdies ermutigt, und zwar vor allem durch die schmutzige Niedertracht der Schauspielerei.«

Hunderte fromme Köpfe nickten ihr Einverständnis. Jonathan sank noch tiefer in seine Bank.

»Schauspieler sind eine Gefahr für die Erlösung, denn sie erzeugen bei Männern und Frauen schmutzige Gelüste. Schauspieler sind wie die Krokodile! Mit gierigem Rachen verschlingen sie die Keuschheit aller noch Ledigen und der schon Verheirateten.«

»Ich dachte, ich bin ein bunter Schmetterling«, flüsterte Jonathan Boy ins Ohr.

»In ihren verderbten Darbietungen geben sie alles zum Besten, was Unglück, Verrat und Verkommenheit zur Folge hat. Jedes Unglück, das unsere Stadt getroffen hat, einschließlich des Erdbebens von 1580, haben wir diesen heidnischen Umtrieben zu verdanken, die den Zorn Gottes herausfordern. Die Pest wurde verursacht durch die Sünde, und die Ursache der Sünde ist das Theater, und deshalb sage ich euch: Das Theater ist die Ursache der Pest!«

Der Prediger eiferte und geiferte endlos weiter. Jonathan schliefen die Beine ein, seine Nase fing zu jucken an, sein Glied schwoll an und ab, er musste pinkeln – nicht nur er, wenn man sich den Gesichtsausdruck der auf den Bänken herumrutschenden Gläubigen besah –, bis der Prediger schließlich erschöpft innehielt. Er hatte der Sünde den Garaus gemacht. Bis nächsten Sonntag.

Feierlichen Schrittes kehrte die Familie Bon Cœur nach Hause zurück. Im Tageslicht konnte Jonathan das Haus erstmalig richtig in Augenschein nehmen. Im großen Hauptraum mit der Balkendecke und dem mit Steinplatten belegten Boden prangte ein großer offener Kamin. Im großen Elternschlafzimmer stand wuchtig und alles beherrschend eine große geschnitzte Bettstatt. Hier drehte sich das Rad des Schicksals von Empfängnis über Geburt, Leben und Tod langsam von Generation zu Generation immer weiter bis zum Jüngsten Tag.

Mistress de Bon Cœur zog sich in die Küche zurück. Bald wehten sonntägliche Düfte durch das Haus. Sie war eine ausgezeichnete Hausfrau, die auf das Sparsamste zu wirtschaften verstand. Von Morgana unterstützt, deckte sie den Mittagstisch. Die Frauen brachten Wasserschalen herein, in denen man sich die Hände wusch. Die Speisen wurden auf Zinntellern aufgelegt, neben denen glänzende Silberlöffel aus Sheffield lagen, und nicht auf großen Brotscheiben, wie Jonathan es gewohnt war. Bon Cœur verdankte seiner Tätigkeit für Walsingham diesen Wohlstand, der in nichts mit dem Los zu vergleichen war, das seiner Familie in Paris beschieden gewesen wäre.

Als das Tischgebet gesprochen war, fiel Jonathan heißhungrig über seine Mahlzeit her, allerdings immer wieder von Bon

Cœurs Fragen unterbrochen. »Besitzt du Cranmers Gebetbuch ›Common Book of Prayer‹?«, wollte er wissen. »Das ist eben jener Bischof Cranmer, den die katholische Maria Tudor auf dem Scheiterhaufen verbrennen ließ, seinem Martyrium sei ewiger Ruhm. Du hast es nicht? Aber du kennst doch gewiss das ›Buch der Märtyrer‹ von John Foxe. Wir lesen täglich darin, um jene zu ehren, die ihr Leben für die Wahrheit unserer protestantischen Religion geopfert haben. Wir dürfen niemals vergessen, dass die blutige Maria Tudor und ihr Gemahl Philipp von Spanien über dreihundert Engländer auf den Scheiterhaufen gebracht haben, die sich weigerten, das Knie vor dem Papst zu beugen.«

Trockenen Mundes musste Jonathan bekennen, dass er keines dieser Bücher gelesen hatte. »Aber ich werde es schleunigst nachholen, Meister Bong Kehr!«

»Würdest du unseren Namen bitte korrekt aussprechen?«, fiel Morgana ihm ins Wort. »Das gemeine Volk bringt es in seiner Schwerzüngigkeit nicht fertig, Bon Cœur in der richtigen Weise zu artikulieren, es hört sich immer an wie ›Bankehr‹ oder ›Bonkehr‹ oder ›Bunker‹ oder sonst irgendetwas Unverständliches.«

Jonathan nickte geknickt, wild entschlossen, sich diese Verfehlung nie wieder zuschulden kommen zu lassen, und wenn es bedeuten sollte, nie mehr den Mund aufzumachen.

Nach dem Essen holte Bon Cœur ein paar religiöse Bücher hervor. Die Familie verbrachte den Rest des Tages mit der Lektüre ausgewählter Passagen. Das ist so lustig wie eine Beerdigung, dachte Jonathan. Bon Cœur salbaderte ohne Ende weiter, und nur Boys Ellbogen konnte verhindern, dass Jonathan langsam eindöste. Um nicht vor Langeweile zu sterben, versuchte er sich mit Fantasien über Morgana in eine Erektion hineinzusteigern, aber in diesem anscheinend aus purem Salpeter gebauten Haus war es ein hoffnungsloses Unterfangen. Inmitten der beflissenen Bibelleser bedrängten ihn Schuldgefühle über seine fleischlichen Gelüste, aber beim Gedanken an Maudy erfüllten ihn seine Leidenschaften mit Stolz.

Die untergehende Sonne übergoss die Themse mit geschmolzenem Kupfer, das im Zwielicht alsbald bleiern wurde, aber der alte Bon Cœur setzte seine Bibellesung samt der ausführlichen Interpretation jeder einzelnen Stelle unverdrossen fort. Von der Nordsee trieb Meeresdunst heran, und rasch war die ganze Stadt in Nebel gehüllt. Jetzt wird der Alte bald aufhören müssen zu lesen, sagte sich Jonathan erleichtert, denn geizig wie er ist, wird er wohl kaum eine Kerze anzünden.

Zu guter Letzt erhob sich Bon Cœur. »Nun haben wir das Wort Gottes gelesen und zu Seinem Ruhme darüber nachgesonnen. Mir möchte scheinen, dass wir uns gebührend in den Stand der Reinheit versetzt haben. Wie könnte es anders sein?«

Die Zustimmung der Familie war ihm sicher. »Mein junger Ransom«, wandte er sich zufrieden an Jonathan, »nachdem du nun die Gelegenheit gehabt hast, die Dinge im richtigen Licht zu sehen, darf ich doch annehmen, dass die heutige Predigt dich erleuchtet hat. Ich weiß, dass du von deinem sündhaften Wandel ablassen wirst, denn Gott verabscheut diejenigen, die sich das Gesicht bemalen, über die Bühne stolzieren und vorgeben, jemand zu sein, der sie nicht sind – gar eine Frau, Gott steh uns bei! Der Herr nimmt den verlorenen Sohn liebevoll auf in seine Arme, also kehre um zu Ihm und werde rein!«

Eine warnende Stimme meldete sich in Jonathans Kopf. Halt die Schnauze, rief sie – aber wäre er nicht als elender Wicht vor Morgana da gestanden, hätte er sich nicht verteidigt? »Sir, bei allem Respekt, aber ich habe Euch doch mit Phelippes und Marlowe selbst im Theater gesehen!«

Mistress Bon Cœur fiel die Bibel aus der Hand, Morgana japste nach Luft, und Boy sah aus, als würde er gleich in Ohnmacht fallen. Der graue Bon Cœur wurde noch eine Stufe grauer. »Ich musste mich in Angelegenheiten des Staates dorthin begeben, freiwillig wäre ich niemals über diese sündhafte Schwelle getreten. Wir Puritaner werden nicht davon ablassen, so lange gegen das Theater Sturm zu laufen, bis es vollkommen von der Bildfläche verschwunden sein wird!«

Der Handschuh war geworfen, und Jonathan nahm ihn auf. »Mein Meister Burbage sagt, dass solche Angriffe von der Kanzel die beste Werbung für uns sind. Man braucht den Leuten nur zu sagen, dass sich irgendwo in der Stadt ein neuer Sündenpfuhl aufgetan hat, und allein schon aus Neugier strömen alle hin.«

»Willst du mich etwa Lügen strafen, du ungläubiger Thomas?«, donnerte Bon Cœur wie ein erzürnter Prophet. »Wenn du nur bereit wärst, die Augen zu öffnen, könntest du das Übel erkennen, das du verbreitest. Ich will deine Seele retten!«

»Ich besitze so gut wie nichts«, rief Jonathan zurück, ohne zu wissen, wie er den Mut dazu aufbrachte, »aber meine Seele gehört mir, und wenn sie gerettet wird, dann nur von Gott!«

Bon Cœur packte ihn und hob die Hand. »Auch unsere Königin liebt das Theater«, rief Jonathan, bevor die Schläge herabprasseln konnten. »Wie kann es dann sündhaft sein? Wollt Ihr etwa die Königin als Sünderin brandmarken?«

Bon Cœur hielt verdutzt inne und fiel auf die Knie. »Oh, Herr, öffne dem jungen Jon Ransom Herz und Seele, zeige ihm den Irrtum seines Wandels, leite ihn an zur Reue, lass ihn erkennen ...«

Die Litanei wäre wohl die ganze Nacht weitergegangen, wäre nicht plötzlich jemand mit lautem Getrampel die Treppe heraufgekommen. Ein Mann trat ein, in dem Jonathan sogleich den pickeligen Phelippes erkannte. Bon Cœur zog sich mit ihm in eine Ecke zurück, doch Jonathan konnte ein paar Brocken ihrer Unterhaltung aufschnappen.

»Ihr seid gewiss, dass diese Information stimmt?«, erkundigte sich Bon Cœur.

»So gewiss, wie man bei einem Sodomiten und Gotteslästerer sein kann.«

Ist die Rede etwa von Marlowe, fuhr es Jonathan durch den Kopf, doch schon bestätigte Phelippes seinen Verdacht. »Die Warnung kam direkt aus Cambridge.«

»Ich muss sofort gehen«, sagte Bon Cœur zu seiner Frau. »Boy kommt mit.«

Er schob Jonathan brüsk die Treppe hinunter. Vor dem Haus wies er wortlos mit ausgestrecktem Arm nach London hinein, als hätte er es mit einem Schwachsinnigen zu tun.

... und genau so behandelt er seinen Sohn Boy, dachte Jonathan. Was wird wohl aus dem werden, wenn er so einfältig bleibt?

Bon Cœur, Phelippes und Boy entfernten sich Richtung Southwark, Jonathan zurück nach London, doch schon nach fünfzig Schritt gewann die Neugier die Oberhand. Er kehrte um und ging heimlich den dreien nach. Was war so Bedeutsames geschehen?

17.

Jonathan hielt sich im Halbdunkel der überdachten Fahrbahn auf der Brückenmitte. Die Kirchenglocken kündeten trübselig die bevorstehende Sperrstunde an. Schlagläden klappten zu, Türen fielen ins Schloss, Tore knirschten in ihren Angeln. London verkroch sich in seinen Schildkrötenpanzer.

Er schlüpfte als einer der Letzten durch das Stone Gate, bevor es hinter ihm zuschlug. Wie komme ich wieder in die Stadt hinein, fragte er sich. Egal, darüber konnte er sich später den Kopf zerbrechen. Die Bon Cœurs und ihr Begleiter wandten sich nach rechts zur Uferzone von Bankside. Jonathan achtete auf genügend Abstand, konnte aber dennoch einige Sätze der Unterhaltung aufschnappen. »Nein, es ist überhaupt nicht gut gelaufen ... hochmütig bis dorthinaus ... frech ... aber was kann man schon von einem Dieb, einem Bastard, einem Schandfleck in den Augen von Kirche und Staat erwarten? Er zweifelt möglicherweise sogar an Gott ...«

»Reden die von dir? Das kann nicht sein, du glaubst doch an Gott«, flüsterte er.

Trotz der Sperrstunde blieb in Southwark alles weit geöffnet. Es gab einfach nicht genug Konstabler, um dem Gesetz in dieser ungebärdigen Vorstadt Londons Geltung zu verschaffen. Lärmend zogen Gruppen von Jugendlichen umher, mischten sich in sämtliche Streitereien ein und zettelten neue an. Bankside war ein Wespennest von Spelunken, Spielhöllen, Tavernen, ein Hort der Schurken jeglicher Couleur und Brutstätte sämtlicher

Schandtaten, die Menschen einander antun, und Nacht für Nacht wurden noch ein paar neue dazu erfunden.

Jonathan duckte sich am Ufer in die Dunkelheit. Die Gruppe machte oben am Weg vor einer Taverne halt, dem »Half Moon Inn«. Im wallenden Nebel konnte er undeutlich einen weit in die Themse hinauslaufenden Landungssteg ausmachen. Ein paar nur als dunkle Umrisse erkennbare Männer – waren es Konstabler? – bezogen um die Landebrücke herum in Verstecken Stellung.

Jonathan wartete geduckt. Schnell bildete der feuchte Nebel Wasserperlen auf seinen Kleidern und Haaren. Die Glocken der St. Mary Overie Cathedral in Southwark schlugen die halbe Stunde. Auf einmal sah er geisterhaft ein Ruderboot aus dem Nebel auftauchen, das mit umwickelten Riemen lautlos auf den Landungssteg am Half Moon zuhielt.

Eine merkwürdig vertraute Gestalt kam den Uferpfad entlang. Ein Liedchen summend, den Korb auf die Hüfte gestützt, schritt Maudy munter an ihm vorbei. Jonathan schnappte nach Luft. Schlank wie sie aussah, hatte ihre Niederkunft inzwischen zweifellos stattgefunden.

Vorbei an den Verstecken der Konstabler und der Bon Cœurs ging sie hinunter zur Anlegestelle. Die Insassen des Ruderboots luden etwas aus, das ihnen von schattenhaften Gestalten auf dem Steg abgenommen wurde. Ein Mann im Kapuzenmantel legte Maudy ein Paket in den Korb. Sie kam wieder zurück.

Als sie auf Jonathans Höhe angelangt war, sprang er aus seiner Deckung, verschloss Maudy mit der Hand den Mund und zog sie ins Uferdickicht. »Keinen Ton«, zischte er, »es geht um dein Leben!«

Maudy erkannte die Stimme. Sie nickte und folgte ihm widerstandslos. Die Rufe der Konstabler schallten auf, Flüche, ein Schuss, ein gellender Todesschrei.

»Schnell, mir nach!«, stieß Jonathan hervor und zog Maudy in das Gewirr der Pfähle unter dem Landungssteg. Über sich hörten sie das Getrampel ihrer Verfolger, die hin und wieder zurück rannten.

»Was ist eigentlich los? Warum müssen wir uns verstecken?«, japste Maudy in einer Mischung aus Angst und Verwirrung. »Ich hab doch nichts gemacht, ich sollte doch bloß etwas abholen.«

»Im Moment sind alle weg! Los, zum Uferweg hinauf! Hier, über den Zaun, schnell!« Jonathan verschränkte die Hände zu einem Steigbügel, und Maudy stellte sich hinein. Mit einer unmenschlichen Anspannung all seiner Kräfte stemmte er sie hoch und über das Hindernis. Den Korb warf er hinterher, dann nahm er Anlauf, packte die Spitze einer Zaunlatte und schwang sich mit kühnem Schwung hinüber.

Ins Gebüsch geduckt hörten sie Fußgetrappel und Stimmengewirr näher kommen. »Wo ist sie hin?« – »Hat jemand sie gesehen?« – »Sie darf uns nicht entkommen!«, tönte es aufgeregt.

Mit angehaltenem Atem warteten sie, bis die Stimmen verklungen waren. Es kam ihnen vor wie eine Ewigkeit. Ihre Herzen pochten so laut, dass sie befürchteten, ihre Verfolger könnten es hören. »Maudy, das Baby ...?«, fragte Jonathan, als es wieder still geworden war.

»Ach, das Baby – das ist eine lange Geschichte. Lass uns zuerst hier wieder herauskommen. Ich erzähl es dir, wenn wir in Sicherheit sind.«

Er bedrängte sie nicht weiter. »Wir werden noch erfrieren, wenn wir nicht schleunigst aus diesem Morast herauskommen«, flüsterte Jonathan. Er steckte den Kopf aus dem Gebüsch. Die Luft war rein. Er half Maudy aus dem Uferschlick, der an ihren Füßen saugte. Vorsichtig schlichen sie sich durch Hinterhöfe in den Ort. »Über die Brücke können wir heute Nacht nicht mehr zurück, das Tor ist zu«, sagte Jonathan. »Wie kommen wir jetzt wieder nach London?«

»Ein Boot soll uns übersetzen, wir mieten uns eins!«

»Zu gefährlich, auf dem Fluss lauern bestimmt Patrouillen-boote. Außerdem glaube ich kaum, dass uns nach dem Aufruhr von vorhin noch jemand übersetzen würde.«

Sie nahm seine Hand. »Ich weiß, wo wir unterkriechen kön-nen, zumindest für diese Nacht.« Sie führte ihn eine parallel zum Fluss verlaufende Gasse nach Westen, vorbei an insgesamt acht-zehn weißgetünchten Bordellhäusern, darunter auch der be-rüchtigte »Kardinalshut«, dessen Aushängeschild eine witzige Ähnlichkeit mit der Spitze eines männlichen Gliedes aufwies. Angestrengt lauschten sie nach etwaigen Verfolgern in die Nacht. Ein Stück voraus lag die wuchtige dunkle Masse des »Pa-radise Garden«, wohin es die Londoner in Massen zum blutigen Spektakel der Bärenhatz zog.

Endlich blieb Maudy vor einem völlig heruntergekommenen Wirtshaus stehen. Die auskragenden oberen Stockwerke hatte man mit Balken unterfangen, damit die Bruchbude nicht in sich selbst zusammenfiel. An einem Nagel baumelte ein ramponier-tes Schild. »Zum alten Stummel« stand darauf.

Sie traten durch die Tür. Ein vierschrötiger Matrose brüllte: »Tür zu, Leute! Der Nebel mit seinen faulen Dünsten soll drau-ßen bleiben!«

Die Gäste des Etablissements wirkten noch trostloser als ihre Umgebung: Schauerleute, Färber, Matrosen aus aller Herren Länder, und dazu das Geschmeiß der Gauner und Huren, die ih-nen das letzte Hemd auszogen. Ein verschrumpelter Besoffener gab unentwegt einen Kalauer zum Besten. »Der alte Stummel steht immer noch«, wieherte er und lachte sich über seinen Witz halbtot. Eine aufgedonnerte Nutte mit gewaltigen Hängebrüs-ten betrachtete die beiden abgerissenen Neuankömmlinge. »Was wollt ihr denn hier? Bei euch ist doch überhaupt nichts mehr zu holen«, schnarrte sie.

Jonathan hörte in seinem Hinterkopf sämtliche Alarmsirenen

schrillen. Sie befanden sich in einem Puff der übelsten Sorte. Die Halsabschneider, die hier herumlungerten, würden für einen einzigen Farthing einen Mord begehen, oder einfach nur so zum Spaß. Er legte die Hand auf den Griff seines Dolchs. »Was bringst du da für ein Milchgesicht mit?«, mümmelte ein zahnloser Zecher Maudy an. Als Jonathan an ihm vorbeiging, griff ihm der Alte von hinten zwischen die Beine. »Lass dir einen lutschen, Schätzchen.«

Maudy ergriff Jonathans Arm. »Kümmere dich nicht um das Gesocks«, sagte sie und bahnte sich den Weg zu der alten Vettel, die augenscheinlich den ganzen Laden schmiss.

»Bist du also endlich doch soweit, dass du für mich arbeiten willst, Maudy«, sagte die Alte zum Gruß. »Der Herr muss dich geschickt haben! Ein Flotte von Schiffen hat eben angelegt. Das Kerlchen kann ich auch gut gebrauchen, es sind genug Freier da, die lieber Knabenfleisch haben.«

Maudy schüttelte heftig den Kopf. Erregt flüsterte sie auf die Alte ein, suchte schließlich in ihrem Korb herum und holte ein Heftchen Haken und Ösen zum Annähen heraus, den letzten Schrei der Damenmode, nachdem Königin Elisabeth sie neuerdings als Kleiderverschluss verwendete. Darauf schob die Madam mit dem Wort »Dachboden« Maudy eine Steingutscherbe hin, auf der ein trauriger Kerzenstummel in einer Wachspfütze vor sich hin blakte.

Auf einer knarrenden Stiege gelangten Maudy und Jonathan in den von Bumsgeräuschen und Lustgestöhn erfüllten ersten Stock. »Die Frauen sind arme Geschöpfe«, flüsterte Maudy. »In jeder Nacht müssen sie dreißig bis vierzig Kerle abfertigen. Ist es ein Wunder, dass sie das nur ein paar Jahre durchhalten, bevor sie verrecken? Hätte ich nicht Christian, wäre das auch mein Schicksal.«

»Ist er denn wieder zurück? Habt ihr euch wiedergesehen?«

Sie stiegen über ein Paar, das im Flur auf der Erde rammelte.

Eine Ratte flitzte vor ihnen her. Es ging noch eine Stiege hinauf, dann über eine wackelige Leiter und durch eine Falltür auf den Dachboden. In dem winzigen Raum angekommen, zog Jonathan die Leiter herauf und klappte die Falltür zu. Lediglich in der Mitte unter dem Firstbalken konnte man aufrecht stehen.

»Und wenn es brennt?«

»Lieber das, als dass einer von diesen Halsabschneidern hier herauf schleicht und uns umbringt«, meinte Jonathan. Er stieß die kleine Dachluke auf und schaute hinaus. Unten ragten allenthalben hölzerne Landungsstege in die Themse. Wie aus kochendem Wasser stieg der Dunst aus dem Fluss. Nichts rührte sich. »Niemand zu sehen«, sagte er. »Maudy, erzähl mir von dem Baby ...«

Die Traurigkeit senkte sich über sie wie ein düsterer Umhang. »Ungefähr zwei Monate, nachdem wir uns getroffen hatten, bin ich niedergekommen. Christian war inzwischen vom Kontinent zurück. Die Geburt war furchtbar. Ich glaube, ich wäre vor Schmerzen umgekommen, hätte Christian mir nicht einen Zaubertrank eingeflößt. Während der ganzen Geburt ist er bei mir geblieben – hast du jemals gehört, dass ein Mann so etwas getan hätte?«

»Aber ist es denn gut gegangen?«

Sie seufzte betrübt. »Leider nicht. Sein Trank hat mir zwar die Schmerzen erträglicher gemacht, aber als ich endlich wieder bei Sinnen war, musste ich von Christian hören, dass ich eine Totgeburt hatte. Eigentlich seltsam, denn ich bilde mir ein, in meinem Tran hätte ich das Kind schreien hören.« Ihre Stimme stockte. »Wieder mal so eine Finte vom Großen Gaukler.«

»Ach, Maudy, es tut mir sehr Leid.«

Sie schluckte ein paar Mal schwer. »Christian sagt, es wäre ein Junge gewesen«, sagte sie gequält. »Er hätte ihn fortgeschafft und begraben, damit es mir nicht das Herz bricht. Er ist ein großer und mächtiger Herr, aber als er es mir erzählte, habe ich Tränen in seinen Augen gesehen. Er war sehr lieb zu mir ... doch es hat mir für immer das Herz gebrochen.«

Sie saßen eine Zeit lang stumm beieinander. Jonathan begann, Maudys Hände warm zu reiben. Eine Woge des Schuldbewusstseins rollte über ihn hinweg, denn er war sicher, wenn Maudy nicht ihn – einen Dieb, einen Bastard, einen Schandfleck in den Augen von Kirche und Staat – zum Paten bestellt hätte, würde das Kind jetzt leben.

»Wer waren denn die Männer?«, fragte sie schließlich. »Warum sind wir weggelaufen?«

»Das ist jetzt nicht so wichtig. Aber was wolltest du dort bei der Taverne?«

»Ich war schon früher einmal im ›Half Moon‹, damals mit Christian – ich glaube, ich hab es dir erzählt. Heute Abend sollte ich dort etwas abholen gehen, etwas Harmloses, hab ich gedacht.« Sie öffnete ihren Korb und nahm einen Packen Pamphlete heraus. »Das da, schau.«

Jonathan hielt die flackernde Kerze hoch und holte erschrocken Luft. »Mein Gott, Maudy, weißt du, was das ist? Komm her, sieh selbst!«

»Aber ich kann doch nicht lesen«, sagte sie kleinlaut.

Er schlug sich an die Stirn. »Natürlich! Deswegen haben sie dich ausgesucht. Das sind Hetzschriften, die zum Umsturz gegen die Königin aufrufen! William Allen hat sie verfasst, ein Engländer, der katholischer Priester geworden ist und jetzt in Rom lebt. Er hetzt alle auf, unsere Königin Elisabeth zu ermorden!«

Maudy schüttelte verwirrt den Kopf. »Unsere Königin ermorden? Davon weiß ich nichts.«

»Dann hör mal zu, was Allen hier über unsere Königin schreibt: ›Sie hat die katholische Kirche unterdrückt, das Fest der Empfängnis der Heiligen Jungfrau Maria am achten September abgeschafft und es durch die Feier ihres eigenen schändlichen Geburtstages am Vortag ersetzt. Müssen wir uns da wundern, dass Papst Pius V. im Jahr 1570 gegen Elisabeth, die unrechtmäßige Königin von England und alle, die ihr anhängen, die Bannbulle ›regnans in excelsis‹ geschleudert und sie exkommuniziert hat? Der Adel, die Untertanen und das ganze Volk des besagten Königreichs und alle anderen … sind von ihrem Eid und allen Verpflichtungen der Treue und des Gehorsams entbunden … Sie sollen Elisabeth keinen Gehorsam mehr leisten, oder irgendeinem ihrer Gesetze, Erlasse oder Befehle.‹«

Er hielt inne, um Atem zu schöpfen. Die Pamphlete waren weitaus schärfer, als er geglaubt hatte. Er las weiter. »Im Jahr 1580 hielt Papst Gregor es für unerlässlich, den Bannfluch gegen Elisabeth zu erneuern und die Worte hinzuzufügen: ›Da dieses schuldbeladene englische Weib über zwei vortreffliche christliche Königreiche herrscht und soviel Schaden am katholischen Glauben und den Verlust vieler Millionen Seelen verschuldet hat, kann kein Zweifel bestehen, dass jeder, der sie in der frommen Absicht aus der Welt befördert, Gott einen Dienst zu erweisen, nicht nur nicht sündigt, sondern sich vielmehr Verdienste erwirbt.‹«

Maudy fing an zu zittern. »Heißt das wirklich das, als was ich es verstehe? Was ist mit dem heiligen Gebot ›du sollst nicht töten‹?«

»Ich kenne mich im Kirchenrecht nicht aus, aber die Bedeutung dieser Sätze könnte klarer nicht sein. Der Papst hat sein eigenes Gebot erlassen: ›Du sollt töten‹ – nämlich unsere Elisabeth. Jeder, der sie umbringt, ist nicht nur von der Sünde des Mordes losgesprochen, sondern gilt der Kirche sogar als Held.«

Maudy prallte vor dem Korb mit den Pamphleten zurück wie vor einer Schlange. »Das ist nicht wahr«, wimmerte sie. »Niemals würde ich so etwas tun. Ich liebe unsere Königin. Gott stehe mir bei, was hab ich nur getan?«

Jonathan packte sie an den Schultern. »Ich will dir sagen, wer hinter uns her war: die Agenten von Mylord Walsingham! Ist dir klar, was mit dir geschehen wäre, wenn sie dich erwischt hätten? Man hätte dich gefoltert, bis du deine Komplizen verraten hättest, und dich dann aufgehängt.«

»Christian hat das bestimmt nicht gewusst. Es muss ein schrecklicher Irrtum sein. Er verehrt die Königin, er würde sein Leben für sie geben, das hat er mir hundertmal gesagt!«

»Aber losgeschickt hat er dich trotzdem, nicht wahr?«

Sie ließ den Kopf hängen. Kaum wahrnehmbar nickte sie in der Dunkelheit. Sie wurde von Kälteschauern geschüttelt. Die Kälte hockte in ihren Kleidern, die klamm an ihr klebten, und aus ihrem Innersten kroch eiskalt die Angst in ihr hoch. Ihre Zähne klapperten aufeinander, ihre Glieder schlotterten unkontrollierbar in einem Veitstanz aus Schock und Panik.

»Raus aus den Klamotten!«, befahl Jonathan und schälte Maudy aus ihrem nassen Rock, dem klammen Mieder und den feuchten Unterröcken. Der flackernde Kerzenschein spielte auf ihren glatten lieblichen Gliedern, dem von der Schwangerschaft immer noch leicht gewölbten Leib ... zu einem andern Zeitpunkt und an einem anderen Ort hätte Jonathan sich danach gesehnt, diesen herrlichen Leib überall zu berühren und zu liebkosen, doch seine Ratlosigkeit und wachsende Angst waren stärker. Er riss den groben Hanfüberzug vom Strohsack und legte ihn Maudy um die Schultern, schlang die Arme um sie und hielt sie fest, bis sie zu zittern aufhörte.

»Vielleicht hast du Recht«, murmelte er vor sich hin, »Christian könnte genau so unwissentlich wie du in diese Sache hineingeraten sein.«

Sie nickte eifrig. Gierig griff sie nach jedem Strohhalm.

»Hast du diese Botengänge schon früher für ihn gemacht?«

»Ja, aber nicht in meinem letzten Monat. Jetzt, wo das Kind weg ist, kann ich ja wieder für ihn arbeiten.«

»Hast du sonst noch etwas für ihn erledigen müssen? Maudy,

denk gut nach, dein Leben hängt davon ab – und meines auch. Wir müssen diese Pamphlete loswerden. Wenn man uns mit diesem Zeug erwischt, sind wir mausetot. Versuch dich zu erinnern, wohin hat Christian dich sonst noch geschickt?«

»Er hat mich oft mit Nachrichten für seine Freunde losgeschickt.«

»Was für Freunde? Was sind das für Leute?«

»Wie sie heißen, weiß ich nicht. Ich bin einfach dorthin gegangen, wo Christian mich hingeschickt hat. Durch meine Hausiererei kenne ich praktisch jeden Winkel von London. Ich kenne Westminster und sogar Southwark. Christians Freunde sind alles feine Herren, weil nämlich in der Regel ihre Diener die Briefe entgegengenommen haben. An einen von den Herrn kann ich mich erinnern, diesen Bartlosen – weißt du noch, wir haben ihn in St. Paul's gesehen. Wie hieß der noch?«

»Babington, Anthony Babington. Hast du denn manchmal die Briefe gelesen? Ach so, natürlich nicht, du kannst ja nicht lesen. Außerdem waren sie vermutlich sowieso verschlüsselt.«

Seine Gedanken rasten. Maudy zu benutzen war teuflisch geschickt. Sie war eine Hausiererin, die ihr Zeug verkaufte. Sie konnte überall hingehen, ohne Verdacht zu erregen.

»Jon, ich schwöre dir, Christian ist ein wunderbarer Mann! Er würde der Königin niemals irgendetwas zu Leide tun!«

Es klang so flehentlich, dass Jonathan ihr die Schulter tätschelte. »Du hast Recht. Ich bin schon so weit, dass ich überall nur noch Spione und Attentäter sehe.«

Er musste ein paar Mal hintereinander kräftig niesen. »Gesundheit! Jetzt musst *du* dich aber ausziehen, sonst holst du *dir* den Tod.«

Er legte seine Kleider ab und kauerte sich neben ihr auf die Falltür, damit niemand sich Zutritt verschaffen konnte. Gelegentlich drangen wüstes Gelächter oder Lustgebrüll zu ihnen herauf. Maudy begann, still vor sich hin zu weinen. »Bei der Seele meines unschuldigen Kindes und bei meiner eigenen, ich schwöre dir, dass ich keine Ahnung hatte. Du glaubst mir doch, oder?«

Maudy hatte bei aller auf der Straße erworbenen Durchtriebenheit etwas so Argloses und Naives. Ihre Unschuld stand für Jonathan fest. Aber bei Christian war der Fall rätselhafter.

Sie lehnte sich an ihn. »Jetzt stehe ich schon wieder in deiner Schuld. Heute hast du mir zum zweitenmal das Leben gerettet.«

Er lag steif da und wusste nicht was tun. Die ganze Geschichte Raymond de Bon Cœur erzählen? Aber dann konnte er Maudy nicht heraushalten, und das hieß, ihr Leben aufs Spiel zu setzen. Und das eigene auch, bei Licht besehen. Wer würde ihnen schon glauben? Konnten ein hausierendes Flittchen und ein Bastard aus Bridewell gegen das mächtige Wort eines Edelmannes anstinken, der obendrein der neue Günstling der Königin war?

Er dachte an den Tag, an dem er Christian kennen gelernt hatte. Er hatte ihn vom ersten Augenblick an bewundert. Wenn er sich auf der ganzen Welt jemand aussuchen könnte, dem er gleichen und nacheifern wollte – es wäre Christian. Jetzt war er es, der nach Strohhalmen griff. Vielleicht hatte Maudy Recht, vielleicht war Christian genauso hereingelegt worden wie sie? Ja, so muss es sein, sagte er sich, und du bist so verdorben, dass du von einem so wunderbaren Menschen Schlechtes denkst.

Von solchen Gedanken gequält, glitt er in einen Schlaf voller Albträume. Mitten in der Nacht erwachte er mit angstvoll pochendem Herzen und schmerzhaft pochender Erektion. Maudy atmete neben ihm; die Strohsackhülle hatte sich verschoben, ihr nackter Schenkel lag bloß. Sie vernahm den Geruch von Jonathans Angst, versuchte sich stöhnend abzuwenden, aber er ließ es nicht zu. Seine Lippen strichen über die ihren, ihre Münder versanken ineinander. Beide versuchten verzweifelt, die aufkeimende Panik in Schach zu halten, denn irgendwie wussten sie, dass in dieser Nacht ein wohlverwahrtes Siegel in ihnen zu Bruch gegangen und sogar die Hoffnung davongeflattert war.

Sein Leib bewegte sich mit einem Wissen, dessen Herkunft er nicht kannte. Mit einem einzigen Stoß war er in ihr. O Gott, die warme Feuchte ihres Körpers! Tiefer noch glitt er, und der Rhythmus begann, anfangs noch ungeschickt, bis sie sich ihm ganz hingab, ob aus Angst oder Dankbarkeit, einerlei, denn in diesem Augenblick existierte auf der ganzen Welt niemand außer ihr und ihm. Ihr Rhythmus wurde schneller, drängender, eindringlicher, schwemmte ihn an nie gekannte Orte, baute sich auf zur Ekstase, erfasste den ganzen Körper, bis Jonathan sich nicht mehr zurückhalten konnte und den Mund an ihren Leib presste, um nicht laut zu schreien.

Nun, da die Lust in ihr pochte und nicht mehr die Angst, behielt sie ihn in sich, bis seine Gier sich wieder regte, und wieder bewegten sie sich im zeitlosen Rhythmus, langsamer jetzt, zärtlicher, im Einklang mit ihren Lustgefühlen, dann schneller, immer schneller, bis es kein Halten mehr gab und sie gemeinsam gen Himmel emporschossen wie ein einziges Wesen.

Dann die Ruhe danach, wieder zu sich finden in dem dunklen atmenden Räumchen, die stolze freudvolle Entdeckung der eigenen Männlichkeit.

Draußen hatte der Nebel sich gelichtet. Durch das Fenster lugte ein Stück sternenfunkelnder, samtener Mitternachtshimmel herein. Jonathan liebte die Nacht, er liebte die Sterne, er liebte diese Frau. Sogar sich selbst liebte er.

18.

Pass auf, eine Ratte!«, flüsterte Maudy, als sie sich aus der Spelunke in den Morgen verdrückten. Das Tageslicht machte sie verlegen und schuldbewusst. Unausgesprochen drängte sich das Gefühl eines gemeinsam begangenen Betrugs an Christian zwischen sie.

In Bankside war man schon auf den Beinen und emsig am Werk. Männer stolperten aus den zahlreichen Bordellen, Seeleute löschten Ladungen, ein Straßenhändler bot wie der Sonnenaufgang strahlende Orangen feil. Färber schufteten auf der Straße im Sud ihrer großen dampfenden Bottiche. Ihre Arme färbten sich bis zum Ellbogen blau, gelb oder rot, während sie zum Rhythmus ihrer munteren Lieder das Stoffzeug eintunkten, färbten und wieder trockneten.

Jonathan ging zu einem der Färberfeuer und schaute sich vorsichtig um. Die schwer arbeitenden Färber schenkten ihm keine Beachtung. Blatt um Blatt schob er die Pamphlete in die Glut. Als das letzte Blättchen Feuer gefangen, braun geworden und sich in Asche verwandelt hatte, atmete er auf. Niemand konnte Maudy jetzt noch etwas anhängen.

Sie kamen am Gefängnis »The Clink« vorüber. Die in den rattenverseuchten Kellern eingeschlossenen Gefangenen jammerten kläglich aus den Kellerlöchern heraus um Almosen. Wer den Wachen nichts zustecken konnte, war dazu verdammt, zu verfaulen und zu verrecken. Vor dem Gefängnistor schleppte sich ein in Fußeisen geschlagener und mit einer Beinkugel beschwerter Kerl herbei. Er gehörte zu den glücklicheren Insassen, die sich ihr tägliches Scherflein draußen zusammenbetteln durften. Man hatte ihm sogar eine Pfanne mit einem besonders langen Stiel in die Hand gedrückt, damit er die Passanten besser anbetteln konnte.

Maudy ließ einen Farthing in die hingehaltene Blechpfanne fallen. »Ich war selber einmal im Clink«, murmelte sie. »Noch nicht einmal Schweine dürfte man in einen solchen Stall einsperren, geschweige denn Menschen.«

Der Gefangene quälte sich kettenklirrend näher heran. Jonathan erkannte ihn plötzlich. »Du bist doch Tyrone! Wie lange haben sie dich eingebuchtet?«

»Der Magistrat hat mich zu sechs Monaten verdonnert, weil so ein blödes Weib behauptet hat, ich hätte ihr die Geldtasche geklaut, dabei war ich es gar nicht. Übrigens, habt ihr von dem tödlichen Zwischenfall heute Nacht gehört?«, setzte er in der Hoffnung auf weiteren Geldsegen hinzu.

»Nein, was war denn los?«, sagte Maudy und wurde bleich. Tyrone klapperte auffordernd mit seiner Pfanne. Nach einem kurzen Blick zu Jonathan opferte sie eine Spule Garn und warf sie in die Pfanne. »Das kannst du gegen etwas zu essen eintauschen.«

»Die Konstabler haben im ›Half Moon‹ eine Razzia gemacht. Zwei Schmuggler haben sie erschossen, einen dritten haben sie den Fluss hinunter treiben sehen, aber die Leiche ist noch nicht gefunden worden.«

»Hast du eine Ahnung, was das für Leute waren?«

»Jesuiten vermutlich, aus Reims ins Land geschmuggelt, munkelt man, damit sie hier Unruhe und Aufruhr stiften. Aber nachdem alle ersoffen sind, wird man es wohl nie genau erfahren. Ein Weib ist ihnen durch die Lappen gegangen, sie suchen immer noch nach ihr.«

Jonathans Spendierfreudigkeit war erschöpft. »Du hältst dich wohl für einen begnadeten Schauspieler«, geiferte Tyrone ihn an. »Ich weiß noch gut, wie du mich um Dinge angebettelt hast, die Abfall für mich waren, und du warst auch noch froh, wenn du sie bekommen hast. Und überhaupt, wie kann einer nur ein so beschissener Schauspieler sein!«

Maudy fing an zu zittern. Jonathan machte, dass er mit ihr fortkam, bevor der pfannenschwingende Tyrone argwöhnisch wurde. In gebührender Entfernung fühlte er Maudys Stirn. »Du glühst ja vom Fieber!«

»Das ist nur die Angst. Das wird wieder.«

Sie bogen nach links in die Zufahrtsstraße zur London Bridge. »Man sollte uns besser nicht zusammen sehen«, sagte er. »Du gehst zuerst durchs Tor. Ich treibe mich hier noch ein bisschen herum, bevor ich reingehe. Aber wir müssen uns bald wieder treffen, damit wir dieser Sache auf den Grund gehen. Als ich dich das letzte Mal im Haus von Christian aufsuchen wollte, war dort alles verrammelt.«

»Seit er wieder da ist, ist alles wieder aufgemacht. Ich darf in einem Stübchen über den Stallungen wohnen.«

»Ich komme, sobald es geht. Du darfst zu niemand etwas sagen. Wenn Christian dich nach dem Paket fragt, das du abholen solltest, dann sag einfach, das Boot sei aufgebracht worden, bevor du am Half Moon angekommen bist. Denk dran, *bevor* du dort angekommen bist! Das ist wichtig, dann hast du das Paket nämlich nie bekommen. Du darfst auf keinen Fall zugeben, dass du weißt, was dringewesen ist!«

Bevor sie sich auf den Weg machte, küsste er sie impulsiv zum Abschied. Er wartete noch kurze Zeit, dann marschierte er los zum großen steinernen Tor der London Bridge. Um sich Mut zu machen, pfiff er »Ein dickes Ende ist das beste«. Auf lange Stangen gespießt waren die Köpfe von Verrätern auf dem Turm der Torstube aufgepflanzt und starrten auf ihn herunter. Raubvögel flatterten herum, hackten hier ein totes Auge aus, rissen dort einen Fetzen Fleisch von einem schauerlichen Schädel. »Vorsicht ist die erste Pflicht, dann fault dein Kopf dort oben nicht«, summte Jonathan vor sich hin ...

Die Wächter winkten ihn anstandslos durch. Jonathan stieß einen gewaltigen Seufzer der Erleichterung aus. Mit Feldfrüchten hochbeladen rumpelten die Fuhrwerke der Bauern aus der Umgebung auf dem überdachten Fahrweg in die Stadt, Bauernweiber strömten hinein zu den Märkten, flotte Burschen schritten eitel einher, ein endloser Menschenstrom wälzte sich über die Brücke in die Stadt hinein und wieder heraus. In der Anonymität des Getümmels fühlte Jonathan sich wieder etwas sicherer. An der Latrine machte er halt und entleerte seine Blase in den Fluss.

Eine Prostituierte lungerte am Abtritt herum. Sie sah ihn herausfordernd an. Wie er sie anschaute und ihren Blick erwiderte, sprach Bände. Er hatte in der vorigen Nacht eine Schwelle übersprungen. Er war verwirrt, befriedigt und überrascht zugleich, dass Mars trotz aller derzeitigen Schwierigkeiten schon wieder das Haupt hob, um es Venus in den Schoß zu legen. Kein Wunder, dass von allen Kanzeln gegen die Freuden der Liebe gewettert wurde, denn hielte nicht die Angst vor dem Feuer der Hölle die Leute in Schach, sie würden tagaus, tagein den ganzen lieben langen Tag nichts anderes tun und selbst am Sonntag keine Ruhe geben, wo immerhin Gott selbst geruht hatte.

Jonathan war lange vor Beginn der Proben wieder im Theater, doch Burbage trat ihm zornesrot entgegen. »Wo hast du gesteckt? Ich habe dich Sonntagabend noch vor der Sperrstunde zurückerwartet!«

»Ich habe die Nacht bei den Bon Cœurs verbracht«, flunkerte Jonathan und betete, dass Burbage es nicht nachprüfte. Sein Meister beruhigte sich; er schien bereit, alles durchgehen zu lassen, solange nur der Name Bon Cœur im Spiel war.

In den nächsten beiden Tagen ließen die Todesfälle vor dem

Half Moon Inn die Londoner Gerüchteküche brodeln. Ein Gerücht nährte das andere, und manche waren so bizarr, dass Jonathan ganz irre wurde.

»Ich muss Maudy treffen und herausfinden, ob Christian etwas damit zu tun hat«, flüsterte er der dicken Curiosity ins Ohr. »Es steht einfach viel zu viel auf dem Spiel, sogar das Leben der Königin.«

Weitere zwei Tage verstrichen, bis er sich endlich frei nehmen konnte. Es war am zwölften Mai. Burbage hatte vom Lord Mayor eine Vorladung erhalten, am Nachmittag dieses Tages in der Guildhall zu erscheinen. »Wir müssen die heutige Vorstellung absagen. Der Stadtrat hat sämtliche Tore Londons schließen lassen.« Die Frage nach dem Warum beschied er mit einem Achselzucken. »Das Warum werde ich euch mitteilen können, wenn ich wieder zurück bin.«

Jonathan nahm es als Geschenk des Himmels. Er marschierte westlich um die Stadtmauer von London herum und dann noch eine Meile die Landstraße zum Strand hinaus. Er war mit Maudys Lage und seiner Einlassung Christian gegenüber so beschäftigt, dass er die nachmittägliche Maienpracht und den frischen Duft des sprießenden Grüns kaum bemerkte. Als er sich Christians Haus näherte, sah er Zentaurus auf einem Feld weiden. Vorsichtig näherte sich Jonathan den Stallungen, warf einen Kiesel gegen das Fenster darüber, dann noch einen, aber es kam keine Antwort.

Ob Maudy im Haupthaus war? Jonathans Magen verkrampfte sich bei dem Gedanken, Christian gegenüberzutreten. »Er wird das Schuldbewusstsein in riesigen Buchstaben in mein Gesicht geschrieben sehen«, ächzte er, doch es gab keine andere Wahl. Er nahm seinen ganzen Mut zusammen und pochte an die Eingangstür. Lange Zeit rührte sich nichts, dann erschien Christian.

Jonathan hätte ihn fast nicht erkannt. Christian trug ein merkwürdiges, langes fließendes Gewand aus dünnem Stoff und nichts darunter, soweit Jonathan erkennen konnte. Seine goldenen Augen wirkten glasig. Ein seltsamer Duft umwehte ihn, wie Tabak, aber süßlicher.

Christian blinzelte Jonathan ein paar Mal an.

»Ich bin gekommen, weil ich Maudy sehen will«, hob Jonathan an. »Wo ...?«

Christian erkannte die Stimme. Er riss Jonathan ins Haus herein. »Ist dir jemand gefolgt?«, herrschte er ihn mit schwerer Zunge an und spähte durch die bleiverglasten Fenster hinaus. Als er die schweren Damastvorhänge wieder zuzog, versank der Raum in schummrigem Dämmerlicht. »Ich will wissen, ob dir jemand gefolgt ist!«

Jonathan schüttelte verwirrt den Kopf. Ein Zimmer wie dieses hatte er noch nie gesehen, mit dicken Orientteppichen auf dem Boden und Gazedraperien, hinter denen eine mit Kissen allerart reich gepolsterte fußhohe Empore zu ahnen war. Zwischen den Polstern stand eine mit Wasser gefüllte, schlanke hohe Vase, um die ein langer biegsamer Schlauch mit einem Elfenbeinmundstück gewunden war.

Christian sah Jonathan das Ding anstarren. »Hast du noch nie eine Huka gesehen?«, fragte er gereizt. »Ach ja, hier wohnen ja lauter Barbaren. Das ist eine Wasserpfeife – ich habe ihren Gebrauch an den Häfen von Istanbul und Kairo kennen gelernt, wo der Alkohol verboten ist. Der Rauch schenkt mir klare Gedanken und lindert meine Sorgen – und Sorgen habe ich heute mehr als genug. Bist du sicher, dass niemand dir gefolgt ist?«

»Wo ist Maudy?«, fragte Jonathan abermals in dringlichem Tonfall. Er war entschlossen, sich diesmal nicht von Christians magischen Kräften behexen zu lassen.

Christians Schlag mit dem Handrücken schleuderte ihn quer über den Diwan. Blitzschnell war Christian über ihm, die eine Hand zur Faust geballt, die andere hatte Jonathans Kehle gepackt. »Wage *nie* wieder, mir auf eine Frage mit einer Frage zu antworten! Wenn dir dein Leben lieb ist: Ist dir jemand gefolgt?«

Jonathan schüttelte den Kopf, rang nach Atem.

Christian gab ihn wieder frei, ging abermals zum Fenster und schaute hinter den Vorhängen verborgen hinaus. Ob ich es zur Tür schaffen kann, fragte Jonathan sich aufgeregt, aber Christian war schon wieder da, während er noch nach Luft rang. »Nichts rührt sich, alles ist friedlich.«

Der Zorn kam in Jonathan hoch. Seine Beherrschung verließ ihn. »Wo ist Maudy, verdammt noch mal! Warum habt Ihr sie zum Half Moon Inn geschickt? Es hätte ihren Tod bedeuten können!«

»Du dummer Bastard, was musstest du dich einmischen! Du hast alles vermasselt. Monate der Planung sind in den Sand gesetzt, weil du dazwischenpfuschen musstest. Ja, ja, Maudy hat mir erzählt, was passiert ist – alles!«, setzte Christian mit einem wissenden Blick hinzu. »Oh, Jon, wenn du wüsstest, was du angerichtet hast – du würdest vor mir auf die Knie fallen und um Vergebung flehen!«

»Dann sagt mir gefälligst, was los ist«, gab Jonathan zurück, um einen männlichen Tonfall bemüht.

Christian packte Jonathan am Haarschopf und riss ihm den Kopf in den Nacken. »Wie soll ich dir vertrauen? Schwöre bei allem, was dir heilig ist, dass du niemals jemand weitererzählen wirst, was ich dir jetzt anvertraue!«

Jonathan schwor – was blieb ihm auch anderes übrig. Christian begann zu erzählen. Jonathan hörte zu und versuchte, sich ein Bild zu machen.

»Vor ein paar Monaten trat der Erste Sekretär des Geheimen Staatsrats der Königin an mich heran. Mylord Walsingham suchte meine Hilfe, weil ich in London relativ unbekannt war. Er hat mich gebeten, einen Ring von Verschwörern am Hof zu unterwandern, die, wie er annahm, die Königin ermorden woll-

216

ten. Ich war fassungslos, als ich das hörte, aber da niemand Königin Elisabeth mehr liebt und bewundert als ich, habe ich natürlich eingewilligt. Ich hatte gewisse Verdachtsmomente, aber keinerlei Beweise. Bei Angelegenheiten von so hohem nationalem Belang ist die Beweisfrage der entscheidende Punkt, denn falls die Spur tatsächlich in die höchsten Kreise führen sollte, musste Walsingham mit harten und unwiderlegbaren Beweisen aufwarten können.

Maudy in ihrer Unschuld und Ahnungslosigkeit erwies sich als das ideale Verbindungsglied zwischen mir und den vermutlichen Verschwörern. Es verbot sich jedoch, sie einzuweihen, damit sie nicht in einem unbedachten Moment den Plan ausplaudern konnte. Bei meinem Leben, sie war zu keinem Moment in Gefahr, ich hatte stets den Mantel meines Schutzes über sie gebreitet.«

Er hielt inne und fuhr sich mit den Fingern in einer Geste der Enttäuschung durch das lange Haar. »Wir waren kurz davor, alles ans Tageslicht zu bringen – die Pamphlete, die sie übernehmen sollte, waren umstürzlerisches Material. Wir konnten davon ausgehen, dass es uns zu den Verschwörern führen würde. Aber dann hast du dazwischengefunkt. Die Sterne müssen in jener Nacht in einer unheilbringenden Opposition gestanden haben. Dass ausgerechnet du am Half Moon aufgetaucht bist! O Gott!«

Christians Körper spannte sich. Jonathan streckte instinktiv schützend die Hände vor, doch Christian zuckte nur mit den Schultern. »Keine Angst, mein Zorn ist verraucht. Aber wegen deines störenden Eingreifens müssen wir nun wieder von vorn anfangen. Walsingham hat bereits Aufklärung gefordert, was schief gegangen ist. Meine Lage wäre erheblich einfacher, wenn ich ihm einfach erzählen würde, was du angerichtet hast, aber weil Maudy sich für dich eingesetzt hat und weil ich dich gut leiden kann, habe ich den Mund gehalten. Ich will nicht dafür ver-

antwortlich sein, dass du irgendwo in ein dumpfes Verlies ge-
sperrt wirst, bis du verrottest und verreckst. Deshalb habe ich
mich selbst zum Schuldigen erklärt. Das Komplott gegen die
Königin ist also immer noch nicht aufgeklärt. Du musst mir versprechen, keiner Menschenseele ein Wort von unserem Gespräch zu verraten, Freunden nicht und auch Amtspersonen
nicht, wer immer es sein mag.«

Jonathan blickte Christian forschend ins Gesicht. Er wusste
nicht, was er von der Geschichte halten sollte ... Christian sagte
entweder die Wahrheit, oder er war der beste Schauspieler Londons. Es gab nur eine Person, die bestätigen konnte, was er gesagt hatte. Wieder bedrängte er Christian. »Wo ist Maudy?«

Mit einem Stöhnen sank Christian in die Polster. »Maudy ist
krank geworden, sehr krank.«

Jonathan erstarrte. Hatte sie nicht damals Fieber, als sie sich
trennten?

»Ich habe Angst, meine Befürchtungen könnten Wirklichkeit
werden, wenn ich die Krankheit beim Namen nenne ... Ich habe
Maudy mit meinem Diener aufs Land geschickt. Wenn meine
Befürchtungen zutreffen, darf sie sich keinesfalls in London aufhalten. Ihr Fieber wollte einfach nicht nachlassen. Ich habe alles
getan, um es zu heilen, aber ohne jeden Erfolg. Jeden Tag habe
ich nach dem furchtbaren verräterischen Anzeichen gesucht.
Noch zeigten sich keine Beulen – aber sie könnten, was Gott
verhüte, inzwischen aufgetreten sein.« Er zuckte hilflos die Achseln. »Wir können nur beten.«

Jonathan setzte sich abrupt auf der Kante der kleinen Empore
auf. »Lieber Gott, doch nicht die Pest ...?«

Christian bebte, dann barg er den Kopf in den Kissen und
weinte. Jonathan stand hilflos daneben, unangenehm berührt,
dass Christian sich so gehen ließ. »Warum, mein Gott, warum
nur hast du mich mit den Prüfungen des Hiob geschlagen?«,
sagte Christian schließlich dumpf. »Erst hast du mir meinen

kleinen Sohn genommen, dann meine geliebte Maudy ... willst du mir nichts übrig lassen, das ich lieben kann?«

Jonathan hätte gern etwas Tröstliches gesagt, aber Worte kamen ihm angesichts dieses Leids dürftig und abgeschmackt vor.

»Ich habe seit Tagen hier gelegen, unfähig, mich zu bewegen und zu mir selbst zu finden«, sagte Christian, »aber ich weiß, dass ich wieder zu mir kommen muss, denn ungeachtet meiner Verzweiflung ist das Leben der Königin immer noch in Gefahr. Wenn sie stirbt, stirbt ganz England. Nur eines kann meine Verzweiflung lindern, vorübergehend zwar nur, aber auch ein kleiner Trost ist ein Trost, und ich hoffe, dass dieser Trost mich wieder zur Besinnung kommen lässt.«

Christian griff nach dem Mundstück der Wasserpfeife, sog daran und inhalierte tief. Es blubberte und gurgelte in der Vase. Rauchfäden kräuselten sich aus seinen Mundwinkeln. »Verzeih, mein Freund«, sagte er, »ich habe nur an mich selbst gedacht, aber du liebst meine Maudy ja auch, wie ich weiß. Ich sehe den Schmerz in deinen Augen, sehe das Zittern deiner Hände. Ich glaube, auch du bedarfst des Trostes.« Er reichte Jonathan das Mundstück.

Jonathan zögerte. Christian tat wieder einen tiefen Zug, beugte sich vor und blies Jonathan bedächtig ein paar Rauchringe ins Gesicht. Von Schwaden eingehüllt, konnte Jonathan nicht anders, als den Rauch einzuatmen. Er musste ein paar Mal husten, fand das Aroma aber nicht unangenehm.

»Manchmal schickt Gott uns mehr Schmerz, als wir ertragen können, und dann müssen wir selbst dafür sorgen, dass wir es überleben.« Christian lehnte sich in die Polster zurück. Er bemerkte nicht – oder wollte nicht bemerken –, dass die Schöße seiner Robe auseinander fielen. Immer wieder blies er mit lässiger Langsamkeit Rauchschwaden zu Jonathan hinüber. »In diesem Rauch liegen Nektar und Ambrosia der Götter. Wer ihn ehrfurchtsvoll einatmet, wird an geheiligte Orte geführt.«

Jonathan spürte die Farben des Raumes lebhafter werden ... Christians Stimme klang auf einmal noch melodischer ... sein Körper sah noch großartiger aus ... wie der von Gott erschaffene Adam vor dem Sündenfall. Jonathans Willenskraft erlahmte, seine Angst verflog. Der Geist im Rauch hatte ihm zugeflüstert, dass alles gut würde.

Christian drückte Jonathans Kopf sanft nach unten. »Nimm das Mundstück zwischen deine Lippen, mein Freund, lass es sanft dazwischengleiten. Oh, ich erinnere mich an mein erstes Mal, wie ängstlich ich war, und trotzdem so erregt ... so ist es gut. Ist doch gar nicht so schlecht, oder? Jetzt lass deine Zunge um das Mundstück gleiten, ertaste seine Form, seine Beschaffenheit, seine Härte ... lass es dein Freund sein, hab keine Angst davor. Und jetzt umschließ es fest mit dem Mund ... fester! Ausgezeichnet. Jetzt stell dir vor, du saugst am Euter einer Kuh, saugst die nährende Flüssigkeit in dich hinein. Tiefer, Jon, so tief du nur kannst ... keine Sorge, das Würgen wird schnell vergehen, gleich geht es besser. Ah, schaut, wie der Lehrling den Meister bereits übertrifft! Langsam, langsam, lass dir Zeit, die Welt hat hier keinen Zutritt, hier drinnen sind wir sicher, auch wenn das Zwielicht fällt. Öffne deinen Geist und dein Herz für die Lust deiner Träume, bald werden wir ins Paradies eingegangen sein!«

Ohne jede Vorwarnung schrie Christian in höchster Pein auf. Jonathan prallte zurück, die Wasserpfeife fiel um. Christian sprang auf und humpelte zappelnd umher. Er verfing sich in seinem Gewand, riss es sich vom Leib. »Meine Glieder werden starr, meine Glieder!«, brüllte er, »oh, mein Gott, dieser Schmerz!«

Mit benebeltem Hirn versuchte Jonathan Christian zu Hilfe zu eilen, fand sich jedoch auf allen vieren auf dem Boden wieder. Die Beine waren unter Christian weggeknickt, er wand sich auf dem Teppich, packte seine Waden, einmal rechts, einmal links, und seine Beine zuckten in unkontrollierten Krämpfen. »Jetzt kriecht mir der Krampf in die Hüften, er steigt in meine Schultern, o Gott!«

»Was kann ich denn tun?«, lallte Jonathan mit tauber Zunge. Verwundert fragte er sich, was mit ihm los sei. Hatte der Geist aus der Flasche ihm die Sinne geraubt? War er von Dämonen besessen? »Christian, seid Ihr auch von Dämonen besessen?«

»Besessen von Pein. Wenn nur mein Diener hier wäre! Er versteht den Schmerz zu lindern. Jonathan, hilf mir aufs Bett.«

Jonathan taumelte unter Christians Gewicht, aber irgendwie schaffte er es, ihn auf den Diwan zu legen. Christian wand sich, packte sich hierhin und dorthin. Der Schmerz verzerrte sein Gesicht so grauenhaft, dass Jonathan um sein Leben bangte.

»Wenn nicht bald etwas geschieht, reißt es mir die Muskeln von den Knochen«, keuchte Christian. »Bei großem Kummer packt es mich manchmal. Man kann nur eines machen. Jonathan, du musst mir die Arme und Beine strecken, egal, wie laut ich schreie.«

Christian rollte sich auf den Bauch. Jonathan stemmte die Füße gegen Christians Seite und zerrte an seinem Arm, bis er sich streckte, dann am anderen Arm und schließlich an den Beinen. Es schien Christian eine gewisse Erleichterung zu verschaffen, aber seine Glieder waren immer noch stocksteif.

»Jon, zieh die Schuhe aus, und lauf mir auf dem Rücken herum«, keuchte Christian. Jonathan zögerte. »Los, nun mach schon!«

Jonathan tat, wie ihm geheißen, konnte aber das Gleichgewicht nicht halten und fiel immer wieder herunter. »Du bringst uns noch beide um«, stöhnte Christian. »Hör auf damit, grab mir lieber die Finger in die Schultern.«

Jonathan machte sich vorsichtig ans Werk. »Stärker, Jon, stark wie ein Mann, so fest, wie du nur kannst! Hock dich auf meinen Rücken, damit du mit deinem ganzen Gewicht pressen kannst!«

Jonathan beugte sich über Christians verknoteten Rücken

und bearbeitete ihn mit aller Kraft. »Fester, mein Junge, fester! Mit den Fäusten, wenn es sein muss!«

Christian bäumte sich unter Jonathans geballten Fäusten auf und warf sich hin und her. »Fester! Nimm die Ellbogen, drück sie mir ins Kreuz! Sei nicht so zimperlich, härter!«

Die Uhr schlug die Viertelstunde. Im Labyrinth eines unbekannten Geheimnisses gefangen, mühte Jonathan sich weiter. Der Körper unter ihm wurde weicher, rosiger, Maudys Körper ... in seinem Kopf schlug eine Uhr die halbe Stunde ... wann hatte er sich ausgezogen? Wohin war Maudy verschwunden? ... Wie hatte sie sich in die knochenharten Muskelknoten verwandelt, auf denen er hockte? Doch das Beben und die Krämpfe des Körpers unter ihm schwanden zusehends.

»Geht es Euch besser, Mylord?«

»Ein bisschen. Du hast heilende Hände, mein Freund, lass nicht nach! Tiefer«, seufzte er, »der schlimmste Schmerz sitzt ganz unten im Kreuz. Tiefer ... noch tiefer. Geh tief in die Lenden, hab keine Scheu, du hast die Dämonen schon fast vertrieben, noch tiefer, ja! Nun lass mich die heilende Kraft deiner Finger fühlen, ganz zart, denn jeder Mann hat ein Körperteil, das auf Hiebe gar nicht, auf eine zarte Berührung aber bereitwillig reagiert. Wie schnell du lernst. Es ist zum Staunen!«

Das Lob ließ Jonathan erglühen, und in seiner neuerworbenen Meisterschaft schwelgend bemühte er sich, es noch besser zu machen.

Christian rollte sich auf den Rücken. »Genug für jetzt, sonst gerätst du noch ins Hintertreffen. Das Paradies soll man gemeinsam betreten.«

Keuchend lagen sie nebeneinander. Christian stützte sich auf den Ellbogen. »Was für wunderbare Talente du hast, mein kleiner Freund.« Er streckte den Arm aus und begann ganz langsam, Jonathans Schulter zu massieren. »Wie steif deine Muskeln geworden sind. Darf ich mich für dein Bemühen erkenntlich zeigen? Möchtest du für den Anfang auf dem Rücken liegen, oder lieber auf dem Bauch? Sag mir, wie willst du dich am liebsten verwöhnen lassen?«

Jonathan versuchte einen klaren Gedanken zu fassen. »Mylord, ich weiß es nicht.«

»Dann ist der Fall klar: Wir müssen alles ausprobieren.«

»Nur eines noch ...«

»Dein Wunsch ist mir Befehl.«

»Ich habe auf einmal so fürchterlichen Hunger, wie ich ihn noch nie gekannt habe.«

Christian lachte in sich hinein. »Ja, das kann passieren.«

»Mir ist es so leicht im Kopf, die Wände tanzen vor meinen Augen, und meine Zunge ist so dick, dass ich die Worte kaum herausbringen kann. Wenn ich stehen will, wird der Boden zu Wasser. Bin ich unter dem Bann eines Zaubers?«

»Es ist noch gar nichts im Vergleich zu dem Zauber, der uns noch bevorsteht. Etwas zu essen findest du in der Speisekammer – einen Teller Marzipan und andere Süßigkeiten, dazu eine Karaffe Wein. Ich würde es selbst gern holen gehen, aber ich fürchte, meine Beine spielen nicht mit, und das wollen wir doch nicht noch einmal riskieren. Bring die Sachen her, und weck mich wieder auf, falls ich inzwischen eingeschlummert bin. Wir werden essen und trinken und aufs Neue an der Pfeife ziehen, und ich verspreche dir, du wirst abermals ins Paradies entschweben und eine Nacht erleben, die du nie vergessen wirst.«

Jonathan gelangte in die Speisekammer, stopfte sich eine Handvoll Süßigkeiten in den Mund und kam wieder zurück. Christian lag schlummernd da, ein glückliches Lächeln spielte um seine Lippen und verlieh ihm das Gesicht eines Engels. Jonathan betrachtete ihn einen langen Augenblick, doch statt ihn aufzuwecken, suchte er seine Kleider zusammen und stahl sich zur Tür hinaus. Nackt stürmte er durch die die Felder davon, als wäre der Teufel hinter ihm her, und stürzte sich im Laufen Hals über Kopf in die Kleider. Die Nacht war ein gefräßiges schwarzes Ungeheuer, die Sterne seine tausendfachen Augen.

Nachdem er zwischen sich und Christians Anwesen einen gehörigen Abstand gebracht hatte, konnte er wieder leidlich vernünftig denken. Maudy – die Pest? Hatte Christian ihm Lügengeschichten aufgetischt? Hatte Christian Maudy einfach verschwinden lassen – sie am Ende gar umgebracht, damit sie ihn nicht bloßstellen konnte? Waren die Ereignisse des Abends nur eine trügerische Inszenierung Christians gewesen, die ihm Sand in die Augen streuen sollte? Viele schreckliche Möglichkeiten wirbelten durch Jonathans Kopf. Ihm brummte der Schädel ...

Eine neue Befürchtung stieg in ihm auf. Sie kam ungebeten und ängstigte ihn sehr: Hatte er in einem geheimen Winkel seines Wesens den Wunsch gehabt da zu bleiben, um all das zu lernen, was Christian ihn lehren konnte ...? Würde es ihm gefallen, verwöhnt zu werden?

Erschöpft und überzeugt, nie wieder sein Gleichgewicht zu finden, taumelte er die Hollywell Lane entlang. Er zerbrach sich den Kopf, wie er heimlich und ohne jemand aufzuwecken wieder ins Haus gelangen könnte, doch alles stand offen und war hell erleuchtet.

Er schlüpfte hinein und rechnete mit dem Schlimmsten. Keiner beachtete ihn. Burbage war aschfahl im Gesicht, Mistress Goodfellow drückte die dicke Curiosity an den Busen. Alles lief wild durcheinander. »Ist jemand gestorben?«, hörte Jonathan sich fragen.

Burbage nickte voller Ernst. »Es hat einen Ausbruch der Pest gegeben. In Bankside vor Southwark. Der Stadtrat hat wegen der Ansteckungsgefahr alle Theater geschlossen und für den ganzen Sommer Spielverbot erlassen. Wenn wir mit unserer Truppe überleben wollen, müssen wir London verlassen. Und zwar sofort.«

19.

Meister Burbage, Ihr *müsst* mich in London bleiben lassen«, flehte Jonathan, wie er es jetzt schon seit vierundzwanzig Stunden tat.

»Du gehst mir auf die Nerven!«, brüllte Burbage ihn an. »Ich habe jetzt Wichtigeres im Kopf, als deinen Schnapsideen Vorschub zu leisten.«

»Aber es geht um Leben und Tod!«, beharrte Jonathan. Er musste unbedingt herausfinden, ob Christian die Wahrheit gesagt hatte; außerdem musste er Maudy finden, wo immer sie steckte.

»Um Leben und Tod geht es also?«, knurrte Burbage. »Das kannst du auch von mir haben: Entweder du kommst mit uns auf Tournee, wie es sich für einen braven Lehrling gehört, oder ich lasse dich wieder in Bridewell einlochen. Was ist dir lieber?«

Resignierend hob Jonathan die Hände. Burbage war einfach nicht herumzukriegen. »Erlaubt Ihr mir dann wenigstens, zum Haus von Mylord Walsingham zu gehen? Die Bon Cœurs werden denken, ich kann mich nicht benehmen, wenn ich fortgehe, ohne ihnen nicht wenigstens Lebewohl zu sagen. In einer Stunde bin ich zurück, Ehrenwort!« Murrend ließ Burbage sich breitschlagen.

Jonathan rannte zur Seething Lane. Die Traurigkeit saß ihm in den Knochen. Boy de Bon Cœur machte ein betrübtes Gesicht, als Jonathan ihm von seinem bevorstehenden Aufbruch erzählte. »Mein Herz wird schwer, denn mit dir gibt es mehr zu lachen als mit irgendjemand sonst. Ich hatte gehofft, wir würden in diesem Sommer gemeinsame Abenteuer erleben.«

»Das habe ich ebenso gehofft wie du, aber ich habe keine andere Wahl«, seufzte Jonathan. »Die nächsten sechs Jahre, bis meine Lehrzeit vorüber ist, muss ich nach der Pfeife meines Meisters tanzen.«

Boy schlug mit der Hand auf die Papiere, die sich vor ihm stapelten. »Bei mir sind es noch vier Jahre, bis ich mein eigener Herr bin.«

»Gibt es eigentlich etwas Neues über die Schießerei vor dem Half Moon Inn?«, fragte Jonathan so beiläufig wie möglich.

»Ein Unglück ersten Ranges! Mein Vater und Lord Walsingham sind aufs Äußerste betroffen. Jon, erinnerst du dich an diesen Edelmann bei der Krönungsparade der Königin, dem du damals einen Gruß zugerufen hast, diesen Christian Lightborn?«

Jonathans Herz begann laut zu pochen.

»Vor zwei Tagen habe ich für ihn einen Pass vorbereitet. Bis so etwas genehmigt wird, dauert es oft vierzehn Tage und mehr, aber Mylord Walsingham hat den Pass ohne viel Aufhebens sofort unterschrieben. Lightborn reist für ihn in einer neuen Mission auf den Kontinent. Walsingham ist von seinen Diensten für die Königin sehr angetan.«

Jonathans Herz machte einen Sprung. Wie hatte er nur so argwöhnisch sein können! Nie mehr wirst du an ihm zweifeln, schwor er sich. »Würdest du bitte Morgana und deinen Eltern meine Grüße ausrichten?«, sagte er. Boy nickte, und nach einer letzten Umarmung lief Jonathan zum Theater zurück.

Ein paar Stunden darauf hatte die Truppe die Kostüme, Requisiten, Kulissen, Textbücher und was sonst noch benötigt wurde, auf einen Wagen geladen. Wenn der Staatsrat das Spielverbot nicht zurücknahm, würden sie gezwungen sein, monatelang in Mittelengland von Auftritt zu Auftritt zu tingeln.

Mistress Goodfellow stand daneben und rang die Hände. Die

bittere Erinnerung an die vielen Pestausbrüche in London stand ihr unübersehbar ins Gesicht geschrieben. »Lasst uns dafür beten, dass es nicht das schreckliche Ausmaß annimmt wie das grauenhafte Pestjahr dreiundsechzig, als es vierzigtausend Tote gab, darunter auch mein guter Mann Master Goodfellow, der jetzt unter den Seligen weilt.«

Der Wagen rollte an. Schniefend winkte Mistress Goodfellow mit der Schürze hinterher. »Kümmert euch gut um meine Lehrlinge, gebt ihnen ordentlich zu essen, und passt auf, dass sie nicht über die Stränge schlagen!«

Unterwegs versuchten einige Schauspieler einen aufmunternden Rundgesang anzustimmen, aber Tarleton protestierte. Als Star der Truppe ritt er angemessenerweise auf dem einzigen Klepper einher. »Was gibt es zu singen, wenn das Elend des Tourneedaseins auf uns wartet?«

In dieser trübseligen Verfassung gelangte die Truppe in den Weiler Slough. Eine Abordnung der Dorfältesten versperrte ihnen den Weg. Die schlimme Kunde aus London war den Schauspielern vorausgeeilt. Die Männer ließen aus Furcht vor dem Einschleppen der Pest niemand zu sich ins Dorf. Burbage fluchte und bettelte, stieß jedoch auf taube Ohren. Er musste mit seinen Leuten weiterziehen.

»Wenn man uns überall so empfängt wie hier, hätten wir auch in London bleiben können«, bemerkte Jonathan.

Puddington Potts verdrehte die Augen. »Du hast wieder mal überhaupt keine Ahnung. Je weiter wir uns von London entfernen, desto kleiner wird die Angst. Wenn wir erst mal in Oxford sind, wird man uns mit offenen Armen empfangen. Diese Bauerntölpel hier können mit allem, was nach Kunst riecht, sowieso nichts anfangen.«

In den kleineren Städten traten sie für Unterkunft und Verpflegung auf und begnügten sich mit den paar Münzen, die man ihnen zuwarf. Weiter ging die Reise, und überall bombardierte man sie mit der gleichen Frage: »Hat die Königin endlich einen Thronfolger benannt? Oder müssen wir uns damit abfinden, dass dereinst Maria von Schottland unseren Thron besteigt?«

Auf den Straßen begegneten sie Vagabunden, Strauchdieben und Bettlern, vor allem aber verjagten Pachtbauern. Die Landeigentümer hatten sie von ihren Parzellen vertrieben, weil es einträglicher war, das Land als Weideland für Schafe zu nutzen – Wolle war Englands Hauptexportartikel geworden. Viele raffgierige Landeigentümer wurden reich, während die bäuerliche Bevölkerung darbte. Die Fäulnis Londons sickerte auch hinaus ins Land.

Ende Juni erreichte die Truppe Oxford. Jonathan war von dieser Zitadelle der Gelehrsamkeit tief beeindruckt. Er bestaunte die ehrwürdigen Gebäude, beneidete die Studenten in ihren schwarzen Talaren, denen der Zugang zum Wissen der ganzen Welt offen stand. Er fragte sich, was wohl geschehen müsste, damit auch er eines dieser privilegierten Geschöpfe werden konnte. In deinem Fall, sagte er sich, braucht es mindestens das Eingreifen Gottes.

In der Vorstellung von »Gorboduc« machte das Jungvolk der Universität aus seiner Beschlagenheit keinen Hehl und sprach den Text auswendig mit. Anschließend, im Wirtshaus, spendierten ein paar wohlsituierte Studiker den Schauspielern eine Lage Ale nach der anderen. Arm und Reich, Dummköpfe und Genies, alle dürsteten nach Neuigkeiten aus London. Der Raum schwirrte vom Klatsch über die Königin, Philipp von Spanien und den nicht erklärten Krieg. »Was redet ihr da alle«, rief ein ziemlich angetrunkener Student in das Stimmengewirr hinein, »nach der Prophezeiung sind wir in zwei Jahren ohnehin alle tot!« Er stimmte eine Gassenhauerversion der Prophezeiung des Regiomontanus an:

Der jungfräulich Geborene soll wiederkommen,
wir warten immer noch darauf.
Wenn schon die Welt zum Teufel geht,
hört lustig am besten sie auf!
Was richtig im Leben, was falsch gewesen ...
Wenn du tot bist, pfeifst du darauf!

Das Lied war der Auftakt für allerlei derbe Wirtshausgesänge. Pudge mit seinem hohen Kontertenor führte den Chor an, die Studenten brüllten begeistert mit und verlangten eine Zugabe nach der anderen. Die Bedienerinnen hatten alle Hände voll zu tun, wurden betätschelt und gezwickt, kicherten oder spielten die Beleidigte. Mit vorrückender Stunde hielten die unverheirateten Schauspieler nach einem Partner für ihre Sinnenlust Ausschau, jeder nach seinen persönlichen Vorlieben. Die verheirateten Kollegen runzelten angesichts des sich abzeichnenden unzüchtigen Treibens die Stirn, allein ihre wehmütigen Blicke verrieten, dass sie sich insgeheim wieder nach ihrem früheren Junggesellendasein sehnten.

Auch Pudge hatte in dieser Nacht ein Liebeserlebnis. Am nächsten Morgen spielte er sich vor Jonathan auf. »Du hast wohl wieder mit Fräulein Hand geschlafen. Das muss sich mal einer vorstellen! Wir sind in einer Universitätsstadt, und du reißt niemand auf! Ein wirklich großer Schauspieler muss lieben und geliebt werden. Es lässt das Blut schneller fließen, ölt die Stimme, wärmt dich bis ins Innerste des Herzens. Ho, ho, wie traurig, wenn niemand dich begehrt, niemand dich liebt!«

Wie gerne hätte Jonathan mit eigenen Liebesabenteuern aufgetrumpft, doch der letzte noch verbliebene Rest seines Straßeninstinkts ließ ihn das Maul halten. Christian mochte Walsinghams Wohlgefallen genießen, aber Maudy schwebte möglicherweise immer noch in Gefahr. Maudy, wo bist du? Lebst du noch, oder bist du schon tot? Den ganzen Juli stellte er sich diese Frage und durchforschte die Gesichter des Publikums.

Im Städtchen Warwick ging alles schief. Sie traten im Wirtshaus »Zur Ratte und zum Papagei« auf. Der Zuspruch des Publikums war sehr mäßig, die Einnahmen noch mäßiger. Sie spielten »Die Prophezeiung des Schusters«, ein Stück, das Robert Wilson, einer der Gründerväter der Truppe, für Tarleton geschrieben hatte. Tarleton hatte einen Texthänger nach dem anderen, die er mit selbsterfundenen Mundartimprovisationen zu überspielen versuchte, aber das griesgrämige Publikum zischte und buhte ihn aus. Auf dem Höhepunkt der Handlung brach die notdürftig auf alten Fässern errichtete Bühne zusammen, und die ganze Schauspielermannschaft ging zu Boden. Es war der größte Heiterkeitserfolg des Tages.

Da kaum Geld hereingekommen war, musste die Truppe in einem Stall übernachten. Als Abendmahlzeit verzehrte Jonathan einen sauren Apfel, der dem Publikum zusammen mit weniger appetitlichen Gegenständen als Wurfgeschoss gedient hatte. Er rieb sich den knurrenden Magen. Hör auf, dich zu beklagen, sagte er sich, sei nicht undankbar. Ein bisschen Hunger ist ein kleiner Preis, wenn du bedenkst, wie viele Türen dir die Schauspielerei geöffnet hat. Schließlich bist *du* vor der Königin aufgetreten. Und er war zum ersten Mal im Leben aus London herausgekommen, hatte die Nase in eine Welt gesteckt, die er sonst vielleicht nie zu sehen bekommen hätte. Oxford ... die Erinnerung an diesen Ort stand ihm strahlend im Gedächtnis.

Der Stall war voll von Tieren. Es wurde unerträglich warm, die Luft war geschwängert vom Geruch nach Dung und geronnener Milch. Jonathan fand keinen Schlaf und ging nach draußen. An einen Baumstamm gelehnt, versuchte er zu pinkeln, allein die Erinnerung an Maudy im Verein mit Zukunftsgedanken an Morgana sorgten für einen nicht nachlassen wollenden Aufstand in seinem Unterleib. Die Nacht umgab ihn mit ihrem warmen und zärtlichen Mantel. Er presste sich gegen den Baum, fühlte das drängende Pochen seines Herzens, voller Sehnsucht nach jemand, der diesen Augenblick mit ihm teilte, jemand, dem er seine Liebe schenken konnte. Aber Maudy liebte Christian, und Morgana war bereits verlobt. Ob die Liebe immer so kompliziert war? Für die meisten seiner Kollegen in der Truppe wohl nicht, und für Pudge schon gar nicht. »Warum kannst du nicht einfach drauflos rammeln wie alle anderen? Ist die Liebe für dich ein Fluch?«

Ende Juli gelangten die »Queen's Men« in eine kleine Stadt mit blühenden Märkten an den Ufern eines gewundenen Flüsschens namens Avon. An Markttagen schnellte die Bevölkerungszahl von zweitausend auf das Doppelte empor. Die Gastspiele von Schauspieltruppen hielten viele Pferde-, Vieh- und Schafhändler länger in der Stadt. Die Stadtväter, die alles zu schätzen wussten, was dem Fremdenverkehr dienlich war, ließen die Theaterkompanien in ihrem Gildensaal auftreten. Der Saal lag im Erdgeschoss unter dem »King Edward Schoolroom« und war geräumig und luftig, kurz gesagt: ideal.

»Wir spielen in einem Saal!«, rief Burbage begeistert, »unbehelligt von Sonnenglast und Wolkenbrüchen. Lasst uns also unser Bestes geben und die braven Bürger von Stratford begeistern mit einer fulminanten Aufführung von ...«

»Die Prophezeiung des Schusters«, rief Tarleton, doch Burbage setzte »Die spanische Tragödie« an.

Schon lange vor Beginn der Vorstellung war der Saal überfüllt. Hunderte mussten wieder weggeschickt werden. Um einen Aufstand zu verhindern, setzte Burbage für den nächsten Nachmittag eine Sondervorstellung an. Während der Aufführung fiel Jonathan ein junger Mann in der ersten Reihe auf. Er war Anfang zwanzig, von angenehmem Äußeren und ging in einer Weise mit wie sonst keiner von den Zuschauern. Seine dunkelbraunen Augen nahmen alles in sich auf, leuchteten begeistert bei jeder überraschenden Wendung der Handlung und frohlockten über jede sprachliche Feinheit. Am Ende des Stücks sprang er auf, um stehend zu applaudieren.

Jonathan sah ihn hinterher beim Reinemachen auf Burbage einreden. »Ich mache alles, Kartenverkäufer, Bühnenarbeiter, Türsteher – ich arbeite umsonst, bloß, bitte, nehmt mich bitte in Euer Ensemble auf.«

»Tut mir leid«, sagte Burbage ungerührt, »wir sind voll besetzt.«

Mit vom Erfolg geschwellter Brust tafelten und tranken die Schauspieler im »White Swan«, einem behäbigen Gasthof in der Stadtmitte. Der junge Mann war ihnen in den Speisesaal mit der Balkendecke gefolgt. Er drückte sich um die Schauspieler herum und hörte mit großen Augen ihrer Manöverkritik zu, die unter Strömen von Ale vonstatten ging. Als der Nachtwächter die Sperrstunde ausrief, machte sich der junge Mann zögernd zum Gehen bereit. Jonathan hatte am nächsten Tag die Bel-Imperia zu spielen, deshalb entschloss auch er sich zu gehen, um nicht mit dickem Kopf und lallender Zunge auftreten zu müssen.

Sie hatten den gleichen Weg, wie sich vor dem Gasthaus ergab. Der Hochsommerabend war noch sehr hell. »Es ist viel zu schön, um schon im Haus zu verschwinden, aber meine Frau liest mir die Leviten, wenn ich den Kindern keinen Gutenachtkuss gebe«, sagte wehmütig der junge Mann.

»Verheiratet bist du?«

»Ja, und drei Kinder hab ich – Susannah, sie ist drei, und Zwillinge, Hamnet und Judith, sie sind noch nicht ganz ein Jahr. Ich habe mit achtzehn geheiratet.« Er streckte Jonathan die Hand hin. »Ich heiße Will, Will Shakespeare.«

Jonathan hatte den Eindruck, dass die Hochzeit nicht ganz freiwillig stattgefunden hatte. »Was ist denn dein Beruf?«

»Ich habe von meinem Vater das Handschuhmacherhandwerk übernommen, aber das werde ich nicht ewig machen. Jedes Mal, wenn eine Schauspielertruppe nach Stratford kommt, frage ich, ob sie mich mitnehmen, aber ... Ich glaube, ich muss einfach nach London durchbrennen und dort beweisen, was ich kann.«

»He, und was ist mit deiner Frau und deinen Kindern?«

Will hieb sich lachend auf die Schenkel. »Das ist doch gerade der Grund, weshalb ich durchbrennen möchte!« Er wurde wieder ernst. »Ich stecke sie mit meinem Unglück doch nur an. Ist es da nicht besser, ich versuche wenigstens, mein Glück zu machen?«

Jonathan hätte am liebsten zu ihm gesagt: »Du bist nicht unverschämt genug, um es in diesem Metier, wo einer den anderen auffrisst, zu etwas zu bringen. Im Vergleich zu Stratford ist London eine Löwengrube, bleib lieber hier.« Aber hatte er das Recht, sich in die Träume eines anderen einzumischen?

An der Ecke Henley Street deutete Will auf ein ansehnliches Fachwerkhaus mit Strohdach, das ein Stück weit die Straße hinunter stand. Eine Frau, ungefähr zehn Jahre älter als Will, wartete ungeduldig an der Tür. »Dort wohne ich, dort bin ich geboren«, seufzte Will. »Aber du kannst Gift darauf nehmen, bevor ich sterbe, wird London mich auf den Brettern sehen, die die Welt bedeuten. Wir sehen uns morgen wieder.«

Die Vorstellung am nächsten Tag wurde zu einer Sternstunde, besonders für Jonathan. Der Gedanke an Maudy inspirierte ihn zu einer mitreißenden Vorstellung, und bei den Leichenbergen auf der Bühne blieb kein Auge trocken. Die Truppe wurde mit Ovationen gefeiert, Jonathan durfte für einen Einzelapplaus vor den Vorhang treten. Pudge kochte. Getreu Tarletons Wahlspruch »Lass sie lachend nach Hause gehen« legte die Truppe zum Abschluss einen munteren Tanz hin, der immer ausgelassener wurde. Mitten in einer Serie von Überschlägen stolperte Jonathan über Pudges Fuß, versuchte sich zu fangen, stürzte aber trotzdem. Ein kollektiver Aufschrei löste sich aus dem Publikum, als Jonathan fiel und sein Arm mit einem schauderhaften Knacksen brach.

Der Ruf »Ist ein Arzt im Haus?« erschallte. Ein Barbier und Chirurg aus dem Publikum tat einen kurzen Blick auf die Bescherung. »Amputation«, sagte er dumpf, »sonst Blutvergiftung – Tod. Billiger als bei mir wird nirgends geschnitten. Ich gehe meine Skalpelle holen.«

»Nein!«, schrie Jonathan, doch Pudge war beharrlich anderer Ansicht. »Was hast du davon, wenn der Arm dranbleibt, und es kostet dich das Leben? Es gibt so viele schöne Rollen für einarmige Schauspieler: Bettler, Verwundete, gefolterte Gefangene – keiner könnte sie so realistisch spielen wie du.«

Aber Jonathan war dagegen, absolut dagegen.

»Ich lehne jede Verantwortung ab für die Blutvergiftung oder Verkrüppelung, die dir unweigerlich blüht«, sagte streng der Barbier, während er den Arm richtete und schiente.

An diesem Abend und am nächsten Tag warf hohes Fieber Jonathan aufs Bett, aber schon tags darauf schien er über den Berg zu sein. Weil Jonathan für die weitere Tournee fraglos eine Belastung war, sorgte Burbage dafür, dass er dem nächsten Kaufmann mitgegeben wurde, der nach London reiste. Will Shakespeares Angebot, Jonathans Pflichten zu übernehmen, solange die Truppe noch in Stratford war, wurde dankbar angenommen.

*

So kam es, dass Jonathan Anfang August wieder nach London zurückkehrte, um dort festzustellen, dass zwar die Angst vor der Pest gewichen war, die Stadt sich aber im Griff einer neuen und noch viel schlimmeren Hysterie wand.

Berittene Patrouillen galoppierten die Straßen entlang und kontrollierten jeden Wagen, durchsuchten jeden Reisenden. Auch Jonathan wurde von einem argwöhnischen Gardisten gefilzt. »Was ist in der Schlinge?«, herrschte der Gesetzesdiener ihn an.

»Ein gebrochenes Bein – Mann, was denkst du denn?« Aber der Gardist ließ sich nicht davon abbringen, die Armschlinge genau zu untersuchen.

»Wieso denn diese Aufregung?«, wollte Jonathan wissen. »Ist Krieg ausgebrochen?«

»Es hat wieder mal eine gemeine Verschwörung gegen das Leben der Königin stattgefunden«, rief der Gardist ihm im Aufsitzen zu.

»Mein Gott, ist ihr etwas zugestoßen?«, brüllte Jonathan dem Reiter hinterher, aber der war schon davongaloppiert.

Mistress Goodfellow, Mistress Goodfellow, was ist mit der Königin?«, rief Jonathan, als er zur Tür des Wohnhauses hereinplatzte.

Sie kreischte auf – und als sie den Arm in der Schlinge sah, gleich noch einmal und noch lauter. »Mein armer Spatz hat sich den Flügel gebrochen! Wie hast du Narr das bloß wieder angestellt? Hast wohl wieder über die Stränge geschlagen?«

»Die Königin, was ist mit der Königin?«, wiederholte Jonathan und hüpfte von einem Bein aufs andere.

»Es heißt, ein paar von den Edelleuten am Hof hätten versucht, sie umzubringen ...«

»Wer, gute Frau, wer? Nennt mir Namen!«

»Die Königin wird mir wohl per Sonderkurier stündlich das Neueste vom Hof berichten! Höflinge waren es, mehr weiß ich nicht.« Sie betrachtete ihn von allen Seiten. »Curiosity, schau ihn dir an«, sagte sie und schlug die Hände über dem Kopf zusammen, »wieder mal nur noch Haut und Knochen!«

Curiosity öffnete träge ein Auge, stellte fest, dass die Aufregung nichts mit ihrer stündlichen Mahlzeit zu tun hatte, und klappte das Auge wieder zu.

Ohne recht zu wissen wo anfangen, wirtschaftete Mistress Goodfellow emsig herum. »Setz dich erst einmal, ich mach dir eine kräftige Brühe ...« Doch Jonathan war schon wieder an der Tür. »Wo willst du hin?«, kreischte sie. »Noch keine zwei Minuten da, und schon wieder ...«

»Ich muss zu Boy, er weiß bestimmt, wer die Verräter sind.«

»Jon, warte! Ich hab vergessen dir zu sagen, dass jemand nach dir gefragt hat ...« Aber er war schon davongeflitzt wie ein abgeschossener Pfeil.

Der Argwohn trabte neben ihm her, während er zur Seething Lane lief. War Christian an dem Anschlag auf das Leben der Königin beteiligt? Was war mit Maudy? Seine Gedanken überschlugen sich, als er das Anwesen von Walsingham erreichte. Er bemerkte kaum, dass ein halb verhungerter Welpe hinter ihm herlief.

Außer Boy befand sich niemand in der Amtsstube. »Sie sind alle unterwegs«, sagte Boy aufgeregt. »Mylord Walsingham ist zur Königin gerufen worden, Papa und Phelippes nach Westminster, um in dem Verfahren vor der Sternkammer auszusagen – wie hast du dir denn den Arm gebrochen? Wieder mal Blödsinn gemacht?«

»Wenn du mir nicht sofort erzählst, was hier los ist, verprügle ich dich mit dem gesunden!«

Boys Augen glitzerten. Es war nicht zu übersehen, wie sehr er seine Stellung im Zentrum der neuen Krise genoss.

»Es begann vor einem Jahr ...«, hob er an.

»Vor einem *Jahr*?«

»... als Mylord Walsingham einen Jesuiten namens Gilbert Gifford verhaften ließ. Gifford wurde als Gegenleistung dafür, dass man ihm das Leben schenkte, zu unserem Informanten und enthüllte ein Komplott, das der spanische Botschafter in Paris geschürt hatte, der nämliche Bernardino de Mendoza, der auch Botschafter in England war, bis Königin Elisabeth ihn des Landes verwies, weil er ...«

»Ja, ja, das Throckmorton-Komplott, das ist doch alles Schnee von gestern. Eine Schildkröte käme mit der Geschichte schneller zu Potte als du.«

»Wir brachten in Erfahrung, dass ein weiterer Jesuit, er heißt

Ballard, nach England gekommen war, um die Rebellion unter den Edelleuten am Hof unserer Königin zu schüren. Er fand bereitwilliges Gehör bei unserem bartlosen ...« Boy machte eine bedeutungsvolle Pause.

»... Anthony Babington«, ergänzte Jonathan.

»Genau, bei Babington und seine Clique, zu der inzwischen auch unser Doppelagent Gilbert Gifford gehörte. Ballard überzeugte alle davon, dass sie der Bulle des Papstes Folge leisten und Königin Elisabeth umbringen müssten. Bei Babington war nicht viel Überzeugungsarbeit notwendig, denn schon als Page im Schloss des Earl von Shrewsbury, wo man damals die schottische Königin in England gefangen gesetzt hatte, war er unter ihren Bann geraten. Es heißt, dass sie mit schwarzer Magie die Männer behext, damit sie sich in sie verlieben.«

Boy legte eine effektvolle Pause ein.

»Aber was ist jetzt mit dem Mordkomplott?«, brüllte Jonathan ihn nachgerade an.

»Würdest du mir bitte gestatten, die Geschichte so zu erzählen, wie *ich* es für richtig halte?« Boy nahm den Faden wieder auf. »Mylord Walsingham wusste, dass die schottische Königin das vieltausendköpfige Ungeheuer war, von dem sämtliche mörderischen Intrigenspiele gegen unsere Königin ausgingen ... aber wie sollte er es beweisen?

Die Gelegenheit dazu kam, als Gifford Babington davon überzeugte, dass das Mordkomplott der Zustimmung durch die schottische Königin bedurfte. Was hätte den Verschwörern der Mord an Königin Elisabeth schon genutzt, solange sie nicht sicher sein konnten, dass Maria willens und bereit war, den englischen Thron zu besteigen? Außerdem musste Maria in den Plan zu ihrer Befreiung eingeweiht werden. Gifford begab sich also nach Chartley Hall und unterrichtete Maria von Babingtons Absichten. Außerdem sorgte er dafür, dass Botschaften nach Chartley hinein und wieder herausgeschmuggelt werden konnten.«

»Unter den Augen ihres Bewachers? Und wie?«

»Wirklich genial! Maria verpackte ihre Briefe in wasserdichte Pakete, die dann in leere Alefässer gesteckt und auf diesem Weg aus Chartley herausgeschmuggelt wurden. Babingtons Briefe *an* Maria wurden ähnlich befördert, nur diesmal in *vollen* Alefässern nach Chartley *hinein*. Maria bezahlte den Braumeister gut. Sie wusste ja nicht, dass er auch in Walsinghams bezahlten Diensten stand. Die Briefe an und von Maria wurden abgefangen, entschlüsselt und kopiert, dann kamen die Originale wieder in die Fässer. Der Plan funktionierte bestens. Weder Maria noch Babington schöpften Verdacht und nahmen in ihrer Korrespondenz auch bald kein Blatt mehr vor den Mund.

Walsingham wartete verzweifelt auf den entscheidenden Brief, in dem Maria sich selbst kompromittierte. Aber sie war schlau – das Böse ist immer schlau. In jedem Brief strich sie wie die Katze um den heißen Brei, ohne sich je eindeutig festzulegen. Die Spannung hat Walsingham beinahe umgebracht. Er erlitt einen Anfall von den Steinen und zwei von der Fallsucht. Wir fürchteten schon, er würde es nicht überleben.«

»War denn der schottischen Königin das Briefeschreiben nicht verboten worden? Wieso hat man sie nicht einfach in ein Gefängnis geworfen?«

»Unter dem lächerlichen Vorwurf, Briefe geschmuggelt zu haben? Walsingham lauerte auf einen größeren Fisch. Er wusste ja, dass Maria auch hinter all den anderen Verschwörungen gegen das Leben unserer Königin Elisabeth gesteckt hatte, aber er brauchte Beweise, unwiderlegbare Beweise, die einer strengen gerichtlichen Untersuchung standhalten konnten. Maria war eine gesalbte Königin, und wenn sie angeklagt und verurteilt werden sollte, war es da nicht am besten, wenn sie sich mit eigener Hand ans Messer lieferte?«

Jonathan nickte. Beweise, Beweise, das waren auch Christians Worte gewesen.

»Boy, nun mach schon weiter. Bis du zum Wesentlichen kommst, ist mir ja ein Vollbart gewachsen.«

»Dann kam von Babington eine Nachricht, die das Komplott in die entscheidende Phase brachte. Er schrieb an Maria: ›Mit zehn edlen Gentlemen und einhundert Gefolgsleuten werden wir Euch befreien, und die tragische Hinrichtung von Königin Elisabeth wird von sechs Edelmännern vollstreckt, meine persönlichen Freunde allesamt‹.«

Jonathan erbleichte. »Das hat er tatsächlich schriftlich von sich gegeben? Dann haben sie es mit der Ermordung unserer Königin aber wirklich ernst gemeint, nicht wahr?«

»Dieses Mörderpack! Keiner von uns wusste, wie Maria auf Babingtons letzte Nachricht reagieren würde, aber dann schrieb sie ihm am siebzehnten Juli einen Brief, der ihre tiefschwarze Seele offenbar werden ließ. Ich habe diesen Brief mit eigenen Augen gesehen und ihn sogar auswendig gelernt, weil ich vielleicht als Zeuge aufgerufen werde. Sie schrieb: ›Nachdem die Vorbereitungen getroffen und die Streitkräfte in Bereitschaft versetzt worden sind, sowohl innerhalb wie außerhalb des Reiches, wird es Zeit sein, die sechs Gentlemen ans Werk gehen zu lassen, wobei sie zu beauftragen sind, mich nach Vollendung des obengenannten Plans unverzüglich von hier fortzubringen.‹«

»Sie wusste, dass diese Leute Königin Elisabeth ermorden wollten? Und hat zugestimmt? Dann ist auch sie schuldig!«

»So schuldig, als hätte sie mit eigener Hand den Dolch geführt.«

»Wie stehen die Dinge jetzt?«

»In den letzten Wochen war Babington immer misstrauischer geworden und hat versucht, das Land zu verlassen. Aber dafür brauchte er einen Pass. Walsingham hat ihn hingehalten, denn er wusste immer noch nicht genau, wer die anderen Verschwörer waren, und befürchtete, sie könnten jederzeit gegen die Königin losschlagen.

Wegen seines Passes ist Babington wiederholt hierher gekommen, und dabei hat er durch eine wirklich vertrackte Fügung des Schicksals zufällig den gegen ihn ausgestellten Haftbefehl gesehen, den Walsingham schon unterzeichnet hatte. Er lag vorn auf dem Kanzleitisch.«

»Welcher Idiot lässt denn einen Haftbefehl offen auf dem Tisch – oh ...«

Boy ließ niedergeschlagen den Kopf hängen. »Ich war wirklich nur einmal kurz austreten, und ausgerechnet in diesem Moment ... Manchmal glaube ich, dass ich unter einem Unglücksstern geboren bin.«

Jonathan wurde von Boys Verzweiflung gerührt. »Das wird schon wieder«, tröstete er ihn. »Du hast ein gutes Herz, der Herrgott wird schon für ein gutes Ende sorgen.« Das wäre auch besser, dachte er. Wenn das Englands beste Spione sind, dann gute Nacht.

»Nachdem Babington seinen Haftbefehl gesehen hatte, ist er geflohen«, erzählte Boy weiter. »Es war für ihn natürlich klar, dass die Regierung sein Haus überwachte, deshalb verschwand er in den unwegsamen Wäldern von St. John's. Zwei Wochen hielt er sich dort versteckt. Tagsüber wagte er sich nicht heraus, nachts stahl er sich etwas zu essen zusammen. Um nicht erkannt zu werden, hat er sich das Haar geschoren und das Gesicht mit Walnusssud braun gefärbt. Schließlich trieb ihn der Hunger zum Haus seines Mitverschwörers Jerome Ballarny. Aber Mylord Walsingham ist nicht auf den Kopf gefallen. Er hatte an den Häusern der Verschwörer Aufpasser postiert. Babington und alle seine Spießgesellen wurden verhaftet.«

»Gott sei Dank. Siehst du, Boy? Wie heißt es doch so schön: ›Ende gut, alles gut‹. Ist denn die Verschwörung gegen unsere Königin jetzt endgültig aufgedeckt?«

»Während wir uns hier unterhalten, sitzt Babington im Tower und schwitzt Blut und Wasser – in mehr als einem Sinn. Wenn jemand die Wahrheit aus ihm herauskriegen kann, dann Richard

Topcliffe, der Foltermeister der Königin. Keiner ist so geschickt wie Topcliffe! Babington hat bereits die Namen sämtlicher Mitverschwörer gestanden.«

»Und die wären?«, fragte Jonathan. Mit angehaltenem Atem hörte er Boy die Namen an seinen zehn Fingern abzählen.

»Außer Babington und dem Priester Ballard sind es die Edelleute Jerome Bellamy, Edward Abingdon, Charles Tilney, Robert Gage, Edward Jones, John Charnock, John Travers, John Savage und Chidiock Tichbourne. Sie sind alle schon vor Gericht gestellt und zum Tode verurteilt worden.«

Jonathans Herz jubelte. Christians Name war *nicht* auf der Liste der Verräter. »Hat unser Bekannter Christian Lightborn mit der ganzen Sache etwas zu tun?«

»Ganz bestimmt. Außer Walsingham weiß allerdings niemand etwas Genaues. Christian ist schon seit längerem vom Kontinent zurück – es ist noch keine zwei Tage her, dass ich ihn gesehen habe. Er hatte ein langes Gespräch mit dem Ersten Staatssekretär. Er wird fraglos zum Prozess in London bleiben. Merkwürdig, Walsingham ist sonst so geschickt, die verborgensten Geheimnisse eines Mannes ans Tageslicht zu bringen, aber bei Christian ärgert er sich jedes Mal darüber, dass dieser Mann ein ungelöstes Rätsel für ihn bleibt.«

Ein ungelöstes Rätsel für alle, mich eingeschlossen, dachte Jonathan.

»Jon, wir müssen zusammen die Hinrichtung anschauen gehen. Jetzt, wo die Königin gerettet ist, wird das bestimmt ein großes Volksfest.«

»Aber der Zorn der Königin kann sich legen. Sie hat in der Vergangenheit oft gezaudert. Wird sie es wirklich wagen, gleich ein ganzes Dutzend ihrer eigenen Hofleute hinrichten zu lassen?«

»O ja, und nicht nur das. Sie hat sogar verlangt, dass das Todesurteil auf die grausamste Weise vollstreckt wird, wie sie nur Hochverrätern vorbehalten ist. Dass diese Leute am Hof lebten, macht es umso schlimmer, denn während die Königin ihnen Nahrung und Obdach gab und sie in ihrer Nähe duldete, haben sie ein Komplott geschmiedet, um ihre Herrin zu töten. Die Königin ist überzeugt, dass der Verrat am Souverän, an Gottes Statthalter auf Erden, das schlimmste Verbrechen ist, das überhaupt begangen werden kann, und deshalb hat sie die Pflicht, Verbrechen gegen ihre Person – und damit gegen Gott – mit der schwerstmöglichen Strafe zu ahnden.«

»Und Maria, die Königin von Schottland?«

»Endlich in die Falle gegangen. Man hat sie in Chartley eingekerkert und des Hochverrats angeklagt. Man wird ihr den Prozess machen, aber es ist fraglich, was dann weiter geschieht. Königin Elisabeth hat zu Walsingham gesagt, Hochverräter hinzurichten sei eine Sache, aber eine Königin – sie wird niemals ihre eigene Kusine dem Scharfrichter ausliefern, was diese auch immer verbrochen hat.«

»Vielleicht geht Elisabeth das Schicksal einer anderen Königin nicht aus dem Sinn – ihrer eigenen Mutter«, murmelte Jonathan.

»Daran habe ich gar nicht gedacht. Jon, du bist wirklich sehr schlau. Aber damit ist meine Geschichte beendet. Lass uns nun auf das Wohl der Königin trinken.«

Sie gingen zum Vorratsraum und schlugen ein Fässchen an. Boy hätte gern alles erfahren, was Jonathan seit seinem Abschied von London widerfahren war, doch Jonathans Gedanken weilten längst bei wichtigeren Dingen. Wenn Christian in London war, war Maudy möglicherweise auch nicht weit – vorausgesetzt, sie lebte noch. Die Vorstellung, dass die Pest sie hinweggerafft haben könnte, dass er sie nie wiedersehen würde ...

Boy packte Jonathan am gesunden Arm. »Mensch, warum weinst du denn?«

»Ich bin so froh, dass ich wieder zu Hause bin.«

*

Als Jonathan Boy wieder verließ, wartete der Welpe immer noch auf ihn. Er lief neben Jonathan her, sprang japsend hoch und schleckte Jonathans Hand. »Schlag dir das ein für alle Mal aus dem Kopf«, sagte Jonathan. »Mistress Goodfellow wird niemals mitmachen, von Curiosity ganz zu schweigen.«

Zurück in Holywell Lane wartete Mistress Goodfellow bereits auf ihn. »Jon, du warst vorhin so schnell wieder fort, ich kam gar nicht dazu ... Vor vierzehn Tagen war ein Mädchen hier und hat nach dir gefragt. Hübsche Person, rote Haare, den Namen hat sie aber nicht gesagt, du wüsstest schon, du hättest mal ihre Initialen irgendwo verewigt.«

»Sie lebt?«, schrie Jonathan auf. »Oh, Gott sei gedankt. Wo wohnt sie?«

»Das hat sie auch nicht gesagt, aber du sollst sie bloß nicht am Strand suchen. Bloß nicht, da war sie ganz nachdrücklich. Das sei zu gefährlich. Als ob jemand in ihrer Situation es sich leisten könnte, am ...«

Jonathan ergriff Mistress Goodfellows Hände. »Gefährlich, hat sie gesagt? Und warum? Liebe Frau, denkt nach, dieses Mädchen ist wichtig für mich, lebenswichtig.«

»Und du für sie bestimmt auch. Ich schwöre dir, ich habe Tränen in ihren Augen gesehen, als ich ihr sagte, du wärst auf Tournee gegangen und erst in ein paar Monaten wieder zurück. Dann müsste sie es eben ein andermal versuchen, meinte sie.«

»Und kein Wort davon, wo sie wohnt? Seid Ihr sicher?«

»Ehrlich gesagt, ich glaube, sie hat es noch nicht einmal selber gewusst, so durcheinander wie sie war. Als ich sie danach fragte, meinte sie, es wäre ohnehin besser, du erfährst es nicht, sonst könnte es am Ende noch jemand aus dir herausholen. Ich habe selten jemand gesehen, der soviel Angst hatte, und das Baby hat gleich mit Angst bekommen und angefangen zu schreien.«

»Sie hatte ein Baby dabei?«

»An der Brust, der Kleine war vielleicht sechs Monate alt. Das

Kerlchen mit seinen weiß-goldenen Haaren und den goldge-
sprenkelten Augen war das süßeste Baby, das ich je gesehen habe. Meine Curiosity war der gleichen Meinung. Sie ist der Mutter die ganze Zeit um die Beine gestrichen und wollte nicht
aufhören zu schnurren. Jon, was ist mit dir los? Komm, setz dich
schnell hin, du fällst mir ja noch um und brichst dir den anderen
Arm. Nun schau dir doch nur mal die Curiosity an. Du machst
ihr Angst, sieh nur, wie ihr Fell sich sträubt. Jon, sag mal, hast du
ein Gespenst gesehen?«

21.

Ich habe sämtliche Hospitäler, Arbeitshäuser und Gefängnisse abgeklappert, sämtliche Straßen und Gassen bin ich abgelaufen, habe mich heiser geschrien vor lauter ›Maudy! Maudy!‹, aber sie war nirgends zu finden«, erzählte Jonathan aufgeregt Mistress Gooodfellow.

»Ich habe dich noch nie so aus dem Häuschen erlebt. Ist es denn so wichtig, dass du sie findest?«

»Das Baby ist mein Patenkind.«

Sie schlug die Hände zusammen. »Dann musst du sie unbedingt finden. Eine heiligere Treuepflicht, als Pate zu sein, gibt es nicht.«

Wenn du nur wüsstest, wie heilig mir mein Patenstand ist, dachte er. Wie hätte er ihr auch erklären können, dass nun, wo sein Patenkind lebte ... Es war für ihn so, als hätte jemand den Fluch seiner missratenen Geburt von ihm genommen.

Mistress Goodfellow tätschelte ihm den Arm. »In der Bibel steht: ›Ein Jegliches hat seine Zeit‹ – wenn die Zeit reif ist, wird das Mädchen wiederkommen. Wie, du willst schon *wieder* fort? Wohin denn diesmal?«

»Zum St. Bart's Hospital. Meine wöchentliche Stippvisite machen. Sie drücken, schieben, drehen und zerren an meinem Arm herum, damit er wieder richtig zusammenwächst. Anschließend gehe ich zu Boy de Bon Cœur. Ich habe ihm versprochen, dass wir miteinander zur Hinrichtung der Hochverräter gehen. Ich muss mit ihm noch verabreden, wann und wo wir uns treffen.«

»Bevor du gehst – letzte Woche hast du mir versprochen, diesen räudigen Köter fortzujagen, der da draußen herumlungert. Aber bitte sehr, er ist immer noch da!«

»Ich schwöre Euch, ich habe ihn nicht dazu ermuntert. Was kann ich dafür, dass er mir bis nach Hause nachgelaufen kommt? Er will eben nicht mehr fort, das arme heimatlose ...«

»Nichts da, komm mir bloß nicht so! Sieh zu, dass er hier verschwindet. Curiosity ist so verängstigt, dass sie ihr Futter kaum noch anrührt.«

»Und der Papst ist ein Protestant«, murmelte Jonathan beim Hinausgehen. Das Hündchen begrüßte ihn mit Gejaule, freudigen Sprüngen und kleinen begeisterten Pipifontänen. »Du solltest lieber schleunigst stubenrein werden, sonst lässt Mistress Goodfellow dich nie ins Haus.« Er holte aus seinem Wams ein paar Essensreste, die er von seinem Mittagessen abgezweigt hatte, und fütterte das Tier. »Mach dir keine Sorgen, sie wird sich schon an dich gewöhnen. Sie hat sich an mich gewöhnt, da kann sie sich an alles gewöhnen. Wie wollen wir dich nennen? Gnädiger Gott, was bist du hässlich! Wie kommt es nur, dass ich dich so gerne mag? Du bist nur Haut und Knochen, abgerissen ... könnte es sein, dass du mich an jemand erinnerst, den ich von früher kenne?«

St. Bartholomew's Hospital lag knapp vor den Mauern an der westlichen Ecke von London. Es gab zwar einige Spitäler, die näher an Shoreditch lagen, aber Jonathan hatte sich St. Bart's ausgesucht, weil es den besten Ruf hatte – und eine Station für kostenlose ärztliche Versorgung. Das Spital war Anfang des dreizehnten Jahrhunderts gegründet worden und hatte der Bevölkerung der Stadt seit Hunderten von Jahren treu gedient. Man war dort technisch auf dem allerneuesten Stand, stets waren die neuesten astrologischen Tabellen und Tafeln zur Hand, um die Behandlung in optimaler Harmonie mit dem Horoskop des Patienten durchzuführen. Die Ärzte, die dort praktizierten, waren große Gelehrte und weitaus besser ausgebildet als der Berufsstand der Barbiere und Knochenflicker. Sie hatten Jahre mit dem Studium der vier wichtigsten Körpersäfte zugebracht – Blut, gelbe Galle, Phlegma und schwarze Galle – und verstanden die Kunst, diese Säfte zur Erreichung vollkommener Gesundheit in optimalen Ausgleich zu bringen. Sie verfügten über eine unübertroffene Auswahl an medizinischen Kräutern, und für Notfälle stand zur Stärkung stets ein Kessel heiße Hühnersuppe bereit. Abgesehen von ein paar freidenkerischen Querköpfen wie Dr. Gabriel Harvey war jedermann fest davon überzeugt, dass eine weiterer Fortschritt der medizinischen Kunst schlechterdings unmöglich war.

Der Arzt, der Jonathans Arm untersuchte, meinte eine Schwellung festzustellen und hielt einen Aderlass für unerlässlich. Geschickt öffnete er eine Vene. Jonathan sah sein Blut unter dem prüfenden Blick des Arztes in eine Schale fließen. »Schau nur, wie dunkelrot dein Blut aussieht. Wir haben dich gerade noch rechtzeitig zur Ader gelassen, du hättest totsicher eine Blutvergiftung bekommen.«

Wieder draußen, wurde es Jonathan schummrig. Er kam sich vor, als würde er vom Boden abheben. »Wenn sie so großartige Ärzte sind – wie kommt es dann, dass ich mich hinterher jedes Mal schlechter fühle als vorher?«, sagte er zu seinem Hund.

Mit blutleerem Kopf taumelte er los und kam schließlich an das Haus der Bon Cœurs auf der London Bridge. »Bleib hier«, befahl er seinem Hündchen, »und lauf nicht jedem Köter hinterher, der an dir herumschnüffelt! Die haben nur ihre Kurzweil im Sinn, aber ich füttere dich jeden Tag.«

Er stieg langsam die Treppe hinauf. Sternchen flimmerten vor seinen Augen. Die Hoffnung, Morgana zu sehen, ließ ihn zittern. Und aus der Hoffnung wurde Wirklichkeit. Unvermutet erschien sie am Ende der Treppe. Sie stemmte die Arme in die Hüften und starrte auf ihn herab wie auf einen gefallenen Engel.

»Was willst du hier?«, sagte sie streng.

»Boy hat mich gebeten herzukommen.«

»Er und Papa sind zum Gericht bestellt worden. Dringende Geschäfte in Westminster. Sie werden erst in ein paar Stunden wieder hier sein. Ich glaube nicht, dass Papa erfreut wäre, dich zu sehen. Er betrachtet dich als verderblichen Einfluss auf Boy. Seit mein Bruder dich kennt, ist er nicht mehr so wie früher. Einmal hat er sogar ein Lied gepfiffen, aber Papa hat ihn dabei erwischt. Und dann hat es was gesetzt, das kann ich dir sagen!«

Jonathan trat von einem Fuß auf den anderen. Er hoffte, eine Einladung ins Haus herauszuschlagen.

»Warum zappelst du so? Hast du Flöhe?«

»Ich war gerade beim Arzt. Er hat mich zur Ader gelassen, und jetzt dreht sich mir alles.«

»Du kannst mir überhaupt nicht Leid tun. Boy hat mir erzählt, was geschehen ist. Ich bin der Meinung, dass es dumm von dir war, den Arm zu brechen.«

»Du hast ja Recht, aber ich brauche jetzt kein Mitleid. Könnte ich ein Tröpfchen Ale bekommen? Es wäre meine Rettung!«

»Du solltest deine Rettung lieber im Gebet suchen als beim Teufel Alkohol. Du kannst auch nicht hier bleiben. Mama ist zur Poultry Street gegangen und besorgt dort eine Gans. Wir werden die Rettung der Königin feiern. Es ist unschicklich für mich, mit einem Angehörigen des anderen Geschlechts allein zu sein, selbst wenn nur du es bist.«

Der Gedanke, allein mit ihr in einem leeren Haus zu sein, jagte ihm das bisschen Blut, das er noch in sich hatte, in die Lenden. Er wurde noch zappeliger.

»Ich komme um, wenn ich nichts zu trinken kriege. Willst du meinen Tod auf dem Gewissen haben?«

»Dann kommst du eben um. Es kümmert mich herzlich wenig, ob du lebst oder stirbst. Warum hast du nichts getrunken, bevor du hergekommen bist? Jon Ransom, dein großer Fehler ist, dass du dir keine Gedanken machst.«

Über dich mache ich mir unentwegt Gedanken, im Wachen, im Schlafen …

»Du denkst nicht voraus, du bist wie ein Ball, den jeder nach Belieben irgendwohin treten kann und der mal hierhin, mal dorthin rollt. Jeder vernünftige Mensch muss einen Plan haben. Was wirst du in einem Jahr machen? Dich immer noch in deinem infernalischen Theater als Frau verkleiden? Wie könnte selbst ein nur halbwegs respektabler Mensch jemand ernst nehmen, der einmal Mann ist und einmal Frau?«

Das Blut schoss ihm von den Lenden zurück in den Kopf. Er wand sich vor Scham.

Sie spürte, dass sie einen wunden Punkt getroffen hatte. Gnadenlos bohrte sie weiter. »Wo wirst du in fünf Jahren sein? Wo in zehn? Ich brauche mir nur dein dämliches Gesicht anzuschauen, um zu wissen, dass du noch nie darüber nachgedacht hast.«

»Und wo wirst du sein?«, gab er zurück. »Das weiß auch kein Mensch.«

»Ganz gewiss weiß ich das. In zwei Jahren wird mein Aufgebot bestellt. Im Jahr darauf heirate ich und werde Herrin in meinem eigenen Haus. In Cheapside natürlich, wo die besten Goldschmiede wohnen. Mit zwei Dienstboten, möglicherweise auch drei, ich brauche nämlich eine Kammerzofe. Ich habe schon mit meinem Verlobten darüber gesprochen, und er hat eingewilligt. Er hat mir versprochen, wenn er Lord Mayor wird, der Bürgermeister unserer Stadt – und das wird er –, bekomme ich die schönsten Kleider, die besten Möbel und das kostbarste Geschmeide, wie es meinem Stande gebührt.«

»Moment mal, ihr Puritaner zitiert doch immer so gern die Bibel. Heißt es da nicht: ›Es ist leichter, dass ein Kamel durch ein Nadelöhr gehe, als dass ein Reicher ins Reich Gottes komme‹?«

Sie stampfte zornig mit dem Fuß auf. »Dieser Spruch soll nur dafür sorgen, dass die Armen nicht jene bestehlen, die weltliche Güter haben wie wir. Hat der Herr uns nicht im Gleichnis von den drei Talenten belehrt: Wer sein Geld vergeudet, hat am Ende gar nichts; wer es vergräbt, hat nachher nur soviel wie zuvor; wer aber sein Geld weise anlegt, der verrichtet vor Gott einen wohlgefälligen Dienst. Papa sagt, dass die Kaufmannsklasse eines Tages so wichtig sein wird wie die Aristokratie, denn wir erfüllen Gottes Befehl.«

Von einer Aura feuriger Schönheit umhüllt, sprach sie mit unerschütterlicher Gewissheit. Weggewischt waren Jonathans Gedanken an Babington, überhaupt jeder Gedanke an irgendjemand, außer an dieses feenhafte Geschöpf, das mit rasiermesserscharfer Zunge sein Herz entzwei schnitt.

»Du hast meine Frage noch nicht beantwortet«, beharrte sie. »Wo wirst du sein? Immer noch jedermanns Fußball? Immer noch der Hanswurst auf der Bühne? Wenn die Stadtväter könnten, wie sie wollen, kämen alle Schauspieler ohnehin nach Bridewell – ja, ja, Jon Ransom, dann wärst du wieder da, wo du hergekommen bist! Wie rot du im Gesicht geworden bist, du schämst dich wohl? Immerhin, Scham kann zur Reue führen, kann dir helfen, dich von den Fehlern deiner Vergangenheit zu lösen.«

Sie hielt ihm ihre weiße Hand mit den schlanken Fingern hin. »Du darfst mir zum Abschied die Hand küssen. Papa sagt, dass man das bei Hofe macht. Eines Tages werde ich bei der Königin eingeführt, der Lord Mayor ist nämlich nach der Königin die wichtigste Person und wird automatisch geadelt. Und ich werde seine Gattin sein.«

Er griff zögernd nach ihrer Hand, um sie mit der ganzen ehrfurchtsvollen Verehrung zu küssen, die sich seit dem Tag, an dem er sie zum ersten Mal sah, in ihm aufgebaut hatte. Und sie mochte von Verlobung, Kleidern, Geld und Rang reden, soviel sie wollte, er wusste, dass sie ihn begehrte, er spürte es in seinem Bauch.

Sie entriss ihm die Hand so heftig, dass seine Lippe aufsprang. »Sabber mich nicht so an, du spielst hier nicht für die Galerie!

Die Lippen eines Edelmannes dürfen die Hand der edlen Dame nur ganz leicht berühren, sein Atem darf sie kaum streifen. Versuch es gefälligst noch einmal!«

Er beugte sich vor, um ihre Hand abermals zu küssen. Der Erdboden öffnete sich und verschlang ihn.

Als er wieder zu sich kam, hatte Boy sich über ihn gebeugt und versuchte, ihm einen Schluck Ale einzuflößen. Jonathan setzte sich hustend auf. Morgana stand etwas abseits und wirkte leicht zerknirscht.

»Du bist ohnmächtig geworden«, sagte Boy.

Jonathan nickte. »Ich bin ohnmächtig geworden, weil deine Schwester gesagt hat, dass sie mich heiraten will.«

Morgana kreischte empört auf.

»War nur Spaß«, sagte Jonathan. »Boy, was gibt es Neues von der Hinrichtung?«

»Der Tag wurde heute festgesetzt, am zwanzigsten September, das ist schon übermorgen. Die Königin hat die härteste Strafe verlangt, den tausendfachen Tod. Vergiss nicht, du hast versprochen mitzukommen. Das wird ein Tag, den wir nie wieder vergessen!«

22.

Am Tag vor der Hinrichtung feierte London ein Volksfest. Von Sonnenaufgang bis zum Sonnenuntergang läuteten die Glocken. In allen Pfarrgemeinden zogen Umzüge mit Strohpuppen der Verschwörer durch die Straßen. Am Abend wurden die besudelten und verstümmelten Puppen in lodernde Freudenfeuer geworfen, die man zur Feier von Königin Elisabeths Sieg über die Mächte der Finsternis entzündet hatte.

Der Freudentaumel ließ auch am Tag der Hinrichtung nicht nach. Jonathan und Boy standen inmitten der großen blutrünstigen Menge, die zum Tower geströmt war, wo man Babington und seine Mitverschwörer gefangen hielt. Vier davon sollten an diesem Tag hingerichtet werden, sieben weitere am nächsten. Eine gelegentlich aufreißende Wolkendecke, durch die immer wieder mit Macht die Sonne brach, ließ einen wechselhaften Tag erwarten. Es blies ein böiger frischer Wind. »Was für ein großartiger Tag für eine Hinrichtung!«, jubelte Boy begeistert.

Die Delinquenten wurden, von einer grölenden Menge gefolgt, auf Schlitten vom Tower nach Holborn geschleppt. Entlang des zwei Meilen langen Weges setzten erboste Bürger den Verschwörern zu, bespuckten sie, bewarfen sie mit faulem Obst und faulen Eiern, mit dem Inhalt von Nachttöpfen, manchmal sogar mit dem ganzen Nachtgeschirr. Einige Männer zogen vor den vorübergeschleppten Verschwörern sogar blank und bepinkelten sie.

Zu guter Letzt kam die Prozession am Richtplatz an. Hoch

auf St. Giles Hügel sah Jonathan die Galgen wie rächende Wächter der Justiz gegen den sich verdüsternden Himmel aufragen.

Die Königin hatte ihren Foltermeister angewiesen, die Verräter einer besonders grausamen Tortur zu unterwerfen, und wie unschwer zu erkennen war, hatte Topcliffe sich selbst übertroffen, wobei er seine raffiniertesten Methoden Babington vorbehalten hatte. Von Babingtons Fingerspitzen, wo man ihm die Nägel abgerissen hatte, troff das Blut, sein vormals schönes und jugendliches Gesicht war bis zur Unkenntlichkeit durch Blutergüsse und Schwellungen entstellt, sein Körper war in einem Maße zerfleischt, dass man sich wunderte, wie er überhaupt noch leben konnte. Die Wachsoldaten banden ihn vom Schlitten los und hoben ihn auf die Galgenplattform.

»Dieser Topcliffe ist wirklich ein Meister«, hauchte Boy bewundernd. »Mein Papa sagt, dass keiner so geschickt wie er den Delinquenten quälen kann, ohne dass der Betreffende stirbt. Aber das ist noch gar nichts gegenüber dem, was jetzt kommt!«

Ein Menschenmeer umwogte die Richtstätte. Ganz vorne saßen die Hofbeamten, die die korrekte Vollstreckung der Urteile zu überwachen hatten. Hinter ihnen, auf hölzernen Tribünen, saßen die Höflinge, um ihre Solidarität mit der Königin zu bekunden. Fliegende Händler verkauften allerlei Tand, Beutelschneider gingen ihrem Gewerbe nach, unverbesserliche Spielernaturen schlossen Wetten ab, wie lange es dauern würde, bis die Gemarterten ihr Leben aushauchten. Viele hielten ein Tuch bereit, um es in das Blut der Gerichteten zu tauchen, da ein solcher Talisman als besonders machtvolle Abwehr des Bösen galt.

»Glaubst du, dass man das *ganze* Urteil vollstreckt?«, flüsterte Jonathan Boy zu. »Diese Edelleute sind doch bestimmt reich genug, um den Scharfrichter dafür zu bezahlen, dass er es kurz macht.«

»Normalerweise wird den Verurteilten dieses Privileg zuge-

standen, aber der Staatsrat hat entschieden, dass es bei der abgrundtiefen Heimtücke dieses Falles keine Gnade geben wird.«

Jonathans Hand fuhr instinktiv schützend an seinen Schritt.
»Jesus! Der Himmel sei diesen armen Schweinen gnädig.«

Arm in Arm verfolgten Jonathan und Boy den langsamen
Fortgang der grausigen Prozedur. Urteile wurden verlesen, Strafen verkündet. Düstere Geistliche erklommen die hölzerne
Plattform, um die Delinquenten auf ihr baldiges Zusammentreffen mit ihrem Schöpfer vorzubereiten. Sie bekannten ihre Sünden, baten um Vergebung und flehten darum, von ihrer Bosheit
losgesprochen vor das Antlitz Gottes zu treten.

»Wollt ihr noch ein letztes Wort an uns richten?«, rief ein
Richter den Todgeweihten zu.

»Ich habe mich von dem Jesuitenpriester Ballard in die Irre
leiten lassen«, sagte Babington kaum hörbar. »Ich bedaure, dass
ich ihm begegnet bin.«

Auch Chidiock Tichbourne ergriff das Wort. Er sah so jung
aus, so verwundbar, und er verteidigte sich mit so bewegenden
Worten, dass Jonathan seine Rührung nicht unterdrücken konnte. Als letztes Vermächtnis rezitierte Tichbourne ein Gedicht, das
er während seiner Gefangenschaft im Tower geschrieben hatte:

Der Frühling ist vorbei und doch noch nicht gekommen;
Die Frucht ist abgestorben, und noch die Blätter grün;
Meine Jugend ist dahin, die Reife dennoch nicht gewonnen;
Ich sah die Welt, mich hat man dennoch nicht gesehn;
Mein Lebensfaden abgetrennt, und doch noch nicht gewoben;
So leb ich denn, und doch ist es um mich geschehen.

»Das Gedicht ist nicht übel«, meinte Boy. »Schade, dass er keins
mehr schreiben wird.«

Jonathan sinnierte: »Ich wette, sie würden am liebsten alles
ungeschehen machen und wieder junge und sorglose Edelleute

sein, denen die Welt zu Füßen liegt und das ganze Leben bevorsteht.«

»Man kann niemals etwas ungeschehen machen. Gott sieht jede Sünde, jede Verfehlung. Für alles, was wir tun, sind wir Ihm Rechenschaft schuldig. Keine Sünde ohne Strafe«, sagte Boy unerbittlich.

Ein Scharfrichter, dem man bei Kapitalverbrechen gegen die Krone in Tyburn die Exekution anvertraute, musste mehr sein als nur ein Henkersknecht. Er musste über das Wissen und den Instinkt verfügen, den Tod des Delinquenten bis zum Letzten hinauszuzögern.

Der Henker legte den vier Verurteilten die Schlinge um den Hals, straffte das Seil und zog einen nach dem anderen hoch. Die Menge hielt den Atem an, während die Männer mit aufgerissenen Mündern nach Luft japsend und wild schlagenden Beinen in der Luft zappelten. Kurz vor dem Erstickungstod, während ihnen schon die Augen aus den Höhlen quollen, wurden sie wieder abgeschnitten. Keuchend und verzweifelt um Atem ringend stürzten sie auf den Bretterboden.

»Jetzt haben sie dem Tod zum ersten Mal ins Gesicht geschaut«, sagte Boy mit zitternder Stimme. »Sie werden den Sensenmann die Hand wieder und wieder nach sich ausstrecken sehen, jedes Mal grässlicher als zuvor, bis sie nur noch um den Tod winseln.«

Jonathan war irritiert und beschämt. Warum kriegst du auf einmal ein steifes Glied, fragte er sich.

Die Delinquenten hatten inzwischen ihre Besinnung einigermaßen wiedererlangt. Die zweite Runde der Exekution begann. Geschickt sein langes scharfes Messer führend, schlitzte der Henker die Hosenlätze der Männer auf und entblößte ihre Geschlechtsteile vor der brüllenden Menge.

»Abschneiden, abschneiden«, skandierte der blutrünstige Chor.

Der Scharfrichter packte die Glieder samt Wurzel und Stamm. Unter den grässlichen Schreien der Gequälten zog er einen zügigen Schnitt, dann hielt er die bluttriefenden Embleme ihrer Männlichkeit hoch in die Luft. Rauschender Beifall brach aus der Menge. Mit einer Körperdrehung hielt der Henker den einst so stolzen und jetzt leblosen Batzen Fleisch den Verurteilten vors Gesicht. Ungläubig starrten sie auf die entsetzliche Bescherung, während mit jedem Herzschlag ein Blutstrahl scharlachrot aus ihren Lenden spritzte.

»Noch so jung, welch eine Verschwendung!«, seufzte eine Matrone, und eine andere stöhnte: »All dieses männliche Fleisch, man stelle sich nur vor, wie viel Lust uns entgangen ist und wie viele Seelen dem Herrgott!«

»Lasst euch das eine Lehre sein«, donnerte ein Vertreter des Gerichts, »denn das ist die Strafe für alle Hochverräter, die mit der mörderischen Königin Maria von Schottland unter einer Decke stecken!«

Ein schneidender Schmerz schoss Jonathan vom Gemächt ausgehend das Rückgrat hinauf bis ins Hirn. Zusammengekrümmt hielt er sich den Unterleib.

»Was ist?«, fragte Boy ängstlich. »Tut dir was weh?«

»Sympathische Schmerzen«, keuchte Jonathan. »Es muss grauenhaft sein, wenn sie einem ...« Eine furchtbare Vision hatte ihn überkommen, dass auch ihm eines Tages diese Tortur angetan würde. Er versuchte sich über den tieferen Grund seiner Empfindung Rechenschaft zu geben, doch Boy stieß ihn an. »Schau, was sie jetzt machen! Noch ein Schrittchen tiefer hinein in den Rachen des Todes.«

Das Messer des Menschenschlächters zog auf Babingtons Leib eine lange rote Linie vom Brustkorb bis zum Schambein. Der Henker spreizte mit einer Hand den Einschnitt, seine andere griff beherzt bis zum Handgelenk hinein und kam mit einem blutigen Klumpen verschlungenen Gedärms wieder zum Vorschein. In endlos gellendem Schrei weitete sich Babingtons aufgerissener Mund zu einem Kreis des unsäglichen Entsetzens, seine Glieder schlenkerten unkontrolliert in einem wilden Tanz des Todes. Immer noch strömte das Blut aus seinen Lenden, das Gedärm hing aus seinem Leib, doch der Geschundene barg trotz seiner unsäglichen Qual immer noch Atem und Leben.

Jonathan drückte sich die Knöchel der Faust zwischen die Zähne. »Warum stirbt er nicht? Lieber Gott, sei gnädig, lass ihn doch endlich sterben!«

Als es so schien, als sei die Zermetzelung der bebenden blutigen Masse, die einst ein Mensch gewesen war, nicht mehr zu steigern, zeigte der Scharfrichter ein Bravourstück seiner chirurgischen Fähigkeiten. Mit kundigem Schnitt öffnete er Babingtons Brust und spaltete das Brustbein. Unendlich behutsam zog er das pulsierende Herz aus Babingtons Brustkorb und hielt es dem Sterbenden als letzten Anblick seines Lebens auf Erden vor die Augen.

Der Leib des Geschundenen bäumte sich ein letztes Mal auf, bevor er in sich zusammenfiel. Als dem Leichnam der Kopf abgehackt wurde, verstummte die Menge. Das Vierteilen der Leiche erledigte der Henker mit der Zügigkeit des wahren Könners. Die Leichenteile wurden in noch kleinere Stücke gehackt, bis nichts mehr übrig war, das an eine menschliche Gestalt erinnerte.

Jonathan starrte auf das geronnene Menschenblut, das die Hände, Handgelenke und Arme des Henkers bis hinauf zu den Ellenbogen verkrustete. Keine noch so ausgiebige Wäsche würde je wieder das Blut von diesen Händen abwaschen können.

Die Menge drängte nach vorn, um die Tücher in die Blutlachen zu tauchen. Auch Jonathan trat an das Blutgerüst. Sein Tun bereitete ihm ein schwer bestimmbares Unbehagen, gleichwohl betete er darum, der blutgetränkte Fetzen in seinen Händen möge ihn davor bewahren, dass seine entsetzliche Vision jemals Wirklichkeit wurde.

Ein schleichender seltsamer Stimmungsumschwung erfasste Jonathan und einen Großteil der Menge. Eine einzelne Hinrichtung hätte der Mob bejubelt, aber zuschauen zu müssen, wie gleich vier prächtige junge Männer in der Blüte ihrer Kraft stückchenweise hingemetzelt wurden ... und morgen noch einmal sieben ... das war denn doch zuviel. Ernüchtert und murrend begann die Menge sich zu zerstreuen.

Jonathan hatte einen Kloß im Hals. »Als ich heute hierher kam, wollte ich unbedingt Babington und die anderen für ihre Verbrechen bezahlen sehen. Ich war überzeugt, es würde ein erhebender Moment für uns und für England werden. Aber nun bin ich fassungslos. Darf man einem Menschen ein solches Ende bereiten?«

»Auge um Auge«, meinte Boy mit einem nervösen Achselzucken. »So spricht der Herr in seinem Heiligen Buch.«

»Auge um Auge, gut, das kann jeder verstehen. Aber aufhängen, dann kastrieren, das Gedärm und das Herz herausreißen – der Herr hat nicht einmal bei Seinem Strafgericht über Sodom und Gomorrah so gnadenlos gewütet.«

Boy seufzte tief. »Und trotzdem, nichts anderes hätten diese Männer mit unserer Königin gemacht – sie ermordet. Vielleicht nicht mit solcher Grausamkeit, aber es wäre auf das Gleiche hinausgelaufen. Unsere Nation hätte ihre gute protestantische Monarchin verloren, und die mörderische Königin der Schotten hätte ihren Platz eingenommen. Es musste ein Exempel statuiert werden, Verräterseelen sind anders nicht zu beeindrucken. Morgen werden die abgeschlagenen Köpfe auf Spieße gesteckt und an der London Bridge zur Schau gestellt, und bei Gott, das wird allen Hochverrätern eine Warnung sein.«

»Ein schlagendes Argument«, gab Jonathan widerstrebend zu. »Trotzdem überzeugt es mich nicht.«

Nach ihren Gesichtern zu schließen dachten viele in der Menge ebenso. Der Volksauflauf begann sich zu zerstreuen. Jonathan und Boy schritten schweigend durch die Felder von Holborn auf das Newgate-Stadttor zu. »Ich muss zurück zur Seething Lane«, sagte Boy eifrig. »Mylord Walsingham steckt in den Vorbereitungen des Prozesses gegen die Königin von Schottland. Anfang Oktober werden ihre abgefangenen Briefe mit weiterem Beweismaterial der Sternkammer des Staatsrats vorgelegt.«

»Wird man sie ebenfalls hinrichten?«

»Wenn es nach dem Parlament geht, dann schon. Aber ich bezweifle, dass Königin Elisabeth jemals ihr Einverständnis geben wird, Maria zu enthaupten, und das wird Walsingham zur Verzweiflung treiben. Solange die Königin von Schottland lebt, wird sie der Ausgangspunkt von Verschwörungen sein, und damit bleibt das Leben unserer Königin in beständiger Gefahr.«

Sie versprachen einander ein baldiges Wiedersehen und gingen ihrer Wege. Jonathan war viel zu aufgewühlt, um nach Hause zu gehen. Er wanderte durch die Straßen. Alsbald befand er sich wieder auf seiner hoffnungslosen Suche nach Maudy. Als er die ihm vertrauten Orte abklapperte, entging ihm nicht, dass die volksfesthafte Atmosphäre des Vormittags einer bedrückten Stimmung gewichen war. Von Cheapside über St. Paul's Cross bis hinein in die Tavernen sprachen die Leute von nichts anderem als der maßlosen Grausamkeit der Hinrichtungen. Ein Gefühl der Beunruhigung ging um, ein Gefühl, dass der Vollzug des Rechts irgendwie zur willkürlichen Grausamkeit ausgeartet war. Und morgen sollten noch einmal sieben Männer das gleiche entsetzliche Schicksal erleiden! Alles junge Leute, alles Engländer!

Die hereinbrechende Dunkelheit zog Jonathan unwiderstehlich zur Grabschgasse und in die Taverne zu den drei Tonnen. Die abgewirtschaftete alte Hure saß immer noch an der gewohnten Stelle, als wäre sie dort festgewachsen. Wieder stellte sie ihre Waren zur Schau, wieder lehnte Jonathan das Angebot dankend ab.

Er bahnte sich einen Weg in den verqualmten Schankraum mit der niedrigen Balkendecke. Er war erfüllt vom Kreischen und Gelächter der Weiber und dem Stimmengewirr der Männer, die sich mehr oder weniger lallend über die Ereignisse des Tages stritten. Jedermann wusste, dass Hinrichtungen Durst machten und die Lüsternheit anheizten. Eine bunte Gesellschaft, die gekommen war, beidem Abhilfe zu schaffen, füllte die Taverne bis zum Bersten, darunter auch eine Schar Studenten von den Rechtsschulen, die stimmgewaltig Nachlese des Geschehens hielten.

Jonathan arbeitete sich zur Theke durch. Die Inhaberin Hedwig schaute ihn an. »Was darf es sein?«

»Ich suche Maudy, hast du sie gesehen?«

Sie starrte ihn verständnislos an, dann erkannte sie ihn wieder und deutete auf eine von Studenten umlagerte Sitznische hinten in der Ecke. »Dort findest du deine Antwort.«

»Dem Herrgott sei gedankt!«, rief er aus. Von Hoffnung beflügelt, drängte er sich durch das Gewühl zu der Nische, doch Herz und Hirn versagten ihm den Dienst, als er sah, wer dort saß.

23.

Christian saß in der Nische. Er wirkte vitaler als Jonathan ihn je gesehen hatte. Seine goldenen Augen glänzten, und er vibrierte vor nervöser Erregung. War es Angst, war es Hochstimmung? Sein Anblick brachte Jonathan so durcheinander, dass er nicht mehr wusste, was er empfand. Abhauen? Hingehen? Unfähig, sich zu entscheiden, stand er wie angewurzelt und verfolgte gebannt das Feuerwerk der Argumente, das von Christian und den streitbaren Jurastudenten abgebrannt wurde.

Das ungleiche Kräfteverhältnis von ungefähr zehn zu eins schien Christian in keiner Weise zu beeindrucken. Ohne jeden erkennbaren Zusammenhang mit der Diskussion schloss er in unregelmäßigen Abständen die Augen, und ein geheimnisvolles Lächeln erschien auf seinem Gesicht, während sein Körper sich versteifte.

Die Studenten umringten Christian. Sie hatten die Argumente, mit denen sie ihn in der Luft zu zerreißen trachteten, mit ihrer ganzen akademischen Gelehrsamkeit bewehrt. Ein Möchtegern-Anwalt hielt ein Plädoyer, als stünde er vor den Geschworenen. »Wollt Ihr etwa abstreiten, dass gemäß unserer christlichen Tradition eine starre Gerechtigkeit ohne Gnade ein Unding ist? Heute hat die Königin sich hinsichtlich Rachsucht und Grausamkeit selbst übertroffen. Wo bleibt da die Gnade?«

»Wo war denn die Gnade der Verschwörer, als sie das Mordkomplott gegen ihre gesalbe Herrscherin schmiedeten?«, gab Christian ruhig zurück. »Sie sind kaum besser als tollwütige

Hunde. Würdet Ihr einem tollwütigen Hund Gnade erweisen? Wer könnte so töricht sein?«

»Sie ist eine Jungfrau«, quäkte ein pickliges Erstsemester. »Kann eine Jungfrau die Leidenschaften verstehen, die einen normalen Mann umtreiben? Mit diesen Kastrationen hat uns unsere Königin demonstriert, was sie von Männern hält. Sind denn die Männer Feinde der Königin?«

»Nur, wenn sie Hochverräter sind«, erwiderte Christian.

»Jetzt bin ich aber gespannt, wie Ihr mir dieses Argument widerlegen wollt«, meldete ein älterer Student sich zu Wort. »Monarchen haben doch auch Pflichten, oder? Aber unsere Monarchin hat nie geheiratet, obwohl das Parlament, der Staatsrat und das Volk sie schon seit vielen Jahren darum bitten. ›Gehet hin und mehret euch‹, lautet das Gebot unseres Herrn, aber diese Frau hat es in ihrer Naturwidrigkeit für richtig befunden, sich nicht daran zu halten. Da sie dem Königreich nie einen Erben geboren hat, ist es ihr Werk, dass die Frage der Thronfolge ein umstrittenes Dauerthema geblieben ist – und *ergo summa* mithin auch die Anschläge auf ihr Leben. Sind sie nicht schlichtweg der Ausfluss der traurigen Tatsache, dass sie sich sträubt zu heiraten, einen Erben zu gebären, kurz, sich ihrer Pflicht vor Gott und Vaterland zu stellen?«

Blitzenden Auges begann Christian, sich aufzurichten, doch eine unsichtbare Kraft hielt ihn fest. Christian erbebte, dann sank er schwer auf den Sitz zurück. Jonathan wurde starr vor Schreck. Hatte Christian wieder einen dieser seltsamen Anfälle wie damals in der Nacht in seinem Haus am Strand, mit dem er Jonathan so geängstigt hatte? Sogar im Sitzen entwickelte Christian ein beeindruckendes Temperament. »Ihr aufgeblasenen lächerlichen Bengel«, fuhr er die ganze Gruppe an, »ihr liegt euren Eltern immer noch auf der Tasche und glaubt, alle Weisheit über Gott, Reich, England und die Königin mit Löffeln gefressen zu haben, und obendrein geht ihr euch mit euren flügellahmen Argumenten auch noch selbst auf den Leim. Wisst ihr denn nicht, was für ein Wunder der Natur euch in dieser Frau geschenkt worden ist?«, rief er aus und begann, das wunderbare Leben von Königin Elisabeth aufzurollen.

Jonathan lauschte gebannt. Den größten Teil der Geschichte kannte er schon. Jedes Kind kannte sie, dennoch hatte es für ihn etwas Faszinierendes, sie immer wieder aufs Neue zu hören, so wie es etwas Tröstliches hat, ein Märchen immer wieder zu hören, bei dem man weiß, dass es gut ausgeht.

»Sie ist das Mirakel ihres Zeitalters«, sagte Christian, »die Herrscherin, die Englands Wiedergeburt bewirkt hat. Als sie im Jahr 1558 die Thronfolge antrat, bestieg sie einen Thron, der sich am Rande des Zusammenbruchs befand. Die Schatzkammern waren leer, das Geld war entwertet, das Volk ächzte unter dem Joch der ›Bloody Mary‹ Maria Tudor und stand am Rande eines religiösen Bürgerkriegs. Calais war an die Franzosen gefallen, das Selbstvertrauen der Nation stand auf dem Tiefpunkt. England hatte in ganz Europa keinen einzigen Verbündeten, noch nicht einmal einen heimlichen Parteigänger. Es war von Feinden umzingelt. Die Wölfe schlichen schon um das Land, bereit, England zu zerfetzen.

Dieser wankende Thron wurde von einer jungen Frau bestiegen, von der es allenthalben hieß, sie habe kein Anrecht darauf. Das jedenfalls war die Ansicht von Maria Stuart, die damals noch Königin von Frankreich und Schottland war, und auch der Papst verkündete, dieses Mädchen, das von seinem eigenen Vater Heinrich VIII. als illegitim erklärt worden war, sei eine Usurpatorin, eine Irrgläubige, ein Bastard, ein Gräuel in den Augen Gottes und der Kirche.

Und welchen Kurs schlug die junge Königin angesichts solcher Vorverurteilungen ein? Etwa den ihrer Schwester, der blutigen Maria, die jeden, der nicht einer Meinung mit ihr war, auf dem Scheiterhaufen verbrennen ließ? Nein, sie entschied sich für etwas bislang noch nie Dagewesenes, den Kurs der religiösen Toleranz, und begab sich damit auf des Messers Schneide zwischen den fanatischen Katholiken und den nicht minder fanatischen Puritanern. ›Ich beabsichtige nicht, den Leuten in die Seele zu schauen‹, sagte sie und ebnete damit den Weg für eine friedliche Lösung.

Als sie mit Krieg bedroht wurde, hat sie da in der Vermählung mit einem mächtigen Prinzen Allianz und Schutz gesucht? Eric von Schweden, der Dauphin von Frankreich, Philipp von Spanien – alle haben um ihre Hand angehalten und wollten sie, beziehungsweise, wollten England, aber Elisabeth war klug genug, das zu ahnen. Und wieder einmal entschied sie sich für das noch nie Dagewesene und beschloss, allein und als jungfräuliche Königin zu herrschen.

Sie liebte einen Mann, ihren Robin, den Earl von Leicester. Wäre sie nicht Königin gewesen, hätte sie ihn geheiratet. Aber es entging ihr nicht, dass Leicester sie dann nicht gewollt hätte. Als er sie zur Heirat drängen wollte, sagte sie zu ihm: ›In meinem Hause habe ich nur eine Hausherrin, aber keinen Hausherrn.‹ Die eigenen raffgierigen Adelsleute musste sie auf Distanz halten. Einer ehrgeiziger als der andere, glaubten alle sich dazu auserkoren, Elisabeths Herr im Bett und der Herr im Land zu werden.«

Die Studenten zappelten im Netz von Christians Beredtsamkeit. Sie suchten nach der Lücke in seiner Argumentation, doch sein Schwung riss alle mit.

»Als ob das noch nicht der Schwierigkeiten genug gewesen wären, versuchte während ihrer ganzen Regierungszeit ein notorisch missmutiges und in sich gespaltenes Parlament ihrer Macht Grenzen zu setzen. Worin bestand ihr größter Rückhalt? Bestimmt nicht in ihren Einnahmen. Sie zog aus ihrem ganzen Königreich weniger Steuern als Philipp von Spanien allein aus seinem Herzogtum Mailand. Auch nicht in ihrer Armee – von einer Hand voll schmucker Gardesoldaten abgesehen hatte sie gar keine. Was sie jedoch hatte, war ihre weibliche Intuition, eine überragende Bildung, eine unglaubliche Intelligenz – beherrscht etwa einer von euch Möchtegern-Anwälten sechs Sprachen?«

Niemand antwortete. »Das dachte ich mir«, sagte Christian. »Das Pfund, mit dem sie wucherte«, fuhr er fort, »war die leidenschaftliche Liebe zu ihrem Land. Sie herrscht durch Liebe. Sie umwirbt ihr Volk, für ihr Volk schmückt und putzt sie sich, macht sie Umzüge, um zu sehen und gesehen zu werden, unterhält sie einen glänzenden und lebenssprühenden Hof, der es mit jedem anderen in Europa aufnehmen kann, fördert sie die Gelehrsamkeit, die Kunst, das Theater. Hättet ihr heute ein Theater, wenn sie nicht wäre? Wenn es nach den Puritanern ginge, bestimmt nicht. Eure Königin und eure Königin allein hält die Puritaner in Schach.

Aber zuerst und vor allem hat sie es verstanden, ihr Volk aus den Kriegen herauszuhalten. Die Nation konnte wachsen, die Besteuerung auf einem Minimum gehalten werden. Während der Kontinent langsam ausblutete, blühte England auf. Die Lebensverhältnisse waren gut, wurden noch besser und entwickelten sich zum strahlenden Vorbild für alle Nationen. Sogar ein missgünstiger Papst sagte eines Tages: ›Was ist das für eine Frau? Sie herrscht nur über eine kleine Insel, aber sie erschüttert die Welt.‹

Und daher nimmt das Volk es seiner Königin Elisabeth auch ab, wenn sie sagt, dass sie es liebt. Aber um über euer streitsüchtiges und aufsässiges Volk zu herrschen, musste sie jeden einzelnen Engländer zu ihrem Liebhaber und Beschützer machen. Solange sie jungfräulich blieb, konnte sie mit der Loyalität jedes einzelnen Untertanen rechnen. In dem Moment jedoch, wo sie heiratete, würde diese Schutzverpflichtung einem einzigen Mann zufallen, ihrem Gemahl. Aus einer einzigartigen Intuition heraus und nur für sie selbst nachvollziehbar wählte sie die doppelte Waffe von Tugend und Jungfräulichkeit und brachte England Frieden und Wohlstand. Sie, die nie Ehemann oder Kind gehabt hatte, lenkte die natürlichen Leidenschaften einer Frau auf ihr Volk. Wie viel davon gewollt ist und wie viel Drang ihrer Natur, ist unerheblich, denn in der achtundzwanzigjährigen Herrschaft dieser Frau haben sich Wollen und Natur zu einem einheitlichen Ganzen verbunden.«

Christian blickte der Reihe nach jedem einzelnen der Studenten mit hypnotischem Blick ins Gesicht. »Schiebt eure kleinlichen Einwände beiseite, öffnet eure Herzen und Seelen für die Größe dieser Frau. Ja, gewiss, heute war ein schlimmer Tag für England, die Exekutionen waren hart, aber ihr einziger Zweck lag darin, vor neuen Verschwörungen abzuschrecken. Denn würde Elisabeth sterben – hättet ihr lieber Maria, die Königin von Schottland auf dem Thron?«

»Niemals!«, riefen die Studenten wie ein Mann.

»Ich komme soeben aus dem Palast von Whitehall. Dort sitzt die Königin und vergießt Tränen über die jungen Leben, die geopfert werden mussten. In ihrer unermesslichen Güte hat sie angeordnet, dass die anderen Verschwörer für ihr Verbrechen nur mit dem Tod am Strang büßen sollen. Da habt ihr eure Gerechtigkeit mit Gnade! Ihr werdet noch an meine Worte denken: Die Geschichte wird diese Frau als eine der größten Herrscherinnen Englands feiern, wenn nicht als die größte überhaupt. Ihr habt das Vorrecht, während ihrer Regentschaft zu leben, und ich kann euch jetzt schon sagen, dass ihr den Tag, an dem ihre Regierung endet, bitter beweinen werdet!«

Die Studenten traten verlegen von einem Bein aufs andere. »Was ergibt sich also unter dem Strich?«, fragte Christian und kam zum Schluss. »Eine Frau im Widerspruch mit der Natur? Nein, meine Herren, wir haben eine Königin, die ihre Jungfräulichkeit als Waffe einsetzt, als eine Waffe von solcher Wirksamkeit, dass sie damit ganz Europa dreißig Jahre lang in Schach halten konnte. Ihre Diplomatie war so geschickt, ihr Gespür für die politischen Erfordernisse der Zeit so fein, dass ihr Königreich als einziges in Europa blüht und gedeiht, während alle anderen in blutige Kriege verwickelt sind. Kein Wunder, dass der Papst, seine Jesuiten und Philipp von Spanien in ihr die Inkarnation des Teufels sehen – nur: Der Teufel ist eine Jungfrau!«

Christians feurige Verteidigungsrede hatte den Studenten die Sprache verschlagen. Murrend verzogen sie sich. Auf einmal stand Jonathan als Einziger da. Jonathan spürte, wie sich der Blick der goldenen Augen an ihm festsaugte und ihn in die Nische zog.

Hundert Fragen lagen Jonathan auf der Zunge, aber nachdem Christian ihn begrüßt hatte, stotterte er nur: »Ich habe ein paar Mal bemerkt, dass Ihr Euch aufrichten wolltet, aber Ihr seid jedes Mal wieder zurückgesunken. Habt Ihr wieder diese Krämpfe?«

»Gewissermaßen schon, nur diesmal ist es weniger unangenehm. Deine Besorgnis wärmt mir das Herz! Ob ich es dir wohl gestehen kann, mein Bürschchen? Aber warum nicht, wir haben keine Geheimnisse voreinander. Man kann sich nämlich schlecht bewegen, wenn ...«

Er griff unter den Tisch und zog eine voll erblühte Dienstmagd hervor, die dort gekauert hatte. Ihre Lippen waren vom Liebesdienst noch gierig gerötet. Christian warf ihr eine Münze zu. »He, meine Süße mir zu Füßen, mein kleiner Freund schaut so traurig drein. Tu mir den Gefallen, und bring ihn auch ein bisschen zum Lächeln.«

Jonathan hielt sich die Hände reflexhaft schützend vors Gemächt. »O nein, das geht nicht, nicht nach dem, was ich heute angesehen habe!«

Christian zog Jonathan in die Nische. »Du hast die Hinrichtung angeschaut? Merkwürdig, auf mich hatte sie genau die entgegengesetzte Wirkung. Ich brauche es, und zwar auf jede nur denkbare Weise, und sei es auch nur, um mir zu bestätigen, dass ich noch lebe. Seid alle gewarnt«, rief er in den Raum, »heute Nacht regiert der Gott Priapus! Wer nicht schneller laufen kann als ich, muss die lustvollen Konsequenzen selber tragen!«

»Ich habe noch nie schnell rennen können!«, kreischte Hedwig hinter dem Ausschank. Christians Gelächter schallte durch die Schankstube, fröhlich, verführerisch und gleichzeitig voller Wahrheit. »Mein süßes Mäulchen«, sagte er zu der Dienstmagd, »lass uns einen Augenblick allein, mein junger Galan und ich haben einiges miteinander zu besprechen.« Sie verzog sich.

Jonathan schaute sich ängstlich um. »Mylord«, sagte er und blickte Christian an, »ich erwähne es nur ungern, aber habt Ihr vergessen ...?«

»Keineswegs. Aber hier kann uns keiner sehen, außerdem wird die Lust durch ein bisschen Angst nur gesteigert. Und ich bin fest entschlossen, dieses süße Mäulchen zurückzubitten, sobald du dich beruhigt hast. Du warst doch einmal ein Taschendieb! Erinnerst du dich denn nicht mehr an den erregenden Kitzel, wenn du deinen Coup vor den Augen der Menge abgezogen hast, und keiner hat etwas davon bemerkt? Um den gleichen Kitzel geht es auch jetzt. Also nur Mut, mein Kleiner, du brauchst nur alles nachzumachen, was ich tue.«

Jonathan war nahe daran nachzugeben, doch ein letzter Rest Vernunft hielt ihn zurück. »Mylord«, stotterte er, »Boy de Bon Cœur hat mir erzählt, dass Walsingham von Eurem Beitrag zur Vereitelung der Babington-Verschwörung sehr begeistert ist.«

»Dieser Boy ist ein netter Junge, so blond und gesund, er erinnert mich immer an einen Kübel Milch. Aber was seine Auffassung von Staatsgeheimnissen angeht ... Nun, Walsinghams Zufriedenheit freut mich, aber die große Aufgabe ist bislang nur zur Hälfte erledigt.«

»Wieso? Die Verschwörung ist doch entdeckt und die Verräter tot.«

»Nicht alle. Wir treten immer noch auf der Stelle, und es geht weder vor noch zurück. Wir müssen den *Kern* des Verrätertums ausrotten. Die Verantwortung der Königin von Schottland muss festgestellt und Gerechtigkeit muss geübt werden! Nur dann können die Dinge den Lauf nehmen, der ihnen vorherbestimmt ist. Für mich ist die Arbeit deshalb noch lange nicht getan.«

Jonathan runzelte die Stirn. »Was für Dinge sollen ihren Lauf nehmen, Mylord?«

»Nun aber genug gegrübelt! Babington ist tot, und das muss gefeiert werden. Lasst uns also die Gelegenheit ergreifen und die Feste feiern, wie sie fallen. Als wir uns das letzte Mal gesehen haben, wolltest du einen Teller Konfekt für uns holen – und hast dich aus dem Staub gemacht. Ist das die Art des Umgangs, die zwei Brüder im Geiste miteinander pflegen sollten?«

»Das mit dem Geist stimmt schon«, winkte Jonathan ab. »Der Geist in diesem Rauch hat mich so fertig gemacht, dass ich kaum noch wusste, wer ich war, wo ich war und was ich tat. Würdet Ihr mir abnehmen, dass ich splitternackt über den Strand rannte, als ich wieder zur Besinnung kam?«

»Du warst nackt, weil das der natürliche Zustand der Menschheit ist, und gerannt bist du, weil du Angst davor hattest, das zu tun, was natürlich ist. Beichte mir alles, du wirst dich besser fühlen, wenn du der Wahrheit die Ehre gibst.«

Jonathan hob kleinlaut die Schultern. »Mag sein, dass ich ein bisschen Angst hatte ... Gut, ich hatte eine Riesenangst.«

»Vor mir? Oder vor dir selbst?«

»Beides, Mylord«, kam kaum hörbar Jonathans Antwort.

»Du bist wenigstens ehrlich, und das ist immerhin ein guter Anfang.« Christian leerte seinen Krug zur Hälfte. Er schloss Jonathan erdrückend in die Arme. »Ich freue mich ja sehr über unser Wiedersehen«, sagte er und schob Jonathan den Krug hin. »Trink, mein Freund, los, trink aus bis zur Neige!«, sagte er und summte:

»Ein dickes Ende ist das beste,
das ist doch leicht zu verstehn ...«

Mit jedem Schluck stieg Christians schwerer Duft Jonathan in die Nase, ein Duft aus Tabak, Ale, Moschus ... sogar der Duft dieses Mannes war von einer Macht, die Jonathan beinahe die Fassung raubte. »Christian, ich muss mit Euch sprechen.«

»Und ich mit dir, denn ist es nicht die Pflicht des Älteren, den Jüngeren zu belehren, wie er ein erfülltes freudvolles Leben führen kann? Ich werde dir jetzt ein Geheimnis verraten, von dem du bis in alle Zeiten profitieren wirst. Weißt du, was das Einzige ist, womit sich ein Mann wirklich schaden kann?«

Jonathan blinzelte und versuchte vergeblich dem Strudel zu entrinnen, der ihn immer weiter in die Tiefe saugte.

»Die Feigheit, seine wahre Natur nicht zur Kenntnis zu nehmen. Aber dazu ist es notwendig, dass er die Erkenntnis sucht, wie Adam, der vom Baum der Erkenntnis gegessen hat. Wirst du die Frucht vom Baum der Erkenntnis essen? Willst du dich durch sie befreien lassen?«

Jonathan hielt mit äußerster Anstrengung die Hände um die blutige Trophäe geklammert, die er von der Hinrichtung mitgebracht hatte. Seine Fingernägel gruben sich durch den Talisman in seine Handflächen, und irgendwie kam er wieder ein bisschen zu sich. »Wo ist Maudy?«, brach es aus ihm heraus.

Christian ließ ihn abrupt los und zog den Krug wieder zu sich herüber. Einen Augenblick lang befürchtete Jonathan, Christian würde ihm den Schädel einschlagen – doch dann hörte er ihn sagen: »Sie ist in London, soviel ich weiß, aber wo genau ...« Ratlos hob er die Hände. »Ich dachte, du könntest es mir sagen. Sie hat dich doch aufgesucht, oder?«

Jonathan schüttelte heftig den Kopf, wobei er sich fragte, warum er gelogen hatte.

Christians Augen glitzerten wie goldene Achate. »Sie hat etwas gestohlen, das mir gehört. Etwas sehr Wertvolles, Unersetzbares. Ich will es wiederhaben. Und ich warne dich: Jedem, der sich mir in den Weg stellt, geht es schlecht, hast du kapiert? Sie hat mir meinen Sohn weggenommen!«

»Euren Sohn?«, echote Jonathan einfältig und versuchte, überrascht zu tun. »Aber habt Ihr mir denn nicht erzählt, dass das Kind eine Totgeburt war?«

»Ich sah mich gezwungen, es Maudy gegenüber zu behaupten. Es hat mir sehr wehgetan, weil ich sie auf meine Weise – ach, du weißt doch, wie gut sie mir gefällt. Aber hier geht es um meinen *Sohn*. Ich kann doch nicht zulassen, dass er bei einer fliegenden Händlerin in den Gassen von London aufwächst, um dort zu leben und gleich wieder zu sterben – wo es doch in meiner Macht steht, ihm jeden denkbaren Vorteil zu verschaffen. Lass dir gesagt sein, der Umgang mit gekrönten Häuptern ist für meinen Sohn gerade gut genug.«

Jonathan versuchte, Zeit zu gewinnen. »Wie ist es denn dazu gekommen?«

»Du erinnerst dich doch, dass Maudy auf einmal schwer krank wurde. Das Fieber hat eine rasende Irre aus ihr gemacht, deswegen habe ich sie aufs Land geschickt, damit sie gesund wird. Aber wie das Schicksal so spielt, sie kam zurück, ohne dass ich es wusste, sah meinen Jungen, und als mein Diener und ich uns einmal anderen Dingen widmen mussten, hat sie ihn gekidnappt. Sie ist nicht mehr bei Verstand, ich schwöre es dir, ich fürchte um das Leben meines Jungen. Ich habe seitdem ganz London nach ihr abgesucht, die Spitäler, die Gefängnisse. Ich bin hierhergekommen, weil sie sich hier öfter blicken ließ. Wenn ich sie nicht finden kann ... die Verzweiflung äußert sich auf vielerlei Weise – ich bekämpfe die meine mit Ale ... und anderen Sachen.«

Er knetete Jonathans Schenkel. »Du musst mir helfen. Ich habe das untrügliche Gefühl, dass Maudy Verbindung mit dir aufnehmen wird. Wenn sie bei dir auftaucht, musst du ihr begreiflich machen, dass ich keinen Groll gegen sie hege. Aber Kindesentführung ist ein Kapitalverbrechen, und wenn man sie erwischt, bedeutet das ihr Todesurteil. Mach ihr klar, dass ich von einer Anzeige absehen werde, wenn sie mir den Jungen freiwillig zurückbringt, andernfalls wird sie unweigerlich hängen.«

In der Schänke ging es jetzt noch ungesitteter zu. Viele Paare küssten und begrapschten sich, aber Christians Stimmung war düster geworden. Als Jonathan aufstand, ließ er ihn ungehindert gehen.

Nach der Hitze und dem Tumult in der Schänke war die frische Nachtluft eine Wohltat. Auf dem langen Heimmarsch nach Shoreditch ließ sich Jonathan alles, was Christian gesagt hatte, noch einmal durch den Kopf gehen.

Was wäre dir denn lieber, stellte er sich selbst die Frage, ein adeliger Vater oder eine arme Mutter? Er gab sich selbst die Antwort: Mir wären beide recht.

Solange er Maudy nicht gefunden und ihre Version der Geschichte nicht gehört hatte, würde er niemals wissen, was er von der Sache zu halten hatte. Nicht, dass es bei Christians Rang und Maudys Vergangenheit vor Gericht auf Maudys Version in irgendeiner Weise angekommen wäre – wer hätte sich schon gegenüber einem mächtigen Höfling auf die Seite einer fliegenden Händlerin gestellt? Sie würde hängen, das war so sicher wie das Amen in der Kirche. Jonathans Atem wehte gespenstisch in der kalten Nachtluft. »Ich muss sie finden, bevor Christian es tut.«

Als er in der Nähe des Theaters anlangte, flog ihm aus der Dunkelheit eine Gestalt entgegen – mit freudigem Gejaule, Geknabber, Gebell und einem Schwänzchen, das wedelte wie ein wildgewordenes Metronom. »Hast du mich schon auf so große Entfernung gerochen?«

Das Hündchen sprang ihm in die Arme, leckte ihn, knabberte

an seiner Nase. Von der bedingungslosen Liebe des Geschöpfs gerührt, busselte Jonathan zurück. »Nun, mein Bürschchen«, äffte er Christian nach, »seit wir uns das letzte Mal gesehen haben, ist eine ganze Menge – potzblitz! So werde ich dich nennen. Hiermit taufe ich dich auf den Namen ›Bürschchen‹.«

Mit einer kleinen Taufwasserfontäne nahm der Welpe den Namen an, als hätte er von Geburt an darauf gehört. Warum hatte Jonathan so lange gebraucht, um darauf zu kommen? Da Bürschchen nun nicht mehr zu den Namenlosen gehörte, beschloss Jonathan, dass ihm jetzt auch ein Platz im Haus zustand. Er steckte ihn in sein Wams – »Aber dass du mich nicht wieder bepinkelst!« – und kletterte auf die Eiche, von der ein Zweig an sein Dachfenster stieß. Oben angekommen verkroch er sich sogleich in seinen Strohsack. »Keinen Ton jetzt«, flüsterte er, »und fang heute Nacht nicht an herumzustöbern. Curiosity frisst kleine Bürschchen wie dich mit einem Happs auf. Hoffentlich verliebt sich Mistress Goodfellow rasch in dich, du wirst nämlich bald zu schwer sein, um jeden Abend mit dir den Baum hinaufzuklettern.«

Bürschchen suchte sich einen Platz auf dem Lager, drehte sich ein paar Mal im Kreis, und nachdem er sich davon überzeugt hatte, dass nirgendwo eine Schlange lauerte, rollte er sich zu einer Fellkugel zusammen. Er stieß einen letzten unendlich zufriedenen Seufzer aus. Jonathan wäre jederzeit auf ein Dutzend Bäume geklettert, um diesen Laut noch einmal hören zu dürfen. Er streichelte den Welpen und starrte in die Dunkelheit. »Wir liegen hier sicher und geborgen, aber Maudy und mein Patensohn sind irgendwo da draußen und müssen sich verstecken, hungern vielleicht sogar. Bürschchen, wir müssen sie finden, wir müssen es!«

Mit dem Vorsatz zu träumen, wo Maudy sich aufhielt, sank er in unruhigen Schlaf. Er träumte von einem mit schreienden Irrsinnigen überfüllten Gerichtssaal, in dem man kreischend das Leben der Schuldigen forderte. Christian und Maudy standen sich vor den Schranken des Gerichts gegenüber. Genau in der Mitte zwischen ihnen war ein Korb aufgestellt, in dem ein goldenes Baby lag. Durch eine nur im Traum gültige Logik war es Jonathan zugefallen zu bestimmen, wer das Kind bekommen sollte. Unfähig, sich zu entscheiden, fällte er das einzige unter diesen Umständen mögliche Urteil. Mit pochendem Herz wartete er darauf, ob sich Christian oder Maudy seinem Urteilsspruch fügen würde: Das Kind sollte in zwei Teile geteilt werden, und jede der Parteien sollte einen Teil bekommen. Ein Kollegium von wahnsinnigen Richtern überantwortete währenddessen jeden Anwesenden dem Irrenhaus.

24.

Auf Schloss Fotheringhay, einen guten Tagesritt von London entfernt, wurde der Prozess gegen Königin Maria von Schottland vorangetrieben. Königin Elisabeth hatte es abgelehnt, ihre Kusine im Tower einzukerkern oder den Prozess in Westminster stattfinden zu lassen, da sie befürchtete, Marias Anwesenheit in London würde zu viel Unruhe und Aufsehen erzeugen. Die täglich im Palast von Whitehall eingehenden diplomatischen Botschaften legten beredt Zeugnis davon ab, dass schon längst viel zu viel Furore um den Vorgang entstanden war.

Königin Maria von Schottland lehnte es zwar ab, sich der Autorität ihrer Richter zu unterwerfen – sie bestand darauf, sie sei eine gesalbte Königin, über deren Schuld oder Unschuld gewöhnliche Sterbliche nicht befinden könnten –, das gegen sie vorgelegte Beweismaterial erwies sich indes als vernichtend. Nachdem man in ihrer Schmuckschatulle die Briefe Babingtons und ihre Antwortschreiben entdeckt hatte, in denen sie – in ihrer eigenen Handschrift – gefordert hatte, Königin Elisabeth zu ermorden, war über das Urteil kein Zweifel mehr möglich.

Am fünfzehnten Oktober fand eine Sondersitzung des Parlaments statt, bei der dieses ansonsten notorisch uneinige Organ einstimmig beschloss, dass Maria, Königin von Schottland, des Hochverrats schuldig und dem Tode zu überantworten sei. Eine Strafmilderung wurde gewährt: Die Delinquentin sei in Ansehung ihres königlichen Rangs ohne die übliche Strafverschärfung lediglich zu enthaupten. Es gab jedoch nur eine Person, die durch ihre Unterschrift das Todesurteil rechtskräftig machen konnte – Königin Elisabeth, und die fand sich dazu nicht bereit.

König Heinrich III. von Frankreich hatte Elisabeth wissen lassen, dass er gegen die Hinrichtung der schottischen Königin, die einst seine Schwägerin und Königin von Frankreich gewesen war, entschieden protestiere. Doch Elisabeth war durchaus bekannt, dass der Herzog von Guise, aus dessen Haus Maria abstammte, Umsturzpläne gegen Heinrich III. hegte und Ansprüche auf den französischen Thron erhob. Heinrich III. hatte genug eigene Probleme. Elisabeth nahm seine Warnungen nicht sonderlich ernst.

Auch Marias Sohn James VI. von Schottland meldete Protest an. Da man ihn protestantisch erzogen und von Kindesbeinen an erzählt hatte, dass seine Mutter für den Tod seines Vaters verantwortlich sei, war das Verhältnis des Sohnes zu seiner Mutter keineswegs besonders innig. Zudem würde ihn Marias Hinrichtung zum aussichtsreichsten Kandidaten der englischen Thronfolge machen, was ihn keineswegs kalt ließ. Dennoch war es ein Gebot der Sohnesliebe, Einspruch anzumelden, auch wenn dieser nur halbherzig ausfiel.

Papst Sixtus wetterte und tobte, drohte schlimmste Vergeltung an, aber nachdem Elisabeth bereits exkommuniziert war und der Papst selbst seit Jahren lautstark zu ihrer Ermordung aufgerufen hatte, war es ein klassischer Fall von Steinewerfen im Glashaus.

Auch die Stimme Philipps von Spanien fehlte nicht in dem anschwellenden Chor des Protestes. War Maria denn keine Katholikin? Und ihre Ankläger Protestanten? War ihr Schuldspruch durch die Häretiker denn nicht eindeutig ein abgekartetes Spiel? Maria durfte nicht hingerichtet werden. Ihre Befreiung war ein Dienst an Gott und der Gerechtigkeit. Allerdings hatte Philipp in all den Jahren von Marias Gefangenschaft nie etwas zu ihrer Befreiung unternommen, da der Fall für Spanien mit unangenehmen Weiterungen gespickt war.

Elisabeth war und blieb die Schlüsselfigur. Möglicherweise schwang in ihr die Erinnerung an die Hinrichtung ihrer eigenen Mutter nach. »Ich werde niemals Marias Todesurteil unterzeichnen«, ließ sie den Staatsrat wissen. »Eine Königin darf nicht vor Gericht gestellt und hingerichtet werden, noch nicht einmal von einer anderen Königin.« Als eine stets mit Bedacht handelnde Frau schlug sie als gangbare Lösung vor, man könne ja dafür sorgen, dass die Königin von Schottland aus unbekannter Ursache das Zeitliche segne und sich darauf berufen, sie sei eines natürlichen Todes gestorben. Auf diese Weise sei der Bedrohung durch diese Frau ein Ende gesetzt, ohne dass jemand mit dem Finger auf eine bestimmte Person zeigen könne.

Aber die Erzpuritaner vom Schlage eines Walsingham oder Leicester und selbst der friedliebende Burghley befürworteten einen öffentlichen Prozess und eine öffentliche Hinrichtung. Nur so käme der Verurteilung und dem Tod Marias die Autorität einer gesetzlichen Maßnahme zu und nur so könne der Vorgang den Triumph des Protestantismus über Rom dokumentieren. Das Parlament drängte, Elisabeth sperrte sich. Europa wartete gebannt. Es ging weder vor noch zurück.

*

Jonathan hatte in seine Suche nach Maudy auch Boy eingespannt. Eines Nachmittags kamen sie müde und mit wundgelaufenen Füßen nach Hollywell Lane zurück. Mistress Goodfellow, der das geschäftige Treiben der Schauspielertruppe sehr abging – die Truppe war immer noch auf Tournee –, bestand darauf, dass Boy zum Abendessen blieb. Nach ein paar Krügen Ale waren die Lebensgeister der Jungen wieder geweckt, und das Gespräch kam unvermeidlich auf das Für und Wider der Hinrichtung.

»Ihr seid ja noch zu jung, um zu wissen, seit wie vielen Jahrzehnten schon diese Frau England wie ein Mühlstein um den Hals hängt. Ich bin für leben und leben lassen, wie jeder Londoner, aber Königin hin oder her, noch nicht einmal der Dulder Hiob musste sich mit einer Plage wie diese Frau abquälen.«

Jonathan goss ein bisschen Öl ins Feuer. »Das ist leicht gesagt, aber ich möchte wetten, diese ganze Babington-Verschwörung ist in Wirklichkeit von Mylord Walsingham ausgeheckt worden.«

»Das ist sie nicht!«, verwahrte sich Boy und wurde puterrot. Es war schon fast ein Protestschrei.

»Warum ereiferst du dich so?« fragte Jonathan von der Heftigkeit der Reaktion überrascht. »Es sollte doch nur ein Scherz sein.«

»Walsingham hat jedenfalls nichts damit zu tun. Wer so etwas behauptet, ist ein Lügner.«

Mistress Goodfellow schwang drohend den Kochlöffel. »Ruhe jetzt, ihr zwei! Die Babington-Verschwörung ist ja gar nichts im Vergleich zu dem, was die Königin von Schottland zuvor schon getrieben hat. Wenn unser guter König Heinrich noch leben würde, hätte er sie in einen Tiegel siedendes Blei werfen lassen.« Die Jungen sahen sie ratlos an. »In der guten alten Zeit«, erläuterte sie, »als ein König noch wusste, wie man mit Übeltätern umzugehen hat – nicht wie heute, wo alles drunter und drüber geht –, warf man Gattenmörderinnen zur Strafe bei lebendigem Leib in einen Tiegel siedendes Blei.«

Sie begann, Brechbohnen vorzubereiten. »Maria war einmal mit Franz dem Zweiten verheiratet, dem Knabenkönig von Frankreich. Als er starb, kehrte sie nach Schottland zurück, wo sie ebenfalls auf dem Thron saß. Aber sie hat stets nach der Krone von England geschielt, und unsere Königin Bess ist für sie immer nur ein Bastard gewesen und eine Usurpatorin.« ›Knacks!‹ machten die Bohnen.

»Maria fand Schottland hinterwäldlerisch, unkomfortabel

und presbyterianisch. Es war eine herbe Umstellung für eine katholische Königin, die an das lockere und ausschweifende Leben am französischen Hof gewöhnt war. Bald fiel das Auge ihres willigen Körpers auf den jungen, gut aussehenden und von Mutter Natur prächtig ausgestatteten Lord Darnley. Königin Elisabeth hat ihn als ›der junge Lange‹ bezeichnet, obwohl ich in diesem Fall glaube, dass sie auf seine Beine anspielte. Gegen den ausdrücklichen Rat und Willen von Königin Elisabeth und unbeirrt von ihren zahlreichen königlichen Wutanfällen haben die beiden geheiratet.

Anfangs ging alles wunderbar, denn die beiden waren jung, lüstern und passten im Bett gut zusammen. Von den vierundzwanzig Stunden des Tages waren sieben das reine Vergnügen, aber was war mit den restlichen achtzehn?«

»Siebzehn«, korrigierte Jonathan.

Patsch, bekam er eins mit dem Kochlöffel auf die Finger. »Willst du nun die Geschichte hören, oder willst du mir lieber Rechenunterricht erteilen?«

»Bitte die Geschichte!«, bettelte Boy. Seine Augen glänzten vor Eifer. »Ihr erzählt vieles ganz anders, als ich es von meinem Papa kenne.«

»Es freut mich, dass wenigstens einige der Anwesenden begriffen haben, was wichtig ist, während uns andere ihren Undank spüren lassen, obwohl wir ihren Flohbeutel von Hund im Hause dulden. Es wäre zu überlegen, ob ein Hausverbot ...«

Bürschchen lag zusammengerollt vor dem Herd und spitzte die Ohren. Jonathan fiel auf die Knie und rang demütig die Hände. »Ich bitte ergebenst um Vergebung für mein unverzeihliches, undankbares, widerliches ...«

Ein wenig besänftigt setzte Mistress Goodfellow ihre Erzählung fort. »Maria hatte Darnley im Ehevertrag die Mitkönigskrone versprochen, und er war töricht genug, ihr zu glauben – einer Halbfranzösin! Als sie von ihrem Wort nichts mehr wissen wollte, war der Bart ab, allerdings hatte Maria zuvor noch dafür gesorgt, dass sie schwanger wurde. Es dauerte nicht lange, und sie schliefen getrennt. Aber was macht ein Mann, damit ihm in seinem Bett nicht kalt wird? In Schottland ist von ein oder zwei Tagen im August abgesehen sowieso immer Winter. Darnley fing also an, zusammen mit ein paar Kumpanen aus seinem Gefolge herumzuhuren. Dann glaubte er, Maria hätte eine Affäre mit ihrem italienischen Sekretär Rizzio.«

»Und, hatte sie?«, wollte Jonathan wissen. Wenn eine Königin es besorgt bekam, war der Kitzel doch erheblich größer als bei einem gemeinen Mann. Gab es besondere Stellungen, die nur gekrönten Häuptern vorbehalten waren? Es ging doch immer die Rede von einer ›königlichen Bumsnacht‹. »Hatte sie nun eine Affäre, oder nicht?«, bohrte er.

»Es sei mir fern, jemand anzuschwärzen, aber du kennst doch diese Italiener. Es heißt ja, man braucht sich von so einem nur die Hand küssen zu lassen, und schon liegt man mit gespreizten Beinen auf dem Kreuz.« Sie verdrehte die Augen. »Und dieser Rizzio hat unentwegt Hände geküsst. Mehr sage ich nicht, denn du weißt ja, wenn ich eines nicht bin, dann eine Klatschtante.«

»Jetzt bitte nicht aufhören!«, klang es im Chor.

»Also gut, aber nur, weil ihr sonst keine Ruhe gebt. Darnley drang mit ein paar von seinen Männern in die Privatgemächer der Königin ein, während sie mit Rizzio tafelte, und ...«

»Und was?«, schrien Boy und Jonathan wie ein Mann.

»In Rizzios Leiche wurden sechsundfünfzig Einstiche gezählt. Darnley wollte wohl auf Nummer sicher gehen. Maria hatte jetzt die Nase voll von ihm und versicherte sich der Hilfe des Earl von Bothwell, mit dem sie jetzt herummachte – man mag ja von ihr sagen, was man will, aber sie hat nie etwas anbrennen lassen. Gemeinsam heckten sie einen Mordplan aus, um Darnley zu beseitigen. Wie eine verräterische Schlange sollte Maria Darnley in ein Landhaus locken, nach Kirk O'Fields, wenn ich mich recht erinnere. Dann sollte sie sich unter einem Vorwand wieder empfehlen, und das Haus sollte samt Darnley in die Luft gesprengt werden.

Aber Darnley roch den Braten und konnte noch vor der Explosion aus dem Haus entkommen, aber man hat ihn erdrosselt nackt im Garten gefunden. Sein Lieblingspage wurde ebenfalls nackt und erdrosselt bei ihm gefunden, und was das nun wieder bedeutet, male ich mir lieber gar nicht aus.

Anschließend hat Maria behauptet, der Earl von Boswell hätte sie entführt und vergewaltigt, und nach schottischem Recht ließ ihr das keine andere Wahl, als ihn zu heiraten. Und das hat sie auch schleunigst gemacht – während der arme Darnley in seinem Grab noch warm war. Aber das schottische Volk hatte von Marias Morden, Hurerei und Schandtaten jetzt endlich genug. Es erhob sich und gab Marias Armee bei jedem Gefecht eins auf den Hut. Darauf floh sie nach England und suchte Zuflucht bei unserer guten Königin Bess. Aber das hat sie nicht davon abgehalten, pausenlos Verschwörungen anzuzetteln, um die englische Krone an sich zu reißen. Es gibt nur eine Möglichkeit, wie man diesem intriganten Weibsstück das Handwerk legen kann.«

»Königin Elisabeth wird *niemals* das Todesurteil unterzeichnen«, stellte Boy mit Bestimmtheit fest.

Bürschchen knurrte und fing kurz darauf zu kläffen an.

»Der Schatten von Lord Darnley ist gekommen, um sich zu rächen«, hauchte Boy.

»Ich glaube eher, da draußen ist jemand«, meinte Jonathan.

Kurz darauf war Stimmengewirr zu vernehmen, Räder kamen zum Stillstand. Mistress Goodfellow eilte zur Tür. »Der Herr sei gepriesen!«, rief sie. »Meister Burbage und die Truppe sind wieder da!«

Auch Jonathan war zur Tür gelaufen. »Sieh mal, wen Burbage nach London mitgebracht hat. Da ist ja Will Shakespeare!«

25.

Nach einem Ruhetag trat Burbage vor die Truppe. »Die Einnahmen von Monaten sind uns entgangen. Der Fehlbetrag ist beträchtlich. Zum Ausgleich müssen wir jeden Tag spielen – egal ob Regen oder Sonnenschein.«

Jonathan hatte das Theater während der Abwesenheit der Truppe gut in Schuss gehalten. Innerhalb von zwei Tagen war man wieder spielbereit. Jonathan ließ vom Turm des Theaters die Fahne flattern, die allen Londonern verkündete, dass die Vorstellungen wieder liefen.

Das Wetter spielte mit, ein südlicher Wind dämpfte die spätherbstlichen Temperaturen. Die theaterhungrigen Bürger strömten nach Shoreditch. Kleinere Patzer wurden vom Publikum milde vergeben; man reagierte begeistert auf gute Vorstellungen und trennte sich klaglos von seinem Geld.

Jonathan registrierte einige merkliche Veränderungen bei seinen Kollegen. Alle wirkten vom Tourneedasein abgekämpft. Pudge hatte einen chronisch entzündeten Hals, und es fehlte nicht an Gerüchten, wie es dazu gekommen war. Will Shakespeare hatte ein paar seiner kleineren Männerrollen übernommen. Er hatte sich Burbage in einem solchen Ausmaß gewogen machen können, dass dieser sich angeboten hatte, ihn nach London mitzunehmen, um zu zeigen, was er konnte – auch wenn keinerlei konkrete Versprechungen gemacht wurden. Wills Begeisterung für die Schauspielerei überwog zwar seine Begabung, aber mit Engagement und Liebe zur Sache bezwang er sämtliche

Hindernisse. Zur Zeit hauste er zusammen mit ein paar Schauspielerkollegen in der Holywell Lane. Falls er Sehnsucht nach seiner Familie hatte, so zeigte er es nicht.

An Tarleton war die größte Veränderung festzustellen. Seine Energie und sein perfektes Timing, womit er einst das Publikum zu wahren Lachstürmen hingerissen hatte, waren dahin. Alter? Zerstreutheit? Was auch immer der Grund sein mochte, es änderte wenig, denn das Gelächter war nun einmal der Grundstock des Theaters. Burbage befand sich in aller Stille auf der Suche nach einem neuen Clown.

Jonathan freute sich sehr, dass seine Kollegen wieder da waren, und sonnte sich in ihrer Zuneigung, aber manchmal überkam ihn Verdruss. Was sollte diese Gaukelei angesichts der großen Krisen, mit denen die Nation konfrontiert war? Angesichts der voranschreitenden Eroberung der Niederlande durch Philipp von Spanien und der Gefahr, die diese Eroberung für England bedeutete? Angesichts der heftigen Auseinandersetzung zwischen Parlament und Königin Elisabeth über das Schicksal der schottischen Königin? Und schließlich angesichts dessen, was sein Herz ganz unmittelbar bedrängte, das Schicksal von Maudy und ihrem Kind ... seinem Patenkind. Immer noch gab es keine Spur von ihnen.

Eine weitere Veränderung vollzog sich völlig unerwartet an anderer Stelle, nämlich bei Boy de Bon Cœur. Unter der Bürde gewichtiger Staatsgeschäfte kam ihm das Los eines Schauspielers durchaus erstrebenswert vor. Wann immer er sich aus der Seething Lane davonstehlen konnte, kam er zu Besuch, um sich mit Jonathan im Theater einen aufregenden Nachmittag zu machen.

Mistress Goodfellow ermutigte ihn zu seinen Besuchen, nicht nur weil sie sich von ihm einen guten Einfluss auf ihr Sorgenkind versprach, sondern auch, weil er einen so überaus gesunden Appetit entfaltete. »Du erinnerst mich an meinen Mann in seinen letzten Jahren. Ein Mann, der einen ganzen Rehrücken vertilgen und einen vollen Krug Ale hinterherspülen kann, weiß auch, wie er eine Frau zu behandeln hat. Denk nur an unseren jüngst entschlafenen Heinrich. Mein Gott, was konnte der essen, und er hat sechse zufrieden gestellt.«

Mit dem Abnagen eines Kotelettknochens beschäftigt, stieß Boy den in seinem Essen herumstochernden Jonathan an. »Du hast mir bei keinem Wort zugehört, das ich dir erzählt habe. Hast du gehört? Ich muss wahrscheinlich wieder fort, auf den Kontinent. Ich bin schon ganz aufgeregt, weil ich hoffentlich auf diese Weise meine Blamage von Prag wieder ausbügeln kann.« Jonathan blieb immer noch stumm. »Was du brauchst, ist ein guter Arzt«, murrte Boy. »Roher Rhabarber treibt dir die üblen Säfte aus dem Leib und die üble Stimmung gleich mit.«

Blinzelnd erwachte Jonathan aus seiner Geistesabwesenheit. »Entschuldigung, aber dieses Problem macht mich noch ganz wahnsinnig: Wo in in aller Welt mag sie nur stecken, dass ich sie ums Verrecken nirgendwo finden kann?«

»Jon, habe ich dir schon erzählt, dass Walsingham das Todesurteil für die Königin von Schottland in Verwahrung hat? Dreimal schon hat er es der Königin zur Unterschrift vorgelegt, und dreimal hat sie es ihm gleich wieder an den Kopf geworfen. Am ganzen Hof wagt sich keiner mehr auch nur zu räuspern.«

»Boy, denk mal nach: Wohin würdest du dich verkrümeln, wenn du dich verstecken müsstest? Ich meine jetzt nicht die üblichen Orte, da habe ich schon überall gesucht.«

»Wie wär es mit ... einem Ort, wo sich sonst niemand hinwagt? Ein Friedhof vielleicht. Wenn man in eine Gruft einbrechen würde, könnte man dort wohnen, und nur der Teufel und die Toten wüssten davon.«

»Ein Ort, wo sich sonst niemand hinwagt«, sagte Jonathan sinnend. »Gar nicht so dumm, was du da sagst. Warte mal, Christian hat gesagt, sie sei verrückt geworden ...« Wie von einem Pfeil getroffen, richtete Jonathan sich steil auf. »Jawohl, verrückt – das also sollte mein Traum bedeuten. Boy, du bist ein Genie!«

Er flitzte hinaus, und Bürschchen flitzte hinterher. Er rannte die Hollywell Lane hinunter, wandte sich dann scharf nach rechts in die Bishopsgate Street, rannte, so schnell ihn seine langen Beine trugen. Tausendmal schon war er hier vorbeigekommen, ohne je daran zu denken, auch an diesem makabren Ort zu suchen.

Bürschchen hielt wacker Schritt und hatte die größte Freude an der Lauferei, doch plötzlich hielt er inne, sein Rückenhaar sträubte sich, und er hob an, aus tiefer Kehle grollend zu knurren. Jonathan drehte sich um. »Was ist los? Es ist doch niemand zu sehen!« Aber Bürschchen wollte sich nicht beruhigen. Da die Hundenase mehr mitbekam als Jonathan mit sämtlichen fünf Sinnen zusammen, drückte er sich zwischen die Häuser, kletterte über Zäune, schlug Haken. »Bürschchen, wenn jemand uns gefolgt ist, haben wir ihn jetzt abgehängt«, stieß er nach einer Weile hervor.

Er rannte weiter. Dunkel und düster ragte ein Gebäude vor ihm auf. Als er näher kam, jagten ihm die Schreie der Verzweifelten und ihr irres Gelächter eine Gänsehaut über den Rücken. Niemand, der noch seine fünf Sinne beieinander hatte, würde auf die Idee kommen, hier nach Maudy zu suchen. Nicht im Spital von Bethlehem, dem Asyl für Geisteskranke, das alle nur Bedlam nannten.

»Bürschchen, hier irgendwo muss sie sein«, flüsterte er. »Ich weiß nicht, woher ich es weiß, aber ich weiß, dass sie hier ist. Das hat mein Traum von den verrückten Männern bedeutet, die über Maudy zu Gericht saßen.« Jonathan wagte nicht, das Gebäude zu betreten. Er war überzeugt, die Irren würden ihn in Stücke reißen, und wichtiger noch, mit seinem Auftauchen könnte er Maudy verscheuchen. »Wir kommen einfach jeden Tag wieder und warten, bis sie sich von allein zeigt.« Mit diesem Gelöbnis machte er sich auf nach Hause.

Die ganze nächste Woche hielt Jonathan vor Bedlam Wache. Bürschchens Warnung eingedenk begab er sich stets auf Umwegen dorthin. Sooft der Regen die »Queen's Men« von der Bühne fernhielt, trieb Jonathan sich mit Bürschchen an seiner Seite vor Bedlam herum, beide tropfnass.

An einem düsteren Tag Ende Dezember war die Bühne vom nächtlichen Frost spiegelglatt geworden. Burbage fürchtete, dass jemand sich ein Bein brechen könnte, und Jonathan hatte unerwartet einen ganzen Tag frei. Stundenlang hatte er schon in der Nähe von Bedlam gehockt. »Könnte es sein, dass mein Traum lediglich ein Traum ohne Bedeutung war?«, sagte er trübsinnig zu Bürschchen.

In diesem Moment sah er sie aus dem Gebäude treten. Auf dem Kopf balancierte sie einen Weidenkorb, der mit einem Band unter ihrem Kinn befestigt war. Der Dampf der nassen Wäsche im Korb legte sich wie ein Heiligenschein um ihren Kopf. In einem um die Schulter geschlungenen Babytuch saß der Knabe.

Jonathan bezwang den Impuls, zu ihr zu laufen. Er befürchtete, sie könnte sich vor Schreck ins Gekröse dieses Höllenlochs zurückziehen und er hätte sie endgültig verloren. Unauffällig ging er ihr nach. Sie wandte sich nach Westen zu den weiten Moorfields, in denen man hölzerne Spannrahmen zum Trocknen von Tuch aufgestellt hatte. Maudy legte das Kind auf den Rasen und begann, die Wäsche an den Gestellen aufzuhängen, wobei sie die einzelnen Stücke geschickt zwischen den Haken der Rahmen aufspannte.

Der Kleine krabbelte herum, untersuchte den Klee und die vielerlei Wildblumen, wobei er alles in den Mund steckte. Bürschchen setzte sich auf und hob neugierig Pfote und Kopf. Wie ein geölter Blitz lief er hinzu, schmiss sich vor dem unverhofften rosa Spielgefährten hechelnd auf die Vorderpfoten und streckte das Hinterteil in die Luft. Es war Liebe auf den ersten Blick. Um die beiden herum versank die Welt. Das Kind entdeckte den Hundeschwanz, Bürschchen ließ ihn willig einfangen, sogar in den Mund stecken und darauf herumkauen.

Maud hielt in ihrer Arbeit inne. Sie lächelte über die spielenden Geschöpfe, dann erblickte sie Jonathan. Sie riss das Kind in ihre Arme und wandte sich zur Flucht ...

»Maudy, ich bin allein«, rief Jonathan, »niemand weiß, dass ich hier bin.«

Sie hielt inne, dachte vielleicht an den Tag, als Jonathan sie auf dem Jahrmarkt vor den donnernden Hufen bewahrt oder ihr bei der Razzia vor dem Half Moon Inn das Leben gerettet hatte.

Langsam trat er zu ihr. Sie fiel ihm in die Arme. Aus Angst, aus Erleichterung, endlich gefunden worden zu sein, brach sie in unkontrolliertes Schluchzen aus. Jonathan hielt sie fest umschlungen. Allmählich beruhigte sie sich.

Als sie sich gefasst hatte, hielt sie ihm das Kind hin. »Halte mal den kleinen Christian, ich muss mit der Arbeit fertig werden. Aber wie hast du mich gefunden?«

»Ich habe dich überall vergeblich gesucht, aber dann hatte ich einen Traum.«

Sie akzeptierte die Erklärung, wie man eine Redensart akzeptiert.

»Maudy, ist es denn vernünftig, an einem Ort zu leben, der von lauter bösen Geistern bevölkert ist?«

»Christian sucht ganz London nach mir ab. Irgendwo musste ich mich verstecken. Nachdem sich jedermann so sehr vor Bedlam fürchtet, dachte ich, dass wohl keiner auf die Idee kommen würde, ausgerechnet dort nach mir zu suchen. Für meinen Unterhalt besorge ich den Leuten dort die Wäsche. Das ist zwar ein Haufen Arbeit, aber ich schaffe es schon. Solange mein Sohn dabei wächst und gedeiht, werde ich die ganze Welt sauberwaschen, falls nötig.«

»Aber das sind doch Irre! Hast du denn keine Angst?«

»Ich muss zugeben, dass ich mich oft fürchte. Am schlimmsten ist es an den Sonntagen, wenn die Londoner kommen und diese armen Kreaturen necken, quälen und mit Steinen bewerfen. Es dauert Tage, bis sie sich wieder beruhigt haben. Aber so sehr ich mich vor denen fürchte, ich habe noch viel mehr Angst vor Christian. Dieser Unhold hat geschworen, mein Kind wäre bei der Geburt gestorben, und dabei hat er es mir weggenommen! Wie kann ein Mann ein solches Ungeheuer sein?«

Der kleine Christian fing an zu krähen und bekam die Brust. Jonathan krabbelte ihn an seinem Doppelkinn. »Er ist dick und rund, du sorgst gut für ihn. Die Farbe hat er von Christian, das gleiche Flachshaar, die gleichen Bernsteinaugen. Aber sein Gesicht ist so süß. Darin spiegelt sich das Erbteil seiner Mutter, Maudy.«

Der frische böige Wind blies die Wäsche schnell trocken. Sie nahmen sie von den Spannhaken und falteten sie zusammen. Auf dem Rückweg zum Asyl trug Jonathan den Wäschekorb, das Kind schlief an Maudys Brust.

»Maudy, wir müssen dich aus Bedlam herausholen. Die bösen Dämonen, die in diesen armen Geschöpfen hausen, könnten dich und den kleinen Christian befallen.«

»Der Herr weiß, dass das meine größte Sorge ist, aber ich weiß nicht, wo ich sonst hin soll.«

»Wenn du an einem solchen Ort lebst, und Christian findet dich, wird der Magistrat keine Sekunde zögern, ihm das Kind zuzusprechen.«

»Er kann mich nur finden, wenn du ihm sagst, wo ich bin.«

»Das würde ich niemals tun. Hast du so wenig Vertrauen zu mir?«

»Schwöre es mir bei deinem Leben.«

»Bei meinem Leben! Aber ich habe eine Idee. Würdest du mit mir in die Hollywell Lane kommen? Mistress Goodfellow habe ich schon entsprechend vorbereitet, und Meister Burbage werde ich sagen, er kann mich als Lehrling haben, solange er will, wenn er dich bei uns bleiben lässt. Ich bin sicher, dass er genügend Arbeit für dich hat – waschen, Kostüme flicken und was sonst noch alles.«

Tränen traten in ihre Augen. »Das würdest du für mich tun?«

»Das muss ich doch«, sagte er fröhlich, »wir haben schließlich unsere Initialen im Turm von St. Paul's eingraviert, weißt du noch? Ist das nicht so, als wären wir vor dem Auge Gottes Mann und Frau? Verstehe mich nicht falsch«, setzte er hastig hinzu, »Maudy, ich spreche als dein Freund, du bekommst natürlich deinen eigenen Strohsack!«

»Es wäre wunderbar, nur, Christian geht oft ins Theater und könnte mich sehen. Eines Tages wird er London den Rücken kehren – hat er nicht oft genug zu uns gesagt, dass er ein freiheitsliebender Geist ist? Ich lass mir dein Angebot durch den Kopf gehen. Jon, bete dafür, dass Gott mir ein Zeichen schickt!«

In der folgenden Woche suchte Jonathan Maudy auf, sooft es ihm möglich war. Jedes Mal brachte er Maudy und dem Jungen etwas Leckeres mit, das er sich vom Munde abgespart hatte. Er fing sogar an, sich gelegentlich etwas aus der Speisekammer zu »borgen«, einen Kanten Rauchfleisch oder eine Nierenpastete. »Lieber Gott, es ist kein Rückfall in meinen alten Schlendrian«, betete er bei seinem Nachtgebet, »aber ich kann sie doch nicht verhungern lassen! Ich werde alles wieder zurückgeben, sobald ich kann. Lieber Gott, beschütze sie, sie tun keinem etwas Böses, sie bringen doch nur Schönheit in unsere Welt.«

26.

Jonathan saß vor dem Spiegel und schminkte sich. Er musste heute die Bel-Imperia spielen, Pudge war indisponiert. Es war ein kalter Tag, und der Besuch würde mager ausfallen, doch Burbage war entschlossen, die Kuh bis zum letzten Tropfen zu melken.

Er kleidete sich fertig an und betrachtete das fremde Gesicht im Spiegel. Immer wieder faszinierte es ihn, wie ein bisschen geschickt auf die Augen aufgetragener Ruß, ein bisschen Krapprot für die Lippen, die fließenden Gewänder des schwachen Geschlechts und als Krone der Täuschung eine Perücke ihn in einem solchen Maße verwandeln konnten, dass die Männer glaubten, er sei als Frau aus dem Schoß seiner Mutter gekrochen.

»Erstaunlich«, bemerkte Will Shakespeare im Vorbeigehen, »welch eine bemerkenswerte Ausgeglichenheit der Säfte. Du bist ein gut aussehender Bursche, aber als Mädchen bist du nicht weniger begehrenswert.«

Während die Verwandlung früher zum Reiz der Schauspielerei gehört hatte, war sie ihm in letzter Zeit immer unangenehmer geworden. Morganas Kritik hallte in seinem Kopf wider: »Wie könnte ein nur halbwegs respektabler Mensch jemand ernst nehmen, der einmal Mann ist und einmal Frau?«

Der Beginn der Vorstellung rückte näher. Er betrachtete das Publikum durch das Guckloch im Vorhang. Das Theater war mit ungebärdigen Studenten und Lehrlingen schwach besetzt. Ein undankbareres Publikum gab es nicht, und er hatte die Bel-

Imperia seit Monaten nicht mehr gespielt. Er geriet in Lampenfieber.

Seine Nervosität brachte ihn genau dahin, wohin er nicht wollte. Unfähig, ganz in der Frauenrolle aufzugehen, spielte er die Prinzessin mit hölzerner Förmlichkeit und zog die Vorstellung der anderen Schauspieler gleich mit nach unten. Das Parkett bewarf ihn mit matschigen Himbeeren und zeigte ihm den Stinkefinger.

Mit einem hurtigen Tritt in Jonathans Hintern ließ Burbage auf den Spott die Strafe folgen. »Damit du wieder zur Vernunft kommst, wirst du heute den ganzen Laden sauber machen!«, zischte er.

Mit der Welt uneins streifte Jonathan das Kostüm ab. Während die Kollegen sich in den »Roten Hirsch« verzogen, um sich gegenseitig die Wunden zu lecken, stieg Jonathan hinauf in die oberste Galerie und fing an, wie ein Besessener den Besen zu schwingen. Jeden Moment konnte Boy kommen. Jonathan hasste es, bei der Verrichtung dieser niedrigen Dienste erwischt zu werden, die eindeutig Frauenarbeit waren.

Nach ungefähr zehn Minuten ließ ihn ein erstickter Schrei aufhorchen. Er legte die Hand ans Ohr. Aus der Ferne klang das Gelächter von schlittschuhlaufenden Kindern zu ihm herauf. Dann hörte er wieder einen Schrei, einen Schmerzensschrei diesmal. Er stürzte die drei Etagen der Galerienaufgänge hinunter, sprang im Parkett von Bank zu Bank auf die Bühne und rannte in die Garderobe. Beim Eintreten stolperte er über etwas, das auf dem Boden lag. Er schaute hinunter – und da lag die Prinzessin Bel-Imperia.

»Zieh mir um Gottes willen dieses Kostüm aus«, keuchte Boy. »Papa bringt mich um, wenn er jemals erfährt ...«

Jonathan kniete nieder und fing an, Boy aus dem Kostüm zu schälen. »Bist du hingefallen? Hast du dir wehgetan?« Er fühlte etwas Feuchtes. Erschrocken zog er die Hand zurück. »Mein Gott, hat jemand mit dem Messer auf dich eingestochen?«

»Die Perücke!«, jammerte Boy, und versuchte sie vom Kopf zu schütteln. »Befrei mich doch davon!« Der Gedanke, im Kostüm erwischt zu werden, war für ihn schlimmer als seine blutende Wunde.

Jonathan holte Boy vollends aus dem Kostüm. Er presste einen Lappen auf die Wunde, um das Blut zu stillen. »Wer hat das getan?«, fragte er eindringlich, doch Boy war ohnmächtig geworden.

Als Jonathan Zeter und Mordio schrie, gab es ein großes Durcheinander. Die Konstabler kamen herbei. Man rief nach einem Arzt, doch da es in Hollywell keinen fähigen Arzt gab, wurde der Karren der Truppe requiriert, um den Verletzten nach Hause zu schaffen. Jonathan fuhr mit. Die Hand fest auf die Stichwunde gepresst, bemühte er sich, den Blutfluss einzudämmen. »Wer?« und »Warum?« fragte er sich unterwegs in einem fort.

Zu Hause bei den Bon Cœurs auf der London Bridge angekommen, erhoben Boys Eltern und Morgana ungestümes Klagegeschrei. Mühsam wurde Boys schlaffer lebloser Körper die enge Stiege hinaufgeschafft und auf einen Strohsack gebettet.

Aschgrau im Gesicht knöpfte Raymond de Bon Cœur sich Jonathan vor. »Wenn das nicht wieder deine Schuld ist, nicht wieder einer deiner infernalischen Streiche! Nie habe ich einen so leichtsinnigen jungen Menschen erlebt wie dich! Verflucht sei der Tag, an dem ich dir gestattet habe, in unser Leben zu treten. Möge Gott dir vergeben, ich kann es nicht.«

»Ich habe doch gar nichts getan. Ich habe ihn so gefunden. Er hatte sich mit mir im Theater verabredet. Er ist ohnmächtig geworden, bevor er mir sagen konnte ...«

Der Arzt traf ein und schickte alle aus dem Zimmer. Dr. Rodrigo Lopez, spanischer Jude, galt als einer der besten Ärzte Londons. Man hatte ihn schon häufig zur Königin gerufen. Walsingham hatte von dem Überfall gehört und sich der Dienste von Dr. Lopez vergewissert, um Boy das Leben zu retten.

Jonathan ging in der Eingangshalle auf und ab. Während rings um ihn her geschäftiges Treiben herrschte, kam er sich nutzlos vor wie ein fünftes Rad am Wagen. Die Tränen und Vorhaltungen der Familie trafen sich mit seinen eigenen Befürchtungen. »Bitte, lieber Gott, lass ihn nicht sterben.«

Morgana kam herangerauscht, schön in ihrem Zorn. In ihren Augen brannte der Hass. »Es ist ganz allein deine Schuld. Alles ist deine Schuld. Seit Boy dich in unser Haus gebracht hat ... der Fluch Gottes liegt auf dir und auf allem, was du berührst ... hinaus! Hinaus!«

Jonathan ging. Seine Ohren brannten von Morganas Anschuldigungen. Das dumpfe Gefühl, sie könnte Recht haben, drückte ihn nieder.

Tags darauf hatte fast ganz London von dem Anschlag gehört. Die Neugier trieb mehr Menschen ins Theater, als es fassen konnte. Nichts regt den Appetit stärker an als Skandale, nichts ist so gut fürs Geschäft wie ein Mord.

Eine Nachricht von Raymond de Bon Cœur riss Jonathan aus seiner düsteren Stimmung. Boy verlangte nach ihm. Ohne Burbages Erlaubnis abzuwarten, lief er los zur London Bridge.

Boy lag auf seinem Strohsack. Sein Atem ging flach, eine graugrüne Blässe überzog sein Gesicht. Jonathan versuchte, seine Betroffenheit zu verbergen. Er setzte sich im Schneidersitz neben Boys Lager und nahm seine Hand.

»Was hat Dr. Lopez gesagt?«

»Die Klinge ist zwischen meinen Rippen hindurchgegangen. Dr. Lopez meint, die Lunge ist vermutlich verletzt worden. Deswegen fällt mir das Atmen so schwer.«

»Aber das heilt doch wieder, oder?«

»Dr. Lopez hat getan, was er konnte. Der Rest liegt in Gottes Hand.«

»Du *musst* wieder gesund werden. Wenn du stirbst, stirbt auch ein Teil von mir.«

Boy fuhr sich mit der Zunge über die ausgetrockneten Lippen. Jonathan stützte seinen Kopf und half ihm, einen Schluck von Dr. Lopez' Allheilmittel zu nehmen: Hühnerbrühe.

»Hast du meinem Vater etwas von dem ... von dem Kostüm gesagt?«

Jonathan schüttelte energisch den Kopf. Die Erleichterung war deutlich auf Boys Gesicht zu lesen. Stumm verweilten sie beieinander und lauschten dem klagenden Schrei der Möwen. »Kannst du dich erinnern, wie es geschehen ist?«, fragte Jonathan leise.

»Zum Teil.« Boy, der immer wieder Pausen einlegte, um Kräfte zu sammeln, begann zu erzählen. »Als ich im Theater ankam, waren die Schauspieler gerade alle fort. Ich sah dich oben in der obersten Galerie beim Kehren. Während ich darauf gewartet habe, dass du fertig wirst, hat der Teufel mir ins Ohr geblasen, und ich stahl mich in die Garderobe. Da hing das glitzernde Gewand der Bel-Imperia, ihre Perücke ... Ich musste es immerzu anschauen.

Da hat der Teufel mir abermals ins Ohr geflüstert. ›Was schadet es schon? Du liebst doch Jonathan und vertraust ihm. Er tut das jeden Tag.‹ Da habe ich das Kostüm und die Perücke einfach zum Spaß anprobiert – ich schwöre es dir, ich wollte nur mal wissen, wie man sich darin fühlt. In diesem Augenblick traf mich die Keule Gottes. Es war Seine Strafe für meine Sünde. Nie, nie mehr lass ich mich auf derlei teuflische Eingebungen ein.«

»Dich hat nicht die Keule Gottes getroffen, sondern das Messer eines gemeinen Meuchelmörders! Hast du gesehen, wer es war?«

Boy schüttelte den Kopf. »Er ist von hinten gekommen und hat mich am Hals gepackt. Umdrehen war unmöglich. Sein Gesicht habe ich auch nicht sehen können.«

»Es war also ein Mann?«

»Der Stärke nach, ja.«

»Groß? Klein?«

»Größer als ich. Er hat mir Fragen ins Ohr gezischt, aber ich wusste überhaupt nicht, was er wollte. Irgendwas von einem wertvollen Besitzstück und ob ich wüsste, wo es ist. ›Wovon redet Ihr?‹, habe ich gekeucht, aber er hat mich nur noch fester gepackt und gebrummt, wenn ich es ihm nicht sofort sage, würde er mich umbringen.«

Boy hielt inne, um Luft zu holen. Von der Erinnerung bedrängt, griff er sich an den Hals. »Ich habe überhaupt keine Luft mehr gekriegt. Ich hab gedacht, ich muss sterben. Dann aber hatte Gott Erbarmen mit mir und gab mir die Kraft, den Mann in die Hand zu beißen. Ich konnte so fest zubeißen, dass er geschrien hat und mich loslassen musste. In diesem Moment hat er zugestochen. Ich glaube aber nicht, dass er auf Mord aus gewesen ist. Er hat einfach die Kontrolle verloren.«

»Boy, ich muss dich jetzt etwas sehr Wichtiges fragen: War es Christian Lightborn?«

Boy schrak auf. »Warum sollte Christian mir ein Messer zwischen die Rippen jagen? Wir haben uns immer nur auf das Freundlichste unterhalten. Er ist so anregend, will soviel wissen. Der Mann war aber weitaus breiter und schwerer als Christian.«

»Bist du sicher?«

»Absolut.« Boy drehte den Kopf zum Fluss. »Was mich so beschäftigt, ist die Frage nach dem Warum. Ich habe schon über hunderterlei Gründe nachgedacht ... Ob es etwas mit meiner Arbeit zu tun hat? Mein Papa glaubt, dass es so ist, weil ich so viele Geheimnisse in meinem Kopf bewahre. Ich habe dir ja bereits erzählt, dass Walsingham das Todesurteil für Maria von Schottland in Verwahrung hat. Vielleicht ist der Angreifer einer ihrer Agenten gewesen und wollte wissen, ob Königin Elisabeth schon unterschrieben hat?«

»Hat sie?«

Boy schüttelte den Kopf. »Aber der Druck auf sie wird jeden

Tag stärker. Das Parlament hat inzwischen gedroht, keine Gelder für die Regierungsausgaben mehr zu bewilligen und alles zum Stillstand zu bringen, wenn die Königin nicht endlich unterschreibt. Ich bin mal gespannt, wie lange sie dem Druck noch standhalten kann.«

»Du hast gesagt, das Gesicht des Mannes hättest du nicht sehen können. Hat er sonst irgendwelche Merkmale, an denen man ihn wiedererkennen könnte?«

»Er hat eine tiefe, kehlige Stimme und riecht stark nach Schweiß – und an der Hand, wo ich ihn erwischt habe, hat er die Bisswunde. Die wird so schnell nicht heilen, ich habe nämlich sein Blut geschmeckt. Er hat dich wohl kommen hören – das hat mich gerettet.«

»Wäre ich nur früher gekommen!«

»Aber du verrätst meinem Vater nichts? Von dem Kostüm, meine ich.«

Jonathan schüttelte den Kopf. »Keine Bange. Das bleibt unser Geheimnis. Wieso eigentlich ein Geheimnis? Ich hab's ja längst vergessen.«

Boy lächelte verlegen. »Ich möchte dir danken. Als ich weggetreten war – ich habe ein paar Erinnerungsfetzen, wie du in dem Wagen mitgefahren bist und deine Hand auf meine Wunde gepresst hast, damit das Leben nicht aus mir ausläuft. Du bist mehr als nur mein Freund gewesen. Von jetzt an möchte ich dich ... Bruder nennen.«

Jonathan bekam feuchte Augen und wandte sich ab. »Ruh dich jetzt aus. Morgen komme ich wieder.«

In der Eingangshalle begegnete ihm Morgana. Sie tat, als wäre er Luft.

Jonathan strebte durch das herabsinkende Zwielicht nach Hause. Seine Augen erforschten jede dunkle Einfahrt, vor jedem lauernden Schatten schreckte er zurück. Ein beunruhigender Gedanke ließ ihn nicht mehr los: Hatte der Anschlag in Wirklichkeit ihm gegolten? Hatte der Angreifer einfach nur Boy mit ihm verwechselt, weil Boy das Kostüm trug? Aber wer sollte ihn umbringen wollen? Was habe ich denn Böses getan?

Christian konnte es nicht gewesen sein, das hatte Boy ausdrücklich betont – also konnte die Sache auch nichts mit Maudy zu tun haben ... oder doch? Jede neue Frage ohne Antwort ließ Jonathans Schritte länger werden, bis er schließlich rannte. Er hielt erst inne, als er sich in der Sicherheit seines Mansardenstübchens befand.

27.

Dieses Neue Jahr 1587 verheißt England nichts Gutes. Wir stehen allein einer feindlichen Welt gegenüber«, murmelte Francis Walsingham Raymond de Bon Cœur zu, während er vorsichtig zum Bootsanleger an der London Bridge hinunterstieg. Raymond de Bon Cœur, der um die Fallkrankheit des Ersten Staatssekretärs wusste, stützte Walsingham beim Einsteigen in das große Ruderboot.

Walsingham signalisierte den Ruderern abzufahren. Als das Boot in die Themse hinausglitt, winkte Bon Cœur zu seinem Haus hinauf.

»Wie geht es Eurem Sohn?«, erkundigte sich Walsingham.

»Etwas besser, aber das Atmen macht ihm immer noch große Beschwerden. Dr. Lopez mahnt zur Vorsicht, man müsse abwarten. Boy liegt zu Bett und beschäftigt sich vor allem damit, die Bibel zu lesen oder die Schiffe auf dem Fluss zu beobachten. Ich habe gewinkt, weil ich hoffte, dass er mich vielleicht sieht.«

Walsingham tätschelte Bon Cœurs Arm. »Boys heitere Gegenwart geht mir in der Seething Lane bitter ab. Ich hoffe sehr, dass er bald wieder bei uns weilen kann. Sein bedauernswerter Zustand schafft uns aber leider große Probleme. Diese Mission in die Höhle des Antichristen, die wir so sorgfältig geplant haben ... Wir müssen uns jetzt nach einem anderen Kurier umsehen, nach jemand, den der Feind nicht kennt. Seid so gut und stellt eine Liste von geeigneten Kandidaten auf. Versichert

Euch der Hilfe meines jungen Vetters Thomas Walsingham, er hat sich als ausgezeichneter Talentsucher bewährt. Gott möge uns bei unserer notorischen Unterbesetzung mit berufsmäßigen Agenten die Weisheit gewähren, den richtigen Kandidaten für diese äußerst schwierige Aufgabe auszuwählen.«

Vom Gezeitenstrom getragen und von vier stämmigen Ruderern angetrieben, jagte das Boot themseaufwärts über das Wasser zum Palast von Whitehall. Sie kamen an den »Steelyards« vorüber, wo die Kaufleute der mächtigen deutschen Hanse ihre Niederlassung hatten. Der emsige Betrieb in den Werften am Flussufer zeugte vom Wachstum der Nation. Mit der Entdeckung der Neuen Welt hatte der Atlantik dem Mittelmeer den Rang abgelaufen, und England, einst eine bedeutungslose Insel am Rande der zivilisierten Welt, war zum Ausgangspunkt der Forschungsreisen und des Welthandels geworden.

Stirnrunzelnd betrachtete Walsingham das im Bau befindliche neue Theater »The Rose« in Southwark. Das Strohdach war schon zur Hälfte gedeckt, die Eröffnung stand in ein paar Tagen bevor. »Mit den beiden Theatern in Shoreditch hatten wir schon Ärger genug, aber jetzt soll es im Londoner Weichbild gleich *drei* Theater geben!«

»Eines Tages werden wir soviel Weisheit und Demut besitzen, uns von derlei Scheußlichkeiten zu befreien«, seufzte Bon Cœur.

»Wo wir gerade davon sprechen ... Ist Marlowe endlich unterwegs?«

»Während wir von ihm reden, befindet er sich in Dover und wartet auf günstige Winde, die ihn über den Kanal nach Frankreich tragen sollen.«

»Dieser Marlowe bereitet mir immer noch Kopfschmerzen«, sagte Walsingham. »Es ist mir ein Graus, das Wohl und Wehe unserer Organisation von einem verkommenen Subjekt wie ihm abhängig zu wissen.«

»Er hat uns aber gute Dienste geleistet«, bemerkte Bon Cœur.

»Mehr zu seinem eigenen Amüsement als aus Glauben an unsere heilige Sache«, gab Walsingham säuerlich zurück. »Ein Mann von so armseliger Moral, ein Abenteurer, ein Sünder wie er einer ist, gibt wenig Anlass zu Vertrauen. Ach, mein armer Vetter.«

»Mylord, es wäre wünschenswert, dass Marlowe seine Motive aus unseren Überzeugungen und nicht aus seinen widernatürlichen Trieben gewinnt, aber seine Informationen sind tadellos«, beharrte Bon Cœur. »Fast alles war sehr wertvoll. Zudem dürften nur wenige den Mut aufbringen, eine Infiltration des Jesuitenkollegs in Reims zu wagen. Er begibt sich in äußerste Lebensgefahr.«

Ein rauer kalter Wind ließ kurze schaumgekrönte Wellen gegen den Bug des Ruderboots klatschen. Eisige Gischt jagte über die Insassen hinweg. Walsingham verkroch sich in seinem pelzgefütterten Mantel. »Dieser Tag ist genau so garstig wie das, was im Palast von Whitehall auf uns wartet.«

»Glaubt Ihr, dass die Königin vor den Forderungen des französischen Botschafters kapitulieren wird?«, fragte Bon Cœur.

»Ich flehe zu Gott, dass sie es nicht tut«, erwiderte Walsingham. »Nachdem es uns nach jahrelangem Bemühen endlich gelungen ist, die Königin von Schottland in ein Mordkomplott zu verwickeln, sollen wir zusehen, wie Königin Elisabeth das Todesurteil aussetzt? Das wäre mehr, als ich ertragen könnte.«

»Der französische Botschafter kann sehr überzeugend sprechen«, sagte Bon Cœur. »Ich bin sicher, dass er geltend machen wird, England könne es sich nicht leisten, Heinrich von Frankreich vor den Kopf zu stoßen und Philipp von Spanien dazu.«

Sie kamen an die Stelle, wo der Fleet River in die Themse mündet. Die Ruderer legten sich mächtig in die Riemen, um der Querströmung zu entkommen. Walsingham schaute hi-

nauf zu dem düsteren Gemäuer der Besserungsanstalt Bridewell. »Ist das nicht die Anstalt, aus der dieser Ransom gekommen ist?«

»Ja, das war, bevor Burbage ihn in die Lehre genommen hat«,
sagte Bon Cœur. Ein finsterer Gedanke ließ seine grauen Augen
aufleuchten.

Walsingham setzte sein Ich-habe-es-Euch-ja-gesagt-Gesicht
auf. »Marlowe hat diesen Ransom vollkommen vergessen, genau wie ich es vorhergesehen habe.«

»Genau, wie Ihr es vorhergesehen habt«, echote Bon Cœur.
»Nachdem Ihr fest geblieben seid, hatte Marlowe keine andere
Wahl, als uns seine Nachrichten über unser normales Netzwerk
in Frankreich zukommen zu lassen.«

Sie fuhren an den herrschaftlichen Anwesen am Strand vorüber, schwenkten um die scharfe Flussbiegung der Themse und
machten schließlich an der königlichen Anlegestelle fest. »Wenn
ich nur wüsste, was die Königin vorhat«, sagte Walsingham leise
auf dem Weg zum Palast. »Wie wird sie auf den französischen
Botschafter reagieren?«

»Sie hat ihn schon drei Tage warten lassen. Ich verstehe das als
Hinweis, dass sie indigniert ist«, meinte Bon Cœur.

»Bei unserer Königin weiß man nie, woran man ist. Ich habe
deshalb dafür gesorgt, dass ihr jemand ins Ohr flüstert und ihre
Entschlusskraft stärkt. Die Königin von Schottland darf nicht
wieder aus dem sorgfältig geknüpften Netz schlüpfen, in dem
wir sie gefangen haben.«

In sämtlichen Kaminen des Audienzsaals brannte Feuer. Mit
wachsendem Unbehagen warteten die Mitglieder des Staatsrats
auf das Erscheinen der Königin. Botschafter Châteauneuf,
prächtig nach der neuesten französischen Mode gekleidet,
stampfte ungeduldig mit dem Fuß auf. »Erst gewährt man mir
tagelang keine Audienz, und jetzt lässt man mich stundenlang
warten!«, beschwerte er sich bei Lord Burghley. »Eine solche

Beleidigung meines Königs ist unerhört! Wenn die Königin nicht unverzüglich erscheint ...«

In einer Wolke aus gelbem Satin rauschte Königin Elisabeth in den Saal, in diskretem Abstand gefolgt von Christian Lightborn. Der gesamte Hofstaat fiel aufs Knie.

Ein gewaltiger Stehkragen aus feinster Brüsseler Spitze fächerte sich hoch über die kräftige rote Perücke der Königin. Brillanten blitzten an ihren Händen, den Handgelenken, den Ohren, am Hals, in ihrem Haar, an ihrem Gewand. Angesichts der Wichtigkeit dieses Gesprächs hatte sie beim Ankleiden sämtliche Register gezogen, um sich von der französischen Haute Couture nicht übertrumpfen zu lassen. Nach einer weiteren Verzögerung, die Châteauneuf noch mehr auf die Palme brachte, forderte sie ihn endlich auf, sein Anliegen vorzutragen.

Châteauneuf verneigte sich tief. In kunstvoll gedrechselten französischen, italienischen und englischen Phrasen Elisabeths Schönheit, ihren Charme und ihre Klugheit preisend, spann er einen Zuckerwattebausch aus Komplimenten. Sie hörte ihm aufmerksam zu, als wäre sie besorgt, ein bislang noch nicht gehörtes Kompliment könnte ihr entgehen, ein Kompliment, das es wert war, all den anderen Komplimenten beigesellt zu werden, die sie wie ein königliches Geschmeide zu tragen beliebte.

Als Châteauneuf schließlich sein Pulver verschossen hatte, antwortete Elisabeth dem Botschafter auf seine Lobrede, wobei sie eine ebenso erstaunliche wie einschüchternde Profundität und Belesenheit in sämtlichen von ihm benutzten Sprachen unter Beweis stellte, die sie zudem mit allerlei lateinischen und griechischen Zitaten zu würzen verstand.

Nachdem der gebührende Austausch von Komplimenten stattgefunden hatte, kam Châteauneuf vorsichtig zur Sache. Da Elisabeth nicht darauf einging, wurde er kühner. »Mein König Heinrich der Dritte, Marias Schwager, hat mich gebeten, Majestät daran zu erinnern, dass achtzehn in Gefangenschaft verbrachte Jahre eine überaus lange Zeit sind, zumal die Hoffnung auf Freilassung so verschwindend gering ist.« Sein Tonfall ließ an der Missbilligung von Elisabeths Politik keinen Zweifel aufkommen.

Königin Elisabeths rotgeschminkte Wangen röteten sich noch mehr. »Dann bitte ich Euch, Euren Herrn daran zu erinnern, dass seine Schwägerin alle meine Aufforderungen, zum Tode ihres Gatten Lord Darnley Stellung zu nehmen, abschlägig beschieden hat. Was blieb mir übrig? Eine Frau, die von ihrem eigenen Volk des Mordes für schuldig befunden wurde, auf freien Fuß setzen? Sie nach Schottland zurückschicken, wo sie von ihrem eigenen Parlament enthauptet worden wäre? Nein, ich wählte den gerechten, ehrbaren Weg, behielt sie als meinen Ehrengast sicher in meinem Reich, bis es möglich sein würde, den Beweis ihrer Schuld oder Unschuld zu erbringen. Sie bekam ihren eigenen Haushalt und die Ausstattung, die einer Königin gebührt – wofür ich selbst die nicht unbeträchtlichen Kosten trug, wie ich nebenbei bemerken möchte. Und wie wurde mir meine Gutherzigkeit gedankt?«

Châteauneuf bemühte sich, das verlorene Terrain wieder zurück zu gewinnen. »Euer Gnaden, Ihr seid beide Königinnen, beide vom gleichen Blut. Ich kann guten Gewissens behaupten, dass Maria Euch liebt ...«

»Sie liebt mich wohl so sehr wie ihren Gemahl, den sie zu Tode geliebt haben dürfte, wenn ich mich nicht irre! Jawohl: Die Ridolfi-Verschwörung, die Throckmorton-Verschwörung, die Norfolk-Verschwörung und jetzt die Babington-Verschwörung – alles Komplotte, um mich zu ermorden und Maria auf den Thron von England zu heben. Meine Ratgeber und mein eigener gesunder Menschenverstand sagen mir, dass hinter all diesen Verschwörungen immer nur sie gesteckt hat!«

»Majestät, ich muss Einspruch erheben«, protestierte Châteauneuf, »es mangelt allenthalben an Beweisen ...«

Königin Elisabeth war plötzlich aufgestanden. Die geschliffenen Phrasen und die umschreibende Höflichkeit der diplomatischen Ausdrucksweise galten ihr nichts mehr, als sie zum Kern der Sache vorstieß. »Wenn Ihr Beweise wollt, dann schaut Euch an, wie ein Mensch lebt. Das Wort Liebe geht Euch so leicht über die Lippen, und vielleicht habt Ihr seine Bedeutung auch schon gekostet, doch ich garantiere Euch, diese Frau weiß nicht, was Liebe bedeutet.«

Sie blickte in die Ferne. Die Linien, die fünf Jahrzehnte auf ihrem Gesicht hinterlassen hatten, wurden weicher, der Blick ihrer Augen wurde verträumt und gab ihr das Aussehen eines jungen Mädchens, das zum ersten Mal die Qualen der Leidenschaft erlebt. »Auch ich habe einmal geliebt, wie jede echte Frau einen Mann liebt. Aber ich war vernünftig genug zu wissen, dass England darunter leiden würde, wenn ich meinem Verlangen nachgab. Durfte ich zulassen, dass die ganze Nation, dass Millionen meiner Untertanen leiden würden, weil ich meinem Verlangen nachgab?«

Châteauneuf setzte an, sie zu unterbrechen, doch ihre gebieterische Stimme ließ ihn verstummen. »Ihr seid Botschafter, doch ich bin die Königin von England. Wenn ich spreche, habt Ihr zu schweigen! Maria von Schottland hat nie an jemand anderen gedacht als an Maria. Sie hat hurtig Franz geheiratet, und als er starb und sie nicht mehr Königin von Frankreich war, da warf sie ihre Netze aus nach Don Carlos, dem Sohn von Philipp dem Zweiten. Als nichts daraus wurde, griff sie noch höher, nämlich nach Philipp selbst. Ja, dann hätte ihr die halbe Welt zu Füßen gelegen. Habgier und Ehrgeiz, euer Name ist Maria!«

»Das waren Flausen eines jungen Mädchens, über die man hinwegsehen sollte«, warf Châteauneuf ein. »Aber ihre Liebe zu Lord Darnley ...«

»Schon wieder kommt Ihr mir mit Liebe! Mein Herr, seid Ihr taub? Habt Ihr mir überhaupt zugehört? Nennt es doch beim richtigen Namen, nennt es das Beilager von Ehrgeiz und Lust! Ehrgeiz, weil Darnley einen entfernten Anspruch auf Unsere die Thronfolge hat, den sie zur Aufbesserung ihres eigenen Anspruchs auszuschlachten gedachte, und Lust, weil sie Darnley gesehen hatte und nach ihm gelüstete, obwohl ich sie angefleht, sie gewarnt hatte, Darnley sei eine unglückliche Wahl – ein Junge noch, ein hübsches Lärvchen, liederlich und dem Trunk ergeben, unter anderem. Aber was zählte das schon, wenn Maria dagegen ihre Lüsternheit in die Waagschale warf?«

Elisabeths schlanke Finger tasteten nervös nach den Streuperlen, mit denen ihr Gewand über und über besetzt war. Sie hatte sich so sehr in Zorn geredet, dass niemand sie zu unterbrechen wagte. Der achtzehn Jahre lang unterdrückte Zorn vermischt mit dem Neid auf Marias vielgerühmte erotische Anziehungskraft brach sich ungestüm Bahn. »Je heißer ein Feuer brennt, desto schneller erkaltet es wieder. Als Maria Darnley endlich so sah, wie er wirklich war, war es zu spät. Eine Scheidung kam für sie als Katholikin nicht infrage. Die Ehe annullieren lassen? Selbst wenn der Papst seine Einwilligung gab, würde es Jahre dauern, und der Blick ihrer begierigen Augen war ja bereits wohlgefällig auf ihren neuen Buhlen gefallen, den Earl von Bothwell. Warten war ihre Sache noch nie, sie musste sich sofort kratzen, wenn es juckte – also, warum sich nicht auf schnellstem Wege des ungeliebten Gatten entledigen? Es war zwar nicht ihre Hand, die das Würgeisen um Darnleys Hals gelegt hat, aber sie hätte es genau so gut sein können. So sicher, wie auf die Nacht der Morgen folgt, hat sie mit Bothwell das Mordkomplott gegen ihren Gatten geschmiedet. Und kaum hatte Bothwell Darnley aus dem Weg geräumt, hat sie ihn geheiratet!«

Sie schlug mit der flachen Hand auf die Armlehne ihres Thronsessels. »Heiratet den Mörder ihres Gatten, kaum dass der Ermordete vier Monate unter der Erde liegt! Sind das die Taten einer liebevollen Königin? Einer liebevollen Gattin? Einer liebevollen Kusine? Nein, ich halte dafür, das sind die Taten einer skrupellosen Mörderin. Einer Mörderin, die ihr eigenes Vergnügen über das Wohl ihres Volkes stellt. Sogar der Papst hat seinem Abscheu über ihre Zügellosigkeit Ausdruck gegeben. Ihre eigene Nation hat sich gegen sie erhoben und Gerechtigkeit gefordert. Ein Bürgerkrieg ist darüber ausgebrochen, und was gibt es Schlimmeres für ein Land als einen Bürgerkrieg? Sie hat ein zerstörtes Schottland hinterlassen, und alles nur, weil sie die Dämonen ihres Fleisches nicht zügeln konnte – nein, nicht zügeln wollte!

Und Ihr habt die Stirn, mir Marias Unschuld vorzuhalten? Ihre Gefangenschaft zu beklagen? Ich kann Euch nur raten, werft einen Blick auf ihr Leben. Sie hat früher schon gemordet und wird wieder morden – nämlich mich! Im Handumdrehen, wenn sie könnte. Sie betrachtet sich als die rechtmäßige Erbin des englischen Throns, das sind ihre eigenen Worte. Was würde sie wohl mit England tun? Das Land zerrütten? Das Land unterdrücken? Ihm das Würgeeisen anlegen, wie Darnley?«

Königin Elisabeth rauschte wieder hinaus. Der Hofstaat blieb zurück, erschöpft, ausgelaugt, doch in den stolzen Herzen brandete wilder Jubel. Walsingham trat zu Christian. »Nun, mir scheint, Euer Gespräch mit der Königin hatte einen einvernehmlichen Verlauf!«

»Es war kaum nötig, den königlichen Zorn anzuheizen. Ich musste die Königin nur an Marias Briefe an Babington erinnern – nun, das Ergebnis habt Ihr gehört. Mylord, man muss das Eisen schmieden, solange es noch warm ist – wäre jetzt nicht der geeignete Augenblick, auf die Unterzeichnung des Todesurteils zu drängen?«

»Durchaus. Ihr habt unserer Sache einen großen Dienst erwiesen. Ich danke Euch.«

»Gewährt mir eine Bitte – ich möchte Zeuge der Hinrichtung sein.«

»Es ist Euch gewährt – wenn und falls es dazu kommt.«

Walsingham verdoppelte seine Bemühungen und seinen Druck auf die Königin. Vom Parlament, dem Staatsrat samt ihrem vertrautesten Ratgeber Lord Burghley und der Bevölkerung bedrängt, geriet die Standhaftigkeit der Königin gegen Ende Januar ins Wanken. Mitten in diesen Auseinandersetzungen erlitt Walsingham einen schweren Anfall der Fallsucht und musste auf Anordnung von Dr. Lopez das Bett hüten.

Jetzt oblag es William Davison, dem Sekretär des Staatsrats, für die Unterzeichnung des Urteils zu sorgen. Davison legte der Königin das von ihr so gefürchtete Dokument in einem Stapel anderer Staatspapiere zur Unterzeichnung vor. In einem Vorgang, der vielfach als eine schweigende Übereinkunft zwischen der Monarchin und ihrem Sekretär gedeutet wurde, unterzeichnete sie das ganze Paket, ohne die Dokumente im Einzelnen anzuschauen. »Hier ist eine bestimmte Unterschrift, die Walsingham vielleicht umbringt, wenn er sie entdeckt«, bemerkte sie dazu.

*

»Geschafft!«, rief Walsingham aus, als sein Vetter Thomas ihm die Nachricht überbrachte. Neubelebt ließ er seinen Dechiffrierer Phelippes holen. »Schickt sofort einen berittenen Boten nach Schloss Fotheringhay. Das Urteil muss umgehend vollstreckt werden, bevor die Königin es sich wieder anders überlegt!«

Da dieser Punkt nun von der Tagesordnung gestrichen und wieder ein wenig Ruhe eingekehrt war, konnte die Diskussion sich wieder damit befassen, wer anstelle von Boy de Bon Cœur als Kurier angeworben werden sollte. »Phelippes und ich haben eine Aufstellung gemacht«, sagte Bon Cœur. »Leider stehen uns ohnehin nur sehr wenig Kuriere zur Verfügung. Die ersten drei könnten unseren Feinden möglicherweise bekannt sein, was für diese Leute und unsere Operation ein großes Risiko bedeutet. Aber der vierte ...«

Walsingham hatte die Liste kurz überflogen. »Wie, in Gottes Namen, konntet Ihr auf die Idee kommen, diesen John Ransom auch nur in Betracht zu ziehen!«

»An ihn haben wir eigentlich erst nachträglich gedacht«, räumte Bon Cœur ein. »Als Marlowe uns damals auf ihn aufmerksam machte, war er noch ein halber Junge, aber jetzt ist er so gut wie erwachsen und kann durchaus die Arbeit eines Mannes leisten. Wir haben mit Eurem Vetter Thomas Rücksprache genommen, und er hat keinerlei Einwände.«

»Wirklich nicht, mein Vetter«, sagte Thomas zu Francis Walsingham, »und nachdem ich ihn – dank Marlowe – kennen gelernt habe, bin ich davon überzeugt, dass er sich als glückliche Wahl erweisen wird. Seine Haupttugend besteht darin, dass er ein völliger Niemand ist – wer käme schon darauf, ihn zu verdächtigen?«

»Im Namen Gottes, habt Ihr denn die wichtigste Überlegung vergessen? Ist er denn überhaupt geeignet? Daran dürfte es wohl hapern.«

»Bei Marlowe hattet Ihr die gleichen Bedenken, und seht, wie sehr er unserer Sache genützt hat«, wandte Thomas ein.

Bon Cœur sah allmählich seine Felle davonschwimmen. »Mylord«, sagte er leise, »habt Ihr nicht selbst oft gesagt: ›Gottes Wege sind seltsam, wir müssen mit jedem arbeiten, den Er uns schickt‹?«

»Aber wir haben doch keinerlei Anhaltspunkte, wie Ransom sich im Ernstfall verhalten wird«, wandte Walsingham ein. »Unsere Mission könnte wichtiger nicht sein. Können wir es da riskieren, mit unerprobten Kräften zu arbeiten?«

»Dann lasst ihn uns erproben!«, sagte Thomas.

»Wir können ihm einen Probeauftrag geben«, pflichtete Bon Cœur schnell bei. »Eine Aufgabe, die ihn nicht in Lebensgefahr bringt, uns aber dennoch Aufschluss darüber gibt, wie geschickt er sich anstellt, und an der wir ablesen können, ob er die Geistesgegenwart und den Mut hat, die ein Spion braucht.«

Walsingham dachte einen Moment lang über den Vorschlag nach. »Und wie soll das vor sich gehen?«

»Lord Burghley hat Robert Wise zu seinem persönlichen Vertreter als Zeuge der Hinrichtung der Königin von Schottland ernannt. Könnten wir nicht dafür sorgen, dass Ransom dem Gefolge von Wise beigestellt wird, mit dem Auftag, uns genauestens von dem Geschehen zu berichten?«

»Das wäre eine Möglichkeit«, räumte Walsingham mürrisch ein. »Phelippes, notiert Euch: Der Junge ist zu informieren, er soll sich jegliche Einzelheit der Hinrichtung einprägen. Was die Königin von Schottland trägt, ihre Haltung, jedes Wort, das sie äußert, die Abmessungen der Großen Halle in Fotheringhay, wer in amtlicher Funktion bei der Hinrichtung anwesend ist, die Zeit, das Wetter, die Anzahl der Zuschauer und jeglichen Namen, den er erkunden kann. Er soll mit diesen Informationen so schnell wie möglich nach London zu uns zurückkehren. Wir werden Ransoms Bericht mit Robert Wises Erkenntnissen vergleichen und uns dann ein Urteil über seine Verwendbarkeit bilden.«

Walsingham erwärmte sich für den Plan. »Wir wollen noch einen Schritt weiter gehen. Sobald der verräterischen Schlange der Kopf vom Rumpf getrennt worden ist, soll Schloss Fotheringhay hermetisch dicht gemacht werden. Lediglich Robert Wise darf heimlich das Schloss verlassen, um der Königin und mir die Nachricht zu übermitteln. Ich hoffe, dass sich auf diese Weise die Kunde nur allmählich verbreitet und die Gefahr einer plötzlichen Erhebung ausgeschlossen wird. Ransom soll zurückbleiben und sich alleine durchschlagen müssen.«

»Aber wie soll er dann zurückkommen?«, fragte Phelippes verwirrt. »Von Fotheringhay nach London sind es mehr als hundertzwanzig Kilometer.«

»Ja, eben, wie soll er?«, meinte Walsingham. »Ich will Euch doch nur vor Augen führen, wie töricht Euer Gedanke ist, diesen Ransom überhaupt in Erwägung zu ziehen. Gibt es eine bessere Möglichkeit, seine Geistesgegenwart und sein Improvisationstalent zu erproben? Falls er es schaffen sollte, innerhalb von zwei bis drei Tagen nach Wises Rückkehr hier aufzutauchen, dann wissen wir, dass wir in ihm einen einigermaßen tauglichen Kandidaten für die in der Tat furchterregende Aufgabe haben, die vor uns liegt.«

»Und wenn er in Fotheringhay versagt?«, wollte Bon Cœur wissen.

Walsingham zuckte die Achseln. »Was hätten wir schon verloren? Ein paar Tage, mehr nicht. Ransom weiß nichts von unserer bevorstehenden Operation, mit der wir ins Lager des Antichristen eindringen werden, kann uns also auch nicht schaden. Wenn er in Fotheringhay versagt, und davon gehe ich aus, soll er eben wieder zu seiner Tingelei zurückkehren, und wir streichen ihn aus unserem Gedächtnis. Soll der Teufel ihn holen.«

DRITTER TEIL

DER SPION

28.

Das mach ich nicht«, meuterte Jonathan.

»Du widerspenstiger Flegel!«, schimpfte Burbage. »Was soll diese Aufsässigkeit? Du tust, was ich dir sage, oder du spürst meine Hand!«

»Als mein Lehrherr habt Ihr das Recht, mich zu verprügeln, wie es Euch beliebt. Das sagt das Gesetz. Aber das Gesetz sagt auch, dass Ihr mich nicht zu etwas zwingen dürft, das mit meiner Lehre nichts zu tun hat. Ich kann hier nicht weg, ich habe hier in London dringende Verpflichtungen.«

»Deine oberste Verpflichtung hast du gegenüber deiner Königin und deinem Land!«, brüllte Burbage.

»Dann soll die Königin mich schicken«, keifte Jonathan zurück.

Burbage zupfte verzweifelt an seinem Bart. »Wenn du dich jetzt querstellst, bedeutet das für unsere Kompanie den Ruin. Hast du denn kein Solidaritätsgefühl? Keine Dankbarkeit für alles, was wir für dich getan haben?«

»Ich danke Gott jeden Tag für mein glückliches Los, aber habe ich Euch nicht seit einem Jahr meinen Dank für Eure Güte in klingender Münze erwiesen?«

Burbage stieß einen gewaltigen Seufzer aus. »Jon, du weißt doch, dass man mit mir reden kann. Aber in diesem Fall stecke ich in einer Zwickmühle, in die ich ohne mein Zutun geraten bin. Aber was soll ich denn machen? Ja, was könnte ich ... Hör mir gut zu, ich mache dir einen Vorschlag: Tu, was man von dir verlangt, und ich erlasse dir ein ganzes Jahr deiner Lehrzeit. Überleg es dir, du wirst ein ganzes Jahr früher dein eigener Herr sein. Eine Woche gegen ein ganzes Jahr! Ich wünsche, *ich* bekäme ein solches Angebot.«

Allmählich begriff Jonathan, dass der Dienst, den man von ihm verlangte, von allergrößter Wichtigkeit sein musste. Er packte die gottgesandte Gelegenheit beim Schopf. »Meister Burbage, behaltet Euer Jahr. Ihr seid gut zu mir gewesen, und ich bin Euch dankbar. Ich tue, was Ihr verlangt, ich habe nur eine ganz kleine Bedingung.«

Burbages Augen wurden schmal. »Und die wäre?«

»Ich kenne jemand in großer Not, ein Mädchen mit einem kleinen Kind.«

»Bei den Wunden des Herrn, Kerl, woher hast du die Zeit genommen, einen Bastard in die Welt zu setzen?«

»Wenn es nur so wäre, aber das Kind ist nicht von mir. Letzte Woche habt Ihr Euch beklagt, dass bei Euch soviel leersteht. Lasst die beiden in einer Eurer Kammern wohnen. Zum Ausgleich für Unterkunft und Verpflegung wird das Mädchen Euch die ganze Wäsche besorgen – Ihr wisst doch, wie viel Schmutz ein Dutzend Männer macht. Und nähen kann sie auch, und Rüschen stärken und Reifröcke anfertigen, Kostüme flicken, sie ist die beste Näherin von ganz London«, schwindelte er. »Tut mir den Gefallen, und ich mache alles, was Ihr wollt.«

»Ist das ein Hürchen, das du dir fürs Bett gewogen machen willst? Kommt gar nicht infrage, dass mir eine pockenträchtige Nutte die ganze Truppe ansteckt! Glaubst du etwa, ich hätte hier einen Puff?«

Jonathan hatte oft genug mitbekommen, wie es in den Wohnquartieren des Theaters zugehen konnte. Er hielt es für klüger, das Thema nicht zu vertiefen. »Das Kind ist ungefähr ein Jahr alt und schreit überhaupt nicht. Das Mädchen ist eine ganz stille, sehr sittsame Person. Meister, was haltet Ihr davon?«

»Ich gebe niemand Unterkunft und Verpflegung, den ich mir nicht vorher angesehen habe. Schaff die beiden her, dann sehen wir weiter.«

Jonathan flitzte wie ein geölter Blitz zu Mistress Goodfellow, die eifrig damit beschäftigt war, einen Eintopf aus Lammbraten, Johannisbeeren und Datteln abzuschmecken. »Mistress, ich habe gute Nachrichten für Euch. Ich habe mich gerade mit Meister Burbage darüber unterhalten, wie hart Ihr arbeiten müsst, und er war damit einverstanden, dass Ihr eine Hilfe bekommt.«

»Erzähl mir keinen Quatsch. Ich liege ihm deswegen schon seit Jahren in den Ohren, aber er hat es immer wegen zu wenig Geld abgetan. Merkt er denn nicht, dass auch ich allmählich älter werde?«

»Sagt das nicht. Ihr seid so knackig wie ein Krokus im Frühling.«

»Und du kannst mit dem Mist, den du erzählst, einen ganzen Garten düngen. Also, raus mit der Sprache, was willst du wirklich? Und stehl mir nicht meine Zeit! Ich muss einen Haufen hungrige Schauspieler satt bekommen, und etwas Hungrigeres als die gibt es auf Gottes ganzem Erdkreis nicht!«

»Ich kenne eine perfekte Helferin für Euch, die zufällig gerade frei ist, aber wir müssen uns beeilen, damit uns niemand zuvorkommt. Und damit nicht genug, der Herrgott hat gewollt, dass Euren guten Händen auch noch das Leben eines Kindes anvertraut werden soll.«

Sie wurde hellhörig. »Das Kind von damals?«

»Ja, dieses Kind habe ich nämlich all diese Monate gesucht. Meister Burbage sagt, der Junge darf hier wohnen, aber nur, wenn Ihr einverstanden seid. Stellt Euch vor, Euer eigener Patensohn ...«

»Hoho, er ist schon mein Patensohn? Wie oft muss ich dir noch sagen, dass die heilige Pflicht der Patenschaft nur von den Eltern übertragen werden kann.«

»Das ist bereits geregelt. Ich habe der Mutter schon alles über Euch erzählt und Eure Frömmigkeit über den grünen Klee gelobt. Sie wird Euch außerdem das Leben leichter machen und bei Eurer Arbeit helfen, damit ihr mehr Zeit zum Spielen mit dem kleinen Christian habt. Kann man sich für eine kleine unschuldige Christenseele einen frommeren Namen vorstellen als Christian?«

Er warf Mistress Goodfellow den wollenen Mantel um die Schultern. »Das Kochen muss jetzt warten, wir müssen uns beeilen und die beiden herholen.«

»Wo sind sie denn?«

»In einem Spital.« Lieber Gott, hoffentlich fragt sie nicht, in welchem!

»In welchem?«

»Im Spital von Bethlehem.«

»In Bedlam?«, kreischte sie. »Bist du jetzt selber wahnsinnig geworden, dass du uns Wahnsinnige ins Haus holst? Sie werden uns die Bude leerräumen, uns die Hälse durchschneiden ...«

»Eine hilflose Frau und ein kleines Kind? Ihr habt sie doch selber gesehen, als sie hier nach mir gefragt haben. Im Gegenteil, *wir* müssen sie vor den Wahnsinnigen *retten*.« Mistress Goodfellow musste mitkommen, um Maudy herumzukriegen, aber wie konnte er Mistress Goodfellow herumkriegen? »Mistress, wie oft habt Ihr mir erzählt, dass unser irdisches Dasein angesichts der Ewigkeit nur ein kurzer Moment ist? Dass Gott uns auf Erden nur prüfen will, damit wir gute Taten ansammeln und auf diese Weise Eingang ins Himmelreich finden? Waren das alles nur Worte? Leere Worte, die nichts bedeuten?«

»Du willst mich eine Heidin nennen?«, empörte sie sich. »Bei meiner Liebe zum Herrn! Natürlich habe ich die Wahrheit gesprochen!«

»Dann gebt Euch einen Ruck, und holt die beiden ins Haus, und wenn Ihr eines Tages Euren Lohn empfangt, wird Euch der

Heilige Petrus an der Himmelspforte mit den Worten begrüßen: ›Hier kommt die gute Samariterin, die das Kind gerettet hat. Gesegnet sei sie im Angesicht des Herrn.‹ Eine himmlische Fanfare wird erschallen, und Ihr werdet Euren Platz inmitten der Engel einnehmen in alle Ewigkeit. Ach so, und sagt zu Meister Burbage lieber noch nichts von Bedlam, wozu soll er sich unnütz aufregen.«

»Jon, ich weiß nicht, wie du es anstellst, inzwischen reicht dein Mist schon für *zwei* Gärten.«

Er schob und zerrte Mistress Goodfellow aus dem Haus. Bürschchen rannte voraus, und alsbald hatte Jonathan sie zum Spital bugsiert. Zum Glück sortierte Maudy gerade ihre Wäsche auf dem Rasen.

»Pack schnell deine Sachen zusammen«, drängte Jonathan, »Mistress Goodfellow hat aus schierer Güte erlaubt, dass du und ihr Patenkind Christian bei uns wohnen dürft.«

»Moment mal«, begehrte Maudy auf, »ich werde wohl überhaupt nicht gefragt.«

Der kleine Christian spielte in der Nähe. Sein Blick fiel auf Mistress Goodfellows gewaltigen Busen, der dem Säugling wie eine unerschöpflicher Quell der Nahrung vorkommen musste. Der Kleine wackelte auf emsigen Beinchen herbei, streckte die Ärmchen aus, wurde hochgehoben und gab der Frau einen Schmatz auf die kindernärrischen Lippen. In diesem Augenblick wurde sie seine Patentante, Großmutter, Beschützerin, Fürsprecherin und sein Schutzengel.

»Frau, wir werden diesen Ort sofort verlassen, keine Widerrede!«, verkündete sie wie ein Feldwebel. »Das ist kein Platz für ein Kind!«

Das Leben unter Geisteskranken hatte Maudys Nerven längst über das Maß des Erträglichen strapaziert. Seit ihr Söhnchen angefangen hatte, in den Gängen des Asyls herumzuwandern, lebte sie in beständiger Angst. Sie fügte sich gern. »Jon, was sollen wir machen, dass Christian nichts mitbekommt?«, war ihre einzige Sorge.

»Ich habe schon einen Plan, ich erkläre es dir später«, schwindelte er, während er sich den Kopf zermartete, wie das zu verhindern sei.

Eilends machten sie sich auf den Weg zurück zur Hollywell Lane. »Mistress Goodfellow, jetzt können wir Maudy aber nie wieder nach Bedlam zurückschicken. Wir sind schuld, dass sie dort weggegangen ist, also sind wir jetzt auch für sie verantwortlich, nicht wahr? Ihr wisst doch, wie schnell sich Meister Burbage manchmal etwas wieder anders überlegt, aber diesmal müssen wir ihn unbedingt beim Wort nehmen!« Mit solchen und ähnlichen Überlegungen heizte Jonathan der guten Frau auf dem ganzen Heimweg ein. Als Mistress Goodfellow zu Hause angekommen über die Schwelle des Hauses rauschte, verkündete sie: »Master Burbage, wenn dieses Kind wieder gehen muss, gehe ich auch!«

Burbage besah sich fassungslos die Bescherung. »Das gibt es doch nicht! Ich stelle einen Burschen als Lehrling ein, und am Ende muss ich ihn selbst, einen Hund, eine Frau und ein Kind durchfüttern!«

Curiosity döste am Herd. Christian krabbelte zu ihr hin und stubste ihre Nase mit der seinen an. Sie klappte die gelben Augen auf und blickte in die bernsteinfarbenen Augen des Knaben. Mit einem Wechselspiel der Gedanken, das nur den beiden erfindlich war, ruhten ihre Blicke ineinander.

Mistress Goodfellow schlug die Hände zusammen. »Ach, seht nur, wie Curiosity dieses Kind liebt! Ob Mensch oder Tier, niemand kann den Charakter eines Menschen besser beurteilen als Curiosity. Heute Abend können wir uns alle miteinander zu einem schönen Abendessen hinsetzen«, sagte sie zu Burbage, »und wenn Ihr das Dankgebet sprecht, könnt Ihr gleich in einem Aufwasch dem Herrn dafür danken, dass Er uns durch den kleinen Christian diese schöne Gelegenheit zur Barmherzigkeit gegeben hat – oder Ihr müsst ab heute selber für Euch sorgen. Was ist Euch lieber?«

Burbage fügte sich gezwungenermaßen in sein Los – allerdings nicht vollkommen unfreiwillig, denn der goldene Kleine war schöner, als Worte ausdrücken können, strahlend und betörend wie ein Löwenjunges. Wenn dieses Kind sich entfaltet hatte, würde es die Zierde jeder Bühne sein.

Als Maudy und ihr Kind sicher untergebracht waren, nahm Jonathan Mistress Goodfellow beiseite. »Ich stehe tief in Eurer Schuld. Mit Freuden werde ich alles tun, was Ihr von mir verlangt: den Garten umgraben, die Pflanzen setzen, Unkraut jäten. Für mich steht fest, dass Ihr den beiden das Leben gerettet habt. Meinen ergebensten Dank dafür.«

Sie legte den Kopf schräg und betrachtete ihn. »Es gibt Momente, einige wenige Momente, Jon Ransom, da glaube ich, dass du doch nicht vollkommen verdorben bist. Trotzdem habe ich mir immer wieder gesagt: ›Pass auf deinen Geldbeutel auf. Und erst recht auf deine Speisekammer.‹ Das also sind die Mäuler, die du in all diesen Monaten mit meinen Vorräten gestopft hast! Ich hatte dich schon die ganze Zeit in Verdacht, aber nachdem du immer dünner geworden bist, habe ich Pudge für den Übeltäter gehalten. Jetzt aber los, der Meister wartet schon ungeduldig auf dich, und vergiss nicht, auch ihm zu danken. Du hast zwar gedacht, du müsstest alles hintenrum einfädeln, aber glaub mir, wir haben alle ein gutes Herz.«

»Mistress Goodfellow, wenn ich eine Patentante wie Euch gehabt hätte, hätte ich Welten erobern können.«

»Also gut, dann los!«

Jonathan ging in den Aufenthaltsraum und machte vor Burbage einen Diener. »Ich danke Euch. Nun, was verlangt Ihr von mir?«

»Ich habe dir ja bereits gesagt, dass ich keine Ahnung habe,

um was es geht. Du sollst dich bei Raymond de Bon Cœur einfinden, bei ihm zu Hause. Dort wirst du alles Nötige erfahren.«

*

Das ununterbrochene Rauschen des Flusses um die Pfeiler der
London Bridge, die peinliche Sauberkeit des Bon Cœur'schen
Hauses, eine Spur von Morganas Duft – ob sie uns wohl aus einer dunklen Ecke zuschaut? – und die erdrückende Rechtschaffenheit des eisengrauen Mannes umfingen Jonathan.

Bon Cœur instruierte Jonathan nach Walsinghams Anweisungen. Je mehr Einzelheiten Jonathan eröffnet wurden, desto
ratloser schaute er drein. »Du schaust mich an, als fragtest du
dich, wieso ich ausgerechnet auf dich gekommen bin«, sagte Bon
Cœur.

»Jawohl, Meister Bongkehr – äh, Bon Cœur. Bin ich denn
überhaupt für so etwas geeignet?«

»Es ist doch ganz einfach. Boy hatte die Aufgabe, ein Protokoll der Hinrichtung der schottischen Königin zu erstellen. Sein
Erfolg in dieser Angelegenheit entscheidet über die Fortsetzung
seiner Ausbildung bei Mylord Walsingham. Wie die Dinge nun
einmal liegen, dachte ich, dass du anständigerweise den Wunsch
haben könntest, die Sache für ihn zu übernehmen.«

»Warum hat Meister Burbage mir das denn nicht gesagt? Das
hätte ich doch sofort ohne Wenn und Aber getan! Sir, es wird
Euch freuen zu hören, dass ich zu sparen angefangen habe, damit ich mir ›Das Buch der Märtyrer‹ von John Foxe kaufen
kann. Wären Sie so freundlich, es Morgana mitzuteilen? Oder
könnte ich es ihr vielleicht selbst sagen?«

»Sie ist bereits zu Bett gegangen«, erwiderte Bon Cœur pikiert.

»Aber Boy darf ich doch noch besuchen?«

Bon Cœur führte Jonathan in Boys Stube. Als er sah, wie sich die beiden Jungen umarmten, krampfte sich sein Herz zusammen. Der letzte moralische Zweifel an seinem heimlichen Kalkül war verflogen. Als erster Schritt musste Ransom aus London entfernt werden, fort von seiner Familie. Bon Cœur war zu der Überzeugung gelangt, dass Jon Ransom zu den Menschen gehörte, die den Blitz anzogen und alles um sie herum in heilloses Durcheinander, Unheil und Vernichtung stürzten. War sein verwundet daliegender Sohn nicht der beste Beweis? Und es war ihm nicht entgangen, wie Ransom Morgana angesehen hatte. Gott bewahre, dass dieser Sünder je in das Leben seiner Tochter hineinpfuschte.

Es gab nur eine Erklärung: Dieser Kerl war vom Teufel besessen. Er bedeutete Gefahr für seine Kinder. Bon Cœur musste seine Kinder vor ihm schützen. Was Ransoms Schicksal anging, hatte Bon Cœur als überzeugter Anhänger der Prädestinationslehre sich bereits im Gebet Absolution verschafft: »Herr, nicht mein Wille geschehe, sondern der deine.« Da Gott nun für alles, was geschehen mochte, die Verantwortung trug, konnte Bon Cœur es mit seinem Gewissen vereinbaren, die beiden Burschen allein zu lassen.

Jonathan erkundigte sich bei Boy, wie es ihm ging. »Jeden Tag ein kleines bisschen besser«, beruhigte ihn Boy. »Jon, gestern ist etwas Merkwürdiges passiert. Ich habe eine Unterhaltung von Papa mit Phelippes mitbekommen, was ohnehin schon seltsam genug ist, weil sie sich außerhalb von Seething Lane so gut wie nie über Staatsangelegenheiten unterhalten. Wie konnte mein Papa vergessen, dass ich in Hörweite war? ... Ich muss dich warnen, sei vorsichtig. Du musst damit rechnen, dass man dich nach Strich und Faden hinters Licht führen will.«

»Wieso das?«, fragte Jonathan noch ratloser als zuvor. »Wozu schickt man mich denn überhaupt, wenn man mich hinters Licht führen will?«

»Ich weiß es auch nicht, aber soweit ich hören konnte, wollen sie dich versetzen und dich in Schloss Fotheringhay ganz auf dich allein gestellt zurücklassen. Von dort nach London sind es über hundertzwanzig Kilometer. Ohne ein Pferd kann es gut eine Woche dauern, bis du wieder heimkehrst. Traue niemandem, und sieh zu, dass du mit den Informationen, die Mylord Walsingham beschafft haben möchte, so schnell wie möglich wieder hier bist.«

Jonathan fühlte Boy die Stirn. Hatte sein Freund einen Rückfall? »Nein, Fieber hast du nicht.«

»Vielleicht ist es ein Vertrauensbruch gegenüber meinem Vater, dir das zu erzählen, aber ich werde dir nie vergessen, wie du die Hand auf meine Wunde gedrückt hast und in dem Wagen mitgefahren bist. Ich werde nicht zulassen, dass meinem Bruder etwas passiert. Noch etwas: Wenn du nach Schloss Fotheringhay kommst, wirst du dort auf einen Freund treffen, auf jemand, dem du getrost vertrauen darfst.«

»Kann man in dieser krummen Sache überhaupt noch jemand vertrauen? Wer soll das denn sein?«

»Christian Lightborn.«

Jonathan wusste nicht, ob er einen Luftsprung machen oder im Erdboden versinken sollte. »Wie kommt der denn dorthin?«, murmelte er.

»Er ist inzwischen einer von Mylord Walsinghams geschätztesten Agenten geworden – vor allem, weil ihm die Königin aus der Hand frisst und weil er Mylord verraten kann, was sie denkt. Am Hof gibt es niederträchtige Gemüter, die hinter vorgehaltener Hand flüstern, dass die Königin und Christian ... Das ist natürlich alles Quatsch, sie hat Jungfräulichkeit gelobt und ist entschlossen, in diesem geheiligten Zustand ins Grab zu gehen.«

»Glaubst du nicht, den Würmern wäre das egal?«, bemerkte Jonathan scharf. Die Verlogenheit um ihn herum machte ihn zornig.

»Wahrscheinlich schon, aber dem Herrgott nicht.«

»Ich wüsste gern, ob Er so großen Wert darauf legt. Na, vielleicht. Andererseits gibt es viele Wege zur Lust, und manche gewähren Ekstase und Befriedigung, ohne dass die Jungfernschaft dabei flöten geht.«

Boy riss die unschuldigen blauen Augen auf. »Ekstase, aber trotzdem noch Jungfrau? Wie geht das denn?«

»Streng deinen Kopf mal ein bisschen an, Boy.« Jonathan stand auf. »Wenn ich den Aufbruch von Robert Wise und seinem Tross nicht verpassen will, muss ich jetzt gehen. Vielen Dank für die Warnung.« Nach einer letzten Umarmung machte er sich auf.

Also wieder einmal Christian. Es war merkwürdig, wie das Schicksal sie immer wieder zusammenführte. Jetzt galt es vorsichtig zu sein. Er durfte mit keinem Wort erwähnen, dass Maudy und das Kind in der Holywell Lane Unterschlupf gefunden hatten, aber davon abgesehen erfüllte ihn die Aussicht auf ein Wiedersehen mit Christian mit einer unbestimmten Erregung. Und Herzklopfen. War nicht jedes Mal, wenn ihre Wege sich gekreuzt hatten, etwas Neues, etwas völlig Unerwartetes geschehen? Christian hatte ihn in dunkle Gefilde, aber auch ins Licht geführt.

Christian lebte sein Leben, als stünde er über dem Gesetz. Er kümmerte sich nicht um das Gesetz, nicht um das Gesetz der Menschen und nicht um das Gottes. Jonathan hatte sein ganzes bisheriges Leben unter der Enge dieser Gesetze gelitten. Er sehnte sich nach solcher Unabhängigkeit, solcher Freiheit.

29.

Die Ebene von Northhamptonshire dehnte sich flach wie eine Schüssel. Jonathans Atem dampfte. Immer wieder musste er sich die Hände am Hals seines Pferdes warmreiben. Seit dem Aufbruch in London vor zwei Tagen war Neuschnee gefallen. Straße und Feld lagen unter knirschendem Eis.

Er war weit hinter Robert Wises Reisegesellschaft zurückgefallen. Der bockige Gang seines Jährlings warf ihn im Sattel hin und her. Auf den ersten paar Meilen aus London hinaus hatte er den Ritt genossen. Was für ein tolles Gefühl, auf diesem großen warmen Tier zu sitzen, welch ein Gefühl der Macht zwischen seinen Beinen! Wie vorauszusehen, hatte er eine Erektion bekommen ... eine hundertzwanzig Kilometer lange Erektion. Aber er war ein ungeübter Reiter. Der Ritt war bald ein einziges Elend geworden. Inzwischen taten ihm Hintern und Rücken weh – alles tat ihm weh. Aber diese Pein war nichts im Vergleich zu der Angst vor der bevorstehenden Bewährungsprobe. Wie sollte er das nur hinkriegen?

Christian sah Jonathan an das Ende des Zuges zurückfallen. Er wandte sein Pferd und kam herbeigaloppiert. Jonathan wurde neidisch: Wie dieser Christian auf Zentaurus saß! – Pferd und Reiter waren zur Einheit verschmolzen und sahen aus wie eine Projektion des idealistischen Sternzeichens des Schützen! Allerdings schien Christian nicht minder eine Projektion des geheimnisvollen, oft grausamen und sinnlichen Skorpions zu sein, wie sich für Jonathan bei jeder bisherigen Begegnung gezeigt hatte.

Christian zügelte Zentaurus und trottete neben ihm her. »Du fällst zu weit zurück. Robert Wise hat mich geschickt, ich soll dir ein bisschen Beine machen. Was schaust du so bekümmert drein, Kleiner?«

»Dieser Gaul macht, was er will. Ich kann ihn anflehen oder die Sporen geben, er kümmert sich überhaupt nicht darum. Meine Schenkel und mein Hintern sind schon ganz roh von dem ewigen Geholper.«

»Warum hast du das nicht längst schon gesagt?«, meinte Christian und klopfte auf seine Satteltasche. »Für solche Wehwehchen habe ich genau die richtige Salbe dabei. An den Ruinen dort vorn werde ich eine kurze Pause machen, mich drückt die Blase. Währenddessen kannst du dich mit der Salbe einreiben.«

Christians anfängliche Bestürzung, Jonathan im Tross von Robert Wise zu sehen, war schnell verflogen. Er hatte den Jungen mehr als korrekt behandelt. Jonathan war überaus erleichtert, dass Christian das Thema Maudy überhaupt nicht erwähnte. Christians Gedanken kreisten eindeutig um andere Dinge, vor allem natürlich um die bevorstehende Hinrichtung der Königin von Schottland.

An den Ruinen angelangt, sprang Christian vom Pferd. Jonathan quälte sich langsam aus dem Sattel. Der Tross von Robert Wise zog weiter und war schnell aus dem Blickfeld verschwunden. »Die Landschaft ist mit diesen verlassenen Klöstern übersät. Vor fünfzig Jahren hat Heinrich VIII. die englische Kirche reformiert. Was ihm von den Klosterbesitztümern ins Auge stach, hat er sich unter den Nagel gerissen, einiges hat er auch seinen Höflingen zugeschanzt. Den Rest ließ er verkommen und verfallen.«

Die schützenden Bleidächer der Gebäude waren längst eingestürzt. Der Himmel schaute herein. Christian sprang auf den Sims eines romanischen Fensters, dessen Glasmalereien dem Zahn der Zeit zum Opfer gefallen waren. Er öffnete sein Wams im Schritt und ließ einen hohen Bogen springen. Von geschickter Hand geführt, zeichnete sein Strahl ein C.

»Mensch, was Ihr könnt!«, staunte Jonathan.

»Maudy hat mir einmal erzählt, Ihr hättet Eure Initialen in die Wand vom Turmaufgang der St. Paul's Cathedral geritzt. Ich war ganz schön eifersüchtig, weil Ihr mich vergessen habt. Oh weh, ich habe das C nicht ganz hinbekommen. Kannst du es vielleicht fertigmachen, mein Kleiner?« Er reichte Jonathan die Hand und zog ihn zu sich auf den Sims.

Jonathan versuchte es Christian gleichzutun, der sich köstlich darüber amüsierte. »Viel zu wackelig«, sagte Christian in plötzlicher Vertraulichkeit. »Lass dir helfen, mein Freund ... so musst du den Strahl führen! Siehst du? Jetzt sind wir im Schnee vereinigt, J und C, und die ganze Welt kann es sehen. Bei aller Freude, dich zu sehen, verstehe ich aber nicht, was du hier machst.«

Jonathan blieb die Antwort schuldig. Christian zuckte die Achseln. »Hier, das ist für dein aktuelles Problem«, sagte er und reichte Jonathan einen kleinen Tiegel. »Reib dir die wunden Stellen mit Salbe ein, aber nimm nur ganz wenig, das Zeug ist hochwirksam.«

Jonathan verzog sich hinter eine verfallende Mauer. Er ließ die Hosen fallen und rieb sich vorsichtig ein. »Trödel nicht herum, wir haben nicht den ganzen Tag Zeit«, rief Christian schon bald. Er trat um die Ecke. Der Anblick von Jonathans wundem Hintern ließ ihn zusammenzucken. »Mein Gott, und darauf bist du bis hierher geritten? Die Salbe wird dir helfen, garantiert.«

»Ihr kennt Euch wohl mit diesen Dingen aus«, wunderte sich Jonathan. Gab es etwas, was dieser Mann nicht wusste?

»Ich habe auf dem Schlachtfeld Verwundete versorgt, Galen gelesen, Paracelsus studiert, aber nach meiner Erfahrung hat die Kräutermedizin, wie Nostradamus sie vertritt, die größte Heilkraft.«

»Der Magier? Derjenige, der gesagt hat, dass er die Zukunft voraussehen kann?«

»Die Salbe ist nach einem seiner alchemistischen Rezepte hergestellt.«

»Dann kann ich jetzt mit meinem Hintern die Zukunft voraussagen?«

Christian schüttelte sich vor Lachen. »Eher schon aussitzen, du unverschämter Kerl!«

Jonathan wischte sich die Hände im Schnee sauber. Sie saßen auf und ritten den anderen Reitern hinterher, die alsbald wieder in Sicht kamen. »Warum schaust du so finster, tut es immer noch weh?«, erkundigte sich Christian.

»Es wird immer besser, Mylord. Eure Salbe wirkt Wunder.«

»Mach dir nichts draus, bis Fotheringhay ist es nur noch eine knappe Stunde. Siehst du die Zinnen dort am Horizont? Rechts davon, was wie ein Wachturm aufragt, das ist der Laternenturm der Schlosskirche. Seine sechseckige Form hat mir immer schon sehr gefallen.«

Jonathan spitzte die Ohren. »Ihr wart schon einmal dort?«

»Oft sogar. Deswegen hast du mich in letzter Zeit so selten in London gesehen. Nachdem Walsingham die Königin von Schottland hier gefangen gesetzt hat, hat er mich gebeten, die Sicherheit der Anlage unter die Lupe zu nehmen und nötigenfalls zu verbessern, um jegliche Befreiungsversuche von vornherein zu vereiteln.«

»Dann kennt Ihr Euch dort wohl gut aus, kennt sämtliche Ein- und Ausgänge.«

»Wie meine Hosentasche!« Christian wirkte erregt. »Ist dir klar, dass du bei einem der wenigen einmaligen Augenblicke der Geschichte dabei sein wirst, bei der Enthauptung einer Königin durch eine andere? Es ist ein Ereignis ohne Beispiel. So sehr ich mir den Kopf zerbreche – bei meinem Leben, ich kann mich nicht an etwas Ähnliches erinnern.«

»Was sein muss, muss sein, oder?«, fragte Jonathan unsicher.

»Das Urteil der Nachwelt wird vollkommen davon abhängen, wer die Geschichte schreibt. Die Protestanten werden jubeln, dass der Gerechtigkeit Genüge getan worden ist, und die Katholiken werden Zeter und Mordio schreien.«

»Und was sagt Ihr, Mylord?«

»Meine Meinung tut nichts zur Sache, aber wenn es dir recht ist, werde ich sie dir eines Tages ins Ohr flüstern. Das Merkwürdigste von allem ist aber, dass lauter Frauen dieses Ergebnis herbeigeführt, ja, geradezu herbeigezwungen haben. Vor sechzig Jahren haben sich die Parteien formiert: Die altehrwürdige römisch-katholische Kirche gegen den neuentstandenen Protestantismus. Durch eine Laune des Schicksals waren oft Frauen die Führer beider Parteien. Hier in England stand Katharina von Aragon, die verstoßene Gemahlin von Heinrich VIII., gegen Anna Boleyn. In der nächsten Generation stand Katharinas Tochter Mary Tudor gegen Anna Boleyns Kind Elisabeth. Dann Elisabeth gegen Katharina von Medici, verwitwete Königin von Frankreich, und jetzt steht Elisabeth schon seit zwanzig Jahren gegen ihre Kusine Maria, die Königin von Schottland. Hüte dich vor den Weibern, mein Freund, sie sind bei weitem das tödlichere Geschlecht.«

Jonathan antwortete nicht. Er war in Gedanken versunken.

»Die ganze Reise schon brütest du vor dich hin«, sagte Christian forschend. »Dich drückt etwas, und zwar nicht lediglich der Sattel deines Reittiers. Was ist denn? Vielleicht kann ich dir helfen.«

Jonathan kaute unentschlossen auf der Lippe. »Bevor ich London verlassen habe«, setzte er vorsichtig an, »hat mir ein Freund, dem ich vertrauen kann, gesagt, dass ich ... Euch ebenfalls vertrauen könnte.«

»Könnte dieser Freund Boy de Bon Cœur gewesen sein? – Ah, dein plötzliches Schweigen verrät mir, dass ich ins Schwarze getroffen habe.«

Jonathan beugte sich ganz nahe zu Christian hinüber, als hätte er Angst, der Wind könnte seine Worte davontragen. »In dem Moment, wo das Beil des Henkers herabfährt, soll ich unverzüglich nach London zurückeilen und Walsingham alles berichten. Aber man hat mich gewarnt, Robert Wise und seine Leute hätten die Absicht, mich abzuhängen und im Schloss einschließen zu lassen.«

»Was für eine komische Idee. Man lässt dich herkommen, nur um dich hinterher sitzen zu lassen? Das begreife ich nicht. Weißt du, was das soll?«

»Ich habe keine Ahnung, Mylord. Aber wenn sie mich zurücklassen – ohne Pferd brauche ich bestimmt eine ganze Woche, bis ich nach London zurückgelaufen bin. Aber Ihr habt ein Pferd ...«

»Ausgeschlossen, dieser Hengst ist ein Teil von mir, mein zweites Ich. Selbst wenn ich einverstanden wäre, Zentaurus würde nicht mitmachen. Er lässt niemand außer mir aufsitzen. Wenn du es trotzdem versuchen würdest, würde er dich zu Tode trampeln. Außerdem, allein könntest du vielleicht irgendwie aus dem Schloss hinausschlüpfen, aber niemals mit einem Pferd.«

Jonathan schlug sich mit der flachen Hand an die Stirn. »Wie konnte ich nur so blöd sein, dass mir das erst jetzt auffällt? Ich bin im Eimer, und Boy samt seiner Zukunft auch.«

Sie ritten ein Stück dahin. »Nicht vollkommen im Eimer«, sagte Christian tröstend. »Wenn wir in den Ort Fotheringhay hineinkommen, ist gleich neben der Straße ein Gasthaus mit Ställen. Nun will ich nicht behaupten, dass ich das tun würde, aber einmal angenommen, ich würde ein Pferd kaufen und es für dich dort im Stall unterstellen ...«

Jonathan packte Christian am Arm. »Ich werde Euch jeden Penny zurückzahlen, egal, wie lange ich mich dafür krumm legen muss!«

»Bei dem bisschen, das du verdienst? Bis dahin wäre ich schon längst in einem Armengrab verschimmelt. Aber ich könnte den Gaul in London ja wieder verkaufen.«

»Ich wäre auf ewig in Eurer Schuld.«

»Nun komm mir nicht mit Schuld, wir sind doch keine Wucherer. Unter Freunden, die einander vertrauen, sollte bare Münze niemals darüber entscheiden, ob man sich hilft oder nicht. Wenn du mir das Pferd zurückbringst, werden wir auf deinen Erfolg einen heben. Mir wird schon etwas einfallen, womit du deine Dankbarkeit unter Beweis stellen kannst.«

»Aber nichts Unbilliges«, platzte Jonathan heraus.

Christians Blick wurde traurig. »Wo bleibt bei dieser Frage das Vertrauen?«, fragte er. »Es betrübt mich sehr, dass du so etwas überhaupt sagst. Als wir einander begegnet sind, habe ich vom ersten Moment an gespürt, wie uns die Fäden des Schicksals umgarnt und verwoben haben. Mein lieber Jon, wir sind an Herz und Hüfte miteinander verwachsen. Dir wehzutun wäre für mich dasselbe, wie mir selbst wehzutun. Wenn du das nicht verstehst, ist es besser, wenn ich mich nicht weiter einmische.«

»So habe ich es doch nicht gemeint«, entschuldigte Jonathan sich beschämt und voll Sorge, dass seine Hoffnungen sich wieder zerschlagen könnten. »Es hängt einfach nur für Boy soviel davon ab. Ich bitte Euch demütig um Verzeihung.«

»Ich soll dir verzeihen? Wo mich alle meine Instinkte warnen: ›Bring dich vor diesem jungen Wildling in Sicherheit!‹« Christians Seufzer klang wie das Stöhnen des Windes. »Warum nur hat mich der Herr mit soviel Gutherzigkeit geschlagen? Nun gut, lass uns nicht mehr über Dankbarkeit und Schuld reden. Wir wollen uns lieber auf die Probleme konzentrieren, die dir bevorstehen.«

»Wie ich aus dem Schloss herauskomme, wenn das Tor geschlossen und die Zugbrücke hochgezogen sind?«

»Genau. Bei meinen früheren Besuchen habe ich ein Hintertürchen entdeckt, durch das der Abfall zum Schloss hinausgekippt wird. Der Wächter, der dort Wache schiebt, ist zufällig ein Freund von mir. Wir haben uns ein paar Mal die Zeit mit Kraftproben vertrieben ... und Ähnlichem. Mit einem großen Krug Ale müsste es mir gelingen, ihn solange abzulenken, dass du hinausschlüpfen kannst.«

»Hat das Schloss einen Wassergraben?«

»Fotheringhay hat einen Doppelgraben. Vor vierzehn Tagen war er noch zugefroren. Gebe Gott, dass es immer noch so ist, das würde deine Aufgabe gewaltig erleichtern.«

»Wenn nicht, muss ich eben hindurchschwimmen«, sagte Jonathan entschlossen.

»Sehr wacker! Aber wir müssen wir uns einen guten Grund ausdenken, weshalb wir soviel beieinander sind, sonst gibt es Gerede und Argwohn.«

Jonathan dachte eine Weile nach. »Im ganzen Gefolge von Wise ist niemand ohne einen Diener. Nur Ihr.«

»Zu meinem großen Kummer ist der meine wieder einmal unterwegs. Es kann Monate dauern, bis er wieder zurück ist, und ich muss inzwischen sehen, wie ich allein zurechtkomme.«

»Könntet Ihr nicht bei Wise vorsprechen und sagen, Ihr braucht einen Pagen?«

»Du bist schlau wie eine Schlange. Aber vorher müssen wir uns darüber klar werden, ob uns beiden damit gedient ist ...« Er wiegte den Kopf. »Ich glaube es eigentlich nicht, nicht, nachdem du mir gerade mit ›zurückzahlen‹ und ›unbillig‹ gekommen bist. Das lässt beides auf eine Krämerseele schließen ...«

Mit unterwürfiger Geste und entsprechend servilem Ton verwandelte sich Jonathan in einen der zahllosen Pagen, die er schon auf der Bühne dargestellt hatte. »Mylord, gebiet über mich, Ihr habt mein Wort, ich stehe Euch zur Verfügung.«

»Gut, ich werde über dich gebieten. Aber sei gewarnt, ich bin kein bequemer Herr. Auch teile ich nicht die Ansicht der Engländer, die einen aufdringlichen Körpergeruch für ein Aphrodisiakum halten. Ich wünsche oft gebadet und geschrubbt zu werden, von Kopf bis Fuß und mit allem, was dazwischenliegt!« Er grinste breit. Jonathan grinste zurück, wenn auch weitaus weniger breit.

»Dann lass mich bei Robert Wise vorsprechen und den Plan meines neuen Pagen ins Werk setzen.« Christian sprengte davon.

»Das wird ein gefährlicher Akt auf dem Hochseil«, murmelte Jonathan, während er dem davonreitenden Christian hinterherschaute. Wie kommt es eigentlich, fragte er sich neidvoll, dass er sich den Hintern nicht wund reitet wie ich?

Ein paar Minuten darauf kam Christian wieder zurückgesprengt. Aus seinen Augen strahlte eine merkwürdige Erregung. »Alles in die Wege geleitet. Ich habe Wise gesagt, dass ich am Gasthaus Halt machen werde, weil Zentaurus neu beschlagen werden muss. Ich werde dort ein Pferd für dich besorgen. Du reitest mit Wise weiter. Sobald du in Fotheringhay bist, bestellst du beim Kastellan einen Zuber für mich zum Baden, er weiß von früher noch Bescheid. Ich verlasse mich darauf, dass bei meiner Ankunft genügend heißes Wasser bereitsteht. Ich muss mich allerdings zuerst noch bei Sir Amyas Paulet melden, der die schottische Königin in Gewahrsam hält. Er erwartet mich. Immer wenn Elisabeth einen plötzlichen Sinneswandel hatte, musste ich ihm die Nachricht überbringen.«

»Aber davon ist doch keine Rede, oder?«

»Wir haben alle die ganze Zeit über die Schulter geschaut und darauf gewartet, einen königlichen Boten mit einem neuen Befehl heranreiten zu sehen, der das Todesurteil wieder kassiert. Deswegen sind wir ja so scharf geritten, wir wollten auf alle Fälle einem Boten zuvorkommen. Aber wenn Gott uns nicht in den Arm fällt, wird morgen der Königin von Schottland der Kopf vom Rumpf getrennt.« Er riss Zentaurus herum und galoppierte davon.

Schloss Fotheringhay ragte immer gewaltiger vor den Heran-reitenden auf. An der Periho Lane sah Jonathan Christian aus-scheren und zum Gasthaus reiten. Bon Cœurs Weisungen einge-denk verleibte Jonathan alles seinem Gedächtnis ein: Dienstag, den siebten Februar 1587, kurz nach Mittag. Zwei von Fluss Nene gespeiste Gräben umschlossen die auf einer Erhebung gelegene Festung.

Am Übergang über den dreiundzwanzig Meter breiten ersten Graben wurden sie von den Wachen angehalten und kontrol-liert. Jonathans Herz jubilierte: Der Graben war zugefroren! Nach Überprüfung der Papiere durfte der Trupp weiterziehen, um am inneren Graben noch einmal überprüft zu werden. Jona-than schätzte ihn auf achtzehn Meter – und er war ebenfalls mit Eis bedeckt. Lass den Nordwind blasen, der Schneesturm soll heulen! Am gewaltigen Nordtor, dem einzigen Zugang zum Schloss, versperrten abermals Wachen den Weg.

Wer die Königin von Schottland befreien will, muss mit einer ganzen Armee anrücken, dachte Jonathan.

Er suchte das Festungswerk mit den Augen ab. Wo war das Hintertürchen? Seine Verzweiflung war in Hochstimmung um-geschlagen – und alles nur dank Christian. Mit Christians Hilfe und ein bisschen Glück konnte ihm die Bewältigung der bevor-stehenden Aufgabe gelingen. Hatte Christian Recht? War es tat-sächlich so, dass sie von den Fäden des Schicksals immer enger miteinander verwoben wurden?

30.

Schatten füllten den inneren Hof von Schloss Fotheringhay. Seit Wilhelm der Eroberer die Festung vor fünf Jahrhunderten erbaut hatte, war noch nie ein Sonnenstrahl auf den Grund des inneren Hofes gedrungen. Die bemoosten Steine flüsterten von den Untaten grauer Vorzeiten. Das Schloss hatte einst zu den Besitztümern Davids von Schottland gehört, der es an die Plantagenets verloren hatte. Hier war Richard Plantagenet als Verschwörer gegen Heinrich V. hingerichtet worden, hier hatte der an Körper und Geist missgestalte Richard III. das Licht der Welt erblickt. Und als Heinrich VIII. wegen Anna Boleyn Katharina von Aragon verließ, hatte er Katharina diesen Ort als Aufenthalt zugewiesen, wogegen sie sich jedoch gesträubt hatte. Fotheringhay diente inzwischen nur noch als Staatsgefängnis, doch wieder einmal fiel ihm eine entscheidende Rolle zu, was das Geschick der sich entwickelnden Nation betraf. Morgen, am Mittwoch, dem achten Februar 1587, sollte hier eine Königin zu Tode gebracht werden.

Unmittelbar vor Jonathan tat sich ein Gebäudeteil auf, der nach seinem Ermessen die Große Halle sein musste. Auf der einen Seite befand sich die Kapelle, und in der Nordecke erhob sich der sechseckige, von harmonisch angeordneten Spitzbogenfenstern durchbrochene Laternenturm, auf den ihn Christian bereits aufmerksam gemacht hatte.

Von Christian begleitet, begab sich Robert Wise unverzüglich zu Sir Amyas Paulet. Der Rest der Reisegesellschaft wurde vom

Kastellan zu einem freistehenden Gebäude geleitet, wo er ihnen die Quartiere anwies. Vier adelige Begleiter Robert Wises und ihre Pagen erhielten ein geräumiges weißgetünchtes Gemach zugewiesen, das bis auf einen Stapel Strohsäcke neben dem kleinen Kamin in der Ecke völlig kahl war.

Jonathan bat den Kastellan um einen Zuber, der in Form eines großen halbierten Weinfasses alsbald von Bediensteten herbeigeschafft wurde. Die folgende Stunde war Jonathan damit beschäftigt, an der Pumpe Wasser zu holen, es im Kamin zu erhitzen und in den Bottich zu schütten.

»Was machst du denn da für einen Unsinn?«, wollte ein Page wissen.

»Mein Herr wünscht zu baden«, erklärte ihm Jonathan. »Auf dem Kontinent ist das die neueste Mode«, fügte er erläuternd hinzu.

»Was für ein Unsinn!«, warf ein anderer Page ein. »Baden raubt die Manneskraft, das weiß doch jeder.«

»Dein Herr ist wohl vom anderen Ufer«, neckte ein dritter.

Bald hagelte es Schmähungen von den dreien, bis Jonathan keine andere Wahl mehr hatte, als sich um die Ehre seines Herrn zu prügeln. Er hielt sich wacker, doch die Chancen waren ungleich verteilt. Niemand kümmerte sich um die Keilerei. Eine Prügelei unter Pagen? Das war so alltäglich wie Hühnermist auf dem Bauernhof.

Jonathan musste Schläge, Hiebe und Tritte einstecken und war so gut wie geschlagen, als er sich auf einmal von zweien seiner Angreifer befreit fühlte. Christian hatte sie von ihm heruntergezerrt und quer durch den Raum geschleudert. Als die Partie wieder ausgeglichen stand, bekam Jonathan Oberwasser, und sein älterer Gegner ließ rasch von ihm ab.

Als wieder Friede herrschte, stellte Christian sich mit ausgebreiteten Armen hin. »Entkleide mich!«, befahl er. Splitternackt stieg er in den Bottich. Mit offenen Mündern beobachteten die

Pagen, wie Jonathan seinen Herrn von Kopf bis Fuß gründlich abschrubbte – mit allem, was dazwischenlag. »Was glotzt ihr Banausen so?«, fuhr Christian die Pagen an. »Wisst ihr denn nicht, dass eure Herrscherin jede Woche einmal badet?«

»Ja, aber sie ist eine Frau!«, höhnten sie.

»Reinlichkeit kennt kein Geschlecht, und Krankheit auch nicht. Es könnte nicht schaden, dass auch ihr euch von dem Ungeziefer befreit, das auf euch herumkrabbelt.«

Sauber geschrubbt kletterte Christian aus dem Bottich. Er stellte sich zum Trocknen neben das Kaminfeuer.

Einer der adeligen Herrn, ein massiger Grobian mit Schmerbauch, betrat den Raum. Er hatte von der Keilerei erfahren. »Ihr habt es gewagt, Hand an meinen Pagen zu legen? Wenn jemand den Kerl prügelt, dann ich!«, fauchte er Christian an.

»Sie waren drei gegen einen. Ich habe lediglich für Chancengleichheit gesorgt. Ich möchte Euch empfehlen, Sir, belehrt Euren Pagen, dass fair zu kämpfen eine Sache der Ehre ist.«

»Ihr wollt mir Vorschriften machen, worüber ich meinen Pagen zu belehren habe? Der Ihr noch bartlos seid wie ein Eunuch? Der Ihr riecht wie ein Frauenzimmer?«

Es passierte so schnell, dass sogar der Dicke nicht begriff, wie ihm geschah. Er fand sich plötzlich auf dem Boden wieder, mit glasigem Blick und heftig aus der gebrochenen Nase blutend. In unbeherrschtem Zorn packte Christian ihn am Schopf und riss ihm den Kopf in den Nacken. »Auf die Knie, du wehleidiger Schlagetot. Ich will deine Entschuldigung hören! Und gib dir gefälligst Mühe, wenn dir dein Leben lieb ist!«

Er ist imstande und bringt ihn um, fuhr es Jonathan durch den Kopf. Die Wachen werden kommen, der ganze Plan ist im Eimer. Er sprang hinzu und klammerte sich an Christians zum Schlag erhobenen Arm. »Mylord, der Mann ist es nicht wert!«

An Christians Arm hängend, fühlte Jonathan sich emporgehoben, ließ aber nicht los. Der Dicke bekam es mit der Angst zu tun. Überzeugt, einen Verrückten vor sich zu haben, flüchtete er mit seinem Pagen aus dem Gemach, um anderswo Unterkunft zu finden. »Dem Schwein schlitze ich den Bauch auf! Die Hunde werden deine Eingeweide fressen!«, brüllte Christian hinter ihm her. Entnervt machten sich auch die anderen Pagen davon.

Vor Jonathan stand ein Christian, wie er ihn bislang noch nie gesehen hatte. Ein Dämon war unvermutet in ihm zum Leben erwacht. Die dünne Schale der Vernunft war geplatzt, der mörderische Kain in seinem Innern hatte sich Bahn gebrochen.

In panischer Angst schickte Jonathan ein Stoßgebet um das Ende des schrecklichen Anfalls gen Himmel. »Mylord, kann ich irgendetwas für Euch tun?«, stammelte er, als Christian sich ein wenig beruhigt hatte.

Christian blinzelte Jonathan an, als bemühe er sich, ihn nach langer Abwesenheit wiederzuerkennen. »Etwas für mich tun? Nein, aber du musst etwas für dich tun. Herunter mit deinen Klamotten! Es hat keinen Sinn, wenn ich bade, und du tust es nicht, weil dann deine Flöhe mein Blut saugen. Außerdem wird das Bad deine Wunden säubern und dir wohl tun. Also, ab in den Zuber!«

Jonathan wagte keinen Widerspruch. Nachdem er vorsichtig einen Zeh ins Wasser getunkt hatte, hielt er zögernd inne, doch ein kräftiger Stoß Christians warf ihn kopfüber in den Bottich. Er sank unter, kam strampelnd wieder hoch und spürte erstaunt die wohltuende Wirkung des warmen Wassers auf seinen geprügelten Körper. Christian griff ihn und seifte ihn ein, überall, Haare, Kopf, Ohren – kein Körperteil war ihm heilig, keine noch so verborge Stelle entging seinen geschickten Händen. Er tunkte Jonathan zum Abschluss noch einmal unter und zog ihn frisch gespült heraus. Anschließend trockneten sich Herr und Page am herunterbrennenden Feuer.

»Wenn Morgana mich jetzt riechen könnte!«, seufzte Jonathan.

»Aha, du stellst beiden Bon-Cœur-Sprösslingen nach. Du kannst wohl den Hals nicht vollbekommen! Das Mädchen ist eine große Schönheit, aber sei gewarnt, hinter dieser unnahbaren Maske brennt ein Feuer, an dem sich ein Mann verbrennen kann. Bei den sieben Todsünden des Satans, was sehen meine Augen!«, sagte Christian gut gelaunt. »Die achte Todsünde hebt auf einmal keck ihr Haupt!«

Jonathan wand sich verlegen mit puterrotem Kopf. »Das ist nichts, Mylord.«

»Du nennst dieses in schamlosem Stolz geschwollene Ding ein Nichts?«

»Das Feuer ist fast aus, und die Kälte kitzelt mich ...«

»Was dich ungebärdigen Bengel kitzelt, ist nicht die Kälte. Gott ist mein Zeuge, ich wollte nur deine Wunden säubern, weil mich deine Schmerzen gedauert haben. Dankst du mir so meine Fürsorge, indem du mir starr fordernd entgegentrittst? Stell dich hinter mich, du Satan! Nein, lieber nicht! Das könnte die Gefahr für mich vergrößern.«

Jonathan wurde noch röter. »Mylord, Ihr habt mich falsch verstanden ...«

Christian hielt sich die Augen zu. »Verschwinde, sag ich! Stehst du insgeheim im Dienst der schottischen Königin, um mich von meinen durch einen heiligen Eid besiegelten Pflichten abzuhalten? Du ziehst dich sofort wieder an!« Ein Lächeln stahl sich auf Christians Lippen und verriet seine gespielte Empörung.

Sie waren mit dem Ankleiden soeben fertig, als die Diener des Kastellans eintraten, um den Zuber wieder zu entfernen.

»Und wenn sie nun ein paar Minuten früher aufgetaucht wären?«, murmelte Jonathan fassungslos. Mein Gott, Christian liebte es, auf des Messers Schneide zu wandeln. Er verstand den alltäglichsten Situationen einen tödlichen Kitzel abzugewinnen.

Christian war kaum wieder in den Kleidern, als sein Verhalten sich abermals drastisch änderte. Er wurde offiziell und unnahbar. »Zeit zum Inspektionsgang. Ich werde den ordnungsgemäßen Zustand der Anlage überprüfen. Du wirst dich dicht hinter mir halten.«

Überall patrouillierten Fußsoldaten, insgesamt etwa einhundertfünfzig Mann, schätzte Jonathan, dazu kamen mindestens fünfzig Berittene und die Hilfstruppen des Sheriffs mit glänzendem Brustharnisch und Sturmhaube.

Von nah und fern waren die Leute herbeigeströmt, um Zeuge der Hinrichtung zu werden. Lords und Ladies vermischten sich mit gemeinen Handwerkern, Pferdeknechten, Zimmerleuten und den zahllosen Bediensteten, die für den Betrieb einer Schlossanlage dieser Größe erforderlich waren. Ein Knistern lag in der Luft, doch in dem hektischen Treiben machte sich eine gedrückte Stimmung breit. Männer standen beieinander und unterhielten sich trotz des allgemeinen Lärmens mit gedämpfter Stimme. Solange Jonathan sich erinnern konnte, hatte Maria England wie eine Schlinge mit gordischen Knoten um den Hals gelegen. Nur noch wenige Stunden würden ins Land gehen, bis dieser Knoten durchgehauen wurde. Die Enthauptung einer Königin erzwang den Flüsterton als angemessenen Tonfall.

Bei der Inspektion der Großen Halle nahm Jonathan jede Einzelheit in sich auf. Hier würde das Geschehen seinen Lauf nehmen. Das Schafott war bereits errichtet und vollkommen in Schwarz drapiert. Er schauderte beim Anblick des Richtblocks mit der Aussparung für den Hals. Würde in dem Augenblick, da der Hieb des Richtbeils den Hals durchtrennte, das ganze Leben der Königin in einem einzigen qualvollen Sekundenbruchteil an ihr vorüberrasen?

Christian schnipste ungeduldig mit den Fingern und riss ihn aus seinen morbiden Gedanken. Er trabte hinter ihm her zum Nordwestturm, vor dem ein großes Aufgebot von Wachen aufgezogen war. »Hier befindet sich das Quartier der schottischen

Königin«, erklärte Christian. Nach einer eingehenden Inspektion ließ Christian aus geblähten Backen die Luft entweichen. »Puh, alles in Ordnung, jetzt fehlt nur noch der letzte Akt.«

Sie stiegen die Treppe hinunter. Ein Schlossfräulein kam ihnen hinterhergelaufen. Die Dame war jung, attraktiv und völlig aufgelöst. Sie nahm Christian beiseite und flatterte nach einer Unterredung, die ein paar Minuten währte, wieder davon. Christian trat zu Jonathan.

»Gleich wirst du entdecken, dass Page zu sein nicht nur Schattenseiten hat, mein Lieber. Hinrichtungen machen hitziges Blut. Jene Dame schwört heilige Eide, sie werde überschnappen, wenn sie nicht unverzüglich von einem Mann geritten wird. Sie geht einen angenehmen Trab, das kann ich dir jetzt schon versprechen, und wenn man ihr die Sporen gibt, fällt sie in gestreckten Galopp. Nachdem sie mich gesehen hatte, bekam sie Appetit auf einen strammen Ausritt. Allein, ich sagte, es sei unziemlich von mir, meinen Pagen von derlei Vergnügungen auszuschließen, denn was mein sei, sei auch sein, und was dein sei, auch das Meine. Oh, sie wurde sehr ungehalten. Doch als ich sie dich betrachten hieß, fand sie Gefallen an dir – ich gestehe, ich konnte mir nicht versagen, deine körperlichen Vorzüge gewaltig zu rühmen. Nun hat sie nichts mehr dagegen. Komm, mein Freund, wir wollen ihr das Vergnügen bereiten, zwei Hengste gleichzeitig im Stall zu beherbergen. Du darfst dir aussuchen, welche Box du belegen möchtest, ich werde die andere nehmen. Aber falls du auf beide Boxen neugierig bist, mein wissbegieriges Bürschchen, dann werden wir eben tauschen, hin und her, her und hin, sooft es dir behagt.«

»Ich kann nicht«, sagte Jonathan kleinlaut.

»Plötzlich schüchtern?«, spottete Christian. »Wo ich mich soeben noch deiner dreisten Zudringlichkeiten kaum erwehren konnte? Dein Hengst braucht einen Stall, das sieht doch jeder, sonst gehst du mir am Ende heute Nacht wieder ans Zeug.

Glaub mir, das ist etwas Neues, das dich nicht minder erstaunen als entzücken wird. Stell dir vor, du spürst die Stärke und die drängenden Stöße des anderen durch den willigen Leib pulsieren, der zwischen uns liegt! Vertrau mir, mein loses Bürschchen, so etwas hast du noch nicht kennen gelernt.«

»Ich vertraue Euch ungefragt, Herr, aber bei dem Gedanken, dass die Königin von Schottland binnen kurzem geköpft wird – da fällt mir alles wieder herunter.«

Christian zuckte die Achseln. »Wie du willst. Aber wenn du dich heute Nacht im Bett herumwirfst, dann denk daran, was ich dir angeboten habe. Warte in der Küche auf mich, ich bleibe nicht lange. Meine Büchse ist geladen und der Hahn gespannt.«

Jonathan ging zur Küche. Seine Nerven flatterten, sein Kopf und sein Körper kribbelten. Erst baden und dann das? Erregt, erschlafft und wieder erregt? War dieser Mann ein Magier? Welche Kräfte hatte er, mit denen er ihn nach Belieben an- und abregen und durcheinander bringen konnte? Während er sich ausmalte, was er gerade alles verpasste, schwoll ihm aufs Neue der Kamm. Er ohrfeigte sein Glied. »Jetzt bist du auf einmal wieder wach? Du Verräter, wo warst du, als ich dich gebraucht habe? So geht einem die achte Todsünde durch die Lappen!«

Christian war nur kurz verschwunden. Bald darauf kehrte er noch aufgedrehter zurück, sofern dies möglich war. Er verschlang eine riesige Mahlzeit und trank sich in friedvolle Stimmung.

Im Februar wird es früh dunkel. Als Christian und Jonathan in ihr Quartier zurückkamen, lagen die beiden anderen Edelleute und ihre Pagen bereits in tiefem Schlaf. Sie hatten ihr Lager möglichst nahe am Feuer aufgeschlagen. Aus Furcht vor überspringenden Flöhen und Läusen verzog sich Christian in die äußerste Ecke. Jonathan entkleidete ihn, legte seine Sachen ordentlich zusammen und stellte ihm das Nachtgeschirr in Reichweite.

»Hier ist die Salbe, mein Lieber. Reib dich vor dem Schlafengehen ein, dann hast du morgen früh wieder eine heile rosa Haut wie ein Schweinchen. Hörst du, wie der Wind heult ...? Heute Nacht wird es bitterkalt. Bleib in meiner Nähe, und wenn's dir kalt wird, kannst du zu mir unter meinen Mantel kriechen. Hier drunter ist Platz für uns beide.« Christian räkelte sich und schlief ein.

Jonathan zog sich aus, rieb sich mit Salbe ein und legte sich nieder. Schnell spürte er die heilende Wirkung der Tinktur. Er starrte ins Rippenwerk der Decke. Die Königin in ihrem Turm ... mussten gekrönte Häupter mit den gleichen Ängsten kämpfen wie gewöhnliche Leute? Würde der Herrgott ihr als einer gesalbten Königin eine bevorzugte Behandlung angedeihen lassen, oder richtete Er alle Menschen nach dem gleichen Gesetz? Empfand sie Reue über ihre Verschwörungen gegen Elisabeth? Ober bereute sie nur, dass ihr kein Erfolg beschieden war? Und der beunruhigendste Gedanke überhaupt: War Königin Maria von Schottland wirklich schuldig?

Er schloss die Augen. Das seltsame Gefühl, immer noch auf dem Pferd zu sitzen, überkam ihn. Auf Drachenflügeln schwebte der Schlaf herbei, und mit ihm lauter angstvolle Fragen. Wie bist du in all das hineingeraten? Und warum?

Im Dunkel der Nacht erwachte er in heilloser Verwirrung. Wo war er? Dir ist so kalt, ging es ihm durch den Kopf. Schläfst du wieder irgendwo in einem Hauseingang? Dein ganzer Körper tut dir weh. Bist du wieder in Bridewell? Die Steine des kalten Schlafgemachs flüsterten ›Fotheringhay‹. Sein Körper war voll blauer Flecken von den Pagen, die ihm ordentlich Saures gegeben hatten – bis Christian zu seiner Rettung geeilt war. Noch nie hatte jemand ihn gerettet, noch nie hatte sich jemand für ihn eingesetzt. Es war ein seltsames Gefühl, seltsam genug, die Schmerzen vergessen zu machen, seltsam genug, dass ihm Tränen in die Augen traten.

Vor Kälte zitternd versuchte er, einen Zipfel von Christians

Mantel zu ergattern. Im Halbschlaf barg Christian ihn unter dem pelzgefütterten Gewand. Jonathan zog die Knie ans Kinn, doch sein unkontrolliertes Schlottern weckte den schlafenden Riesen neben ihm ganz auf.

Christian legte sich auf die Seite und zog Jonathan mit trägen und dennoch bestimmten Bewegungen eng an seinen Körper. Schlaftrunken schloss Jonathan die Augen, doch immer wieder befiel ihn das Gefühl, noch auf seinem Gaul zu sitzen, bis hin zum Empfinden der Wärme zwischen seinen Schenkeln und der langsam wiegenden Bewegung.

»Flieht dich der Schlaf?«, murmelte Christian.

»Leise, mein Herr, damit die anderen nicht wach werden.«

»Die anderen? ... Ach, ich hatte schon vergessen, dass sie da sind. Der Teufel soll sie holen. Hast du noch Schmerzen?«

»Überhaupt nicht, Mylord. Ich danke Euch für die Arznei.«

»Was treibt dich dann um? Was lässt dich nicht schlafen?«

»Eine seltsame Empfindung. Wenn ich die Augen zumache, habe ich immer noch das Gefühl, auf meinem Pferd zu sitzen. So sehr ich mich anstrenge, es lässt mich einfach nicht los.«

Christian lachte glucksend. »Das ist immer so, wenn man eine lange Reise hinter sich hat. Fühlst du dich von diesem Phantomhengst ... bedroht?«

»O nein, Herr, überhaupt nicht.«

»Wie wird mir warm ums Herz, dass du das sagst. Sei gewiss, in dieser Nacht verweben uns die Fäden des Schicksals noch enger als zuvor. Sei beruhigt, mein unschuldiger Freund, dir droht kein Unheil, schlaf friedlich im Arm deines Herrn.«

Dir droht kein Unheil ... welch ein tröstlicher Gedanke. Nach und nach wich die Kälte aus Jonathans Leib, sein Atem wurde ruhiger. Fühlte man sich so, wenn man einen Vater hat? Sauber und warm, beschützt und umsorgt?

Das gehört sich aber nicht, begehrte er innerlich auf. Schlimmer noch: Es ist unmännlich. Ich bin fast erwachsen, noch nie

habe ich jemand anderen gebraucht, immer habe ich für mich
selbst gesorgt. Und doch – er fühlte sich so sicher in dieser Umarmung. Welch ein Wunder hatte sich ihm in dieser Nacht offen-
bart!

An den tröstlichen Pfeiler der Stärke geschmiegt, seufzte seine
Seele auf. Bald versank er im süßen Schlaf der Unschuld.

31.

Ein derber Schlag auf den Hintern, gefolgt von einem zweiten, noch derberen, katapultierte Jonathan vom Strohsack.

»Aufstehen, du Faulpelz!«, herrschte Christian ihn an. »Liegst du noch so fest in Morpheus Armen, dass dich noch nicht einmal dein lustvoll geschwollenes Glied erwachen lässt?«

Auf einem fernen Bauernhof bekrähte ein Hahn den herrlichen Morgen, als würde er ihn sich selbst zugute halten.

»Ein klarer und strahlender Tag«, sagte Christian. »Willst du etwa Marias Rendezvous mit dem Henkersbeil verschlafen? Am heutigen Tag wird ein königliches Haupt vom königlichen Rumpf getrennt.«

Jonathan hob sich der Magen bei dem Gedanken.

In der Küche herrschte Hochbetrieb. Soldaten und Besucher sprachen kräftig dem Morgenmahl zu. Christian verzehrte eine bunte Grillade aus Lamm-, Reh- und Kaninchenfleisch, gefolgt von allerlei Geflügel. Jonathan verzehrte ein wenig Brot, Hartkäse und Ale und brachte auch das nur mühsam herunter.

Als die bewaffneten Wachen unter Führung der Earls von Shrewesbury und Kent zusammen mit Amyas Paulet und Robert Wise, alle aufs Prächtigste gewandet, zum Wohnquartier der Königin marschierten, war es nach Jonathans Schätzung zwischen acht und neun Uhr. Christian und Jonathan folgten dichtauf.

Ein Wächter pochte an die Eichentür. »Madam, es ist Zeit!«

»Die Königin ist noch beim Morgengebet«, kam gedämpft die

Antwort von drinnen. Panik ergriff die hohen Herren. War das eine Finte, war die Flucht schon im Gange? »Brecht die Tür auf!«, rief Robert Wise, von der Last der Verantwortung bedrängt, die Wachen an.

Thomas Andrews, der Sheriff von Northampton, verschaffte sich als Erster Zutritt zu den Wohngemächern, gefolgt von den Lords. Sie fanden Maria vor ihrem Hausaltar kniend, den Blick hinauf zu dem alten Ebenholzkruzifix gerichtet, das darüber an der Wand hing.

Mühsam richtete sie sich auf. Wie groß sie ist, dachte Jonathan, fast einen Meter achtzig. Sie war etwa Mitte vierzig, von jahrelangen Sorgen gezeichnet, aber von ungebrochen königlichem Auftreten. In ihrem schlurfenden Gang vermutete Jonathan die Wirkung des rheumatischen Fiebers. Ihr Kammerdiener Hannibal Stuart nahm das Kruzifix von der Wand und trug es Maria voran, die von ihren Hofdamen Jane Kennedy und Elizabeth Curlie gestützt aus ihren Wohngemächern hinunter zu der Großen Halle schritt. Die schwarzgekleideten Damen ihres Haushalts folgten.

»Die Königin von Schottland scheint keinerlei Angst zu haben«, flüsterte Jonathan. Christian nickte. »Man mag von ihr halten, was man will, aber sie hat eine Haltung, als ginge sie zu ihrer Krönung und nicht zum Richtblock.«

Als Maria das Entree der Großen Halle durchschritten hatte, kreuzten die Wachen die Hellebarden und verwehrten Marias Dienerschaft den Eintritt. Maria wandte sich mit fragendem Blick um. »Madam, Königin Elisabeth hat angeordnet, dass Ihr alleine sterben sollt«, verkündete Robert Beale, der Vertreter des Staatsrats, in offiziellem Tonfall.

Marias Kammerfrauen erhoben lautes Klagegeschrei. Jane Kennedy warf sich zu Boden und klammerte sich an Marias Rockschöße. Maria wandte sich an den Earl von Kent. »Bitte, Sir, lasst meine Dienerschaft bei mir bleiben.«

Kents Gesicht wurde hart. »Unmöglich. Seht Ihr nicht, wie sie jammern und schreien? Sie werden den Scharfrichter bei der Ausübung seines Amtes stören. Und schlimmer noch, sie werden ihre Taschentücher in Euer Blut tauchen und heilige Reliquien daraus machen – wir kennen doch Euren papistischen Zauber!«

Maria unterdrückte ihr Schaudern. »Sir, ich gebe Euch mein Wort, dass meine Dienerinnen nichts dergleichen tun werden«, sagte sie, doch Kent blieb unerbittlich. Nun wandte Maria sich an den Earl von Shrewsbury. Während der Zeit auf Chartley war er ihr Wächter gewesen und im Laufe der Jahre ein Freund geworden. »Mein lieber Shrewsbury, wollt Ihr nicht einschreiten? Eure Herrscherin, eine jungfräuliche Königin, würde mir niemals den Trost und die Würde versagen, von meinen Kammerfrauen umgeben in den Tod zu gehen.«

Shrewsbury, Amyas Paulet und der Earl von Kent gerieten in eine hitzige Diskussion. »Wählt aus Eurem Haushalt sechs Personen, die Euch begleiten«, sagte Shrewsbury schließlich zu Maria.

Maria benannte Jane Kennedy, Elizabeth Curlie, ihren Haushofmeister Andrew Melville und ihren Arzt. »Ich möchte auch meinen Priester bei mir haben.«

»Niemals!«, rief der Earl von Kent. »Keinen Priester!«

Resigniert senkte Maria den Kopf.

Andrew Melville warf sich weinend auf die Knie. »Oh, Madam, noch nie musste ich Bote einer so betrüblichen Kunde sein wie vom Tod meiner Königin und geliebten Herrin.«

Sie wischte sich die Tränen aus den Augen und wandte sich an Andrew Melville. »Mein guter Melville, Ihr solltet Euch freuen und nicht weinen, denn die Sorgen von Maria Stuart haben jetzt ein Ende. Melville, ihr wisst doch, dass diese Welt nur eitler Schein ist und voller Drangsal und Sorgen. Überbringt meinen Freunden meine Botschaft und sagt ihnen, dass ich in Treue zu meiner Religion gestorben bin, als treue Schottin und als Französin. Geht zu meinem Sohn, und sagt ihm, mein sehnlichster Wunsch ist immer gewesen, England und Schottland vereinigt zu sehen. Ich habe nie etwas getan, was dem Gedeihen des Königreichs von Schottland zuwiderlief.«

Sie hob Melville auf. »Wir haben gewusst, dass man mich nicht am Leben lassen konnte. Ich stand ihrer Religion zu sehr im Wege. Fürchtet Euch nicht, in meinem Ende liegt mein Anfang«, sagte sie zu ihm, laut genug, dass alle es hören konnten. Mehrmals von ihr wiederholt hing das Wort wie ein Fluch über der Großen Halle. »In meinem Ende ist mein Anfang ...«

»Eine kluge Frau, eine kluge Königin«, murmelte Christian. »Sie weiß genau, dass die Vertreter beider Religionen jedes ihrer Worte genau registrieren werden. Alles, was sie heute sagt, ist für die Nachwelt bestimmt.«

Dreihundert Schaulustige hatten sich versammelt, um Zeuge des großen Ereignisses zu werden. In dem riesigen Kamin brannte ein gewaltiges Feuer, doch es konnte die Große Halle nicht erwärmen. Eine Kälte eigener Art hing in der Halle, die Herz und Seele verzagen ließ, die Kälte des Jüngsten Gerichts.

Christian suchte sich am Rande der Versammlung einen geeigneten Beobachtungspunkt. »Stell dich vor mich«, sagte er zu Jonathan, »dann kann ich dir nicht die Sicht versperren. Schau dir die Zuschauer genau an, und versuche herauszubekommen, wie sich die Sympathien verteilen. Siehst du bei jemand unverhohlene Genugtuung? Dann ist es zweifelsohne ein Protestant. Tränen? Heimliche Katholiken, keine Frage. Aber gleichgültig, wo die Sympathien liegen, schau nur, wie alle voll Staunen diese Frau betrachten.

Nachdem man die Babington-Verschwörung entdeckt und Marias Komplizenschaft enthüllt hatte, wusste sie genau, dass ihr Tod unvermeidlich geworden war. Ihre größte Befürchtung war, von der Hand eines Meuchelmöders sang- und klanglos einen schändlichen Tod sterben zu müssen. Elisabeth hatte ja in der Tat bei Walsingham und Paulet anklingen lassen, dass eine Lösung, die nach einem natürlichen Tod aussah, politisch weitaus wünschenswerter sei.«

Jonathan wandte sich ungläubig um. »Das hat unsere Königin wirklich gewollt?«

»Maria war ja ohnehin zum Tode verurteilt, weshalb sollte sie da nicht auf eine Weise sterben, bei der die Welt nicht mit dem Finger auf England zeigen konnte – oder auf Elisabeth? Aber die Eiferer unter den Protestanten, besonders die Puritaner, verlangten eine öffentliche Hinrichtung. Sie wollten den Triumph ihrer Religion über Rom bekunden und tappten damit genau in die Falle Marias, die geradezu darum gebetet hatte, von Staats wegen hingerichtet zu werden. Wie anders konnte sie beweisen, dass sie bis zum bitteren Ende wahrhaftig eine Königin und die wahre Erbin des Throns von England geblieben war? Nur eine öffentliche Hinrichtung konnte sie zur Märtyrerin ihrer Religion werden lassen, was ihr die Vergebung eines Großteils ihrer Sünden einbringen würde.«

Langsam, ein wenig humpelnd, aber in königlicher Haltung schritt Maria zum Schafott. »Bedenkt, die Weltenbühne ist größer als das Königreich von England«, hatte sie im vergangenen Oktober noch die Männer gewarnt, die das Urteil über sie gesprochen hatten. Ihre heitere Gelassenheit ließ den Mut erkennen, den sie aus ihrem unerschütterlichen Glauben zog, um ihre letzte, größte, heiligste Rolle auf der Bühne der Welt zu spielen.

Hypnotisiert von soviel Courage verfolgte Jonathan das Geschehen. Aller Augen waren auf die ganz in schwarz gekleidete Delinquentin geheftet. Sie trug ein schwarzes Satingewand mit schwarzem Samtbesatz und eichelförmigen schwarzen Gagatknöpfen mit einer schwarzen Zierperle, dazu schwarze spanische Lederschuhe. Alles an ihr war schwarz, außer der weißen Krone ihres Kopfputzes und dem langen weißen Spitzenschleier, der wie ein Brautschleier bis zum Boden floss. In den Händen hielt sie ein Kruzifix und ein Gebetbuch, an ihrem Gürtel hingen zwei Rosenkränze und um ihren Hals ein goldenes Gotteslamm.

Sie war mit den Jahren schwerer geworden, und ihr ehedem schönes Gesicht trug die Spuren der achtzehnjährigen Gefangenschaft, doch der Glanz und die Fülle ihres berühmtem kastanienbraunen Haars erinnerten immer noch an die Haarpracht eines jungen Mädchens.

Sie war am Schafott angelangt. Die Plattform maß gut dreieinhalb Meter im Quadrat und war ringsum mit schwarzem Samt beschlagen. Auch den sechzig Zentimeter hohen Richtblock hatte man mit schwarzem Samt drapiert. Das große Henkersbeil lag offen zur Schau.

Shrewsbury half ihr die drei Stufen hinauf. Sie nahm auf einem Hocker Platz und hörte geduldig und ohne ihre Gelassenheit zu verlieren die laute Verlesung des Hinrichtungsbefehls an.

Der Dekan von Peterborough hob an, ihr die Sterbegebete der protestantischen Kirche vorzubeten, doch sie fiel ihm ins Wort. »Lieber Dr. Fletcher, ich habe im alten römisch-katholischen Glauben gelebt und gedenke, mein Blut zu seiner Verteidigung hinzugeben.«

»So hört doch auf ihn, um Eurer Seele willen«, baten Shrewsbury und Kent und erboten sich sogar, mit ihr zu beten.

Maria schüttelte entschlossen den Kopf. »Ich danke Euch, meine Herren, wenn Ihr für mich beten wollt, aber ich werde nicht zusammen mit Euch zu Gott sprechen, denn wir gehören nicht zum selben Glauben.«

Die Earls gaben Dr. Fletcher ein Zeichen fortzufahren. Auf die Stufen des Schafotts gekniet, erging er sich laut und weitschweifig in langen Gebeten. Wie zur Replik hob Maria an, auf Lateinisch aus ihrem Stundenbuch zu beten. Ihr Gebet gewann an Kraft und trat in Wettstreit mit dem Eifer des Dekans. Mitten im Gebet glitt sie vom Stuhl auf die Knie. Ihre Stimme begann, Dr. Fletcher zu übertönen. Als der Dekan endlich innehielt, wechselte sie von Latein in die englische Sprache. »Ich bete für die unterdrückte katholische Kirche in England ... Möge Gott meinen Sohn behüten, der mir genommen wurde und im protestantischen Glauben aufgezogen worden ist ... Möge Gott die Augen meiner Kusine Elisabeth öffnen, damit sie in zukünftigen Jahren zu einer Dienerin des wahren Gottes und der wahren Kirche werde ... Möge Gott ...«

Kent fuhr ärgerlich dazwischen. »Madam, macht Euren Frieden mit Jesus Christus gefälligst in Eurem Herzen, und lasst dieses Gewäsch!«

»Lieber Gott«, rief Maria unbeirrbar, »verschone England vor Deinem Zorn!«, um sodann in einer Litanei die Fürsprache der Heiligen anzurufen. Sie küsste das Kruzifix und bekreuzigte sich mit einer wunderschön fließenden Gebärde. »O Jesus, der Du Deine Arme ausgebreitet hast an diesem Kreuz, empfange mich gnädig in Deinen Armen und vergib mir meine Sünden.«

Der Scharfrichter, ein muskulös gebauter Mann namens Bull, trat vor sie hin und bat sie nach uralter Sitte um Vergebung für den Tod, den er ihr beizubringen hatte. »Ich vergebe Euch von ganzem Herzen«, flüsterte sie, »denn ich hoffe, alle meine Sorgen werden durch Euch ein Ende finden.«

Als Jane Kennedy und Elizabeth Curlie begannen, das schwarze Kleid Marias aufzuknöpfen, kam ein blutrotes Untergewand zum Vorschein. Die ganze Versammlung schrak zusammen.

»Blutrot!«, rief Christian aus, während seine Hand sich in Jonathans Nacken krampfte. »Ihr schwarzes Gewand sollte uns täuschen, sie hat das Rot des Blutes gewählt.« Jonathan spürte eine wachsenden Erregung durch Christians Körper jagen.

»Blutrot.« Flüsternd machte das Wort im Saal die Runde und geriet durch die vielfache Wiederholung zur heiligen Litanei.

Die Kammerzofen streiften blutrote Ärmlinge über Marias Arme und hefteten sie an ihr Mieder. Die symbolische Botschaft der Frau, die hoch aufgerichtet in roten Unterröcken, rotem Mieder und roten Ärmeln vor allen stand, hätte klarer nicht sein können. Sie hatte das Schwarz der Trauer abgelegt und trug jetzt die Farbe des Blutes, die liturgische Farbe der Märtyrer der katholischen Kirche. Sie opferte sich mit Leib und Seele für ihren Glauben.

Jonathan beobachtete Kent und Amyas Paulet. Hass und die jähe Erkenntnis, im Augenblick des sicher geglaubten Triumphs übertölpelt worden zu sein, zeichneten sich auf ihren Gesichtern ab. Der Earl von Shrewsbury schaute blind vor Tränen beiseite.

Bull und sein Gehilfe wollten Maria traditionsgemäß ihren Schmuck abnehmen. Sie protestierte und erbot sich, den Gegenwert in Geld zu erstatten, da sie die Kleinodien bereits der Dienerschaft ihres Haushalts vermacht hatte. Die Henker gingen darauf ein. Maria lächelte erleichtert.

Die Kammerfrauen allerdings waren an der Grenze ihrer Fassungskraft angelangt und brachen in lautes Wehklagen aus. »Ich habe mein Wort gegeben, dass dergleichen nicht geschehen wird«, ermahnte sie die Damen. »Klagt nicht, sondern freut euch für mich, denn bald werdet ihr das Ende meiner Kümmernisse erleben.«

Jane Kennedy legte eine Binde aus dünnem weißem Tuch um Marias Kopf und verband ihr die Augen, Marias Nacken lag vollkommen bloß. Kent befahl den beiden Kammerfrauen, das Podest zu verlassen – ihr Dienst war beendet. Maria, Königin von Schottland, kniete auf dem Kissen vor dem Block nieder.

»In Dich, o Herr, vertraue ich, jede Verwirrung halte fern von mir«, betete sie laut.

Jonathan sah sie mit den Händen vergeblich nach dem Richtblock tasten. Er spürte einen unwiderstehlichen Drang, aufs Schafott hinaufzuspringen und ihr zu helfen. »O Gott«, stöhnte er, »hilf ihr doch! Mach, dass jemand ihr hilft!« Doch er konnte sich nicht rühren, Christian hielt ihn an den Armen wie in einem Schraubstock fest.

Endlich ertasteten Marias Hände den hölzernen Block. Zögernd bettete sie den Hals in die sanfte Höhlung. Sie streckte Arme und Beine aus und rief: »In Deine Hände, o Herr, empfehle ich meinen Geist!« Drei-, viermal schnitt ihr lauter Schrei Jonathan ins Herz, während er beobachtete, wie Bull das Richtbeil in der Hand wog, weit damit ausholte und es herunterkrachen ließ.

Die Halle erdröhnte unter dem Hieb.

Bull hatte den Nacken verfehlt. Das Henkersbeil war tief in Marias Hinterkopf gedrungen. Maria bewegte reflexhaft die Lippen. Viele der Anwesenden schwörten, sie hätten die Königin »süßer Jesus« flüstern hören.

Bulls zweiter Hieb durchtrennte den Hals bis auf einige Sehnenstränge. Die Schneide des Richtbeils wie eine Säge führend kappte Bull den Kopf vollends vom Rumpf. Mit dem Ruf »Gott schütze die Königin!« hielt er das abgetrennte Haupt hoch in die Luft.

Unvermutet löste sich Marias Kopf in zwei Teile auf. Bull hatte nur noch das kastanienbraune Haar in der Hand, während der Kopf blutspritzend auf die Plattform polterte und in einer Blutlache liegen blieb. Ein entsetzter Aufschrei drang aus der Menge, gefolgt von erstauntem Schweigen. Maria Stuarts echtes Haar war ziemlich kurz und stark ergraut. Sie hatte bei ihrem letzten großen Auftritt auf Erden eine Perücke getragen.

Der Dekan von Peterborough fasste sich als Erster. »So enden alle Feinde der Königin!«, rief er. »Ein solches Ende nehmen alle Feinde der Königin und des Evangeliums,« bekräftigte lautstark der Earl von Kent.

Dann geschah etwas Bestürzendes. Marias Hündchen, ein Skye Terrier, der die ganze Zeit unter ihren Röcken gesteckt hatte, kroch hervor. Es kauerte sich neben den kopflosen Hals seiner Herrin. Das Tier wollte nicht weichen, bis man es fortschaffte.

Marias Lippenbewegungen dauerten an. Christian begann, Jonathans Schultern zu kneten. »Du zitterst, wie auch ich gezittert habe, als das Beil herniederfuhr. Du empfindest Mitgefühl für diese Frau, oder verstehe ich deine Trauer falsch?«

Jonathan blieb die Antwort schuldig. Er konnte den Blick nicht von den sich unentwegt bewegenden Lippen wenden.

»Die Katholiken im Saal flüstern sich zu, dass Maria immer noch betet«, murmelte Christian, »und die Protestanten meinen, das müsse sie auch, um Vergebung für ihre Sünden zu erlangen. Was denkst du?«

Jonathan hob die Schultern. »Ich weiß nicht. Ich kann einfach nicht ...« Ein dicker Kloß steckte ihm im Hals. Er brach ab.

»Wie gut ich dich verstehe«, sagte Christian mitfühlend und verstärkte die tröstende Massage. »Es ist nicht leicht zuzusehen, wie ein Kopf abgehauen wird, gar der Kopf einer Frau und einer Königin noch dazu. Sieh nur, wie sich diese Lippen bewegen, seit zehn Minuten jetzt schon. Es ist, als wäre sie über die Schwelle eines anderen Orts getreten und wolle uns und nur uns allein die geheimen Weisheiten von dort zuflüstern. Glaubst du, dass sie jetzt in das Antlitz Gottes blickt? Wenn sie uns nur sagen könnte, was Er von ihrem Prozess und ihrer Hinrichtung hält.«

»Ob Er es überhaupt zur Kenntnis genommen hat? Interessiert es Ihn überhaupt?«

»Aber deine Tränen verraten, dass du glaubst, es könnte Unrecht geschehen sein«, sagte Christian sanft. Jonathan konnte nur unbeholfen nicken. »Man behauptet aber, Maria sei schuld am Tode ihres Gatten«, fuhr Christian fort, »und sie hätte dessen Mörder geheiratet, Schottland in den Ruin gerissen und Mordkomplotte gegen Elisabeth geschmiedet, um deren Thron an sich zu reißen.«

»Aber Sie war doch schuldig, oder?«, fragte Jonathan Bestätigung heischend.

»Das ist jetzt alles nicht mehr wichtig, denn durch einen einzigen Beilhieb sind sämtliche Vorwürfe gegenstandslos geworden. Sie hat ihre letzte Rolle ausgezeichnet gespielt. Der Hieb des Richtbeils verwandelte Maria von der Mörderin in eine Märtyrerin, von der Sünderin in eine Heilige. Warte nur ab, wie die Welt sich ihrer Sache annehmen wird. Das abgeschlagene Haupt, das hier liegt, wird letzten Endes dazu führen, dass Philipp von Spanien gegen England in den Krieg zieht! Wir leben in unruhigen Zeiten, mein Freund, in der Welt, in der wir leben, wird das Oberste zuunterst gekehrt. Wenn du deine Tränen ernst nimmst, wenn du auf dein Gewissen hörst, wirst du dich damit abfinden müssen, dass uns allen beim Entstehen einer neuen Welt eine Rolle zugedacht ist, der wir uns nicht entziehen können. Ja, auch dir, Jon, sogar dir! Wenn wir uns in London wiedersehen, werden wir uns noch ausführlich darüber unterhalten.«

Die Ereignisse zogen schemenhaft an Jonathan vorbei. Mit großer Mühe folgte er Bon Cœurs Weisungen und prägte sich alles sorgfältig ein. Wie in Trance verfolgte er starren Blickes, wie alles verbrannt wurde, der Richtblock, der Hocker, die schwarzen Drapierungen. Man entnahm dem enthaupteten Leichnam das Herz und die inneren Organe, um sie auf dem Gelände von Schloss Fotheringhay tief zu vergraben, der ausgeweidete Rest wurde heimlich in einem schweren Bleisarg irgendwo namenlos verscharrt.

»Die Katholiken möchten aus ihr eine Heilige machen, aber man will ihnen keine Reliquien liefern«, erläuterte Christian.

Es war jetzt ein Uhr am Mittag. Shrewsburys Sohn Lord Talbot galoppierte mit der Nachricht an Königin Elisabeth aus Fotheringhay davon. Klirrend fiel hinter ihm das Gatter, und die Zugbrücke wurde von den Torwächtern hochgewunden, kaum dass sie unter dem Hufschlag seines Pferdes gedröhnt hatte.

Zwei Tage würden vergehen, bis die Eingeschlossenen wieder hinaus konnten.

Als in dieser Nacht alles in tiefem Schlaf lag, schlichen sich Christian und Jonathan zum hinteren Pförtchen. »Und du bist dir ganz sicher, dass du es wagen willst?«, flüsterte Christian.

»Ich würde sonst etwas darum geben, im warmen Bett zu liegen, aber ich muss es wenigstens versuchen – Boy zuliebe.«

»Wenn es denn sein muss ...« Christian klopfte an sein Mitbringsel, einen irdenen Krug voll Ale. »Ich werde dir das Törchen öffnen. Warte, bis ich den Wächter abgelenkt habe, dann schlüpf schleunigst hinaus. Du musst vorsichtig über das Eis gehen. Bleib nicht stehen, versuch rüberzurutschen, wenn du kannst. Dein Pferd wartet am Gasthaus auf dich. Ich habe dir eine ruhige Stute ausgesucht, du dürftest gut mit ihr zurechtkommen.«

Christian reichte ihm ein paar Münzen. »Die wirst du für unterwegs brauchen. Und das auch.« Er löste sein Schwertgehänge und hängte es Jonathan über die Schulter. »Um dir die Wegelagerer vom Leib zu halten.«

Jonathan ergriff Christians Hände. Impulsiv legte er seine Stirn hinein. »Ohne Eure Hilfe wäre ich vollkommen aufgeschmissen. Wie kann ich das je wieder bei Euch gutmachen?«

»Darüber reden wir in London. Ich könnte mir vorstellen, dass wir von großem Nutzen für einander sein können. Noch ein Wort der Vorsicht: Es ist besser, wenn du Walsingham in dem Glauben lässt, du hättest es alleine geschafft. Puritaner sind seltsame Leute. Sie meinen, dass sie die Einzigen sind, zu denen Gottes Stimme spricht. Es gibt keinen lupenreineren Puritaner als Walsingham – und keinen hinterhältigeren. Gibt es einen besseren Beweis dafür als seinen Plan, dich einfach abzuhängen? Wir wollen deshalb unser Geheimnis hüten.«

»Das werden wir, bei meinem Eid.«

»Es gibt wenige Menschen, denen ich vertraue, aber dir vertraue ich. Du brauchst keine Angst zu haben, ich weiß, dass du deine Aufgabe hervorragend lösen wirst – obwohl ich zugeben muss, dass mir der Grund dafür immer noch schleierhaft ist. Wenn du ihn herausbekommen hast, wirst du ihn mir doch verraten? Dann werden wir uns ins Fäustchen lachen über den komischen Auftrag, den man sich für dich ausgedacht hat.«

Als er Jonathan in die Arme schloss, erdrückte er ihn beinahe. »Meine Gebete reiten mit dir, mein tapferes Bürschchen. Besuch mich in London, sobald du kannst. Ich werde erst wieder gut schlafen, wenn ich weiß, dass alles gut gegangen ist.«

Christian verschwand, um den Wächter abzulenken. Jonathan wartete. Bald vernahm er das Lachen von zwei Männern. Das Tor knarzte. Von Christians Vertrauen beflügelt, schlüpfte er behutsam hinaus in die eisige schwarze Nacht.

32

Lieber Gott«, betete Jonathan, »gib, dass das Eis mich trägt.« Vorsichtig betrat er die weiße Fläche ... sie hielt. Mit behutsam gleitenden Schritten bewegte er sich über den inneren Gaben. Der äußere Graben war breiter und weniger dick vereist. Es krachte bei jedem Schritt. Sechs Meter vor dem Ufer ließ Jonathan alle Vorsicht fahren und rannte um sein Leben. Während das Eis unter ihm schon nachgab, konnte er noch ans Ufer springen. So schnell seine Füße ihn trugen, rannte er zum Gasthaus. Dort wartete, wie von Christian versprochen, eine Stute auf ihn. Er schwang sich in den Sattel und machte sich auf den Ritt nach London.

*

Erschöpft, verschmutzt und halb verhungert kam Jonathan nach einem vierundzwanzigstündigen Ritt spät in der Nacht des Donnerstag an den Mauern von London an. Zu seiner Überraschung waren die Tore weit geöffnet. »Hast du schon gehört?«, rief ihm ein Wächter zu. »Die Hure des Papstes ist tot! Heute Mittag hat Lord Talbot die Nachricht gebracht. Der ränkeschmiedende Kopf, der sich die Krone von England aufsetzen wollte, ist abgehauen vom Rumpf! Endlich ist unsere gute Königin Bess wieder sicher!«

In der ganzen Stadt läuteten die Glocken, in jedem Kirchspiel loderten die Freudenfeuer. Seit Jahrzehnten hatten die Londoner ihre Stadt und ihre Herzen aus Furcht vor Maria, der Königin von Schottland, nachts verschlossen gehalten, doch heute Abend war die Furcht gewichen. Mit bacchanalischem Übermut wurde getrunken und um die Freudenfeuer getanzt, und so manches Kind wurde in dieser Nacht gezeugt.

Mitternacht war längst vorbei, als Jonathan vor Walsinghams Haus in der Seething Lane stand. Er versetzte den Türklopfer in heftige Aktion. Endlich kam der Butler zum Eingang geschlurft, eine Kerze in der Hand, gähnend und fluchend über die nächtliche Störung.

»Unmöglich!«, keifte Doublevay, als Jonathan forderte, vorgelassen zu werden. »Es ist mitten in der Nacht. Ich werde die Ruhe meines Herrn nicht stören. Komm morgen wieder, oder besser gar nicht.«

Jonathan stellte den Fuß in die Tür. »Ich bringe dringende Nachrichten für den Minister.« Er packte den Knauf von Christians Schwert. »Verweigert mir den Eintritt, und ich verspreche Euch, Sir Francis reißt Euch den Kopf ab, wenn ich es nicht schon vorher tue.«

Grollend und unter gemurmelten Schmähungen ließ Doublevay Jonathan ins Haus. Er entfernte sich und kam einige Minuten darauf mit dem gewaltigen Leiter des englischen Geheimdienstes wieder, dem er mit einer Kerze voranleuchtete. Walsingham konnte Jonathan, den die Kräfte verließen, gerade noch auffangen.

Hustend und spuckend kam Jonathan wieder zu sich. Der scharfe Geschmack von Branntwein ätzte seinen Schlund. Mit einer knappen Handbewegung schickte Walsingham seinen Diener hinaus. Doublevay trollte sich. Draußen presste er das Ohr an die Türfüllung.

»Wie kommt es, dass du so schnell wieder da bist?«, wollte Walsingham wissen. »Ich erwarte Robert Wise erst in zwei Tagen. Wo ist er?«

»Immer noch in Fotheringhay, soviel ich weiß, Mylord.«

»Aber wie hast du es denn geschafft ...?«

»Mylord, ist das denn so wichtig angesichts der Informationen, die ihr wolltet?« Unter geschickter Aussparung von Christians Beteiligung berichtete Jonathan von seinen Beobachtungen beim Tod Marias. Der Detailreichtum seiner Schilderung versetzte Walsingham in Erstaunen.

Ein wenig aus der Fassung gebracht ging er auf und ab. Ein solches Ergebnis hatte er nicht erwartet. Am Nachmittag hatte ihm Lord Talbot die Nachricht von der Hinrichtung überbracht und einen trockenen, schlichten und aufs Wesentliche reduzierten Bericht geliefert. Doch der Bursche vor ihm hatte ihm mit seinen Worten und Gedanken das Gefühl zu vermitteln vermocht, unmittelbar dabei gewesen zu sein. Was sollte er davon halten? Kam es daher, dass der Bursche ein Schauspieler war, der jeden Tag eine neue Rolle auswendig lernen musste? Bekam man davon ein so außerordentlich gutes Gedächtnis? Oder war es eine seltene Begabung, die bestimmte Menschen eben hatten, wie zum Beispiel dieser junge Mann? Wie auch immer, ein Agent mit einer solchen Befähigung war natürlich bestens gerüstet. Ein solcher Kurier beförderte alles in seinem Kopf und brauchte keine schriftlichen Botschaften mit sich herumzutragen, die man abfangen konnte.

Walsingham wollte Jonathan weiter ausfragen, doch als er sich umwandte, war der junge Mann eingeschlafen. Sacht breitete Walsingham eine Decke über ihn. Er betrachtete den Schlafenden eine Zeit lang. Beinahe tat es ihm Leid, dass der Junge sich so gut geschlagen hatte. So jung, so eifrig, so friedlich in seinem Schlaf. Wenn die Wahl auf ihn fiel, würde ihn sein nächster Einsatz mitten ins Feindesland führen und vielleicht sogar in den Tod.

Jonathan erwachte erst nach neun Uhr. Der halbe Vormittag war schon vorüber. Raymond de Bon Cœur, Thomas Phelippes und andere Sekretäre waren emsig bei der Arbeit.

Walsingham knöpfte sich Jonathan noch einmal vor. »Eine letzte Frage: Woher hast du das Pferd? Und das Schwert?«

»Gestohlen, Mylord, oder vielleicht sollte ich besser sagen: geborgt. Darf ich die Stute ein paar Tage bei Euch unterstellen, bis ich sie zurückgeben kann?«

Walsingham zog die Brauen hoch. Diebstahl konnte er nicht billigen – es sei denn, er geschah im Dienste der Königin. Er gab Jonathan einen Farthing. »Ich bin mit deinem Bericht zufrieden.«

»Heißt das, dass Boy de Bon Cœurs Stellung nicht mehr in Gefahr ist?«, erkundigte Jonathan sich eifrig.

Walsingham blickte ihn verwundert an. Er verstand offensichtlich kein Wort. »Du wirst über diese Sache mit niemand sprechen«, herrschte er Jonathan an, »und schon gar nicht mit deinen Schauspielerkumpanen, die für ihr loses Mundwerk ohnehin übel beleumundet sind! Ist das klar?«

»So klar wie dicke Tinte, Mylord.«

»Spar dir die dummen Sprüche! Wir haben es hier mit delikaten Staatsangelegenheiten zu tun. Wenn ich bemerken sollte, dass du dich nicht an meine Anweisungen gehalten hast, musst du mit ernsten Konsequenzen rechnen. Oder würde es dir gefallen, wieder nach Bridewell zurückgeschickt zu werden?«

»Nein, Mylord.«

»Dann sieh zu, dass es nicht dazu kommt. Halte dich peinlich genau an meine Weisungen! Es könnte sein, dass ich demnächst eine ähnliche Aufgabe für dich habe.«

»Aber was wird aus meiner Lehrstelle? Mein Meister wird nicht begeistert sein, wenn ich andauernd fehle.«

»Das braucht deine Sorge nicht zu sein. Burbage wird sich fügen, wenn man es ihm nahe legt. Halte dich bereit, und denk daran: Was du tust, tust du für Königin und Vaterland.«

»Allein dafür wäre ich schon zu allem bereit, was man von mir verlangt. Aber darf ich mich darauf verlassen, dass Ihr in Eurer christlichen Barmherzigkeit Boy de Bon Cœur niemals vor die Tür setzen werdet?«

»Du Gauner, willst du etwa mit mir feilschen? Ich habe noch nie jemand vor die Tür gesetzt, der mir treu gedient und den Pfad der Rechtschaffenheit nicht verlassen hat!« Jonathan war entlassen.

Von der freudigen Nachricht aufgemuntert machte er sich schnurstracks auf den Weg zu Boy. Er fand die Tür des Hauses verschlossen. Als niemand auf sein Pochen antwortete, schlüpfte er durch ein offenes Fenster ins Haus.

»Wer da?«, hörte er Boy schwach rufen, »Freund oder Feind?«

»Nur ein armer Heimkehrer aus dem Krieg«, rief Jonathan die Treppe hinauf, bevor er sich oben Boy in die Arme warf. »Ich hab es geschafft, dank deiner Warnung habe ich's geschafft! Gut schaust du aus«, flunkerte er, denn in Wirklichkeit schien es Boy keineswegs besser zu gehen. Er war blass wie der Bauch eines Fisches. »Bist du allein im Haus?«

»Mama und Morgana sind fort und machen Besorgungen.« Er setzte sich auf seinem Lager auf. »Jetzt erzähl doch mal!«

Jonathan erzählte Boy alles von Anfang bis Ende. »Während du fort warst, habe ich Augen und Ohren offen gehalten«, sagte Boy trocken. »Soweit ich mitbekommen konnte, hat Mylord Walsingham noch eine Aufgabe für dich, die er ursprünglich ebenfalls mir übertragen wollte.«

»Das hat er schon anklingen lassen. Was soll es denn diesmal sein? Will er mich wieder in den Mond schicken? Oder nach Prag vielleicht? Ein Treffen mit Dr. Dee?«

»Was immer es ist, ich glaube kaum, dass er dich diesmal in den Mond schickt. Fotheringhay sollte eine Prüfungsaufgabe sein. Der nächste Auftrag ist bestimmt mit größeren Gefahren verbunden.«

»Ich muss zugeben, es hat mir Riesenspaß gemacht«, sagte Jonathan, stolz auf seinen Erfolg. »Ich traue mir jetzt alles zu.

Aber mir brennt da eine Sache auf den Nägeln. Ich muss mich bei Christian erkenntlich zeigen für das, was er für uns getan hat.«

»Ich habe ein paar Shilling gespart«, meinte Boy, doch Jonathan schüttelte den Kopf. »Bare Münze erwartet Christian nicht, und ich weiß auch nicht genau, was er eigentlich wünscht. Er bringt mich völlig durcheinander. Aber irgendwie muss ich mich erkenntlich zeigen. Ich muss jetzt nach Hause. Ich bin vollkommen erledigt. Gib mir Bescheid, wenn du etwas Neues herausbekommst.«

Jonathan strebte eilig zur zur Hollywell Lane. »Heil dir im Siegerkranz!«, sang er. Bürschchen hörte ihn als Erster. Im Freudentaumel stürzte er Hals über Kopf herbei; Mistress Goodfellow und Maudy mit dem Baby kamen hinterhergelaufen. »Bitte keine Fragen«, sagte er, während er alle mit stürmischen Küssen begrüßte, »ich habe Geheimhaltung geschworen.« Und dabei blieb es – trotz allen Flehens, mehr zu erfahren, denn Jonathan hatte sich Walsinghams Drohung sehr zu Herzen genommen.

Burbage und die Schauspieler waren im »Roten Hirsch« und machten sich einen schönen Abend. Jonathan verzehrte mit Maudy und Mistress Goodfellow ein einfaches Abendbrot. Danach saßen die Frauen am Feuer, nähten Kostüme – und beschwatzten Jonathan, ihnen von seiner Reise zu erzählen. Am helllichten Tag abgelegte Schwüre lesen sich in der Nacht oft ganz anders, und ein bisschen Eindruck schinden musste schon sein – nur ein ganz kleines bisschen – über kurz oder lang befand Jonathan sich jedenfalls mitten in der Schilderung der Hinrichtung.

»Ich kenne kein Stück, das eine so irrwitzige Handlung hätte«, meinte Mistress Goodfellow nachdenklich. »Eine Königin köpft eine andere – wer würde so etwas schon glauben? Ich habe diese Frau all die langen Jahre gehasst, aber ich muss zugeben, jetzt, wo sie dahingegangen ist, bin ich doch ein bisschen traurig. Wir sind schon ein komisches Pack – wen sollen wir jetzt hassen?« Sie blinzelte. »In meinen jungen Jahren konnte ich anstandslos die feinste Nadel einfädeln, aber jetzt spielen meine Augen nicht mehr mit. Ich muss ins Bett. Ich nehm den Kleinen mit.«

Ja, bitte, nimm ihn mit, dachte Joanthan, in der Hoffnung auf ungestörte Zweisamkeit mit Maudy. Wieder einmal wirkte der Erfolg wie ein mächtiges Aphrodisiakum.

Der kleine Christian wollte aber partout bei seiner Mutter bleiben und ließ nicht locker, bis Jonathan mit ihm Hoppe-hoppe-Reiter spielte. Jonathan freute sich über das glückliche Kinderlachen und das »Meeehr!«, sobald er aufzuhören wagte.

»Maudy, auf Fotheringhay habe ich Christian gesehen.«

Ein Blutstropfen quoll aus Maudys Fingerkuppe. Sie legte das Nähzeug beiseite und nahm das Kind an sich. »Hast du ihm etwa erzählt ...?«

»Aber nein, ich habe dir doch geschworen, dass er kein Sterbenswort von mir erfahren wird.«

»Aber ich habe das Gefühl, du wirst ihn wiedersehen.«

»Das muss ich sogar. Ich muss ihm ein paar Sachen zurückgeben, die er mir geborgt hat – sonst könnte er hier auftauchen und nach mir suchen.«

»Hüte dich vor ihm, Jon. Er hat etwas Unwiderstehliches an sich.« Sie streichelte die weißgoldenen Locken des Kindes. »Aber ich darf mich nicht beklagen, er hat mir die größte Freude meines Lebens geschenkt ... Ich packe meine Sachen, und beim ersten Tageslicht bin ich fort.«

»Maudy, hier bist du von Leuten umgeben, die sich um dich und dein Kind kümmern. Hier bist du sicherer als irgendwo sonst.«

Sie nickte mutlos. »Du hast Recht, ich kann mich verstecken, wo ich will, er wird mich finden. Früher oder später werde ich ihm gegenüberstehen.« Sie streckte den Arm nach Jonathan aus und drückte seine Hand. »Ich weiß nicht, aus welchem seltsamen Grund das Schicksal dich und mich zusammengeführt hat, aber ich danke Gott jeden Abend dafür. Jetzt muss ich aber auch ins Bett.«

»Bleib doch noch ein wenig«, sagte Jonathan mit heiserer Stimme, doch Maudy schüttelte den Kopf.

In der dunkelsten Stunde der Nacht führte ihn sein erhitztes Fleisch geradewegs in Maudys Zimmer. Er sehnte sich danach, ihr zu zeigen, weshalb sie vom Schicksal zusammengeführt worden waren. Der kleine Christian lag hellwach in seiner Wiege. Seine in der Dunkelheit glühenden goldenen Augen verfolgten jede Bewegung Jonathans. Jonathan legte den Finger auf die Lippen, doch als er sich Maudys Lager näherte, stieß das Kind einen Alarmschrei aus, der das ganze Haus aufzuwecken drohte.

In Sekundenschnelle war Maudy auf den Beinen und schirmte mit ihrem Körper die Wiege ab. Eine blanke Klinge blitzte in ihrer Hand. Jonathan konnte dem zustechenden Messer gerade noch ausweichen. »Maudy, ich bin es! Ich wollte nur mal nachsehen, ob bei dir alles in Ordnung ist.«

Maudys Erschrecken legte sich allmählich. Sie gab Christian ein in Zuckerwasser getauchtes Läppchen, um ihn zu beruhigen, doch er spuckte es aus und verlangte Süßeres. Maudy legte sich das Kind an die Brust. »In meiner Angst hätte ich dir etwas antun können. Jede Nacht quält mich der Albtraum, dass der Teufel kommt und mein Kind stehlen will ... Aber erst muss er mich umbringen.«

Jonathans Leidenschaft war abgekühlt. Er verzog sich wieder. Ob du wohl jemals an diesem kleinen Wachhund vorbeikommst, fragte er sich.

*

Am Abend darauf musste Christian nach Jonathans Berechnung wieder aus Fotheringhay zurück sein. Er holte die Stute in Walsinghams Stallungen ab und führte sie zu Christians Domizil am

Strand. Beim Näherkommen sah er durch die Bleiglasfenster des Hauses den Lichtschein von Kerzen und Kaminfeuer schimmern. Plötzlich spürte er das Verlangen umzukehren und zu fliehen.

Wie war es nur möglich, dass ihm angesichts dieses Mannes, der sich so fraglos als Freund erwiesen hatte, jedes Mal das Herz in die Hosen fiel, während er gleichzeitig immer stärker von ihm angezogen wurde, als hinge er an einem unsichtbaren Strick? Es ist bestimmt besser, du kommst morgen bei Tageslicht wieder ..., sagte er sich, doch das überlebensgroße Schattenbild, das der flackernde Feuerschein ins Zimmer projizierte, erwies sich als unwiderstehliche Verlockung.

In Reithosen und mit nacktem Oberkörper öffnete Christian Jonathan die Tür. Seine feinen Reitstiefel waren schmutzbespritzt, sein Haar in Unordnung, in seinem Blick spiegelte sich die Verärgerung über die Störung – die jedoch schlagartig verschwand, als er Jonathan erkannte.

»Wie mich der Anblick meines kleinen Freundes belebt!«, rief er. Er hob Jonathan auf, wirbelte mit ihm durchs Zimmer und warf ihn auf die erhöhte Liegestatt. »Hat alles gut geklappt? Wir haben leider nicht viel Zeit, uns zu unterhalten. Ich erwarte einen Kurier, und die Briefschaften, die ich ihm mitgeben will, sind noch nicht fertig. Hattest du unterwegs Schwierigkeiten?«

»Ein paar Wegelagerer hätten mich gern ausgeraubt. Euer Schwert hat sich jedoch als wirksames Gegenargument erwiesen. Aber ich befürchte, Eure Stute lahmt.« Jonathans Blicke hefteten sich auf den kleinen Becher in Christians Hand, ein aus Silber getriebenes, mit kostbaren Edelsteinen besetztes Kleinod. Es war mit einer aromatischen Flüssigkeit gefüllt, deren schwerer Duft Jonathan das Wasser im Mund zusammenlaufen ließ.

»Was stehe ich wie ein Tölpel da, ohne dir etwas von diesem Feuer für deinen Bauch anzubieten! Hier, nimm einen Schluck aus meinem Becher, ich glaube, du wirst es mögen.«

Schon bevor das Getränk Jonathans Lippen netzte, benebelte

ihn der Duft. Der Geschmack war so angenehm, dass Jonathan gleich mehrere große Schlucke davon nahm. »Es durchwärmt mich von oben bis unten, ich spüre es bis in die Zehenspitzen. Was ist das, Mylord?«

»Es ist ein Likör, der von Mönchen nach einem Geheimrezept destilliert wird. An den Geschmack muss man sich gewöhnen – wie bei vielen anderen Dingen auch. Trink aus, wir haben noch viel zu feiern in dieser Nacht.« Er füllte den Becher aufs Neue und einen zweiten für sich selbst.

»Ich bin soeben erst zurückgekehrt, vor noch nicht einmal einer Stunde. Welch ein bemerkenswerter Zufall, dass es dich so prompt hierher gezogen hat. Habe ich dir nicht gesagt, dass uns etwas verbindet? Die Rückreise war lähmend stumpfsinnig. Man gratulierte sich gegenseitig unentwegt zum Tod der schottischen Königin, ohne auch nur im Entferntesten die Konsequenzen zu begreifen.«

»Welche Konsequenzen, Mylord?«

»Sie sind bedrückend. Wenn wir sie ausloten wollten, wäre das bisschen Zeit, das wir füreinander haben, vollkommen damit ausgefüllt. Als du geklopft hast, habe ich gerade versucht, mir die Stiefel auszuziehen. Würdest du heute Abend noch einmal den Pagen für mich spielen?«

Christian setzte sich. Jonathan stellte sich rittlings über sein Bein. Während er erst den einen, dann den anderen Stiefel an Absatz und Spitze gepackt hielt, setzte Christian ihm den anderen Fuß gegen das Gesäß und drückte ihn samt Stiefel von sich. »Oh, verdammt, ich habe gar nicht an deinen wundgerittenen Hintern gedacht. Was machen die Druckstellen?«

»Auf dem Ritt zurück haben sie mir noch mal zu schaffen gemacht, aber inzwischen geht es wieder.«

»Das freut mich. Ich würde es nicht zulassen, dass auch nur ein Körperteil von dir Schaden leidet, und sei es für die Königin von England. Du hast also Lord Walsingham deinen Bericht gebracht. Wie hat er reagiert? War er nicht neugierig, wie du den Rückweg so schnell geschafft hast?«

»Das war er in der Tat, Mylord, aber ich konnte ihm ausweichen«, sagte Jonathan voll Stolz. »Unser Geheimnis bleibt gewahrt.«

»Gut gemacht. War Walsingham zufrieden?«

»Ich denke schon. Er hat mir einen Farthing für meine Mühe gegeben.«

»Einen ganzen Farthing? Die Großzügigkeit dieses Mannes kennt ja keine Grenzen!«

Jonathan hielt Christian die Münze hin. »Das ist die ganze Bezahlung, die ich Euch für meine Schulden anbieten kann. Wie viel hat die Stute gekostet, Mylord?«

»Lass uns nicht mehr von Bezahlung reden. Was war denn nun der Grund dafür, dass Walsingham dich zu der Hinrichtung geschickt hat?«

»Ich weiß es jetzt weniger als zuvor. Ich glaube allerdings, dass es eine Art Prüfung war. Man wollte vielleicht wissen, ob ich es schaffen würde.«

»Und wenn ja, was dann?«

»Keine Ahnung, aber eines weiß ich: Dank Eurer Hilfe ist es mir gelungen, Boys Zukunft zu sichern, und dafür bin ich in Eurer Schuld.«

»Fang doch nicht schon wieder an, von Schuld zu reden. Ich will doch nichts anderes, als darauf anstoßen, wie wir diese so genannten staatstragenden Herren zum Narren gehalten haben. Ich könnte mich totlachen, aber ich muss mich jetzt dringenden Angelegenheiten widmen. Jon, gleich kommt der Kurier. Sobald er hier auftaucht, verdrückst du dich besser. Unsere Verbindung in dieser Sache sollte unter uns bleiben.« Er goss Jonathan noch einmal ein.

»Mylord, habt Mitleid, das Bett schaukelt und dreht sich schon mit mir.«

»Lass es schaukeln und sich drehen und mit dir auf eine fröhliche Reise davonsegeln! Du hast dir durch deinen Mut das Recht verdient, zu feiern, dass selbst Bacchus neidisch auf dich wird. Wäre Maudy auch hier, wäre unsere festliche Runde komplett, nicht wahr, mein Kleiner?«

Die Erwähnung von Maudys Namen ließ Jonathan zusammenfahren. Er hatte sich schnell wieder in der Gewalt, aber er schickte ein Stoßgebet gen Himmel, dass Christian nichts davon bemerkt hatte. »Mylord, Ihr müsst mir unbedingt sagen, was die Stute gekostet hat, damit ich Euch das Geld zurückzahlen kann. Und das werde ich, egal wie lang es dauert.«

Christian warf ein neues Scheit ins Feuer. Die Funken stoben im Kamin. »Ich habe darüber nachgedacht, wie wir das auf eine Weise regeln könnten, dass wir beide etwas davon haben. Wie ich dir bereits sagte, wird mein Diener viele Monate lang fort sein, und ich muss sehen, wie ich alleine zurechtkomme. Ich habe das dumpfe Gefühl, dass mein Diener überhaupt nicht mehr wiederkommt. Du hast deine Sache in Fotheringhay sehr gut gemacht. Was hältst du davon, wenn ich dich in meinen Haushalt aufnehme?«

Jonathan bekam große Augen. Der Schein des Feuers spielte um Christians markante Züge. »Angenommen, man würde dir anbieten, dich auf das größte Abenteuer deines Lebens zu begeben«, fuhr er ruhig fort. »Was würdest du dazu sagen?«

»Aber ich bin bei Meister Burbage recht zufrieden, wirklich.«

»Zufrieden ist ein Wort für Schafsköpfe. In Wahrheit kaschiert es nur, dass du dich selbst belügst. Jemand wie du kann dort nicht glücklich sein. Für einen Mann mit deiner Intelligenz ist das unmöglich. Sei einmal ehrlich mit dir selbst, geht dir das ewige Einerlei nicht jetzt schon auf die Nerven? Publikum und Schauspieler – ist es nicht immer dasselbe? Im Moment der vorgetäuschten Wirklichkeit versuchen die Besucher des Parketts, die eintönige Drangsal ihres Daseins zu vergessen, während ihr

Schauspieler euch heldenhaft müht, sie in eine andere Zeit und an einen anderen Ort zu versetzen. Und das Ganze wiederholt sich Tag für Tag in einem ewigen Einerlei. Ist es nicht so?«

»Aber ich bin doch an Meister Burbage gebunden ...«

»Das tut nicht viel zur Sache. Angenommen, du könntest aus deinem Lehrvertrag aussteigen – würdest du dich auf das große Abenteuer einlassen?«

»Wie kann ich mich auf etwas einlassen, wovon ich keine Ahnung habe? Wie soll ich wissen, ob es mich das Leben kostet oder die große Gelegenheit ist, mein Glück zu machen?«

»Beides könnte eintreten. Aber gib doch zu, dass der Gedanke allein dein Blut schon in Wallung bringt – ich spreche von nichts Geringerem als einem Abenteuer, das deinem Namen einen Platz im Buch der Geschichte sichern wird.«

Jonathan spürte in der Tat sein Blut in Wallung geraten.

»Du hättest ein Leben, welches das Angenehme mit dem Nützlichen verbindet. Wir würden weite Reisen machen, fremde Länder besuchen, die Neue Welt sogar. Mein ganzes Wissen würde ich dir beibringen, dich in alle Geheimnisse einweihen – alles, wonach du dürstest, wäre dein. Reichtum? Nein, mehr: Macht! Macht, rohe Macht, elementare Macht, die Macht des Eroberers. Männer würden vor dir im Staub kriechen, Herrscher würden dich ehren, Gelehrte deine Weisheit schätzen. Frauen würden dich verehren, Jungfrauen würden darum wetteifern, dir ihre Knospe zu öffnen!

Sieh nur, wie du trocken schluckst! So trink denn aus, ich werde deinen Becher niemals leer werden lassen.« Er faltete beschwörend die Hände. »Nie würde unser Leben sich in diesseitiger Lustbarkeit erschöpfen, denn ich weiß sehr wohl, dich dürstet nach mehr. Ich weiß, wer du wirklich bist, und ich weiß, dass du dir die Welt mit einem einzigen Bissen einverleiben würdest, wenn du es nur wagtest. Möchtest du in die Geheimnisse der Kabbala eingeweiht werden? Ein Wort von dir genügt, und die Weisheit, die allein dem Propheten vorbehalten war, wird dir enthüllt werden. Nur ein Wort von dir, und ich werde dich in das größte aller Geheimnisse einweihen, die wahre Bedeutung des Steins der Weisen und das Leben in ewiger Manneskraft und ewiger Jugend. Ich werde nicht ewig herrschen. Ich sehne mich danach, die Fackel an einen würdigen Nachfolger weiterzureichen ... Möchtest du dieser Nachfolger sein?«

Die von Christian heraufbeschworenen Bilder zogen an Jonathans innerem Auge vorbei. Er fing an zu zittern.

»Und dann die machtvollste aller Gaben: Möchtest du in die Zukunft schauen? Der wahre Wissende vermag sich über die Grenzen der Zeit zu erheben. Dergestalt befreit ist er fähig, das Ineinanderfließen von Vergangenheit, Gegenwart und Zukunft als Einheit zu schauen!«

Jonathan schüttelte den Kopf, um einen klaren Gedanken zu fassen. »Ihr könnt sehen, was meine Zukunft ...?«

»Teile davon, gewiss. Ich kann jedenfalls sehen, dass dein Becher wieder gefüllt werden muss«, fügte Christian grinsend hinzu. »Du bist jetzt an einem Scheideweg deines Lebens angelangt, mein kleiner Freund. Ob dich eine düstere oder strahlende Zukunft erwartet, hängt davon ab, welchen Weg du wählst. Such dir den richtigen aus, und ein abenteuerlicheres Leben, als du es dir in deinen wildesten Träumen ausgemalt hast, steht dir bevor. Was meinst du, mein durstiger Freund, willst du dich am Brunnen meiner Wissenschaft laben? Willst du Körper und Geist öffnen für das, was ich in dich hineinpumpen möchte?«

»Ja, und abermals ja!«, rief er. Wie von unsichtbaren Fäden gezogen, sprang Jonathan auf und fiel vornüber. Er versuchte, wieder auf die Beine zu kommen, schaffte es aber nur auf die Knie. Im glühenden Feuerschein spürte er Christians Schatten über sich. Er schaute auf und blickte in die goldenen Augen. »Ja!«, röchelte er.

»Dann wollen wir geloben, unsere Geschicke miteinander zu vermählen, als Herr und Diener, Lehrer und Schüler, Vater und

Sohn, bis ans Ende der Zeiten. Was meinst du, wie soll ein heiliger Bund wie dieser besiegelt werden?«

Jonathan versuchte sich mit Hilfe des Tischbeins aufzurichten. »Wir wollen es mit der Hand auf der Bibel geloben«, murmelte er.

»Das ist zu schwach. Ein heiliger Bund wie dieser kann nur mit dem allerheiligsten aller Schwüre besiegelt werden, mit dem heiligen Kuss, durch den der Empfänger die Verzückung und der Spender die Macht erfährt. Mit dem heiligen Kuss, der auf ewige Zeiten bindet.«

Jonathan stand endlich aufrecht. Er wiegte den Kopf, um einen klaren Gedanken zu fassen. »Oh, welch ein Pech, Mylord! Meine Freude war schneller als mein verwirrter Kopf. Ich habe ja völlig vergessen, dass Walsingham gesagt hat, er hätte bald wieder einen Auftrag für mich. Er scheint sich schon bei Burbage meiner Dienste vergewissert zu haben. Es hat auch wieder mit der Zukunft von Boy zu tun. Ich habe mein Wort gegeben, dass ich den Auftrag annehme.«

Christians Gesicht wurde hart. »Dieser Schlag trifft mich im Herzen, aber ich darf nicht nur an mich selbst denken. Deine Sicherheit geht vor. Wohin soll es diesmal gehen?«

Jonathan hob die Schultern. »Das Wann und Wo werde ich erst erfahren, wenn es soweit ist. Aber Mylord, mein Auftrag kann ja nicht ewig dauern. Können wir nicht, wenn ich zurückkomme ...?«

»Vielleicht. Wir wollen das Schicksal sein seidiges Gespinst weben lassen und abwarten, ob es uns Gelingen oder Scheitern beschert.«

Christian neigte lauschend den Kopf. »Ich glaube, ich habe ein Boot anlegen hören. Das muss der Kurier sein. Es ist besser, du gehst jetzt.« Er brachte Jonathan eilends zur Tür. »Vergiss nicht meine Warnung: Den Puritanern ist alles zuzutrauen. Sie führen dich hinters Licht, wie es ihnen passt, und reden sich dabei noch ein, Gottes Willen zu tun. Du musst mir schwören, dass du mir sagst, wo man dich hinschickt, sobald du es weißt, damit wir uns überlegen können, wie wir am besten für deine Sicherheit sorgen.«

»Mylord, ich schwör es Euch auf die Bibel.«

Jonathan hielt vor der Tür schwankend inne und versuchte sein Gleichgewicht zu gewinnen. Christian zog drinnen die Vorhänge vor. Durch einen Spalt glaubte Jonathan den eintretenden Kurier erkennen zu können. War das etwa Walsinghams Butler Doublevay?

Während Jonathan nach Hause taumelte, ließ er sich Christians Worte durch den Kopf gehen. Wie hatte Christian seine wachsende Unzufriedenheit erraten können? »Steht es dir bereits auf die Stirn geschrieben, dass alle es sehen können?«, murmelte er. Er hatte tatsächlich das Gefühl, dass die Schauspielerei ihn stets eine Armeslänge auf Abstand von der Realität und vom wirklichen Leben hielt. Wie sollte er dieses Tun-als-ob vor Boys Reise nach Prag bestehen – oder vor seinem eigenen Abenteuer in und um Fotheringhay?

So seltsam es ihm auch vorkam, manchmal sehnte er sich nach seinem alten Leben auf der Straße, wo der kleinste Triumph, wo schon ein gestohlener Apfel oder eine entwendete Geldtasche das Ausmaß des Sieges bei Agincourt annehmen konnte. Er stolperte und schlug hin. »Hat mein Pech denn kein Ende, verdammt?«, fluchte er und schüttelte drohend die Faust in die dunkle Nacht. »Ist die Unzufriedenheit mein Los? Warum hast Du mich mit diesem ruhelosen Geist geschlagen?« Seine Worte verwehten gespenstisch in der kalten Nachtluft.

Er kam mühsam wieder hoch, fiel erneut. Er schaute hinauf zu den Sternen und suchte eine Antwort. »Welchen Weg soll ich einschlagen? Den von Walsingham oder den von Christian?«

Doch die Sterne blieben stumm.

33.

Als Lord Talbot am Nachmittag des Donnerstag, dem neunten Februar, im Palast von Greenwich vorsprach, war Königin Elisabeth von seinem Kommen überrascht. Als sie seine Kunde vernommen hatte, brach sie in hemmungsloses Schluchzen aus. »Enthauptet?«, rief sie. »Doch nicht meine Königsschwester und Kusine Maria? O nein!« Ihre Verstörung erreichte ein Ausmaß, dass die umherflatternden Kammerfrauen befürchteten, Elisabeth könne sich etwas antun.

Nach stundenlangem Wehgeschrei und mehreren Ohnmachten kam die Königin weit genug zur Besinnung, um jedem innerhalb und außerhalb ihres Gesichtskreises die Verantwortung zuzuschieben. »Sekretär Davison, Walsingham, Burghley, das Parlament – es ist allein deren Schuld!«, stöhnte und schrie sie. »Ich habe das Todesurteil doch nur der Form halber unterzeichnet. Ich hatte niemals die Absicht, es vollstrecken zu lassen, im Gegenteil, ich war im Begriff, dieses Urteil zu widerrufen!«

Achtundvierzig Stunden lang erfüllte Heulen und Wehklagen die Privatgemächer der Königin. Dann und wann fiel sie in unruhigen Schlaf, um mit stöhnendem Aufschrei wieder zu erwachen. Dr. Lopez verabreichte ihr einen beruhigenden Kamillenauszug, der aber ohne Wirkung blieb. Lord Burghley und andere Mitglieder des Staatsrats versuchten, auf jede erdenkliche Weise begütigend auf sie einzuwirken, mit Bitten, gutem Zureden und Argumenten, doch es war fruchtlos. Der soeben aus Fotheringhay zurückgekehrte Christian Lightborn wurde gerufen, da man sich von seiner Gegenwart eine wohltuende Wirkung erhoffte, aber selbst der Favorit der Königin vermochte nicht, ihre Verzweiflung zu lindern oder ihrem wachsenden Zorn Einhalt zu gebieten. Am Freitag, dem elften Februar, rauschte sie im Fieber des berüchtigten Tudor'schen Jähzorns bleich und mit blitzenden Augen in eine Sitzung des Staatsrats. »Ich will den Kopf dieses Verräters William Davison! Von ihm betrogen habe ich das Todesurteil unterzeichnet. Man schicke ihn in den Tower – sofort!«

»Aber, Euer Gnaden ...«

»Keine Widerrede«, kreischte sie, »oder Ihr werdet alle eine Zelle mit ihm teilen, bei meinem Eid!« Die Schleusen waren geöffnet, die Sturmflut nicht mehr aufzuhalten. »Ich beklage den Tod der Königin von Schottland, ich beklage und bedauere ihn bis ans Ende meiner Tage.« Ihre Augen sprühten Verdammnis. »Mein blutrünstiger Staatsrat hat mich getrieben, und ihr Puritaner habt euch dabei ganz besonders hervorgetan, die ihr euch Christus stets so nahe glaubt, der euch wegen eurer gnadenlosen Unbarmherzigkeit zweifellos als Erste verstoßen wird. Was werdet Ihr so bleich, Mylord Walsingham? Seid ihr auf einmal wieder krank geworden, oder drückt uns das Gewissen?«

Der Earl von Leicester, zusammen mit Walsingham einer der Führer der Kriegspartei, sprang dem Angegriffenen bei. »Madam, die schottische Königin hat gegen Euch konspiriert ...«

Elisabeth riss sich die Parfümkugel vom Gürtel und schleuderte sie ihm an den Kopf. »Langweilt mich nicht mit Dingen, die mir längst bekannt sind. Wie lange noch werde ich mich mit Ratgebern herumzuschlagen haben, die nicht weiter zu blicken vermögen als bis zu ihrer Nasenspitze? Ihr klein karierten Puritaner! Ihr habt ein Komplott geschmiedet, um mich zu einer unwiderruflichen Tat zu treiben, für die man einzig und allein mich verantwortlich machen wird, und das alles nur, um die Überlegenheit eurer gehätschelten Überzeugungen vom Wesen Gottes zu beweisen. Als könntet ihr als Einzige die Stimme Gottes vernehmen und bestimmen, wie Er verehrt werden muss!«

»Aber Madam, das Evangelium ...«, hob Walsingham begütigend an.

»Habe ich Euch zu sprechen erlaubt?«, kreischte sie in rasendem Zorn. »Oder habt Ihr vergessen, wer hier die Königswürde trägt? Ihr mögt Euch anmaßen, für den Herrgott im Himmel zu sprechen, aber niemals für die Königin von England hier auf Erden! Niemals!« Vor lauter Zorn verschluckte sie sich fast an ihren Worten.

»Als ich vorschlug, man könne sich der Königin auf eine ... diskretere Weise entledigen, hat sich da eine von euch zart besaiteten Memmen gerührt? Feiglinge ihr alle! Aber mich zwingen, die Königin öffentlich hinzurichten! War es etwa von Anfang an euer meineidiges Kalkül, einen solchen Präzedenzfall zu schaffen? Soll ich die Nächste sein? Wenn dem so ist, meine Herren, hier ist mein Herz!« Sie riss sich das Kleid auf und entblößte die Brust. »Ich habe nie den Tod gefürchtet. Ich fürchte um England!« Sie brach in Tränen aus.

Lord Burghley, Elisabeths ältester und vertrautester Berater, hielt ihr zögernd die Hand hin. »Gott verhüte, dass wir Euch je ein Unrecht antun ...«

»Zu spät! Das Unrecht ist geschehen, der Dolch eurer Untat steckt in meinem Herzen. In den letzten beiden Jahren habe ich zweihundertfünfzigtausend Pfund vergeudet und das Leben Tausender wackerer Engländer verwirkt – darunter auch das Leben von Sir Philip Sidney, der Blüte Englands –, um das Vordringen des spanischen Molochs in den Niederlanden aufzuhalten und zu verhindern, dass Philipp einen Hochseehafen einnimmt, von dem aus er die Invasion unseres Landes ins Werk setzen könnte. Was hat es uns gebracht? Nichts! Philipp kommt seinem Ziel mit jedem Tag näher. Unsere Staatskasse ist so gut wie leer, während Millionen in Philipps Schatztruhen fließen.

Ich wusste, dass wir mit diesem riesigen Reichtum niemals in Konkurrenz treten können. Um dieses Ungeheuer in Schranken zu halten, mussten andere Mittel gefunden werden.

Ich hatte ein wertvolles As im Ärmel, das Leben der schottischen Königin. Solange Philipp davon auszugehen hatte, dass mein Untergang den Triumph Maria Stuarts bedeutete, würde er niemals gegen uns ziehen. Wozu auch? Gewiss, sie ist katholisch, aber als Halbfranzösin war Frankreich ihr natürlicher Verbündeter, und Frankreich ist der Erbfeind des spanisch-habsburgischen Reiches. Mit Maria auf dem englischen Thron hätte Philipp sich der englisch- französischen Allianz gegenübergesehen, die Spanien seit einem halben Jahrhundert fürchtet.

Bei den Wunden des Heilands, was habt ihr Wahnsinnigen nur angerichtet! Jetzt, da Maria aus der Wege geräumt ist, hat Philipp freie Bahn!« Sie presste die langen feingliedrigen Finger gegen die Schläfen. »Lasst die Kanalhäfen schließen. Ich will, dass diese Nachricht unser Königreich möglichst lange nicht verlässt, damit sie nicht auf einen Schlag die ganze Welt ansteckt und gegen uns zum Aufstand bringt. Aber früher oder später wird die unselige Kunde hinaussickern, und wir werden den Sturmwind ernten, den wir gesät haben. Philipp wird jede sich ihm bietende Gelegenheit ergreifen, andere aufzuhetzen, Marias Martyrium an uns zu rächen.«

»Martyrium, Euer Gnaden?«, sagte Leicester. »Aber doch gewiss nicht.«

»Wie blind Eure Augen sind, Robin! Natürlich ist Maria für uns, die wir sie gekannt haben, keine Märtyrerin, aber ihr alle werdet noch an mich denken, denn die Kirche wird Marias Sünden rasch vergessen und sie zur Märtyrerin erklären. In eurer engen und bigotten Weltsicht habt ihr ganz Europa in Empörung versetzt, unsere Freunde nicht minder als unsere Feinde. Ihr habt Philipp geradewegs in die Hand gespielt. Vergesst nie, dass er zur Zeit seiner Ehe mit meiner Schwester als ihr Gemahl auch

König von England war. Die Königin von Schottland hat in ihrem Testament ihren Sohn James übergangen und Philipp zu ihrem präsumtiven Nachfolger auf dem englischen Thron erklärt. Für Rom, Spanien und Philipp selbst bedeutet das eine zusätzliche Untermauerung seines Anspruchs. Das Zünglein an der von mir so mühsam ausbalancierten Waage neigt sich jetzt wieder Philipp zu. Weh dir, England! Staatsmänner wollt ihr sein? Männer wollt ihr sein? Für mich seid ihr hirnlose Eunuchen!«

Ob Elisabeths Ausbruch von Herzen kam oder ob sie ihn inszeniert hatte, um die Schuld abzuwälzen, war von geringem Belang. Maria, die Königin von Schottland, war tot. Die Ereignisse nahmen ihren unabwendbaren Gang.

Elisabeths Ratgeber überbrachten ihr täglich Berichte von den Reaktionen auf Marias Hinrichtung. »Euere Majestät, Botschafter Stafford berichtet uns aus Paris, dass es zu Ausschreitungen gekommen ist«, sagte Lord Burghley ernst, als er Elisabeth informierte, dass die Nachricht den Kontinent erreicht hatte.

Mit heftigen abrupten Bewegungen ging sie auf und ab. »Und der König? Auf welcher Seite steht Heinrich III.? Ist er für oder gegen uns?«

»Wie wir wissen, hatte Heinrich zu seiner Schwägerin kein besonders inniges Verhältnis, aber sie war immerhin einmal Königin von Frankreich gewesen. Um den Schein zu wahren, lässt er einen Trauergottesdienst für sie zelebrieren. Trotzdem muss er an seinen Grenzen einen Aufruhr befürchten. Der mit Maria blutsverwandte Herzog von Guise mobilisiert die mächtige katholische Liga mit dem Ziel, Heinrich zu entmachten.«

»Und als Nächstes wird er sich mit Philipp zusammentun, um Rache an Uns zu nehmen«, schimpfte Elisabeth. »Was sind der Hiobsbotschaften mehr?«

Die befürchtete Hiobsbotschaft wurde ihr ein paar Tage später von Walsingham überbracht. »Unser Agent Thomas Sutton meldet aus Genua, dass Papst Sixtus die Exkommunikation von

Euer Gnaden in einer Bulle erneuert und bekräftigt hat. Ferner verkündete er die Vergebung sämtlicher Sünden Marias, einschließlich ihrer Komplizenschaft bei der Ermordung ihres Gatten und der Heirat mit dem Mörder. Er hat sie zur Märtyrerin für die wahre Kirche erklärt. Ihre Heiligsprechung liegt im Bereich des Möglichen.«

»Mit einem einzigen Schlag von der Sünderin zur Heiligen«, schnaubte Elisabeth. »Wie geschickt Rom alles zu seinen Gunsten umzudeuten versteht. Dennoch, die papierenen Bullen des Papstes fürchte ich wenig, sie haben uns bislang nicht zu schaden vermocht. Ich fürchte Spanien.«

»Mit gutem Grund«, bestätigte Walsingham. Es war inzwischen März geworden. Er legte Elisabeth einen Stapel Papiere vor. »Vor Euch liegt eine Auflistung der Schiffe, die Philipp von Spanien im Hafen von Lissabon zusammengezogen hat.«

»Lissabon ...«, murmelte Elisabeth. »Ein schlimmer Tag für England, an dem Philipp Portugal erobert hat.«

»Und ein außerordentlich gefahrenträchtiger dazu«, pflichtete Walsingham ihr bei. »Zusätzlich zu seiner stattlichen eigenen Flotte gebietet Philipp nun über die gewaltigen Bestände der portugiesischen Hochseeflotte. Vereinigt stellen sie die massivste Bedrohung dar, der wir je ausgesetzt waren.«

Elisabeth studierte das Dokument. »Von wem kommt es?«

»Von Anthony Standen, unserem Agenten in Italien. Er reist regelmäßig nach Spanien. Philipp bedient sich seiner als Spion, aber er arbeitet als Doppelagent für uns. Standen ist über die Maßen loyal.«

»Ist das der Mann, der sich als der Italiener Pompeo Pelligrini ausgibt?«

»Eben jener«, bestätigte Walsingham und wunderte sich, dass Elisabeth sich überhaupt noch an diesen Namen erinnerte.

»Wie ist er an diese Informationen gekommen?«

»Er hat sich mit Giordano Figliazzi angefreundet, dem toskanischen Botschafter in Madrid. Unter dessen Mitwirkung ist es ihm gelungen, einen seiner Agenten, einen Flamen, in die Dienste von Philipps Flottenadmiral Marquis de Santa Cruz einzuschleusen. Der Mann hat das Manifest entwendet und Standen übergeben, der es uns zugespielt hat.«

Elisabeth überflog die Blätter. Mit einer Verwünschung warf sie den Packen zu Boden. »Unmöglich, einfach unglaublich. So viele Schiffe gibt es in ganz Europa nicht, geschweige denn in einem einzigen Hafen.«

»Euer Gnaden, ich habe den ganzen Monat schon versucht, Euch zu warnen. Admiral Santa Cruz befindet sich zur Zeit in Lissabon und überwacht die Vorbereitungen. Wir sind eindeutig und unmittelbar in höchster Gefahr.«

»Ich kenne diese Warnung von Euch nun schon seit Jahren, und doch habe ich noch nie eines von Philipps Schiffen am Horizont auftauchen sehen. Ich habe weder die Absicht noch die Mittel, jedes Mal, wenn Ihr ›Überfall!‹ schreit, unsere Flotte zu mobilisieren.«

»Was muss noch geschehen, Madam, um Euch die Augen zu öffnen?«

»Bei den Tränen des Heilands! Habt Ihr nicht schon genug Unheil angerichtet, indem Ihr mich gezwungen habt, die Königin von Schottland umzubringen? Jetzt soll ich auch noch mobil machen? Wenn eine Nation mobil macht, schlittert sie automatisch in den Krieg. Doch unser Wohlstand gründet auf dem Frieden, und deshalb will ich Frieden um jeden Preis!«

Walsingham argumentierte, bettelte – doch was er auch vorbrachte, die Königin war einfach nicht zum Handeln zu bewegen. Was immer Marias Tod in ihr ausgelöst haben mochte – Schuldgefühle, Reue, Besorgnis – war wie ein schleichendes Gift in sie hineingesickert und lähmte ihre Entschlusskraft.

*

Eine Woche darauf, ein scharfer Märzwind rüttelte an den Fenstern des Palasts von Greenwich, wartete der versammelte Hofstaat auf das Erscheinen der Königin. Walsingham und Leicester beklagten die schreckliche Lage, in der sich rein gar nichts bewegte. Christian hörte ihnen aufmerksam zu. »Elisabeths berüchtigtes Auf-der-Stelle-Treten ist weniger das Ergebnis reiflicher Überlegung«, sagte Lord Burghley, der seit jeher aufseiten der Königin stand, »sondern eine Begleiterscheinung ihres Nichtwissens. Wie soll sie eine vernünftige Entscheidung fällen, solange sie nicht weiß, was in Philipps Kopf vorgeht? Oder in den Köpfen derer, die gegen uns angetreten sind? Also tritt sie auf der Stelle und hofft, durch Gott oder unsere Agenten die Wahrheit kennen zu lernen, die ihr eine sachgerechte Entscheidung ermöglicht.«

»Genau da liegt der Hase im Pfeffer«, brummte Leicester. »Zu viele Jahrzehnte schon haben wir eine Regierung, die immer nur reagiert und nach ängstlicher Weiberart nichts riskiert. Es wird langsam Zeit, dass wir den ersten Schlag führen und die anderen auf uns reagieren müssen.«

»Mylords«, schaltete Walsingham sich ein, »soeben ist ein Brief mit Informationen eingetroffen, die eine entscheidende Wendung bringen könnten. Bitte unterstützt mich, wenn ich diesen Bericht der Königin vorlege.«

»Was sind das für Informationen?«, wollte Burghley wissen, doch die Königin betrat den Saal, bevor Walsingham antworten konnte.

Der Hof fiel aufs Knie. Elisabeth trug immer noch das Schwarz der Trauer. Ihre funkelnden dunklen Augen, vom vielen Weinen rotgerändert, glitten über die Versammlung. Manche bedachte sie mit einem freundlichen Kopfnicken, durch andere schaute sie hindurch, als wären sie nicht vorhanden. Walsingham gehörte zu den Letzteren.

Christian, im Vorbeigehen kurz von ihr angesprochen, murmelte: »Madam, ganz England fleht Euch an, legt Eure Trauerkleider ab, und schenkt dem Land wieder die Wärme Eures Lächelns.«

Mit einem Seufzer schritt sie weiter. Im Vorübergehen gestattete sie Don Antonio von Crato, dem Kronanwärter von Portugal, ihr die Hand zu küssen, um schließlich auf ihrem Thron unter dem königlichen Baldachin Platz zu nehmen. Sie beschäftigte sich zunächst mit einer Reihe weniger bedeutungsvoller Angelegenheiten – mit Petitionen zur Rücknahme von Fehlentscheidungen, mit der Zuerkennung von Wein- und Getreidemonopolen, mit dem von einer Abordnung der Londoner Stadtväter vorgetragenen Antrag auf Schließung der Theater – der bei ihr auf taube Ohren stieß. Dann hörte sie Burghley, Hatton und Leicester an. Schließlich winkte sie Walsingham zu sich.

»Hatten Majestät bereits Gelegenheit zum Studium der von mir vorgelegten Berichte?«, erkundigte er sich.

»Die Königin studiert alles, was Ihr von Ihren Ministern vorgelegt wird.«

Entschlossen, sich nicht wieder in eine ihrer sattsam bekannten Spiegelfechtereien verwickeln zu lassen, ging er direkt auf sein Ziel los. »Unsere Quellen in Italien, Spanien und Portugal bestätigen unsere Befürchtungen.« Die Königin blieb unbeeindruckt. »Der Chor der Himmlischen singt von nichts anderem«, fügte er leise hinzu.

Die Königin erhob sich abrupt von ihrem Thron. »Alles begebe sich hinaus!«, rief sie dem versammelten Hofstaat zu. »Meine Lords Burghley, Hatton, Leicester und Walsingham bleiben hier.« Der scharfe Ton der Königin veranlasste alle bis auf Christian, schleunigst den Saal zu verlassen. Er erwartete, auch seinen Namen rufen zu hören, doch seine Hoffnung wurde enttäuscht.

Elisabeth hatte in Hatton und Burghley geschickt zwei eingeschworene Exponenten der Friedenspartei den beiden lautstärksten Vertretern der Kriegspartei gegenübergestellt. Mochten sich die Herren die Köpfe heiß reden. Wenn die Lords ihr Pulver verschossen hatten, würde Elisabeth die Entscheidung fällen.

Kaum dass die Türen sich hinter dem Letzten geschlossen hatten, fuhr Elisabeth schon auf Walsingham los. »Habt Ihr den Verstand verloren? Was fällt Euch ein, den Chor der Himmlischen vor Hunderten neugieriger Ohren zu erwähnen?«

»Euer Gnaden haben nicht geruht, auf irgendeine meiner dringenden Botschaften zu reagieren. Die Zeit läuft uns davon, und unwiederbringliche Gelegenheiten mit ihr. Diese Botschaft erhielt ich heute Morgen. Ich habe sofort einen Boten zu Euren Gemächern geschickt, doch man ließ ihn wissen, Ihr wolltet nicht gestört werden.«

»Gnädiger Himmel, Mann, die Glocken hatten kaum die neunte Stunde geschlagen. Ihr wisst doch, dass ich kein Morgenmensch bin.«

Sie nahm den Brief und las. Ihre Haltung wandelte sich schlagartig von Walsinghams Gegnerin zu seiner Verbündeten. »Der Brief kommt vom Chor der Himmlischen, ich erkenne John Dees Unterschrift, sein 007. Aber er ist so unverständlich in der Sprache des Engels Madimi abgefasst, dass es mich Stunden kosten würde, ihn zu entziffern. Habt Ihr ihn bereits entschlüsselt?«

»Ja, persönlich. Ich halte das Schreiben für zu brisant. Selbst Phelippes hat es nicht zu Gesicht bekommen.«

»Muss ich alt und grau werden, bis ihr mir sagt, was drinsteht?«

Burghley, Leicester und Hatton scharten sich dicht um den Thron. »Dieses Schreiben kommt von Dr. Dee, »eröffnete er ihnen, »der mit unserer Einwilligung bis vor kurzem am Hof des deutschen Kaisers in Prag gelebt hat. Mit Hilfe Francesco Puccis hat Dee eine Botschaft von Papst Sixtus an den päpstlichen

Nuntius am Hofe Rudolfs abgefangen. Das Schreiben bestätigt uns bereits vorliegende Informationen: Philipp zieht in Lissabon eine gewaltige Anzahl von Schiffen zusammen und ist beim Papst um eine Million Golddukaten als Finanzierungshilfe für diese Armada vorstellig geworden.«

Eine erschrockene Stille trat ein. »Könnte es nicht sein«, sagte Hatton schließlich, »dass man die beiden Informanten mit falschen Informationen gefüttert hat, um uns zu veranlassen, unsere mageren Mittel zu vergeuden? Was ist, wenn man Dees Code inzwischen geknackt hat? Können wir uns überhaupt darauf verlassen, dass diese Informationen zuverlässig sind?«

»Ich kenne niemand, der zuverlässiger wäre, als Unser geschätzter Dr. Dee«, schaltete die Königin sich ein. »Seine Informationen waren bisher immer von geradezu unheimlicher Genauigkeit. Hat er uns nicht, als er noch am Prager Hof war, vor dem Komplott Philipps von Spanien gewarnt, den königlichen Forst von Dean niederzubrennen? Hat er uns nicht gewarnt, sechs Verräter im Dienste Philipps seien in den Forst eingedrungen? Und es wurden in der Tat sechs Verräter gefasst. Man stelle sich nur unsere Zwangslage vor, wenn der Forst und mit ihm die Eichenbestände für unseren Schiffsbau vernichtet worden wären.«

Walsingham fühlte sich durch Elisabeths Reaktion ermutigt. »Außerdem verdanken wir unser englisches Chiffriersystem ausschließlich ihm. Sein Code ist von unseren Feinden nie geknackt worden. Wenn Dr. Dee spricht, hat er unser Gehör. Leider sind wir aber noch nicht soweit, dass wir gegen die Bedrohung durch Philipp von Spanien gerüstet wären.«

»Wie lange wird es noch dauern, bis wir gerüstet sind?«, erkundigte sich die Königin.

»Frühestens in einem Jahr. Deswegen rate ich dringend zu einem Präventivschlag. Lissabon wäre das beste Ziel, da dort der Hauptteil der Verbände der Armada konzentriert ist, aber der

Hafen von Lissabon ist uneinnehmbar befestigt, und wir können es uns nicht leisten, auch nur ein einziges Schiff zu verlieren. Mit einem Angriff auf Philipps weniger befestigte Versorgungsbasen können wir jedoch die gleiche Wirkung erzielen, ohne uns einem massiven Risiko auszusetzen.«

Elisabeth lehnte sich angespannt lauschend vor. Walsingham verstand es als Aufforderung, fortzufahren. »Ohne entsprechende Ausrüstung an Segeln, Tauen und Fässern können Schiffe nicht operieren. Unsere Spione haben uns informiert, dass die Vorräte in Cádiz zusammengezogen werden.«

Die dunklen Augen im stark gepuderten maskenhaften Gesicht der Königin begannen zu funkeln. »Schiffsvorräte also, sagt Ihr?«

Walsingham nickte. Durch die allgemein verständliche Formel für das Problem hatte er immerhin das Interesse der Königin erregt. »Ohne Ausrüstung und Vorräte dieser Art kann die Armada nicht in See stechen – jedenfalls so lange nicht, bis neue Vorräte beschafft sind. Aber ein Aufschub von einem Jahr, selbst von ein paar Monaten nur ...«

Er machte eine vielsagende Pause. Er hatte die Königin in seinen vierzehn Jahren am Hof gut genug kennen gelernt, um zu wissen, dass es klug war, endgültige Schlussfolgerungen ihr selbst zu überlassen. Wenn die Bewertung aus ihrem eigenen Munde kam, war sie eher bereit, die darauf gründende Politik als ihre eigene zu verstehen und gutzuheißen.

»Eine solche Verzögerung würde uns einen Aufschub verschaffen, um unsere eigene Verteidigung zu Lande und zu Wasser besser aufzubauen«, sinnierte sie.

»Sehr scharfsinnig von Eurer Majestät!«

»Seid nicht so flegelhaft! Haltet Ihr mich wirklich für so unbedarft, dass ich nicht gemerkt hätte, wie Ihr mir diesen Gedanken wie eine Laus in den Pelz gesetzt habt?«

Die Hitze stieg Walsingham ins Gesicht. »Falls ich Eure Majestät beleidigt haben sollte, lasst Euch bitte nicht von meinen Unzulänglichkeiten gegen eine Flottenexpedition nach Cádiz einnehmen.«

»Ich wünsche flehentlich, mein Mohr, dass es niemals heißt, persönliche Eitelkeiten wären für mich wichtiger gewesen als die Sicherheit des Königreichs. Was zählt bei einem verdienstvollen Vorschlag der Urheber?«

Burghley, Hatton und Leicester verdrehten die Augen.

Die Königin spielte nervös an ihrem Perlenkollier. »Mylord Walsingham, wie ich bereits sagte, habt Ihr schon so oft Alarm geschlagen, dass ich sogar jetzt noch gewisse Zweifel hege. Wissen wir, ob Phillipp seine Armada gegen uns rüstet? Vielleicht plant er nur eine weitere Expedition zu Eroberungen in der Neuen Welt.«

»Die Größe der Flotte und die Zahl der Soldaten an Bord belehren uns eines anderen.«

»Wir können nicht unsere ganze Küste zur Festung machen. Wenn es eine gegen uns gerichtete Armada gibt – wissen wir, wo sie zuschlagen wird?«

»Wir tun unser Äußerstes, um es zu erfahren, Euer Gnaden.«

»Mylord, wir brauchen jemand, der Uns als Augenzeuge aus erster Hand berichtet, was in Lissabon vor sich geht – und am Hof in Madrid, denn dort heckt Philipp seine Ränke und Ruchlosigkeiten aus, mit denen er die Welt ins Unglück stürzt. Haben wir eine solche Quelle?«

»Madam, ich würde es vorziehen, diesen Punkt unter vier Augen mit Euch zu besprechen.«

Sie wölbte die Brauen, dann erhob sie sich und nahm die von Walsingham dargebotene Hand. »Ich werde meine Friedensbemühungen mit Spanien fortsetzen. Inzwischen werdet Ihr gemeinsam mit Francis Drake einen Plan für eine Flottenexpedition nach Cádiz ausarbeiten, wobei ich Euch zu bedenken bitte, dass wir eine arme Nation sind und nicht auf die Mittel eines

Philipp zurückgreifen können, der aus dem gleichen Erz gegossen ist wie Midas.«

Die Herren nahmen das Bonmot beifällig zur Kenntnis. Elisabeth tat zwar, als wäre es ihr entgangen, aber um ihre Lippen
spielte ein leises Lächeln.

Sie machte sich auf den Weg zu ihren Privatgemächern.

»Nun, mein Mohr, was ist so delikat, dass man es vor den Mitgliedern meines Staatsrats nicht offen erörtern kann? Wem gedenkt Ihr heute mit Euren Schlichen die Schlinge um den Hals
zu legen?«

34.

In ihren Privatzimmern angekommen, entließ Elisabeth ihre Kammerfrauen. »Mylord Walsingham«, sagte sie mit einem schiefen Lächeln, »nun, da wir uns alleine in meinen Gemächern befinden, werden meine Feinde wieder einmal flüstern, ich hätte unstatthafte Beziehungen zu einem Mann. Wie viele Bastarde habe ich bislang nach Rechnung des Papstes geboren?«

»Dreizehn, Euer Gnaden.«

»Eine Unglückszahl. Wieso reibt sich die Welt so sehr an meiner Ehelosigkeit? Muss man denn immer tun, was alle anderen tun?«

Sie seufzte müde und setzte sich auf den Stuhl am Fenster, wo der Blick über den Garten bis hinüber zum Silberstreif der Themse schweifen konnte. Sie war im Palast von Greenwich auf die Welt gekommen und hatte eine besondere Vorliebe für diesen Ort. Ringsum zierten schwere Gobelins die Wände, um der Kühle des frostigen Luftzugs vom Fluss herauf Einhalt zu gebieten. In einem Alkoven stand ein reichgeschnitztes Himmelbett mit üppigen Brokatvorhängen. Bücher stapelten sich auf einem Refektoriumstisch. Einige Bände, aus denen sie Übersetzungen aus dem Lateinischen oder Griechischen anfertigte, waren aufgeschlagen. Zusammengerollte Landkarten lagen daneben, nach einem Farbsystem geordnete Bänder hielten die Rollen zusammen. Federkiele und Tintenkleckse vervollständigten das Ganze. In der hintersten Ecke, möglichst weit von der Feuchtigkeit des Flusses entfernt, stand ein Virginal, daneben ein Notenständer mit Kompositionen ihres Hofkomponisten William Byrd und einigen ihrer eigenen Werke. Es war ein königlicher Raum mit königlicher Einrichtung, doch wäre der Stickrahmen mit der Petit-point-Arbeit nicht gewesen, man hätte nur schwerlich sagen können, ob er von einem Mann oder einer Frau bewohnt war.

Elisabeth deutete auf einen Stuhl, und Walsingham setzte sich. »Euer Gnaden, ich habe uneingeschränktes Vertrauen zu den Mitgliedern des Staatsrats, dennoch ist es besser, wenn unsere Pläne möglichst wenig Mitwisser haben. Unseren Operationen wird auf eine mir unerfindliche Weise entgegen gearbeitet. Unsere Kuriere werden auf dem Kontinent abgefangen. Ich erinnere nur daran, was Boy de Bon Cœur bei seiner Mission nach Prag zustieß. Wir haben einen Spitzel in unserer Mitte, einen Maulwurf, daran kann kein Zweifel bestehen.«

»Einen verteufelt verschlagenen Maulwuf«, pflichtete sie ihm bei. »Mit gehackten Knoblauchzehen allein werden wir ihn wohl kaum bewegen können, seinen Bau zu verlassen.«

»Madam, was Euren Wunsch nach einem Augenzeugen am Hofe Philipps angeht: Anthony Standen wird sich nach Madrid begeben. Ich erwarte, dass er dort Anfang Herbst eintreffen wird.«

»Ausgezeichnet, aber warum erst so spät? Warum nicht sofort?«

»Er kauft für Philipp in Italien Reliquien und Devotionalien auf und soll sich im Herbst in Madrid einfinden. Wenn er früher dort auftaucht, könnte es Verdacht erregen. Falls Euer Gnaden sich bereitfänden, Francis Drakes Überfall zuzustimmen, der die Armada aufhalten würde, wäre das Auftreten unseres Mannes in Madrid bestens koordiniert.«

»Mein Mohr, ihr webt ein raffiniertes Netz. Gebt Acht, dass Ihr euch nicht selber irgendwann einmal darin verfangt.«

»Wir haben noch ein zweites Problem. Seit Monaten haben

wir von unseren Kurieren aus Madrid keine Nachrichten mehr bekommen. Es ist möglich, dass sie von Philipps Meisterspionen enttarnt worden, oder schlimmer noch, der Inquisition in die Hände gefallen sind. Wir müssen einen neuen Kurier zu einem Treffen mit Standen nach Madrid schicken. Ich hätte am liebsten Boy de Bon Cœur geschickt, aber das ist ja nun nicht mehr möglich.«

»Gibt es neue Erkenntnisse, wer der Meuchelmörder war?«

»Unsere Nachforschungen sind im Sande verlaufen.«

»Früher oder später wird der Schuldige gefasst werden, denn Mord strebt ans Licht. Wen wollt ihr an Boy de Bon Cœurs Stelle schicken?«

»Einen Schauspielschüler. Jonathan Ransom.«

»Ich kenne diesen Namen irgendwoher ... Ach, ist das nicht der Junge, der damals gesungen hat? Ihr wollt jemand schicken, der völlig unerprobt und unerfahren ist? Seid ihr von Sinnen?«, rief sie aus.

»Ihr habt mit allen Euren Einwänden Recht – aber auf eine seltsame Weise ist es gerade das, was ihn empfiehlt. Wer würde schon bei einem in jeder Hinsicht unbeschriebenen Blatt wie ihm Unrat wittern?«

»Aber ist er denn einer so gefährlichen Aufgabe überhaupt gewachsen?«

»Wir haben hier keinen gewöhnlichen Burschen vor uns. Ihr habt ihn doch vergangene Weihnachten in der Theatervorstellung an Eurem Hof spielen sehen. In einer Szene war er ein reizendes Mädchen, und im Handumdrehen verwandelte er sich in einen Mitleid erregenden Blinden.«

»Ich sehe, worauf Ihr hinauswollt. Falls er in eine gefährliche Situation gerät ...«

»... könnte er sich eine Verkleidung zulegen, die selbst den beflissensten Diener der Inquisition täuschen wird. Er kann ein bisschen Latein, liest und spricht es ganz ordentlich, wofür wir unserem öffentlichen Erziehungssystem in Bridewell nicht genug danken können. Und der Bericht, den er mir von der ...« Walsingham konnte sich gerade noch bremsen. »... den er mir anhand einer Prüfungsaufgabe geliefert hat, wäre unseren besten Agenten nicht besser gelungen. Das Leben als Dieb auf den Straßen Londons war möglicherweise eine gute Schule für ihn. Hinzu kommt, dass er anscheinend ein Naturtalent ist, was Spitzeleien angeht.«

»Dennoch würde es mich zutiefst beunruhigen, das Schicksal des Königreichs zur Gänze in die Hände eines Halbwüchsigen gelegt zu sehen.«

»Zur Gänze nicht«, verteidigte Walsingham sich leise. »Unsere bisherigen Maßnahmen werden natürlich weiterlaufen. Wenn unsere anderen Agenten nicht aufgeflogen sind, werden sie mit Standen in Verbindung bleiben und uns wie bisher mit seinen Informationen versorgen. So Gott will, werden sie uns die am dringendsten benötigten Erkenntnisse liefern.« Er zählte sie an den Fingern ab. »Als da sind: die genaue Größe der Armada, die genaue Größe der Truppenkontingente an Bord der Schiffe und der geplante Ort der Landung, ob in England oder den Niederlanden. Aber da wir von unseren anderen Kurieren nun schon so lange nichts mehr gehört haben, müssen wir auf Nummer sicher gehen und einen neuen Kurier losschicken.«

»Ich befürchte, wir schicken den Jungen in den Tod.«

»Diese Befürchtung ist mir nicht fremd, Euer Gnaden. Doch in diesen gefährlichen Zeiten müssen wir alle Opfer bringen. Falls er vor das Angesicht seines Schöpfers treten wird, tut er es im Dienste des wahren Gottes. Philipp ist der Antichrist – wir dürfen niemals den verheerenden Einfluss vergessen, den er auf Eure Schwester als ihr Gemahl ausgeübt hat, als fromme englische Bürger zu Hunderten auf dem Scheiterhaufen ihr Leben lassen mussten ...«

»Ich bin gewiss kein Parteigänger Philipps, aber in diesem

Punkt brauchte meine Schwester wirklich keine Ermutigung, denn sie hatte sich verzweifelt in Philipp verliebt. Verzweiflung führt zu verzweifelten Taten, und Maria wollte unbedingt ein Kind empfangen. Sie war schon siebenunddreißig, und die Zeit lief ihr davon. Ihr Kind wäre nicht nur der Erbe des englischen Throns geworden, sondern auch der riesigen spanischen Besitzungen in der ganzen Welt. Sie unternahm alles, um zu empfangen, betete endlos, ließ Messen lesen, aber sie blieb unfruchtbar. In ihrer Verzweiflung wuchs die Überzeugung in ihr, Gott würde ihr Fruchtbarkeit schenken, wenn sie den Protestantismus in England ausrottet. So ließ sie die Dissenter verbrennen und schickte in ihrer kurzen Regierungszeit von nur fünf Jahren mehr als dreihundert Menschen auf den Scheiterhaufen.«

»Aber unter Philipps Beifall und der Beteiligung der spanischen Inquisition«, beharrte Walsingham.

Sie nickte betrübt. »Ich selbst wäre ja um Haaresbreite ein Opfer ihres Fanatismus geworden. Wie oft hat sie sich eingebildet, schwanger zu sein, aber jedes Mal war es falscher Alarm. Am Ende musste meine arme verblendete Schwester krank an Körper und Geist und vom geliebten Mann verlassen sterben.« Sie blickte Walsingham direkt ins Gesicht. »Das zeigt nur wieder einmal, wohin religiöser Fanatismus führt – ob nach Lesart der katholischen Kirche oder der von übereifrigen Puritanern.«

Walsingham rutschte unbehaglich auf seinem Stuhl hin und her. »Euer Gnaden, wenn ich mir vorstelle, Ihr hättet Philipp geheiratet ...«, sagte er, um das Thema zu wechseln.

Sie schaute auf die Wasser des Flusses hinaus. »Findet Ihr auch, dass man sich immer mehr mit der Vergangenheit beschäftigt, je älter man wird?«, sagte sie in einer ihrer seltenen Anwandlungen von Vertraulichkeit.

»In der Tat, Euer Gnaden. Man denkt oft mit Bedauern, wenn man dies oder jenes getan hätte, hätte alles anders kommen können.«

»So ist es. Ich habe oft das Gefühl, ich müsste für ein gutge-
fülltes Konto meiner Lebensleistung sorgen, damit ich vor dem
Herrn bestehen kann, wenn ich eines Tages vor sein Angesicht
trete.« Sie warf einen Blick auf die Miniatur Philipps auf dem
Tischchen neben ihrem Bett. »Als mein Schwager mir die Ehe
antrug, merkte ich, dass es ihm immer noch um die Allianz mit
England ging, wobei ich glaube, dass er auch ein bisschen in
mich verliebt war. Da war nur diese winzige Bedingung: Ich
müsste zum katholischen Glauben übertreten. Wenn ich ihn geheiratet hätte, wäre ich jetzt Herrscherin über den größten Teil
der uns bekannten Welt. Aber ich hätte einen Meister über mir.
Lieber Herrin über eine kleine Insel als Magd in einem ganzen
Weltreich. Zu Philipps fassungslosem Erstaunen – und zu seinem Zorn – habe ich den Glaubensübertritt abgelehnt. Ich werde niemals meinen Überzeugungen und meinem Glauben un-
treu werden. Aber das sind ohnehin müßige Überlegungen,
denn ich hatte mich damals schon entschlossen, jungfräulich zu
leben und zu sterben.«

»Zum Ruhme unseres Königreichs!«, pflichtete Walsingham
ihr glühend bei.

»Von dem Moment an, als ich Philipp abgewiesen hatte, haben sich die Beziehungen zwischen Spanien und England ständig verschlechtert. Inzwischen stehen wir an der Schwelle eines
Krieges. England kann den Tod seiner Bürger auf dem Scheiterhaufen nicht vergessen, und Spanien will nicht dulden, dass sich
diese kleine unbedeutende Insel anschickt, der größten Nation
auf Erden Konkurrenz zu machen.«

Elisabeth trat an den Refektoriumstisch und entrollte eine
Landkarte von Europa. »Wie wollt Ihr den neuen Kurier nach
Spanien einschleusen? Über die Niederlande, dann durch
Frankreich nach Madrid?«

»In den letzten Monaten sind diese Verbindungswege sehr
stark überwacht worden. Eine ganze Reihe unserer Agenten

wurde abgefangen und musste auf die Verlustliste gesetzt werden. Aber was halten Euer Gnaden von folgender Alternative: Falls Euer Gnaden Drake zum Schlag gegen Cádiz ermächtigt, könnte dieser Ransom doch mit Drake segeln und in der Nähe von Lissabon an Land gebracht werden, wo wir noch eine kleine intakte Agentenzelle besitzen. Getarnt und auf bislang von unseren Agenten noch nicht benutzten Wegen könnte er nach Madrid reisen. Bis zur Ankunft Anthony Standens im Herbst hätte Ransom genügend Zeit, sich nach Madrid durchzuschlagen.«

»Ihr habt mir soeben einen Plan vorgetragen, der garantiert in die Katastrophe führt. Wenn der Junge allein durch feindliches Gebiet reisen muss, liegen seine Überlebenschancen praktisch bei Null. Aber, Moment mal ... habt Ihr mir nicht gesagt, dass in Bälde einer unserer Agenten nach Lissabon reisen wird?«

»Jawohl, Euer Gnaden, Harm Himmelfaert, Ende Juni. Er will mit Philipp von Spanien einen neuen Vertrag aushandeln und befördert ebenfalls einen Posten Reliquien nach Madrid.«

Himmelfaert war ein holländischer Kaufmann, der die spanische Armee in den Niederlanden mit Fleisch belieferte und gleichzeitig für Walsingham arbeitete. Da er bei König Philipp und dessen Armeen freien Zutritt genoss, hatte er den Engländern mit seinen Berichten über Truppenbewegungen unschätzbare Dienste leisten können.

»Könnte Ransom nicht mit Himmelfaerts Karawane reisen, als Diener vielleicht? In einer Reisegesellschaft von bewaffneten Kaufleuten hätte er weitaus bessere Aussichten, lebend in Madrid anzukommen.«

»Eine ausgezeichnete Idee, Euer Gnaden.« Walsingham hätte sich ohrfeigen können, dass er nicht selbst auf diesen Gedanken gekommen war. Diese Frau hatte ein bewundernswertes Gedächtnis. Sie erinnerte sich an Dinge, die schon monatelang zurücklagen. »Wenn Ransom erst mal dort ist, kann er Verbindung zu Standen aufnehmen und dessen Berichte an uns zurück übermitteln.«

»Und wie soll seine Heimkehr bewerkstelligt werden?«

»Der sicherste Weg wäre, ihn von Madrid nach Lissabon zurückgehen zu lassen; dort könnten unsere Agenten ein Schiff für ihn besorgen. Es gibt kaum tüchtigere Seeleute als die Portugiesen. Die Seereise von Lissabon nach England müsste eigentlich glatt gehen.«

»Seid Ihr sicher, dass solche Seeleute aufzutreiben sind?«

»Portugal steht unserer Sache nicht ohne Wohlwollen gegenüber. Viele Portugiesen sind über Philipp und seine Inquisition entsetzt und bereit, alles zu tun, damit ihr König Don Antonio de Crato wieder auf den Thron zurückkehren kann.«

»Wenn Don Antonio nur etwas überzeugender wäre«, seufzte Elisabeth. »Dieser Narr ist zu sehr von sich selbst eingenommen – aber welcher Thronprätendent ist das nicht? Er macht sich in London schöne Tage und Nächte und prahlt, die Portugiesen schmachteten nach seiner Rückkehr, aber außer an meiner Tafel zu schmarotzen und mein Geld zu verprassen unternimmt er keinen Schritt in dieser Richtung.«

»Aber da er unsere Alternative zu König Philipp ist, müssen wir uns mit ihm abfinden«, sagte Walsingham. »Euer Majestät, wie wollt Ihr es mit diesem Ransom halten? Wollt Ihr, dass ich ihn einsetze?«

»Ich werde es mir überlegen. Dieses ganze Unternehmen stößt bei mir auf sehr ernste Vorbehalte – Drake, Cádiz, der neue Kurier. Euere Diskretion vorhin bei der Nennung der ›Prüfungsaufgabe‹ war übrigens nicht nötig, denn ich weiß sehr wohl, dass Ihr Ransom nach Fotheringhay geschickt habt. Es gibt am Hof immer noch Leute, die loyal genug sind, mich von den Dingen, die mich angehen, in Kenntnis zu setzen. Aber falls ich Euren Plan gutheißen sollte, Sir, will ich diesen Jungen sehen, bevor Ihr ihn losschickt. Haben wir uns verstanden?«

»Ist das denn unbedingt erforderlich, Euer Gnaden? Wenn offenbar wird, dass Ihr Euch mit gemeinem Volk abgebt, könnte Argwohn entstehen.«

»Wenn Ihr schlau genug wart, den Jungen nach Fotheringhay zu schleusen, wird Euch gewiss auch etwas einfallen, damit ich ein paar Augenblicke mit ihm verbringen kann. Geht jetzt. Ich muss über Eure Vorschläge nachdenken und beten.«

Walsingham nahm vom Palast von Greenwich ein Fährboot zurück nach London. Gottlob war Dr. Dees Bericht just im richtigen Augenblick eingegangen, denn die Königin setzte in ihren Seher blindes Vertrauen – wie Walsingham selbst. Dennoch musste Walsingham sich eingestehen, dass er ebenso gut auch hätte scheitern können. Aber ein Wort der Königin hatte alles geändert. Sie war widerspenstig, unberechenbar, leidenschaftlich, bedachtsam und gedankenlos, alles in einem, doch am Ende musste man zugeben, dass sie sich mit Leib und Seele für England aufrieb. Bei Walsingham war es nicht anders, und deshalb liebte er seine Königin über alles irdische Maß.

Cádiz ... eine kühne, eine gefährliche Expedition, aber man lebte in kühnen und gefährlichen Zeiten. Wenn die Königin dem Überraschungsschlag zustimmte, würde Ransom mit Francis Drakes Geschwader segeln. Jawohl, es war ein Spiel mit Ransoms Leben, sein Tod war nicht ausgeschlossen, aber ... Gottes Wille geschehe.

35.

Kanonendonner erschütterte das Gebäude bis in seine Grundfesten. »Die Spanier kommen!«, schrie ein Fischweib. Die Männer griffen instinktiv zum Dolch. Doch dann wurde das Publikum mit nervösem Gekicher gewahr, dass es einem raffinierten Theatereffekt aufgesessen war. »Das war eine echte Kanone!« – »Dieser Schuss war gewiss nicht billig!«, schallten die Rufe, gefolgt von frenetischem Applaus, während die letzten Szenen des Stücks »Die Schlacht von Alcázar« über die Bühne gingen.

Jonathan bemühte sich redlich, konzentriert zu bleiben, aber heute hatte sich alles gegen ihn verschworen. Im ersten Rang saß Christian mit Don Antonio von Crato und einer Blase seiner Gefolgschaft – lieber Gott, wenn Christian hinter die Bühne kommt, lass mich die Zunge hüten, damit ich Maudy nicht verrate! –, und als ob das nicht schon genug gewesen wäre, lauerte Raymond de Bon Cœur wie ein graues Gespenst hinter dem Vorhang.

Es gab vier Vorhänge. Nach dem letzten zog Bon Cœur Jonathan am Kragen ins Halbdunkel. »In einer Woche wirst du aufbrechen. Das ist Walsinghams Befehl.«

»Wohin?«

»Das erfährst du zu gegebener Zeit.«

»Wie lange werde ich fort sein?«, wollte Jonathan wissen. »Tage? Wochen? Monate?« Mit jeder Antwort, die der Graue ihm schuldig blieb, sank ihm der Mut noch mehr.

»Genug der unverschämten Fragerei! Halte dich allzeit bereit.

Man wird dich hier abholen kommen. Du wirst nur das mitnehmen, was du am Leibe trägst. Alles andere wird dir gestellt. Und zu niemand ein Wort! Du bürgst mir dafür mit deinem Leben.« Mit diesen Worten war Bon Cœur verschwunden.

In der Garderobe ging es zu wie in einem Ameisenhaufen. Die Glückwünsche zur gelungenen Vorstellung flogen hin und her. »Der Schuss mit der Kanone war ein Geniestreich von mir«, säuselte Burbage, »sofern ich mir diese Bemerkung erlauben darf.«

»Ein trauriger Tag für unseren Beruf, wenn um ein lärmendes Gerät soviel törichten Aufhebens gemacht wird!«, meckerte Tarleton. »Als Nächstes lässt man uns noch auf der Bühne mit Löwen kämpfen.«

»Und das werdet ihr auch, wenn das Publikum sich anders nicht ins Theater holen lässt!, »gab Burbage giftig zurück. »Wenn wir mit den technischen Effekten des ›Rose Theater‹ mithalten wollen, müssen wir uns etwas einfallen lassen.«

»Wie wäre es denn mit Theaterspielen?«, sagte Tarleton spitz.

Burbage ging nicht darauf ein. Tarletons Gedächtnis hatte sehr nachgelassen. Burbage wusste nicht, wie lange er ihn noch würde halten können. Auch das Publikum merkte allmählich Tarletons Schwächen und zuckte jedes Mal zusammen, wenn er seine Texthänger hatte. Er mochte einmal das Idol der Matineen gewesen sein, aber das Publikum hatte ein kurzes Gedächtnis. Es bezahlte, um unterhalten zu werden, und nicht, um den Niedergang eines Stars zu erleben.

Jonathan zog sich um. Er stand gerade splitternackt da, als Christian in die Garderobe trat, von dem jeder wusste, dass er der Favorit der Königin war. Die Schauspieler scharwenzelten um ihn herum, allen voran Pudge.

»Eine großartige Vorstellung«, rief Christian in die drangvolle Enge und drückte ringsum die Hände. »Ich schmeiße für alle eine Runde im ›Roten Hirsch‹.« Er massierte Jonathans Nacken mit einem Griff, der sich im ungewissen Grenzbereich zwischen schmerzhaft und sinnlich bewegte. »Ich sehe dich doch im Wirtshaus, kleiner Freund? Wir müssen uns über viele Dinge unterhalten.«

Jonathan nickte und zog sich hastig an.

Als Christian zur Tür hinausschritt, wackelte Pudge mit den Hüften. »Holla, da hat aber einer freudig auf die Berührung reagiert«, hänselte er Jonathan. »Mir scheint, Mylord möchte seinem willigen kleinen Freund heute Nacht noch ein paar neue Tricks beibringen.«

Unter anderen Umständen wäre Jonathan Pudge an die Gurgel gefahren, aber er hatte Wichtigeres zu tun. Er wartete, bis alle gegangen waren, dann rannte er über die Straße hinüber zum Wohnhaus.

Maudy wusste sofort Bescheid, kaum dass sie sein Gesicht gesehen hatte. Reflexhaft griff sie nach dem Küchenmesser. »Er ist da, nicht wahr?«

»Er ist im ›Roten Hirsch‹. Ich muß schleunigst hin, sonst kommt er mich noch suchen. Verschwinde so lang von der Bildfläche, und nimm das Kind mit.«

Mistress Goodfellow sah, dass etwas nicht stimmte. »Was geht hier vor?«

Jonathan erklärte kurz die Situation. »Wenn er den Jungen findet, wird er ihn uns wegnehmen und behaupten, Maudy hätte ihn gekidnappt.«

»Wenn einer nicht auf den ersten Blick sieht, dass Maudy die Mutter ist, muss er schon blind und taubstumm zugleich sein. Die Ähnlichkeit im Aussehen und im Wesen sind doch unverkennbar. Wann hätte man je gehört, dass eine Mutter ihr eigenes Kind kidnappt?«

»Christian ist ein mächtiger Herr. Wer sich mit ihm anlegt, hat nichts zu lachen.«

Maudys Hand schloss sich fester um das Heft des Messers,

und Mistress Goodfellow schwang drohend die eiserne Bratpfanne. »Großer Herr hin oder her, mein Patenkind wird er nicht bekommen!« Bürschchen entblößte eine gefährliche Reihe Milchzähne, und Curiosity ließ als Verteidigungsbeitrag einen Katzenpups fliegen, dass allen Hören und Sehen verging.

»Ich bin bald wieder zurück«, sagte Jonathan. »Kein Grund zur Panik. So Gott will, ist Christian nur zum Vergnügen ins Theater gekommen und wegen nichts anderem.«

Maudy ergriff seinen Arm. »Jon, sei vorsichtig. Er lügt so raffiniert, dass die gemeinste Lüge aus seinem Mund wie Gottes reine Wahrheit klingt.«

»Das kann ich auch«, murmelte er im Hinausrennen. »O Muse, gib mir eine goldene Zunge! Wenn ich sie je dringend gebraucht habe, dann heute Abend.«

Zehn Minuten darauf kam Jonathan in den »Roten Hirsch« gestürmt. Mit freigebig hingestreuten Münzen hatte Christian die Schänke in ein wahres Freudenhaus verwandelt. Es wurde musiziert, gelacht und gesungen, auf dem Bratspieß am Herd drehte sich brutzelnd der Gänsebraten, Artischocken siedeten in einem großen Topf, und das zweite Fässchen Ale wurde bereits angeschlagen, während die Schauspieler auf Christians Gesundheit tranken, auf die Gesundheit der Königin und jedes englischen Königs zuvor.

Christian klopfte mit der flachen Hand auf den Platz neben sich. »Setz dich her zu mir, Jon. Wo hast du so lang gesteckt? Ich hatte schon Angst, du würdest mich versetzen – wieder einmal.«

»Das wird nie mehr vorkommen, Mylord. Meine Schminke wollte einfach nicht abgehen.« Er nahm den Krug, den Christian ihm hinhielt. Trink nicht soviel, behalte einen klaren Kopf, ermahnte er sich – und schüttete den ganzen Krug in einem Zug in sich hinein.

Pudge stand auf dem Tisch und trällerte in seinem strahlenden Kontertenor ein Trinklied. Seine Augen schmeichelten den Zuhörern, kehrten aber magisch angezogen immer wieder zu Christian zurück.

Zum Rhythmus von Pfeife und Trommel veranstalteten Burbage, Will Shakespeare und Tarleton einen Reigentanz um eine kurzerhand zum Maibaum erklärte Dienstmagd. Ihre Brüste hüpften, ihre Röcke flogen mit jeder Drehung höher und entblößten weiche weiße Schenkel, die die Herzen der Gaffer hoffnungsvoll höher schlagen ließen.

»Möchtest du sie heute Nacht haben, mein Kleiner?«, sagte Christian und schob Jonathan einen vollen Krug hin. »Du brauchst nur ja zu sagen, und sie gehört dir. Trink aus, trink dir Mut an. Der Mond ist voll. Hörst du, wie Pans Flöte Männlein und Weiblein verführt? Sing mir was vor – aber nichts Melancholisches wie ›Greensleeves‹, heute Nacht wollen wir fröhlich sein. Ich möchte, dass dein Talent zur Geltung kommt. Mach mir die Freude, mach uns allen die Freude und sing ›Ein dickes Ende ist das beste‹.«

»Mylord, heute ist Raymond de Bon Cœur bei mir aufgetaucht.«

Ein Lächeln glitt über Christians Gesicht. »Schön zu wissen, dass Vertrauen zwischen uns herrscht. Es war mir zwar bekannt, und das war auch einer der Gründe, weshalb ich heute ins Theater gekommen bin, aber ich habe gehofft, du selbst würdest es mir sagen – und das hast du auch, mein Kleiner. Was wollte der graue Totenschädel von dir?«

Jonathan rückte dicht an Christian heran, damit niemand mithören konnte. »Ich soll bald schon fort. Bon Cœur hat nachdrücklich von mir verlangt, dass ich mich jederzeit aufbruchbereit zu Hause aufhalten soll. Es könnte sein, dass er bereits in diesem Moment nach mir sucht.«

Christian hielt sich die Schläfen. »Hast du eine Ahnung, wo es hingeht? Und was sollst du an Kleidung mitnehmen? Warme oder leichte? Wie lange bist du fort?«

»Das habe ich ihn alles selber schon gefragt, aber er hat nichts verraten.«

»Das beunruhigt mich sehr, Jon. Ich traue den Brüdern nicht. Sobald du irgendetwas weißt, musst du mich benachrichtigen, damit ich einschreiten kann. Immerhin habe ich einen gewissen Einfluss auf die Königin.«

»Bestimmt, aber wenn es sehr schnell geht ...«

»Gewiss, es könnte schnell gehen, aber ich sage dir, was du dann machst: Sobald du etwas erfährst, schickst du sofort Maudy zu mir.«

»Maudy?«, hörte Jonathan sich sagen. Seine Stimme klang wie aus einem tiefen Brunnen.

Christian legte ihm die Hand auf den Oberschenkel. »Ich weiß, dass sie bei euch wohnt. Ich weiß es schon seit Wochen, aber ich musste mich um Angelegenheiten der Königin kümmern – und jetzt sieht es danach aus, dass ich im Auftrag Walsinghams wieder eine lange Reise machen muss. Aber es war meinem Herzen eine Beruhigung zu wissen, dass du auf meinen Jungen aufpasst. Wie geht es dem Kind?«

»Er wird mit jedem Tag stärker und kräftiger und schöner. Ein strahlenderes Kind hat der Herr nie erschaffen. Ihn sehen heißt ihn lieben. Er ist Euch sehr ähnlich, Mylord.«

Christians gewinnendes schiefes Lächeln strahlte in den Raum. »Oh, du liebst mich also?«

»Wie ein braver Sohn seinen gerechten und gnädigen Vater. Im Namen dieser Liebe flehe ich Euch an, lasst Maudy das Kind. Sie liebt es mehr als ihr Leben. Sie wird sterben, wenn Ihr es ihr wegnehmt, und das Kind selber wird auch leiden müssen, da Maudy es so überreich mit ihrer Liebe und Zärtlichkeit überschüttet.«

»Sehe ich Tränen über deine Wangen laufen? Jene Tränen, die du auf der Bühne so bereitwillig vergießt?«

»Meine Bühnentränen lässt der Saft der Zwiebel fließen, Mylord, aber diese Tränen quellen aus meinem Herzen. Erinnert Ihr Euch an den Tag, an dem wir unsere Initialen in den Schnee gebrannt haben? J und C – ›damit die ganze Welt es sehen kann‹ habt Ihr damals gesagt. Der Schnee ist längst geschmolzen, aber die Erinnerung bleibt. Ihr habt auch gesagt, dass uns das Schicksal verbunden hat, und davon bin ich mittlerweile selbst überzeugt.«

Jonathan tunkte den Finger in den Krug und schrieb ihre Initialen auf die Tischplatte, dass das C das J umfasste. Sein Herz pochte. »Mylord«, sagte er, »Ihr habt mich aufgefordert, für Euch zu singen, und ich will es gerne tun. Wenn Ihr am liebsten ›Ein dickes Ende ist das beste‹ hören wollt, dann sollt Ihr das Lied bekommen. Nur, lasst Maudy bitte das Kind.«

»Weißt du, was du da sagst? Oder spricht aus deinem Ansinnen das Ale?«

»Ein bisschen vielleicht schon, aber vor allem meine Sorge um das Wohlergehen des Kindes. Wenn Ihr den kleinen Christian jetzt, da Ihr Euch im Aufbruch befindet, an Euch nehmt, hat er weder Mutter noch Vater, und ich weiß, was das heißt. Wenn die Liebe fehlt, werden Leib und Seele verkrüppelt.« Jonathans Stimme wurde zum Schluchzen. »Wollt Ihr das Eurem Söhnchen antun? Mylord, hört auf Euer Herz.«

Ein spannungsgeladener Augenblick verstrich. »Alle meine Instinkte warnen mich: Lass dich nicht beschwatzen ... aber deine Tränen, mein Kleiner, können den härtesten Stein erweichen. So verhärtet ist mein Herz noch nicht. Sei beruhigt, ich werde die beiden nicht stören, jedenfalls nicht, solange ich noch unterwegs sein muss.«

»Wieder einmal stehe ich in Eurer Schuld, Mylord.«

Christians Griff an Jonathans Oberschenkel wurde fester. »Der Tag wird kommen, an dem du für mich singen wirst ... nicht, um dich für jemand anderen zu verwenden, denn das macht dein Lied für mich belanglos. Du wirst singen, weil du es wirklich willst. Und dein inniger Wunsch wird dich so herrlich singen lassen, dass uns dein Lied ins Paradies versetzen wird. An diesem Tag werde ich wahrhaftig dein geistiger Vater werden. Mit weniger werde ich mich nicht zufrieden geben. Kannst du mir folgen?«

»Dieser Tag ist so gut wie gekommen. Es könnte schon heute Nacht sein, aber ich muss zurück nach Hause und auf Mylord Walsinghams Ruf warten.«

»Das musst du. Lass dir noch einen Gedanken mit auf den Weg geben, wohin deine Reise dich auch führen mag. Die großen Weisen sagen uns, dass jeder Mann eine Zwillingsseele hat, eine Seele, nach der er sein Leben lang sucht. Ich habe mein ganzes bisheriges Leben auf der Suche nach meiner Zwillingsseele verbracht. Könnte es sein, dass ich endlich ...?«

Christian fuhr sich mit der Hand über die Augen. »Siehst du, deine Tränen haben mir das Mark der Männlichkeit geraubt. Jetzt, da ich dich gefunden habe, möchte ich dich nicht wieder verlieren. Ich schwöre – und Gott ist mein Zeuge, bei meinem Schöpfer und meinem wackeren rechten Arm –, ich werde nicht zulassen, dass dir ein Leid geschieht. Und deswegen musst du Maudy zu mir schicken, damit ich weiß, wo du dich aufhältst. Schwörst du mir das?«

»Bei meinem Leben, Mylord.«

»Ein Schwur ist etwas Heiliges. Wer ihn bricht, setzt seine Seele aufs Spiel, wer ihn einlöst, lebt im strahlenden Schein der Wahrheit. Oftmals erhebt sich diese Wahrheit in unserem Leib, um uns zu zeigen, dass Fleisch und Geist voneinander nicht wesentlich verschieden sind. Ah ... ich spüre, dass dein Leib die Wahrheit spricht.« Er führte Jonathans Hand zu sich herüber. »Sei mein Zeuge, dass sich mein Leib und mein Geist in der gleichen Wahrheit verbunden haben. Kannst du jetzt die Verbundenheit unserer Schicksale noch bezweifeln? Spüre die Kraft in deiner Hand, sie ist zur Gänze dein. Aber das ist nur ein winziger Teil der Kraft, die ich dir zu geben vermag – jener Kraft, Liebe und Zuneigung zu erzeugen, der Kraft, die Welt auf die Knie zu zwingen. Geh jetzt, sonst könnte es sein, dass ich dich nie wieder loslasse.«

Jonathan taumelte hinaus auf die Straße, die Augen blind vor Tränen der Erleichterung. Noch nie hatte ihm die Muse Worte von solcher Süße eingegeben. Er spürte bis ins Mark, dass Christian Maudy in Ruhe lassen würde – jedenfalls für den Moment. Und was die Zukunft anging – wer konnte schon in die Zukunft blicken?

Wie lange bist du eigentlich im Wirtshaus gewesen, fragte er sich. Er hatte jegliches Zeitgefühl verloren. Der Mond stand inzwischen hoch am Himmel und goss Silber auf den Weg zum Wohnhaus.

Drinnen zeichnete der Mond ein silbriges Fenster auf den Fußboden. Es ragte bis dahin, wo Maudy in ihrer Kammer lag, ihr Leib von Diana in silbrige Schleier gehüllt.

Der Anblick ließ Jonathan staunend die Luft anhalten. Das nächtliche Mondlicht hatte diesen Körper, den er einst erkannt hatte, mit hinreißender Schönheit übergossen. Jonathan fuhr aus den Kleidern, um desto besser entdecken zu können, ob dort seine Zwillingsseele lag. Silbern ragte die Härte seines Leibes in das Fenster aus Licht, während er sich näherte, um zu erforschen, zu erobern, zu verehren.

Maudy schoss aus ihrem Schlaf hoch. Er legte ihr die Hand auf den Mund, damit sie das Kind nicht weckte. »Christian weiß schon seit Wochen, dass du hier bist,« flüsterte er. Hastig erzählte er, was sich zugetragen hatte. »Er hat geschworen, dass er dir das Kind läßt, allerdings unter einer Bedingung: Wenn ich fortgehe, musst du ihm Bescheid geben.«

»Du gehst fort?«

»Ja, irgendwann im Laufe dieser Woche.«

Sie schlang ungestüm die Arme um ihn. »Du darfst nicht gehen. Ich habe eine düstere Vorahnung: Im Schatten wartet der Tod. Ich sehe ...«

Er verschloss ihren bebenden Mund mit einem Kuss. Dann saugten seine Lippen zärtlich an den silbern-rosigen Knospen ihrer Brüste, bis sie hart wurden. Sie versuchte, seinen Kopf wegzudrängen, war aber nicht entschlossen genug, ihm das eigentliche Ziel zu verwehren.

»Wir dürfen es nicht tun!«, flüsterte sie eindringlich. Er schaute hoch zu ihr. »Wir müssen es tun. Und wenn du dich noch so sträubst, dein Körper schickt mir eine andere Botschaft, denn er gibt mir bereitwillig seinen süßen Nektar zu kosten. O Maudy, warme, süße Maudy ...«

»Das Kind!«

»Lass uns leise und vorsichtig sei, wie Diebe in der Nacht ...«

Verzweifelt darauf bedacht, jedes Geräusch zu vermeiden, bewegte er sich langsam, ganz langsam, doch mit einer neugewonnenen Gewissheit, die sie beide erstaunte. In langsamen langen Bewegungen schlug er einen beständigen Rhythmus an, darauf brennend, schneller zu werden, während ihr Leib den seinen umfangen hielt und er den Schweiß zwischen ihren heißen Körpern spürte. Von den Zehenspitzen ausgehend, zog sich ein eiskaltes Brennen durch seinen ganzen Leib, bis er das Gefühl bekam, jeder Blutstropfen wäre in jenes Glied seines Körpers geströmt, das sich langsam und liebevoll bewegte, bis es ein eigenes Leben zu entwickeln schien. Er spürte Maudy tief in ihrem Inneren erschauern und ihn fester umfassen, fühlte sie vor Ekstase beben. Sie stöhnte, er möge ablassen, doch seine Kontrolle war dahin, sein Fleisch verlangte sein Recht und hielt ihn gefangen in der ewigen Bewegung, immer weiter, während das Mondlicht langsam über den Boden und ihre verschmolzenen Leiber glitt. Und wieder bäumte Maudy sich auf, rollten ihre Augen unter die Lider, stockte ihr Atem. Da schoss er gen Himmel, und ohne in der beständigen Bewegung innezuhalten verströmte er die Essenz seines Lebens, bis er dachte, sie wäre versiegt, und doch kamen neue Ströme, bis mit einem letzten Erschauern die Körperhülle, die einst er selbst gewesen war, in Wind und Nacht zurücksank.

Stille, Sammlung, Rückkehr in die Wirklichkeit.

Maudy reagierte nicht auf Jonathans Berührung. Einen furchtbaren Moment lang dachte er, er hätte sie getötet und sich mit ihr, doch dann räkelte sie sich.

»Geht es dir gut?«, flüsterte er.

»Nein, ich bin nicht mehr ich selbst! Es hat mich aus meinem Körper gerissen, irgendwohin, wohin weiß ich nicht. Ich habe ganz verzweifelt versucht, wieder zurückzukommen, aber es ging nicht. Ich bin gestorben ... ein bisschen. Oh, Jon, was ist mit uns geschehen? Geh jetzt bitte, sonst ...«

Er wollte nicht gehen, doch sie schob ihn fort. Er kletterte in seine Dachkammer hinauf. Es war ihm so leicht im Kopf, dass er glaubte, die wackelige Leiter hinaufzuschweben. Er war zwar kein erfahrener Liebhaber, doch er war von dem Gefühl, dass in dieser Nacht etwas Außergewöhnliches geschehen war, bis ins innerste Wesen durchdrungen. Sie waren während des Liebesaktes nicht allein gewesen ... Gott hatte auf den Schleiern des Mondlichts bei ihnen gewacht ... oder der Teufel.

Am Morgen vermied er, Maudy anzuschauen, damit nicht jeder gleich merkte, was los war. Aber sie brauchte ihn nur im Vorübergehen leicht zu berühren, und sein Glied geriet in eifrigste Bereitschaft. Während alle beim Frühstück saßen, ging Maudy in die Speisekammer, um Schinken und Butter zu holen. Jonathan kam ihr nach, angeblich, um ihr zur Hand zu gehen, und ging ihr stattdessen an die Wäsche. Die Angst vor der Entdeckung gab ihrer hastigen Vereinigung einen besonderen Reiz. Burbage wurde schließlich ungeduldig. »Was dauert das denn so lang?«, rief er. »Muss die Butter da drin erst geschlagen werden?«

Am Mittag brachte Maudy vor der Vorstellung einige Kostüme zum Anprobieren zu Jonathan in die Garderobe. Flugs gingen seine Hände auf die Suche. »Jetzt weiß ich, was es heißt, von der Hand in den Mund zu leben«, murmelte er und machte sich ans Werk.

»Ich werde noch verrückt!«, jammerte er. Als er sich anders nicht mehr zu helfen wusste, versuchte er es mit der Bon-Cœur-Methode, aber selbst kaltes Wasser perlte wirkungslos an ihm ab.

Angst, Lust, Liebe – alles wirkte zusammen. Sie fanden einfach kein Maß. So oft es ging, stahlen sie sich hinauf in den »Himmel« direkt über der Bühne. »Lehn dich nicht ans Geländer«, sagte Jonathan besorgt zu Maudy, »es ist morsch!« Sie trieben es auf dem Boden, unbekümmert um die fast zwei mal zwei Meter große Öffnung und die sieben Meter, die es von dort zur Bühne senkrecht hinunter ging.

Jonathan konnte nicht genug bekommen – und dann, eines Nachts, die geflüsterten Worte: »Maudy, ich liebe dich.«

»Das darfst du nicht sagen. Du verdienst eine Frau, die in der Hochzeitsnacht unschuldig zu dir kommt, die ganz alleine dir gehört.«

Mit jedem Kuss, jedem Beckenstoß bemühte er sich, ihr seine Liebe zu beweisen. »Ich weiß ja, dass ich mich mit Christian als Mann nicht messen kann, aber nach und nach ...«

Sie wiederum versicherte ihm unter vielen kleinen Küssen, dass sie ihn liebe, viel zu sehr liebe, um durch ihre Verstrickung mit Christian Leid über ihn zu bringen. »Mein Los mit Christian hat sich noch nicht erfüllt. Er ist so jähzornig – ich würde sterben, wenn er dir etwas antut.«

Eines Nachts, Stunden vor der Morgendämmerung, hörte Jonathan ein Pferd die Straße heraufgaloppieren. Raymond de Bon Cœur war gekommen, ihn abzuholen. Es blieb keine Zeit für Fragen, es blieb keine Zeit zum Abschiednehmen. Er saß hinter Bon Cœur auf und ritt mit ihm in die Nacht.

36.

Raymond de Bon Cœur wandte sich nach Osten, galoppierte um die Nordostecke der Londoner Stadtmauer herum und dann nach Süden zum Fluss. An einer Baumgruppe zügelte er das Pferd und lauschte angestrengt in die Nacht. »Uns folgt doch jemand! Hörst du nichts?«

»Nur den Wind«, murmelte Jonathan.

Minuten verstrichen, doch nichts geschah. Sie ritten weiter. Im Vorschein der Morgendämmerung ließ sich der Tower von London hinter Nebelschwaden ahnen. Bon Cœur brachte das Pferd in den Stallungen an den St. Katharinendocks unter, dann bestiegen sie ein wartendes Fährboot. Ruder und Gezeitenstrom trugen sie geschwind stromabwärts, vorbei an Rotherhite und Deptford mit seinen geschäftigen Werften, wo die neuen Kriegsgaleonen der königlichen Marine auf Kiel lagen. Sie folgten dem gewundenen Flusslauf um die Hundeinsel herum, um am Südufer anzulegen, wo sich groß und beeindruckend der Palast von Greenwich erhob.

Eine Kirchenglocke schlug die neunte Stunde. Wie vom letzten Glockenschlag ausgelöst fuhr eine heftige Regenbö nieder. Begleitet von Ratschlägen und Anweisungen trieb Bon Cœur Jonathan eilends über das Palastgelände. »Die Königin möchte aus mir unerfindlichen Gründen ein paar Worte mit dir wechseln. Du wirst dich strikt ans Protokoll halten und deine üblichen Unverschämtheiten gefälligst unterlassen! Von dieser Mission hängt sehr viel ab. Wenn du versagst, wird Mylord

Walsingham dafür sorgen, dass du kein Bein mehr auf den Boden bekommst.«

Im Inneren des königlichen Palasts angekommen, wich Bon Cœurs Wichtigtuerei einer unterwürfigen Ängstlichkeit. Sie gingen durch hallende Flure und eine Treppenflucht hinauf, bis sie endlich in einer Bibliothek anlangten, in der die Glut eines Kohlebeckens eine gewisse Behaglichkeit verbreitete. Die langen Bücherregale, die orientalischen Teppiche und ein mit Papieren und Büchern übersäter stabiler eichener Refektoriumstisch verliehen dem Raum etwas Wohnliches.

Königin Elisabeth stand am Tisch. Weder juwelenübersät noch prächtig gewandet, wirkte sie auch zu dieser Morgenstunde ausgesprochen königlich. Als sie sich umdrehte, sank Jonathan aufs Knie. Sie bedeutete Bon Cœur mit einem Blick, dass er entlassen sei. »Lasst uns allein.«

Der graue Mann wurde noch grauer. »Aber, Euer Gnaden ...«

»Seid Ihr taub, Sir?« Ihre Finger trommelten auf Jonathans Kopf. »Meint Ihr etwa, mein königlicher Untertan hat vor, mich zu ermorden?« Sie hob Jonathans Kopf am Kinn empor und zwang ihn, sie anzuschauen. »Hast du das?«

Jonathan wusste nicht, ob er sich in die Hosen machen oder erblinden sollte.

Den Kopf gebeugt, den Blick abgewendet, verzog sich Bon Cœur unter Bücklingen rückwärts aus dem Arbeitszimmer.

»Bist du nicht der Sänger, der mich bei meinem Weihnachtsbankett erst betrübt und dann erheitert hat? Und außerdem der Beobachter, den Walsingham zur Hinrichtung der Königin von Schottland geschickt hat?« Jonathan nickte. »Welche Ränke des Schicksals sind hier am Werk?«, sagte sie sinnend. »Erzähl mir von Fotheringhay.«

Jonathan gab alles wieder, was er zuvor Walsingham erzählt hatte, nur dass er vielleicht hier ein bisschen mehr auftrug und dort eine Kleinigkeit wegließ, die die Königin hätte erzürnen können. Er versah seine Erzählung mit dem Aufbau eines gut geschriebenen Stücks, ohne ihrer bedrückenden Wahrhaftigkeit Abbruch zu tun. Als er geendet hatte, blieb die Königin lange Zeit stumm.

»Einer meiner Höflinge hat mir einen Augenzeugenbericht der Vorkommnisse geliefert«, sagte sie schließlich. »Sein Bericht deckt sich mit deinem, aber er ließ deine Anteilnahme vermissen. Ich habe gehört, dass du mit Christian Lightborn bekannt bist. Wir stehen tief in seiner Schuld, denn er hat sich sehr für Unsere Sache eingesetzt. Ein vorbildlicher Mann. Du würdest gut daran tun, ihm nachzueifern.«

Jonathans heimliche Vorbehalte gegenüber Christian schmolzen unter ihrem Lob dahin wie Schnee in der Sonne. Sie war die Königin, die klügste Frau im ganzen Königreich, vielleicht auf der ganzen Welt; sie konnte unmöglich irren.

»Nachdem ich deinen Bericht gehört habe, kann ich das Vertrauen verstehen, das Walsingham in dich setzt. Aber nun heraus mit der Wahrheit: Wie ist meine Kusine wirklich in den Tod gegangen?«

»Sehr tapfer.«

»Das ist ihrem Tudorblut zuzuschreiben. Es hat sich letztlich gegenüber allen ausländischen Einflüssen durchgesetzt. Meine arme Kusine. Die Reue bleibt, aber wir dürfen darüber nicht die Probleme des Augenblicks vernachlässigen, denn Reue ist nie ein guter Berater gewesen. Mylord Walsingham möchte dich auf eine Mission für die Krone schicken«, fuhr sie fort, und Mitgefühl schwang in ihrer melodischen Stimme, »eine Mission, die meiner Meinung nach für einen Burschen deines Alters viel zu gefährlich ist. Du bist noch kein Mann und sollst doch schon die Arbeit eines Mannes leisten.

Dein Leben steht auf dem Spiel, deshalb werde ich dir reinen Wein einschenken. Es ist keineswegs ausgeschlossen, dass diese Mission deinen Tod bedeutet. Wenn du also einen Rückzieher machst, kannst du nicht nur mit meinem Verständnis rechnen, du hast sogar meinen Beifall für deine kluge Entscheidung.«

Zwei Stimmen stritten sich in Jonathans Brust. Die eine drängte: »Geh zurück zu Maudy ins warme Bett!«, während die andere unter Fanfarenstößen verkündete: »Das ist das große Abenteuer, von dem Christian gesprochen hat. Das ist die einmalige Gelegenheit, deinen Namen ins Buch der Geschichte einzuschreiben!« Doch die Königin hatte ja selbst gerade gesagt, dass er dabei draufgehen konnte – und so meldete sich als dritte Stimme die der Vernunft zu Wort.

»Euer Gnaden, wie wichtig ist denn diese Mission?«

»Von den Informationen, die du beschaffen sollst, könnte das Schicksal Englands abhängen. Aber vielleicht handelt es sich auch um ein riesiges Täuschungsmanöver, mit dem meine Ratgeber mich in einen Krieg zu stürzen hoffen, an dem nur ihnen gelegen ist. Jetzt kennst du die Zwickmühle, in der ich mich befinde.« Ihr Seufzer klang wie der eines hilflosen Mädchens. »Ich bin zwar Königin, aber ich bin auch eine allein stehende Frau, ein schwaches Geschöpf ... überall lauern Verrat und Betrug. Nie kann ich sicher sein, wem ich vertrauen darf.«

Unwillkürlich streckte Jonathan tröstend die Hand nach ihr aus. »Euer Gnaden, mir dürft Ihr vertrauen. Wollt Ihr, dass ich gehe?«

»Als Frau, die den Wert des Lebens kennt – nein. Als deine Herrscherin, auf deren Schultern die Sorgen des Königreiches lasten, überlasse ich die Entscheidung dir.«

Jonathan straffte die Schultern. »Dann werde ich gehen.«

»Merk dir gut, was ich dir jetzt sage: Was immer man dir mitteilt, du wirst deine Informationen nur an mich liefern, an niemand sonst. Da ich niemand anderem vertrauen kann, muss ich aus eigenem Mund hören, was du in Erfahrung bringen wirst.« Sie holte ihre Bibel herbei. »Schwörst du mir das?«

Er legte die eine Hand auf die Bibel, die andere auf sein Herz. »Ich schwöre.«

»Sag niemand etwas von unserem Gespräch. Ich würde dir gerne einen Talisman mitgeben, aber da, wo du hingehst, könnte er dich verraten. So nimm denn in deinem Herzen die Gebete einer dankbaren Nation und einer dankbaren Königin als Talisman mit dir. Geh jetzt geschwind, sonst bringt mich dein frisches Jungengesicht noch dazu, es mir anders zu überlegen.«

Draußen hatte der peitschende Regen sich verschlimmert, doch vom Wohlwollen der Königin erwärmt, nahm Jonathan es kaum wahr.

»Was wollte die Königin von dir?«, forschte Bon Cœur.

»Sie wollte mir nur Lebewohl sagen«, gab Jonathan zurück.

»Vergiss nicht, dass du in Diensten von Mylord Walsingham stehst. Deine Loyalität hat ausschließlich ihm zu gelten.«

Rutsch mir den Buckel runter, dachte Jonathan.

Bon Cœur ging mit seinem jungen Gefährten an Bord einer Pinasse von fünfzehn Tonnen. Mit knatternden Segeln fuhren sie zügig die Themse hinunter. Nach zwanzig Meilen Fahrt passierten sie Fort Tilbury am Nordufer und Fort Gravesend im Süden, die Londons Zugang auf dem Wasserweg bewachten. Der Mündungstrichter der Themse wurde breit, kurzer Wellengang setzte ein, dann zog steuerbords Margate vorbei, und sie liefen hinaus in die schäumenden Wellenkämme des Kanals. Immer noch dicht unter Land segelten sie um Margate's Horn herum und auf idealem Kurs an Dover vorbei. Zwei Tage darauf erreichten sie den betriebsamen Hochseehafen von Plymouth an der Südwestspitze Englands.

Am siebenundzwanzigsten März 1587 scheuchte Bon Cœur Jonathan die Gangway des königlichen Kriegsschiffs »Elizabeth Bonaventure« hinauf und übergab ihn an Sir Francis Drake.

Ehrfurchtsvoll betrachtete Jonathan den Helden seiner Kindheit. Drake stand auf dem Kommandodeck und überwachte die

Arbeit der zweihundertfünfzig Mann starken Besatzung, die sein Flaggschiff seeklar machte. Er war untersetzt, breitschultrig, um die fünfundvierzig Jahre alt, mit borstigem braunem Bart; sein Gesicht war von den vielen auf hoher See verbrachten Jahren rot gegerbt. Seine strahlend blauen Augen waren mit jedem Sieg strahlender geworden. Es waren suchende, forschende Augen, die ein kaperbares spanisches Schiff bereits hinter dem Horizont ausmachen konnten.

»Kapitän, seid Ihr bereit, in See zu stechen?«, erkundigte sich Bon Cœur.

»In ein paar Tagen – vorausgesetzt, die Königin überlegt es sich nicht wieder anders, wie zweimal schon gehabt, und schmeißt alles über den Haufen.«

»Mylord Walsingham ist sehr an einer baldigen Abfahrt gelegen – je früher, desto besser. Die Königin befindet sich weiterhin in Verhandlungen mit Parma über eine friedliche Beilegung der Situation in den Niederlanden. Wenn sie zu dem Eindruck gelangt, dass sich dort etwas bewegt, wird sie unsere Expedition abblasen.«

»Dann hat unsere gute Königin Knöpfe auf den Augen. Mit dem Antichrist ist kein Friede möglich. Sagt Walsingham, ich werde ihm per Pinasse über mein Vorankommen und jegliche neu eingehende Information Avis geben.«

Jonathan spitzte die Ohren. Er versuchte, irgendetwas über das Ziel der Reise aufzuschnappen, wobei ihm die Bemerkungen der Königin über mangelndes Vertrauen in den Ohren klangen. Sie hatte wohl kaum übertrieben.

Bon Cœur händigte Drake ein Päckchen aus. »Das sind die Befehle für Ransom. Haltet sie unter Verschluss, und öffnet sie erst auf hoher See. Wenn Ransom sie auswendig gelernt hat, sind sie zu verbrennen. Er darf von nun an das Schiff nicht mehr verlassen. Ich habe den Verdacht, dass wir verfolgt worden sind. Haltet also die Augen offen.«

Bon Cœur legte seine Hand schwer auf Jonathans Schulter. »Jetzt liegt alles bei Gott. Sein Wille geschehe.« Er verabschiedete sich knapp und ging. Jonathan schaute ihm mit einem unguten Gefühl nach. Er hatte exakt die von Christian vorausgesagten Worte gesprochen.

Drake beäugte Jonathan. »Mir scheint, man hat sich alle Mühe gegeben, jemand aufzutreiben, den schon der erste Windstoß über den Haufen bläst«, meinte er. »Schon mal zur See gefahren? Nein? Dann brauchst du jemand, der auf dich aufpasst.« Er legte die Hände als Schalltrichter an den Mund. »Jackson, zur Brücke!«, brüllte er.

Ein schlacksiger Seebär kam die Leiter zur Kommandobrücke heraufgeturnt und salutierte schwungvoll vor Drake.

»Jackson, nimm den Burschen unter deine Fittiche, und weis ihn in seine Pflichten ein. Sieh zu, dass er nicht verhungert oder über Bord fällt.«

Der Seemann grinste Jonathan an, wobei eine breite Lücke zwischen seinen Schneidezähnen zum Vorschein kam, die sein Grinsen noch ansteckender machte. Er war fast im gleichen Alter wie Drake, ein aufgeräumter deftiger Bauernsohn, der zur See gegangen war. Seine ingwerroten Haare, Brauen und Wimpern, der rote Bart und die roten Sommersprossen überall, wo die Sonne seine Haut beleckte, hatten für seinen Spitznamen gesorgt: Ginger Jack.

»Du brauchst keine Angst vor mir zu haben, ich habe ein weiches Herz. Beim ersten Regelverstoß gibt es bloß zehn mit der Peitsche, aber beim zweiten Mal muss ich dich leider kielholen lassen.«

Während der nächsten Tage musste sich Jonathan von Ginger Jack mit seemännischem Wissen vollstopfen lassen, angefangen von der Bilge des Schiffes, wo der Ballast lag, der das Schiff stabilisierte, bis zur Kombüse, wo auf einem kleinen Eisenherd, der seinerseits in einer großen Sandkiste stand, die Mahlzeiten gekocht wurden. Die Batteriedecks hatten es Jonathan besonders angetan. »Warum ist hier alles rot gestrichen?«

»Damit der Feind nicht das Blut unserer Verwundeten sehen kann und sich etwas darauf einbildet«, war Jacks Antwort.

Im Schnellverfahren lernte Jonathan Fockmast, Großmast und Besanmast zu unterscheiden, lernte Muscheln vom Rumpf zu kratzen, die Holztäfelung und die Einrichtung der Offiziersmesse mit Bienenwachs auf Hochglanz zu bringen. Drake hatte als Einziger eine Privatkajüte, doch dort war für Jonathan der Zutritt verboten, so sehr es ihn auch juckte, einzubrechen und nachzusehen, was in seinen Befehlen stand.

Nahe beim Heck streichelte Jack im Vorübergehen einen geschnitzten Löwenkopf. »Vergiss nie, ihn zu streicheln, wenn du hier vorüberkommst, er verscheucht die Meeresungeheuer.« Ein paar Schritte weiter stand eine Reihe von geschnitzten Ritterköpfen. »Sie sorgen dafür, dass sich das laufende Gut nicht durch Geisterhand verheddert. Sei immer schön lieb zu ihnen, besonders wenn du oben auf der Saling vom Großmast Wache hast. Du hast doch nicht etwa Höhenangst?«

»Nein«, log Jonathan und streichelte verbissen einen Ritterkopf. Schlotternd kletterte er hinter Ginger Jack die Wanten hinauf zum Krähennest, dem höchsten Punkt auf dem Großmast, der als Ausguck diente.

Aus schwindelnder Höhe konnte er sämtliche Schiffe im Hafen betrachten. Ginger Jack zählte sie für ihn auf. »Es sind insgesamt sechsundzwanzig. Außer uns noch vier weitere Linienschiffe der Königin, die ›Elizabeth Bonaventure‹, die ›Golden Lion‹ unter dem Kommando von Drakes Vizeadmiral Burroughs, die ›Dreadnought‹ und die ›Rainbow‹. Sie haben je vier- bis fünfhundert Tonnen. Dazu kommen drei große Galeonen von ähnlicher Tonnage der Levante-Compagnie, sieben Schlachtschiffe, elf Fregatten und Pinassen von hundertfünfzig Tonnen bis herunter zu zwanzig Tonnen. Die Pinassen sind unsere Verbindungsschiffe. Sie sind schnell und trotzdem hochseegängig.«

Der Anblick versetzte Jonathan in Hochstimmung. »Wann stechen wir in See? Und wo geht's hin?«, fragte er.

»Das wissen nur Drake, die Königin und die großen Tiere im Staatsrat. Wir armen Teerjacken erfahren es immer als Letzte. Aber es ist ein starker Verband, deshalb geht es wohl um etwas Wichtiges. Die Männer schließen bereits Wetten auf das Wann und Wo ab.«

Am ersten April bekam Drake aus London eine Nachricht von Walsingham. »Ich befürchte«, hieß es darin, »die Königin hegt inzwischen die Absicht, unser Unternehmen auf der ganzen Linie abzublasen. Ich halte es für angezeigt, dass Ihr umgehend in See stecht.«

Noch hatten die Schiffe nicht sämtliche Vorräte übernommen, doch mit der nächsten Gezeitenwende stand Drake auf dem Kommandodeck. »Anker auf!«, dröhnte seine Stimme, »der Wind befiehlt mir den Aufbruch!«

Schiff um Schiff schob sich aus dem Hafen. Jonathan erlebte das erregende Gefühl, am Anfang eines großen Abenteuers zu stehen.

37.

Als die Flotte sich auf hoher See befand, verlas Drake vor seiner Besatzung die königlichen Befehle. »Wir haben Auftrag, die Operationsfähigkeit der spanischen Flotte mit Angriffen auf ihre Schiffe in den Häfen zu stören. Männer, in Cádiz schlagen wir zu!«

Gewaltiger Jubel brach aus den Kehlen der Seeleute. Jonathan jedoch blieb der Jubelschrei im Halse stecken – Cádiz? Spanien? Ein kalter Hauch wehte ihn an, der ihn die ganze Nacht nicht zur Ruhe kommen ließ. Er warf sich auf seinem Lager herum und fragte sich, ob er der Königin auch dann seine Zusage gegeben hätte, wenn er das gewusst hätte.

Die ersten paar Tage blies ein beständiger leichter Südwestwind. Einige unternehmungslustige Herren hatten sich Drake angeschlossen, um ihr Glück zu suchen. Sie mussten bald feststellen, dass ihr Kapitän keinen Müßiggang duldete. Es war Jonathan eine besondere Freude, die arbeitsungewohnten Herren mit nacktem Oberkörper das Deck schrubben zu sehen.

Jonathan beobachtete die Tümmler, die mit eleganten Sprüngen das Schiff begrüßten und und sah Schulen von Meeräschen im Zickzack vor dem Bug einherschwimmen. »Das ist eine andere Welt, Jack. Ich glaube, ich könnte mich an sie gewöhnen.« Er stellte sich vor, wie es wäre, mit Christian an der Seite in die Neue Welt zu segeln – aber was wäre dann mit Maudy? Wäre es möglich, beide zu haben?

Am Ende der Woche wurde es stürmisch. Es dauerte nicht

lange, und Jonathan hing über der Reling. Ginger Jack hielt Jonathan den Kopf, der sich die Seele aus dem Leib spie. »Brauchst dich deswegen nicht zu schämen, mein Kleiner, an die See muss man sich erst gewöhnen. Du wirst sehen, bald wird aus dir ein richtiger Seebär.«

»Das werde ich nie«, keuchte Jonathan, während ihm der Magen in jedem Wellental in die Fußspitzen sank und sich auf dem nächsten Wellenberg bis an sein Zäpfchen hochstülpte. »Bis wir nach Spanien kommen, bin ich bestimmt schon tot«, sagte er hoffnungsfroh.

»Ich geb dir ein paar Tipps«, sagte Ginger. »Schau möglichst immer nach voraus, wo das Schiff hinfährt, und nie nach achtern. Iss in den nächsten Tagen nur wenig, und zwing dich zu arbeiten – das lenkt dich von deinem Elend ab. Und vor allem, spei nie gegen den Wind.«

Jonathan befolgte Ginger Jacks Rat. Die tägliche Ration getrocknetes oder gepökeltes Fleisch, die die Männer erhielten, bekam Jonathan nicht herunter, am ehesten noch ein bisschen Schiffszwieback und Käse. Aber nach ein paar Tagen vertrug er auch wieder Bohnen, Linsen und Trockenobst. Wasser wurde von erfahrenen Seeleuten argwöhnisch gemieden. »Wasser verdirbt immer zuerst«, warnte ihn Ginger Jack. »Bleib lieber bei Bier.«

Die Quartiere unter Deck waren heiß und stickig. Wenn das Wetter es irgend zuließ, schliefen die Matrosen an Deck. Ginger Jack schaute in den sternenübersäten Himmel. »Ich habe gehört, es soll Leute geben, die sagen, es gibt keinen Gott. Sie müssten nur ein einziges Mal in den Nachthimmel schauen, um zu merken, wie blödsinnig ihre Behauptung ist.« Er streckte den Arm aus und griff nach den Sternen. »Der Himmel und die Ewigkeit sind hier nur eine Armeslänge von dir entfernt.«

»Du liebst das Meer, nicht wahr?«

»Ich könnte mir kein anderes Leben vorstellen. Ich bin mit

Drake gesegelt, seit wir in Devon junge Burschen gewesen sind. Inzwischen streicht er vom Beutegut den Löwenanteil ein, während ich immer noch auf meinen vierzehn Shilling im Monat sitze, und von der Heuer geht noch die Verpflegung ab. Aber ich habe ihm seinen Erfolg nie geneidet. Ich bin ja nur ein gewöhnlicher Matrose, aber er ist ein Genie, und ein Genie muss entsprechend bezahlt werden.«

»Er ist wirklich ein Genie?«

»Das habe ich mich oft selbst gefragt. Vielleicht liegt es an seinem Glauben. Sein Vater Edmund ist ein puritanischer Laienprediger gewesen. Von ihm hat er die puritanische Lehre in ihrer schlichtesten Form übernommen. Alles was geschieht, geschieht nach dem Willen Gottes, genau, wie es in der Bibel steht. Wer sich gegen den Willen Gottes stellt, ist der Antichrist, und dazu gehören auch Philipp von Spanien und der Papst.

Drake hat einen unversöhnlichen Hass gegen die Spanier«, fuhr Jack fort. »Als Drake und ich noch jung waren, wollten wir unter John Hawkins in die Neue Welt segeln und unser Glück machen. Bei San Juan de Ulua wurde unsere Kauffahrerflotte ohne Warnung von den Kriegsschiffen Neu- Spaniens angegriffen und fast vollkommen versenkt. Drake und ich haben geglaubt, wir wären die einzigen Überlebenden. Wir haben es geschafft, mit einer ziemlich ramponierten kleinen Bark, der ›Judith‹, nach Plymouth zurück zu segeln. Aber Hawkins war ebenfalls davongekommen. ›In jener Nacht hat uns die Bark Judith in unserer Not dem Schicksal überlassen‹, sagte er bei der offiziellen Untersuchung über das Gefecht. Es hat Drake beinahe umgebracht, denn es hörte sich an, als hätte er aus Angst vor den Spaniern seinen Admiral im Stich gelassen. Seit achtzehn Jahren greift er die Spanier nun schon auf Teufel komm raus überall an, wo er sie erwischen kann – mit dem augenzwinkernden Einverständnis der Königin, das sei ruhig gesagt.

Er hat einen Sieg nach dem anderen errungen, und der Fleck

auf seiner Ehre ist mit jedem Gefecht weiter verblasst. Sein Selbstvertrauen grenzt mittlerweile schon an Wahnsinn. Er hat sich auf Risiken eingelassen, die kein besonnener Mensch auf sich nehmen würde. Er ist fest davon überzeugt, dass Gott auf seiner Seite steht. Die Spanier glauben allerdings das Gegenteil und sagen, der Teufel hätte ihm einen Zauberspiegel gegeben, auf dem er die Bewegungen sämtlicher Schiffe auf den Meeren sehen kann.«

Jonathan machte große Augen. »Hat er denn so einen Spiegel?«

Ginger Jack nickte. »Der Spiegel ist sein Kopf. Er kennt den Wind, die Meeresströmungen und das alles so genau, dass er fast schon auf die Stunde vorhersagen kann, wann die spanischen Schiffe an einer bestimmten Stelle aufkreuzen werden – besonders die Schiffe der Schatzflotte, die regelmäßig aus der Neuen Welt herübersegeln. Drakes Ruf hat die feindlichen Fahrzeuge oft dazu gebracht, kampflos die Flagge zu streichen, wenn sie gemerkt haben, dass sie es mit ihm zu tun hatten.

Drake hatte zwei der besten Lehrer, die es gibt: ausgiebige Erfahrung und den berühmten Magier Dr. John Dee. Mit Dees Karten, seinen Anweisungen und seinem Rat sind wir um die ganze Welt gesegelt. Ich bin dabei gewesen, zwei Jahre waren wir unterwegs. Sir Christopher Hatton war der Hauptgeldgeber des Unternehmens. Unser prächtiges Schiff hieß die ›Golden Hinde‹, nach dem Wappentier von Sir Hatton. Es war ganz in Hattons Farben Gelb und Orange gestrichen. Der liebe Gott hat es gut mit uns gemeint, und wir konnten unsere Laderäume bis zum Bersten mit den Schätzen füllen, die wir in Neu-Spanien erbeutet haben. Es hat gereicht, um der Königin einen Profit von viertausendsiebenhundert Prozent ihres Anteils zu garantieren. Braucht man sich da noch zu wundern, dass Drake bei unserer guten Bess immer auf ein offenes Ohr stößt, wenn er etwas sagt?«

Jonathan warf sich unruhig herum. »Was ist los, Kumpel, hast du Flöhe am Sack?«, forschte Ginger Jack.

»Ich habe Sehnsucht nach einer Frau. Ich hab sie zurücklassen müssen. Das Leben an Bord ist sehr einsam, zu einsam für mich. Hast du eine Frau?«

»Ich hatte mal. Sie ist mit einem Kesselflicker auf und davon. Eine Frau, die einen Seemann liebt und ihm treu bleibt, wenn er fort ist, muss schon eine besondere Frau sein. Wenn man als Teerjacke wieder mal in seinem Heimathafen vor Anker geht, will man sich doch darauf verlassen können, dass nicht inzwischen ein anderer im eigenen Hafenbecken Anker geworfen hat.«

»Wie der Zufall es will, kenne ich genau so eine Frau. Sie hat in ihrem ganzen Leben nur einen einzigen Mann an sich ran gelassen, und der war ihr Ehemann. Seit er gestorben ist, durfte niemand mehr über die Schwelle ihrer heiligen Pforte.«

»Das klingt nach einer guten Frau.«

»So gut wie ihr Name: Mistress Goodfellow. Aber ihre Tugend würde es ihr niemals erlauben, sich mit einem Seemann einzulassen. Man weiß doch, dass Matrosen in jedem Hafen eine Braut haben.«

»Ich gebe zu, ich hatte mein Teil, in jeder Größe, Farbe und Form – was man von den schlitzäugigen Orientalinnen sagt, stimmt übrigens nicht –, aber ich schwöre bei der heiligen Bibel, wenn ich jemals eine Frau finden würde, die mir treu ist, würde ich keine andere mehr anschauen. Wie sieht sie denn aus? Groß, klein, blond, dunkel?«

»Sie ist eine stattliche Person, und eine bessere Köchin als sie gibt es in ganz London nicht. Für sie kommt als Mann nur ein guter Esser infrage, der ihre Kochkunst gebührend zu würdigen weiß.«

»Zeig mir einen Seemann, der nicht gerne isst! Essen ist der zweitbeste Sport im Leben – und im besten würde ich sie gerne unterweisen. Oh, ich werde essen, was das Zeug hält! Wann kann ich denn dieses Schmuckstück kennen lernen?«

»Sobald wir wieder in London sind. Ich wünsche, es wäre schon soweit.«

Und weiter ging die Reise. Manchmal war die See ruhig und freundlich, manchmal stürmte es so stark, dass die Mannschaft das Schiff nur mühsam über Wasser halten konnte. Vor Kap Finisterre fuhr ein Sturm in die Flotte und zerstreute sie. Eine Pinasse sank. Die Schiffe formierten sich neu und kaperten kurz darauf glücklich ein paar portugiesische Segler.

Eines Tages befahl Drake Jonathan zu sich in seine Kabine. Er schloss seine Seekiste auf, entnahm ihr die Papiere mit Jonathans Befehlen und händigte sie ihm aus. Jonathan las und wurde schreckensbleich. »Ich soll bei Lissabon an Land gesetzt werden? Und dann nach Madrid weiterreisen?«

Drake studierte seine Karten. »Wir werden in ein paar Tagen das Seegebiet vor Lissabon erreichen, aber ich lasse mich nicht auf das Risiko ein, dich schon vor unserem Angriff auf Cádiz an Land zu setzen. Falls man dich gefangennimmt, und du verrätst unseren Plan, käme mein Geschwader in Teufels Küche.«

»Ich würde niemals etwas verraten!«, sagte Jonathan hitzig.

»Du kennst die Inquisition nicht. Auf der Folter haben die härtesten Männer geredet. Du wirst erst nach dem Angriff auf Cádiz an Land gesetzt!«

Drakes Entscheidung war für Jonathan wie ein Strafaufschub. Bislang hatte er mit seiner Angst fertigwerden können, aber die Gewissheit, dass es jetzt bald Ernst werden würde, ließ ihn nachts schweißnass aus dem Schlaf hochfahren. Das Schlimmste aber war die Angst, seiner Aufgabe nicht gewachsen zu sein. Er versuchte, sein rasendes Herz zu beruhigen: Du tust es für Boy. Und für die Königin. Wenn es vorbei ist, warten London und Maudy auf dich und der Ruhm, den Christian dir versprochen hat.

Während die Männer die iberische Küste entlang ihrem Ziel entgegensegelten, wuchs die Unruhe. Am neunzehnten April 1587, siebzehn Tage, nachdem sie in Plymouth in See gestochen waren, rief der Ausguck auf dem Großmast um vier Uhr nachmittags: »Cádiz in Sicht!«

Drake befahl den sofortigen Angriff. Das Geschwader stürzte sich auf den friedlich daliegenden Hafen.

»Man muss zuschlagen, wenn keiner damit rechnet, dann ist die Schlacht schon halb gewonnen«, sagte Ginger Jack zu Jonathan, »und die Überraschung segelt mit uns!«

Jonathan war als Munitionsmann zwischen dem Pulvermagazin und den beiden Kanonen an den Jagdpforten am Bug eingesetzt, die unter Jacks Kommando standen. Ginger Jack rammte mit dem Ansetzer eine Kanonenkugel in die Mündung der Falkaune. »Mach dich auf etwas gefasst, Bürschchen!«

Cádiz lag strategisch sehr günstig auf einem niedrigen Landrücken am Ende einer acht Kilometer langen Landzunge. Den Zugang zum Meer verteidigte das Fort San Sebastian mit seinen Kanonen hinter trutzigen Mauern, das Fort St. Philipp bewachte die Bucht. Hinter der Reede lag der innere Hafen von Puerto Real, in dessen Schutz Hunderte von Schiffen Anker geworfen hatten. Ein Monument mit der Bezeichnung »Die Säulen des Herkules« erhob sich am Eingang des Hafens, an dem acht spanische Galeeren Patrouille fuhren. Sie kamen herbeigerudert, um festzustellen, ob sie Freund oder Feind vor sich hatten.

Jonathan beobachtete das synchrone Aufblitzen der nassen Riemen der heranrauschenden Galeere. »An diesen Rudern müssen Hunderte von Männern sitzen. Sieh nur, wie sie herankommt, schlank wie ein Schwertfisch.«

Ginger Jack blieb unbeeindruckt. »Galeeren sehen immer großartig aus. Mit ihrem tückischen bronzenen Rammsporn können sie den stärksten Rumpf durchstoßen. Die Vorderkastelle voll mit Soldaten und Kanonen, die flinken Manöver, unter

Riemen gefahren – was für ein Anblick! Im ruhigen Mittelmeer sind Galeeren ein tödlicher Gegner, aber auf der rauen offenen See sind sie allenfalls Spielzeuge. Mit unserer Kanone haben wir sie vom Wasser gepustet, bevor sie überhaupt ans Rammen denken können.«

Wie zur Bestätigung rief Drake: »Feuer!« Die Kanone donnerte. Auf dem Quarterdeck blies eine Trompete das Signal zum Angriff. Die englische Flagge mit dem Georgskreuz flatterte am Mast hinauf und verkündete, dass die Navy Ihrer Majestät gekommen war, Cádiz im Handstreich zu nehmen.

Wieder und wieder spien die Kanonen Feuer. Die mitgeführten Schlachttiere unter Deck brüllten ihre Angst hinaus. Jonathans Ohren klangen vom unablässigen Donner der Kanonen, die Erschütterungen vibrierten tief in seinem Bauch. Es war berauschend, erregend, und über allem der scharfe Geruch des Pulverdampfs – das war etwas anderes als im Theater! Er spürte das Drängen einer Erektion, die weder Vernunft noch Schicklichkeit kannte.

Ginger Jack sah seine Bedrängnis. »Oh, wenn man noch mal so jung sein könnte!«, lachte er und hieb Jonathan auf die Schulter. »Wenn ich gewusst hätte, dass du so ein geiler Specht bist, hätte ich deine Rationen mit Salpeter gewürzt! War nur ein Scherz, brauchst dich nicht zu schämen. Beim ersten Gefecht ist es uns allen passiert – deswegen sind ja die Männer so aufs Plündern und Vergewaltigen aus. Klemm lieber die Arschbacken zusammen, sonst kommst du noch in Teufels Küche.«

Wieder und wieder donnerte die Kanone. Die Einschläge im Wasser jagten die Gischt über die Galeeren. »Fast im Ziel«, sagte Jack und korrigierte den Höhenwinkel der Kanone. Als sein nächster Schuss knapp über den Bug der Galeere pfiff, drehte das ganze Geschwader ab und wandte sich zur Flucht. »Mir ist lieber, wenn sie abhauen«, meinte Jack. »Die Galeerensklaven sind an die Ruder gekettet, und viele davon sind Engländer. Die

Inquisition hat sie für den Rest ihres Lebens auf die Galeeren verbannt.«

Eines der Schiffe im Hafen stellte sich zum Kampf. Eine genuesische Galeone von siebenhundert Tonnen fuhr der englischen Flotte mit blitzendem Kanonenfeuer entgegen. Die britischen Schiffe gingen in Schlachtposition und belegten den Gegner systematisch mit ihrem zerstörerischen Feuer. Jonathans Arm wurde während des Bombardements vom Pulver versengt, doch im Eifer des Gefechts merkte er es kaum. »Das erste Blut!«, brüllte er, als die Galeone zu sinken begann, doch als sie in den Wellen verschwand, wurde er nachdenklich. »Ich weiß ja, dass es unsere Feinde sind – aber es macht mich trotzdem ein bisschen traurig.«

»Eine Galeone ist das Schönste, was Menschenhand je geschaffen hat. Unter vollem Tuch, mit geblähten Segeln in Gottes Wind – es ist das Großartigste, was es gibt. Aber trotzdem, dieses Schiff hatte vierzig Kanonen an Bord. Das sind vierzig Kanonen weniger, mit denen Philipp von Spanien auf uns schießen kann.«

Das sporadische Kanonenfeuer aus dem alten Fort von Cádiz war eher lästig als gefährlich. Die Galeeren setzten unverdrossen noch ein paar Mal zum Angriff gegen die englische Flotte an, doch mit der Versenkung der Galeone war der Widerstand gebrochen. Drake ankerte mit seinem Geschwader mitten im Hafen, suchte sich aus den Schiffen die besten aus und bemannte sie mit Rumpfbesatzungen, die die Beute nach Plymouth zurück segeln sollten. Aus den weniger interessanten Schiffen barg er alles Brauchbare – Kanonen, Munition, Segel – und setzte es in Brand.

Jonathan sah die Schiffe die ganze Nacht über in Flammen stehen. Die Feuer erleuchteten die von einer weißen Mauer umgebene Stadt. Von Gefangenen hatte man erfahren, dass es in Cádiz zu einer Panik gekommen war. Fünfundzwanzig

Frauen und Kinder waren zu Tode getrampelt worden, als der Kommandant des Forts vor der Zuflucht suchenden Bevölkerung die Tore schließen ließ. Er hatte um seine Nahrungsvorräte gebangt, falls Drake sich zu einer längeren Belagerung entschließen sollte. Im Morgengrauen lag der Hafen in Schutt und Asche.

Drakes größte Befriedigung war das Verbrennen einer großen, fast schon fertig gestellten Galeone. »Sie sollte das Flaggschiff des Marquis de Santa Cruz werden, Spaniens oberstem Admiral.«

Drake erfuhr auch, dass man Reiter losgeschickt hatte, um den Gebietskommandanten zu alarmieren, den Herzog von Medina Sidonia. Der Herzog wurde ersucht, mit sämtlichen zur Verfügung stehenden Truppen nach Cádiz zu reiten, um die Stadt zu retten. Drake ließ unverzüglich die Anker lichten, doch plötzlich schlief der Wind ein – kein Hauch regte sich, mit dem die Flotte manövrieren oder sich aus der Reichweite der allmählich bedrohlich näher kommenden Kanonen des Forts hätte tragen lassen können. Zwölf Stunden lag die englische Flotte unbeweglich auf der Stelle fest.

»Wir sitzen in der Tinte«, sagte Ginger Jack zu Jonathan. »Wenn wir uns nicht rühren können, werden uns die Spanier mit Brandern zu Leibe rücken, das steht fest. Fang schon mal an, um Wind zu beten, das ist unsere einzige Rettung – und bete so inbrünstig, wie du kannst.«

Am Donnerstagnachmittag traf der Herzog von Medina Sidonia mit einer Streitmacht von dreihundert Reitern und dreitausend Fußsoldaten ein, die entlang der Küste in Stellung gingen. Wie vorauszusehen, setzten die Spanier Brander gegen die bewegungsunfähige Flotte ein. In Jonathans Adern raste das Blut, als er beobachtete, wie die Spanier sechs ihrer eigenen Schiffe in Brand setzten und sie mit den hurtigen Galeeren in eine günstige Ausgangsposition schleppten, um sie im Gezeitenstrom gegen die englischen Schiffe treiben zu lassen und die bewegungslose Flotte in Brand zu setzen.

»Noch kein Grund zur Panik«, murmelte Ginger Jack, »die Strömung ist sehr langsam. Wir müssen verhindern, dass die Galeeren die Brander zu dicht an uns heranschleppen. Dann können wir etwas dagegen tun.«

Während die brennenden Schiffe langsam auf die »Elizabeth Bonaventure« zutrieben, stemmte sich die Ankermannschaft in die Ankerwinde und straffte mehrmals die Ankerkette, um sie dann wieder zu lockern. Das Schiff schwang in einem weiten Bogen herum. Ohne Schaden anzurichten, glitten die Brander vorbei. Die anderen bedrohten Schiffe taten es Drake gleich. »Das ist Seemannskunst! Darauf könnte sogar Neptun selber stolz sein!«

Die Galeeren kamen mit neuen Brandern und versuchten ihre brennende Last diesmal in größerer Nähe abzusetzen, aber den britischen Kanonieren gelang es, sie immer wieder zu vertreiben. »Heute tun die Spanier unsere Arbeit und verbrennen ihre Schiffe selber!«, rief Drake. Jubelnde Matrosen gaben seinen Scherz von einem Ende der Flotte zum anderen weiter.

Kurz nach Mitternacht kam ablandiger Wind auf. In der Dunkelheit kletterten die Besatzungen in die Rahen und setzten Segel. Knallend blähte sich die Leinwand. »Einen schöneren Ton hab ich nie gehört!«, rief Ginger Jack. Majestätisch glitt die englische Flotte aus der Bucht von Cádiz, während ihnen die brennenden Rümpfe der spanischen Brander voranleuchteten. Drake zog Bilanz: Er hatte insgesamt siebenunddreißig spanische Schiffe entweder erbeutet, versenkt oder verbrannt.

»Wir haben dem spanischen König den Bart versengt«, sagte er zu seiner Mannschaft. »Aber wir wollen nicht vergessen, dass ein versengter Bart wieder nachwächst. Wir haben noch viel Arbeit vor uns.«

In dieser Nacht verfasste er für Walsingham einen Bericht mit den wichtigsten Einzelheiten des Unternehmens. »Ich habe fast nicht den Mut, Euch zu berichten, wie groß die Streitmacht ist, die der spanische König unserem Vernehmen nach hat«, schloss er. »England muss starke Vorkehrungen treffen, vor allem zur See.« Die schicksalsträchtige Botschaft fuhr auf Drakes schnellster Pinasse voraus nach England.

Ginger Jack versorgte Jonathans vom Schießpulver verbrannten Arm. »Du hast also dein erstes Gefecht überstanden – und dir nicht in die Hosen gemacht?«, meinte er. »Ich bin stolz auf dich, mein Kleiner. Aber ich habe zum letzten Mal Kleiner zu dir gesagt. Von jetzt an sage ich Kumpel zu dir!«

Kumpel! Das ging Jonathan hinunter wie Öl. Wie gern hätte er Boy wissen lassen, dass er die Feuertaufe bestanden hatte. Und Maudy ... und Christian.

Immer noch auf der Welle der Überraschung segelte die englische Flotte die Küste hinauf und griff Lagos, Sagres und Kap St. Vincent an. Jedes Schiff, ob groß oder klein, das Drake in die Finger bekam, wurde verbrannt. Mehr als hundert Schiffe ließ er in Flammen aufgehen. Meist waren sie mit Versorgungsgütern aus Philipps riesigem Königreich für die in Lissabon zusammengezogene Flottenmacht beladen. Auf die Vernichtung von Küfereierzeugnissen wie Fassreifen und Fassdauben war Drake besonders erpicht.

»Warum gibt sich Kapitän Drake bloß mit so unwichtigem Zeug ab?«, meckerte Jonathan.

»Kaum hast du das erste Gefecht hinter dir, hältst du dich schon für einen Admiral, was?«, spottete Jack. »Über die Seefahrt musst du noch viel lernen. Weshalb wir soviel Fassreifen und Fassdauben verbrannt haben? Wenn man daraus Fässer gemacht hätte, wären wohl an die dreißigtausend Stück zusammengekommen.« Er deutete auf den Qualm der brennenden Kauffahrteifahrer. »Dort siehst du einen Teil von Philipps Träumen in Flammen aufgehen. Ohne Fässer geht gar nichts. Alles, was Seeleute brauchen, kommt in Fässer – Wasser, Bier, Schiffs-zwieback, Salz, Fleisch, Schießpulver, Munition ...«

»Der reichste König der ganzen Christenheit wird sich wohl ein paar neue Fässer kaufen können«, meinte Jonathan.

»Das schon, aber kein König, wie reich er auch ist, kann den Lauf der Natur beschleunigen. Wenn Fässer für eine lange Reise taugen sollen, braucht man gut abgelagerte Dauben von höchster Qualität. Sonst schrumpft das Holz, und alles geht kaputt, weil Luft eindringt. Das Lagern kann Monate und sogar Jahre dauern. Diese zerstörten Fassdauben können die Zeitplanung der Armada stärker stören als alle Schiffe, die wir in Cádiz verbrannt haben.«

Mitte Mai hatte sich die Kunde von Drakes Überfällen in Philipps Reich verbreitet. Eilig wurden Schiffe losgeschickt, um für die Sicherheit der Häfen zu sorgen. Um das Überraschungselement gebracht beschloss Drake, zu den Azoren zu segeln, um dort die spanische Schatzflotte abzufangen, die seiner Berechnung nach zu dieser Zeit aus der Neuen Welt zurückzuerwarten war.

»Es wird langsam Zeit, dich nach Lissabon zu schaffen«, sagte Drake zu Jonathan. »Ich lasse dich von Jackson mit einer Pinasse an Land bringen. Er soll dich sicher an die Küste bringen und sich hinterher wieder dem Geschwader anschließen.«

Wieder und wieder studierte Jonathan das Paket mit seinen Befehlen. Es enthielt komplexe Datums- und Ortsanweisungen und eine Vielzahl von Namen, sowohl für Lissabon wie für Madrid. Nachdem Drake sich davon überzeugt hatte, dass Jonathan alles brav auswendig gelernt hatte, verbrannte er die Papiere. Er warf Jonathan eine Börse voll Münzgeld zu. »Einen schönen Gruß von Walsingham. Sieh zu, dass du vernünftig damit wirtschaftest. Wie ich höre, haben unsere Agenten in Lissabon nur wenig Geld. Viel Glück, und halt die Augen offen, dass dich die Inquisition nicht erwischt, das ist nämlich kein Vergnügen.«

Jonathan und Ginger Jack wurden in eine Pinasse verfrachtet, die Kurs auf Lissabon nahm. Unterwegs erzählte Jack ihm von der Stadt. »Lissabon ist eine blühende Hafenstadt an der Mündung des Tejo und hat einen der größten Häfen der Welt. Portugiesische Kapitäne wie Magellan und Vasco da Gama sind von hier losgesegelt, um die Welt zu erforschen, haben Kolonien gegründet und sagenhafte Reichtümer in ihr Heimatland zurückgebracht. Täusch dich nicht, Kumpel, die portugiesischen und die spanischen Forschungsreisenden sind uns eine Nasenlänge voraus, und wir sollten lieber zusehen, dass wir es ihnen gleichtun, sonst hängen sie uns ab.«

»Jack, du bist der Einzige, vor dem ich es zugebe ...«

»Klar, dass du Angst hast! Ich würde vor lauter Angst durchdrehen, wenn ich in Feindesland eindringen müsste. Aber du hast es faustdick hinter den Ohren, du schaffst das. Außerdem darfst du schon deshalb nicht vor die Hunde gehen, weil du mir meine Traumfrau vorstellen musst, von der du mir erzählt hast!«

Achtundvierzig Stunden später ließ die Pinasse in mondloser Nacht das Beiboot zu Wasser. Ginger Jack schwang die Riemen, Jonathan lag im Bug und hielt nach Land Ausschau. Bald schon verkündete das Rollen der Brandung die nahe Küste.

»Kein Licht, sieht vollkommen verlassen aus«, flüsterte Jonathan.

»Nach meiner Schätzung sind wir acht Kilometer nördlich von Lissabon und fahren Richtung Süden«, flüsterte Jack zurück. »Moment mal, ich hab hier einen Glücksbringer für dich.« Er drückte Jonathan ein Medaillon mit dem Bild des heiligen Christophorus in die Hand. »Ich hab es von einem Spanier, dem ich das Leben geschenkt habe. Es hat mir Glück gebracht, und ich hoffe, dir bringt's auch welches. Ich werde für dich beten, Kumpel, bis meine Augen dich wiedersehen.«

Ein letzter Händedruck, dann glitt Jonathan ins Wasser. Das Ruderboot wurde von der Dunkelheit verschluckt. Mit sinkendem Mut drehte Jonathan sich um und schwamm in Richtung Küste, wo ihn schließlich die Brandung mit einem phosphoreszierenden Brecher an den Strand spülte.

38.

In der frühmorgendlichen Kühle schritt Jonathan fröstelnd landeinwärts, doch bald waren seine durchnässten Kleider an seinem Körper getrocknet. Er durchquerte Sanddünen, vertrocknetes Buschland, und erreichte am späten Nachmittag das Weichbild von Lissabon. Von einer Hügelkuppe herab betrachtete er staunend das Panorama, das sich vor seinen Augen ausbreitete. Die Flussmündung des Tejo erweiterte sich zu einem See von solcher Größe, dass Jonathan das andere Ufer nicht mehr zu erkennen vermochte. Fast zehn Kilometer im Süden ergoss sich der Strom in die unendlichen Weiten des atlantischen Ozeans.

Die Stadt selbst erstreckte sich längs der Hafenfront über eine Reihe von Hügeln. Auf dem höchsten lag beherrschend das Castelo de San Jorge und bewachte die Zugänge zur Stadt. Jonathan konnte dreißig vor Anker liegende Schiffe zählen. Nur sechs davon hatten die Größe von Kriegsschiffen, die anderen mussten Handelsschiffe sein. »Gott sei gedankt, dass wir in Cádiz und entlang der Küste so viele Schiffe zerstört haben.«

Jonathan hatte es eilig, in den alten Teil der Stadt mit dem Namen Alfama zu kommen. Am Stadttor wurde er vom Bezirkskonstabler aufgehalten, aber mit seiner deutlich sichtbar getragenen Christophorusmedaille war es für ihn ein leichtes, sich als englischer Katholik auszugeben, der aus Empörung über die Hinrichtung der schottischen Königin gekommen war, um gegen die englische Ketzerei zu kämpfen. Offensichtlich gab es in

Lissabon viele Leute dieses Schlages. Es ist schon seltsam, dachte er, die alten nationalen Grenzen gelten ja noch, aber auf einmal verlieren sie an Bedeutung, und die entscheidende Frage lautet: Bist du Katholik oder Protestant?

Er stieg die steilen Straßen der Alfama hinauf zum Haus seines Kontaktmannes, eines portugiesischen Fischers namens Parzival Caldera. Die Häuser, manche herrschaftlich, andere bestenfalls Bruchbuden, klebten mitunter wie Schwalbennester am Hang. Die Straßen waren eng und schmutzig, und aus verrottendem Unrat wuchs blühender Jasmin. Lissabon hatte eine Bevölkerung von über einhunderttausend Einwohnern, die sich anscheinend alle in diesem alten übervölkerten Viertel zusammendrängten.

Er fand das Haus, ein flaches Steingebäude. Auf sein Klopfen öffnete sich ein kleines Gitterfensterchen in der Tür. Nach dem Austausch von ein paar Codeworten wurde er eingelassen, nur um sich unversehens mit einem Messer an der Kehle an die Wand gedrückt wiederzufinden. »Wer bist du? Was willst du?«, herrschte ihn ein auf wilde Weise gut aussehender, stämmiger dunkelhaariger Mann an. Er mochte Ende zwanzig sein und war noch stärker, als er ohnehin schon wirkte.

Jonathan spürte einen Blutstropfen seinen Hals herunterrinnen. »Ich komme von Mylord Walsingham«, keuchte er.

Eine Frau trat aus dem Halbdunkel und fiel dem Mann in den Arm. »Parzival, man hat uns doch gesagt, dass wir jemand zu erwarten haben.« Nach Jonathans Einschätzung war sie die Frau des Messerhelden.

»Aber doch nicht den da, Dolores! Doch nicht so einen jungen Schnösel. Das ist bestimmt einer von diesen verdammten Spitzeln der Inquisition!«

»Ich setze mein Leben aufs Spiel, nur damit mich der Mann umbringt, der mir eigentlich helfen soll!«, japste Jonathan. »Wenn du mir den Hals durchschneidest, wirst du wohl selber nach Madrid reisen müssen.«

»Mit wem sollst du reisen? Ich will sofort den Namen hören, sonst bist du eine Leiche!«

»Du hast mich so erschreckt, dass er mir entfallen ist«, hechelte Jonathan, »warte, ein ganz komischer Name – ach ja, Harm Himmelfaert.«

Parzival warf verzweifelt die Arme in die Luft. »Die Engländer sind wohl völlig übergeschnappt! Jetzt schicken sie uns schon junges Gemüse!«

»Gottes Wege sind unergründlich. David war schließlich auch ein Jüngling«, murmelte Dolores.

Mit einem schnellen Blick machte Jonathan eine Bestandsaufnahme des Raumes. Roh gezimmerte Möbel, an den Wänden zwei einfache Bilder: Das eine stellte den heiligen Vincent dar, den Schutzpatron von Lissabon, das andere den heiligen Antonius, wie er den Fischen predigt, die alle artig auf ihren Schwänzen stehen und aufmerksam zuhören. Doch immer wieder blieb sein Blick an Dolores mit ihrem pechschwarzen Haar und der olivfarbenen Haut hängen. Sie duftete nach frisch gebackenem Brot und Blumen und süßen Träumen, und nachdem er auf dem Schiff sechs Wochen lang nichts anderes als verschwitzte Männer um sich gehabt hatte ...

Parzival bemerkte Jonathans glotzenden Blick. Er versetzte ihm eins mit der Faust. Jonathan ließ es ohne Gegenwehr schuldbewusst über sich ergehen. Er deutete auf die Heiligenbilder. »Du bist katholisch?«, fragte er ziemlich unbedarft.

»Du fragst dich wohl, warum wir bereit sind, dir zu helfen?«, fragte Parzival scharf zurück. »Nicht alle Katholiken sind religiöse Fanatiker. Wir finden die spanische Inquisition abscheulich. Nach der Eroberung Portugals vor sechs Jahren hat Philipp uns diese fürchterliche Bande aufgezwungen.« Er schlug mit der Faust auf den Tisch. »Wir werden nicht eher ruhen, bis Portugal wieder nach portugiesischem Recht regiert wird. Philipp muss weg!« Er erwärmte sich an dem Gedanken. »Was hätten wir uns gefreut, wenn der Anschlag auf Philipp gelungen wäre! Vor sechs Jahren – Philipp hatte damals seine Residenz nach Lissabon verlegt – hat ein Patriot versucht, ihn zu erschießen, aber es hat nicht geklappt. Da begann die Inquisition gegen Andersdenkende zu wüten, und Portugal wurde brutal unterdrückt. Hast du schon einmal miterlebt, wenn Menschen verbrannt werden?«

Jonathan schüttelte den Kopf. »Bete darum, dass du es nie musst«, murmelte Dolores.

»Deine Sprache klingt anders als die deines Mannes.«

»Ich bin in Córdoba geboren und katholisch erzogen worden.«

»Wie hast du denn Parzival kennen gelernt?«

»Das ist eine lange und traurige Geschichte. Die Inquisition hat meiner Mutter vorgeworfen, sie wäre eine Hexe, weil sie mit Kräutern Krankheiten heilen konnte, bei denen die Ärzte hilflos waren. Sie konnte auch keine rein spanische Abstammung nachweisen. In unserer Familie hat es vor Generationen vermutlich Mohrenblut gegeben, vielleicht sogar jüdisches. Verdorbenes Blut, sagte die Inquisition, und hat sie zu Tode gefoltert. Man hat ihr sogar das kirchliche Begräbnis verweigert, und dabei war sie so fromm. Um der Inquisition zu entgehen, bin ich nach Lissabon geflohen, aber jetzt macht sich dieses Pack auch hier breit. Lauter Mörder, die jeden verbrennen, der sich ihnen nicht unterwirft.«

Parzival machte sich wieder daran, seine Netze zu flicken. »Als im Jahr 1580 unser König gestorben ist, erhob Philipp wegen seiner portugiesischen Mutter Isabella Anspruch auf unseren Thron. Unseren Widerstand beantwortete er mit der Invasion – gegen seine Söldner konnten wir wenig ausrichten. Nach fünfhundert Jahren war die gesamte iberische Halbinsel wieder unter einer einheitlichen Herrschaft. Unter einem wohlmeinenden König hätte es ein Segen für unsere beiden Völker sein können ...«

»Aber niemals unter Philipp!«, fiel Dolores ihm ins Wort. »Bei seinen Edikten über die Reinheit des Blutes und die Reinheit der Rasse – niemals!«

Parzival streichelte ihr über das Haar. »Philipp riss die riesigen portugiesischen Besitzungen an sich«, fuhr er fort, »Brasilien, Ost-Indien, Indochina und Macao, und hat dadurch die Kontrolle über den sagenhaften Gewürzhandel gewonnen. Und vor allem hat er jetzt zusätzlich zu seiner eigenen Flotte auch noch das Oberkommando über die berühmte portugiesische Hochseeflotte. Unsere Seeleute befürchten, dass Philipps Armada dadurch unbesiegbar geworden ist.«

Die Vorstellung jagte Jonathan das Blut in die Schläfen. »Wann erwartet ihr Harm Himmelfaert?«

»Er kommt hoffentlich Ende Juni. Jetzt müssen wir aber etwas unternehmen, dass du nicht so auffällig aussiehst. Die Inquisition lauert überall.«

Zusammen mit Dolores machte er sich daran, Jonathans Haut und Haare mit Walnusssud dunkel zu färben. Als Jonathan am Ende in den Spiegel schaute, erkannte er sich kaum wieder. Sein Haar war fast schwarz, seine Haut braun wie die der Einheimischen.

Als sich das Vertrauen zwischen den Calderas und Jonathan endgültig gefestigt hatte, führten sie ihn in ihren Keller und zeigten ihm einen Geheimgang, der ein Stück von ihrem Haus entfernt in ein Seitengässchen mündete. »Ein Schlupfloch, falls die Inquisition unser Haus heimsucht«, sagte Dolores.

Jonathan bekam nebenbei mit, dass Parzival der Führer einer kleinen Widerstandsgruppe war, zu der auch sein Taufpate gehörte, DeVasco, ein Fischer mit einem Holzbein. Der grauhaarige Alte konnte Jonathan auf Anhieb nicht ausstehen. Auch Jonathan fand den Alten nicht besonders sympathisch, aber er gab sich immerhin Mühe, freundlich zu ihm zu sein – mit gutem Grund, denn DeVascos Fischerboot mit dem alten Seebär am

Ruder sollte ihn zum guten Schluss wieder nach England bringen.

Der Juni kam, es wurde wärmer. Parzival und DeVasco fuhren aufs Meer hinaus und gingen tagelang auf Fischfang. Jonathan begleitete sie, um den Umgang mit dem soliden Boot zu lernen. Dolores kümmerte sich um das Haus. Jeden Tag ging sie zur Messe und betete zu Gott, sie möge schwanger werden. Sie und Parzival wünschten sich sehnlich ein Kind.

Dolores war sehr freundlich zu Jonathan, wie überhaupt zu jedem. Jonathan empfand bald große Zuneigung zu ihr, was ihn gewaltig irritierte, denn war sie nicht katholisch? Und hatte man ihn nicht sein Leben lang vor Katholiken gewarnt?

Eines Abends saß DeVasco mit am Tisch. Nach einer beträchtlichen Menge Portwein fing er an, über Jonathan herzufallen. Er humpelte wütend in der Stube herum und stampfte laut mit dem Holzbein auf, um seine Argumente zu unterstreichen. »So also will man in England unserer Sache helfen – indem man uns einen Buben schickt, der die Arbeit eines ausgewachsenen Mannes tun soll!« Er ließ sich schwerfällig neben Jonathan nieder und hieb ihm den Ellbogen schmerzhaft in die Rippen. »Alles viel zu weich! Ich sage doch, du hast ein Hasenherz. Wie soll so ein Angsthase hinter König Philipps Geheimnisse kommen?«

Jonathan rollte blödsinnig den Kopf und grinste wie ein Schwachsinniger, aber unter dem Tisch waren seine Finger emsig am Werk.

DeVascos Beleidigungen wurden heftiger. »Du bist ein Einfaltspinsel und hast ein Gesicht so glatt wie das von einem Mädchen. Ich glaube, du setzt dich sogar hin zum Pissen!«

Jonathan sprang unvermittelt auf. »Mein Alter, ich pisse auf dich, ich pisse auf dein Grab, ich pisse auf die Gräber deiner Ahnen ...«

Wütend wollte DeVasco aufspringen und Jonathan an die Gurgel gehen, aber er fand sich schwankend auf nur einem Bein wieder. Jonathan fing den Fallenden auf, ließ ihn auf den Boden gleiten und wedelte mit der Holzprothese vor DeVascos Gesicht herum. »Während du dummes Zeug geredet hast, habe ich dir dein Holzbein abgeschnallt. Benimm dich jetzt gefälligst, sonst bekommst du dein Bein nicht zurück!«

Er ergriff DeVascos Hände. »Opa, ich weiß ja, dass du mich nicht leiden kannst. Doch darauf kommt es überhaupt nicht an. Es kommt aber sehr darauf an, dass wir beide an einem Strang ziehen, das solltest du begreifen! Ich habe vielleicht ein Milchgesicht, aber das kann unserer Sache nur dienlich sein. Wer verdächtigt schon ein weichliches Bürschchen, das aussieht, als würde es sich zum Pissen hinhocken?« Jonathan tippte sich an die Brust. »Merk dir eins: In dieser Hasenbrust schlägt das Herz eines Löwen!«

»Quatschkopf!«, grollte DeVasco, musste aber unwillkürlich grinsen. Er schnallte sich den Holzstumpf wieder an. »Bei allen Heiligen, du hast geschicktere Finger als ein Taschendieb und kannst so schlau reden, wie ich es dir nie zugetraut hätte. Auf eines kannst du dich verlassen: Wenn du dahinterkommst, was Philipp vorhat, segle ich dich zurück nach England, und wenn es mich das Leben kostet.«

Aus dem warmen Juni wurde ein heißer Juli, und immer noch gab es kein Zeichen von Harm Himmelfaert. Jonathan schimpfte und wurde übellaunig aus lauter Furcht, seine Mission würde scheitern. Als er gerade die letzte Hoffnung aufgeben wollte, kam DeVasco an die Tür gepoltert. »Das Schiff des Holländers ist soeben am Turm von Belem vorbeigefahren. Wenn er durch den Zoll ist, wird er jeden Moment hier auftauchen.«

Himmelfaert war einer von Walsinghams wichtigsten niederländischen Agenten. Jonathan erwartete eine in die Aura des Geheimnisvollen gehüllte Erscheinung. Himmelfaert erwies sich jedoch als beleibter verdrießlicher Kaufmannstyp, der einer so banalen Beschäftigung nachging, wie Fleisch an die spanischen

Armeen zu verkaufen. Aber infolge dieser Tätigkeit wusste er stets, wo die Armeen lagen, und konnte sich Zugang zu weiteren wichtigen Informationen verschaffen.

Bei aller Verdrießlichkeit mochte er Dolores offensichtlich sehr gerne. »Immer noch kein Nachwuchs?«, sagte er und tätschelte liebevoll ihren Bauch.

Sie wurde rot. »Ich bete jeden Tag darum.«

»Beten ist schön, aber was in der Nacht passiert, ist viel wichtiger. Parzival, muss ich dir denn zeigen, wie man Gott bei diesem Problem auf die Sprünge hilft?«

Parzival bekam einen puterroten Kopf. »Was gibt es Neues vom Krieg in den Niederlanden?«, erkundigte er sich hastig.

Himmelfaerts schweinchenrosa Gesicht verdüsterte sich. »Der Herzog von Parma erringt einen Sieg nach dem anderen. Er zieht jetzt gegen den Hochseehafen Sluys. Wenn er ihn einnimmt, ist England unmittelbar bedroht.«

»Und was gibt es Neues von der Armada?«, meldete Jonathan sich zu Wort.

Himmelfaert unterzog ihn einer eingehenden Betrachtung. »Das also hat Walsingham uns geschickt. Eine Pissnelke. Ich schau mir diese Pissnelke an, kratze mir den Kopf und frage mich, ist Walsingham plötzlich verrückt geworden?«

DeVasco stellte sich schützend vor Jonathan. »Senhor, dieser Junge ist eine sehr geschickte Pissnelke. Ich kann Euch nur raten, passt gut auf Euer Holzbein auf, falls Ihr eins habt!«

Himmelfaert schnaubte durch die Nase. »Es gibt Gerüchte, dass Philipp seine Armada im kommenden September losschicken will, aber Drakes Überfall auf Cádiz hat ihm einen Strich durch die Rechnung gemacht, ebenso der ausgebliebene Kredit der italienischen Geldgeber. Walsinghams Agent, der Bankier Thomas Sutton, untergräbt Philipps Kreditwürdigkeit, indem er seine Pfandbriefe aufkauft. Philipps Leute klappern ganz Europa ab und versuchen, an Schiffe und Ausrüstung zu kommen, um die Scharte von Cádiz wieder auszuwetzen, aber ich glaube nicht, dass die Armada vor Jahresende in See stechen kann.«

»Und welche Ziele hat die Armada?«, fragte Jonathan interessiert.

»Das ist ein Geheimnis, das allein König Philipp kennt, vielleicht noch Parma und der Marquis de Santa Cruz. Aber Philipp ist dafür bekannt, dass er unvermittelt seine Meinung ändert. Die Wahrheit lässt sich nur in Madrid feststellen.«

»Wann brecht Ihr auf nach Madrid?«, erkundigte sich Parzival.

»Sofort. Ich habe schon eine Mauleselkarawane zusammengestellt. Ich muss Philipp die Reliquien und Devotionalien herbeischaffen, die er in Flandern, Deutschland und sonstwo zusammengekauft hat. Während ringsum mörderische Kriege toben, hat er beschlossen, dass dieser Trödel Vorrang hat. Erst dann könne er meinen Auftrag erneuern, das Fleisch zur Fütterung seiner Kriegshunde zu besorgen. Es heißt, dass er die Reliquien für fromme Zwecke und zum Beten braucht, um die Fürsprache der Heiligen im Kampf gegen die Protestanten herbeizuflehen. Würdet ihr mir glauben, wenn ich euch sage, im Laderaum meines Schiffes liegt ein ausgewachsener Heiliger?«

»Bei allen Teufeln, welcher Heilige?«, fragte DeVasco andächtig.

»Der heilige St. Anonymus. Man hat irgendwo aus einem namenlosen Grab einen Leichnam ausgebuddelt und unserem wundergläubigen Monarchen als die Überreste eines heiligen Mannes untergejubelt. Philipp ist in manchen Dingen genau so unzurechnungsfähig wie seine Großmutter Juana La Loca und sein Sohn Don Carlos. Mögen sie im Himmel die Erleuchtung finden, die ihnen auf Erden versagt geblieben ist.« Er stieß Jonathan an. »Bei Tagesanbruch bist du im Kloster des Hieronymus in Belem!«

»In einem Kloster?«, sagte Jonathan aufgeschreckt und schluckte.

»Alle Karawanen müssen von einem Priester abgesegnet werden, und diese ganz besonders, weil sie die heiligen Reliquien für Philipp befördert. Rechne nicht mit Sonderbehandlung, du wirst dein Reisegeld abarbeiten, auf diese Weise kann kein Verdacht entstehen. Zum Schluss noch etwas: Man hat mir einen von Philipps Agenten, einen gerissenen Kerl, als Obertreiber meiner Karawane aufs Auge gedrückt. Angeblich zum Schutz der Reliquien, aber es kann gut sein, dass er mich ausspionieren soll, ich weiß es nicht genau. Der Mann ist ein bösartiger Fleischberg. Er heißt Blutkopf und schlägt gerne zu. Sei also gewarnt.«

Blutkopf? Den Namen hast du doch schon mal gehört, überlegte Jonathan, aber da er nicht wusste, wo er ihn hintun sollte, vergaß er die Sache wieder. Er hatte wichtigere Dinge im Kopf. Madrid – lieber Gott!

Jonathan machte sich schon Stunden vor der Morgendämmerung reisefertig. Er drückte Dolores die letzte Münze in die Hand. »Zünde in der Kirche eine Kerze an, damit du gesegneten Leibes bist, wenn ich wiederkomme.« Unter den Tränen und besorgten Gebeten seiner Freunde schritt er in die Dunkelheit hinaus.

39.

Nach einem zügigen Marsch von knapp sechs Kilometern kam Jonathan bei Tagesanbruch in Belem an, der Hafenstadt von Lissabon. Das Kloster des heiligen Hieronymus versetzte ihn in Erstaunen. Es erstreckte sich einige Straßenzüge weit am Ufer entlang. Die Fassade war über und über mit Statuen und filigraner Steinmetzarbeit geschmückt, die den riesigen weißen Gebäudekomplex wie das Werk eines Zuckerbäckers aussehen ließen. An dem gewaltigen doppelten Torbogen verweigerten ihm die Füße den Dienst. »Ich werde lieber hier draußen auf Himmelfaert warten«, murmelte er vor sich hin. Doch Himmelfaerts dringender Rat, keinen Verdacht zu erregen, klang ihm noch in den Ohren.

Er ging hinein. Der Blitz aus heiterem Himmel, den er erwartet hatte, blieb aus, auch drangen keine Teufel mit spitzen Gabeln auf ihn ein, um seine Seele aufzuspießen. Da er nicht wusste, wohin er sich wenden sollte, betrat er auf gut Glück einen Gang. Er führte ihn zu einem doppelstöckigen Kreuzgang, der einen großen duftenden Garten umschloss. Die Bildhauereien waren hier noch aufwändiger, in einfache Bögen eingezogene Doppelbögen umgaben den Kreuzgang mit einem durch stete Wiederholung in sich schwingenden Muster von hypnotisierender Heiterkeit. Überall beteten Mönche, aber nirgendwo war eine Spur von Harm Himmelfaert zu sehen.

Jonathan wagte sich schrittchenweise in die Kirche. Von überall starrten Engel aus ihren Nischen auf ihn hinunter. Durch die farbenfrohen Glasmalereien der Fenster von Längs- und Querschiff flutete das Licht der aufgehenden Sonne herein. Hoch aufragende schlanke Bündelpfeiler, deren Rippen sich als Gurtbögen in die hohen Gewölbedecken hinaufschwangen, schufen eine luftige Schwerelosigkeit, die die Gesetze der Natur aufzuheben schien. Noch nie hatte Jonathan etwas so Unirdisches gesehen. So schwer es ihm fiel, er musste zugeben, dass dieses Wunder von einem Gebäude sich mit der St. Paul's Cathedral messen konnte, ja, sie sogar übertraf.

Schließlich stieß er in einer Seitenkapelle auf Harm Himmelfaert, der zusammen mit vierzig Begleitern die Belehrung durch einen Priester über sich ergehen ließ. »Ihr werdet die Gedenktage der Heiligen einhalten ... freitags Fisch essen ... Gott sieht alles ... Jegliche Sünde wird dem Kriegsglück der Armada Abbruch tun!« Die Belehrung wollte kein Ende nehmen, doch Harm Himmelfaert ließ alles mit engelsgleicher Geduld über sich ergehen. Irgendwann kam der Priester zum Ende.

Erst einmal draußen, war Himmelfaert rasch wieder der alte. Er scheuchte seine Männer zum nahegelegenen Zollhaus. Das Beladen der Mauleselkarawane begann. Himmelfaert hatte einen Pass, der ihm freien Durchzug durch sämtliche von König Philipp beherrschten Ländereien gerantierte, doch bei den Wegelagerern in den Wäldern und Gebirgen zählten solche Papiere wenig. Die Kaufleute reisten bis an die Zähne bewaffnet in Gruppen von mindestens vierzig Leuten.

Himmelfaert rief den Karawanenführer herbei. »Gib dieser Pissnelke was zu tun, und achte drauf, dass er fürs Mitkommen auch ordentlich was tut.«

Ein Bulle von einem Kerl blinzelte auf Jonathan herab. »Dich kenn ich doch von irgendwo, aber von wo?«

Jonathan schüttelte den Kopf. »Ich hab Euch noch nie gesehen«, sagte er, und es brannte ihn auf der Zunge zu sagen: Wer könnte schon eine Fresse wie deine vergessen? Aber er ließ es lieber.

Jonathan bekam seine Passage in der Tat nicht geschenkt. Wankend unter der Last von Antwerpener Spitze im Gegenwert des Lösegelds für einen König, von russischen Zobelpelzen, von Gemälden und Skulpturen der berühmtesten europäischen Künstler und von anderen unsagbaren Schätzen belud er schwitzend die sechzig Packtiere, die die Kostbarkeiten zum reichsten Monarchen der Welt transportieren sollten.

Der Obertreiber vertraute Jonathan einen Maulesel an, ein ganz besonderes Tier mit roten Augen, das hinter verzerrten Lippen seine großen Zähne bleckte und sich benahm, als hätte es gerade ein Maul voll Pfefferschoten gefressen. Jonathan hatte nie einen boshafteren Maulesel gesehen, Grund genug für ihn, den Muli Sir Francis Walsingham zu taufen, oder kurz Francis.

Gegen zehn Uhr war bis auf die Reliquien alles verladen. Himmelfaert machte ein großes Getue. »Für König Philipp sind diese Gegenstände von unschätzbarem Wert, passt um Himmels willen auf!« Als Jonathan unter dem Gewicht des Sargs mit dem Heiligen strauchelte und sein Ende beinahe fallen ließ, brüllte Himmelfaert auf und versetzte ihm eine Kopfnuss. »Du Pissnelke, in den Augen Seiner Majestät wäre das Ketzerei!«

Blutkopf, der Himmelfaert sklavisch nachäffte, kartete mit einem Hieb nach, der Jonathan zu Boden gehen ließ.

Jonathan kam taumelnd wieder hoch. Bei diesem Hornochsen musst du aufpassen, sagte er sich, der ist stark und beschränkt genug, dich umzubringen, und merkt es noch nicht mal – falls dich sein fauler Atem nicht schon vorher umbringt. Jonathan wurde das unbestimmte Gefühl nicht los, ihn irgendwoher zu kennen – obwohl er ihn noch nie gesehen hatte, da war er sich vollkommen sicher.

Bevor sie aufbrechen durften, kam noch ein Abgesandter der Inquisition. »Führt Ihr Bücher, Traktate oder Literatur bei

Euch, die das heilige Offizium indiziert hat?«, befragte er Himmelfaert.

Der Holländer schüttelte vehement den Kopf.

»Habt Ihr in Eurer Karawane Ketzern Unterschlupf gewährt?«

»Gott bewahre!«, rief Himmelfaert aus. Er bekreuzigte sich und mit ihm die ganze Reisegesellschaft. Jonathan war zu überrascht, um sofort zu reagieren. Blutkopf merkte es.

»Vorwärts!«, brüllte Blutkopf. Die Karawane zog los, am Flussufer von Belem entlang. Überall bemerkte Jonathan emsige Betriebsamkeit. In den Werften wimmelte es von Arbeitern, die neue Galeonen bauten und ältere Schiffe zu Kriegsschiffen umrüsteten. Sie kamen am Turm von Belem vorbei, einem fünfgeschossigen würfelförmigen Festungsbau mit unverkennbaren maurischen Stilelementen. Das kanonenstarrende Fort war ein Stück weit in den Fluss hineingebaut und bewachte den Hafeneingang.

Auf Fährbooten überquerte der Mauleselzug den Tejo und zog dann weiter nach Setubal. Madrid lag in Luftlinie gut fünfhundert Kilometer weit im Nordosten. Da die Reise über gewundene Bergpfade führte, würden an die sechshundert Kilometer zu bezwingen sein. Himmelfaert hatte die Tagesetappen auf etwa fünfzehn Kilometer festgesetzt, längere Abschnitte konnte man den schwer beladenen Lasttieren nicht zumuten. Jonathan schätzte, dass die Karawane bei diesem Tempo Ende August Madrid erreichen würde. Das ließ ihm ausreichend Zeit, die Kontaktaufnahme mit Anthony Standen einzufädeln, der Mitte September in Madrid eintreffen sollte.

Die Stadt Estramoz war der erste größere Ort am Weg. Sie war auf einem alles beherrschenden Hügel erbaut, von dem der Blick ungehindert in die umgebende Ebene hinausschweifen konnte. »Ich habe Befehl, niemand einzulassen«, rief der Torwächter von den Zinnen herunter. »Alles, was wir besitzen, dient zur Ausrüstung der Armada, wir haben nicht einmal mehr genug, dass wir selber satt werden können.«

»Schickt mir sofort den höchsten Geistlichen eurer Stadt her«, rief Himmelfaert zurück, »wenn Estramoz sich nicht den Zorn Seiner Majestät, des Königs, zuziehen will!«

Kurz darauf erschien der Abt des Klosters von Santa Isabella in Begleitung einiger Mönche. »Ich habe Eurem König den Leichnam eines Heiligen zu überbringen«, verkündete Himmelfaert gewichtig. »Ich werde Seiner Majestät von Eurer mangelnden Gastfreundschaft gegenüber der Reliquie des Heiligen zu berichten haben.«

Wie ein Mann fielen die Mönche auf die Knie. Die Zugbrücke polterte herunter, quietschend hob sich das eiserne Gatter. Im Gänsemarsch klapperte der Mauleselzug mit dumpfem Hufschlag über die schmale Zugbrücke. In Stundenfrist hatten die Mönche einen Dankgottesdienst zur Feier des wunderbaren Besuchs eines Heiligen in ihrer Mitte vorbereitet.

Bei der Messfeier ahmte Jonathan sorgsam Himmelfaerts liturgisches Vorbild nach, doch um sich von seinem Tun zu distanzieren, hielt er wie in Kindertagen die Finger hinter dem Rücken über Kreuz. Er erkannte einige lateinische Floskeln wieder, meist ohne ihre Bedeutung zu verstehen, was jedoch den geheimnisvollen Zauber der Messfeier für ihn nur erhöhte. Lag es denn nicht auf der Hand, dass diese in der alten Sprache vorgetragenen Gesänge viel leichter in das Ohr des Herrn drangen? Flüsterte in ihnen nicht ein viel größeres Geheimnis als in den englischen Anrufungen?

Dann kam der Augenblick, vor dem ihm am meisten graute, die heilige Kommunion. Als er die Oblate auf der Zunge spürte und den Wein kostete, fragte er sich: Ist Jesus jetzt wirklich bei dir? Isst du jetzt wirklich Sein Fleisch und trinkst Sein Blut? Bist du jetzt ein Teil von Christus, und ist er nun ein Teil von dir?

Er kam sich zwar fehl am Platze vor, war aber nicht unempfindlich für die weihevolle Atmosphäre, den klangvollen Vespergesang und das leise Klicken der Perlen der Rosenkränze. Er geriet in friedliche Stimmung. Könntest du hier fern von den Sorgen des Alltags leben?, fragte er sich. Dein eigenes Bett, immer ein voller Bauch und die Liebe eines himmlischen Vaters wären dir gewiss. Auf Erden hatte Jonathan keinen Vater gehabt, vielleicht würde der im Himmel ...?

Blutkopfs rüder Fußtritt riss ihn aus seinen Gedanken. »Kümmere dich um die Tiere, ich bin bald wieder zurück. Hier gibt es eine ganz besondere Heilkundige, die weiß, wo man einen Mann zur Ader lässt. Aber du hast ja kein Geld und keinen Zorn in der Hose, da musst du dich eben mit Mauleseln begnügen.« Er wieherte über seinen eigenen Witz.

Die Männer strebten davon und kamen nach einiger Zeit gut gelaunt wieder zurückgeschlendert. Wärst du mitgegangen, wenn du das Geld gehabt hättest, fragte sich Jonathan. Aber das waren müßige Gedanken. Nix Penunze, nix Punze. Er legte sich auf sein unbequemes Nachtlager und versuchte zu schlafen. Er stellte sich ein Leben als eheloser Mönch vor, doch es half ihm wenig gegen sein pochendes Glied und die Erinnerungen an Maudy. Und warum drängte sich auf einmal Christian in seine Träume?

Als zum Frühgebet geläutet wurde, rüttelte Himmelfaert Jonathan wach und schickte ihn los, die weidenden Tiere zusammenzutreiben. Um jeglichem Verdacht zuvorzukommen, maßregelte er Jonathan mit Worten, Stiefeln und Fäusten bei jeder Gelegenheit, ohne ihm allerdings je ernsthaft wehzutun. Ganz anders Blutkopf, dem es ein endloses Vergnügen bereitete, auf Jonathan einzuprügeln. Jonathan belud Sir Francis, der sein Missvergnügen lautstark hinauswieherte und mit seinen auskeilenden Hufen Jonathans Kopf nur knapp verfehlte, als er unvermutet bockte.

»Nur ein Arsch scheißt hinter einem Eselshintern herum«,

höhnte Blutkopf. »Dieser Muli ist nicht mehr bei Trost, das nächste Mal tritt er dir bestimmt den Schädel ein.«

Durch grüne Ebenen kroch die Karawane voran, an Weinbergen vorbei und an Korkeichenhainen, in denen die Bauern die Rinde von den Bäumen abschälten. Die Luft wurde merklich trockener. Zum Schutz vor dem roten Staub, den die Tiere mit den Hufen aufwirbelten, banden sich die Männer Tücher vors Gesicht.

Als sie sich der Stadt Evora näherten, kam allmählich ein seltsames Bauwerk in Sicht, wurde größer und höher, bis Jonathan schließlich staunend an einer endlosen Reihe hoch aufragender steinerner Bögen entlangblickte, die sich in der Ferne verloren. »Was ist das?«, fragte er Himmelfaert, der gerade herbeigeritten kam.

»Ein Aquädukt. Die alten Römer haben es gebaut. Wir werden bis Madrid der alten Römerstraße folgen. Hör mal zu, Freundchen ...«

Jonathan war mit seinen Gedanken ganz woanders. »Ich hätte nie geglaubt, dass ich einmal etwas zu Gesicht bekomme, das es mit der London Bridge aufnehmen kann, aber ...«

Himmelfaerts Reitgerte traf ihn ins Gesicht. Jonathan prallte zurück. »Quatsch nicht, und hör mir zu! Blutkopf hat Verdacht gegen dich geschöpft. Er schwört, dass du dich für einen anderen ausgibst.«

»Wie kommt er darauf? Ich habe doch gar nichts getan oder gesagt.«

»Aber du hast in der Messe die Finger gekreuzt!«

Jonathan schüttelte den Kopf, doch es lag auf der Hand, dass er log.

»Du gedankenloser Trottel! Blutkopf glaubt, du hättest die Hexenkralle gemacht. Der Kerl ist imstande und verpfeift dich bei der Inquisition. Er hat schon für Geringeres Leute ans Messer geliefert und jedes Mal eine Belohnung eingestrichen. Sei auf der Hut. Kriech ihm in den Arsch, wenn es sein muss! Du musst die Scharte unbedingt auswetzen.« Er galoppierte davon. Jonathan nahm die Hand von seiner brennenden Wange und betrachtete das Blut an seinen Fingern. Diesmal hatte Himmelfaert es ernst gemeint.

Der heiße Juli verging, ein noch heißerer August brach an. Zahllose Hügel ragten aus der Landschaft, jeder mit einer Burg oder einem Kloster bekrönt. Man hatte sie erbaut, um die Flut des Islam einzudämmen, die vormals die iberische Halbinsel hinauf gebrandet war.

Immer tiefer kam die Karawane nach Spanien hinein. Der lange mühsame Aufstieg auf die Sierra de Guadalupe begann. Das Leistungsvermögen der Tragtiere bestimmte die Länge der Tagesetappen. Bald waren die mitgebrachten Vorräte aufgebraucht, und die Reisenden mussten sich mit dem frugalen Hauptgericht der Bauern begnügen, mit »Cochinillo«, dem schwarzen Pudding.

Jonathan beschirmte die Augen mit der Hand gegen die gnadenlos herabbrennende Sonne. Blinzelnd betrachtete er die eigenartige herbe Schönheit des Landes um ihn herum, das so ganz anders war, als das üppig grünende England. Zähe Bauern scharrten in steinigen Feldern, um dem harten Boden ihr tägliches Brot abzuringen. Barfüßige Bauernweiber, schwarze Schals streng um den Kopf gewunden, mühten sich neben ihren Männern.

Sie kamen an einem Feld vorbei, wo ein junges Mädchen vornüber gebeugt den Weizen zu Garben wand.

Blutkopf stieß Jonathan an. »Schade, dass ich an die nicht dran kann«, sagte er. »Aber an dich kann ich ran.«

Jonathan schlug fromm das Kreuz. »Solche Sachen sind aber von der Mutter Kirche verboten, oder nicht? Bei meiner nächsten Beichte muss ich es doch als Sünde bekennen und Namen nennen. Zum Glück habt Ihr ja nur Spaß gemacht, oder?«

»War nur Spaß«, pflichtete Blutkopf ihm verdattert bei und ärgerte sich, dass der Junge nicht auf ihn hereingefallen war. Er hätte darauf schwören können, dass dem Burschen die türkischen Freuden nicht unbekannt waren, ein Verbrechen, auf das die Inquisition die schwersten Strafen gesetzt hatte.

Als Jonathan nach des Tages Mühe sich am Abend niederlegte, fieberte sein Fleisch noch immer von der gnadenlosen Glut der Sonne. Die Haut auf seiner Nase hatte sich mehrfach geschält, und jede unbedeckte Stelle seines Körpers war trotz des Walnusssaftes verbrannt. Er betrachtete die beiden Aspekte seines Leibes – das Helle und das Dunkle. Boys Worte, vor langer, langer Zeit gesprochen, kamen ihm in den Sinn. »In jedem Menschen wohnen Gott und der Teufel nebeneinander, und jeder muss wählen, welchen Weg seine Seele nehmen soll«, hatte Boy damals gesagt.

Er hätte gern gewusst, was Boy machte und ob er von seiner Verletzung wieder genesen war. Wie sehnte er sich inmitten all dieser Geheimnistuerei und Versteckspielerei nach der arglosen Zutraulichkeit seines Freundes. Wie schmerzlich vermisste er Maudy und die leidenschaftlichen Nächte mit ihr. Und wie begierig war er auf Christian und alles, was der ihn zu lehren versprochen hatte!

Jeden Tag rückten die blauen und lavendelfarbenen Höhen der Sierra de Guadalupe ein Stückchen näher; die Berge wurden höher. Die Karawane suchte sich ihren Weg durch lichte Pinien- und Eukalyptuswälder, die sich wie schütterer Bartwuchs die Hänge hinauf zogen. Die Nahrungsmittel wurden knapp. Man hatte gehofft, ein Stück Wildbret zu erlegen, aber das Wild, falls es überhaupt welches gab, hielt sich gut versteckt.

Immer höher ging der Anstieg, bis ringsum nur noch gezackte Gipfel und gewaltige Granitfelsen in den glühend heißen Himmel aufragten. Die kristallklare Luft brannte in Jonathans Nase und Kehle. Zur Schonung der Reittiere waren die Männer längst abgesessen und gingen zu Fuß. Wenn die Tiere verendeten, war die ganze Karawane verloren. Auf engen und gewundenen Pfaden, wo ein einziger Fehltritt den Sturz in den Tod bedeuten konnte, ging es hinauf in schwindelnde Höhen. Das Tal in der Tiefe sah aus, als würde man es durch ein umgekehrtes Fernrohr betrachten.

Noch einen Schritt, und du stößt am Himmelsgewölbe an, dachte Jonathan. Doch er mochte den Arm ausstreckte, sooft er wollte, immer wieder musste er feststellen, dass der Himmel sich ihm stets aufs Neue entzog.

Endlich gelangten sie auf die Passhöhe, den Pass von Puerto Llano. Der Abstieg zum Dörfchen Guadalupe begann. »Wie kann man nur in einer so gottverlassenen Gegend eine Siedlung bauen!«, sagte Jonathan Beifall heischend zu Blutkopf.

»Von wegen gottverlassene Gegend!«, schnaubte Blutkopf empört. »Jeder gläubige Katholik weiß, dass in diesem Tal vor vielen Jahren ein Bauer das heilige Bild der Jungfrau Maria unter einer Kuh gefunden hat.«

»Unter einer Kuh? Wie ist denn das Bild der Jungfrau unter eine Kuh geraten?«

Blutkopfs Augen verengten sich zu Schlitzen. »Willst du etwa an diesem heiligen Zeichen der Mutter Gottes Zweifel anmelden?«

Jonathan rang beteuernd die Hände. »O nein, nein. Gott stellt seine Gegenwart überall unter Beweis. Seine Mutter natürlich auch.«

Blutkopf zog die Nase kraus. Er witterte Ketzerei. »Zum Gedenken an dieses Wunder wurde das Kloster von Guadalupe erbaut. Der Ort ist so heilig, dass man die ersten Wilden, die Kolumbus aus der Neuen Welt mitgebracht hat, nach Guadalupe gebracht hat, um sie dort zu taufen. Sogar König Philipp besucht dieses Kloster regelmäßig.« Er schüttelte plötzlich den Kopf. »Pissnelke, ich kenn dich von irgendwo! Aber von wo?«

»Glaubt Ihr denn nicht, ich würde mich an einen frommen Christen wie Euch erinnern?«, sagte Jonathan scheinheilig und sah zu, dass er Boden gewann.

Der Heerwurm der Mauleselkarawane wand sich nach Guadalupe hinein und stolperte über von Regen und Abwasser ausgewaschene Holpergassen zur gepflasterten Plaza. Am öffentlichen Brunnen vor dem Kloster machten die Tiere erschöpft Halt. Als sie sich sattgetrunken hatten, löschten die Männer in tiefen Zügen ihren Durst.

Das aus dem hiesigen Stein erbaute Kloster ragte über den Hang hinaus und sah aus wie ein Teil des Berges. Die alles beherrschende Kathedrale konnte – durch das Gelände bedingt – nur von der Längsseite her betreten werden. Eine breite Treppenflucht führte zum Eingang hinauf. In ihrem Inneren herrschte gnädige Kühle.

Ein Priester begrüßte die Ankömmlinge. »Ihre Majestät hat uns durch königliche Post von der Ankunft der heiligen Reliquien unterrichtet. Wir haben Euch schon sehnsüchtig erwartet. Zur Feier Eurer sicheren Ankunft wird ein Dankgottesdienst stattfinden.« Jonathan stöhnte innerlich auf. Da er es nicht mehr wagte, die Finger zu kreuzen, stellte er die Beine überkreuz.

Am Abend wurde Jonathan auf dem Platz der Stadt Zeuge eines religiösen Umzugs, der ihn mit Ehrfurcht und Begeisterung erfüllte. Eine Gruppe von Männern und Frauen zog tanzend den Weg hinauf zu den Stufen der Kathedrale, um dort den »Tanz der sechs Schritte« aufzuführen, der an König Davids ekstatischen Tanz vor der Bundeslade erinnerte.

Himmelfaert bemerkte Jonathans Ergriffenheit. »Diese Leute haben nichts anderes zum Leben als Blutpudding, Ehrbegriffe und Religion. Sie sind hart wie der hiesige Stein – aber sieh nur, wie sie tanzen! Vom Bauern bis zum Edelmann haben die Spanier nichts, was mehr für sie einnimmt, als ihren Tanz. Ein altes

Sprichwort sagt: ›Ein echter Spanier kriecht schon tanzend aus dem Schoß seiner Mutter.‹«

Der Funken des religiösen Spektakels sprang auf die Einheimischen über und ließ sie in spontane Tänze ausbrechen. Pulsierende Gitarren schlugen den klingenden Kontrapunkt zu klappernden Tambourins. Männer und Frauen wirbelten fingerschnipsend herum und gaben sich hemmungslos dem Tanz anheim. Eine dralle Witwe zog Jonathan in den Kreis der Tänzer. Der Tanz wurde schneller, immer schneller, bis Jonathan lachend und erschöpft zusammenbrach.

Als sich eine Gruppe narbenübersäter Soldaten, die soeben aus dem Krieg mit den Niederlanden wiedergekehrt waren, in die Mitte des Geschehens drängte, nahm die ausgelassene Szenerie düstere Züge an. Die Kriegsknechte tanzten den Flamenco, der mit seinem vehementen Fußstampfen das herrische Gehabe plündernder Soldaten darstellt. Der Tanz wurde zusehends wilder, bis er schließlich in kaum noch kontrollierte Raserei überging.

Lag es am gnadenlosen Klima, oder war das entbehrungsreiche Leben der Grund für die Wildheit dieser Menschen? Jonathan wusste es nicht zu sagen. Dass diesen Menschen die Transformation der Kriegsschrecken in einem triumphierenden Tanz gelungen war, sagte viel über ihre Seele.

Blutkopf stapfte zwischen den rasenden Tänzern umher. Der Wein rann ihm aus den Mundwinkeln. »Tod den Ketzern, bringt sie alle um!«, brüllte er. In seiner trunkenen Wut baute er sich vor Jonathan auf. »Glaubst du, ich hätte in der Kirche nicht gesehen, wie du dich verstellst?«, schrie er ihm ins Gesicht. Seine saure Ausdünstung raubte Jonathan den Atem. »Du konntest mich ein paar Wochen an der Nase herumführen, aber dann habe ich bemerkt, wie dein Haar in seiner natürlichen Farbe nachwächst und wie der Farbstoff auf deiner Haut verblasst. Was sollst du davon halten?, hab ich mich gefragt. Und dann hab ich dich gerade eben tanzen sehen. Ja! Jetzt weiß ich, wer du bist. Du bist der, der immer im Theater mit seinem kleinen Pimmelchen herumfuhrwerkt, damit die Perversen etwas zum Glotzen haben! Warte nur, bis wir in Madrid sind, die Inquisition weiß schon, wie man mit Spionen umzugehen hat. Aber vielleicht überlege ich es mir noch und mache selber kurzen Prozess mit dir!« Er schlug Jonathan mit dem Handrücken ins Gesicht, dass es den Geprügelten von den Füßen riss. Dann hob er den ledernen Weinschlauch und goss einen endlosen Strahl in sich hinein. Mit den letzten Tropfen fiel er um wie ein gefällter Baum.

Schreckensbleich betrachtete Jonathan das vor ihm liegende Fleischgebirge. Er kennt dich aus London? Dann keimte in ihm ein Verdacht. War das etwa der Mann, der Boy erstechen wollte? Aber warum? Doch das Rätsel löste sich von selbst, denn in diesem Augenblick begriff Jonathan, dass Blutkopfs Anschlag in Wirklichkeit ihm gegolten hatte.

40.

Blutkopf will mich umbringen«, flüsterte Jonathan Sir Francis ins Ohr, als die Karawane Guadalupe wieder verließ. Sie stiegen zum Pass Puerte San Vincente auf, und wieder begann ein langer Abstieg in die Ebene, hinunter nach Toledo.

Jonathans Angst wuchs mit jedem Kilometer. »Blutkopf ist noch völlig verkatert, deshalb hat er bis jetzt nichts unternommen«, flüsterte er dem Muli zu. »Was soll ich nur tun? Wenn wir erst einmal in Toledo sind, sind wir zwei Tage später in Madrid. Und wenn er mich bei der Inquisition anschwärzt, werde ich gefoltert, und dann kann gut sein, dass ich Dolores, Parzival und sogar Himmelfaert verrate. Dann war alles, was ich bisher getan habe, für die Katz. Es gibt nur eine Lösung: Ich muss ihn loswerden – aber wie? Dieser Bulle von einem Kerl ist zu stark, er kann mich mit einem einzigen Schlag umbringen.«

Am Ende der Tagesetappe sah Jonathan, wie sich Toledo vor ihm terrassenförmig aus der Ebene erhob. Die ganze Stadt sah aus wie eine große verzauberte Burg. In ihrer Nähe schlängelte sich ein Fluss. »Wir sind nicht weit vom Quellgebiet des Tejo, nur dass er in Spanien Tajo heißt«, sagte ein Maultiertreiber zu Jonathan.

Toledo war auf einer riesigen Felsenklippe erbaut, die hundert Meter und mehr aufragte. Der Zugang war nur über einen beschwerlichen steilen Pfad möglich, der hinauf zum Haupttor führte. »Die Tiere sind erschöpft, sie werden das nicht schaffen«, sagte Himmelfaert. »Wir schlagen hier unter den Mauern unser

Lager auf. Blutkopf, mach einen Pferch für die Tiere, und pass heute Nacht gut auf sie auf. Vor den Mauern müssen wir uns vor Banditen hüten. Ich habe Geschäfte in Toledo. In ein paar Stunden bin ich wieder da.«

»Was für Geschäfte?«, fuhr Blutkopf ihn an.

»Es geht dich zwar nichts an, aber wenn du es unbedingt wissen willst: Seine Majestät hat mir aufgetragen, einen gewissen Maler aufzusuchen, der hier in Toledo lebt, El Greco mit Namen. Er ist zwar aus der Mode gekommen, aber Majestät hat darauf bestanden, dass ich mir seine Werke noch einmal anschaue.«

»Ich komme mit«, grunzte Blutkopf. »Ihr braucht in diesem Höllenloch jemand, der Euch schützt, und ich«, er rieb sich das Glied, »brauche ein Höllenloch, um meine Bürde loszuwerden.«

»Du kannst deine Bürde in Madrid loswerden, in zwei Tagen sind wir dort!«, schnauzte Himmelfaert ihn an. »Und wenn hier etwas Schutz braucht, dann die Karawane. Deswegen bist du mir doch von deinem Meister mitgegeben worden, oder irre ich mich da? Seine Majestät wird von uns beiden den Kopf fordern, wenn Seiner kostbaren Fracht etwas passiert. Jetzt mach schon, und tu, was ich sage.«

Fluchend gab Blutkopf nach. Die Tiere wurden in einen hastig errichteten Pferch getrieben, in dem sie nur mit Mühe Platz fanden. Als Himmelfaert gegangen war, legten sich die anderen Kaufleute abseits vom Pferch ein Stück weit gegen den Wind zum Schlafen nieder. Blutkopf fing wieder an, sich zu betrinken. Seine Laune wurde noch miserabler. Er packte Jonathan und schleppte ihn zum Pferch, außer Hörweite der anderen.

»Wer hat dich geschickt? Und wozu?«

Als Jonathan nicht schnell genug antwortete, schickte ihn ein Faustschlag zu Boden. Blut rann ihm aus dem Mund. Er versuchte aufzustehen, doch Blutkopfs Fußtritt brach ihm ein paar Rippen. Der Fleischberg trat wieder nach ihm. »Bevor diese

Nacht vorüber ist, wirst du mir gesagt haben, wozu du hier bist, oder du stirbst mit deinem Geheimnis.«

Jonathan rollte sich unter dem untersten Absperrungsseil hindurch in den Pferch und suchte Deckung zwischen den Tierleibern. Die Mulis reagierten beunruhigt und nervös auf den Menschen, der mitten unter ihnen war. Jonathan griff sich ein Zaumzeug und legte es Sir Francis um den Hals.

»Wo bist du, du Misthaufen!«, zischte Blutkopf. »Ich bin noch nicht fertig mit dir.« Er suchte in der Finsternis herum. »Steckt der fette Himmelfaert mit dir unter einer Decke?«

»Wenn er mich noch mal zu fassen kriegt, tritt er mich tot«, flüsterte Jonathan seinem Maulesel zu. Er dachte daran, um Hilfe zu schreien, aber die anderen Treiber hatten eingesehen, dass man sich mit dem Koloss besser nicht einließ, besonders wenn Himmelfaert nicht in der Nähe war. Ein verzweifelter Plan nahm in Jonathans Gehirn langsam Gestalt an.

Blutkopfs massige Gestalt kam drohend näher. »Die Inquisition wird dich mit Streckbank und Brandeisen schon zum Reden bringen – mach dir ruhig schon mal in die Hose!«

Jonathan duckte sich hinter die Flanke des Mulis. »Wenn sich einer in die Hose machen sollte, dann du! Sobald wir in Madrid sind, gehe ich schnurstracks zum Heiligen Offizium und erzähle denen, was du für furchtbare Schweinereien von mir verlangt hast, Sünden gegen Gott und die Natur. Als ich mich geweigert habe, hast du mich verprügelt – und dann zeige ich denen meine gebrochenen Rippen!«

Blutkopf brüllte auf, als hätte ihn ein Keulenschlag getroffen. Die Tiere rochen seine Angst und das drohende Unheil. Sie quirlten erregt durcheinander. »Was ist denn da drüben los?«, rief schläfrig ein Treiber.

»Kümmere dich um deinen eigenen Mist«, schrie Blutkopf zurück. »Willst du wohl stillstehen, du Stück ...«

Jonathan zerrte Sir Francis am Halfter zwischen sich und den fuchtelnden Trunkenbold, aber er spürte, dass es nicht mehr lange gut gehen konnte.

Wieder und wieder ließ Jonathan Sir Francis seinem Verfolger vor die Füße tänzeln. Das Tier wurde immer aufgeregter. Plötzlich hielt Jonathan inne. Er stellte sich neben das Hinterteil des Mulis und zog sein Messer. Schwer schnaufend stand der Goliath dem Halbwüchsigen gegenüber. Blutkopfs Augen glitzerten tückisch wie Obsidian. »Du wagst es, gegen mich das Messer zu ziehen? Jetzt ist es aus mit dir. Ich bringe dich um«, brüllte er, »aber ganz langsam!«

Jonathan stieß Sir Francis das Messer in die Hinterhand. Mit einem Eselsschrei keilte der Muli aus. Sein wütender Huftritt zerschmetterte Blutkopfs Brustkorb. In maßloser Verblüffung riss Blutkopf den Mund auf und versuchte Luft in die Lungen zu pumpen. Taumelnd griff er nach dem Schwanz von Sir Francis. Wieder schlug der Muli aus. Der Tritt schleuderte Blutkopf unter die Hufe der in Panik geratenen Herde.

Um sich boxend und tretend, versuchte Jonathan, sich gegen das Gedränge der Tierleiber zu behaupten. Als die Treiber zum Pferch gelaufen kamen, lag Blutkopf grässlich verunstaltet reglos am Boden.

»Ich habe versucht, ihn zu retten«, keuchte Jonathan, »aber die Tiere haben mich umgerannt.« Er streifte die Bluse hoch und wies die dicke blaue Beule an seinem Brustkorb vor. Zwischen Schock und maßloser Erleichterung hin und her gerissen, schluchzte und lachte er in einem.

Einer der Kaufherren versetzte ihm eine Ohrfeige. »Was hatte Blutkopf in dem Pferch zu suchen? Antworte!«

»Er war besoffen«, stieß Jonathan hervor. »Ihr habt ihn doch heute Abend alle gehört … dass er ein Höllenloch haben muss, um seine Bürde loszuwerden …«

Die Männer wurden still.

»Er ist in den Pferch geklettert, hat einen Muli am Schwanz

gepackt ...« Jonathan stockte. »Ach, bitte, erspart mir den Rest. Er ist jetzt in Gottes Hand, der Herr soll über ihn richten. Wir wollen nicht schlecht über einen Toten reden.«

Die Männer bekreuzigten sich ein um das andere Mal. »Bei der Mutter Gottes«, murmelten sie, »und bei allen Heiligen ...«

»Lasst uns Stillschweigen darüber bewahren«, sagte einer der Kaufleute, »sonst schlägt uns der Magistrat noch über den gleichen Leisten.« Zustimmendes Gemurmel erhob sich. »Blutkopf hatte seine Eigenheiten, aber er war ein frommer Christ.« Jonathan stimmte in das allgemeine »Amen!« ein.

Als der Tag anbrach, wurde der »Unfall« den Behörden gemeldet und ein Priester geholt, der Blutkopf die Sterbesakramente spendete. Eine großzügiger Obolus Himmelfaerts an die Kirche sorgte dafür, dass der Verblichene ein anständiges Begräbnis bekam.

Weiter ging die Reise. Betretenes Schweigen senkte sich über die Karawane, doch einer der Treiber konnte sich eine vorwitzige Bemerkung nicht ersparen. »Falls Blutkopf in den Himmel kommt, wird der heilige Bartholomäus wohl auf sein Schwein aufpassen müssen.«

Unterwegs gesellte sich Himmelfaert zu Jonathan, der mit geschwollener Lippe und und einem Pressverband um die schmerzende Brust trübselig neben Sir Francis ging.

»Wie geht es dir, junger Freund?«, erkundigte er sich.

Jonathan blieb die Antwort schuldig.

»Hast du gewusst, dass Blutkopf dich bei der Inquisition anzeigen wollte? Er hat es mir selbst gesagt. Ich glaube, er wollte mich damit aus der Reserve locken. Ich halte es aber für unwahrscheinlich, dass er jemand anderem von seinem Verdacht erzählt hat. Er wollte die Belohnung alleine einkassieren.«

Jonathan begann wie im Fieber zu zittern. Himmelfaert packte ihn an den Schultern. »Ist doch klar, dass du zitterst. Du hast den Tod eines Menschen verursacht. Das wird dir noch lange nachgehen. Aber lass dich durch Blutkopfs Tod nicht am Leben hindern oder an der Erfüllung deiner Pflicht. Denk daran, du hast eine Aufgabe, die für uns alle von lebenswichtiger Bedeutung ist.«

Schweigend schritten sie nebeneinander her. Das verbrannte Land ging bald in einen endlosen Garten voll blühender bunter Blumen über. Bienen summten und Schmetterlinge, die wie fliegende Blumen aussahen, flatterten durch die Lüfte. An Rosmarin- und Lavendelfeldern zog die Karawane vorbei und an Obstgärten mit Birnen, Orangen und Äpfeln, die sich bis zum Horizont erstreckten.

Himmelfaert versuchte Jonathan aus seinen düsteren Gedanken zu reißen. »Hier sieht es aus wie im Garten Eden, und das war auch König Philipps Absicht. Er hat sich vorgenommen, ein irdisches Abbild von Gottes Werk zu schaffen. Seine Ingenieure haben den Fluss Tajo zur Bewässerung des Landes eingedämmt und umgeleitet. Zu seinem Privatvergnügen hat sich Philipp einen über hundertfünfzig Quadratkilometer großen Garten geschaffen. Allein in diesem Gebiet hat er sich mindestens ein Dutzend Paläste errichten oder umbauen lassen – während der Rest Spaniens darbt«, fügte Himmelfaert abschätzig hinzu.

Jonathan wollte sprechen, doch Himmelfaert fiel ihm sofort ins Wort. »Sag lieber nichts, deiner eigenen Sicherheit zuliebe. Wenn die Inquisition mich verhören sollte – wieso schaust du mich so verwundert an? Nach dem, was letzte Nacht geschehen ist, müsstest du doch begriffen haben, dass wir ein sehr gefährliches Spiel treiben. Philipps Spionagenetz ist auch nicht von Pappe, und jeder von uns muss damit rechnen, dass er enttarnt wird. Je weniger wir voneinander wissen, desto besser. Wenn wir in Madrid angekommen sind, machst du dich am besten einfach davon.«

»Werden die anderen sich nicht darüber wundern?«

»Ich erzähle ihnen einfach, du wärst mir abgehauen, bei

Dienstpersonal kommt das oft genug vor. Nach Blutkopfs schrecklichem Ende glauben sie sowieso, dass ein Fluch auf dir liegt, und werden froh sein, wenn sie dich los sind. Geh sofort zur Plaza Major, der Platz ist so groß und so belebt, dass dich dort keiner findet. Direkt hinter dem Platz in der Calle Maider betreibt ein alter Geizhals eine heruntergekommene Herberge. Er ist weitaus mehr an deinem Geld als an deinem Glauben interessiert.« Er gab Jonathan eine Lederbörse, in der die Münzen klimperten. »Hier, nimm. Das wird verhindern, dass er dir unangenehme Fragen stellt. Du musst aber mit dem Geld auskommen, bis du deinen Kontaktmann getroffen hast. Sei auf der Hut, Madrid ist ein gefährliches Pflaster. Die Inquisition lauert überall.«

Himmelfahrt tätschelte Jonathan den Kopf. »Falls es dich tröstet: Ich hatte selber vor, Blutkopf auszuschalten. Nachdem er dich in Verdacht hatte, wusste ich, dass ich der Nächste sein würde. Gestern Abend in Toledo habe ich das hier gekauft.« Er hielt ein kleines Fläschchen empor, in dem eine helle Flüssigkeit schwappte. »Es ist ein tödlicher Schlaftrunk. Ein paar Tropfen davon in seinen Weinschlauch, und ... Aber dank deiner Hilfe kann ich mir die Mühe sparen. Hier, nimm die Viale, vielleicht brauchst du sie eines Tages noch.« Er schlug sich auf den stämmigen Schenkel. »Der alte DeVasco hatte Recht: Wenn ich ein Holzbein hätte, würde ich gut darauf aufpassen!«

Am nächsten Tag erreichten sie die Vorstädte von Madrid. Die Hauptstadt lag auf einem sonnendurchglühten Plateau. Die dichten Wälder der Umgebung gewährten einen gewissen Schutz vor den infernalischen Winden. In dieser ersten Septemberwoche herrschte immer noch eine unbarmherzige Hitze. Der Verkehr nahm zu. Karren mit Feldfrüchten, Wagen mit Korn von den Weizenfeldern Salamancas, Obst und Wein aus den Weinbergen von Valladolid, Reisende aller Art, Studenten, Bettler, Vagabunden und Kirchenleute belebten die Straße. Wie in ein gigantisches Spinnennetz mit Philipp im Zentrum zog Madrid alles in sich hinein.

Um den Fuß des Plateaus, auf dem Madrid erbaut war, schlängelte sich das schlammige Band des Manzanares. Himmelfaerts von Westen kommende Karawane zog über die steinerne Brücke »Puente Viejo de Segovia«, die den Fluss überspannte.

Madrid. Jonathan schluckte schwer beim Anblick der monumentalen Stadtbefestigungen, die vor ihm aufragten: Undurchdringliche Mauern, kanonenstarrende, zinnenbewehrte Bastionen, Wehrtürme an sämtlichen strategisch wichtigen Punkten – ein massives Verteidigungssystem, auf dem bewaffnete Wächter Tag und Nacht auf und ab patrouillierten. Drohend und beherrschend erhob sich darüber der Alcázar, Philipps festungsartiger Palast. Allein schon die Höhe und Mächtigkeit dieser Mauern machte Jonathan mit einem Schlage bewusst, wie unzureichend London befestigt war. Wie oft schon war er durch die brüchige Stadtmauer geschlüpft! Wie lange würde London den Armeen Philipps Widerstand leisten können? Eine Woche? Einen Tag? In einer unwillkürlichen Vision sah er eine wilde Sodateska im Palast von Whitehall Flamenco tanzen – spanische Soldaten, die Königin Elisabeth und England unter ihren Stiefeln zerstampften.

Die Karawane zog durch das enge und überlaufene Stadttor »Puerta de la Vega« in die Stadt ein. Himmelfaert hatte es eilig, die Verantwortung für seine wertvolle Fracht loszuwerden, und strebte sogleich die Calle de Balien zum Alcázar hinauf. An der Kreuzung mit der Calle Major verabschiedete sich Jonathan mit einem geflüsterten Abschiedsgruß in Sir Francis' Ohr von der Karawane und schlug die Richtung zur Plaza Major ein.

Noch nie im Leben hatte er sich so verlassen gefühlt.

41.

Auf der Plaza Major mischte Jonathan sich unter die Heerscharen der heimatlosen Vagabunden, Gauner und falschen Krüppel, die auf dem wichtigsten Platz von Madrid ihrer gewerbsmäßigen Bettelei nachgingen. Eine Rotte verkommener Eckensteher betrachtete ihn abwägend, verzog sich aber, als er die Hand an den Griff seines Dolches legte.

Bevor Philipp sich Madrid zur Hauptstadt auserkoren hatte, war es ein verschlafenes Städtchen mit weniger als achttausend Einwohnern gewesen. Im Jahr 1587 war daraus eine Stadt mit fünfundsiebzigtausend Einwohnern geworden, mit einem riesigen Wasserkopf von Regierungs- und Kirchenbürokratien und einem umfangreichen Bodensatz entwurzelter Existenzen, die auf der Plaza ihr Glück zu machen suchten.

Strenge fünfstöckige Häuserfronten mit schmiedeeisernen Balkonen umrahmten den gewaltigen Platz, an dessen vier Ecken die Häuserreihen in Türme übergingen. Die Siesta war gerade vorüber. Madrilenos jeglicher Herkunft schlenderten zum Einkaufen durch die Arkadengänge. Ein Puppenspieler hatte mit seiner Vorführung eine Kinderschar in den Bann geschlagen, woanders bot ein vom Leben auf der Straße gezeichnetes Weib im kurzen roten Umhang der Prostituierten seine Vorzüge den Blicken feil. Inquisitionsdiener in schwarzen Kutten, die Familiares, patrouillierten mit einem wachen Auge auf jedes Anzeichen der Ketzerei über den Platz.

Karren rumpelten über das Kopfsteinpflaster, Soldaten wurden gedrillt, ein Mönch wetterte inmitten einer großen Zuhörerschar gegen die Bastard-Hure und Usurpatorin des Throns von England. »Tuet Buße!«, schrie ein Stückchen weiter ein verrückter Bettelmönch. »Die Tage der Prophezeiung stehen bevor, das Ende der Welt ist gekommen!« – worauf er sofort von den Familiares gepackt und zeternd abgeführt wurde.

»Ich komme mir vor wie in London«, murmelte Jonathan. Er fand die Herberge in der Calle Maider. Mit Zeichensprache und dem bisschen Spanisch, das er inzwischen radebrechen konnte, bat er um Unterkunft. Ein paar Münzen wechselten den Besitzer, und der Herbergswirt führte ihn ohne weitere Fragen die Treppen hinauf zu einer Dachkammer mit niedriger Decke und geöltem Pergament als Scheiben in den Fenstern. Stickig, heiß, nackter Boden, kein Bett. Das Summen von Stechfliegen. Das Stübchen hatte jedoch einen entscheidenden Vorteil – eine Hintertreppe, über die man unbemerkt kommen und gehen konnte.

Ein paar Stunden später starrte Jonathan mit offenen Augen in die Dunkelheit. Er rief sich Walsinghams auswendig gelernte Anweisungen ins Gedächtnis: »In Madrid musst du mit der Herzogin von Feria Kontakt aufnehmen. Sie ist eine englische Katholikin, hieß früher einmal Jane Dormer und war Kammerzofe von Maria Tudor. Als Philipp von Spanien nach England kam, um Maria Tudor zu heiraten, befand sich der Graf von Feria in seinem Gefolge. Feria meinte, seinen König nachäffen zu müssen und heiratete Jane Dormer. Als Maria Tudor starb und Elisabeth auf den Thron kam, flohen Jane und Feria nach Spanien. Philipp erhob Feria zum Herzog. Nach seinem Tod ging der Titel auf seinen Sohn Lorenzo de Figueroa über, einen Tunichtgut, der seiner Mutter das Leben zur Hölle macht. Jane Dormer wohnt seit dreißig Jahren in Madrid und führt einen Salon. Es ist kein künstlerischer oder literarischer Salon, sondern ein Salon von Intriganten, in dem sich Papisten jeglicher Couleur die Klinke in die Hand geben, einschließlich landesflüchtiger Engländer, die kein anders Ziel mehr kennen, als England unter spanische Herrschaft zu bringen.

Du musst mit allen Mitteln versuchen, dir die Herzogin gewogen zu machen. Es heißt, dass sie immer noch eine sentimentale Bindung an England hegt. Versuche, diese Karte zu spielen. In ihrem Salon wirst du auf einen häufigen Gast des Hauses stoßen, Pompeo Pelligrini. Er ist ihr intimer Vertrauter und unser Agent – Mitte vierzig, mittelgroß, normales Gewicht, blaue Augen. Du wirst ihn an seinen leuchtend roten Haaren und dem üppigen roten Bart erkennen. Gib dich nur mit äußerster Vorsicht zu erkennen, verwende unbedingt das Passwort, das ich dir gegeben habe. Pelligrini wird mit der entsprechenden Antwort darauf reagieren. Lasst euch nie alleine miteinander erwischen, damit keiner von euch kompromittiert wird. Pelligrini hat für uns Philipps Pläne erkundet, so Gott will. Über unsere Leute in Lissabon wirst du mir diese Information herbeischaffen.«

Schon beim ersten Durchlesen hatte Jonathan den Plan kompliziert gefunden, aber jetzt, in dieser drückend heißen Dachbude, hielt er das Ganze schlichtweg für unmöglich. Wie sollte er an die Herzogin herankommen, wie ihre Bekanntschaft machen? Und wenn sie ihn nun nicht leiden konnte? Und wenn ...? Mein Gott, was habe ich hier in Madrid zu suchen, mitten in der Höhle des Löwen? Die Panik griff mit eiserner Faust nach seinem Gedärm. Er stolperte zum Fenster und japste nach Luft.

Es dauerte lange, bis seine Verzweiflung sich wieder einigermaßen gelegt hatte. Im fahlen Licht des Mondes sah Madrid freundlich und dann wieder bedrohlich aus mit seinen roten Ziegeldächern, gemauerten Schornsteinen und den Kirchtürmen, die in den Nachthimmel stachen. Die Stille wurde immer wieder von lärmenden Trunkenbolden, Hundegebell und dem Warnruf »Aqua va!« zerrissen, wenn jemand das Nachtgeschirr zum Fenster hinaus entleerte.

Er sog die Luft tief in seine Lungen. Genug des Zweifels, sagte er sich. Hätte er in London gewusst, was ihm bevorstand – er hätte keinen Farthing auf seinen Erfolg gesetzt, aber jetzt war er immerhin schon in Madrid. Gott hatte bislang die Hand über ihn gehalten, warum sollte er es nicht weiterhin tun. Jonathan sank auf die Knie. »Zeig mir den Weg«, betete er, aber dann fiel ihm sein alter Wahlspruch wieder ein: Hilf dir selbst, dann hilft dir Gott! »Ja, genau«, rief er aus, denn in diesem Moment war ihm eingefallen, wie er das Vertrauen der Herzogin würde gewinnen können.

Am folgenden Tag spähte Jonathan die Residenz der Herzogin aus, ein palastähnliches Haus, das sich wie die Häuser aller hochrangigen Mitglieder von Philipps Hof nahe beim Alcázar befand. Er verpasste sich eine gründliche Wäsche, kaufte ein ordentliches Wams und klopfte an einem der folgenden Septemberabende, an dem er mit Pelligrinis Anwesenheit rechnen konnte, an der Tür der Herzogin von Feria. »Sagt der Herzogin, ich komme mit wichtigen Neuigkeiten aus England«, trug er dem Butler auf, der ihm die Tür öffnete und ihn nach seinem Begehr fragte.

Nach mehreren spannungsgeladenen Minuten erschien der Butler wieder und führte Jonathan in einen geräumigen Salon, dessen hohe bleiverglaste Fenster sich auf einen Innenhof öffneten, aus dem der Duft von Magnolien und Mimosen hereinwehte. Die Herzogin, eine zierliche Frau Anfang sechzig von immer noch beträchtlicher Schönheit, gestattete ihm mit einem Wink, sich zu nähern. Jonathan drängte sich durch die illustre Versammlung prächtig gekleideter Damen und Herren. Die Damen schienen in ihren ausladenden Reifröcken rechts und links ein Tischchen mit sich herumzuschleppen, und die Herren wiesen alle eine Beinmuskulatur auf, die eines Herkules würdig gewesen wäre – bis Jonathan bemerkte, dass ihre Beinkleider mit Polstern ausstaffiert waren. Ihr Schwindler, dachte er, mein

Christian braucht keine Polster. Die Anwesenden wirkten in ihrer Förmlichkeit geradezu mumifiziert.

Jonathan betrachtete die Herzogin. Sie war nach der neuesten Mode gekleidet und trug eine in ein goldenes Netz drapierte Hochfrisur. Ein brillantenbesetztes Kruzifix glitzerte unter ihrer üppigen Rüschenkrause, und der intelligente Blick ihrer hellblauen Augen war fragend auf ihn gerichtet.

»Ich bin Engländer wie Ihr«, murmelte er und beugte das Knie. »Wie Ihr bin ich aus dem Land der Irrlehre geflohen und nach Madrid gekommen, um mit meinen schwachen Kräften alles in meiner Macht zu tun, um unser geliebtes England vom Antichrist zu befreien.«

Aus ihren Augen sprach eine jahrzehntelange Traurigkeit. »Das Brot des Exils ist in der Tat eine bittere Kost, doch wir müssen solange davon essen, bis unser Land wieder unter die Herrschaft Gottes gebracht worden ist.«

Verwirrt musste er feststellen, dass er die Herzogin mochte, und auch sie schien Gefallen an ihm zu finden, an seinen höflichen Manieren – dem Theater sei Dank – und an seiner abschätzigen Bemerkung über den Hof von Königin Elisabeth. »Ach, das ist doch inzwischen bestenfalls ein vergoldetes Furunkel.« Als er schließlich ein paar sentimentale englische Balladen zum Besten gab und seine Gesangseinlage mit »Lieber Herr Jesus« beschloss, griff sich die Herzogin ans Herz.

Jonathan widerstand erfolgreich dem Verlangen, in den Gassenhauer »Ein dickes Ende ist das beste« auszubrechen, obwohl er seine Erstgeburt – sofern es an dem war – dafür verkauft hätte, die Reaktion der mumifizierten Granden zu beobachten. Aber ein Pompeo Pelligrini war nirgends auszumachen, und nach ihm zu fragen wollte er nicht riskieren.

Die Feindseligkeiten zwischen Spanien und England waren das beherrschende Thema der Gespräche. Alle waren sich darin einig, dass Drakes Überfall auf Cádiz unbedingt mit einer förmlichen Kriegserklärung zu beantworten sei. Lorenzo, der Sohn der Herzogin, war voll des süßen Weins. »König Philipp muss zum Kreuzzug gegen die englischen Ketzer aufrufen«, forderte er tatendurstig. Bald hatte seine Trunkenheit einen solchen Grad erreicht, dass er von seinem Kammerdiener Fabrizio zu Bett gebracht werden musste.

Da die Spanier vorwiegend Nachtmenschen sind – die Hitze des Mittags fordert eine ausgedehnte Siesta – war Mitternacht schon längst vorüber, als die versammelten Gäste zum Aufbruch rüsteten. Jonathan spürte, dass ihm sein ganzes Unternehmen zu entgleiten drohte. Er spielte seine letzte Trumpfkarte aus.

»Euer Ladyschaft halten zu Gnaden, Gott gewährte mir das Privileg, Zeuge des Martyriums einer Seele zu werden, die Seinem Herzen besonders nahe ist. Ich spreche von niemand Geringerem als unserer geheiligten Maria von Schottland.«

Zeit, Bewegung, Atem, alles blieb stehen. Die Herzogin fiel in Ohnmacht. Kaum wiederbelebt flehte sie Jonathan an, ihr unverzüglich von dem Ereignis zu berichten, doch ihr Arzt intervenierte mit größter Bestimmtheit: Der Schock sei zu groß, die Stunde zu spät, Exzellenz müssen unbedingt ruhen. Die Herzogin zog sich zurück, aber nicht, ohne Jonathan das Versprechen abzunehmen, sich bei ihrer nächsten Soiree wieder einzufinden.

Wie ein Lauffeuer machte bei der Madrider Hautevolee die Kunde von einem Augenzeugen des Martyriums der schottischen Königin die Runde. In der darauffolgenden Woche herrschte im Salon der Herzogin von Feria drangvolle Enge. Als Jonathan eintrat, wurde er blass: Zwei rothaarige und rotbärtige Herren befanden sich im Raum, der eine ein stattlicher Caballero, der andere ein ziemlich aufgetakelter Geck. Welcher war es?

Reiß dich zusammen, das wird vermutlich der Auftritt deines Lebens, ermahnte sich Jonathan und legte los mit seiner Geschichte. Husten und Geraschel erstarben. Es wurde so still, dass man eine Stecknadel fallen hören konnte. In kalkuliert quälender Langsamkeit näherte sich Jonathan dem Höhepunkt. »... schwarz war das Gewand, in dem sie zum Schafott schritt, schwarz der Richtblock, auf den sie das Haupt bettete, schwarz die Herzen derer, die sie verurteilt hatten. Doch in einem Augenblick der göttlichen Offenbarung entledigte sie sich der schwarzen äußeren Hülle, um sich triumphierend im Blutrot des Märtyrergewandes zu zeigen, in jenem Blutrot, in dem die Kirche vor Gott die Blutzeugen des Christentums verehrt, im Rot des Blutes, das dem abgeschlagenen Haupt der Königin entströmte!«

Eine Anzahl Damen musste mit Riechsalz behandelt werden, die Herzogin löste sich in Tränenfluten auf, und Jonathan bemerkte irritiert, dass auch ihm die Tränen über die Wangen rannen. Der übertrieben farbenprächtig gekleidete Geck mit seinem nach Sandelholz duftenden Lockenbart trat zu Jonathan. »O schwarz, schwarz, schwarz!«, schluchzte er auf, die Augen mit einem erlesenen Spitzentaschentuch betupfend. »Lieber junger Freund, Ihr habt mich zu Tränen gerührt! Permisso – ich bin Pompeo Pelligrini.«

Das kann doch nicht sein! Doch nicht dieser parfümierte Laffe! Sorgfältig formulierte Jonathan seine Frage. »Hat nicht die Königin von Schottland ein leuchtendes Zeichen für uns alle gesetzt?«

»Ohne Frage«, gab Pelligrini zurück, »möge sie in den Armen des Engels Madimi in den Himmel auffahren.«

Er war es, jeder Irrtum war ausgeschlossen. Er hatte die richtige Antwort gegeben, denn der Engel Madimi war der Vermittler zwischen dem Magier John Dee und der Welt der Geister.

Pelligrini senkte die Stimme fast bis zur Unhörbarkeit. »Im ›Goldenen Hahn‹, Calle Santa Isabel, Samstagabend neun Uhr. Aber kein Aufsehen!«

Jonathan grübelte darüber nach, wie er sich unauffällig mit Pelligrini treffen könnte. Walsinghams Warnung, sich nie allein mit Pelligrini in der Öffentlichkeit zu zeigen, klang ihm noch im Ohr. Er musste sich verkleiden, klar, aber wie und als was? Und wie sollte er sich in nur zwei Tagen ein Kostüm beschaffen? Er hatte nicht das Geld übrig, einfach loszuziehen und ein paar exotische Klamotten zu kaufen.

Er ging in seiner Dachkammer auf und ab. »Ja, in London könnte ich mich mich im Fundus des Theaters bedienen ...«

Am nächsten Nachmittag ging er in eines der Madrider Theater, das »Prince«. Seine Bauweise unterschied sich grundlegend von den Theatern Londons. Auf einem Areal zwischen zwei Häuserreihen, welche die seitliche Begrenzung bildeten, hatte man an einem Ende eine hölzerne Bühne, am anderen Ende zwei Balkons errichtet. »Nur für Damen« stand an dem einen, weshalb man ihn auch scherzhaft den Hühnerstall nannte. Der zweite Balkon war dem Adel vorbehalten. Noch nie hatte Jonathan so viele prächtig gekleidete Granden auf einem Haufen gesehen. Das gemeine Volk drängte sich im »Graben« zwischen Bühne und Balkonen. Eigentlich alles wie bei uns zu Hause, dachte Jonathan.

Die Spanier waren leidenschaftliche Theatergänger. Wenn die Hitze es nur irgend zuließ, wurde nachmittags ab zwei Uhr gespielt. Obwohl der Graben schon brechend voll war, drängten immer neue Massen herein, vorbei an den Platzanweisern, die zum Schutz gegen Handgreiflichkeiten in schweren Büffelleder-wämsern steckten.

Vor so einem Haufen möchte ich nicht auftreten müssen, ging es Jonathan durch den Kopf. Wenn du da was verpatzt, bekommst du womöglich ein Messer zwischen die Rippen. Man spielte das Stück »La Confusa«, das er aber nicht kannte. Es war ein Mantel-und-Degen-Stück von einem gewissen Cervantes und kam nach dem Beifall und Fußgetrampel zu schließen bestens an.

Als das Stück seinen Gang nahm, erlebte Jonathan den Schock

seines Lebens: Die Frauenrollen wurden von echten Frauen gespielt! Mit echten langen Haaren, weicher Haut und Brüsten, echten Brüsten! Da sich auf der Bühne beide Geschlechter tummelten, kam es zwischen Männern und Frauen zu viel mehr Körperkontakt, besonders bei den Liebesszenen, wodurch ein Realismus in die Handlung einzog, der sich beim Spiel zwischen Mann und Knaben niemals einstellen konnte. Zu verfolgen, wie eine Liebesszene schließlich in einer leidenschaftlichen Umarmung endete, war wie ein heimlicher Blick ins Schlafzimmer. Das Publikum konnte nicht genug davon bekommen. Plötzlich ging Jonathan auf, dass das Theater überall diesen spanischen Weg nehmen würde, denn Spanien gab die Mode vor, und die Welt machte alles nach. Armer Pudge! Das Stück endete mit einem leidenschaftlichen und verführerischen Tanz der Männer und Frauen, einer Sarabande, deren Körperbezogenheit die Menge in Erregung versetzte.

Jonathan verscheuchte die sinnlichen Gedanken aus seinem Kopf. Ein Kostüm also – aber für einen Priester oder einen Mönch bist du zu jung. Ein Bettler? Aber was sollte ein Geck wie Pompeo mit einem Bettler zu schaffen haben? Die Zusammenkunft musste so realistisch wie möglich wirken.

Jonathan verkroch sich wieder in seinem Schlupfloch auf dem Dachboden. Nach Abwarten der Dunkelheit kehrte er zum Theater zurück. »Dann wollen wir mal sehen, was für ein Kostüm das Schicksal für dich in petto hat«, flüsterte er sich selber zu. Er kletterte über den Zaun, raffte ein paar Kostüme an sich, die zum Lüften herausgehängt worden waren, und griff sich rasch noch ein paar Tiegel mit Schminke.

Am späten Samstagnachmittag rüstete er sich unter Einsatz aller am Theater gelernten Fertigkeiten für seinen Auftritt. Sein Haar war inzwischen so lang, dass er es zu einer Ponyfrisur kämmen konnte. Er zog die Lider verführerisch mit Kohle nach, malte sich die Lippen rot und klatschte eine dicke Schicht Puder auf den am Kinn unübersehbar sprießenden Pfirsichflaum. Er schlüpfte in Rock und Bluse eines Bauernmädchens, bedeckte den Kopf mit der Mantilla und kaschierte mit einem bis zu den Knöcheln reichenden Tuch seine magere Gestalt.

Jonathan machte sich auf den Weg zum »Goldenen Hahn«. »Zu groß für ein Mädchen«, murmelte er, doch als ein Soldat bei seinem Anblick ein langes schmatzendes Kussgeräusch vom Stapel ließ, war sein Selbstvertrauen wieder hergestellt. Beim Betreten des »Goldenen Hahn« festigte es sich noch mehr, denn Ysidro, der hühnerbrüstige Wirt, starrte ihn mit unverhohlener Lüsternheit an. »Madre de Dios«, keuchte er, »noch nie habe ich ein Bild von solcher Lieblichkeit gesehen.«

Ohne Anstandsdame in der Öffentlichkeit aufzutreten machte Jonathan zum Freiwild, und Ysidro wollte denn auch gleich zur Sache gehen. Jonathan verbarg züchtig das Gesicht hinter dem flugs geöffneten Fächer und huschte zu Pompeo Pelligrini, der an einen Tisch in der Ecke saß. Der italienische Geck erkannte Jonathan erst, als er von ihm angesprochen wurde.

Pelligrini zog mit Jonathan in ein Separee um. Als sie in dem im ersten Stock gelegenen Liebesnest allein waren, änderte sich Pelligrinis Gebaren vollkommen. Das Getue und der italienische Akzent fielen von ihm ab, seine Stimme bekam einen deutlichen schottischen Akzent. »Ich bin Anthony Standen.«

Jonathan machte ein verdutztes Gesicht. »Ich habe als Italiener getarnt jahrelang in Italien gelebt und Philipp von Spanien Informationen verschafft«, erläuterte er lachend. »Aber keine Angst, meine knusprige kleine Señorita, die meisten meiner Informationen für Philipp beziehe ich von Walsingham. Sie sind so verlässlich, dass Philipp sie mir abkauft, aber auch so harmlos, dass sie England nicht schaden können. Aber du überraschst mich. Ich hätte nie damit gerechnet, dass Walsingham mir einen bartlosen Jungen schickt, der sich noch dazu so anziehend zu kostümieren versteht.«

Jonathans Blick fiel auf das Kruzifix, das Standen um den Hals trug. »Das ist ein ausgezeichnetes Requisit zur Tarnung«, meinte er. »Warum bin ich nicht selber darauf gekommen?«

»Das ist keine Tarnung. Ich bin Katholik, von Geburt und aus Überzeugung.«

»Aber wie kommt es dann, dass ...« Jonathan bekam ein ungutes Gefühl.

»Gute Frage! Vom frommen Katholiken zum Doppelagenten für unseren Erzpuritaner Walsingham war ein langer und verschlungener Weg. Aber wer kennt schon den Ratschluss Gottes?«

Es pochte an der Tür. Standen warf Jonathan auf das Bett und küsste ihn. Als der Wirt hereinplatzte, wurde er Zeuge einer ausgedehnten Tätschelei. Er servierte ein stark mit Piment und Knoblauch gewürztes Gericht aus eingelegtem Fleisch und zwei große Becher mit einer dicken dunkelbraunen Flüssigkeit. Der Duft ließ Jonathan das Wasser im Munde zusammenlaufen.

Ysidro deutete auf die Becher. »Das ist das neueste Modegetränk aus der Neuen Welt. Es wird Euer Wohlbefinden in einem Maße heben, dass Ihr garantiert die ganze Nacht davon zehren könnt. Man nennt es Schokolade.«

Unter zahllosen Verbeugungen verschwand er aus dem Zimmer. Standen klemmte eine Stuhllehne unter die Türklinke. »Hast du das Getränk bestellt?« Jonathan schüttelte den Kopf. »Ich glaube, der geile alte Gockel hat ein Auge auf dich geworfen.« Er grinste. »Vor vielen, vielen Jahren habe ich jemand in deinem Alter gekannt, der auf die Menschen ähnlich wirkte wie du. Er war aristokratisch, langgliedrig, ein Liebling der Götter ... Die Menschen, ich eingeschlossen, sind ausnahmslos auf ihn geflogen. Vielleicht hast du schon einmal seinen Namen gehört: Henry Stewart, mit dem Titel Lord Darnley.«

Jonathan verschluckte sich an seiner Schokolade. »Jener Darnley, der ...?«, hustete er.

Standen nickte. »In unserer Jugend waren wir Busenfreunde ... und noch ein bisschen mehr. Wir haben zusammen gesoffen und gehurt, es gab kein Spundloch, das wir nicht gestopft hätten. Er war ein wilder zügelloser Geist, aber er war erst achtzehn, da braucht man sich doch nicht zu wundern! Seine Abstammung aus dem Geschlecht der Stewarts machte ihn zu einem aussichtsreichen Anwärter auf den englischen Thron, und so kam es, dass die schottische Königin zur Untermauerung ihres eigenen Anspruchs ihr lüsternes Auge auf ihn warf. Dass Darnley jung, gut aussehend und sehr männlich war, machte ihn für sie umso unwiderstehlicher. Sie lockte ihn mit dem Versprechen, ihn zum Mitkönig zu machen. Darnley war noch nicht reif für eine Ehe. Jawohl, er trank, er ging fremd, er prügelte sich, aber zum Teufel, er musste sich doch erst einmal die Hörner abstoßen. Maria, die von Geburt an gewohnt war, dass alles nach ihrer Pfeife tanzte, verlor die Geduld und wollte nichts mehr von der versprochenen Mitregentenkrone Schottlands wissen.

Um alles noch schlimmer zu machen, ließ sie sich mit ihrem italienischen Sekretär Rizzio ein. Viele behaupten, nicht Darnley, sondern Rizzio hätte Marias Sohn James gezeugt. Darnley vernahm die Gerüchte. Sie waren einfach zu zahlreich, als dass er sich hätte darüber hinwegsetzen können. Er musste annehmen, sie hätte ihm Hörner aufgesetzt, und verfiel in wütende Raserei. Zusammen mit seinen Dienern stach er Rizzio vor Marias Augen nieder.

Das war der Wendepunkt. Maria begann, auf Darnleys Ermordung zu sinnen. Nicht so sehr wegen seiner Bluttat, Rizzio war für Maria ohnehin nur ein Spielzeug gewesen, sondern weil sie eine neue Liebschaft angefangen hatte, mit dem Earl von Bothwell. Als Katholikin war für sie die Scheidung unmöglich, und die Ehe vom Papst annullieren zu lassen hätte viel zu lange gedauert – also schmiedete sie ein Mordkomplott gegen Darnley. Als er umkam, war er noch keine einundzwanzig Jahre alt.

Ich habe damals geschworen, ihn zu rächen. Selbst jetzt noch, wo man ihr den Kopf von den Schultern gehauen hat, macht mir die Erinnerung an ihren bösen Geist zu schaffen.«

Jonathan lauschte gebannt. Wieder ein Einblick in das Leben der Königin von Schottland. Es war bedrückend zu sehen, dass keine Tat im Leben ohne Folgen blieb. Plötzlich vernahm er in seinem Kopf den Widerhall von Hufgetrampel und dem Übelkeit erregenden Geräusch berstender Knochen und platzenden Fleischs. In einem geheimen Winkel seiner Seele wusste er, dass er für Blutkopfs Tod irgendwie und irgendwann würde bezahlen müssen.

＊

Die heimlichen Treffen von Jonathan und Standen zogen sich bis weit in den November. Nie kam Standen ohne interessante Informationen. »Wie erfahrt Ihr das alles?«, fragte Jonathan fasziniert.

»Klatsch bei diplomatischen Empfängen und ähnlichen Gelegenheiten. Meine Hauptquelle ist Fabrizio, der Kammerdiener des Herzogs von Feria. Er arbeitet als Informant für mich. Was die Intrigen am Hof angeht, nimmt der Herzog kein Blatt vor den Mund, und Fabrizio gibt alles an mich weiter – für eine gewisse Summe. Philipp zieht aus seinem ganzen riesigen Reich Männer, Nachschub und Schiffe zusammen. Sogar die großen Kriegsgaleonen zum Geleitschutz der Schatzschiffe aus der Neuen Welt sind nach Lissabon befohlen worden. Unser Überfall auf Cádiz hat Philipps Pläne einstweilen durchkreuzt und uns eine Atempause verschafft. Dieses Jahr kann die Armada auf keinen Fall mehr auslaufen. Aber Philipp hat geschworen, dass sie auslaufen wird.«

»Bis zum Jahr 1588 ist es nicht mehr lang«, sagte Jonathan leise.

Standen nickte. »Das Jahr der Prophezeiung. Philipp hat versucht, jede entsprechende Erwähnung zu unterdrücken. Er hat astrologische Prophezeiungen mit der Todesstrafe belegt. Die beiden größten Astrologen von Madrid hat man ins Gefängnis geworfen – Lucrecia de León und Miguel de Piedrola, der unter dem Namen Prospero bekannt ist. Aber weder königliche Erlasse noch Strafandrohungen können etwas ausrichten. Seit hundert Jahren lebt die Welt in der Erwartung, dass die Prophezeiung sich erfüllt. Himmlische Zeichen kündigen das Ereignis an – das Jahr 1588 wird eine Sonnenfinsternis und zwei Mondfinsternisse erleben. In aller Herren Länder befassen sich die Traktate mit nichts anderem mehr als den Berechnungen des Regiomontanus, dem Bruch des Siebten Siegels, mit Armageddon und der bevorstehenden Schlacht zwischen Christus und dem Antichrist.«

»Glaubt Ihr, dass es ein Armageddon geben wird?«

»Wenn die Menschen so fest an etwas glauben, tritt es oft allein deshalb schon ein. Seit dem Tod der schottischen Königin kennt Philipp nur noch den einen Gedanken, ihr Martyrium zu rächen.«

»Sie war achtzehn Jahre lang in Gefangenschaft. Ich möchte wetten, es tut ihm Leid, dass er nichts unternommen hat, solange sie noch am Leben war.«

»Eine intelligente Bemerkung – und eine völlig unerwartete dazu für jemand, der aus dem Schauspielergewerbe kommt. Ich möchte dich aber bitten, derlei kompromittierende Gedankenspiele zu unterlassen, wenn du demnächst vor den König trittst.«

Jonathan fuhr zusammen. »Ich soll vor den König treten?«

»Die Herzogin war von deiner Schilderung der Hinrichtung der schottischen Königin so bewegt, dass sie dem König davon erzählt hat. Er hat ihr befohlen, dich in den Escorial zu bringen. Er möchte den Bericht aus deinem eigenen Munde vernehmen.«

»Das kann ich nicht.«

»Wenn Philipp befiehlt, gibt es kein ›ich kann nicht‹! Die Herzogin hat mich gebeten, sie zu begleiten. Aber vergiss nicht, wir kennen uns nur ganz oberflächlich.« Er zupfte an seinem Bart. »Es ist ungewöhnlich, dass Philipp sich im Winter in den Escorial begibt. Die Herzogin hat mir im Vertrauen gesagt, Philipp sei dorthin gegangen, um dort Gottes Beistand zu erflehen – dass er im Begriff sei, eine weit reichende Entscheidung zu treffen. Spitz also deine Ohren, vielleicht können wir etwas herausbekommen.«

»Das bringt mich um!«, stöhnte Jonathan.

»Sag nicht so dummes Zeug, sonst bist du am Ende wirklich tot.«

42.

Der Escorial lag knapp fünfzig Kilometer nordwestlich von Madrid. Die drei Insassen der Kutsche der Herzogin von Feria wurden kräftig durchgeschüttelt, während das Gefährt über die ausgefahrene Straße holperte. Jonathan wurde abwechselnd von schlimmen Vorahnungen und Seekrankheit heimgesucht. Du sollst dich dem König von Spanien stellen? Aber das war doch nie geplant! Er wird sofort merken, was mit dir los ist, räsonierte er in seinem Inneren.

»Mein Ärmster, ist dir übel?«, flötete Pompeo Pelligrini. »Eine Prise gefällig? Sie wird dich wieder richtig aufmöbeln.«

Jonathan schüttelte den Kopf. Er hatte Mühe, seinen rebellierenden Magen zu bändigen. Sie waren im Morgengrauen aufgebrochen und rechneten für den Nachmittag mit ihrer Ankunft. Wie kommst du hier bloß raus, dachte Jonathan, während die Kutsche voranpolterte. Oben auf dem Bock saß der Kutscher und knallte mit der Peitsche, neben den beiden grauen Zugpferden im Geschirr ritt ein Postillion einher, und auf dem hinteren Trittbrett stand ein Lakai und hielt sich an den Handgriffen der Kutsche fest. Alle waren schwer bewaffnet. An ein Entkommen war nicht zu denken.

Pompeo hielt eine seichte Unterhaltung über allerlei Belanglosigkeiten in Gang, in die er gelegentlich scheinbar harmlose Fragen einfließen ließ, um der Herzogin aufschlussreiche Antworten zu entlocken. »Hat man je eine so ausgezeichnete Kutsche gesehen? Spanien ist eben in allen modernen Entwicklungen absolut führend.«

»Ich habe vor, sie nach England mitzunehmen«, sagte die Herzogin vertrauensvoll.

»Oh, glücklicher Tag, wann werden wir dich erleben!«, rief Pompeo aus.

»In Jahresfrist, wenn Philipp die Usurpatorin vertrieben hat.«

Jonathan betastete die üppige dunkelbraune Brokatbespannung und presste die Nase gegen das Glasfenster der Kutsche. Noch nicht einmal die Kutsche von Königin Elisabeth hatte Glasfenster oder eine federnde Aufhängung der Passagierkabine – oder gar ein unter den Sitzpolstern eingebautes Toilettensystem. Wenn man vom Drang der Natur ereilt wurde, musste man keineswegs anhalten lassen – man klappte einfach das Polster hoch, und der Fall war erledigt. Ein in Essigwasser getauchter Schwamm sorgte für die Hygiene und lag in einem Behälter bereit. Mit Grasbüscheln oder harten Schabern aus Muschelschalen gaben sich diese Granden nicht ab.

Die Herzogin erzählte, wie und warum Philipp den Escorial erbaut hatte. Jonathan gab sich alle Mühe, aufmerksam zuzuhören. »Bei der Schlacht von St. Quentin am zehnten August 1557, also am Tage des heiligen Laurentius, wie jeder gute Katholik weiß, gelobte Philipp, im Fall des Sieges über die Franzosen ein Monument zu Ehren des Heiligen und zur Ehre Gottes zu errichten. Der Herr erhörte sein Gebet – und so entstand der Escorial.«

Pompeo nahm die Geschichte auf. »Seine Majestät suchte einen Platz fernab von den Versuchungen und Täuschungen der Welt. Er wählte schließlich einen Ort am Fuße der Berge von Guadamaras in der Nähe des Dorfes Escorial. In dieser Gegend wird Eisenerz geschürft. Das Dorf wurde nach der ›scoria‹ genannt, der Schlacke, die beim Bergbau übrig bleibt. Herzogin, kommt aus diesen Minen noch Eisenerz für die Armada?«

»Ja, aber weniger, als Philipp gern möchte. Er forderte deshalb von den Bergleuten größeren Einsatz und hat ihnen zum Lohn dafür einen besonderen Ablass der Kirche versprochen, durch den sie ihren Aufenthalt im Fegefeuer abkürzen könnten. Hat es je einen mildtätigeren Herrscher gegeben? Ich werde niemals den Tag der Grundsteinlegung vergessen«, fuhr sie fort, »den dreiundzwanzigsten April 1563, den Tag des heiligen Georg, unseres Schutzpatrons von England. Philipp hat ausdrücklich diesen Tag auserwählt, denn er hat England seit jeher geliebt. Hat er denn nicht eine englische Königin geheiratet – und einer anderen die Ehe angetragen? Aber – o weh! – diese unbotmäßige Elisabeth zog es vor, sich mit ganzen Männerscharen zu umgeben und behauptet dabei doch tatsächlich noch, jungfräulich zu sein. Sie hat dreizehn uneheliche Kinder!«

»Vierzehn«, sagte Joanthan. Was soll's, eins mehr oder weniger würde Elisabeth auch nicht unglücklich machen.

»Diese verkommene Hure! Nach dem Eingeständnis ihres Vaters und dem Beschluss des Papstes ein Bastard durch und durch! – Übrigens, Majestät wollte den Escorial von Michelangelo erbauen lassen, doch als dieser sein vorgerücktes Alter ins Feld führte, ernannte der König Juan Bautista de Toledo, der bereits unter Michelangelo gearbeitet hatte, zu seinem Baumeister. Bautista entwarf den Grundriss des Escorial nach dem Muster eines Eisenrostes – der heilige Laurentius wurde ja auf einem glühenden Rost zu Tode gefoltert – und errichtete die zentrale Kapelle in Anlehnung an Michelangelos Plan des Petersdoms in Rom.

König Philipp hat für den Escorial Reliquien von unschätzbarer Heiligkeit zusammengetragen: Ein Stück vom Balken des Kreuzes und einen der Nägel Christi, ein Haar vom Barte Jesu, einen Dorn von seiner Dornenkrone, ein Stück des leinenen Tränentuchs Mariens – ganz zu schweigen vom vollständigen Leib des heiligen Moritz und mehr als hundert Schädeln, darunter der des heiligen Jeremias, und seinem Prachtstück, dem Arm und dem Schädel des heiligen Laurentius.«

Gebraten?, hätte Jonathan am liebsten gefragt.

»Der Escorial ist ein aufgeschlagenes Buch über unseren allerfrömmsten König. Das Bauwerk ist ein Spiegel unseres Monarchen, ein Monument seiner Gottesverehrung.«

»Da ist er«, sagte Pompeo und deutete zum Fenster hinaus. Eine letzte Steigung, dann rumpelte die Kutsche auf einen Platz von so gigantischen Ausmaßen, dass der Berg selber geschrumpft zu sein schien. Jonathan drehte den Kopf in sämtliche Richtungen und war doch nicht in der Lage, alles in sich aufzunehmen.

Es war mitten im Winter, aber der riesige Platz wimmelte von Menschen. Kutschen trafen ein und fuhren ab, fliegende Händler aus den Dörfern verhökerten Essbares und sonstige Waren. Hieronymitische Mönche, Wachen, Caballeros auf tänzelnden Rössern und Inquisitionsdiener tummelten sich zwischen Bettlern mit allen nur denkbaren Gebrechen und den Studenten, die gekommen waren, um in der Bibliothek zu studieren, die an Umfang nur noch von der des Vatikans übertroffen wurde. Dazu kamen Bataillone von Künstlern, Handwerkern, Bauleuten und Handlangern, denen niemals die Arbeit ausging. El Escorial ... eine Welt für sich, Philipps Welt.

Die Ängste, die Jonathan ohnehin schon bedrängten, verzehnfachten sich beim Anblick des Albtraums, den ein dämonischer Gott der Unterwelt auf diesem Hügel hatte Wirklichkeit werden lassen. Jonathan schauderte angesichts dieser starren Fassade, die kälter war als das eisige Wetter, der hohen schmucklosen Fenster, der massiven grau- gelblichen Steinblöcke von der Farbe eines Gelbsuchtopfers. Gnadenlos hingeklotzt und ohne das vermittelnde Element einer Treppe hockte der Gebäudekomplex schroff und barsch auf dem Gelände. Man hatte das Gefühl, er laste so schwer auf dem Untergrund, dass er nach und nach wieder vom Erdboden verschluckt werden müsse.

Durch das Haupttor gelangten sie in einen großen, granitgepflasterten Innenhof mit der Bezeichnung La Longa. Auf der anderen Seite des Hofs wartete ein düsterer Eingang, an dem sechs biblische Könige einschüchternd von ihren Postamenten herunterstarrten.

Sie schritten durch riesige Flure. Die gigantischen Freskenmalereien an Wänden und Decken ließen menschliche Proportionen ins Zwergenhafte schrumpfen. Jonathan hatte das Gefühl, er würde mit jedem Schritt kleiner. Die Herzogin blieb vor einer Seitenkapelle stehen. »Ich pflege hier immer ein Gebet für die Gesundheit des Königs zu sprechen.«

Über dem Altar hing ein marmorner Christus mit qualvoll verdrehten Schultern an einem marmornen Kreuz. Die Herzogin betrachtete es verzückt. »Dieses Kruzifix wurde von Benvenuto Cellini geschaffen. Es ist doppelt heilig, weil man die Maße des Gekreuzigten vom heiligen Grabtuch in Turin abgenommen hat. Als Seine Majestät das Werk sah, musste er es einfach besitzen! Er ist wahrlich der größte Kunstmäzen auf der ganzen Welt. Schaut euch um, überall Meisterwerke von Tizian, El Greco, Hieronymus Bosch. Seine Majestät hat oft gesagt: ›El Escorial soll die Stadt Gottes auf Erden werden, eine bescheidene Hütte für mich selbst, aber ein Palast für den Herrn.‹«

Sie deutete auf ein Gemälde. »Dieser Raphael ist die jüngste Erwerbung des Königs. Pompeo, habt Ihr die traurige Geschichte von dem Maultiertreiber gehört, der das Gemälde hier abliefern sollte? Er ist durch einen Unfall ums Leben gekommen – behaupten jedenfalls die Behörden von Toledo. Aber der König wittert Unrat. Der Mörder wird teuer bezahlen müssen, falls es an dem ist.«

Jonathans Knie gaben nach. Pompeo konnte ihn zum Glück noch auffangen.

»Was ist?«

»Oh, nichts«, krächzte Jonathan. »Es sind nur die Knie. Nach der langen Reise wollen sie noch nicht so recht.«

Durch ein Labyrinth von Gängen und Treppenfluchten gelangten sie in einen Warteraum für Bittsteller, in dem wegen der fortgeschrittenen Stunde keiner mehr anzutreffen war. Der Boden des mittelgroßen Raums war im Fischgrätmuster mit roten Fliesen belegt, der untere Bereich der Wände blau und weiß gekachelt. Zwei bleiverglaste Fenster durchbrachen die dicken Wände und ließen das Licht des schwindenden Tages eintreten. Zwei in Philipps Farben Rot, Gelb und Weiß uniformierte Wachen geleiteten die Herzogin in die Gemächer des Königs.

Jonathan suchte verzweifelt nach einem Fluchtweg. Er schätzte die Höhe bis hinunter zum Garten ab, aber sie war zu groß für einen Sprung. Bei der Landung auf dem Boden würde er sich ein Bein oder sogar das Genick brechen. Er wollte zur Tür stürmen, doch Pompeo packte ihn. »Bist du völlig verrückt geworden? Hier patrouillieren überall Palastwachen und würden dich in Minutenschnelle wieder einfangen. Wir würden beide auffliegen! Wir haben einen hohen Einsatz gewagt. Du musst das jetzt durchstehen!«

»Der König weiß alles«, japste Jonathan, »nur deswegen hat er ...«

»Jetzt halt das Maul, und atme tief durch«, sagte Standen im Befehlston. »Die Panik geht schon vorüber. Du wirst tun, was ich dir sage, oder ich schwöre dir, ich bringe dich eigenhändig um!«

»Das schaffe ich nicht!«, stieß Jonathan hervor. »Ich soll mich dem größten und frömmsten Monarchen der Welt stellen? Der weiß doch Bescheid! Dem kann ich nichts vormachen.«

»Der Frömmste?«, murmelte Standen giftig. »Jetzt hör mir mal zu, du Idiot, Philipp ist ein Mann wie jeder andere und für weibliche Reize nicht weniger empfänglich als andere Männer auch! Nachdem seine erste Frau gestorben war, hat er Maria Tudor geheiratet, aber gleichzeitig trieb er es mit einigen Damen seines Hofes, darunter Isabel Osario und Eophrasia de Guzman. Maria hat sich bitter bei ihm beschwert, denn sie wusste sehr wohl, dass andere Frauen bei ihrem lieben Philipp den Rahm abschöpften.« Er versuchte weiter, Johann moralisch aufzubauen. »Wir wissen doch alle, dass die blutige Maria Tudor über dreihundertfünfzig Engländer auf dem Scheiterhaufen verbrennen ließ, weil sie hoffte, dass Gott ihr zum Lohn dafür eine Schwangerschaft schenken würde. Maria war blutig, mag sein, aber sie war auch blöde. Während sie Ketzer verbrannte, hat Philipp sie verschaukelt. Sie wäre besser beraten gewesen, im Bett ein bisschen Zunder zu geben.«

Ein Schatten glitt an einem der Fenster vorbei. Jonathan zuckte zusammen. Sie sahen, wie ein massiver Steinblock, der in einem großen eisernen Hebezeug hing, von einer Rotte Arbeiter mühsam hochgezogen und an Ort und Stelle gehievt wurde. »Seit sechsunddreißig Jahren wird nun schon an diesem Monstrum gebaut«, flüsterte Standen. »Die Herzogin hat Recht, der Escorial ist ein Spiegel Philipps, so kalt und öde wie seine Seele. Er ist eigentlich ein schwacher Mann, der starke Persönlichkeiten nicht ertragen kann. Sei also schön unterwürfig, mach Bücklinge und Kratzfüße, und kriech ihm in den königlichen Arsch, wenn es sein muss. Im Salon der Herzogin warst du hervorragend. Wenn du hier die gleiche Nummer hinlegst, könnten wir etwas herausbekommen, das uns weiterbringt. Geht es dir jetzt besser?«

Jonathans Magen flatterte immer noch. Düstere Vorahnungen bedrängten ihn. Ich muss hier raus!, schrie es in ihm. Aber das Defilee schwarzvermummter Mönche, das durch die halb geöffnete Tür sichtbar wurde, ließ einen Fluchtversuch nicht ratsam erscheinen.

»Die Mönche wohnen hier beim König«, sagte Standen.

»Wie ich höre, gilt dieses Privileg in Ordenskreisen als besonders unerfreulich, immer nur beten und Messen lesen. Viele halten es für geradezu abartig, dass ein König sozusagen im Kloster lebt, aber Philipps ganzes Leben ist im Grunde nur ein einziges Bemühen, Gott zu bestechen. Der Bau dieses Mausoleums, diese Sammelwut, was heilige Reliquien angeht, und das Leben innerhalb von Kirchenmauern – alles nur Bestechungsversuche, damit Gott ihn eines Tages zu sich in den Himmel einlässt. Wen man bei einem solchen Fanatiker ein bisschen am Lack kratzt, kommt schnell der ... Na ja, es ist ja kein Geheimnis, dass er erblich belastet ist. Seine Großmutter Joanna la Loca hat man jahrelang in einer Burg eingesperrt, und sein Sohn Don Carlos gilt als geisteskrank. Er war immer schon etwas seltsam, aber mit dem Älterwerden hat es sich verschlimmert. Don Carlos war mit der Prinzessin Elisabeth Valois von Frankreich verlobt und hat sie leidenschaftlich geliebt, aber dann hat Philipp beschlossen, die Dame selbst zu heiraten. Stell dir vor, du musst mit deinem Vater unter einem Dach leben, und er schläft mit der Frau, die du heiraten wolltest! Das kann jeden Sohn um den Verstand bringen. Es wurde so schlimm, dass Philipp Don Carlos wegschließen musste. Ein paar Monate darauf ist Don Carlos gestorben, und kurz darauf wurde auch Elisabeth von einem viel zu frühen Tod ereilt. In ganz Europa wurde geflüstert, die beiden seien vergiftet worden. Die Wahrheit kennen nur Gott und Philipp.«

Jonathan riss sich von Standen los und schoss zur Tür. Standen schnappte ihn und warf ihn zu Boden. »Mein Gott, was bist du für ein erbärmlicher Feigling.«

»Der Tod von dem Maultiertreiber – das war ich! Was ist, wenn Philipp Bescheid weiß? Was ist, wenn das der eigentliche Grund dafür ist, dass er uns kommen ließ?«

»Du hast ihn umgebracht? Ach du lieber Gott, was sollen wir jetzt tun?«

Für lange Überlegungen blieb ihnen keine Zeit, denn die Herzogin kehrte strahlend und noch ganz unter dem Eindruck der Audienz zurück. »Don Pelligrini, wie Ihr wisst, ist Seine Majestät des Englischen nur wenig kundig, und der Sekretär Don Idiasquez ist zur Zeit anderweitig beschäftigt. Wärt Ihr so freundlich, Euch als Dolmetscher zur Verfügung zu stellen? Ich habe meine Dienste angeboten, allein, unser besorgter Monarch befürchtet, Fragen stellen zu müssen, die für das Ohr einer Dame von zu delikater Natur sind. Ich werde die Nacht hier verbringen, aber ich weiß leider nicht, welche Pläne Majestät mit Euch hegen. Mein lieber Don Pelligrini, was ist mit Euch, weshalb seid Ihr auf einmal so blass?«

Wächter eskortierten Jonathan und Pompeo durch eine an die vierzig Meter lange Gemälde- und Kuriositätengalerie, in der Schätze jeder Art angehäuft waren: Tier- und Pflanzensammlungen aus der Alten und der Neuen Welt, in den Schlachten von St. Quentin und Lepanto erbeutete Fahnen, hinreißende Gemälde von Tizian und großartige Höllenvisionen des Hieronymus Bosch.

Sie gelangten in das verborgene Herz des riesigen Baus, eine schlichte Suite von drei Räumen. Die Wachen zogen ab. »Das hat es noch nie gegeben, dass man in königlichen Privatgemächern unbeaufsichtigt gelassen wird«, flüsterte Standen. »Sag nichts, rühr nichts an, ich möchte wetten, wir werden beobachtet. Wenn der König dich beschuldigt, musst du alles abstreiten. Wir müssen die Sache aussitzen.«

Die drei Privatgemächer des Königs wirkten angesichts der sie umgebenden Pracht ausgesprochen ärmlich: Weißgetünchte Wände, Tonnendecken, mit roten Keramikplatten belegte Böden. Im größten der drei Räume gaben drei in tiefen Wanddurchbrüchen angeordnete Fenster den Blick auf den winterlich verödeten Garten und auf die im abendlichen Zwielicht liegenden Berge frei. Zwei geräumige Alkoven schlossen sich seitlich an den Hauptraum an, spärlich beleuchtet von dem wenigen Licht, das zum Fenster hereinfiel. In einem der Alkoven standen ein Himmelbett, ein Schreibpult und ein paar Lederstühle; an der Wand hing ein Gemälde vom heiligen Laurentius auf dem glühenden Rost.

In dem anderen Alkoven, dem Arbeitsraum, befand sich ein langer Tisch, darauf ein Bücherschränkchen mit Glastüren; drei Stühle standen hinten an der Wand. In die Rückwand von Schlaf- und Arbeitsraum waren Eichentüren eingelassen. Die Pforten waren geschlossen. Jonathan konnte nicht sagen, wohin sie führen mochten.

»Ich ... höre Stimmen! Hört Ihr sie auch?«, stotterte er. »Gehen hier ... Geister um?«

Standen hatte wieder seine Pelligrini-Persönlichkeit angenommen. »Es ist der Geist Gottes«, sagte er betont schwärmerisch. »Hinter diesen Türen liegt die Palastkirche. Seine Majestät wollen dem Herrn möglichst nahe sein. In dieser Kirche sind die väterlichen Gebeine aufgebahrt – von Karl V., Kaiser des Heiligen Römischen Reiches –, und anderer Mitglieder der königlichen Familie. Hörst du das Gemurmel? Der König hat angeordnet, dass für das Seelenheil Seiner Vorfahren dreißigtausend Messen gelesen werden. Eines Tages werden auch Philipps Gebeine hier ruhen, und man wird jeden Tag zahllose Seelenmessen für Majestät lesen bis ans Ende der Zeiten.«

»Ich muss ganz furchtbar pinkeln ...«

Geräuschlos wie ein Geist betrat Seine Majestät, der König von Spanien, den Raum.

Pompeo Pelligrini und Jonathan beugten das Knie. »Erhebt euch«, sagte Philipp leise und mit ausdrucksloser Stimme. Er winkte den beiden, ihm in sein Arbeitszimmer zu folgen.

Jonathan musterte verstohlen den König. Seit Gott Himmel und Erde erschaffen hatte, hatte kein Herrscher über ein größeres Reich geherrscht als er. Jonathan vermochte kaum zu glauben, dass er sich im selben Raum mit dem mächtigsten Monarchen der Welt befand.

Philipp stand in seinem sechzigsten Lebensjahr und im dreiunddreißigsten Jahr seiner Regentschaft. Die Sorge um das Reich hatte ihren Tribut gefordert. Sein Bart und sein spärliches weißes Haar ließen noch erkennen, dass er einstmals blond gewesen war. Die volle Unterlippe und die vorspringende Kinnlade, die er seinen burgundisch- habsburgischen Ahnen verdankte, verliehen seinem Gesicht etwas entfernt Gorillahaftes. Er war nicht besonders groß, das schwarze Wams und die engen schwarzen Strumpfhosen unterstrichen den spinnengliedrigen Eindruck, den dieser Mann machte. Jonathan konnte den Blick nicht von der schlaffen Haut des Königs abwenden. Ihre Farbe erinnerte ihn an nichts so sehr wie an den gelbsüchtigen Stein, aus dem der Escorial erbaut war.

Philipp sprach mit tiefer monotoner Stimme, die keinerlei Gefühlsfärbung erkennen ließ. Ohne den Blick von der Tischplatte zu heben, auf der sich die Papiere stapelten, richtete er Frage um Frage an Jonathan und Pompeo. Gelegentlich griff er nach kurzer Suche nach einem Schriftstück. »Traue niemand«, hatte sein Vater ihn einst gewarnt. »Mach dir alle zu Nutzen, aber verlasse dich niemals auf einen allein.« Philipp hatte sein Leben lang nach diesem Motto gelebt. Jede Meldung aus den hintersten Winkeln der Welt, jede Bittschrift, ob der Absender Grande, Priester oder Bauer war – der ganze erdrückende Berg der Korrespondenz des Reiches schob sich im Schneckentempo an seinen rotgeränderten Augen vorüber. Angesichts dieser gewaltigen Arbeitslast waren Philipps Reaktionen von lähmender Langsamkeit und ließen einmal einen seiner Botschafter verzweifelt ausrufen: »Wenn der Tod sich in Spanien die Erlaubnis holen müsste, hätten wir alle das ewige Leben.«

Jonathan war immer noch in die Betrachtung Philipps versunken. Sich diesen Mann als schneidigen Reiter oder ausgelassenen

Tänzer wie Königin Elisabeth vorzustellen war schlichtweg unmöglich. Hinter dem teilnahmslosen Blick, der vollkommenen Selbstbeherrschung, den durchdringenden blauen Augen und der exzessiven Frömmigkeit des Königs war ein in diesen unvollkommenen Körper eingesperrter fanatischer Geist zu erahnen, der nach Befreiung schrie. Jonathan fragte sich, ob es etwas gab, an dem ein solcher Mann uneingeschränktes Vergnügen haben könnte. Das Gemurmel der betenden Mönche schien die Antwort zu flüstern: »Verbrennt die Ketzer, verbrennt die Ketzer!«

Jonathan spürte auf einmal Philipps Blick schwer auf sich ruhen. Mit angehaltenem Atem erwartete er den Axthieb der Frage nach Blutkopf. »Erzähl mir vom Martyrium der schottischen Königin.«

Jonathan hob an zu erzählen, doch die bleierne Reaktionslosigkeit des Königs kostete ihn jeglichen Schwung. Es war das gleiche Elend wie bei einem Publikum, das auf seinen Händen saß. Nur dass es hier um Leben oder Tod ging.

Philipp interessierte sich sehr für die Verhältnisse in England. Er fragte Jonathan geradezu Löcher in den Bauch. Jonathan merkte, dass er sich auf dem Prüfstand befand. Philipp hatte stapelweise Geheimdienstberichte aus England vor sich liegen und kannte zweifellos die Antworten auf alle seine Fragen. Ich darf mich nicht in Widersprüche verwickeln! Behutsam und umsichtig beantwortete Joanthan die bohrenden Fragen des Königs so wahrheitsgemäß wie möglich. »Englands Küsten sind nach allen Seiten offen und bieten viele meist sehr sichere Häfen. Es ist ein ertragreiches Land, Vieh und Getreide gibt es im Überfluss. Eine Armee könnte sich problemlos aus dem Lande ernähren.«

»Wie stark ist die Armee der Hure?«

»Es gibt kein stehendes Heer, nur eine Miliz, einen Haufen bewaffnetes Gesindel – kein Gegner für Eure Veteranen.« Vorsichtig formulierte Jonathan seine nächste Bemerkung. »Wenn Ihr an der Küste landen und auf London marschieren würdet, könnte sich die Stadt höchstens ein paar Tage halten.«

Philipp zeigte keinerlei Genugtuung. Nichts rührte sich in seinen eisblauen Augen. Die Jalousien waren zugeklappt, kein Lichtstrahl vermochte hindurchzudringen. »Wie ist die Lage in der Bevölkerung? Ich höre, dass es die Mehrheit immer noch nach dem wahren Glauben dürstet. Angenommen, die Leute hätten die Möglichkeit, würden sie die Ketzerin vom Thron stoßen?«

In Jonathans Kopf rasten die Gedanken wild durcheinander. »Das kann ich schlecht beurteilen. Ich kann nur sagen, dass bei der Hinrichtung der schottischen Königin in der Großen Halle viele Leute unverhohlen geweint haben. Und in London auch«, fügte er wenig wahrheitsgetreu hinzu.

Der Abend senkte sich herab, Diener kamen ins Arbeitszimmer, zündeten Kerzen an und halfen Philipp in einen Lehnstuhl, der seiner Gicht Linderung verschaffen sollte. Eintönig und ohne absehbares Ende ging das Verhör weiter, bis Jonathan nicht mehr wusste, wo ihm der Kopf stand. Von Blutkopf kein Wort. Es dauerte endlos, aber irgendwann schien Philipp zufrieden.

Schließlich wollte der König unter vier Augen mit Pompeo sprechen. Jonathan wurde hinausgeschickt. Nach einiger Zeit tauchte auch Pompeo aus den Gemächern auf.

»Hat er etwas von dem Maultiertreiber gesagt?«, flüsterte Jonathan.

»Kein Wort. Er wollte mit mir über seine kostbaren Reliquien reden. Er hat Anweisung erteilt, dass wir nach Madrid zurückgebracht werden. Komm, lass uns schleunigst verschwinden.«

Als sie aus dem Tor traten, schlug ihnen die kalte Nachtluft ins Gesicht. Jonathan rannte zu einem Gebüsch und erleichterte sich. »Noch eine Minute länger, und ich hätte dem König in einen seiner Blumentöpfe gepinkelt! Das hätten wir Gott sei Dank geschafft. Ich bin mir vorgekommen, als müsste ich mich in einer Gruft mit einem Leichnam unterhalten.« Er stieß einen langen Seufzer aus. »Welch eine Erleichterung, davongekommen zu sein.«

»Nicht unbedingt«, sagte Standen grimmig. »Wir haben ein Problem.«

Jonathans Herz setzte einen Schlag aus. »Um Gottes willen, habe ich etwas falsch gemacht?«

»Ganz im Gegenteil, du warst zu überzeugend. Philipp war von deinem Eifer für die wahre Religion so beeindruckt, dass er zu der Ansicht gelangt ist, du würdest darauf brennen, an seinem Unternehmen gegen England teilzunehmen – er nennt es seine Armada. Die Herzogin hat ihm erzählt, du könntest singen wie ein Engel. Er hat dir deshalb einen Posten auf einem seiner Schiffe zugedacht. Du wirst die Stunden ausrufen und die Morgen- und Abendandachten singen.«

»Ich soll in der Armada dienen? Gegen meine eigenen Landsleute kämpfen?«, stöhnte Jonathan. »Was machen wir jetzt?«

»Das einzig Sinnvolle: Wir müssen dich aus Spanien hinausbekommen, und zwar schleunigst.«

»Aber was ist nun mit Philipps Plänen? Was ist mit der Armada?«

Standen hob hilflos die Hände. »Ich weiß es nicht. Ich hatte gehofft, inzwischen etwas Endgültiges in Händen zu halten. Fabrizio verspricht täglich, das Gewünschte zu liefern. Der Herr weiß, wie viel Geld ich ihm schon in den Rachen geworfen habe. Was auch geschieht, wir müssen verhindern, dass man dich für die Armada rekrutiert ...«

Den ganzen langen Weg zurück nach Madrid kreisten ihre Gedanken um diese bedrückende Aussicht.

43.

Ein großer blonder Mann trat aus einem Nebengelass von Philipps Arbeitszimmer, wo er sich während der Audienz des Königs mit Pompeo Pelligrini und Jonathan verborgen gehalten hatte.

»Was haltet Ihr davon?«, fragte König Philipp.

»Euer Italiener spielt den Hanswurst, aber wenn Ihr meint, er habe sich für Euch von Wert erwiesen, dann spricht nichts dagegen, ihn in Euren Diensten zu belassen. Er und die Herzogin sind offensichtlich ahnungslose Narren. Aber der Junge ist ein Spion.«

Der König von Spanien blieb ungerührt. »Seid Ihr sicher?«

»Ohne jeden Zweifel. Er ist mir aus London bestens bekannt.«

»Handelt es sich um dieselbe Person, die zu diesem Treffen mit dem schwarzen Magier John Dee nach Prag gekommen ist?«

Christian schüttelte den Kopf. »Der ist inzwischen von mir aus dem Verkehr gezogen worden, vielmehr von meinem Diener Blutkopf.«

»Die Inquisition kam nur wenige Tage zu spät, um Dee festzunehmen. Dann hätte ich diesen Magier ein für alle Mal vom Hals gehabt.«

»Majestät, am Ende werden wir die Sieger sein, das versichere ich Euch. Wir haben Dee bis nach Leipzig verfolgt. Er schickt zwar immer noch gelegentlich Botschaften an Königin Elisabeth, seine Komplizin in der schwarzen Magie, aber er wird auf Dauer dem langen Arm der spanischen Justiz nicht entrinnen.«

»Wir müssen diese teuflische Wahrsagerei ausrotten«, betonte Philipp. »Wir müssen diese Gotteslästerer zum Schweigen bringen, die uns einflüstern, sie könnten die Zukunft und Gottes Willen erkennen. Diese Ketzereien säen nur Angst und Zwietracht.«

»Gewiss, Majestät«, bestätigte Christian und dachte im Stillen, was ist der Kerl doch ein Heuchler! Mochte Philipp noch so sehr über Astrologen und Wahrsager herziehen, er hatte – wie jeder andere europäische Monarch – viele von ihnen aufgesucht, den Neapolitaner Gesi etwa, und Prospero in Madrid. Während seiner Ehe mit Maria Tudor hatte er sich sogar von John Dee das Horoskop legen lassen. Von Dees düsteren Voraussagen erschreckt, hatte er ihn unter der Anklage des Hochverrats verhaften lassen, und nur der Tod von Maria Tudor hatte Dee vor dem Scheiterhaufen der Inquisition bewahrt. Je älter Philipp geworden war, desto mehr hatte sich seine Überzeugung gefestigt, dass das Geschick der Menschen nur von Gottes Willen und allein von Gottes Willen bestimmt wurde, selbstverständlich mit dem Vorbehalt, dass keiner Gottes Willen besser kannte als Philipp von Spanien.

»Erzählt mir mehr von diesem Ransom«, murmelte der König. »Wie kommt es, dass Ihr ihn kennt? Und wie gut kennt Ihr ihn?«

Christian wählte seine Worte mit Bedacht. »Er ist ein Schauspielschüler und kann sich so geschickt verkleiden, dass ich ihn selbst gern angeworben hätte. Walsingham ist mir leider zuvorgekommen. Er hat Ransom angeboten, ihn aus dem Lehrverhältnis freizukaufen. Ich bin jedoch überzeugt, dass er sich mit einem besseren Angebot für unsere Sache gewinnen lässt.«

»Er ist also England nicht bedingungslos ergeben?«

»Er ist ein Waisenjunge, allein auf dieser Welt und extrem verwundbar. Ich bin für ihn ein Mensch, der ihm Orientierung und Führung geben kann. Ich versehe ihn großzügig mit beidem – selbstverständlich stets zum Nutzen Eurer Sache.«

»Ist er Protestant«?

»Seine Religion ist die Religion der Straße, die Religion des Überlebens. Ich weiß aber, dass er im wahren Glauben unterwiesen und getauft werden könnte. Glaubt mir, seine Seele ist es wert, gerettet zu werden.«

»Ist Euch bekannt, auf welchem Weg er nach Spanien gelangt ist?«

»Man hat ihn Drake bei dessen Überfall auf Cádiz mitgegeben und dann irgendwo an der Küste abgesetzt, bei Lissabon, wie ich annehme. Wie Euch bekannt ist, sitzt uns dort immer noch ein Nest von Ketzern wie ein Geschwür im Fleisch.«

Philipp seufzte. »Ich weiß. Bei meinem Aufenthalt in Lissabon haben diese Häretiker versucht, mich zu ermorden, aber Gott hat Seine Hand dazwischengehalten, um mich als Vorkämpfer Seiner Sache zu erhalten.«

»Ich habe mehrere Male versucht, dieses Spitzelnest auszuheben. Als ich Blutkopf zum Wächter Eurer Reliquien gemacht habe, hatte er meinen Auftrag, mir jeden Verdächtigen in Lissabon zu melden. Zu meinem tiefen Schmerz ist er eines vorzeitigen Todes gestorben – nach Angaben der Behörden von Toledo war es ein Unfall. Da Harm Himmelfaert inzwischen nach Flandern zurückgereist ist, habe ich keine Möglichkeit mehr festzustellen, was wirklich geschehen ist.«

»Der Tod Eures Agenten ist bedauerlich, aber wichtiger ist, dass die Reliquien unversehrt hier angekommen sind – zum größeren Ruhme Gottes.« Philipp rieb sich die schmerzenden Gelenke seiner Finger. Schlechte Nachrichten lösten bei ihm oft einen Gichtschub aus. »War dieser Ransom wirklich beim Tod der schottischen Königin zugegen?«

»Gewiss. Bei eben dieser Gelegenheit konnte ich sein Vertrauen gewinnen. Er hat tief empfundene Trauer um Maria gezeigt – weshalb ich sicher bin, ihn nach meinem Willen formen zu können. Er könnte ein äußerst wertvoller Doppelagent für uns werden.«

Philipp versank eine Zeit lang in Gedanken. »Marias Tod war eine unglückliche Geschichte. Zudem markiert er eine weitere verpasste Gelegenheit. Als mein Botschafter in Paris, Don Bernardino de Mendoza, mir zum ersten Mal von diesem Plan zur Beseitigung der Hure Elisabeth berichtete, hielt ich ihn für außerordentlich erfolgversprechend. Babington und die anderen Edelleute hatten ungehinderten Zugang zu ihr, täglich weilten sie nur einen Dolchstoß von der Usurpatorin entfernt. Ich habe Mendoza mit Geld versehen und ihm meine volle Zustimmung gewährt, habe ihn allerdings gewarnt, nichts dem Papier anzuvertrauen.«

»Eure Befehle in dieser Sache waren eindeutig. Mendoza und ich haben uns genauestens an Euren ausgezeichneten Rat gehalten.«

Philipp befingerte das goldene Kruzifix an seinem Hals. »Wenn es Babington gelungen wäre, die Welt von der Hure von Babylon zu befreien, hätte ich mich ihm mit dem größten Vergnügen erkenntlich gezeigt, so wie ich auch den Mann belohnt habe, der Wilhelm von Oranien für mich aus dem Weg geräumt hat. Ich habe Mitleid mit Babington und seinen Mitverschwörern, aber sie müssen sich vorwerfen lassen, die Regeln der Geheimhaltung verletzt zu haben. Und Ihr könnt Euch wohl vorstellen, wie sehr mir der Tod der Königin von Schottland nahe gegangen ist, aber auch sie hat unverantwortlich gehandelt mit der Aufbewahrung von Kopien der Papiere, die sie so sehr bloßstellen konnten.«

»Und obendrein noch in ihrer Schmuckschatulle, wo Walsinghams Leute zuallererst nachschauen würden!«, pflichtete Christian ihm bei. »Aber könnte die Unvorsichtigkeit der schottischen Königin nicht ebenfalls ein Teil des göttlichen Plans gewesen sein? Nachdem sie heimgegangen ist und Euch zum Erben eingesetzt hat, ist da Euer Anspruch auf den englischen Thron nicht noch viel eindeutiger geworden?«

Nach einigem Suchen zog Philipp aus den vor ihm liegenden Papierstapeln eine Ahnentafel, die bis zu Philippa von Lancaster zurückreichte. »Meine Geschichtsgelehrten haben mir die Rechtmäßigkeit meines Anspruchs bestätigt, aber damit die Engländer nicht denken, es käme mir lediglich auf die Eroberung des Landes an und nicht vor allem auf die Wiedereinführung des wahren Glaubens, beabsichtige ich, England an meine Tochter, die Infantin, zu übergeben.«

»Eine weitsichtige Entscheidung, Majestät.«

»Was diesen Ransom angeht – die Engländer müssen schon sehr verzweifelt sein, wenn sie uns ein halbgares Jüngelchen schicken, um hier ihre schmutzige Arbeit zu verrichten. Ein gutes Zeichen für uns. Aber, so leid es mir tut, der Bursche muss der Inquisition übergeben werden.«

»Gar keine Frage«, pflichtete Christian ihm bei. Da er wusste, wie sehr der König jede Art des Widerspruchs missbilligte, stimmte er ihm stets in allem zu. Dann wagte er einen behutsamen Vorstoß. »Majestät, Euer unbestechliches Urteil ist eine unverzichtbare Richtschnur für mich. Ich würde deshalb gerne Eure Einschätzung hören, ob wir uns nicht in diesem Burschen, wenn wir ihn mit Samthandschuhen anfassen, das Mittel schaffen könnten, Walsinghams Spionagenetz in unserem Reich ein für alle Mal zu zerschlagen?«

Philipp versank in brütendes Schweigen. Nach einer Ewigkeit nickte er mit dem Kopf.

»Vielleicht würde es den Lauf der Dinge beschleunigen, wenn ich dem Großinquisitor eine schriftliche Vollmacht aus Euren Händen vorlegen könnte. Ihr wisst ja, wie eifersüchtig Kardinal Quiroga über seine Befugnisse wacht. Aber da Ihr mit der spanischen Inquisition identisch seid ...«

Wieder eine nicht enden wollende Denkpause. Schließlich griff Philipp zu Feder und Papier. »In der Angelegenheit des der Spionage angeklagten Jon Ramson werdet Ihr aufgefordert, dem

Überbringer dieses Schreibens, Christian Lightborn, jegliche Unterstützung zu gewähren«, schrieb er in seiner krampfhaft um Präzision bemühten Handschrift. Er unterschrieb mit »Yo el Rey«, tropfte einem dicken Batzen Siegelwachs neben die Unterschrift und drückte das königliche Siegel hinein.

Christian streckte die Hand nach dem Schriftstück aus, doch der König war noch nicht bereit, den Erlass und damit seine Entscheidung Christian anzuvertrauen. Die Hand mit dem Papier zog sich zurück. »Ich habe angeordnet, dass für den Erfolg der Armada ein Hochamt gefeiert wird.«

Christian maskierte sein innerliches Aufstöhnen mit einem strahlenden Lächeln. »Ihr erweist mir eine sehr große Ehre. Aber meint Ihr nicht auch, es wäre besser, wenn ich mich mit aller gebotenen Eile dieser Sache widme?«

»Vor Gott hat alles seine Zeit«, sagte Philipp bedeutungsschwer. »Wir müssen um Gottes Führung beten, denn wir wollen ganz sicher sein, dass unser Vorgehen dem Ratschluss des Herrn entspricht.«

»Majestät, kann denn ein Zweifel daran bestehen, dass alles, was Ihr unternehmt, Teil des göttlichen Ratschlusses ist? Begann die spanische Größe denn nicht mit dem Kreuzzug Eurer Großeltern Ferdinand und Isabella gegen die Mohren und die Juden. Dann folgte die Eroberung der Neuen Welt durch ein paar Hundert spanische Konquistadoren, die Millionen von Azteken und Inkas unterjochen konnten, und zuletzt Euer großartiger Sieg über die Türken bei Lepanto? Euch allein hat Europa zu verdanken, dass es nicht von den Ungläubigen überrannt wurde. Euer Glaube, Euer Wille ...«

»Jawohl, Unser Glaube, aber Gottes Wille«, berichtigte Philipp.

Christian beeilte sich, den Fehler wieder auszubügeln. »... Gottes Wille, das ist gewiss, hat den Mut und die Stärke Spaniens bis zur Unbesiegbarkeit wachsen lassen. Ihr habt mir bis in das Mark meiner Existenz die Gewissheit eingepflanzt, dass Spaniens Bestimmung ... Eure Bestimmung ... darin liegt, der weltliche Arm Gottes zu sein.«

Philipp gestattete sich die Andeutung eines Lächelns. »Es scheint, Ihr versteht mich so gut wie nur Wenige.«

Christian neigte den Kopf in einer Geste demütigen Einverständnisses, doch er wusste, dass es vom Lächeln des Königs bis zu einem Dolchstoß nur ein kleiner Schritt war.

»Ich habe gewaltige Anstrengungen unternommen, Gottes Wille zu erkunden«, seufzte Philipp. »Ich bin davon überzeugt, dass Er an einen König höhere Erwartungen stellt, als an einen gemeinen Mann, und an den König von Spanien höhere als an andere Könige. Hat Gott mir nicht die Herrschaft über das größte Reich anvertraut, das die Welt je gekannt hat? Größer als das Alexanders oder der römischen Kaiser? Zu welchem anderen Zweck könnte Gott das getan haben, als zum Schutz, zur Verteidigung und zur Wiederherstellung des wahren Glaubens in der ganzen Welt? Jede Stunde meiner wachen Existenz bete ich darum, mich dieser edlen Aufgabe würdig zu erweisen.«

Philipps Blick ruhte lange auf einer Weltkarte. »Wir haben gesündigt, und deshalb hat Europa sich gewandelt. Man mag von Ländern und Nationen sprechen, aber die wahre Trennungslinie verläuft heute zwischen Katholiken auf der einen Seite und Ungläubigen und Ketzern auf der anderen. Die protestantischen Ketzer sind noch gefährlicher als die Mohammedaner geworden, weil sie inzwischen die Druckerpresse zur Verbreitung der ketzerischen Verdrehungen ihres Glaubens einsetzen.«

Christian sah den Funken des Fanatismus in den rotgeränderten Augen aufglühen, die sich jetzt auf England hefteten.

»Ich habe eine Liste der herrschenden Männer Englands erstellt, insbesondere der Protestanten im Staatsrat und im Parlament. Sobald ich England erobert habe, werden sie als Ketzer verbrannt: Drake, Walsingham, Burghley, Leicester ...«

»Und Königin Elisabeth?«, forschte Christian leise.

»Ich wünsche mir sehnlichst, ich hätte ihrer Schwester Maria Tudor gestattet, sie hinzurichten. Stattdessen habe ich in meiner Herzensgüte darauf bestanden, dass Maria sie am Leben lässt. Wie oft schon habe ich meinen damaligen Fehler bereut!«

Christian wusste, dass Philipp sich von Glück oder Unglück ungerührt und über Schicksalsschläge erhaben gab, aber er wusste auch, dass der König wirkliche und eingebildete Kränkungen niemals verzieh. Besonders eine Kränkung fraß seit dreißig Jahren in seinem königlichen Leib und seiner königlichen Seele. Er hatte die damalige Prinzessin Eisabeth davor bewahrt, von Maria Tudor umgebracht zu werden, hatte sogar ihre Thronbesteigung unterstützt, aber als er ihr die Heirat antrug, hatte sie ihn abblitzen lassen – ihn, den größten Herrscher der Welt. Na ja, dachte Christian, Gottes Mühlen mahlen langsam, aber trefflich fein. Die Armada würde auch diese alte Rechnung begleichen.

»Berichtet mir von der englischen Flotte«, murmelte Philipp. »Mendoza meldet mir aus Paris, dass der Verantwortliche für das Flottenbauprogramm – er heißt Hawkins, nicht wahr? – dass dieser Hawkins minderwertige Hölzer verwendet. Die Galeonen seien nicht von erster Qualität. Ist das richtig?«

»Derlei Vorwürfe werden sogar von Hawkins' eigenen Landsleuten erhoben, also muss schon etwas dransein«, beruhigte Christian den König. Er wusste es allerdings besser. Hawkins' neue Kriegsschiffe waren moderner als die der Spanier, aber Philipp die Wahrheit zu sagen hätte möglicherweise das Auslaufen der Armada abermals verzögert.

»Seit vielen Jahren ertrage ich nun schon die Unverschämtheiten, die die Engländer mir und meiner Sache zumuten. Die Niederlande, diese Brutstätte des Protestantismus, wären schon vor langer Zeit gefallen, hätte die englische Hure nicht den Aufstand mit Geld und Männern unterstützt. Und dann diese englischen

Kaperfahrer, gewöhnliche Kriminelle, die meinen Schatzschiffen auflauern, während ihre Bordellmutter die Piraterie nicht nur nicht unterbindet, sondern sogar noch heimlich unterstützt. Diese unbedeutende Insel stellt sich der Durchsetzung von Gottes Willen in den Weg«, murmelte Philipp. »Wenn England zerschlagen ist, wird die protestantische Ketzerei in ganz Europa absterben, und die Herrschaft des Teufels in der Maske der Jungfrau wird ein Ende haben. Dann wird Unser göttlicher Auftrag erfüllt sein. Unter der Führung von Spanien – eines Spaniens des reinen Geblüts und der reinen Rasse – wird die Welt in dem einen wahren Glauben geeint werden. Eine Welt. Ein Gott. Ein König.«

Aus der Kirche drang wie ein himmlisches Amen der Vespergesang der Mönche herein. Philipp erhob sich schwerfällig aus seinem Lehnstuhl. Seine Privatgemächer waren so angeordnet, dass er vom Arbeits- und Schlafzimmer aus nach Belieben an der Messfeier teilnehmen konnte. Er schlurfte zur Rückwand seines Arbeitszimmers und öffnete die Eichentür, die einen staunenswerten Ausblick in den Chor der Kirche freigab. Augenblicklich füllte sich der Raum mit dem Klang der frommen Gesänge und dem Duft des Weihrauchs.

Christian blickte hinunter auf den großartigen Hochaltar aus Jaspis und feinstem Marmor, an dem die Priester in ihren prächtigen Messgewändern die Messe zelebrierten. Hinter dem Altar ragte drei Stockwerke hoch ein Wandfresko auf, das ein lebensgroßer Christus aus echtem Gold krönte. Fünfzehntausend Kerzen erhellten das höhlenartige Gotteshaus mit ihrem gottgefälligen Schimmer. Gott musste schon sehr herzlos sein, wenn dieser groß angelegte Bestechungsversuch ihn ungerührt ließ.

Von der Heiligkeit der Szenerie überwältigt, fiel Philipp auf die Knie. Christian hatte keine andere Wahl, als es ihm gleichzutun. Erst mit dem Ende der Eucharistiefeier durfte er sich Philipps Beispiel folgend wieder erheben. Auf den Zügen des Königs spielte ein beglücktes Lächeln.

Philipp händigte Christian die Vollmacht aus. »Geht bei Eurer Aufgabe klug zu Werk. Tut, was Ihr tun müsst, um dem Spion sein Wissen zu entreißen.«

»Ich danke Euch, Majestät. Der Kutscher wird mir zu sagen wissen, wo der Bursche wohnt. Ich werde Ransom zunächst unter sorgfältige Überwachung stellen. Sobald ich alles Wissenswerte herausbekommen habe, wird er verhaftet.«

»Während ich gebetet habe, wurde mir göttlicher Rat zuteil. Wenn Ransom sich Gottes Willen, der auch Unser Wille ist, nicht beugt, muss er den Preis der Ketzer entrichten.«

Christian erstarrte. Der König bemerkte es. »Das scheint Euch zu betrüben. Habt Ihr eine besondere Zuneigung zu dem Burschen gefasst?«

Der unterschwellige Tadel im Ton des Königs ließ Christians Kiefer hart werden. Du heuchlerisches Ferkel, dachte er, hast selber mit deinem Günstling Ruy Gomez geturtelt und wie ein Weib geheult, als er starb ... »Wie Jesus uns gelehrt hat, einander zu lieben, so liebe ich seine Seele«, sagte er leise, aber bestimmt, und der Blick seiner goldenen Augen lag brennend auf seinem Gegenüber. »Ich sehe in Ransom den verlorenen Sohn, den es zum Einen Wahren Gott hinzuführen gilt. So jung! Welch ein Jammer.«

Philipp konnte Christians unerschrockenem Blick nicht standhalten. Er schlug die Augen nieder. »Sein Fleisch wird brennen, aber was hat das Fleisch schon zu bedeuten?«, sagte er dann. »Wir verweilen nur für kurze Zeit auf dieser Erde. Aber die Seele währet ewiglich. Es ist besser, Ransoms Leib brennt kurze Zeit, als seine Seele in Ewigkeit. Vom reinigenden Feuer geläutert darf seine Seele darauf hoffen, dass Gott sie am Ende zu sich nimmt.«

»Wie immer ist mir Eure Weisheit ein Anlass der Bewunderung und des Trostes«, sagte Christian scheinheilig, nachdem die Gleichheit der Verhältnisse wiederhergestellt war.

»Wenn dieser Ransom sich zum Licht führen lässt und Abbitte leistet, wird ihm mit der Gnade Gottes auch die meine zuteil, und er darf erdrosselt werden, bevor ihn die Flammen verzehren. Andernfalls soll er bei lebendigem Leibe verbrennen.«

VIERTER TEIL

DAS GEFÜRCHTETE
ACHTUNDACHTZIGSTE JAHR

44.

Von einem Ende des Europas bis zum anderen trugen bitterkalte Winterwinde den düsteren Ruf zur Umkehr: »Tuet Buße, der Tag des Jüngsten Gerichts steht unmittelbar bevor!« Ganz Europa zitterte. Nach einem Jahrhundert des Wartens war das Jahr der Prophezeiung angebrochen, und nirgendwo griff die Angst stärker um sich als in England.

Für Sir Francis Walsingham schälten sich langsam die Umrisse von Philipps Plänen heraus. Die Armada würde England entweder direkt angreifen oder sich zuerst in den Niederlanden mit Parma vereinigen und dann den Angriff in einer gemeinsamen Operation über den Kanal vortragen. Wie auch immer, die spanische Armee, die größte Streitmacht der Erde, würde unvermeidlich den Krieg gewinnen, wenn es ihr gelang, auf englischem Boden Fuß zu fassen. Englands einzige Hoffnung lag in seiner schwimmenden Befestigung, der Flotte Ihrer Majestät, der Königin.

So klar und präsent den Mitgliedern des Staatsrats die Einsicht in die Gefahr auch war, es gelang ihnen nicht, die Königin auf ihre Seite zu ziehen, sie mochten tun und sagen, was sie wollten. Leicester fluchte, Burghley verzweifelte, Walsingham bekam einen epileptischen Anfall, aber nichts fruchtete. In ihrer natürlichen weiblichen Abneigung gegen Blutvergießen und Krieg war Elisabeth nicht davon abzubringen, dass es möglich sein müsste, durch zähes Verhandeln mit Parma ein Friedensabkommen zurechtzuzimmern. Oder war sie so gerissen, vor Europa beharrlich die friedliebende Monarchin zu spielen, die den Krieg um jeden Preis zu vermeiden wünschte? Wer konnte das bei dieser rätselhaften Jungfer schon sagen?

Philipp wies Parma mit täglichen Direktiven aus Madrid an, zum Schein auf die englischen Friedensbemühungen einzugehen, während er seine kriegerischen Absichten weiterverfolgte. Göttliche Vorsehung, Gottes unerforschlicher Wille, wie immer die Menschen es bezeichnen mochten, Philipp hatte vor der Welt bewiesen, dass er der Auserwählte Gottes war. Er würde England zerschmettern. Und mit der Eroberung Englands waren auch die Tage der niederländischen Erhebung gezählt. In Frankreich würde der letzte Valois, Heinrich III., zu einer Marionette Spaniens herabsinken. Der Schatten Spaniens würde auf ganz Europa fallen und mit ziemlicher Sicherheit auch die gesamte übrige Welt verdüstern. Im Kielwasser von Philipps Sieg würde seine Inquisition kommen und alle, die sich ihm entgegenstellten, im Feuer läutern.

Das Erschreckende für die Menschen war, dass all das in der Prophezeiung zu lesen war. Ein Jahrhundert lang hatte die westliche Welt auf das Schicksalsjahr 1588 gewartet. Nach der Numerologie in der Offenbarung des Johannes, die vom Kapitel zwölf des Propheten Daniel bestätigt und durch eine Passage beim Propheten Jesaia zur entsetzlichen Gewissheit gemacht wurde, unterteilte sich die Geschichte der Menschheit seit dem ersten Jahr des Herrn in eine Abfolge von Zyklen, deren Dauer dem Vielfachen der Zahlen zehn und sieben entsprach. Jeder Zyklus endete mit einer Umwälzung auf Erden. Die Serie der Zyklen kam mit furchtbarer Endgültigkeit im Jahr 1588 zum Abschluss. Viele waren überzeugt, dass mit dem Jahr 1588 das Ende der Welt kommen würde.

Im ausgehenden fünfzehnten Jahrhundert hatte der unter dem Namen Regiomontanus bekannte Königsberger Mathematiker Johann Müller, der Kolumbus mit astronomischen Karten für seine Entdeckerfahrten versehen hatte, ein Himmelsportrait des unheilvollen Jahres erstellt. Das Jahr 1588 würde durch eine Sonnenfinsternis eingeläutet werden, zwei totale Mondfinsternisse würden folgen, eine im März, die andere im August, während Saturn, Jupiter und Mars in gemeinsamer unheilvoller Konstellation im Haus des Mondes standen. Diese astronomischen Aspekte waren Vorboten des Unheils. Regiomontanus führte aus:

Tausend Jahre nach der Geburt der Jungfrau
und nach noch einmal fünfhundert dem Globus
zugestandenen Jahren,
beginnt das wundersame achtundachtzigste Jahr
und bringt des Unheils genug. Falls es in diesem Jahr
nicht zum endgültigen Untergang kommt, falls Land
und Meer nicht ins Verderben gerissen werden,
so wird die ganze Welt doch großen Aufruhr erleben.
Reiche werden zerfallen, und ein Wehgeschrei wird sein
von überall.

Weise, Propheten und Astrologen waren einhellig der Meinung, dass der allerletzte Zyklus im Jahr 1518 mit Martin Luthers Abfall vom Papst und der katholischen Kirche geendet hatte. Von diesem Moment an blieb nur noch eine letzte Frist von zehnmal sieben Jahren, der Dauer der babylonischen Gefangenschaft, bis das siebte Siegel geöffnet wurde und die Menschheit dem Jüngsten Gericht entgegenging.

War die Welt nicht durch das Auftauchen eines neuen Sterns gewarnt worden, die erste Erscheinung dieser Art, seit der heilige Stern des Jesuskindes über Bethlehem erstrahlte?

Madrid summte von Gerüchten über monströse Geburten und apokalyptische Visionen. In Lissabon desertierten die Matrosen von der Flotte. Philipp führte einen stetigen Kampf gegen die anwachsende Hysterie und ordnete einen Predigtfeldzug gegen Astrologie, Hexerei und jede Art der Weissagung an. Wenn Reiche untergehen sollten – was könnte da stärker bedroht sein als das größte Reich der Welt?

Auch Rudolf II., der Kaiser des Heiligen Römischen Reiches Deutscher Nation und Philipps Neffe, lebte in der Erwartung des Schlimmsten. Als leidenschaftlicher Astrologe glaubte er vorbehaltlos an die schwarze Magie und hatte Dr. John Dee zu sich nach Prag geholt, um mit dessen Hilfe den Geheimnissen der Alchemie besser auf die Spur zu kommen. Rudolf hatte in den Sternen zwar nicht das Ende der Welt gesehen, wohl aber große Umwälzungen der menschlichen Geschicke. Aus Furcht vor Meuchelmördern und aus Angst vor dem Untergang des Heiligen Römischen Reiches hatte er sich im Hradschin vergraben, seinem Palast in Prag.

In Frankreich grübelte die Königswitwe Katharina von Medici über den Prophezeiungen des Nostradamus. Der Große Seher aus Salon hatte ihr die Zukunft eines jeden ihrer Kinder mit unheimlicher Treffsicherheit vorhergesagt und in einem seiner »Centuries« prophezeit, dass zwischen England und Spanien eine große Schlacht stattfinden werde, deren Nutznießer Frankreich sei.

In den Niederlanden hatten geschäftstüchtige Drucker eine Flut von Traktaten veröffentlicht, in denen heillose Zustände, Schnee und Hagel mitten im Sommer, Finsternis zur Mittagsstunde, blutiger Regen, Verwerfungen der Erde und furchtbare Seestürme angekündigt wurden. Die Traktate wurden den Druckern, noch bevor die Druckerschwärze getrocknet war, aus der Hand gerissen und machten sie zu reichen Männern.

Und was glaubte Königin Elisabeth? John Dee hatte sie aus Leipzig gewarnt, ihr Schicksal werde vom Mond beherrscht. Die zweite und schrecklichere Mondfinsternis des Jahres 1588 käme Ende August, nur zwölf Tage vor ihrem Geburtstag im

Sternzeichen der Jungfrau. Sie hatte infolgedessen mit Macht versucht, das Gerede über die Prophezeiung zu unterdrücken, aber das war unmöglich. Ladies und Lords, Männer und Frauen, Meister und Lehrlinge redeten davon, und in den Londoner Kaschemmen gab man die Quintessenz der Weissagung als derben Gassenhauer zum Besten.

Das gefürchtete achtundachtzigste Jahr war angebrochen. Die Welt hielt den Atem an.

*

Der Februar brach mit Schnee, Graupel und eisiger Kälte über Madrid herein. Trotz Standens Warnung hatte Jonathan es riskiert, noch in Madrid zu bleiben. Stets in weiblicher Verkleidung ging er nach wie vor zu Zusammenkünften mit Standen in den »Goldenen Hahn«.

»Fabrizio, der Kammerdiener des Herzogs von Feria, hat mir gesagt, dass Philipp eine Sitzung seines Kriegsrats anberaumt hat«, sagte Standen eines Abends. »Er meint, dass eine weit reichende Entscheidung unmittelbar bevorsteht. Aber ich mache mir Sorgen wegen dir, weil du immer noch in Madrid bist.«

»Ach, wir haben dieses grausige Treffen mit Philipp überstanden – die Sache ist mir zu wichtig. Ich bleibe noch, bis der Kriegsrat getagt hat.«

Zwei Tage darauf erschien Standen in Hochstimmung. »Das Glück hat uns gelacht! Ich habe soeben erfahren, dass der Marquis de Santa Cruz, der Philipps Armada als Admiral führen sollte – er ist tot! Da sieht man mal wieder, wie das Schicksal in die Pläne der Menschen eingreift! Santa Cruz hat einen Herzschlag bekommen. Es heißt, er hätte sich für Philipp zu Tode geschuftet. Der König sucht verzweifelt nach einem neuen Admiral, aber die ganze Planung ist vollkommen über den Haufen geschmissen. Ich glaube nicht, dass die Armada vor dem Frühjahr auslaufen kann. Gott hat uns einen Aufschub gewährt! Jetzt haben wir etwas Zeit gewonnen, um an unsere dringend benötigten Informationen zu kommen.«

Am Ende der Woche hatte Jonathan wieder ein Treffen mit Standen. Diesmal war die Euphorie des Schotten wirklich nicht zu übersehen. »Gott ist mit uns! Gestern Abend beim Souper der Herzogin von Feria hat sich der junge Herzog wieder einmal betrunken und im Rausch geprahlt, die Tage Englands wären gezählt. Von den Geladenen bedrängt, woher er das wisse, rückte er damit heraus, dass Philipp bei der Tagung des Kriegsrates über die Ernennung eines neuen Admirals allen Teilnehmern ein Exemplar der Ladungs- und Schiffspapiere der Armada und des Angriffsplans übergeben hat!«

Jonathan sprang auf. »Wo sind die Papiere? Wie bekommen wir sie ...«

»Ruhig Blut!«, ermahnte ihn Standen. »Unser sabbernder Wirt nutzt jeden Vorwand, unangemeldet hier hereinzuplatzen. Was die Papiere angeht ... ich habe sie mir beschafft. Während alles schlief, hat Fabrizio mich ins Arbeitszimmer des Herzogs eingelassen, wo ich das Manifest schnell gefunden hatte. Es ist beeindruckend lang. Ich habe die ganze Nacht gesessen und es kopiert – nur das Allerwichtigste. Erst gegen Morgen wurde ich fertig und schlich mich in mein Zimmer zurück. Gott hat wieder einmal die Hand dazwischengehalten, denn der Herzog wurde unmittelbar darauf wach. Er hat Fabrizio noch in seinem Arbeitszimmer erwischt, aber ich glaube, Fabrizio konnte sich recht gut herausreden.« Er warf einen Packen Papiere auf den Tisch. »Hier ist unsere Beute!«

»Sind die Informationen echt? Könnte es nicht auch eine Falle sein?«

»Das glaube ich nicht. Jede Seite des Manifests trug das königliche Siegel, und die darin enthaltenen Aussagen werden durch Informationen bestätigt, die wir aus anderen Quellen bereits haben. Das Neue und Unschätzbare sind die genauen Angaben über Philipps Flotte – sie ist so groß, dass man wirklich Angst bekommen kann –, und das Ziel der Armada.«

Jonathan schaute Standen fragend an. »England, nicht wahr?«

»Letztlich schon.«

»Mein Gott. Und was jetzt?«

»Wir müssen diese Informationen umgehend nach London schaffen. Die Lage ist nicht unkompliziert. Der König hat mich für nächste Woche in den Escorial ›gebeten‹ – er lässt wieder mal eine Messe für die Armada lesen. Ich kann mich seinem Befehl nicht entziehen. Uns bleibt nicht viel Zeit.« Er wies auf die Papiere auf dem Tisch. »Jetzt liegt alles bei dir. Also los, an die Arbeit.«

Zu Jonathans Entsetzen war das Dokument verschlüsselt. Standen hatte den Code von Dr. John Dees »Gespräche mit dem Engel Madimi« benutzt und die Niederschrift in Dees enochischem Alphabet verfasst. Der Text war rätselhaft. Jonathan verstand kein einziges Wort. »Es ergibt überhaupt keinen Sinn. Hier passt nichts zusammen. Das werde ich niemals ...« Dann kam ihm die rettende Idee. »Warum nehme ich diese Papiere nicht einfach mit, und Mylord Walsingham entziffert sie selber, wenn ich wieder in England bin?«, fragte er. »Aber wenn die Spanier mich erwischen und den Code entschlüsseln«, gab er sich selbst die Antwort, »dann seid Ihr geliefert – und Walsinghams Operation in Spanien und in ganz Europa auch.«

»Genau. Ich weiß, es scheint unmöglich, das auswendig zu lernen. Ich glaube nicht, dass ich es könnte, aber war dein besonderes Talent für das Auswendiglernen nicht einer der Gründe, weshalb man gerade dich ausgewählt hat?«

Mit äußerster Sorgfalt trichterte Standen Jonathan den Text des Manifests ein. Als Jonathan den ersten Absatz auswendig wiedergab, schüttelte Standen heftig den Kopf. »Falsch, falsch! Du musst es dir genau so einprägen, wie ich es dir vorsage. Ein

Wort an der falschen Stelle, eine vertauschte Silbenfolge, und der ganze Sinn ist entstellt und die Information wertlos.«

Jonathan versuchte es erneut. Unter Aufbietung sämtlicher Lerntechniken, die er sich in seiner kurzen Theaterpraxis angeeignet hatte, büffelte er das Dokument. Ohne die Theatererfahrungen in seinem Leben wäre es ihm niemals gelungen, den Text seinem Gedächtnis einzuverleiben.

Sein seltsamer Lebenslauf, der ihm lauter Rätsel aufgab, brachte ihn ins Grübeln. Wenn er keine Waise gewesen wäre und man ihn nicht in Bridewell eingesperrt hätte, hätte Richard Burbage ihn nie singen hören, das Theater wäre niemals seine nächste Station geworden, und dann Marlowe, Walsingham, die Königin und jetzt Madrid. War hier die Vorherbestimmung am Werk, wie die Puritaner und Calvinisten behaupteten? War die Hand Gottes bei allem, was geschah, im Spiel? Oder war das Leben, wie Kit Marlowe behauptete, lediglich blinder Zufall und das Streben nach Macht der einzige Beweggrund der Menschen?

Jonathan hatte zwar keine Ahnung, was er da im Einzelnen auswendig lernte, aber in dem vom Agenten 007 entwickelten verschlungenen Code verbargen sich Anzahl und Typen der Schiffe der Armada, der Galeonen, Galeeren, Galeassen, Karacken, der Geleitschiffe und der Pinassen, die jeweilige Tonnage, die Bestückung mit Kanonen, Kulverinen und leichten Feuerwaffen, die Munitionierung, die Menge der Vorräte und die Zahl der Matrosen und Soldaten an Bord, das voraussichtliche Datum des Auslaufens der »Unbesiegbaren«, das Datum der Vereinigung mit Parma in den Niederlanden und die Bestimmung des Landungsorts der spanischen Invasionstruppen in England.

Stunden vergingen über der gemeinsamen Arbeit. Wenn sich keine Ergebnisse mehr einstellen wollten, machten sie für diesen Abend Schluss und trafen sich am nächsten wieder, was Ysidros unverhohlenen Neid erregte. Nach ein paar Abenden erschien Standen mit verzweifeltem Gesicht. »Ich habe furchtbare Neuigkeiten. Du weißt doch, Fabrizio, mein Informant im Haus der Farias – die Inquisition ist gekommen, um ihn zu verhaften. Ich glaube, der Herzog hat ihn denunziert. Um der Verhaftung zu entgehen, hat Fabrizio einen Fluchtversuch unternommen und wurde getötet.«

»Mein Gott«, flüsterte Jonathan. »Es tut mir Leid um ihn, ich weiß, wie wichtig er für Euch war. Richtet sich der Verdacht auch gegen Euch?«

»Ich glaube es eigentlich nicht, aber irgendetwas stimmt nicht. Irgendetwas stimmt ganz und gar nicht. Ich spüre es wie eine schleichende Krankheit am ganzen Körper. Du musst so schnell wie möglich den Rest auswendig lernen und umgehend aus Madrid verschwinden.« Mit neu entfachtem Eifer machten sie sich ans Werk.

Endlich, eine Woche war darüber vergangen, konnte Jonathan das gesamte Manifest Seite um Seite fehlerfrei aufsagen. Standen riss ihn in seine Arme. »Du hast es geschafft, mein Junge, Buchstabe für Buchstabe – und keinen Augenblick zu spät.« Er hielt die Blätter an eine Kerze und sah zu, wie sie zu Asche verbrannten.

»Verlasse Madrid noch heute Abend, bevor die Stadttore geschlossen werden«, drängte Standen. »Geh direkt nach Toledo und besorg dir einen Platz auf einem Boot, das den Tejo hinunter nach Lissabon fährt. Ich wünsche, ich könnte dir helfen, aber ich muss morgen zum Escorial abreisen. Gott sei mit dir, Jon.«

Standen verließ das Gasthaus zuerst. Es sollte sich als Fehler erweisen, denn als Jonathan die Treppe herunterkam, fand er die Tür verriegelt und verschlossen. Ysidro drängte ihn in eine Ecke. Sein Atem war vom Blut der Reben geschwängert. »Por favor«, lallte er, »ich möchte die Señorita zu einer Flasche Portwein einladen.«

Jonathan schüttelte züchtig den Kopf, doch Ysidro ließ nicht locker. Jonathan schätzte seine Chancen zu entkommen ein und beschloss, gute Miene zum bösen Spiel des sabbernden Hanswurst zu machen. Wie Ysidro aussah, würde er nach einem weiteren Glas ohnehin unter dem Tisch liegen.

Aber Ysidro konnte saufen wie das sprichwörtliche Loch. Eine Viertelstunde verging, dann eine halbe, und Jonathan wurde immer unruhiger. Es war inzwischen dunkel, die Stadttore geschlossen. Die Flasche war leer, Ysidro über dem Tisch zusammengesunken. Jonathan schlich zur Eingangstür und versuchte den Querbalken hochzuheben. Ein Stoß traf ihn von hinten und schleuderte ihn gegen die Wand.

»Meine Süße, heute bin endlich ich mal dran. Seit Monaten träume ich von dir, und gleich wirst du erleben, wozu ein Wirt seinen Zapfhahn hat!«

Jonathan setzte sich zur Wehr, doch sein Umhang und die Röcke behinderten ihn. Was war, wenn Ysidro merkte, dass die Brüste, die er begrapschte, Apfelsinen waren?

»Ah, die Señorita ist sehr kräftig für eine Dame ...« Es wurde langsam gefährlich, den Ysidro hatte Jonathan auf einen Tisch geworfen und fummelte unter Jonathans Röcken herum. Nur ein Handbreit fehlte noch zur Enttarnung. Jonathan schlug dem Trunkenbold die leere Weinflasche über den Schädel, entriegelte die Tür und entfloh in die Nacht.

Außer Atem gelangte er in sein Dachstübchen. Er entledigte sich seiner Maske – vor allem die Schminke musste spurlos beseitigt werden –, dann sammelte er seine wenigen Habseligkeiten zusammen. Die Viale mit dem tödlichen Schlaftrunk von Himmelfaert verbarg er im Saum seines Wamses. Abmarschbereit und angezogen legte er sich auf den nackten Boden. Doch der Schlaf wollte sich angesichts des bevorstehenden Wagnisses nicht einstellen.

Von Madrid nach Lissabon, dann weiter nach London. »Ich gehe mit meiner Botschaft direkt zur Königin. Walsingham wird wütend sein, vielleicht sperrt er mich sogar ins Gefängnis, aber die Königin wird mich schützen, sie hat versprochen ...«, murmelte er vor sich hin, warf sich im Halbschlaf hin und her und geriet in einen Albtraum, in dem vier schwarzvermummte Gestalten mit Kapuzen in seiner Kammer aus dem Boden wuchsen. »Wer – wer seid ihr?«, hörte er sich murmeln, während sein benebeltes Gehirn noch rätselte, ob es wach war oder träumte.

Als er sich aufzurichten versuchte, legte ihm eine der schwarzvermummten Gestalten die Hand auf den Mund. Schlagartig war er hellwach. Mit aller Kraft biss er zu. Ein unterdrückter Fluch, dann warfen sich die vier auf ihn. Er wehrte sich verbissen, aber die Chancen waren zu ungleich verteilt. Er wurde überwältigt. Kräftige Hände rissen ihm den Kopf in den Nacken, ein birnenförmiger Gegenstand wurde ihm in den Mund getrieben, eine Schraube gedreht. Die Birne spreizte sich und trieb seine Kiefer gewaltsam auseinander.

Im Licht einer flackernden Laterne starrte er auf die furchterregenden Gestalten. An ihren düsteren schwarzen Kutten erkannte er sie als Familiares, Mönche, die als Schergen der Inquisition die Schmutzarbeit verrichteten. Er versuchte zu protestieren, aber die Birne in seinem Mund wurde sofort um eine weitere Umdrehung gespreizt, dass er dachte, sein Kiefer müsste brechen. Er hatte verstanden und verhielt sich still.

Ein kleinwüchsiger Mönch, die anderen nannten ihn Ezekialito, der seine mangelnde Größe durch Übereifer wettzumachen suchte, legte Jonathan Handfesseln an und knotete ihm eine Henkersschlinge um den Hals. Die Familiares trieben ihn durch die verlassenen Straßen. Sie schubsten und stießen ihn voran; wenn er fiel, rissen sie ihn an der Schlinge hoch. Sie trieben ihn zu einem dunklen Gebäude, der »Casa Sancta«, der »Suprema«, dem Sitz der Inquisitionsbehörde.

45.

In der Casa Sancta roch es unbestimmt nach Angst und Weihrauch. In diesen mächtigen Steinmauern zwang die spanische Inquisition allen Menschenseelen, die in ihre Fänge geraten waren, den wahren Glauben auf.

Jonathan wurde in einen Raum geschleppt, in dem offensichtlich die ersten Verhöre stattfanden. Allmählich gewöhnten seine Augen sich an die Düsternis. An den Wänden hingen schwarze Vorhänge, in der Mitte stand ein mit schwarzem Samt bezogener Refektoriumstisch, auf dem eine große ledergebundene Bibel lag. Der ungewisse Schein von sechs Kerzen beleuchtete eine verzerrte und zerbrochene Christusfigur am Kreuz. Der Schmerzensmann schien sich im flackernden Schein zu winden.

»Wir werden hier auf die heiligen Väter warten«, erläuterte Ezekialito. »Möchtest du, dass ich den Knebel herausnehme?« Jonathan stöhnte. »Später vielleicht, vielleicht auch gar nicht«, kicherte Ezekialito. »Ist dir bekannt, dass alle Inquisitoren dem Dominikanerorden angehören?«, schnatterte er gnadenlos weiter, ob Jonathan es hören wollte oder nicht. »›Domini canes‹ nennt man uns, die Jagdhunde Gottes. Papst Innozenz III. hat im Jahr 1215 unseren Orden zur Ausrottung der Ketzerei der Albigenser gegründet. In den dreihundertsiebzig Jahren unserer Existenz sind wir die gefürchtetste Organisation der ganzen Welt geworden. Unsere Macht hat keine Grenzen, weder Kaiser noch Papst kann es wagen, unsere Autorität infrage zu stellen, denn wer das tut, stellt Gott infrage. Und die spanische Inquisition ist noch heiliger als der Orden des Papstes.«

Einige Gestalten in weißen Kutten, die Gesichter in schwarzen Kapuzen verborgen, betraten im Gänsemarsch den Raum und nahmen an dem schwarzen Tisch ihre Plätze ein. Ein Schreiber saß mit gezücktem Gänsekiel an einem Pult, um die Aussage des Gefangenen aufzunehmen. Auf das Zeichen eines Inquisitors löste Ezekialito die Schraube des Knebels und nahm ihn aus Jonathans Mund. Jonathan hatte das Gefühl, er könnte seine gespreizten Kiefer nie wieder zusammenklappen.

Ein Inquisitor, er war offensichtlich der Ranghöchste, las angelegentlich in den Schriftstücken, die er einem Papierstapel entnahm. Flüssiges Wachs tröpfelte in der Stille von einer blakenden Kerze herab. Der Gekreuzigte wand sich ...

Der Inquisitor fixierte Jonathan mit kalten Blick. Wie viel können die wissen, fragte sich Jonathan. Wo hast du einen Fehler gemacht?

»Weißt du, weshalb du verhaftet worden bist?«, hieb schneidend die hohe Stimme des Inquisitors auf Jonathan ein. »Du wirst der Ketzerei beschuldigt!«

»Aber warum? Und von wem?«, fragte Jonathan. Seine Stimme zitterte.

»Das geht dich nichts an!« Die Fragen hagelten auf Jonathan ein. »Bist du katholisch? Wann warst du das letzte Mal zur Beichte? Glaubst du, dass Christi Fleisch und Blut in der heiligen Kommunion anwesend sind?«

»Das muss ein Versehen sein! Ihr habt den Falschen verhaftet«, sagte Jonathan hektisch. »Ich bin ein Freund der Herzogin von Feria, ich hatte eine Audienz bei Seiner Majestät, dem König ...«

Der Inquisitor gab Ezekialito ein Zeichen, der den eisernen Birnenknebel immer noch in der Hand hielt. Jonathan hörte sofort auf zu sprechen.

»Du wirst überdies beschuldigt, ein Spion zu sein. Darauf steht die Todesstrafe. Aber es gibt Dinge, die schlimmer sind als der Tod. Du wirst damit Bekanntschaft machen, es sei denn, du gestehst. Auf welchem Wege haben deine verräterischen Botschaften Madrid verlassen? Wer hat sie befördert? Wer sind deine Komplizen?«

Unsägliche Angst verschloss Jonathan den Mund.

Der Inquisitor zuckte unwirsch die Achseln. »Er ist hochmütig und verstockt. Der Teufel regiert immer noch seine Zunge. Wir werden ihm den Hochmut und den Teufel austreiben müssen. Schafft ihn zur peinlichen Befragung!«

Ezekialito zog die Henkersschlinge um Jonathans Hals wieder fester. Jonathan wurde langsam und geradezu feierlich durch enge feuchte Gänge geführt. Dann ging es eine steile Steintreppe hinunter. Vor einer schweren eisenbeschlagenen Tür hielten sie. »Die durch diese Tür gehen, hat Gott verlassen«, stand auf Latein über dem Türsturz.

Sie gelangten in ein geräumiges Verlies. Seilrollen mit darüberlaufenden Stricken hingen von den hohen Deckengewölben herab. Fackeln in eisernen Wandhaltern und der Feuerschein hellrot glühender Kohlebecken beleuchteten die Szenerie. Allenthalben wurden von eifrigen Inquisitoren Gefangene peinlich verhört. Das jammervolle Flehen der Gequälten war mit ihren gellenden Schreien durchsetzt. Du hast dich in eines dieser Höllenbilder des Hieronymus Bosch hineingeträumt, dachte Jonathan in wahnsinniger Hoffnung. Gleich wirst du wach und bist in London bei Maudy.

Ein brutaler Ruck an der Schlinge riss ihn voran. Vor ihm brachte ein Dominikanermönch in einem Kohlebecken eine eiserne Zange zum Glühen. Mit dem rot glühenden Werkzeug ging er zu einem älteren Mann, der auf dem gestampften Lehmboden festgepfählt war. Mit unendlicher Sorgfalt suchte der Folterer eine noch unversehrte Stelle am Körper des Gefangenen.

Er setzte die glühende Zange an der Innenseite des Oberschenkels des Mannes an und riss ihm ein Stück Fleisch vom Leib. Mit einem tierischen Schrei wurde der Alte ohnmächtig. Zischend schwängerte der Gestank von verbranntem Fleisch die Luft.

Jonathan bekam weiche Knie. »Feiges Fleisch, feiger Geist«, spottete der Jagdhund Gottes. »Nicht mehr lang, und du wirst reden wie ein Buch.«

Ezekialito schleppte ihn weiter zu einem hölzernen Gestell. Ein Mann mit aristokratischem Gesicht war der Länge nach ausgestreckt darauf festgebunden. An den jeweiligen Enden des Gestells schlangen sich kräftige Stricke um seine Hand- und Fußgelenke. Ein Folterknecht legte sich an einem gewaltigen hölzernen Hebel ins Zeug. Eine Winde knarrte. Die Backen des Streckrahmens bewegten sich samt dem Körper des brüllenden Mannes langsam auseinander. Die Winde knarrte weiter. Muskeln und Sehnen rissen, Knochen barsten.

Ezekialito stieß Jonathan an. »Man hat diesen ungläubigen Thomas dabei erwischt, wie er sich kritisch zur Entscheidung unseres Königs geäußert hat, die große Armada gegen die Ketzer zu schicken. Man hat seinen Besitz konfisziert und seine Familie vertrieben. Sofern er die Streckbank überlebt, wird er an die Riemen einer Galeere gekettet. Dann hat er genügend Zeit, über seine Zweifel nachzudenken.«

Alle Welt wusste, dass Philipp II. die Inquisition oft für durchaus weltliche Zwecke benutzte. »Zur Galeere verurteilt« war eine häufig verhängte Strafe für geringfügige Vergehen. Jonathan wurde von der entsetzlichen Vorahnung beschlichen, dass man auch ihn bald an einen jener Riemen ketten würde.

»Sind diese Instrumente der Wahrheitsfindung nicht geradezu genial?«, sagte der eifrige Ezekialito strahlend. »Wer könnte daran zweifeln, dass Gott ihren Konstrukteuren die Hand geführt hat?« Jonathan starrte ihn verständnislos an. »Die Heilige Mutter Kirche hat es sich zur Aufgabe gemacht, die Ketzerei mit Stumpf und Stiel auszurotten, aber das Kirchenrecht lässt kein Blutvergießen zu«, erklärte Ezekialito beflissen. »Hast du nicht verfolgt, wie die glühende Zange arbeitet? Sie hat zwar das Fleisch abgerissen, aber im selben Moment auch die Wunde ausgebrannt. Kein Blut – also auch keine Sünde. Oder die Streckbank. Sie zerreißt die Muskeln und lässt Knochen bersten, aber innerlich. Also wieder: Es fließt kein Blut. Aber dieser Apparat hier ist wirklich ein Meisterstück«, sagte er, während er Jonathan ein paar Schritte weiter führte. »Hier siehst du den Spanischen Stuhl.«

Jonathan begriff, dass ihm die Folterinstrumente gezeigt wurden, um seine Willenskraft zu brechen. Eine wahnsinnige Angst setzte ihm zu. Er befürchtete, sein ganzes Wissen in dem Moment preiszugeben, in dem er der Folter ausgesetzt wurde. Die Viale mit dem tödlichen Trank war immer noch im Saum seines Wamses verborgen. Er könnte sie vielleicht unbemerkt herausnehmen ... aber was war dann mit den Informationen, die unbedingt nach England gelangen mussten? Der innere Zwiespalt lähmte seine Entschlusskraft.

Ezekialito betrachtete den Gefangenen, der mit einem um die Stirn gelegten Eisenband und um die Handgelenke geschlagene Spangen an den Stuhl gefesselt war. Seine bloßen Füße steckten in Fußeisen. »Dieser verstockte Gefangene macht uns am meisten Kummer. Er ist ein glaubensabtrünniger englischer Kapitän, den wir in unserer karibischen See gefangen haben. Er wurde nach Madrid gebracht, um über sein unvorstellbares Verbrechen Rechenschaft abzulegen, hat man doch an Bord seines Schiffes ›Das Buch der Märtyrer‹ von John Foxe und das englische ›Book of Common Prayer‹ entdecken müssen, zwei Bücher, durch die ohne jeden Zweifel der Teufel spricht.« Er schlug fromm ein paar Kreuzzeichen. »Die Suprema in ihrer unendlichen Güte hat diesem Ketzer jede erdenkliche Gelegenheit gewährt, seinem Irrtum abzuschwören, aber in seinem Starrsinn weigert er sich hartnäckig.«

»Ich werde erst abschwören, wenn es in der Hölle schneit«, brüllte der Kapitän. »Der Ozean gehört allen. Ich werde in Festigkeit zu meinem wahren Glauben vor meinen Schöpfer treten.«

Ein Inquisitonsscherge strich die Füße des Kapitäns mit Schmalz ein. Dann rückte er ihm ein Becken mit glühenden Kohlen unter die Fußsohlen. Der Schweiß strömte dem Gefolterten in Bächen über Gesicht und Brust, während seine Füße langsam rösteten. »Damit die Füße nicht zu schnell verbrennen, muss man sie dauernd mit neuem Fett einstreichen«, erläuterte Ezekialito leutselig. »Die Wirkung fällt am besten aus, wenn man behutsam grillt. Ola, er ist uns umgekippt. Seine Schmerztoleranz ist wirklich ganz erstaunlich. Er hat bis jetzt so gut wie nie um Gnade geschrien. Ein eindeutiger Beweis, dass er von Luzifer besessen ist.«

Ezekialito stieß Jonathan in die hintere Ecke der Folterkammer. Zwei vermummte Gestalten in Kapuzen standen neben einer flaschenzugartigen Vorrichtung, die von der gemauerten Gewölbedecke herunterhing. »Es ist so weit«, sagte der eifrige Gottesmann, »der unvermeidliche Moment der Wahrheit ist gekommen.«

Raue Fäuste rissen Jonathan die Kleider vom Leib, bis er nackt dastand. Die Hände wurden ihm auf den Rücken gebunden, ein Seil um die Fesseln gewunden und über die Rolle an der Decke geführt. Ezekialito und seine Genossen zogen am herablaufenden Seilende. Jonathans Arme wurden allmählich hinter seinem Rücken verrenkt, je mehr sie von seinem Körpergewicht zu tragen bekamen. Langsam wurde er in die Höhe gehievt. Er hatte das Gefühl, die Arme würden ihm vom Körper abgerissen. Er schrie in höchster Qual. Als er ohnmächtig zu werden drohte, ließ Ezekialito das Seil gerade soviel nach, dass Jonathan mit den Zehen den Boden berühren konnte.

»Nun sag schon, auf welchem Wege gelangen deine Botschaften aus Madrid heraus? Wer sind deine Komplizen? Ich will Namen hören!«

Jonathan rang nach Luft. Als seine Antwort nicht schnell genug kam, wurde er mit einem kräftigen Ruck nach oben gerissen. Diesmal kugelten seine Schultergelenke aus. Gnädigerweise wurde ihm schwarz vor den Augen. Ein ins Gesicht gegossener Eimer Wasser brachte ihn wieder zu sich. Er lag auf dem Boden und wand sich unter dem Schmerz der ausgerenkten Schultern.

»Los, aufstehen!«, schrie Ezekialito ihn an. »Gesteh endlich!«

Jonathan kämpfte sich auf die Füße. Bevor er seine Stimme wiederfinden konnte, hatte ihm der Dominikanerbruder behände ein Eisengewicht an den Hodensack geschnallt. Jonathan starrte entsetzt an seinem geschundenen Körper auf das baumelnde Gewicht hinunter. Er hielt sich so reglos wie möglich, um nicht zerrissen zu werden. »Ich sag alles«, stöhnte er.

Ezekialito tat, als hätte er nichts gehört. Mit grauenhafter Langsamkeit wurde Jonathan unter seinen entsetzlichen Schreien hochgezogen, bis sein Kopf am Deckengewölbe anstieß. Unvermittelt ließen die Klosterbrüder das Seil los. In freiem Fall stürzte Jonathan herunter, doch kurz, bevor er den Boden berührte, wurde das Seil mit einem Ruck abgefangen. An ausgekugelten Armen hängend, federte Jonathan auf und ab. Das Gewicht drohte seinen Hodensack abzureißen. Glühender Schmerz schoss ihm von den Lenden durch den ganzen Körper. In einer Vision des entmannten Anthony Babington gellte ein nicht enden wollender Schrei aus Jonathans Mund.

Das Seil wurde losgelassen. Jonathan stürzte in den Schmutz.

»Aufhören. Ich sage alles«, stöhnte er – und versank im schwarzen Nichts.

In einer feuchten dunklen Zelle erlangte Jonathan wieder das Bewusstsein. Er war nackt. Er zitterte unkontrollierbar am ganzen Körper vor Kälte und Schmerz. Stunden verstrichen, vielleicht auch Tage. Sein Zeitgefühl war von der Marter seiner Gedanken völlig außer Kraft gesetzt. Bist du verstümmelt, rätselte er. Mit seinen ausgerenkten Armen war es ihm unmöglich, sich abzutasten. Er begriff, weshalb Fabrizio den Tod der Gefangennahme vorgezogen hatte, und verstand die Worte des Inquisitors: »Es gibt Dinge, die sind schlimmer als der Tod ...«

Falls man ihn an den Genitalien verstümmelt hatte, wollte er nicht weiterleben. Aber mit den Kleidern hatten sie ihm auch den tödlichen Schlaftrunk weggenommen.

Verzehrendes Fieber brannte in ihm. Er halluzinierte, verlor über seinem Fehlschlag fast den Verstand. Als die Qual unerträglich wurde, als er nahe daran war, alle Hoffnung fahren zu lassen und sich den Händen seines Schöpfers anzuvertrauen, bemerkte er ein schwaches Licht. Es schien in seiner Zelle auf, kam näher, wurde heller, bis im blendenden Schein einer Laterne ein Engel vor ihm erschien.

»Ich bin gekommen, dich zu retten«, flüsterte der Engel.

Unfähig, der Ausgeburt seiner Fantasie zu glauben, erhob Jonathan sich bebend auf die Knie. Er beugte sich vor, um die Wange an den rettenden Engel zu legen – und fiel in Christians Arme.

46

Seid Ihr es wirklich?«, flüsterte Jonathan. »Wie sehr habe ich zu Gott gebetet, dass Er mich sterben lässt ... stattdessen schickt Er Euch!«

Bei Jonathans Anblick zog Christian scharf die Luft ein. »Was haben die mit dir gemacht? Haben dir diese Brüder die Arme gebrochen?« Seine kraftvollen Finger tasteten Jonathan ab. »Gottlob, nichts gebrochen, aber man hat dir beide Arme ausgerenkt.« Er packte Jonathans rechte Schulter. Mit einem geschickten Schlenker renkte er den Arm wieder ein. Jonathan schrie auf, doch bevor er sich zur Wehr setzen konnte, hatte Christian auch den anderen Arm eingerenkt. »Je schneller es geht, desto besser. Die Angst vor dem Schmerz macht es nur schlimmer.«

Jonathan sank gegen Christian. Sein Atem ging stoßweise und hechelnd. Christian hielt ihn in den Mantel gewickelt an sich gedrückt. Immer wieder schüttelte ein krampfhaftes Beben Jonathans Körper. Von Christian erwärmt wurde er nach und nach ruhiger. »Deine Schultern werden dich noch eine Zeit lang schmerzen, aber ich kann dir versprechen, es ist kein bleibender Schaden. Du bist jung und zäh, bei dir heilt alles schnell. Was haben sie sonst noch mit dir angestellt? Warum wendest du dich von mir ab? Was ist denn so schlimm?«

»Sie haben mir ein Gewicht an den Hodensack gehängt«, stammelte Jonathan mit belegter Stimme. »Sie haben mich hochgezogen und ... mein Gott, haben sie mich verstümmelt?«

Christian leuchtete mit der Laterne. »Lass mal sehen ... oh, diese sadistischen Schweine! Und alles im Namen Gottes! Das müssen wir vorsichtig angehen, aber auch das kommt wieder in Ordnung.« Er nahm Jonathans Hand und führte sie an den wunden pochenden Hodensack. Als Jonathan spürte, dass er noch intakt war, brach er in Tränen der Erleichterung aus. In Christians Armen geborgen weinte er sich aus.

Christian hielt ihm einen Ziegenschlauch mit Wein an die ausgetrockneten Lippen. »Trink, mein Freund, lass das Blut der Reben seine heilsame Wirkung entfalten, den Schmerz lindern, lass dich wieder zur Besinnung bringen – trink, trink!«

Christian breitete den Mantel auf den Boden. Behutsam bettete er Jonathan darauf und begann, ihn zart zu massieren. »So hat auch unser Herr geheilt – durch Handauflegen.«

Jonathan gab sich den wohltuenden Händen anheim. Er fühlte sich geborgen. Allmählich erwachte auch wieder seine Vernunft. »Wie kommt es, dass Ihr in Madrid seid?«, murmelte er. »Woher habt Ihr gewusst, dass ich hier bin?«

»Darf ich es wagen, dir mein Leben anzuvertrauen? Aber das Schicksal hat uns in dieser Stunde des Schreckens so eng miteinander verwoben, dass ich nicht anders kann ... König Philipp hat mir gesagt, dass die Inquisition dich verhaftet hat. Er glaubt, dass ich für Spanien arbeite. Er muss unbedingt in diesem Glauben bleiben. Aber du und ich wissen, dass meine Treue England gilt. Wenn Philipp je erfährt, dass ich ein Doppelagent bin ... Nun, jetzt kennst du mein Geheimnis. Es könnte dir zweifellos das Leben retten, wenn du mich an die Inquisition verrätst.«

Jonathan ergriff Christians Hand. »Jemand verraten, den ich liebe? Niemals!«

»Oh, mein lieber Freund, wie wärmt es mir das Herz, deine Worte zu hören! Hat doch auch mich die Liebe zu dir veranlasst, mein Leben zu riskieren und hierher zu kommen. Nachdem so viele Monate ohne eine Nachricht von dir ins Land gegangen waren, hat Mylord Walsingham einen Freiwilligen gesucht, der bereit war herauszufinden, ob du noch am Leben bist. Du bist es, und bald wirst du wieder hergestellt sein, wenn es nach mir geht.«

Seine Finger gruben sich in die verknoteten Muskelstränge an Jonathans Schultern. »Hast du die Informationen, nach denen man dich ausgeschickt hat?«

Zufrieden stöhnend nickte Jonathan.

Christians Griff wurde unwillkürlich fester. Er strich über Jonathans sich allmählich lockernde Brustmuskulatur. »Kannst du dich auf deine Quelle verlassen? Bist du sicher, dass man dich nicht an der Nase herumgeführt hat?«

»Ich habe meine Informationen direkt von Walsingshams Agenten in Madrid bekommen.«

»Dann ist Gott mit uns. Ein schlauer Fuchs, den Walsingham hier sitzen hat. Zum Glück für uns operiert er so nahe am Zentrum der Macht. Ist er denn immer noch hier in Madrid? Schlaf jetzt nicht ein! Wir haben noch viel zu tun – wir müssen uns zum Beispiel mit deinem größten Kummer befassen.«

Er ließ Jonathan noch mehr Wein trinken. »Es wird anfangs weh tun, aber ich muss erst das Ausmaß der Verletzung feststellen, damit ich weiß, wie ich dich heilen soll. Maudy wäre am Boden zerstört, wenn du nicht mehr mit ihr – ja, ich weiß, dass du mit ihr geschlafen hast. Als ich sie das letzte Mal sah, hat sie es mir gestanden.«

Ein Stich durchzuckte Jonathan, der stärker war als der Dauerschmerz in seinen Hoden. »Ihr habt Maudy getroffen?«

»Als du ohne ein Wort einfach verschwunden bist, habe ich mich im Theater nach dir erkundigt. Maudy hat mir gesagt, du wärest fort. Ich habe meinen Sohn gesehen. Du hast die Wahrheit gesagt, Jon, er ist schön, gefährlich schön. Er hat seinen Erzeuger sofort erkannt und mich mit den liebsten Küssen bedacht. Ich soll ihn Maudy nicht wegnehmen, hast du gesagt, deswegen habe ich es auch nicht getan, einstweilen jedenfalls. Wir werden uns noch darüber unterhalten. Jetzt wollen wir aber erst einmal dafür sorgen, dass du wieder in Ordnung kommst.«

Mit liebkosenden Berührungen machte sich Christian an Jonathan zu schaffen. Kein Körperteil entging seiner Inspektion. »Mein armer wunder Freund, wie geschwollen und schwarzblau angelaufen das ist! Was sollen wir nur tun, damit es wieder gut wird? Es müsste etwas Zärtlicheres sein als Handauflegen. Mach die Augen zu, und denk ans Paradies.«

Jonathan meinte, die Sinne müssten ihm schwinden von dem ekstatischen Gefühl, das Christians Berührung auslöste.

Christian setzte sich auf die Hacken. »Hast du Gefühle?«

»O ja, Mylord, ja!«

»Ausgezeichnet, dann ist dort nichts kaputt. Macht es Schmerzen?«

»Schmerzen ... und ... Lust, Mylord.«

»Dann ist klar, was wir tun müssen. Wir werden das eine steigern, um das andere zu verdrängen. Lass mich noch mal ... wieder besser? Und noch einmal ... ach, sieh an, der Phönix erhebt sich aus der Asche! Unverwüstlich, einfach nicht unterzukriegen. Maudy wird begeistert sein! Wir müssen dich hier herausbekommen, heraus aus Spanien«, sagte Christian, Jonathans steifes Glied fest im Griff. »Mit viel Mühe konnte ich die Inquisition überreden, dich gegen einen ihrer Spitzel auszutauschen, der bei Walsingham im Gefängnis sitzt. Die einzige Bedingung ist, dass du ihnen sagst, welche Botschaften du überbringen sollst und wer sie dir gegeben hat. Keine Angst, ich werde alles so hindrehen, dass kein Schaden daraus entstehen kann, es muss nur einigermaßen glaubwürdig klingen. Du hast das Dokument doch bestimmt irgendwo versteckt.«

Jonathan tippte sich an den Kopf. »Hier drin«, sagte er und setzte sich auf, wobei er sich auf Christians Arm stützte. Innerlich durchwärmt vom Wein und von der Liebe zu diesem Mann, der ihn wieder lebendig gemacht hatte, begann er, stockend die Botschaft aus dem Gedächtnis aufzusagen. Christian schrieb mit. »Der Engel Madimi in seiner unergründlichen Weisheit hat in der siebten Sphäre des enochischen Utopia befunden, dass den Reinen im Geiste durch das Wasser Erlösung werde, und ...« Nicht ohne Stolz auf seine Gedächtnisleistung sagte Jonathan seinen endlosen Bericht auf. »Im Himmel aufgezeichnet durch den Engel Madimi durch seinen untertänigen irdischen Diener 007 ...«, endete er.

Christian war aufgesprungen. Nervös und energiegeladen ging er in der Zelle auf und ab. »Die Botschaft ist verschlüsselt und so dunkel, dass man rein gar nichts versteht.« Er hockte sich neben Jonathan. »Gib mir den Schlüssel zu diesem Code!«

»Mylord, ich kenne ihn nicht.«

»Aber du musst ihn doch kennen – wie hättest du sonst dieses scheinbar sinnlose Zeug auswendig lernen können? Wer ist Madimi? Und was soll dieses 007 bedeuten?«

In diesem Moment schlug in Jonathans Kopf eine große Alarmglocke an. Wenn Christian wirklich Walsinghams Agent war, hätte er doch den Engel Madimi kennen müssen – und den Codenamen von Dr. Dee!

»Es muss dir doch jemand diesen Sermon beigebracht haben! Wer war das?«, drängte Christian.

Jonathans Gedanken schlugen Haken wie ein von den Hunden gehetzter Hase. Irgendeinen Namen musste er nennen. »Fabrizio, der Kammerdiener des Herzogs von Feria.«

»Sein Kammerdiener?«, echote Christian ungläubig. »Unmöglich. Fabrizio war völlig ungebildet, konnte weder lesen noch schreiben ...«

»Diesen Anschein hat er überall erweckt, damit ihm niemand auf die Schliche kam. Er hat diesen Bericht verschlüsselt und mir eingetrichtert.«

Christians Augen wurden schmale Schlitze. Fabrizio war von

der Inquisition getötet worden. Es gab keine Möglichkeit, die Wahrheit der Angabe unmittelbar zu überprüfen. Jonathan sagte entweder die Wahrheit, oder er war verteufelt gerissen. Wie auch immer, jetzt war ein raffinierteres Vorgehen gefragt. »Jon, erinnerst du dich noch an meine Warnung, dass du Walsingham und seinen Konsorten völlig gleichgültig bist? Jetzt siehst du, wohin seine schlauen Pläne dich gebracht haben. Ich dagegen kämpfe um dein Leben – aber du musst mir dabei helfen.«

»Ich habe Euch doch schon alles gesagt. Was soll ich denn noch tun?«

»Ich weiß, dass du von Walsingham hierher geschickt worden bist, um Informationen über die Armada zu sammeln, das hat er mir selbst gesagt. Aber ich weiß auch, dass Fabrizio nicht dein Kontaktmann gewesen sein kann, er sprach nämlich kein Englisch. Wenn dir dein Leben lieb ist, musst du mir die Wahrheit sagen. Wer war es? Nur so kann ich dich retten. Ich muss dich lebendig hier herausbekommen. Erinnerst du dich nicht mehr, was wir uns in London gegenseitig gelobt haben? Was ist mit dem gemeinsamen Leben, das wir uns vorgestellt haben? Waren das für dich alles nur leere Worte?«

Jonathan starrte in die goldenen Augen. Er spürte, wie ihr Blick ihm den Willen aus dem Mark sog. Du darfst ihn nicht anschauen. Lass dich nicht wieder von ihm verhexen, es steht zu viel auf dem Spiel, dachte er. Aus einer rätselhaften Quelle gewann er die Kraft zum Angriff. »In Wirklichkeit seid Ihr gar nicht Walsinghams Agent. Euer wahrer Meister ist Philipp von Spanien!«

»Ich habe nur einen Meister, und das bin ich selbst. Aber es wird mir jetzt langsam zu dumm. Also, wer ist dein Kontaktmann?«

Jonathan ließ nicht locker. »Habt Ihr wirklich geglaubt, wir würden die Armada lossegeln lassen, ohne ihr etwas entgegenzusetzen? Hat Cádiz Euch nichts gelehrt? Wir werden uns so entschlossen zur Wehr setzen, dass die ganze Welt darüber staunen wird. Wir werden dafür kämpfen, dass jeder Mensch das Recht hat, Gott so zu verehren, wie er es für richtig hält ...«

»Gnädige Mutter Maria, verschone mich mit diesem Geschwätz! Du tönst, als würdest du den Text von einem Rührstück aufsagen. Merkst du denn nicht, dass du nur einen dogmatischen Glauben durch einen anderen ersetzt hast? Deine Puritaner sind jetzt schon größere Unterdrücker als die Katholiken!«

An Jonathans Hals stellten sich die Nackenstränge auf. »Solange Königin Elisabeth lebt, wird sie nicht zulassen, dass die ...«

»Aber sie wird nicht ewig leben. Ich habe dir bereits gesagt, dass wir alle dem Herrgott unseren Tod schuldig sind, und selbst Königinnen werden zur Kasse gebeten. In dem Augenblick, wo Elisabeth in die Grube fährt, werden die Puritaner ihr hässliches Haupt erheben. Möchtest du unter der Herrschaft dieser verbohrten Sterblichen leben – mit ihren bleiernen Seelen und tönernen Füßen?«

»Kennt Ihr keine Treue?«, sagte Jonathan rau. »Königin Elisabeth hat Euch vertraut – Euch geliebt!«

Christian hieb die Reitpeitsche gegen die Wand. »Treue? Gegenüber diesen umnachteten Idioten, die Europa beherrschen? Denen die heuchlerische Frömmigkeit förmlich aus Nase und Ohren quillt? Gegenüber Leuten wie Kaiser Rudolf, den die Prophezeiung so verängstigt hat, dass er sich in seinem Palast vergräbt? Der Angst hat zu heiraten, wohl aber den Mut, ein Dutzend Bastarde zu zeugen und zudem noch seine Lieblingsleibwächter mit seiner Gunst zu beglücken?

Oder Frankreich: Heinrich III. wendet sich von seiner Frau ab, kostümiert sich als Milchmädchen, und seine als Schäfer verkleideten Günstlinge stellen ihm nach, um ihn zu benutzen, wie ein Schäfer ein Milchmädchen benutzt. Am nächsten Tag geißelt sich dieser König zur Buße für seine Sünden mit einer neunschwänzigen Katze selbst – was erst recht gegen die Natur verstößt, ist er doch nicht einmal in der Lage, seine Perversion zu genießen!

Und in Rom? Dort haben wir einen Papst, der ein Gelübde auf das Zölibat abgelegt hat, auf eine Lebensweise von Körper und Geist, die so grundsätzlich dem natürlichen Lebensvollzug widerspricht, dass jeder denkende Mensch sich über den komplizierten überlieferten Kanon von Vorschriften an den Kopf greift, mit dem das Fleisch in Schach gehalten werden soll. Als Mensch, der von anderen Menschen gewählt worden ist, setzt er als Papst Vorschriften in die Welt – und maßt sich an zu behaupten, er spreche in Vertretung Gottes. Ich sage dir, niemand spricht für Gott, es sei denn Gott selber!

Über Spanien brauche ich mich vor dir nicht auszulassen, du hast ja den hiesigen Irrsinn am eigenen Leib erlebt. Und in England haben wir das größte Rätsel überhaupt, den Teufel in der Maske einer Jungfrau.«

Jonathan schrak vor ihm zurück bis an die steinerne Wand. »Wer seid Ihr?«, flüsterte er. »Welcher Sache habt Ihr Euch verschrieben?«

»Ich bin ein Kind der Welt. Die Sache, der ich mich verschrieben habe, ist das Überleben. Meine Art zu leben ist die einzig richtige. Stets steht eine Seite gegen eine andere. Im wogenden Getümmel der Auseinandersetzungen bin ich der Einzige, der wirklich das Heft in der Hand hat. Denn letzten Endes kommt es nur auf das eine an – zu überleben. Ist das denn nicht das Muster, nach dem auch du stets zu leben gezwungen warst? Ist es nicht das Muster, dem sie alle folgen, Walsingham, Bon Cœur, Burbage, ja, sogar die Königin? Zwingen sie dich nicht alle, um dein Überleben zu kämpfen? Willst du denn ewig nach der Pfeife anderer Leute tanzen?«

Jonathan versuchte zu antworten, aber die Wahrheit von Christians Worten hatte ihn stumm werden lassen.

Christians Stimme wurde verführerisch, hypnotisch. »Als ich dich damals auf dem Jahrmarkt zum ersten Mal sah, wusste ich sofort, dass in deiner Brust die gleichen Instinkte wohnen wie in meiner. Ich erkannte es am gehetzten Blick deiner Augen, an deiner Entschlossenheit, ohne Rücksicht auf Verluste zu überleben. Jetzt hat dich das Schicksal an diesen schrecklichen Ort geschwemmt, aber diesmal wirst du ohne meine Hilfe nicht davonkommen.

Du bist ein bemerkenswerter Bursche. Du bist schnell von Begriff, versessen auf die Wahrheit und lässt dir nichts vormachen. Du brauchst keine langen Erklärungen, ob etwas stimmt oder nicht.

Hör also gut zu: Seit Jahrzehnten schon beobachtet Europa, wie sich der spanische Koloss von einem triumphalen Sieg zum anderen wälzt. Aber solange die Königin von Schottland am Leben war, zögerte Philipp, gegen England vorzugehen, dann nämlich hätte sie den englischen Thron geerbt, und deshalb musste Maria sterben. Marias Tod war unabdingbar. Ich habe mich gewaltig ins Zeug gelegt, ihn herbeizuführen. Nur dann würde Philipp seine Tatenlosigkeit ablegen und zuschlagen. Und jetzt zieht Philipp die größte Seestreitmacht zusammen, die die Welt je gesehen hat. Du hast Recht, Jon, die Welt wird sich noch lange an diese Schlacht erinnern, denn sie ist der Beginn von Armageddon, der Schlacht zwischen dem Kräften des Lichts und der Finsternis. Wenn die unbesiegbare Armada zu ihrer Eroberungsfahrt ausläuft, nimmt ein Gottesurteil seinen Lauf. Gott wird auf der Seite desjenigen stehen, der sich im Recht befindet. Kann in unserer Welt, wo die Macht das Recht regiert, irgendein Zweifel daran bestehen, dass Gott sich auf die Seite Spaniens stellen wird?«

Christian kniete sich hin und schloss Jonathan in die Arme. Seiner furchtbaren Verführungskraft ungehemmt freien Lauf lassend, liebkoste er den fiebernden nackten Körper.

»Wie ich deinen Körper heilen kann, so auch deine Seele. Ich habe dir schon einmal gesagt, und sage es abermals, jeder Mensch sucht seine Zwillingsseele. Du bist mein Zwilling, meine versehrte Zwillingsseele, die ich pflegen, beschützen und lieben möchte. Auch ich weiß, was es bedeutet, keine Mutter, keinen Bruder, keinen Vater zu haben. Ich weiß, was es heißt, alleine dazustehen. Oh, Jon, bitte keine Tränen, du brichst mir das Herz. Ich schwöre dir: Vom heutigen Tage bis ans Ende der Zeiten will ich dir Vater, Bruder, Beschützer und Leitbild sein. Jonathan, lass mich dein David sein. Komm an meine Seite – wir zwei gegen die ganze Welt!«

Zwiespältige Empfindungen rissen Jonathan hin und her. »Wie könnte ich mich gegen mein eigenes Land wenden? Gegen mein eigenes Volk?«, sagte er stockend. »Das tut nur der Teufel.«

»Ach was, die ganze Welt tut es – und die Menschen.«

»Nachdem sie gefallen sind«, schluchzte Jonathan.

»Jawohl, Jonathan, für die Katholiken und die Protestanten sind die Menschen Gefallene: Für die Walsinghams, die Bon Cœurs und auch für deren einfältigen Sohn, der heimlich in Frauenkleider schlüpft.«

Jonathan fiel es wie Schuppen von den Augen. »Ihr habt also auf Boy eingestochen?«

Christian zuckte ärgerlich mit den Schultern. »Mein Diener sollte eigentlich niemand etwas zu Leide tun. Er sollte dir nur ein bisschen Angst einjagen, damit du verrätst, wo Maudy mein Kind versteckt hält. Wie sollte Blutkopf auch wissen, dass Boy in das Kostüm der Bel-Imperia geschlüpft war? Als Boy anfing, sich zu wehren, wurde Blutkopf nervös und hat zugestochen.«

Jonathan bemühte sich, seine Erleichterung zu verbergen. Das Wissen, dass Blutkopf der Messerstecher gewesen war, der Boy ermorden wollte, machte ihm den Tod des Unholds erträglich. In seinem feuchten Steinverlies hörte er auf einmal Boys Warnung widerhallen: »Der Teufel ist überall, er könnte in dir stecken, oder in mir ...«

»Das Stundenglas ist so gut wie voll, mein Freund. Ich brauche eine Antwort von dir, und zwar jetzt. Wir zwei gegen die ganze Welt! Komm an meine Seite, ich verspreche dir Reichtum, Ruhm, Liebe ...«

»Niemals!«

In den goldenen Augen begann es zu lodern. Vergessen war das behutsame und wohlüberlegte Taktieren. Jetzt regierten der Zorn und der unwiderstehliche Drang, diesen undankbaren Gesellen zu zerschmettern und ein für alle Mal zu vernichten. Der Bursche hätte sich vollkommen in seiner Hand befunden, hätte er sich ihm freiwillig und aus eigenen Stücken anheim gegeben – und auf dieses Ziel hatte er all die vergangenen Monate hingearbeitet. Aber jetzt war die Uhr abgelaufen.

»Wie schade, dass du Maudy nie mehr wiedersehen wirst. Die Schwangerschaft hat sie noch begehrenswerter gemacht. Wie genieße ich doch ihre ungezügelte Lust und ihre Erfahrenheit in allen Spielarten der Liebe. Ich liebe Frauen, die die Liebe lieben. Warum zuckst du zusammen? Was zitterst du? Hast du etwa gedacht, wir wären unlängst nicht sofort ins Bett gefallen, kaum dass wir uns sahen? Aber so war's, mit Freude und Gelächter! Hast du gedacht, Maudy würde nicht mittun? Hast du gedacht, sie würde den Burschen einem Mann vorziehen? Die Sonne ging auf und wieder unter und abermals auf und noch einmal unter, und wir liebten uns immer noch. Ich dachte schon, man müsste uns mit kaltem Wasser übergießen, damit wir voneinander ablassen. Als ich ging, hatte sie wieder ein Kind von mir, dessen bin ich mir sicher.«

Christian streifte die Kleider ab. »Sieh dir nur an, was für ein starkes Aphrodisiakum die Erinnerung an Maudy ist und an die Dinge, die wir miteinander getrieben haben!«

Jonathan versuchte fortzukriechen, doch Christian nagelte

ihn am Boden fest. »Du sollst nicht vor deinen Schöpfer treten, ohne kennen gelernt zu haben, was ich dir gerne mit Freude und Liebe beigebracht hätte, aber jetzt in meinem maßlosen Zorn aufzwingen muss!«

Mit dem letzten Rest seiner Kraft setzte Jonathan sich zur Wehr, doch für Christian erhöhte dies nur den Reiz der Situation. »Wo ist die verborgene rosige Knospe? Ah, hier ist der Preis, den es zu gewinnen gilt ... sträub dich nur, aber jetzt habe ich gewonnen! Gibt es etwas Erregenderes, als ein wildes junges Pferd zuzureiten? Etwas Befriedigenderes, als ihm den eigenen Willen aufzuzwingen? Weißt du noch, wie du dir in jener Nacht in Fotheringhay eingebildet hast, du würdest auf einem Hengst reiten? Diesmal ist es keine Einbildung, mein tapferer Freund, diesmal ist es echt. Immer noch bockig und wild? Du kannst bocken soviel du willst, du wirst mir zu Willen sein!«

Jonathans in der Folterkammer erduldete Qualen verblassten zu einem Nichts gegen dieses tückische Eindringen, gegen diese Vergewaltigung seiner Seele. Nur der alles beherrschende glühende Gedanke an Rache half ihm, bei dieser quälenden, erniedrigenden, verräterischen Schinderei nicht den Verstand zu verlieren.

Endlich ließ Christian von ihm ab und stand auf. »Bald wirst du den eisigen Atem des Todes spüren«, sagte er zu dem am Boden kauernden Jonathan. »Und dann denk daran, dass ich dir die ganze Welt zu Füßen legen wollte. Da du mich abgewiesen hast, bleibt mir nichts anderes übrig, als dich der Inquisition auszuliefern. Gott sei deiner von allen guten Geistern verlassenen Seele gnädig.«

47.

Christian ging sofort zum Foltermeister, einem hageren frömmlerischen Mann, der es nicht gewohnt war, von jemand anderem als dem Großinquisitor Befehle entgegenzunehmen. Der Dominikanerpater war über Christians brüskes und von einem geradezu beleidigenden Mangel an Angst geprägtes Auftreten äußerst pikiert.

Der Eiferer Ezekialito hatte sich unauffällig dazugestellt. Er platzte fast vor Neugier. Nur zu gern hätte er gewusst, wie es um Jonathan stand.

»Der Spion hat seine Nachricht auswendig gelernt. Er hat sie mir aus dem Gedächtnis verraten, doch sie ist verschlüsselt. Er behauptet, den Schlüssel nicht zu kennen.«

»Wir haben ihn nur dem ersten Grad der Folter unterzogen«, sagte der Foltermeister gewichtig. »Jetzt ist der zweite Grad angezeigt. Wenn ihm das nicht die Zunge löst, werden wir eben den dritten Grad anwenden müssen. Dem dritten Grad hat bislang noch keiner zu widerstehen vermocht.«

»Eine zweite Befragung von der Härte der ersten wird der Gefangene nicht überleben«, gab Christian scharf zurück. »Tot nützt dieser Spion uns überhaupt nichts. Ich bin überzeugt, dass er uns alles gesagt hat, was er weiß.«

»Dann ist er lebendig für uns wertlos geworden«, sagte der Foltermeister ungerührt. »Unsere erste und vorrangige Sorge muss jetzt seiner unsterblichen Seele gelten. Nur von den Flammen geläutert kann seine Seele ...«

»Wir können uns um die Läuterung seiner Seele kümmern, nachdem er meinen ... äh, den Zielen Seiner Majestät zu Diensten gewesen ist«, beharrte Christian. »Wenn wir ihn verbrennen, begeben wir uns jeder Chance, den englischen Code zu entschlüsseln. Der Himmel hat uns diese Gelegenheit zugespielt, und wir müssen sie unbedingt ergreifen. Das gesamte englische Spionagesystem wird auffliegen, wenn wir den Code knacken können. Dieser Spion wird uns zu sämtlichen Agenten Walsinghams in Spanien und Portugal führen.«

»Und wie?«

»Indem wir ihn entkommen lassen.«

»Entkommen lassen?«

»Es muss für ihn so aussehen, als hätte er es aus eigener Kraft geschafft. Dieser Spion ist voll sündiger Hoffart, er bildet sich ein, er sei zu allem fähig und könne sogar der Inquisition entrinnen. Wenn seine Flucht bewerkstelligt ist, werden wir ihn auf Schritt und Tritt überwachen. Ich werde mich selbst darum kümmern und so viele Leute einsetzen, dass wir ihn stets im Visier haben. Früher oder später muss er mit seinen Genossen Kontakt aufnehmen. In diesem Moment werden wir zuschlagen und uns von den Ketzern befreien.«

»Habt Ihr den Verstand verloren?«, empörte sich der Foltermeister. »Was ist, wenn der Kerl Euch durch die Lappen geht? Ich kann nicht gestatten ...«

»Es ist nicht an Euch, zu gestatten oder nicht zu gestatten«, sagte Christian kalt. »Seine Majestät, der König, setzt volles Vertrauen in meinen Plan. Er lässt mir in dieser Angelegenheit freie Hand.« Er zog die königliche Vollmacht hervor.

Der Streit ging noch eine Weile hin und her, aber am Ende blieb dem Foltermeister keine andere Wahl, als sich dem königlichen Erlass zu fügen.

»Ich hoffe, wir haben uns verstanden«, warnte Christian. »Ihr steht mir dafür gerade, dass dieser Bursche nicht ums Leben kommt, weder gewollt noch ›zufällig‹. Andernfalls wird Seine Majestät den Tod des Verantwortlichen fordern – auf die denkbar grausamste Weise.« Christian schnellte herum zu Ezekialito und packte ihn an der Kehle. Der Folterknecht sank heftig nickend auf die Knie und rang nach Luft. Er hatte begriffen.

Nein, mein kleiner Freund darf nicht sterben, dachte Christian, zwischen uns sind noch zu viele Rechnungen offen. Gewiss, da war zunächst der Spionagefall, aber das war bei weitem nicht alles. Jonathans Fleisch zu besitzen war ein berauschender Sieg gewesen – und wegen Jonathans heftiger Gegenwehr ein besonders lustvoller dazu –, doch seit wann ging es nur ums Fleisch? Jonathans Unschuld, seinen Geist musste er sich einverleiben, das war die eigentliche Seelennahrung. Er würde sich Jonathan untertan machen, ihm das Mark aus der Seele saugen, bis er vorbehaltlos anerkennen musste, wer sein Meister war und wem er zu dienen hatte. Schon deswegen musste Jonathan weiterleben.

»Ich sage Euch jetzt, was Ihr zu tun habt«, erklärte Christian. »Ihr werdet den Jungen foltern, bis ihm Hören und Sehen vergeht. Er muss denken, er sei krepiert, und dann ...«

*

Stunden darauf wurde Jonathan nackt wie er war aus seiner Zelle wieder in die Folterkammer geschleppt. Er hatte sich mit seinem Tod abgefunden, aber er wollte es den Familiares nicht zu leicht machen, besonders nicht Ezekialito, der zu seinem Erstaunen nicht mit dem gewohnten Eifer zu Werke ging. Als man ihn schließlich überwältigt hatte, wurde er mit dem Kopf nach unten auf eine Leiter geschnürt. Er konnte Kopf, Hände und Füße keinen Millimeter bewegen.

Der Foltermeister stand drohend vor ihm. »Das ist die letzte Gelegenheit, deine Seele zu retten. Wer sind deine Komplizen?«

»Bitte, bitte, tut mir nicht wieder weh«, wimmerte Jonathan. »Ich sage euch alles, bloß tut mir nicht wieder weh! Mein Komplize ist Christian Lightborn. Er ist ein Doppelagent von Mylord Walsingham ...«

Der Foltermeister gab einen Wink. Ezekialito stieß beflissen Holzpflöcke in Jonathans Nasenlöcher. Jonathan konnte nur noch durch den Mund atmen. Der Foltermeister zwängte ihm einen langen Stoffstreifen aus grobem Leinen in den Mund. Als Jonathan den Streifen auszuspucken versuchte, wurde ihm aus einem Krug behutsam Wasser in den offenen Mund gegossen. Während er reflexhaft schluckte und gleichzeitig nach Luft japste, um nicht zu ersticken, spürte er den Stoffstreifen Zentimeter um Zentimeter tiefer in seine Luftröhre geraten.

Das Wasser floß in endlosem Strom, der Leinenstreifen geriet tiefer und tiefer in seinen Schlund. Er konnte nicht mehr schnell genug schlucken und nicht mehr ausreichend atmen. Ein entsetzlicher Hustenreiz schnürte ihm die Brust zusammen. Ein flüchtiges Traumbild vom Tod, der mit knochigem Arm aus den Fluten der Themse nach ihm griff, wischte an ihm vorbei, dann ging er unter. Beim Versinken dachte er an Boy, der für ihn leiden musste, an Maudy und die Nächte, die er mit ihr verbracht hatte, an das bisschen Glück, das ihm gelacht hätte, wenn Christian nicht gewesen wäre. Er betete zu seiner Königin und zu Gott um Vergebung, weil er seinen Auftrag nicht zu Ende gebracht hatte ... und war ertrunken.

*

Das Empfinden kehrte in konzentrischen, sich langsam verengenden Wellen zurück. Jonathan war in einem schwarzen Niemandsland gefangen. Wer bist du? Wo bist du? Der faule Verwesungsgeruch, der ihm in die Nase stieg, war Zeichen genug, dass er sich in der Hölle befand. Er lag auf etwas Menschlichem, konnte aber nicht sagen, was es war. Seine Kehle brannte in unerträglichem Schmerz, und seine mit Wasser gefüllten Lungen schrien nach Luft. Wasser, Jauche und Leinenfetzen quollen aus seinem Schlund. Ein Brechkrampf würgte ihn, bis nichts mehr in ihm war außer Erschöpfung.

Er versuchte, sich zu erheben. Seine Hände zuckten zurück von der Berührung verstümmelter Leichen, inmitten derer er lag. Kalt und schwer lasteten sie auf seinem nackten Fleisch. Das also ist der Tod, und so würde es fortan sein in alle Ewigkeit. Er hatte immer gedacht, in der Hölle sei es infernalisch heiß, aber er zitterte vor Kälte. Konnte es sein, dass der Schmerz, der tief in seinem Leib wühlte, wunderbarerweise allmählich nachließ? Jeder tiefe Atemzug brachte ihm ein bisschen mehr Erleichterung. Ein paar Mal noch krampften sich seine Eingeweide in der Erinnerung an die überstandene Qual zusammen, aber auch das ging vorüber. Er zog die Knie an wie ein Betender und weinte vor Dankbarkeit über seine Rettung. Er lebte noch. Im Moment seines Todes hatte Gott sich seiner erbarmt, eine andere Erklärung gab es nicht.

Schuldgefühle mischten sich in seine Dankbarkeit, weil er nicht aus härterem Holz geschnitzt war und sein Geheimnis nicht mit ins Grab genommen hatte. Er war kein Märtyrer, nein, vom Schmerz überwältigt hatte er kapituliert und alles preisgegeben. Gottlob war die Information verschlüsselt und für Christian unverständlich gewesen. Wie hatte er diesen Mann verehrt! Er hatte ihm sein Herz und sein Vertrauen geschenkt, aber er war von ihm verführt und betrogen worden ... und missbraucht, und das war der größte Verrat überhaupt.

In einiger Entfernung kratzte eine Schaufel in der Erde. Ein Grab wurde ausgehoben, zweifelsohne für ihn. Wenn er noch lange blieb, würde man ihn lebendig begraben. Er befand sich außerhalb der Mauern von Madrid, soviel konnte er erkennen, aber er brachte weder die Kraft noch den Willen auf, sich zu bewegen.

Beschämt erinnerte er sich an Christians Worte: »Der Charakter eines Mannes ist sein Schicksal.« War er dazu verdammt, nachdem er nicht den Mut aufgebracht hatte, wie ein Held zu sterben, den Rest seiner Tage in Selbstverachtung zu leben? Maudys Rat »Lieber ein lebendiger Hund als ein toter Löwe« drängte sich in seine Zweifel.

Er konnte entweder diesen wenig ruhmvollen Moment seines Lebens verewigen und sich selbst fortan einen dummen Feigling schelten oder sich aufraffen und seine Aufgabe doch noch zu Ende bringen.

»Ich lebe ja noch«, flüsterte er, »es ist nicht zu spät, die Botschaft zu überbringen und England zu retten.«

Von den umherliegenden Leichen stahl er sich das Nötigste an Kleidung zusammen. Er stieß die verwesenden Leichname, die abgetrennten Gliedmaßen und die verkohlten Knochen beiseite, stieg aus dem Leichenhaufen und schlich sich von dem schaurigen Ort. Auf wackeligen Beinen ging er wie ein neugeborenes Füllen der Dämmerung eines neuen Tages entgegen.

48

Halb rennend, halb gehend und von der Angst verfolgt, wieder gefangen und abermals gefoltert zu werden, stolperte Jonathan ein paar Kilometer dahin. Seine Befürchtungen schwanden allmählich und wichen alsbald Rachephantasien. »Eines Tages wirst du mit Ezekialito machen, was er mit dir gemacht hat ... nur mit einem schwereren Gewicht.« Was Christian anging, war die Folterqual noch nicht erfunden, die geeignet war, seinen Verrat zu rächen – »aber ich werde mir etwas einfallen lassen, so wahr ich lebe.«

Die ersten Streifen des Tageslichts färbten den Horizont, als Jonathan von hinten einen Karren heranrumpeln hörte. Er sah sich nach einem Versteck um, aber es war nur ein Bauer, der ihm sogar anbot, aufzusitzen und mitzukommen. Jonathan sah keinen Grund, die Motive des Mannes zu erforschen; er dankte der Vorsehung, dass der Bauer den gleichen Weg hatte wie er – nach Toledo.

Dort ging er zu den Anlegestellen am Fluss und bestieg ein Frachtboot, das den Tejo hinunter nach Lissabon fuhr. Auf die Fragen von Kapitän, Mannschaft und Mitreisenden sagte er, er sei gerade unterwegs, um in der Armada zu kämpfen – womit seine freie Passage und die Verpflegung gesichert waren.

Während der Wochen der Reise zeigten sich überall die Vorboten des Frühlings. Wilde Blumenrabatten erblühten farbenfroh am Flussufer, Vieh weidete im leuchtend grünen frischen

Gras. Das Land erwachte, die Stürme des Meeres legten sich, die Armada rüstete zum baldigen Aufbruch.

*

Mitte April legte das Frachtboot im Geheul einer stürmischen Neumondnacht auf einen Sonntag in Lissabon an. Mit dem Gesang von Arbeitsliedern löschten Schauerleute und Mannschaft die mitgeführte Ladung von Proviant und Wasser, Sturmhauben, Brustpanzern, Piken, Musketen, Hakenbüchsen und Schießpulver. Um keinen Verdacht zu erregen, packte Jonathan mit an. Das Schießpulver war feinkörnig und von bester Qualität, wie er bemerken konnte. Alles war für die Armada bestimmt. Er konnte die dunklen Umrisse einer Unzahl von Schiffen ausmachen, die im stürmischen Hafenbecken an der Ankerkette zerrten, aber es war zu dunkel und der Hafen zu weitläufig, um ihre genaue Zahl festzustellen.

Als die Arbeit nach einigen Stunden getan war, machten die Leute sich auf in die Stadt. Am Stadttor wurde die Bootsbesatzung von Inquisitionsbütteln angehalten. Jonathan geriet in Panik. Verzweifelt hielt er nach einem Fluchtweg Ausschau, aber die Familiares hatten anderes im Sinn. »Es wird euch befohlen, an der Heiligen Messe teilzunehmen, die heute auf dem Platz vor der Kathedrale gefeiert wird. In einer allerheiligsten Zeremonie wird der Herzog von Medina Sidonia, der neue Admiral der spanischen Hochseeflotte, die unbesiegbare Armada unserem Herrgott weihen.«

Von den Familiares eskortiert, marschierte die Volksmenge im gnadenlos durch die Straßen heulenden Westwind die gewundenen Gassen der Alfama hinauf. Jonathan zerbrach sich den Kopf, wie er sich von dem Zug absondern könnte. Du musst Kontakt mit den Calderas aufnehmen, du musst nach England segeln, dachte er. Doch unter den wachsamen Augen der Famili-

ares blieb ihm nichts anderes übrig, als wie ein Stück Vieh mitzu-
trotten.

Es war inzwischen fast Mittag. Obwohl ein Sonntag, waren
die Läden geöffnet, die Straßen überfüllt. Die Rufe der fliegenden Händler schallten klagend im Wind. Der Lärm Tausender
ungezügelter Soldaten und Matrosen, von denen die Stadt bis
zum Bersten bevölkert war, dröhnte durch die Straßen. Zu den
Regimentern spanischer Tercios kam noch eine Unzahl von
Söldnern aus aller Herren Länder, brutale Kriegsknechte, die
Philipps überquellende Taschen und die Aussicht auf Raub und
Plünderung in England nach Lissabon gelockt hatten.

Auf halber Höhe des Hügels gelangte Jonathan zum Kathedralenplatz, der sich eng an die Flanke des Hügels schmiegte. An
der Kathedrale hatte man eine hölzerne Tribüne errichtet. Die
Kirche war im alten romanischen Stil erbaut, zwei Türme flan-
kierten das schwere erdverbundene Gemäuer. Die frommen
Bürger Lissabons hatten eine Kathedrale errichtet, die bis ans
Ende der Zeiten überdauern sollte – gemäß der Prophezeiung
stand es unmittelbar bevor.

Hoch über dem Kathedralenplatz ragten die massigen Mauern der Festung São Jorge auf. Die Sonne glänzte auf den Kano-
nenrohren, deren schwarze Mündungen dem Angreifer von den
Zinnen entgegenstarrten. Die Befestigungen folgten der Gestalt
des Hügelkamms. Jahrhunderte zuvor hatte Portugals großer
König Heinrich der Seefahrer diesen strategisch günstigen Ort
für den Bau einer Befestigung gewählt. Es war nie gelungen, Lissabon von See her zu erobern.

»Dort oben müsstest du hin«, murmelte Jonathan, »von dort
könntest du den ganzen Hafen überblicken und die Schiffe zählen.«

Die Zeit schritt voran. Von der Inquisition zur Fügsamkeit
gezwungene Ortsansässige strömten auf den Platz. Neben ihnen
drängten sich zu Tausenden die Matrosen und Seesoldaten der

Armada. Der hohe und der niedere Adel hatte sich für alle sichtbar versammelt, ebenso sämtliche irgendwie abkömmlichen Mitglieder des Klerus. Papst Sixtus V. hatte sogar einen Nuntius geschickt, der ihm über den Fortgang der Dinge berichten sollte. Er hatte Philipp versprochen, an dem Tag, an dem der erste spanische Soldat den Fuß auf englischen Boden setzen würde, eine Million Golddukaten an Spanien zu bezahlen.

Als der Herzog von Medina Sidonia von einer Ehrengarde seiner Kapitäne flankiert erschien, erhob sich lahmer Applaus. Jonathan studierte den neuen Admiral der Armada. Er war Ende dreißig, von mittlerer Statur und leichtem Knochenbau, adrett, mit nachdenklichen Zügen um Stirn und Mund und versonnenen Augen. Ein aristokratisches, empfindsames Gesicht, etwas melancholisch zwar, aber intelligent und gefährlich.

Der Herzog entrollte ein königliches Edikt. »Diese Anweisungen kommen vom König und sind unbedingt einzuhalten: ›Da alle Siege ein Geschenk Gottes des Allmächtigen sind und da die Sache, die wir verfechten, ausschließlich Seine Sache ist, ist Gottes Hilfe und Gunst mit uns, wenn wir uns nicht durch unsere Sündhaftigkeit Seiner Gnade umwürdig erweisen. Ihr seid deshalb gehalten, mit besonderer Sorgfalt darauf zu achten, dass in der Armada keinerlei Verstöße dieser Art vorkommen, vor allem keine Lästerung Gottes.‹«

Das glühende »Amen!« der Priester, Mönche und Familiares fand in der Menge einen lauwarmen Widerhall. Der Herzog wandte sich nun mit seinen eigenen Worten an die Menge. »Vom Ranghöchsten bis herab zum niedrigsten Matrosen muss euch allen klar sein, dass das Ziel unserer Expedition darin besteht, Länder, die zurzeit von den Feinden des wahren Glaubens unterdrückt werden, für die Kirche wiederzugewinnen. Ich fordere euch daher dringend auf, niemals unserem Auftrag zuwiderzuhandeln, damit Gott in unserem Unternehmen mit uns ist. Ich verlange von jedem von euch, sich des Fluchens zu enthalten. Keiner darf die Namen Unseres Herrn, der heiligen Jungfrau Maria und der Heiligen entehren. Wie es alter Brauch ist, werden die Schiffsjungen jeden Morgen am Fuß des Großmastes den Morgengruß singen und bei Sonnenuntergang das Ave Maria.«

Das wäre dein Los gewesen, erinnerte Jonathan sich mit Grausen, wenn es nach Philipp gegangen wäre – bevor er dir die Inquisition auf den Hals gehetzt hat.

»Bei schlechtem Wetter könnten unsere Verbindungen abreißen«, fuhr der Admiral fort, »daher wird für jeden Tag der Woche ein Losungswort ausgegeben – ›Jesus‹ für den Sonntag, und für die folgenden Tage ›Heiliger Geist‹, ›Heilige Dreifaltigkeit‹, ›Sankt Jeremias‹, ›Die Engel‹, ›Alle Heiligen‹ und ›Unsere liebe Frau‹. Jedem Mann, der mit der Armada in See sticht, wird die Beichte abgenommen und die Kommunion gespendet. Die Schiffe werden sorgfältig durchsucht, um sicherzustellen, dass keine Frauenzimmer heimlich an Bord versteckt worden sind. Zweihundert Mönche und Klosterbrüder werden mit uns fahren und dafür sorgen, dass nichts geschehen kann, was den Weisungen der Kirche widerspricht.«

Der Herzog begab sich in die Kathedrale. Der Strom der Menge schwemmte Jonathan hinein. Drinnen war es eng und kalt. Der Geruch erinnerte Jonathan an alte Häuser und alte Leute. Der Erzbischof von Lissabon zelebrierte vor der Flagge der Heiligen Armada das Hochamt. Nach der Messe hob der Herzog die heilige Flagge vom Hochaltar auf. Sie war mit dem spanischen Wappen und dem Bild des Gekreuzigten bestickt. Darunter standen die Worte des Psalmisten: »Erhebe dich, o Herr, und zerschmettere meine Feinde.«

In einer feierlichen Prozession trug er die Kriegsflagge quer über den Platz zum Dominikanerkloster auf der gegenüberliegenden Seite und legte sie dort zum Zeichen seiner Unterstützung der Inquisition auf dem Altar der Klosterkirche nieder.

Anschließend wurde das Banner durch die Reihen der knienden Soldaten und Matrosen wieder zurückgetragen, während Mönche die Absolution und den Sündenablass des Papstes für alle Teilnehmer der Kriegsfahrt der Armada verlasen.

»Am nächsten Sonntag wird das Heilige Offizium auf dem Platz der Kathedrale eine Ketzerverbrennung durchführen, damit die letzten Spuren der Häresie getilgt werden«, verkündete ein Inquisitionsbeamter der Menge. »Alle Bewohner von Lissabon haben daran teilzunehmen. Wer nicht erscheint, wird selbst zum Ketzer erklärt.«

An diesem Sonntag, dem fünfundzwanzigsten April 1588, erlebte Jonathan, wie der Feldzug gegen England zum heiligen Kreuzzug erhoben wurde.

Während die Feierlichkeiten ihren Gang nahmen, gelang es ihm, sich von dem großen Platz fortzustehlen und zur Festung hinaufzusteigen. Da die Torwachen vom feierlichen Geschehen unten auf dem Platz abgelenkt waren, konnte Jonathan unbemerkt an ihnen vorbeischlüpfen. Als er in der Festung auf eine erhöhte Kuppe gelangte, öffnete sich ihm der Blick hinunter auf das Panorama des Hafens. Er fiel beinahe in Ohnmacht.

Von seinem Ausguck konnte er den gesamten Hafen bis hinunter zum über sechs Kilometer entfernten Belem überblicken. Der Anblick, der sich ihm bot, stellte alles in den Schatten, was er sich bislang über die Armada gedacht und vorgestellt hatte. Er hatte den Eindruck, dort unten wären sämtliche Schiffe der Welt versammelt. Er zählte fünfzig ... hundert ... über hundertzwanzig Kriegsschiffe, die im windgepeitschten Hafenbecken an der Ankerkette tanzten. Unmöglich, alle zu zählen, ganz zu schweigen von den Schwärmen von Ketschen, Ruder- und Brahmbooten, die ununterbrochen Vorräte und Ausrüstung von den Werften auf die großen Kriegsschiffe hinüberschafften. Christian hatte nicht gelogen. Welche Nation sollte einer so gewaltigen Kriegsmacht widerstehen können? Jonathans Vorbehalte gegenüber Walsingham, der ihn in diesen Schlamassel gebracht hatte, verflogen. Walsinghams ewiges Alarmgeschrei war beileibe keine Kriegstreiberei gewesen. Die Gefahr war stetig gewachsen und lag jetzt als tödliche Bedrohung dort unten vor ihm.

»Du musst England warnen«, flüsterte er, »die Königin muss erfahren, was du gesehen hast. Sie wird dir glauben, sie muss dir glauben.«

Von dem Anblick zutiefst bedrückt, stahl Jonathan sich wieder von der Festung nach unten. Unter Umgehung des großen Platzes gelangte er auf vielerlei Umwegen zum Haus der Calderas. Immer wieder stellten sich ihm die Nackenhaare auf, aber wenn er sich umdrehte, war weit und breit niemand zu sehen. Schließlich schlüpfte er in den kleinen Seitenweg hinter dem Haus und kroch durch den Tunnel in den Keller. Plötzlich fühlte er den scharfen Stahl eines Messers an seiner Kehle.

»O nein, nicht schon wieder – ich bin's, Jonathan«, keuchte er. Er hörte einen Feuerstein kratzen, dann wurde ihm eine Kerze vors Gesicht gehalten.

»Heilige Maria, Mutter Gottes, er ist's!«, rief Dolores und zog ihn hinauf ins Haus. Ihre dunklen Augen verengten sich, als sie sah, in welch abgerissenem Zustand Jonathan sich befand – und er riss seinerseits die Augen auf, als er ihren Zustand gewahr wurde.

»Du bist schwanger!«, rief er aus, »Gott hat dich endlich erhört. Meine Münze hat ihn dazu gebracht!«

Dolores sah aus, als stünde sie kurz vor der Niederkunft. Das neue Leben hatte diese Frau in ein strahlendes Geschöpf verwandelt. So muss die Jungfrau Maria ausgesehen haben, als sie der Welt das Kind schenkte, dachte Jonathan.

Parzival, der für Sentimentalitäten nicht zu haben war, verschwendete keine Zeit mit Höflichkeiten. Seine Fragen hagelten wie ein Trommelfeuer auf Jonathan ein. »Wo kommst du her?

Seit wann bist du da? Ist dir jemand gefolgt? Bestimmt nicht? Auf welchem Weg bist du hergekommen?«

In aller Kürze berichtete Jonathan, was er erlebt hatte, ließ aber Christians Übergriff aus Scham unerwähnt. Er presste die Finger gegen die Schläfen. »Hier drin befinden sich sämtliche Informationen, die wir brauchen. Damit werde ich König Philipp und seine Inquisition zur Hölle fahren lassen.«

Dolores nahm seine Hand. »Es steht dir ins Gesicht geschrieben, was du erduldet hast, aber ich bitte dich, lass dein Herz davon nicht hart werden. Diese Männer sind, ohne es zu merken, zu Dienern des Teufels geworden. Aber unser Heiland sagt: ›Vergebt euren Feinden.‹ Ist es nicht so?«

Jonathan schwieg. Sein Herz und seine Seele wollten von Vergebung nichts mehr wissen. Jetzt regierte die Rache.

Er fragte Parzival über die Armada aus. Der Bericht des Fischers war alles in allem ein harter Schlag. »Es gibt aber auch einige gute Nachrichten«, meinte Parzival. »Als die Matrosen ein paar Fässer öffneten, war grüner Schleim auf dem Proviant und dem Wasser. Die Dummköpfe hatten kein abgelagertes Holz für die Fässer verwendet.«

»Dann hat Drakes Überfall auf Cádiz doch etwas genützt«, sinnierte Jonathan. »Und was noch?«

»Unter den Seeleuten wird gemunkelt, Medina Sidonia habe Philipp angefleht, ihn nicht zum Admiral zu ernennen. Er habe keinerlei Erfahrung als Seeman, was übrigens stimmt, und er würde immer seekrank.«

»Nicht unbedingt eine Empfehlung für seine bevorstehende Aufgabe«, meinte Jonathan. »Der König mag ein Ungeheuer sein, aber er ist kein Narr. Warum hat er so einen Mann zum Admiral ernannt?«

»Der Herzog stammt aus einer der vornehmsten Familien. In Spanien mit seinen starren Haltungen wird man ihm widerspruchslos gehorchen. Aber, wichtiger noch, Philipp kann mit ihm umspringen, wie es beim Marquis de Santa Cruz nicht möglich war.«

»Wann wird die Armada in See stechen?«

»Medina Sidonia berät sich Tag und Nacht mit landesflüchtigen englischen Lotsen, die den Kanal gut kennen. Es herrscht immer noch ein ziemliches Durcheinander. Wie es aussieht, wird die Armada wochenlang nicht seetüchtig sein und frühestens Ende April oder Anfang Mai in See stechen können.«

Jonathan stieß einen Seufzer der Erleichterung aus. »Das lässt mir genügend Zeit, nach England zurückzukommen. Wo ist DeVasco?«

»Er setzt sein Boot instand. Es ist von dem hohen Wellengang arg mitgenommen. Er dürfte aber bald kommen – in einem Tag oder zwei.«

»Wann werden wir abfahren?«

»Nicht bevor der Sturm abflaut. Seit Wochen bläst es schon wie verrückt, sogar die Fischerboote liegen in den Häfen fest.«

»O verdammt, ich muss zurück!«, schimpfte Jonathan und wiegte den Kopf in den Händen. »In diesem armen pochenden Schädel stecken Informationen, von denen das Leben Englands abhängt. Die Engländer müssen sie unbedingt bekommen!«

Ein Tag zog quälend langsam vorüber, dann noch einer. In der Wochenmitte kündete das Klopfen an der Tür der Calderas von DeVascos Ankunft. Er kam ins Haus gehumpelt.

»Wann segeln wir los?«, platzte Jonathan heraus.

»Wie? Noch nicht einmal eine Begrüßung? Was wird den Kindern heutzutage eigentlich noch beigebracht? Kein Wunder, dass das Ende der Welt bevorsteht.«

»Sei gegrüßt. Wann segeln wir los?«

»Freut mich, dich zu sehen, junger Freund. Was das Segeln angeht: Ich bin schon einige Zeit auf der Welt, aber ein solches Mistwetter habe ich mein Lebtag noch nicht erlebt.«

»Liegt dein Boot immer noch in derselben Bucht?«

»Ja, drei Kilometer die Küste hinauf.«

»Dann hast du nicht das Problem, unbemerkt aus dem Hafen zu kommen. Das offene Meer liegt direkt vor deiner Nase.«

»Aber der Wind und die Brandung! Wenn wir nicht kentern, schleudern die Wellen uns an die Felsen.«

»Du hast geschworen, dass du mich nach England bringst, wenn ich zurückkomme!«, fuhr Jonathan ihn an. »Bedeutet dir dein Eid so wenig? Hast du die schweren Belagerungsgeschütze an Bord der Armada gesehen? Die Kavalleriepferde, die man zu Tausenden auf die Schiffe gebracht hat? Wenn England fällt, dann fällt ganz Europa. Begreifst du denn nicht, dass euer aller Leben keinen Pfifferling mehr wert ist, wenn König Philipp siegt? Bist du so feige, dass du dich auf kein Risiko einlassen willst?«

DeVasco schaute Parzival an. »Dieser Kerl weiß alles besser. Der begreift nur, was los ist, wenn er selber ersäuft.« Seine kraftvolle Hand packte Jonathan am Arm. »Wir gehen jetzt zum Boot. Bring es durch die Brandung, und wir segeln los.«

Jonathan und DeVasco krochen durch Keller und Tunnel hinaus in das Sträßchen. Sie wanderten zur Stadt hinaus und die drei Kilometer die Küste hinauf.

Den ganzen Tag lang mühten sich Jonathan, DeVasco und sein Gehilfe Ernesto ab, das kleine Fischerboot ins offene Meer zu schaffen, aber die Brandung und der Wind, der ihnen mit Sturmstärke entgegenblies, machten ihnen einen Strich durch die Rechnung.

Nachdem die Brecher zum dritten Mal über das Boot hinweggerollt waren, blies DeVasco zum Rückzug. »Noch so ein Schlag, und das Boot bricht uns auseinander. Dann kannst du sehen, wie du nach Hause kommst. Nur Mut, junger Freund, Gott weiß schon, wozu er uns diesen Wind schickt. Wir müssen uns Seinem Urteil beugen.«

Niedergeschlagen, entmutigt und nass bis auf die Haut kehrten Jonathan und DeVasco beim Einsetzen der Abenddämmerung nach Lissabon zurück. Als sie sich dem Haus der Calderas näherten, sahen sie Rauch aufsteigen. Eine erregte Menge war zusammengelaufen.

»Mein Gott, das Haus brennt!«, rief Jonathan entsetzt.

49.

Jonathan wollte vorwärtsstürmen, aber DeVasco stellte ihm ein Bein, und er fiel auf die Nase. »Ganz ruhig, sonst verrätst du uns noch«, zischte der Alte. Er wandte sich an einen Gaffer. »Was ist denn hier passiert?«

»Die Inquisition hat wieder einmal zugeschlagen«, sagte der Mann, ein Maultiertreiber. »Dort sollen Ketzer gewohnt haben. Der Mann hat versucht, seine Frau zu beschützen, aber sie haben ihn umgebracht.«

»Und was ist mit der Frau?«, erkundigte DeVasco sich leise.

Die Antworten, die er von verschiedenen Leuten bekam, widersprachen sich, aber die meisten waren sich darin einig, dass die Frau auch umgekommen war, denn man hatte beobachtet, wie sie aus einer Art Tunnel herausgezogen und auf einem Karren weggeschafft worden war.

Jonathan stand wie angewurzelt, unfähig zu denken oder sich zu bewegen. »Schnell, wir müssen sofort aus der Stadt hinaus«, knurrte DeVasco. Er eilte mit Jonathan zum nächstgelegenen Stadttor – nur um festzustellen, dass alle Tore geschlossen worden waren. »Auf Befehl der Inquisition«, rief ihnen der Wächter durch das Gatter zu. »Sie suchen einen Ketzer, einen englischen Spion. Niemand darf hinaus, bis sie ihn gefangen haben.«

DeVasco unterdrückte einen Fluch. Er schlich mit Jonathan zum Flussufer hinunter. Sie verkrochen sich in einer verfallenen Fischerhütte und konnten endlich der Trauer über den Verlust ihrer Freunde freien Lauf lassen.

Unvermindert jagten stürmische Winde über Lissabon hinweg. Dringlichkeitserlasse von König Philipp forderten den Admiral Medina Sidonia auf, mit der »Unbesiegbaren« unverzüglich in See zu stechen, aber den Winden, die nicht mitspielen wollten, konnte selbst »Yo el Rey« nicht gebieten.

Mit dem Herannahen des Wochenendes stieg die Erregung in Lissabon ständig an. Niemand sprach von etwas anderem als der Ketzerverbrennung, die am Sonntag stattfinden sollte. Das spanische Reich lag seit einigen Monaten in einem wachsenden religiösen Fieber. Die Ketzerverbrennungen, die anfangs in Abständen von drei Monaten stattgefunden hatten, wurden jetzt alle vier Wochen abgehalten. Die Inquisition hatte befunden, dass zur Sicherung des Erfolgs der Armada ein letztes, abschließendes Zeichen des Glaubens gesetzt werden musste, und zu diesem Zweck aus allen Ecken und Enden des Reiches jeden, der unter der Anklage der Ketzerei stand, nach Lissabon geschafft.

Mit dem Ruf »Unter Androhung schwerster Züchtigung wird jeder aufgerufen, sich am Sonntag als Zeuge der Vollziehung der Strafe Gottes einzufinden« zogen Ausrufer durch die Stadt. Die Jagdhunde Gottes durchkämmten die Tavernen, leerten Armenhäuser, pochten an jede Tür und jagten sogar die Kranken von ihrem Lager hoch.

»Wir müssen auch dorthin«, sagte DeVasco. Als Jonathan »Nein!« schrie, fing er sich eine Ohrfeige ein. »Hör mir gut zu, du Narr«, sagte der Alte, »nach dem Gericht auf dem Kathedralenplatz werden die Verurteilten zum Verbrennen vor die Stadt hinausgeschafft. Alles wird hinterherdrängen, und bei dieser Gelegenheit werden wir mit der Menge hinausschlüpfen.«

Am Sonntag krochen sie bei Tagesanbruch schmutzig und halb verhungert aus ihrem Versteck und tauchten in dem Menschenstrom unter, der sich zum Platz vor der Kathedrale wälzte.

Die Bevölkerung im Sonntagsstaat lachte und schnatterte aufgeregt durcheinander. Alle waren von der merkwürdigen Erleichterung der noch einmal Davongekommenen erfüllt.

Das feierliche Verfahren begann früh am Morgen. Aus leidiger Erfahrung hatte die Kirche gelernt, dass die von Hinrichtungen ausgehende Erregung oft selbst die Frömmsten in fleischliche Exzesse verfallen ließ. Es war besser, die Verbrennungen zeitig vor Anbruch der Nacht zu Ende zu bringen, denn das Licht war der Hort der Reinheit, die Dunkelheit die Brutstätte der Sünde.

Unter Unheil verkündendem Dröhnen der Kirchenglocken schritt die heilige Prozession heran. Seiner Sinne kaum noch mächtig schaute Jonathan zu. Die Träger des Zeichens der Inquisition, eines auf schwarzen Samt drapierten grünen Kreuzes, schritten voran. Ihnen folgte unter einem von vier Seminaristen getragenen Baldachin aus Purpur und Gold in goldbestickten Messgewändern der zelebrierende Priester der bevorstehenden Messfeier. Mann, Frau und Kind fielen vor der Hostie, die er segnend emporhielt, auf die Knie.

DeVasco trat Jonathan in die Kniekehle. »Verbeug dich gefälligst vor der Hostie, sonst kommst du gleich mit auf den Scheiterhaufen«, zischte er.

Eine Gruppe Familiares zog im Rhythmus ihrer Gebetsgesänge vorbei. Hinter ihnen schleppten sich dreißig aneinandergekettete Gefangene in einem je nach dem Grad der erduldeten Folter mehr oder weniger hoffnungslosen Zustand einher. Man hatte ihnen fast einen Meter hohe Papierröhren, die »Corozzas« auf den Kopf gestülpt und sie mit dem gelben Hemd der Schande bekleidet, dem »San Benito«, auf das gabelschwingende Teufel gemalt waren.

»Wenn die Zinken der Gabel nach unten weisen, hat der Beschuldigte seiner Ketzerei abgeschworen«, flüsterte DeVasco Jonathan zu. »Er darf sich erdrosseln lassen, bevor er den

Flammen übergeben wird. Zeigen sie aber nach oben, ist er kein reumütiger Sünder und wird bei lebendigem Leibe verbrannt.«

Jeder Gefangene wurde von zwei Dominikanermönchen der Inquisition in weißen Kutten mit schwarzer Kapuze flankiert. Jonathan sackte plötzlich in sich zusammen. Ein unwillkürlicher scharfer Schmerz war ihm vom Hodensack durch den ganzen Körper gefahren.

DeVasco schüttelte ihn. »Was ist los mit dir? Es ist doch noch gar nichts passiert.«

»Dieser Mönch dort ... er kennt mich. Ich muss hier weg ...«

»Du bleibst und rührst dich nicht«, sagte DeVasco rau. »Du machst bloß alle auf uns aufmerksam. Halt dir die Hand vors Gesicht, und schau woanders hin!«

Ezekialito schritt federnd vorbei und fuhr sich eifrig mit der Zunge über die Lippen. Neben ihm wurde der englische Kapitän, den Jonathan im Folterkeller von Madrid gesehen hatte, auf einem Schlitten mitgeschleppt. Seine verbrannten Füße waren in schmierige Lappen gewickelt. Die Zinken der Teufelsgabeln auf seinem San Benito zeigten nach oben.

Ein Übelkeit erregender Anblick folgte. Man hatte die verwesenden Leichen von Leuten, die erst nach ihrem Tod der Ketzerei beschuldigt worden waren, wieder aus den Gräbern geholt, um sie ebenfalls in der Prozession mitzuführen und zu verbrennen. Selbst im Tod gab es kein Entrinnen vor den Jagdhunden Gottes.

Fanfarenstöße, Trommelwirbel und flatternde rote Fahnen kündigten das Nahen der hohen Würdenträger des Heiligen Ordens an. Die niederen Ränge trabten hinterher, gefolgt von Soldaten und Matrosen. Nach Wochen des Eingesperrtseins ohne Frauen und Fluchen kam ihnen diese Ablenkung mehr als gelegen.

Jonathan hatte nie ein pompöseres und überwältigenderes

Spektakel gesehen. An diesem Tag würde die Menge das erregendste Schauspiel erleben, das es gab, ein Menschenopfer.

Die Tribüne vor der Kathedrale war mit schwarzem Krepp ausgeschlagen. Auf den erhöhten Bänken hockten zusammengekauert die Angeklagten und erduldeten das Gespött und die Misshandlungen der Menge. Daneben stand auf einer Plattform der Altar, um den sich die Inquisitoren und ihre Schergen zur Messfeier versammelt hatten. Nach der heiligen Handlung trat der Großinquisitor nach vorne und hob die Arme gen Himmel. Die nach Zehntausenden zählende Menge fiel auf die Knie und sprach das Treuegelöbnis nach, das er vordeklamierte. »Wir geloben, dass wir das Heilige Offizium gegen alle verteidigen werden, die sich dagegen auflehnen, getreu bis in den Tod. Wir werden alles dafür hingeben, was das Heilige Offizium von uns verlangt. Wir werden uns das rechte Auge ausreißen oder die rechte Hand abhacken und selbst unser Leben opfern, wenn das Heilige Offizium es von uns fordert.«

Der Großinquisitor verkündete feierlich die Urteile. Freisprüche gab es nicht. Bei jenem Dutzend der Angeklagten, die körperlich noch leistungsfähig waren, lautete das Urteil auf Einzug der weltlichen Güter und Sklavendienst auf den Galeeren der Armada. Einige Abtrünnige widerriefen, der englische Kapitän aber nicht. Er gehörte zu denen, die zum Tod in den Flammen verurteilt wurden. Da es dem Klerus nicht gestattet war zu töten, wurden die Verurteilten dem »weltlichen Arm« des Gesetzes übergeben. Unter militärischer Bewachung traten sie ihre letzte Reise hinaus vor die Mauern der Stadt an.

DeVasco schob Jonathan vorwärts. »Wir müssen in der Menge mitschwimmen, das ist unsere einzige Chance, lebendig aus Lissabon herauszukommen.«

Der Mob umdrängte die Gefangenen und bewarf sie auf ihrem letzten Weg hinaus mit Steinen und Unrat. Draußen auf dem »quemadero«, dem Platz des Feuers, nahmen die Inquisitoren feierlich auf einer erhöhten Plattform Platz. Es schauderte Jonathan beim Anblick der Scheiterhaufen aus Reisern, Zweigen und Holzscheiten, die um den dreieinhalb Meter hoch aufragenden Brandpfahl aufgeschichtet waren. Hoch oben war ein primitives Sitzholz für den Delinquenten angenagelt, um seine Marter für die gaffende Menge gut sichtbar zu machen. Seitwärts erblickte Jonathan ein seltsames hölzernes Gestell, das an einen großen Kran erinnerte. »Was ist das?«, flüsterte er DeVasco zu.

»Ich sag es dir lieber nicht«, flüsterte der Alte zurück. »Aber bete zu Gott, dass es heute nicht benutzt wird.«

Die Verurteilten wurden vom Henker eine Leiter hinauf geprügelt und auf den Sitzbrettern festgebunden. Auch der englische Kapitän wurde roh hinaufgestoßen. Die Menge verstummte, als den Reumütigen unter den Delinquenten das Würgeisen um den Hals gelegt und vom Henker langsam zugezogen wurde, bis mit dem Versiegen des Lebensatems auch die qualvollen Zuckungen der Verurteilten erstarben. Dann wurden sie verbrannt.

Der englische Kapitän blickte während der ganzen Dauer der grausamen Tortur zum Himmel. Seine Lippen bewegten sich im Gebet. Ein Priester kletterte zu ihm die Leiter hinauf und versuchte ein letztes Mal, ihn von seinem Irrglauben abzubringen. »Geh zur Hölle!«, brüllte der Kapitän und warf ihn mit einem Stoß seines Schädels von der Leiter.

Ein empörter Aufschrei löste sich aus der Geistlichkeit. »Versengt diesem Hund den Bart!« An einem langen Stab wurde dem Kapitän ein brennendes Ginsterbüschel an den Bart gehalten. Doch noch von den Flammen seines Bartes umzüngelt, die ihm das Gesicht versengten, hielt der Kapitän nicht inne, seine Folterer zu schmähen.

»Genug!«, rief drohend der Großinquisitor. »Genug der protestantischen Gotteslästerungen bei dieser heiligen Handlung! Man schneide dem Lästerer die Zunge heraus!«

Der Henkersknecht stieg behände die Leiter hinauf. Er zwängte die Kiefer des Kapitäns auseinander. In einem Schwall von Blut schnitt er ihm die Zunge aus dem Mund. Flugs kletterte er wieder herunter und steckte die um den Scheiterhaufen aufgetürmten Reiser in Brand. Rauch wallte auf, die Scheiter begannen zu knacken. Bald loderten brüllende Flammen den Brandpfahl hinauf und umhüllten den Kapitän mit ihrem Feuer. Ein nicht enden wollender gutturaler Schrei brach aus seinem vom Blut überquellenden Mund.

Der Schrei schnitt Jonathan durchs Herz. Er roch den scharfen Geruch des brennenden Fleisches, hörte den himmelwärts gellenden Schrei nach Erlösung, sah, wie sich die schwarzverkohlte Masse, die einmal ein Mensch gewesen war, in grausamen Todeszuckungen wand.

»Halleluja«, sang der Inquisitor. »Seht, wie sich die geläuterte Seele des Ketzers aus seinem sündigen Körper befreit!«

Die Feuersäule loderte. Der Verbrannte hing reglos am Pfahl.

Jonathans Fassungskraft war erschöpft. Er wollte nur noch weg. »Die quemadro ist noch nicht vorbei. Du kannst jetzt nicht gehen«, raunte DeVasco ungehalten. »Die Inquisition wird dich unweigerlich verhaften. Warte noch.«

»Was soll denn jetzt noch kommen?«, fragte er stumpf.

Wie als Antwort auf seine Frage sprang ein Mann auf die Plattform. Hinter ihm ging blutrot die Sonne unter. Ihre Strahlen verfingen sich in seinem goldenen Haar und umgaben die göttergleiche Gestalt mit einer Aura von flammendem Licht. Von Christian Lightborns Anblick gebannt stand die Menge wie gelähmt.

Jonathan sackte zusammen. Er bebte vor Angst. »Ich kann ihm nicht entrinnen«, stöhnte er. Eine furchtbare Erkenntnis durchzuckte ihn: Gnädiger Gott, er hat dich mit Absicht entkommen lassen, und du hast ihn schnurstracks zu den Calderas geführt!

Mit einer Handbewegung brachte Christian die Menge zum Schweigen. »Man hat euch ein quemadero versprochen, wie es läuternder nicht sein kann, und die Heilige Mutter Kirche wird ihr Versprechen wahr machen. In unserer Mitte befindet sich eine verräterische Person, die sich gegen unseren König und unser Land verschworen hat ...«

Jonathan erwartete, dass Christian jetzt die Hand ausstrecken und ihn zu sich heraufziehen würde ...

»Diese Person ist angeklagt und für schuldig befunden, einem englischen Spion Unterschlupf gewährt zu haben!« Auf einen Wink Christians schleppten zwei Familiares eine von einem Kapuzenmantel verhüllte Gestalt herbei. »Diese Person ist von solch außerordentlicher Bosheit, dass sie sich dem Teufel hingab, der seinen Samen in ihren Schoß gesenkt hat.«

Christian schlug den Mantel der Gestalt auseinander und enthüllte Dolores Caldera. Nach der Fülle ihres Leibes zu schließen stand ihre Niederkunft unmittelbar bevor – hätte man ihr nicht die Beine fest zusammengeschnürt, um es zu verhindern.

Jonathan wollte aufspringen, doch DeVasco hielt ihn mit eiserner Faust fest.

Christian fuhr fort, den ohnehin schon gewalttätig gestimmten Mob zur Massenhysterie aufzustacheln. »Der Satan, dem nichts heilig ist, hat in seiner Tücke seinen Samen in dieser Hexe verborgen, aber wieder einmal hat sich der Herr als mächtiger erwiesen und seiner Dienerin, der Inquisition, die Hand geführt, um die schändliche Absicht des Teufels zu vereiteln. Diese Hexe muss für ihr Verbrechen gegen Gott der höchstmöglichen Strafe zugeführt werden!«

Christian suchte in den ihm entgegenstarrenden Gesichtern der Menge nach Jonathan. Bei der Razzia im Haus der Calderas hatte er ihn nur um Augenblicke verpasst. Seit Tagen schon hatte er ganz Lissabon nach ihm abgesucht. Mit Billigung und Wissen der Inquisition hatte er dieses üble Spiel inszeniert, um Jonathan aus der Stadt herauszulocken. Er musste ihn unbedingt fassen – nicht weil er König Philipp oder die Inquisition gefürchtet hätte, sondern weil er sich nicht von einem Halbwüchsigen, einem Dieb, einem Gemeinen, einem Bastard übertölpeln lassen wollte. Das war völlig ausgeschlossen. Wie oft hatte er gesagt: »Mein Freund, das Schicksal hat uns zusammengeschlossen.« Er hatte es gesagt, um Jonathan zu ködern und zu verführen. Aber allmählich glaubte er selbst daran.

Jonathan wollte sich von DeVasco losmachen, doch der Alte hielt ihn fest. »Du kannst nichts machen, gar nichts«, murmelte er.

»Ich kann das Schwein umbringen«, zischte Jonathan.

DeVasco hielt ihm den Mund zu. »Du Idiot, hast du vergessen, weshalb du hier bist? Weshalb sich so viele für dich geopfert haben?«

Mit blitzendem Dolch schlitzte Christian geschickt das gelbe Büßerhemd von Dolores auf. Es fiel zu Boden. Vom Mob wohlgefällig beglotzt stand sie nackt und vernichtet da, mit vom Leben pulsierendem Leib und übervollen Brüsten.

»Rettet mein Kind, mein Kind ist doch unschuldig«, flehte sie ohne Unterlass, doch sie fand kein Gehör. Christian zerschnitt die Fesseln ihrer Beine. Erleichtert sank sie zu Boden, doch die Erleichterung währte nur einen Augenblick, denn schon schleppte man sie zu dem hohen Krangestell, neben dem ein Holzstoß aufgeschichtet war. Zwei Knechte bestrichen ihren Körper mit Schmalz, hängten sie an den Ausleger des Krans und wanden sie hoch.

Christian hielt eine Fackel in der erhobenen Hand. Mit einer Stimme wie ein zürnender Prophet peitschte er auf den Mob ein, schweißte ihn zusammen zu einem einzigen rasenden Ungeheuer. »Die Rache ist mein, so spricht der Herr!«, brüllte er und warf die Fackel in den Holzstoß.

Im Nu waren die harzigen Scheite entflammt. Mächtig loderten die Flammen empor. Dolores wurde am Kranarm über das Inferno geschwenkt und langsam heruntergelassen. Ihre gellenden Schreie schleuderten Jonathan in einen bodenlosen Abgrund. Er war unfähig zu atmen, unfähig zu schreien – lieber Gott, bitte, lass sie sofort sterben ...

Bevor es dazu kommen konnte, zog man Dolores hoch und schwenkte sie aus den Flammen heraus. Ihre verbrannte Haut wurde mit gesalzenem Öl eingestrichen, und man tauchte sie abermals ins Feuer. Mal für Mal wurde sie der Qual der Flammen ausgesetzt, aber jedes Mal wieder herausgezogen, bevor ein gnädiger Tod sie ereilen konnte.

Plötzlich sprang ein vorne sitzender Inquisitor auf. »Seht«, schrie er, »Gott ist groß, er treibt den Teufel aus ihrem Leib!«

Die Marter hatte bei Dolores die Geburt ausgelöst. Das Kind glitt aus dem Leib der Schreienden und stürzte nach einer Sekunde des Lebens in den feurigen Tod.

Der Inquisitor schlug ein Kreuz. »Selig das Kind, das geläutert in den Himmel auffährt! Wir haben seine im Schoß einer ketzerischen Hexe ausgetragene Seele gerettet und durch die Taufe im Feuer vor der ewigen Verdammnis bewahrt. Gesegnet ist dies Kind, das mit Feuer getauft, gepriesen sei der Herr unser Gott!«

Jonathan sah und hörte nichts mehr. Rasende Wut überschwemmte seinen Leib und seine Seele, seine Augen fixierten einen Ort im Ungewissen, von dem es keine Rückkehr mehr gab ... »Ich werde das Schwein umbringen!«

»Madre de dios«, fluchte DeVasco und hieb Jonathan einen Prügel über den Schädel. Jonathan sank auf dem Boden zusammen. Der Alte setzte das Holzbein auf Jonathans Rücken und nagelte ihn am Boden fest. »Ich weiß mir anders nicht zu helfen«, sagte er zu den verwunderten Zuschauern der Szene. »Bei jeder Ketzerverbrennung ist es mit ihm das Gleiche. Vor lauter Frömmigkeit würde er am liebsten mit den bloßen Händen den Ketzern das Fleisch von den Knochen reißen.«

Die Scheiterhaufen brannten langsam nieder. Die Abenddämmerung setzte ein. Die Inquisitoren gestatteten der Menge, sich zu zerstreuen. Jonathan kam allmählich wieder zu sich. Mit wildem Blick suchte er Christian, doch der war fort.

»Schnell jetzt«, flüsterte DeVasco, »wir sind außerhalb der Mauern. Gott hat uns diese Gelegenheit geschickt. Schau nicht zurück.« Er klemmte sich Jonathan unter den Arm und schleppte ihn mehr als er ihn führte hinweg in die Dunkelheit zu der Hütte am Strand, wo sein Boot lag.

50.

Am nächsten Tag flaute der Wind ab. »Kann denn jetzt noch ein Zweifel daran bestehen, dass wir ein Gott wohlgefälliges Werk vollbracht haben?«, brüstete sich die Inquisition. »Gott hat den Wellen des Meeres Einhalt geboten, damit unser Heiliger Kreuzzug beginnen kann.«

Der Herzog von Medina Sidonia und seine Kapitäne trafen die letzten Vorbereitungen für das Auslaufen der »Unbesiegbaren Armada«.

*

Kurz vor Morgengrauen bugsierten Jonathan, DeVasco und dessen Gehilfe Ernesto das Fischerboot aufs Meer hinaus. »Ich habe mein Leben lang in diesen Gewässern gefischt«, sagte DeVasco keuchend, als er das Dreieckssegel setzte, »aber der Himmel, das Meer und der Wind sagen mir nur eines: Wir kriegen wieder Sturm.«

»Das ist mir egal, wir müssen segeln«, rief Jonathan zurück.

»Das tun wir doch schon, du Narr. Aber je schneller wir tiefes Wasser gewinnen, desto besser. Also setz schon das Großsegel!«

Jonathan schuftete wie ein Besessener. Seit dem Tag der Ketzerverbrennung hatte er so wenig Nahrung aufgenommen, dass er eigentlich schon hätte tot sein müssen. Schlafen konnte er auch nicht. Kaum war er eingedöst, fuhr er schreiend, schweißnass und tränenüberströmt wieder hoch.

»Ich weiß, wie es um dich steht«, sagte deVasco tröstend zu ihm, »aber Dolores und ihr Baby sind jetzt im Himmel beim lieben Gott.«

»Beim lieben Gott? Und wo war Er, als sie Ihn so dringend gebraucht haben? Mussten sie erst qualvoll verbrennen, um in den Himmel zu dürfen?« Nur eines und eines ganz allein konnte ihren Tod rechtfertigen: Die Informationen, die er in seinem Kopf trug, mussten nach England und in die Hand von Königin Elisabeth gelangen. »Niemals dürfen die Spanier den Fuß auf englischen Boden setzen. Niemals!«, sagte Jonathan gebetsmühlenhaft vor sich hin, während das Boot stampfend durch die rollenden Wogen pflügte.

*

Beim Klang von Fanfaren und Trommeln und unter den Gesängen von Mönchen lichteten am neunten Mai einhundertdreißig Schiffe im Hafen von Lissabon den Anker. Matrosen schwärmten aus in die Takelage und setzten die großen weißen Segel mit Philipps Standarte, dem großen roten Kreuz, dem Kreuz des wahren Glaubens. Die Leinwand blähte sich, der Wind füllte die Segel, und unter dem Beifall der zu Tausenden ans Ufer geströmten Bevölkerung trat die unbesiegbare Armada majestätisch ihren heiligen Kreuzzug an.

Als die Schiffe Belem an der Einfahrt in den atlantischen Ozean erreichten, verdunkelten Unheil verkündende schwarze Wolken den Himmel. Unter grellem Blitzschlag und ohrenbetäubendem Donner fuhr von Westen her ein Sturm in die Flotte und blies sämtliche Schiffe wieder in den Hafen zurück.

Normalerweise flaute ein Sturm nach zwei oder drei Tagen ab, doch diesmal zerrten und schwankten die Schiffe drei Wochen an der Ankerkette. An manchen Tagen liefen die launischen Winde einmal um die Kompassrose herum. Niemand konnte sich an ein ähnlich furchtbares Maiwetter erinnern. »Erfüllen sich jetzt die Prophezeiungen über das achtundachtzigste Jahr? Ist das die Ankündigung des Endes der Welt?«, flüsterten die abergläubischen Seeleute sich zu.

*

DeVasco drosch sein Fischerboot durch die haushohen Wellen. Als der Sturm mit Macht zuschlug, hatte das Boot das offene Meer erreicht. Er und seine Gefährten konnten noch beobachten, wie die Armada beim Versuch, aus dem Hafen auszulaufen, wieder zurückgetrieben wurde. Auch DeVasco wäre eigentlich lieber zum Land zurückgefahren, doch nun kämpften sie sich Stunde um Stunde, Tag um Tag durch die gnadenlose See. Die Wellen krachten an den Bug, bis der Kampf gegen die Elemente die Kräfte Jonathans und der beiden Männer völlig aufgezehrt hatte. Ein tückischer Brecher rollte über das ganze Boot hinweg. Als es wieder aus den Wellen auftauchte, war Ernesto verschwunden. DeVasco und Jonathan konnten das Boot gar nicht so schnell lenzen, wie das Wasser überkam. Mehr als einmal hatten sie sich schon den Göttern der Tiefe anheim gegeben, aber irgendwie hielt ihr Boot immer wieder durch.

Gegen Ende Mai legten sie mehr tot als lebendig an einem Strand an. Mit ein bisschen aufgefangenem Regenwasser und rohem Fisch hatten sie mehr schlecht als recht überlebt. »Wo sind wir?«, fragte Jonathan schwach, halb wahnsinnig vor Hunger und Durst.

DeVasco hob hilflos die Hände. »Vielleicht schon an der französischen Küste, vielleicht erst an Kap Finisterre. In diesem Fall hätten wir hundertsechzig Seemeilen hinter uns.«

Sie fanden an dem verlassenen Strand ein paar Früchte und frisches Wasser. Erschöpft fielen sie für ein paar Stunden in tiefen

Schlaf. Jonathan erwachte als Erster. Er stieß DeVasco an. »Großvater, Zeit zum Weiterfahren.«

»Ich kann nicht mehr«, stöhnte der Alte. »Fahr allein, und lass mich hier sterben.«

Jonathan schüttelte ihn heftig. »Bist du ein Hase? Setzt du dich zum Pinkeln hin? Sollen Parzival und Dolores vergeblich umgekommen sein? Ihre Geister werden dich für den Rest deines Lebens verfolgen, wenn es so ist!« Er half dem Alten, auf die Beine zu kommen. »Los jetzt, hilf mir, das Boot ins Wasser zu schieben.«

*

Mitte Juni lief das Fischerboot mit geborstenem Mast schwer beschädigt in den Kanal ein.

Wegen des gespannten Verhältnisses mit Spanien hatte die Königin auf Drängen ihres Staatsrats einen regelmäßigen Patrouillendienst am Eingang des Kanals angeordnet. Die Bootsbesatzungen hatten von Walsingham strikte Weisung, jedes außergewöhnliche Vorkommnis sofort zu melden.

Eine Pinasse des Wachdienstes sichtete das ziellos dahintreibende Fischerboot und brachte es auf. Jonathan und DeVasco wurden halb ohnmächtig und phantasierend an Bord der Pinasse geschafft. »Die Armada!«, krächzte Jonathan mit vertrocknetem Mund und aufgesprungenen Lippen den Kapitän an. »Die Armada! Bringt mich sofort zur Königin, wenn Euch Euer Leben lieb ist!«

Der Kapitän hielt den Burschen für verwirrt, wenn nicht gar für verrückt, aber um keinen Fehler zu machen, entschloss er sich, ihn zu Walsingham zu bringen. Mit DeVascos Boot am Haken eilte der Schnellsegler zur Mündung der Themse und dann weiter den Fluss hinauf zum Palast von Greenwich, wo die Königin inzwischen residierte und der Staatsrat seine Sitzungen abhielt.

Jonathan war unterwegs des Öfteren zum Leben erwacht und hatte immer wieder etwas von Lissabon und Schiffsverbänden gemurmelt. Unter dem Eindruck, dass die Geschichte des Burschen vielleicht doch nicht völlig von der Hand zu weisen war, brachte der Kapitän ihn persönlich zum Palast, denn so, wie der Junge aussah, würde er niemals eingelassen werden. Mehr von dem Kapitän getragen als aus eigener Kraft gelangte Jonathan in den Audienzsaal.

Ein Beamter des Großkämmerers sah pikiert auf den abgerissenen Burschen hinunter. »Was suchst du hier?«

»Die Königin«, schrie Jonathan wild. »Ich muss unbedingt zur Königin!«

Auf den Lärm und das Geschrei flogen die äußeren Eichentüren des königlichen Ratszimmers auf. Eine Gruppe Wachsoldaten kam mit gesenkten Hellebarden herbeigestürmt.

»Ich muss zur Königin«, rief Jonathan unter Tränen, während er im Griff der Wächter zappelte. »Ich komme aus Lissabon mit Nachrichten, die nur für das Ohr der Königin bestimmt sind. Lasst mich zu ihr, oder steht ihr alle in Diensten des Königs Philipp von Spanien?« In plötzlich aufwallendem Zorn fand er die Kraft, sich loszureißen. Er flitzte durch das Ratszimmer, riss die Tür zum Regierungszimmer der Königin auf und flog der Länge nach der Runde der dort Versammelten vor die Füße.

Königin Elisabeth saß gespannt und mit gerunzelter Stirn am Kopf eines großen Konferenztisches. Um den Tisch herum saßen der Earl von Leicester, Lord Burghley, Lord Admiral Howard, Sir Christopher Hatton und Sir Francis Walsingham. Alle waren sehr erregt; seit Wochen schon wogte der Streit über Krieg oder Frieden hin und her. Die unvermutete Störung ließ die Männer aufspringen. Hände flogen an Degenknäufe. Die Gefahr eines Mordversuchs hing stets in der Luft.

Königin Elisabeth fragte: »Was soll diese Störung? Bin ich

noch nicht einmal in meinem eigenen Hause sicher? Was willst du, unverschämter Bengel?«

Jonathan war über ein Jahr von England fort gewesen. Er war fast eine Handbreit gewachsen, und der erste Bart spross auf seinem Gesicht. Er war bis auf Haut und Knochen abgemagert und von seinem Überlebenskampf auf See gezeichnet. Weder Walsingham noch die Königin erkannten ihn wieder. Er rappelte sich vom Boden auf und fiel aufs Knie. »Euer Gnaden haben mir befohlen, Euch eine Nachricht zu beschaffen«, krächzte er heiser.

»Die Stimme ... ich kenne doch die Stimme!«

»Jonathan Ransom, Euer Majestät, wenn es beliebt.«

Walsingham fiel ungläubig der Kiefer herunter. Königin Elisabeth winkte Jonathan, sich zu erheben, aber er war zu schwach. Der Earl von Leicester half ihm auf einen Stuhl und schenkte ihm mit Zustimmung der Königin einen Pokal Wein ein. Jonathan ergriff das Glas mit zitternden Händen und leerte es bis zur Neige.

»Lieber Gott!«, rief die Königin aus. »Wir haben so viele Monate nichts mehr vor dir gehört und schon alle Hoffnung aufgegeben. Du siehst ja aus wie der leibhaftige Tod! Was ist mit dir geschehen?«

»Euer Gnaden, das ist eine lange und verwickelte Geschichte. Was zählt, ist, dass ich jetzt hier bin. Mit meiner Nachricht.«

»Euer Gnaden, der Junge sieht sehr erschöpft aus. Sollten wir ihm nicht erst einmal ein wenig Ruhe gönnen?«, sagte Walsingham, darauf erpicht, Jonathan allein auszufragen.

»Nein!«, schrie Joanthan auf. »Euer Gnaden, was ich zu sagen habe, duldet keinen Aufschub!«

»Jon Ransom«, sagte die Königin, »wir werden dich jetzt anhören. Du hast gut daran getan, mit deiner Nachricht zuerst zu mir zu kommen.« Ihr wissender Blick traf Walsingham und ließ ihn die Augen niederschlagen. »So sprich!«, forderte sie ihn auf.

»Die Armada ist auf See. Ihre Stärke, ihre Ziele – alles geht aus der verschlüsselten Information hervor, die Anthony Standen mir gegeben hat.«

Walsingham schoss hoch. »Du hast den Bericht mitgebracht? Wo ist er?«

»In meinem Kopf, Mylord, wie Ihr befohlen hattet. Habt Ihr das schon vergessen?«

»Zum Teufel, ja.«

»Vorab muss ich Euch aber sagen, dass Christian Lightborn ein Spion ist. Er arbeitet für Philipp von Spanien. Ich habe ihn in Madrid mit eigenen Augen gesehen – und dann wieder in Lissabon.«

Walsingham wirkte wenig überrascht. »Wir hatten ihn schon seit geraumer Zeit in Verdacht. Kurz nach deiner Abfahrt mit Drake haben wir entdeckt, dass Lightborn nach Plymouth gegangen war, vermutlich, um dir zu folgen. Wir wollten ihn verhaften, aber er ist uns entwischt. Er ist also nach Madrid und Lissabon gegangen, sagst du? Merkwürdig, erst neulich hat einer unserer Agenten gemeldet, dass ein Mann, auf den Lightborns Beschreibung passt, in Calais an Bord eines Schiffes gegangen sei, aber seitdem fehlt jede Spur von ihm. Es könnte sein, dass er wieder in unser Land schlüpfen möchte. Wir haben sämtliche Häfen alarmiert, um ihn abzufangen.«

Jonathan fröstelte trotz der Wärme im Raum.

»Was soll das heißen?«, sagte die Königin empört. »Christian ist ein Spion, und ich bin wieder einmal die Letzte, die es erfährt? Mylord Walsingham, Ihr würdet gut daran tun, Eure Informanten etwas sorgfältiger auszuwählen!« Der Einfachheit halber vergaß sie, dass sie selbst es war, die ihrem Favoriten Christian Lightborn an ihrem Hof Tür und Tor geöffnet hatte.

»In der Tat, Euer Gaden, das sollte ich«, murmelte Walsingham, der die spitze Bemerkung wie immer souverän wegsteckte.

»Madam, würdet Ihr gestatten, dass der Junge und ich uns zurückziehen? Man muss wohl davon ausgehen, dass uns die Entschlüsselung ein schönes Stück Arbeit sein wird.«

»Sind meine Berater auf einmal alle taub geworden? Wir werden uns die Botschaft aus erster Hand anhören und nicht durch ›goldene Interpretationshilfen‹ aufbereitet, damit Euch alles schön in den Kram passt. Vielleicht vermag ich zur Entschlüsselung mein eigenes kleines Scherflein beizutragen.«

Der kaum verhohlene Tadel der Königin ließ Walsingham zurückstecken. Den Federkiel schreibbereit in der Hand, blickte er Jonathan erwartungsvoll an.

Wort für Wort gab Jonathan die Botschaft wieder, die ihm Anthony Standen eingepaukt hatte. Während Walsingham mitschrieb, schlug eine Uhr erst die halbe, dann die volle Stunde. Hin und wieder griff Königin Elisabeth korrigierend in Walsinghams Niederschrift ein. 007 hatte sie persönlich in der Wissenschaft des verschlungenen Codes des Engels Madimi unterwiesen.

Endlich lag die Niederschrift vollständig und endgültig transkribiert vor Walsingham. Er las der Versammlung die wesentlichen Teile vor. »Der Herzog von Medina Sidonia soll unter Vermeidung der gefährlichen Untiefen an der französischen Küste den Englischen Kanal hinauf segeln. Er soll nicht das Gefecht mit der englischen Flotte suchen, doch wenn er angegriffen wird, soll er dem Kampf nicht aus dem Weg gehen. Philipp gestattet auf keinen Fall, dass die Armada irgendwo an der Südküste Englands oder auf der Insel Wight einen Brückenkopf errichtet. Sie soll vielmehr geradewegs bis Dünkirchen vorstoßen und sich mit dem Herzog von Parma und seinen Streitkräften vereinigen. Danach wird die Armada Parmas Streitmacht über den Kanal übersetzen und bei Margate oder Gravesend landen, wo immer die Kommandanten die bessere Möglichkeit sehen. Sobald Parmas Streitkräfte auf englischem Boden Fuß gefasst

haben, wird die Armada zur Sicherung von Parmas Brückenkopf die englische Flotte angreifen und zerstören.«

»Da haben wir es endlich«, knurrte Leicester. »Madam, wir
haben Euch gewarnt. Hat man je ein heimtückischeres Ungeheuer erlebt als diesen Philipp von Spanien? Gibt vor, mit Euch
über den Frieden zu verhandeln, während er ...«

»Spart Euch den Kommentar, bis wir zu Ende gekommen
sind!«, fuhr die Königin ihm über den Mund und machte Walsingham ein Zeichen fortzufahren.

»Es sind zusammen einhundertdreißig Schiffe, darunter sechzehn große Linienschiffe, 16.973 spanische Soldaten und Söldner, 2060 Rudersklaven auf den Galeeren, 8052 Mann Besatzung
auf den Galeonen und Galeassen, und 167 Kanoniere, zusammen 30.693 Mann. Ebenfalls an Bord befinden sich 180 Priester
und Mönche zur Bekehrung von uns Heiden. Parmas Invasions-
macht in den Niederlanden beläuft sich auf 30.000 Mann, alles
kampferfahrene Schlachtveteranen.«

Walsingham unterbrach seine Aufzählung. »Unsere Agenten
in Flandern, darunter Johannes Wychergerde und Harm Himmelfaert, berichten uns, dass Parmas Armee durch Krankheit
und Dersertion auf etwa 17.000 Mann geschrumpft ist.«

»Immer noch eine beträchtliche Streitmacht«, sagte Königin
Elisabeth nachdenklich. »Wenn dem Feind die Invasion glückt,
haben wir 50.000 feindliche Soldaten auf unserem Boden. Die
Landung muss unbedingt verhindert werden!«

»Sobald Parma Fuß gefasst hat«, fuhr Walsingham fort, »wird
er London angreifen. Wenn die Hauptstadt Widerstand leistet,
soll sie zerstört werden. Nach der Eroberung Englands wird die
Inquisition im ganzen Land dauerhafte Amtssitze einrichten
und mit der Ausrottung der Abtrünnigen beginnen. Sämtliche
Mitglieder des Staatsrates einschließlich Burghley, Leicester,
Walsingham, Howard, Hatton und sämtliche häretischen Mitglieder des Parlaments sollen vor Gericht gestellt, abgeurteilt

und bei lebendigem Leibe verbrannt werden. Königin Elisabeth ist als Thronräuberin von unreinem Geblüt und oberste Abtrünnige im Glauben der gleichen Bestrafung zuzuführen.«

Betroffenheit senkte sich über die Anwesenden. Sie war förmlich mit Händen zu greifen. Königin Elisabeths dunkle Augen verengten sich, ansonsten wirkte sie völlig ungerührt. »Du hast das alles in deinem Kopf mit dir getragen?«, wandte sie sich an Jonathan. »Gut gemacht. Nun berichte mir, welche Stimmung im Reich meines Schwagers herrscht.«

»Die Bevölkerung wird in die Kriegsbegeisterung hineingepeitscht. Das Unternehmen gegen England wird von allen Kanzeln herab als Gott wohlgefälliger heiliger Kreuzzug gepredigt, für den der Papst Absolution und Sündenablass gewährt. Euer Gnaden, auf meinem Rückweg bemerkte ich in Lissabon Dinge, von denen Anthony Standen zuvor noch keine Kenntnis hatte. Sie haben Schießpulver von feinster Körnung, das beste, was es gibt. Auf den Versorgungsschiffen transportieren sie gewaltige Belagerungsgeschütze heran. Die Mauern Londons werden ihnen keinesfalls widerstehen können. Auch Kavalleriepferde werden zu Tausenden mitgeführt.«

Königin Elisabeth lehnte sich in ihrem Sessel vor. »Hör mir jetzt bitte genau zu«, sagte sie eindringlich. »Ich stehe mitten in sehr schwierigen Friedensverhandlungen mit dem Herzog von Parma, in Verhandlungen, die möglicherweise einen furchtbaren Krieg verhindern können. Sprich jetzt um des Heiles deines Landes und deiner Seele willen die Wahrheit: Hast du die Armada mit eigenen Augen in See stechen sehen?«

»Mit eigenen Augen«, antwortete Jonathan nervös. »Anfang Mai, dem neunten nach dem merkwürdigen Kalender der Spanier. Aber als die Schiffe den Ausgang des Hafens erreicht hatten, kam ein verheerender Sturm auf und hat sie in den Hafen zurückgetrieben. Doch in der Zwischenzeit haben sich die Stürme gelegt, und sie müssten in Kürze in den Kanal einfahren. In

einer Woche bestimmt, allerhöchstens in zwei!«, rief er geradezu. Seine Stimme hatte einen hysterischen Klang angenommen.

»Beruhige dich!«, sagte Walsingham bestimmt. »Von unseren
Agenten in Nordspanien haben wir die Information erhalten,
dass die Armada, nachdem sie endlich in Lissabon ausgelaufen
war, von neuen Stürmen zerstreut wurde. Die Flotte musste La
Coruña anlaufen, um Reparaturen durchzuführen und die Ausrüstung zu ergänzen. Da die Armada nach so vielen Wochen immer noch nicht bei uns aufgetaucht ist, hat sich hier die Annah-
me durchgesetzt, dass Philipp seine Flotte von Anfang an
lediglich zu weiteren Eroberungen in die Neue Welt schicken
wollte.«

»Nein!«, rief Jonathan und sprang auf. »Ich schwöre bei meinem Leben: Das Ziel ist England! Warum wollt Ihr mir nicht
glauben? Muss unser Land erst ausgeraubt und geplündert werden?« Tränen der Enttäuschung liefen ihm über die Wangen,
und sein abgemagerter Körper bebte.

Lord Burghley, ein entschiedener Parteigänger der Friedensbemühungen der Königin, meldete sich zu Wort. »Euer Gnaden,
so ungern ich es zugebe, aber die Zeit läuft unseren Friedensbemühungen davon. Euch und mir liegen Traktate vor, von Philipp
selbst gedruckt, in denen er mit der Stärke seiner Armada prahlt.
Die Niederlande und jede bedeutende Hauptstadt Europas hat
er damit überschwemmt. Wir hatten zunächst angenommen, es
handle sich um reine Propaganda, um uns zu weiteren Zuge-
ständnissen an Parma zu bewegen, aber was der junge Mann hier
sagt, scheint mir der Wahrheit zu entsprechen.«

Königin Elisabeth schaute Burgley lange an, dann wandte sie
den Blick zu Walsingham, dem Gegner ihrer Friedenspolitik und
Hauptbefürworter des Krieges. Völlig ungekünstelt sprach sie
ihn mit seiner vertraulichen Anrede an. »Mein lieber Mohr, mir
scheint, dieser Bericht deckt sich mit sämtlichen Informationen,
die Ihr bisher gesammelt und Uns vorgetragen habt.«

»So scheint es in der Tat, Euer Gnaden«, murmelte Walsingham in wohldosierter Bescheidenheit.

Endlich war Elisabeth vom doppelten Spiel Philipps überzeugt. Die Königin nahm das Heft in die Hand. »Wir werden Unsere gesamte königliche Flotte aufbieten, Unsere vierzehn schweren Galeonen und alles, was wir an bewaffneten Kauffahrteischiffen und sonstigen freiwilligen Kräften anmustern können. Die Flotte soll sich alarmbereit halten, sodass sie jederzeit auslaufen kann. Sorgt dafür, dass sämtliche Leuchtfeuer an unserer Küste einsatzbereit sind. Bei der ersten bestätigten Meldung, dass die Armada gesichtet worden ist, sollen sie entzündet werden. Auf dieses Signal hin wird die ganze Nation mobilisiert. Schickt Unsere schnellste Pinasse zur flandrischen Küste, um Lord Seymour vom Kommen der Armada zu unterrichten. Er soll die Patrouillenfahrten seines Geschwaders intensivieren.«

Sie deutete auf Lord Admiral Howard. »Ihr werdet Euch unverzüglich mit jedem verfügbaren Schiff nach Plymouth begeben und Eure Kräfte mit denen von Sir Francis Drake vereinen. Euer gemeinsamer Auftrag ist, die Armada beim Einlaufen in den Kanal abzufangen. Merkt Euch meine Worte! Ihr werdet Euch buchstabengetreu daran halten, sonst, bei meinem Eid, rollen Köpfe! Drake mag sagen was er will, mag sich aufführen, wie er will, Ihr werdet nicht der Armada entgegenfahren, um sie zu suchen! Ihr habt es bereits Anfang des Monats getan und hättet um ein Haar meine ganze Flotte zu Grunde gerichtet, vermutlich im gleichen Sturm, der die Armada vor La Coruña zerstreut hat.«

»Aber Madam, ein Präventivschlag ...«, wollte Walsingham einwenden.

»Ruhe, wenn ich Befehle erteile! Niemand, ich wiederhole, niemand wird auslaufen. Ihr werdet in Plymouth warten, und das Wetter wird unser Bundesgenosse sein. Dr. Dee hat es Uns in seinem letzten Schreiben geraten, nein, er hat darauf bestanden.

Er sagt für die nächsten Monate das denkbar schlechteste Wetter voraus. Die Armada soll sich ruhig mit Gottes Winden herumschlagen, während wir im sicheren Hafen liegen. Die Schiffe Unserer königlichen Marine sind die Mauern Englands! Wir dürfen nicht riskieren, dass die Flotte auf hoher See zerstreut wird. Sie muss in der Nähe bleiben, um Unser Reich zu schützen!«

Jonathan hörte die Befehle der Königin mit wachsendem Erstaunen. Vierzehn große Linienschiffe? In dem Jahr seit dem Überfall auf Cádiz – und seit Thomas Sutton bei den genuesischen Bankiers Philipps Kredite konterkariert hatte – hatte England fieberhaft am Ausbau seiner königlichen Flotte gearbeitet. Zu Jonathans gewaltiger Überraschung und seinem nicht minder großen Stolz war die Flotte der Königin inzwischen fast so stark wie die Armada von König Philipp.

Nun wandte sich Königin Elizabeth dem Earl von Leicester zu. »Robin, Ihr werdet unsere Miliztruppen organisieren und befehligen und bei Fort Tilbury stationieren. Dort werdet Ihr Euch mit ihnen Parmas Invasionstruppen entgegenwerfen, falls es zur Landung kommt. Auch wenn Parma bei Gravesend an Land gehen sollte, seid Ihr dort in einer günstigen Position und könnt mit den Truppen über die Themse setzen, um Parma abzufangen.«

Bei aller Nachdrücklichkeit des Befehls wusste die Königin und mit ihr jeder Anwesende im Kabinettszimmer, dass die Schlacht auf dem Meer gewonnen werden musste. Wenn es der spanischen Streitmacht gelingen sollte, auf englischem Boden Fuß zu fassen, war ihr Sieg durch ihre Überlegenheit an Zahl, Ausbildung und Bewaffnung unabwendbar.

»Unsere Friedensverhandlungen mit Parma werden wir natürlich fortsetzen«, sagte die Königin, nachdem sie alle mit ihren Befehlen bedacht hatte.

Der Geheime Staatsrat sprang einhellig entsetzt auf.

»Aber Majestät«, empörte sich Leicester, »Ihr könnt doch nicht ...«

»Ach, Robin, denkt doch einmal wie ein Monarch und nicht wie ein kleiner Soldat. Wir müssen vor der Welt unseren unbeirrbaren Friedenswillen dokumentieren. Wir dürfen Philipp keinen Vorwand liefern zu behaupten, wir hätten ihm den Krieg aufgezwungen. Wir werden also weiterverhandeln und uns inzwischen nach Gebühr um die Sicherheit unseres Reiches kümmern.«

Königin Elisabeth winkte Jonathan herbei. »Wir sprechen dir Unser Lob aus für deinen Dienst an der Nation. Wir befehlen dir, dich auszuruhen und wieder zu Kräften zu kommen. Unsere Feinde werden nicht sagen können, dass England seine Söhne zu Angsthasen erzieht!«

Sie belohnte ihn mit mehr Gold-Sovereigns, als er je auf einem Haufen gesehen hatte. »Nimm dies als Dank deiner Monarchin und Dank Englands.«

Jonathan starrte auf den Haufen glänzender Goldmünzen. Er überlegte kurz, nahm drei davon an sich und schob den Rest zurück. »Wenn es Eurer Majestät belieben, kauft davon Munition. Wenn Spanien siegt, ist uns mit Geld sowieso nicht mehr gedient. Aber wenn ich einen Wunsch äußern dürfte? Es geht um den alten portugiesischen Seebären, der mich hergebracht hat. Ohne ihn wäre ich vermutlich umgekommen, und Standens Botschaft hätte Euch nie erreicht. Sein Boot hat schwer gelitten. Könnt Ihr dafür sorgen, dass es repariert wird und den Alten nach Hause zurückbringen lassen, wenn das geschehen ist?«

»Ich bin sicher, Admiral Howard wird jemand beauftragen, der sich um die Sache kümmert.«

»Euer Gnaden, noch eine letzte Bitte.«

»Bin ich denn ein Geist in der Flasche, an der man nur zu reiben braucht, und alle Wünsche gehen in Erfüllung?«, sagte sie streng, aber ihr kaum verhohlenes Lächeln strafte ihren strengen Ton Lügen.

»Ich möchte in die Flotte Eurer Majestät eintreten.«

»Kommt überhaupt nicht infrage. Du hast schon genug getan – und einiges darüber hinaus.«

»Euer Gnaden, wenn Ihr meinen kleinen Dienst zu schätzen wisst, dann gewährt mir zur Belohnung diese Bitte. Nicht nur mein Körper muss wieder zu Kräften kommen, meine Seele muss es auch. Aber das kann nur geschehen, wenn ich denen, die uns zu vernichten trachten, mit der Waffe in der Hand zuleibe rücken darf. Ihr habt doch Philipps Befehl gehört. Er will uns Engländern die Inquisition mit ihren Scheiterhaufen schicken.«

Vor Jonathans Augen stieg die Höllenvision von Dolores und ihrem Kind in den lodernden Flammen auf. Er stand eine Weile reglos und stumm.

Die Königin holte ihn mit einem Klaps auf den Kopf wieder in die Gegenwart zurück. Mit Tränen in den Augen sah er zu ihr auf. »Majestät, es muss sein.«

Vor der schlichten Entschlossenheit seiner Bitte konnte sich die Königin nicht mehr verschließen.

»Wenn es denn sein muss«, seufzte sie, »dein Wunsch sei dir gewährt. Aber jetzt geh nach Hause, schlaf dich aus und erhole dich. In diesem Zustand bist du für niemand zu etwas nütze. In ein paar Tagen wird man dich zu Hause abholen kommen.«

Als Jonathan gegangen war, wandte sich Königin Elisabeth an Lord Admiral Howard. »Lasst den Burschen auf einer Pinasse dienen und sorgt dafür, dass er weitab vom Schuss bleibt. Schickt ihn gelegentlich mit, wenn Ihr mir Meldungen überbringen lasst. Wir schulden ihm sehr viel.«

Sie erhob sich. »Meine lieben englischen Landsleute, ich muss jetzt in meine Kapelle und beten. Ich bitte Euch dringend, betet auch Ihr.«

51.

Als Jonathan von dem Kapitän begleitet wieder aus dem Palasttor trat, kam DeVasco herbeigehumpelt. »Hast du's ihnen gesagt?«, erkundigte sich der alte Seebär.

»Ja, und wie sie mir zugehört haben! Sie haben zwar schon eine ganze Menge aus anderen Quellen gewusst, aber meine Informationen brachten ihnen die Bestätigung.«

»Dann sind Parzival und Dolores nicht vergeblich gestorben.«

»Nur, wenn wir die Armada besiegen«, sagte Jonathan grimmig, »sonst sind wir nämlich alle tot.« Er legte den Arm um DeVascos Schulter. »Großvater, bitte, bleib doch in England. Ich werde für dich eine Unterkunft finden. So lange ich lebe, wird es dir nie an etwas zu essen und einem Dach über dem Kopf fehlen.«

»Das ist ein verlockendes Angebot, aber ich bin zu alt, um mich an dieses kalte Land und seine seltsamen Gebräuche zu gewöhnen. Es ist schon fast Juli, und ich fröstle wie im Dezember. Ihr Engländer müsst verrückt sein, hier zu leben. Ohne die wärmende Sonne Portugals werde ich eingehen. Aber wir werden uns wiedersehen, dessen bin ich sicher.«

Jonathan drückte dem alten Mann eine von seinen Goldmünzen in die schwielige Hand. »Was ist das?«, wunderte sich der Alte. »Ist die echt?« Er biss auf die Münze. »Bei allen Heiligen, sie ist echt. Hast du sie geklaut?«

»Ein Geschenk von der Königin. Damit kannst du dein Boot

reparieren lassen. Und kauf dir bitte ein neues Holzbein. Dein altes ist schon so vom Seesalz angefressen, dass du beim Laufen bald Schlagseite bekommen wirst. Ich danke dir. Ich werde nie vergessen, was du für mich getan hast.«

»Ich hab 's für dich getan, und ich hab 's für Portugal getan. Ich hab 's getan, um unser Land von diesem Tyrannen zu befreien, der Menschen verstümmelt und verbrennt – und alles im Namen Gottes.« Er gab Jonathan einen Klaps. »Aber es freut mich sehr, dass ich mir einen Platz in deinem Gedächtnis erkämpft habe. Wirst du mit deinen Erinnerungen leben können? Hast du dir den Tod von Parzival und Dolores vergeben?«

Jonathan hob mit einer hilflosen Geste die Schultern. »Manchmal habe ich das Gefühl, in meiner Trauer zu ertrinken, aber dann zwinge ich mich, an die vielen unerledigten Aufgaben zu denken, die noch vor uns liegen, und das lässt mich wieder zu mir selbst finden.«

DeVasco legte Jonathan die Hand auf die Brust. »In dieser Hasenbrust schlägt ein Löwenherz. Wer hätte das gedacht?«

Die Augen wurden ihnen feucht, als sie sich zum Abschied in die Arme fielen. DeVasco folgte dem Kapitän, um sein Boot reparieren zu lassen, Jonathan nahm ein Fährboot nach London.

Die Bootsfahrt den Fluss hinauf war für Jonathan ein aufwühlendes Erlebnis. Er war völlig fassungslos über den gewaltigen Betrieb, der an den Ufern herrschte. Das Land steckte in emsigen Kriegsvorbereitungen, wohin er auch schaute: Neue Galeonen waren im Bau, andere wurden kalfatert und geteert, in den Kanonengießereien brüllten die Schmelzfeuer im Gussofen, an den Kais türmten sich Schiffsproviant und Munition für den Transport zur königlichen Flotte. »Ich glaube, die Königin nimmt ihre Friedensverhandlungen nicht besonders ernst«, lachte er in sich hinein.

An der London Bridge stieg er aus. Von Gefühlen überwältigt

fiel er auf die Knie und küsste den Boden. »London, ich liebe dich!«

Er überlegte, ob er Boy de Bon Cœur besuchen sollte, da er schon einmal hier war, aber das musste noch ein paar Tage warten. Christian war möglicherweise inzwischen heimlich ins Land gekommen. Er musste Maudy unbedingt warnen. Ob Christian, wie von ihm behauptet, mit ihr geschlafen hatte? Würde sie wieder mit ihm schlafen? Jonathans Bauch krampfte sich bei dem Gedanken zusammen. Aber, wie auch immer, er musste Maudy sagen, dass ihr Liebhaber ein Verräter und skrupelloser Mörder war.

London war ein einziger Ameisenhaufen. Die Stadt rüstete sich für die Belagerung. Überall wurde gehämmert, exerziert und gebrüllt. Die Stadttore und die wichtigsten Kreuzungen wurden Tag und Nacht bewacht. Quer über sämtliche Hauptstraßen hatte man zwischen mächtigen Holzpflöcken eiserne Ketten gespannt. Diese Ketten konnten geöffnet und geschlossen werden, um die Ströme der Einwohner und die Flüchtlingsmassen aus dem Umland zu kanalisieren, die in der Stadt eine sichere Zuflucht suchten.

Überall waren die zahllosen Notverordnungen der Regierung angeschlagen. Jeder Bürger hatte sich mit Dolch und Schwert zu bewaffnen; wenn er vermögend genug war, mit Pike, Pistole und Hakenbüchse. Jeder Haushalt musste einen Ledereimer zum Löschen bereit halten. Beamte der Regierung gingen ständig Streife und überwachten die Preise. Als Jonathan am Pranger vorbeikam, saß ein Metzger im Stock, dem man wegen Preistreiberei die Ohren an den Querbalken genagelt hatte.

Überall klebten Plakate mit den Ankündigungen der Theateraufführungen. Eine unlängst gegründete Truppe, die Kompanie von Lord Strange, spielte im »Curtain«. Die Kompanie von Burbage betrieb immer noch das »Theater«, und die Truppe »The

Lord Admiral's Men«, die im neuen »Rose Theater« in Bankside auftrat, präsentierte »Tambourlaine« von Christopher Marlowe.

Dieser Bürgerschreck hat sein großes Werk also doch noch fertig bekommen, dachte Jonathan. Viel Glück damit!

Die Glocken läuteten die Sperrstunde ein, aber niemand kümmerte sich darum. Der drohende Krieg hatte in London die Halbwelt an die Oberfläche gespült. In der hektischen Atmosphäre hatten Bärenhatz, Glücksspiel und Theater größten Zulauf. Schänken, Tavernen und Wirtshäuser konnten mit der Nachfrage nach Unterkunft, Essen und Trinken nicht mehr mithalten. Prostituierte und Zuhälter arbeiteten in der überlaufenen Stadt Tag und Nacht. Wenn man schon für die Verteidigung des Vaterlandes das Leben lassen sollte, dann wenigstens mit der Erinnerung an eine letzte rauschende Liebesnacht.

Trotz des Trubels war unverkennbar eine politische Ungewissheit zu spüren. Wie würden sich im Falle der spanischen Invasion die englischen Katholiken verhalten? Würden sie rebellieren und auf die Seite Philipps von Spanien überlaufen? Oder würden sie fest zu Königin und Vaterland stehen?

Als Jonathan an der Hollywell Lane anlangte, war die Dämmerung vorbei und die Nacht angebrochen. Vor dem Haus kam ein schemenhaftes Etwas aus dem Dunkel angeflogen und warf ihn zu Boden. Jonathan versuchte sich seiner Haut zu wehren, aber jede Gegenwehr gegen die schlabbrigen Küsse, mit denen das Geschöpf ihn bedeckte, war zwecklos.

»Bürschchen, mein Bürschchen! Kaum schaut man einen Moment nicht hin, ist ein Bär aus dir geworden!«

Bürschchen knabberte jaulend und winselnd an ihm herum. Mistress Goodfellow erschien mit drohend erhobener Bratpfanne in der Tür.

»Wer da? Freund oder Feind? Gib dich zu erkennen, oder ich haue dir den Schädel ein!«

Jonathan trat in den Lichtkeil, der aus der offenen Tür nach draußen fiel.

»Egal was Ihr verkaufen wollt, wir haben schon alles!« Sie kreischte auf. »Geht jetzt der Geist von Jon Ransom bei uns um?«

Sie kniff ihn. Endlich überzeugt davon, dass Jonathan in Fleisch und Blut vor ihr stand, zog sie ihn ins Haus. In ratloser Verzweiflung hielt sie den Kopf zwischen den Händen und betrachtete ihn. »Was haben sie bloß mit dir gemacht?«, rief sie aus. Maudy kam die Treppe herunter. Sie sah ihn und blieb wie angewurzelt stehen.

»Ich weiß, die Königin hat schon gesagt, ich würde aussehen wie ein lebender Leichnam.«

»Und da hat sie Recht«, hauchte Maudy. »Aber jetzt bist du zu Hause, und wir päppeln dich wieder auf!« Sie umarmte ihn und wollte ihn nicht wieder loslassen.

Der kleine Christian arbeitete sich rückwärts die Treppe herunter. Er kam herbeigewackelt, kletterte an Jonathans Beinen hoch und rief unentwegt »Pa« dazu. Jonathan drückte den Jungen an sich. »Lieber Gott, was habt ihr mir alle gefehlt!« Der Zweijährige hatte sich zu einem wunderbaren Knaben von so erstaunlicher Schönheit entwickelt, dass nur ein einziger Mann sein Vater sein konnte. Der Blondschopf, die unschuldigen goldenen Augen, die dennoch sämtliche Geheimnisse des Lebens zu kennen schienen ... Jonathan bedeckte ihn mit Küssen. »Ich liebe dich, mein Kleiner – kannst ja nichts dafür, dass Christian dein Vater ist.«

»Hinsetzen!«, kommandierte Mistress Goodfellow und schob Jonathan an den Tisch. Sie begann, Berge von Essbarem für ihn aufzufahren. »Hat Maudy dir ihr Geheimnis schon verraten, Jon?«, fragte sie, aber Jonathan war bereits fest eingeschlafen.

Als er erwachte, lag er in einer Ecke auf einem Strohsack.

Bürschchen hatte den Kopf auf die Pfoten gelegt und beäugte ihn. Maudy nähte das Lilienwappen Frankreichs auf ein elegantes Bühnenkostüm. Jonathan räkelte sich unter seiner dünnen Decke. »Ich bin ja nackt«, sagte er erschrocken.

Maudy ließ das Nähzeug sinken. »Wir dachten, du würdest ohne Kleider besser schlafen – und so war es ja auch.«

»Wie lang habe ich geschlafen?«

»Fast vierundzwanzig Stunden.«

»Ist eine Nachricht für mich gekommen? Von der Königin, meine ich.«

Maudy schüttelte den Kopf. »Du hast dich immer wieder im Schlaf herumgeworfen und aufgeschrien ... Jon, verzeih mir, aber als ich dich ausgezogen habe, ist mir dein verletzter Unterleib aufgefallen. Das sieht ja furchtbar schmerzhaft aus ...«

Er setzte sich auf und zog schützend die Beine an sich. »Maudy, ich muss dir etwas Schreckliches sagen. Christian Lightborn ...« Er erzählte ihr von Anfang bis Ende die ganze Geschichte, ohne irgendetwas auszulassen. Bei der Episode von Dolores und ihrem Kind schrie sie auf, und als er geendet hatte, weinte sie. Im Herd knisterte die Glut, der Wind seufzte ums Haus.

»Man predigt uns immer, dass Gott uns keine größere Last aufbürdet, als wir schultern können. Aber als die Inquisition sich an Dolores vergriffen hat und an dir, hat er geschlafen. Hast du es inzwischen überstanden?«

Er schüttelte niedergeschlagen den Kopf. »Ich bin bestenfalls nur noch ein Kapaun. Vielleicht kann ich nie wieder mit einer Frau schlafen.«

Sie verschloss ihm mit dem Finger die Lippen. »Wie wenig du uns Frauen begriffen hast! Das ist doch nicht der Hauptbestandteil der Liebe, sondern nur ihr kurzes Finale. Du bist mir so lieb wie sonst niemand. Zweimal schon hast du mir das Leben geschenkt, und noch nie hast du von mir etwas dafür gewollt. Du bist einmal ein Dieb gewesen, und ein Dieb bist du geblieben, denn du hast mir das Herz gestohlen.«

Ihre Worte machten ihm Mut. »Maudy, dein Leben ist deine Sache, und ich würde mir niemals erlauben, mich einzumischen«, sagte er. »Christian hat zu mir gesagt, dass er dich wiedergesehen hat, nachdem ich fort war. Stimmt das denn?«

Sie starrte in die Glut und nickte.

»Er hat auch geprahlt ...«

»... dass er mit mir ins Bett gegangen ist? Auch das stimmt, aber hat er dir auch gesagt, warum? Er hat mir mit den Konstablern gedroht, dem Gericht – was hätte ich tun können? Ich habe ihn angefleht: ›Wieso ich, wo Ihr doch jede haben könnt, die Ihr Euch wünscht?‹, und er hat geantwortet: ›Ich habe dich gelehrt, mir Lust zu bereiten, und ich möchte wissen, wie viel du davon behalten hast.‹ Er hat verlangt, dass ich in sein Haus am Strand komme. Drei Tage lang war ich seine Gefangene – nein, seine Sklavin. Er hat Dinge von mir verlangt ... Einmal habe ich versucht, ihn mit einem Messer zu erstechen, aber das hat seine Erregung nur noch gesteigert. Er hatte es darauf angelegt, etwas zu finden, das zu tun ich mich weigern würde, um einen Grund zu haben, mir meinen Jungen wegzunehmen. Aber ich habe alles getan ... Bis ihm nichts mehr eingefallen ist.«

Sie machte eine Pause, in der sie versuchte, die Tränen und die Erinnerung beiseite zu wischen. »Als Christian mit mit fertig war«, fuhr sie schließlich fort, »hat er gelacht und gesagt, er hätte nie vorgehabt, mir das Kind wegzunehmen, er müsse nämlich zum Kontinent reisen. Er hätte nur sehen wollen, wie weit ich mich von ihm erniedrigen lasse.«

Das Kerzenlicht spielte in ihren großen schwimmenden Augen. »Er hat aus dem, was ich ihm einst im Namen der Liebe geschenkt hatte, etwas Hässliches, Widernatürliches und Sündiges gemacht.«

»Das macht er nicht nur mit dir, Maudy, das macht er mit allem Lebendigen, das er berührt. Er hält einem einen Traum vor die Nase, und wenn man danach greifen will, lässt er dich ins Leere greifen. Aber du hast Recht, man würde gern aus Liebe alles für ihn tun ... In dieser gottverlassenen Zelle in Madrid gab es einen Moment, in dem ich vor Entzücken, ihn zu sehen, vollkommen außer mir war. Ich hätte mit Freuden alles für ihn getan. Und dann hat er mich verraten, hat mich missbraucht, so wie er dich missbraucht hat, an Leib und Seele.«

»Der Körper heilt früher oder später, aber die Seele?«, sagte Maudy. »Manchmal habe ich das Gefühl, er hätte mir meine Seele gestohlen, und ich könnte sie nie wieder von ihm zurückgewinnen. Was geht in Gott nur vor, dass Er jemand, der so schön ist, so böse sein lässt?«

Jonathan hob die Schultern. »Es heißt, der Teufel erscheint in vielerlei Gestalt, vielleicht ist Schönheit eine davon.«

»Er ist jedenfalls fort und aus unserem Leben verschwunden.«

Jonathan zögerte, aber er musste Maudy warnen. »Maudy, Walsingham hat mir etwas verraten. Es könnte sein, dass Christian sich wieder ins Land zu schleichen versucht.«

Maudy sprang auf. »Gnädiger Gott, ich muss sofort verschwinden ...«

Er packte sie am Handgelenk. »Das geht nicht. Die Armada rückt an. Du bist mit dem Jungen zur Zeit nirgendwo so sicher wie in London. Mach dir keine Sorgen. Walsingham hat alle Häfen alarmiert. Wenn Christian auftaucht, wird er sofort verhaftet und wegen Hochverrat hingerichtet. Aber es ist trotzdem kein Fehler, wenn du dich vorsiehst.«

Eine weitere Stunde verging mit allerlei Hin und Her über das beste Vorgehen. Jonathan betrachtete Maudys üppigen und sinnlichen Körper und erinnerte sich all der Dinge, die sie miteinander getrieben hatten. Er stellte sich vor, wie es wäre, sich jetzt in Liebe mit ihr zu vereinen, aber sein Körper blieb tot. Die Geschichten, die sie einander erzählt hatten, hatten sie erschöpft und kraftlos gemacht. Maudy ging in ihre Kammer. Jonathan kletterte in sein Dachstübchen hinauf, wo er bis weit in den Vormittag hinein schlief.

Als er erwachte, war Maudy längst aus dem Haus. Er polterte die Treppe hinunter. »Mistress Goodfellow, ist eine Nachricht für mich gekommen?«, rief er.

»Nein, nichts. Ich war den ganzen Vormittag hier, aber es ist niemand gekommen. Jetzt setz dich hin.« Strahlend sah sie zu, wie er eine Scheibe Speck, einen halben Laib Weizenbrot, Hart- und Stinkkäse, ein paar Krüge Ale und alles, was ihm sonst noch in die Finger kam, in sich hineinstopfte. »Du bist halb verhungert, das ist deine ganze Krankheit, aber in ein paar Wochen habe ich dich wieder herausgefüttert. »Wenn ich das bei dem einen Streuner geschafft habe« – Bürschchen klopfte mit dem Schwanz – »dann schaffe ich es auch bei dem anderen. Ist es nicht so, Curiosity?«

Zwinkernd stellte die dicke Katze fest, dass die Räucherheringe nicht ohne Veränderung ihrer bequemen Lage zu erreichen waren, und döste wieder ein.

»Jon Ransom, du bist ein unverbesserlicher Flegel, und das ist bei Gott die Wahrheit. Wie konntest du es wagen, mir diesen hitzigen Matrosen auf den Hals zu schicken, nachdem du ihm zuvor alle möglichen verrückten Hoffnungen gemacht hattest?«

»Ginger Jack war hier? Habt Ihr etwas für ihn übrig?«

»Eher hätte ich etwas für einen Kraken übrig. Ich habe noch nie erlebt, dass sich so viele Hände gleichzeitig an so vielen Orten zu schaffen gemacht haben, wo sie nichts zu suchen hatten. Er ist an ein oder zwei Abenden mit mir in den ›Roten Hirsch‹ gegangen, aber du weißt ja, wie Matrosen sind: Kaum haben sie einem ein Glas spendiert, denken sie schon, dass man ihnen gehört!«

Jonathan wackelte mit den Brauen. »Wie viele Glas waren es denn?«

Er bekam mit dem Kochlöffel eins über die Rübe.

»Er hat Euch also gefallen. Wo ist er denn jetzt?«

»Ab nach Plymouth. Er will unter Drake dienen.« Sie setzte den Marmeladentopf ab und beugte sich vertraulich zum ihm herunter. »Hat Maudy es dir schon gesagt? Sie hat es bereits an dem Abend versucht, als du nach Hause gekommen bist, aber du bist uns umgekippt.«

»Was soll sie mir gesagt haben?«

Mistress Goodfellow kräuselte enttäuscht die Stirn. »Ich habe ihr heilige Eide schören müssen, dass du es zuerst von ihr erfahren sollst, schlimm genug, aber ein Eid ist nun mal ein Eid.« Sie machte mit einer imaginären Nadel Nähbewegungen vor ihrem Mund. »Ich werde schweigen wie ein Grab.«

Nachdem Jonathan sein Frühstück vertilgt hatte, stand er quengelnd in der Stube herum und wartete auf den Befehl der Königin. Mistress Godfellow gab ihm mit ihrem Handfeger eins auf den Hintern. »Steh mir nicht in der Arbeit herum, deine Nachricht wird schon noch kommen. Los, raus jetzt, Burbage wartet schon auf dich.«

Er schlenderte über die Straße zum Theater hinüber. Es gab eine tumultartige Begrüßung. Alle redeten gleichzeitig durcheinander, jeder wollte als Erster wissen, wo er gewesen war und was er erlebt hatte, und ihn in der Runde willkommen heißen. Jonathans Augen suchten Maudy. Er hoffte, ein Wort mit ihr reden zu können. Er fand sie in der Garderobe mit Pudge und seinem Kostüm beschäftigt. »Was ist das für ein Geheimnis, das du mir erzählen willst?«

»Oh, Jon, jetzt nicht, es sind zu viele Leute da. Pudge ist eine Naht von seinem Kostüm geplatzt. Ich muss sie vor der Vorstellung noch flicken.«

Pudge legte neckisch die Hand an die Wange. »Mein lieber Jon, die schlimme Krankheit, die du dir zugezogen hast, mag heißen wie sie will, heutzutage gibt es für alles eine Medizin.«

»Pudgie, weißt du schon, dass in den Theatern von Madrid die Frauenrollen jetzt von Frauen gespielt werden?«

»Ist dir die Krankheit schon ins Hirn gestiegen? Frauen sollen die Frauenrollen spielen? Einfach lächerlich.«

»Aber wahr. Stell dir mal vor, wie in den Liebesszenen der echte Busen der Heldin wogt! Das sind keine Orangen! Und wenn sie sich küssen, mit echten langen Küssen, was denkst du, wie dem Publikum das Wasser im Munde zusammenläuft.«

»Etwas Abstoßenderes habe ich noch nie gehört. Keine Frau kann so treffend eine Frau spielen wie ein Mann. Bei uns würde man eine Frau auf der Bühne auslachen. Wahre Liebe kann nur durch wohl gesetzte Worte ausgedrückt werden, und nicht mit einer dumpfen Rammelei in einer dunklen Ecke. Ist es nicht so, Will?«

»Will!«, rief Jonathan freudig dem eintretenden William Shakespeare entgegen. Will hob ihn mit einem Schrei hoch und wirbelte ihn ausgelassen im Kreis herum. »Mein Gott, Kerl, du wiegst ja nur noch die Hälfte!«

»Jon, ich werde der Star eines Stücks sein, an dem Will zur Zeit schreibt. Es heißt ›Titus Andronicus‹ ...«

»Du schreibst an einem Stück, Will? Bravo und noch einmal bravo, dass du den Mut aufgebracht hast, dem Ruf deines Herzens zu folgen!«

»Das Stück ist eigentlich nur zusammengestoppelt. Kyd, ein paar andere Schreiberlinge und ich haben uns mit einer alten Geschichte beschäftigt. Man kann wirklich nicht genau sagen, wer was geschrieben hat. Das Stück ist auch noch nicht fertig.«

»Du bist wieder mal viel zu bescheiden«, meinte Pudge. »Ich soll die Heldin spielen, die Lavinia. Sie wird vergewaltigt, dann wird ihr die Zunge herausgeschnitten, damit sie den Täter nicht verrät. Und damit sie den Namen nicht aufschreiben kann, werden ihr auch noch die Hände abgehackt. Ist das nicht klug eingefädelt? Es ist ein schönes Stück, sehr viel blutrünstiger als die ›Spanische Tragödie‹.«

Will wurde rot. »Kit Marlowe hat auch mitgeholfen, aber bei seinem großen Erfolg mit ›Tambourlaine‹ – er hat sogar eine Fortsetzung schreiben müssen – hat er mit seinem eigenen Stück schon genug zu tun. Jon, du musst es dir unbedingt anschauen, Tambourlaine, Teil eins und zwei. Es sind bei weitem die besten Stücke, die zur Zeit in London gegeben werden.«

»Lavinias Vater – eben dieser Titus – entdeckt, wer die Vergewaltiger sind«, fuhr Pudge unverdrossen fort. »Er bringt sie um, macht Hackfleisch aus ihnen und serviert sie als Fleischhaschee – ich finde die Idee großartig! – den Eltern der Bösewichter, die ohnehin seine Erzfeinde sind. Wie du dir vielleicht vorstellen kannst, bekommt ihnen die Mahlzeit nicht besonders gut. Das ist wirklich Rache vom Feinsten, das Publikum wird völlig aus dem Häuschen sein. Die Kompanie von Lord Strange ist sehr an dem Stück interessiert, falls unser Burbage nicht schlau genug ist, das Stück selber zu kaufen.«

Jonathan blickte in die Runde. »Wo ist eigentlich Tarleton?«

»Der arme Saufkopf wurde immer verwirrter, bis Burbage ihn rausschmeißen musste. Sogar die ›Queen's Men‹ haben sich von ihm getrennt. Jetzt läuft er in der Stadt herum und erzählt allen Leuten, was für ein großer Star er ist. Er kann einem nur noch Leid tun. Will, lass mal die neuen Szenen hören, die du uns versprochen hast.«

Jonathan hörte sich die Szenen aus »Titus Andronicus« an, die ihm die beiden in einem kurzen Durchlauf vorspielten. Pugde hatte nicht zu viel versprochen. Es gab genug Morde und Gräueltaten, um selbst das blutrünstigste Publikum zufrieden zu stellen. Pudges Darstellung der Lavinia war erschütternd und treffend zugleich. Trotz des Reißerischen hatte das Stück genügend Kraft und Substanz, um Hoffnungen zu wecken.

Aber woher kam Jonathans wachsendes Unbehagen? War es

das Theaterhafte dieser Morde und Grausamkeiten, während die wirkliche Gefahr draußen auf hoher See unaufhaltsam näher und näher rückte?

»Immer noch zu beschäftigt, um mir das Geheimnis zu verraten?«, fragte er Maudy.

»Heute Abend, beim Essen, ich verspreche es dir.«

Jonathan rannte zum Wohngebäude zurück. Mistress Goodfellow verdrehte die Augen. »Nein, bis jetzt ist noch nichts gekommen. Du weißt doch, dass die Milch nie überkocht, solange man hinschaut. Jetzt sieh endlich zu, dass du etwas Vernünftiges zu tun bekommst!«

Jonathan beschloss, Boy zu besuchen. Mit Bürschchen im Schlepptau machte er sich auf zur London Bridge. Am Anfang der Gracechurch Street versuchte ein Amtmann, einem Milizaufgebot den Umgang mit der Waffe beizubringen. Jonathan zuckte zusammen, als er die tollpatschigen Zivilisten sich gegenseitig über die Füße stolpern sah. Vor seinem inneren Auge sah er sie gegen die gnadenlosen Regimenter spanischer Landsknechte antreten. Sie würden niedergemäht werden wie das Korn vom Schnitter – vom Schnitter Tod. Wieder stieg Unruhe in ihm auf. Kam denn der Gestellungsbefehl der Königin überhaupt nicht mehr?

Am Eingang des Hauses der Bon Cœurs gebot Jonathan Bürschchen Platz. »Du wartest hier und schnüffelst mir nicht an den Hündinnen herum. Du weißt ja, was dann passiert. Tu unnahbar und eisig wie Morgana de Bon Cœur.«

Lieber Gott, dachte er, hoffentlich ist sie nicht zu Hause. Wenn sie dich sieht, wie du jetzt ausschaust, kannst du die Scharte bei ihr nie wieder auswetzen.

52.

Jonathan traf im oberen Zimmer auf Boy. Er schaute zum Fenster hinaus und beobachtete die Schiffe. Eine Bibel lag aufgeschlagen auf seinem Schoß.

»Ich bin dein verloren geglaubter Bruder Joseph«, sagte Jonathan leise beim Eintreten.

Boy stand mühsam auf und öffnete weit die Arme. »Willkommen daheim, Bruder.«

Sie hielten einander lange umschlungen. »Ich wusste, dass du wiederkommst. Ich habe so sehr für dich gebetet. Jeden Tag habe ich Papa gefragt, ob man etwas von dir gehört hätte, und er hat immer geantwortet: ›Frag nicht mehr nach ihm, er weilt nicht mehr unter uns.‹ Ich habe die Jahreszeiten kommen und gehen sehen, aber ich habe nie die Hoffnung aufgegeben. Und dann, vor zwei Tagen, hat Papa erzählt, dass du wieder da bist.«

»Ich wäre schon früher gekommen, aber ich habe diese zwei Tage nur geschlafen.«

»Papa hat mir von Christians Verrat berichtet und davon, dass er meine Verwundung zu verantworten hat. Gott wird ihn dafür strafen. Aber Mylord Walsingham ist ganz aus dem Häuschen über die Informationen, die du gebracht hast. Er hat versprochen, dass ich meinen alten Posten wieder haben kann, sobald ich gesund bin. Papa war sehr zufrieden. Ich habe ihn einmal sogar lächeln sehen. Ich schulde dir sehr viel!«

»Nicht mehr, als ich dir schulde. Wie geht es dir?«

»Dr. Lopez sagt, dass ich lediglich mit einem Lungenflügel atme, aber irgendwann wird auch der andere heilen. Bis dahin darf ich nichts Anstrengendes unternehmen. Ich werde schnell müde, sogar spazieren gehen strengt mich an. Aber ich werde in die Miliz eintreten, und wenn es mich umbringt. Bleibst du zum Mittagessen da? Du siehst aus, als könntest du eine kräftige Mahlzeit vertragen. Kann ich dich damit locken, dass Morgana in Bälde nach Hause kommt? Da wir so nahe an der Seething Lane wohnen, kommt Papa übrigens auch immer zum Essen heim«, fügte Boy hinzu.

Jonathan war drauf und dran gewesen, die Einladung anzunehmen, doch die wenige Zeit, die er in London hatte, war ihm zu kostbar. Er hatte keine Lust, sich den ganzen Nachmittag die hochtrabenden Reden des eingebildeten alten Ekels Bon Cœur anzuhören. Außerdem hatte er das Gefühl, dass der Graue mit gezinkten Karten gespielt hatte. »Tut mir Leid, aber ich kann leider nicht bleiben.« Er verabschiedete sich von Boy. »Ich komme morgen wieder, wenn ich kann.«

Auf dem Weg hinaus suchte er Antoinette de Bon Cœur in der Küche auf. Er schenkte ihr den zweiten Gold-Souverän. »Nehmt das, damit Boy die besten Ärzte und Arzneien bekommt.«

Die Hände der Frau zitterten. »Das kann ich nicht annehmen. Meister Bon Cœur würde niemals gestatten, dass wir Almosen entgegennehmen. Gott wird uns das Nötige schenken.«

»Dann betrachtet mich als Gottes Werkzeug, oder ist es Euch lieber, dass Euer Sohn aus missverstandenem Hochmut zum Krüppel wird? Ihr wisst doch: Hochmut kommt vor dem Fall. Wenn Meister Bon Cœur darauf besteht, kann er mir das Geld ja zurückzahlen – ohne Zinsen.«

»Ist das nicht Jon Ransom?«, zwitscherte es honigsüß die Treppe herauf, als Morgana das Haus betrat. Sie war in dem vergangenen Jahr noch schöner geworden, sofern das überhaupt möglich war. Ihr mitternachtschwarzes Haar umrahmte das feine Porzellangesicht, und in den amethystenen Augen lag geheimnisvoll ein vielversprechender Glanz.

»Der Herr sei mir gnädig, du siehst ja furchtbar aus! Kannst du denn nicht besser auf dich aufpassen? Der Leib ist der Tempel Gottes. Es ist eine Sünde, ihn derart herunterkommen zu lassen!« Der abfällige Ton ihrer Stimme tadelte und verurteilte.

Nicht Bange machen lassen, mein Junge, sprach Jonathan sich Mut zu. Du hast den König von Spanien über den Tisch gezogen, der Inquisition in die Suppe gespuckt – willst du dich von dieser Schnepfe dein Leben lang fertigmachen lassen?

»Papa sagt, die Königin hätte dir eine Sonderaudienz gewährt. Ich hoffe, dass du ihr nicht in diesem Aufzug unter die Augen getreten bist.«

»In der Tat nicht, denn ich hatte inzwischen Gelegenheit, mich zu waschen und umzuziehen. Seltsam, die Königin, die wir alle wegen ihrer Klugheit bewundern, war weit weniger an meinem Aufzug interessiert als an dem, was ich ihr zu sagen hatte.«

Ihre vollkommenen Lippen teilten sich zu einem herablassenden Lächeln. »Und das wäre ...?«

»Oh, das geht nur die Königin, den geheimen Staatsrat und mich selbst etwas an.«

Sie schaute ihn von oben herab an. »Wie ich leider feststellen muss, haben deine Reisen an deinen schlechten Manieren nichts ändern können.«

»Das Zuhausebleiben an deinen auch nicht.«

»Also wirklich! Mein Verlobter, Meister Pinchbeck, wird von deinen Unverschämtheiten hören! In diesem Moment ist er in unserer Pfarre unterwegs, um Freiwillige zu rekrutieren, die sich den Spaniern entgegenwerfen werden. Sei auf der Hut, er wird sich nicht gefallen lassen, dass meine Ehre ...«

»Meine Empfehlung an den Herrn Verlobten, aber wir von der königlichen Marine werden Philipps Armeen die Landung an unseren Küsten gründlich versalzen.«

Ihre Haltung änderte sich schlagartig. »Ihr von der königlichen Marine? Das ist ja interessant. Und in welchem Rang? Du musst unbedingt zum Essen bleiben.«

»Es tut mir Leid, ich habe schon eine Verabredung.«

»Aber die ist doch gewiss nicht so wichtig, dass sie keinen Aufschub duldet.«

»Ich bin auf dem Weg nach Plymouth, um meinen Dienst bei Admiral Drake anzutreten. Vielleicht trifft man sich irgendwann einmal wieder, vielleicht auch nicht. Guten Tag, Fräulein Morgana ... Bunker.«

»Bon Cœur!«, kreischte sie hinter ihm her.

Als er auf die Straße trat, war Bürschchen von Hündinnen umlagert. Jonathan schüttelte den Kopf. »Die Weiber sind doch alle gleich, aber eine Maudy ist mehr wert als zehn Morganas.« Er schlug salutierend die Hacken zusammen. Bürschchen sah erstaunt zu ihm auf. »Du hättest mal ihr dummes Gesicht sehen müssen – und wie die Porzellanfassade zu bröckeln begann! Der Schnepfe hab ich's gezeigt, ein für alle Mal!«

Er schloss sich den Menschenmassen an, die über die London Bridge nach Southwark hinüberströmten. Man strebte in die »Paris Gardens« zur Bärenhatz, zu den Bordellen von Bankside, viele auch zum Theater »The Rose«. In der freien Vorstadt, fern vom Zugriff der puritanischen Stadtväter, hatten sich vielerlei neue Attraktionen angesiedelt. Hier war das heißeste Pflaster von London.

Beim Kassierer des »Rose« entrichtete Jonathan seinen Penny und betrat das Theater. Trotz des drohenden Krieges, oder vielleicht gerade deswegen, hatten sich über dreitausend Vergnügungssuchende in das Theater hineingequetscht. Jonathan stand unten im Parkett und lauschte den Neuigkeiten und Gerüchten, die von Mund zu Mund die Runde machten. »Philipp von Spanien hat vor, alle Engländer zwischen sieben und siebzig Jahren auf dem Scheiterhaufen zu verbrennen«, eröffnete ein Amtmann einem Briefträger. »Alle englischen Frauen sollen vergewaltigt werden«, mischte sich ein Diakon gewichtig ein. »Sie sollen zu Zuchtstuten für die spanische Armee gemacht werden. Philipp plant, England auf diese Weise mit Spaniern zu bevölkern.«

Gar nicht so weit von der Wahrheit entfernt, dachte Jonathan. Er kämpfte mit dem Verlangen, nach Hause zu laufen und nachzusehen, ob sein Gestellungsbefehl schon gekommen war.

Philipp Henslow und sein Schwiegersohn, der Schauspieler Edward Alleyn, hatten das Erfolgsrezept von Burbage nachgeahmt. Ihr »Rose Theater« war der Knüller von London. Jonathan sah auch gleich, warum. Das Haus war einfach großartig. Es gab eine Falltür für die »Hölle«, einen Balkon für das Orchester, einen sternenübersäten Schnürboden, der den Himmel darstellte, und Vorrichtungen zur Erzeugung von Blitz und Donner und anderen Bühneneffekten, die selbst Loki, den nordischen Gott des Schreckens, das Fürchten gelehrt hätten. Aber wie immer war das Herz des Geschehens das Stück selber: »Tambourlaine«, Teil zwei, eine Vermählung von Sprache und Schauspiel, in der Marlowes erregende klangreiche Reime die Sprache zum Singen brachten.

Jonathan konnte Marlowe in der ersten Reihe sitzen sehen. Den Arm um Thomas Walsingham gelegt, badete er im Beifall der Menge. Er hatte das düstere Schwarz der Studenten von Cambridge abgelegt und trug modische Kleidung nach dem neuesten Schnitt. Die Muse hatte ihn großzügig entlohnt. Vielleicht hatte seine Kasse auch eine zusätzliche Aufbesserung von Mylord Walsingham für die Agententätigkeit auf dem Kontinent erfahren.

Jeder im Publikum wusste, dass Marlowes Antiheld auf der historischen Figur von Timor dem Lahmen fußte, einem gnadenlosen Herrscher, der die Weltherrschaft angestrebt hatte. Im Parkett und auf den Rängen fielen die Zuschauer in die inzwischen wohlbekannten Verse der Schauspieler ein. Als Tambourlaine auf seinem Wagen, den die ins Joch gezwungenen Könige Asiens ziehen mussten, zum Rhythmus seiner knallenden Peitsche rief: »Holla, ihr verweichlichten Klepper Asiens – Wie? Ihr zieht mich zwanzig Meilen nur am Tag?«, geriet das Publikum völlig aus dem Häuschen, und der Beifall wollte nicht enden. Wieder und wieder musste Alleyn die Verse zitieren.

Beim Anblick des Peitsche schwingenden Tambourlaine, der die Gefangenen antrieb, spürte Jonathan, wie ihm am ganzen Körper der kalte Schweiß ausbrach. Er konnte sich der Parallele zwischen diesem skrupellosen Despoten, der sich selbst das höchste Wesen war, an das er glaubte, und dem Fleisch und Blut gewordenen blonden Dämon, der nach dem gleichen Grundsatz lebte, nicht mehr entziehen.

Christian ... Wie konnte er nur so blind gewesen sein? Welcher Wahn hatte ihn verblendet und dazu gebracht, diesen Mann so schrankenlos zu verehren?

Jonathan konnte nicht mehr ertragen zuzusehen, wie Tambourlaine mordend und vergewaltigend von einem unglaublichen Sieg zum anderen taumelte. Er stürzte aus dem Theater und sank draußen an einer Wand zusammen. Um Atem ringend kämpfte er um seinen Verstand. Es dauerte einige Zeit, bis er sich wieder gefangen hatte, von Bürschen fürsorglich bewacht.

Ziemlich aufgelöst machte er sich auf den langen Heimweg. Mistress Goodfellow sah ihn kommen. Schon von weitem winkte sie mit einem Brief. »Die Milch ist übergekocht!«

Die Einberufung war endlich gekommen.

❊

»Das ist also deine Überraschung!«, rief Jonathan. »Und was für eine großartige obendrein.« Er stand auf der Schwelle von Maudys Kammer. Maudy beugte sich über eine Wiege und summte einem Baby ein Liedchen vor. Der kleine Christian schlief in seinem Rollbettchen. »Maudy, du bist ja wie ein Füllhorn! Wann hast du das Baby bekommen?«

»Mein süßer Kleiner ist im letzten Dezember auf die Welt gekommen. Als du vorgestern zurückgekehrt bist, hat Mistress Goodfellow ihn nach nebenan gebracht, damit er deinen Schlaf nicht stört, wenn er schreit.«

Jonathan krabbelte das Baby unter dem Kinn. Es machte glückliche glucksende Babylaute. »Was für ein prächtiger Bursche! Sieh nur, wie kräftig er mit dem kleinen Fäustchen meinen Finger packt! Er hat die gleichen fröhlichen Augen wie du.« Er zögerte. »Ist Christian der Vater?«, fragte er sachlich.

Sie betrachtete eingehend das Kind. »Die Farbe seiner Augen und seines Haars ändert sich jeden Tag ein bisschen. Er könnte von Christian sein, aber er könnte auch ...« Sie schaute Jonathan unter ihren langen Wimpern hervor an. »Der Geburtstermin würde jedenfalls passen, nicht wahr? Wir müssen halt abwarten, wem er ähnlich sieht, wenn er ein bisschen älter ist.«

Da dämmerte es Jonathan, dass es sein Kind sein könnte. Er riss den Kleinen in die Arme und warf das vor Vergnügen quietschende Baby in die Luft. »Wie heißt du denn, mein süßer Spatz?«

»Er hat den einzigen Namen, der zu ihm passt: ›Hänschen klein ...‹«

Maudy legte das Baby auf den Bauch. Es verfiel sofort in tapsige Schwimmbewegungen und war bald darauf eingeschlafen.

»Es ist ein wunderbares Kerlchen«, murmelte Jonathan. »Seit ich fortgegangen bin, hat sich soviel verändert – in diesem Haus, in London, sogar am Hof. Alle sahen viel älter aus als damals bei dem Weihnachtsbankett. Ist das erst zweieinhalb Jahre her? Mir kommt es vor wie ein ganzes Leben. Burghley tapst herum wie ein Greis, Leicester ist vollkommen grau, aber Walsingham hat wohl die meisten Federn lassen müssen. Er ist krumm und zittrig geworden und unglaublich gealtert. Man kann deutlich sehen, wie schwer die Sorge um das Königreich auf ihm lastet.«

»Vielleicht werden Puritaner aber auch deshalb schneller alt, weil sie nie trinken und tanzen wie wir gewöhnlichen Sterblichen.«

»Du meinst also, die Sünde hält dich jung?«, neckte er.

»Das weiß doch jeder«, gab sie zurück. »Sündigen erhält das Fleisch fest und straff und macht den Geist fröhlich und munter. Sind ein straffer Leib und ein fröhlicher Geist nicht die Merkmale der Jugend?«

»Ach, Maudy, ich würde gern wissen, was Gott von uns hält, falls Er uns zuhört. Was glaubst du – wird Er uns verdammen, so wie wir leben? Werden wir je in Sein Angesicht schauen dürfen? Denkst du manchmal an den Himmel?«

Maudy strich sich das Haar zurück. »Ob ich an den Himmel denke? Bei weitem nicht so oft wie an die Hölle. Du brauchst nicht so erschrocken dreinzuschauen, Jon. Die Hölle ist nämlich kein Ort in der Tiefe voll Feuer und Schwefel und unsagbarer Pein, wie man es uns sonntags hier oben auf der Erde von jeder Kanzel herab predigt. Für mich ist die Hölle eine endlose Finsternis, eine Nacht ohne Ende. Aber Gott hat den Seelen in ihrer endlosen Nacht eine kurze Zeitspanne im hellen Licht der Sonne gewährt. Siebzig Jahre, so steht es in der Bibel, und dann wieder zurück in die endlose Nacht. Jeder Mensch steht bei Gott mit seinem Tod in der Schuld, und nicht mehr lange, dann werde ich meine Schuld begleichen müssen.«

»Maudy, so etwas darf man noch nicht einmal denken, sonst zieht man es auf sich.«

»Jon, wir wissen doch beide, dass Christian kommen wird, um mir die Kinder wegzunehmen. Er wird sich niemals von jemand ausstechen lassen. Ich habe keine Angst vor dem Tod, Gott weiß, dass ich Ihm in meinem Herzen immer treu geblieben bin. Solange die liebe Sonne meinen Leib erwärmt, werde ich mich dankbar dafür zeigen und den Leib derer wärmen, die ich liebe.« Sie beugte sich hinab und küsste den kleinen Christian und dann das Baby. »Gott hat mir in meinem Leib den Atem des Lebens zum Geschenk gemacht. Ich möchte dieses Geschenk an die Menschen weitergeben. Gibt es ein stärkeres Bollwerk gegen die Finsternis der endlosen Nacht?«

Klein Hänschen wurde wach und schrie. »Du brauchst nicht zu jammern«, sagte Maudy auf sein hungriges Geschrei und gab ihm die Brust. Bald strahlten beide vor Zufriedenheit. »Er ist ein gieriger kleiner Bettelmann, nicht wahr?«, meinte sie.

»Zeig mir den Mann, der beim Anblick dieser Brüste nicht gierig würde«, sagte Jonathan heiser.

Als der Kleine genug getrunken hatte, ließ Maudy ihn Bäuerchen machen und sang ihn leise in den Schlaf. »Jon, wirst du wieder bei uns am Theater arbeiten?«

»Vielleicht später wieder«, sagte er und konnte den Blick nicht von der Pracht ihres entblößten Busens wenden. »Heute Nachmittag ist der Gestellungsbefehl der Königin gekommen. Ich muss nach Plymouth und mich bei Drakes Geschwader melden.«

Überraschung, Bestürzung und Angst flackerten in ihren Augen. »Hast du nicht schon genug geopfert? Genug erduldet und geleistet? Ich könnte es nicht ertragen, dich noch einmal zu verlieren.«

»Maudy, glaub mir: Wenn nicht jeder Mann gegen die Eindringlinge zu den Waffen greift, ist ganz England verloren.«

Sie stieß einen resignierten Seufzer aus. »Wann gehst du wieder fort?«

»Morgen.« Er legte Maudy die Hand aufs Herz. Er war erfüllt von der Bedeutsamkeit des bevorstehenden Kampfes, vom Gedanken an Leben und Tod. Aber da war noch mehr, eine nie gekannte Liebe zu dieser Frau, deren Lebensumstände den seinen so sehr ähnelten und die so warmherzig und offen und freigebig geblieben war, während sein Herz sich verhärtet hatte. Gott hatte ihr eine Strahlkraft gegeben, die durch nichts beschädigt werden konnte.

»Maudy, ich muss dir was sagen: Ich habe nie mit einer anderen Frau geschlafen, nur mit dir.«

Sie brach in Gelächter aus. »So jung wie du bist, brauchst du dir darauf nichts einzubilden.«

»Aber das Wunderbare ist, dass ich auch keine andere Frau begehre. Es wird mir bis ans Lebensende Leid tun, dass ich wohl nie mehr in der Lage sein werde, mit dir zu schlafen. Dafür soll die Inquisition verflucht sein!«

»Ich habe in meinem Leben viele Männer gehabt und will mich dafür auch gar nicht entschuldigen«, sagte sie nüchtern. »Aber seit du nach Spanien abgereist bist, hat es für mich keinen Mann mehr gegeben – mit Ausnahme von Christian, und das habe ich getan, um mein Kind zu retten.«

»Ich liebe dich so sehr, und ich habe solche Angst vor der endlosen Nacht.«

»Dann komm, und küss mich, Jon.«

Sie küssten sich, anfangs scheu und zärtlich, aber bald leidenschaftlich. Jonathans Angst, dass sein missbrauchter Geist und Leib nie mehr reagieren würden, lag wie eine sich selbst erfüllende Prophezeiung auf ihm. Nach einer Weile wälzte er sich in Seelenpein auf die andere Seite. Maudy schmiegte sich an ihn. »Bleib bei mir«, flüsterte sie. »Lass uns einander ganz fest halten. Wir wollen uns gegenseitig wärmen und an all das Schöne denken, das uns noch bevorsteht.«

Aneinandergeschmiegt schliefen sie bald ein. In der dunkelsten Stunde der Nacht, der Stunde des Wolfs, in der der Tod die Runde macht, meldete sich zu Jonathans größter Überraschung das Leben mit unabweislichem Drang zurück.

Träumst du, fragte sich Jonathan. Ist das wieder einmal eine Finte des Großen Gauklers? Doch es war kein Traum, und die

Freude über seine wunderbare Wiederauferstehung kannte keine Grenzen, zumal er Maudy unendlich liebte.

Sie verloren sich in einer heftigen Umarmung, bis sie zu jenem gemeinsamen Höhepunkt gelangten, in dem der Tod in die Schranken gewiesen wird. In einem verborgenen Winkel ihrer Seelen ahnten sie, dass sie sich vielleicht nie mehr wiedersehen würden und die Erinnerung an diese Nacht für eine Ewigkeit reichen musste.

Erschöpft schliefen sie in gegenseitiger Umarmung ein. Als Baby Hänschen sie weckte, holte Maudy ihn auf ihr Lager und legte ihn zwischen sich und Jonathan. Jonathan streichelte den Kleinen überall, die niedlichen Fingerchen, den süßen Bauchnabel, die Beinchen mit den Grübchen an den Knien bis hinab zu den putzigen Zehen, durchdrungen von der Gewissheit, dass dieser Junge sein Kind war, Christian mochte behaupten, was er wollte. Traumverloren schlummerten alle drei ein.

Es war noch dunkel, als Jonathan sich erhob, um aufzubrechen. Maudy streckte die Hand nach ihm aus. »Aus dem Burschen ist ein Mann geworden. Ein letzter Kuss, mein lieber Jon«, sagte sie und beglückte ihn zum Abschied mit dem Mund.

»Was gut ist für den Ganter, ist auch gut für die Gans!«, meinte er und erwiderte die Liebkosung.

An der Tür gab er Maudy seinen letzten goldenen Souverän. Sie griff sich an die Kehle. »Du hast ihn doch nicht gestohlen? Wird man hier nach dir suchen? Ich verspreche dir, von mir erfährt keiner ein Sterbenswort ...«

»Die Königin hat ihn mir mit dem Dank Englands gegeben. Maudy, du und die beiden Kinder sind mein England.«

»Mögen Gott und meine Liebe dich behüten. Komm gesund wieder nach Hause«, flüsterte sie.

Bürschchen lief bis zum Ende der Straße hinter ihm her. Jonathan hockte sich vor ihn hin und streichelte ihm den Kopf. »Maudy hat Recht, früher oder später wird Christian hier auftauchen. Wirst du für mich gut auf die drei aufpassen, dass ihnen auch nichts geschieht?«

Bürschchen reichte ihm feierlich die Pfote.

53.

Als Jonathan in Plymouth eintraf, ging es dort drunter und drüber. Eine große Zahl von Schiffen der königlichen Flotte dümpelte schwer havariert vor Anker. Wie die Ameisen wimmelten die Zimmerleute in der Takelage von Drakes Flaggschiff »Revenge« und reparierten den Fock- und den Besanmast. Als Jonathan den Fuß an Bord setzte, hörte er einen Aufschrei. »Der Herr sei gelobt«, rief die Stimme, »da ist ja einer von den Toten auferstanden!«

»Ginger Jack!«, brüllte Jonathan. Seebär und Junge fielen sich in die Arme und tanzten im Kreis.

»Was bin ich froh, dass du noch lebst, Jon, aber ich rede schon so viel wie ein altes Sabbermaul. Du hast bestimmt die eine oder andere Geschichte auf Lager.«

»Wer hat unsere Flotte so zugerichtet? Die Armada etwa?«, fragte er ängstlich. Ginger Jack schüttelte den Kopf. »Wir sind in einen grauenhaften Sturm geraten und wären um ein Haar alle abgesoffen. Wir hatten von der Königin den Befehl, im Hafen zu bleiben, aber das war mit Drake nicht zu machen. Kein Tag verging, an dem er nicht eine Botschaft an die Königin losschickte und sie beschwor, auf ihn zu hören, die einzige Verteidigung Englands läge im Angriff auf die Armada auf hoher See, bevor sie unser Land erreicht.«

»Da draußen liegt ein riesengroßer Ozean. Wie wollte Drake die Armada finden?«

»Mit seinem Zauberspiegel natürlich. Er glaubt ja allmählich selbst an diese Geschichten. Er hat der Königin so lange zugesetzt, bis sie endlich nachgab und der Flotte erlaubt hat, am zehnten Juli auszulaufen, wenn ich mich recht entsinne. Wir waren gerade zwei Tage draußen, als ein fürchterlicher Sturm über uns herfiel und uns grausam zusammengedroschen hat. Wir konnten Gott danken, dass wir es geschafft haben, wieder nach Plymouth zurückzukriechen. Wir haben schwere Schäden einstecken müssen, wie du siehst. Die Werften arbeiten Tag und Nacht, nachts mit Fackeln und Laternen. Aber denkst du vielleicht, der Sturm hätte Drake ein bisschen Vernunft eingebläut? Er setzt der Königin schon wieder zu, dass sie ihn segeln lässt, aber diesmal beißt er bei ihr auf Granit.«

»Als ich im Palast von Greenwich war ...«

»Im Palast war der junge Herr? Und du sprichst noch mit einem gemeinen Matrosen wie mir?«

»... habe ich gehört, dass Dr. Dee Königin Elisabeth geraten hat, die Flotte nicht aus dem Hafen auslaufen zu lassen. Er hat für den Sommer furchtbare Stürme vorhergesagt und meint, wir sollten uns das schlechte Wetter zum Bundesgenossen machen.«

»Die Königin hat ganz andere Gründe, Kumpel. England ist pleite. Im Krieg ist das immer so. Sogar die Nahrungsmittel sind knapp, unsere Messe ist auf sechs zu vier gesetzt. Einer Landratte wie dir muss ich das erklären: Sechs zu vier heißt, dass sich sechs Mann die Rationen von vier teilen müssen. Du wirst in unserer Navy noch viele Mägen knurren hören. Es wäre besser, die Armada kommt schleunigst in Sicht, sonst hungern wir uns noch zu Tode.«

»Ich geh mich jetzt bei Drake melden«, sagte Jonathan. »Ich bete darum, dass er mich auf der ›Revenge‹ dienen lässt.«

Kurz darauf betrat Jonathan die Kapitänskajüte und meldete sich mit schneidigem Salut bei Vizeadmiral Drake. »Jonathan Ransom meldet sich gehorsamst zum Dienst, Sir!«

Drake schien sich über das Wiedersehen zu freuen. »Du warst

unlängst in Lissabon, wie ich erfahren habe. Weißt du über die Befestigungen der Stadt Bescheid?«

»Sie sind gewaltig, Admiral. Praktisch uneinnehmbar, würde ich sagen, vom Turm von Belem bis zum Castelo de San Jorge, das die Alfama krönt. Bezweifle, dass die Rohre unserer Schiffsartillerie hoch genug gerichtet werden können, um die Festung wirkungsvoll unter Feuer zu nehmen, während aus der Festung die Kugeln im Dauerbeschuss von oben auf uns herabregnen können.«

»Aber dennoch, es müsste möglich sein, so viel Schaden anzurichten und so viele Schiffe zu kapern, dass sich das Unternehmen lohnt«, sinnierte Drake. »Wir können nicht mehr lange mit den Händen im Schoß im Hafen herumsitzen. Die Rationen werden knapp, und die Männer fallen durch Krankheit aus. Wir müssen angreifen! Angriff ist die beste Verteidigung!«

Jonathan zuckte zusammen. »Sir, während wir uns hier unterhalten, rückt die Armada gegen England vor. Die Informationen, die ich der Königin gebracht habe ...«

»Die Geschichte kenne ich schon auswendig«, rief Drake ärgerlich, »aber falls sie stimmen sollte: Wo ist denn die so oft beschworene spanische Flotte? Während wir untätig hier herumsitzen und Muscheln ansetzen, könnten wir einen wirkungsvollen Schlag landen!«

»Admiral, erlauben Sie mir zu sprechen?« Drake grunzte. Jonathan holte tief Luft. »Für das, was ich jetzt sage, werden Sie mich vielleicht auspeitschen oder an der Rahe aufknüpfen lassen, aber nehmen wir einmal an, die Flotte segelt tatsächlich los. Was würde geschehen, wenn die Armada mit ihren zahllosen Regimentern von Soldaten und Reitern und den Belagerungskanonen an Bord in der Weite des Ozeans an uns vorbeischlüpft? Was hätten wir davon, wenn wir mit unserer Beute aus Lissabon zurückkämen, und wir fänden England besetzt und London dem Erdboden gleichgemacht?«

»Erst muss ich mir dieses Argument von einer Frau anhören, die keine Ahnung von Strategie hat, und jetzt auch noch von dir? Wegtreten!«, brüllte Drake.

»Soll ich meinen alten Dienst wieder aufnehmen, Sir?«

»Falls wir jemals in See stechen, wirst du auf der ›Disdain‹ eingesetzt.«

»Admiral, bei allem Respekt, ich würde lieber unter Euch dienen, weil ich weiß, dass Ihr die meiste Feindberührung habt.«

»Ich kann nichts daran ändern, der Befehl kommt von Ihrer Majestät. Was die Feindberührung angeht, kann ich dir jede Menge davon garantieren. Die ›Disdain‹ ist die Pinasse von Admiral Howard. Sie ist als Beobachter und Verbindungssegler zwischen unseren vier Geschwadern eingesetzt.«

Zornig erzählte Jonathan Ginger Jack vom enttäuschenden Ausgang seiner Meldung bei Drake. Sie nahmen Abschied voneinander, und Jonathan meldete sich auf der »Disdain«.

*

Am Freitag, dem neunten Juli, bestritt Drake am Plymouth Hoe gerade eine Kegelpartie, als die »Golden Hinde« unter Kapitän Thomas Fleming in den Hafen gesegelt kam und eine dringende Nachricht überbrachte.

»Admiral, wir haben die Armada gesichtet.«

»Wo? Wann? Wie viele Schiffe?«

»Wir befanden uns auf Patrouillenfahrt – es war drei Uhr nachmittags – vor den Scilly-Inseln, kaum einen halben Tag von hier, als wir die Schiffe gesichtet haben. Es waren so viele, dass man sie nicht zählen konnte. Der Horizont war schwarz davon. Wir müssen die Flotte schleunigst aufs offene Meer bringen, sonst werden wir im Hafen eingeschlossen. Wenn uns der Raum zum Manövrieren fehlt, werden sie uns zu Kleinholz machen.«

Drake schob einen Wurf. »Wir haben Zeit genug, die Partie

fertigzuspielen und die Spanier zu schlagen!«, sagte er in seiner überaus selbstbewussten Art.

Drake hatte auch kaum eine andere Wahl, denn der Gezeitenstrom lief ihm entgegen und würde erst am Abend umkehren. Weder an diesem Tag noch irgendwann später räumte er ein, dass die Strategie der Königin die richtige gewesen war.

Mit der Meldung des Sichtkontakts wurden sofort die Leuchtfeuer auf den Landzungen entzündet. Von Plymouth aus verbreitete der in den Himmel steigende Rauch den Alarm die gesamte Südküste entlang. Hoch auf den Klippen von Dover flammten weitere Leuchtfeuer auf und trugen die Nachricht zu den vor Dünkirchen patrouillierenden Flotteneinheiten hinüber. Schneller als jeder Kurier züngelte die Linie der Meldefeuer ins Land hinein und verbreitete den Alarm. Bald hatte die Meldung von dem so lange befürchteten Aufmarsch der unbesiegbaren Armada London und den größten Teil Englands erreicht.

Während Jonathan an Bord der »Disdain« die Segel setzen half, kam ein zahnlückiger Seebär neben ihm in die Takelage geklettert. »Nun sieh mal einer an«, sagte er im melodischen Akzent von Devonshire, »wenn das keine Landratte ist, die sich als Matrose ausgibt!«

»Ginger! Ich dachte, du würdest auf der ›Revenge‹ Dienst tun. Was hast du auf einmal hier zu suchen?«

»Das wüsste ich verdammt noch mal selber gern. Du hast angeblich geschworen, die Armada stehend freihändig im Alleingang fertig zu machen, und ich soll ein bisschen auf dich aufpassen.«

Jonathan schaute ihn grimmig an. »Ich brauche keine Kinderschwester.«

»Bei allem Salz im Meer, du brauchst keine, das sieht doch jeder. In einem Jahr ist aus der Eichel eine Eiche geworden. Aber mal im Ernst, man hat mich dafür verantwortlich gemacht, dass dir nichts zustößt, sonst wird mir die Königin meinen grauhaarigen Kopf von meinem faltigen Hals abhacken lassen. Also bitte, hab Mitleid mit einem alten Seebär. Außerdem will Mistress Goodfellow einen anständigen Menschen aus mir machen, und ich brauche dich noch als Trauzeugen.«

»Holla! Die hinterhältige alte Henne, warum hat sie mir nichts davon gesagt?«

»Weil sie es selber noch nicht weiß. Ich habe aber beschlossen, wenn ich lebendig hier herauskomme, werde ich ... also, willst du mir helfen?«

»Den möchte ich sehen, der mich daran hindert!«

Es war Nacht geworden. Im Laternenschein wurde die »Disdain« seeklar gemacht. Um zehn Uhr lief die königliche Marine aus dem Hafen von Plymouth aus. Um vier Uhr in der Frühe war die Flotte dem Eingeschlossenwerden durch die Armada knapp entgangen und hatte sich in einem brillanten Manöver auf hoher See formiert. Als eines der schnellsten Schiffe der Flotte stürmte die Disdain vorneweg, um die Position des Feindes auszukundschaften.

Jonathan kletterte in der Takelage auf die Großmastsaling hinauf, um die Vier-Uhr-Wache im Ausguck zu übernehmen. Bei Tagesanbruch suchte er den Horizont mit seinem Fernrohr ab – aber was war das? Wo Wasser und Himmel sich trafen, erstreckte sich eine endlose dunkle Linie. Blinzelnd vergewisserte er sich, ob ihm die Nacht oder das Auge einen Streich spielten, aber die Linie wurde breiter und dicker, bis sie wie eine gewaltige Festungsmauer aussah, eine schwimmende schwarze turmbekrönte Mauer, die langsam heranrückte. Der Ozean schien unter der Last der Schiffe der »Unbesiegbaren Armada« zu stöhnen.

»Schiffe auf Ostkurs in Sicht«, schrie Jonathan seine Meldung.

Die Besatzungen der Gefechtsstationen wurden alarmiert und der letzte Fetzen Leinwand gesetzt, während die »Disdain« mit einer Halse zurückrauschte, um den Rest der Flotte zu warnen.

Gnadenlos und unbeirrbar rückte die Armada heran. »Keiner von euch wird je den Fuß auf englischen Boden setzen!«, rief Jonathan in den Wind.

Christian hatte nicht übertrieben. Der Zweikampf zwischen den Kräften des Lichts und der Finsternis stand bevor, zwischen Christus und dem Antichrist, eine Schlacht, von deren Ausgang das Schicksal der Welt abhing.

Plötzlich kam Sturmwind auf, ein Regenschauer ging nieder und schob sich wie ein Vorhang zwischen die beiden Flotten. Bei Anbruch des Vormittags hatten die Böen sich wieder gelegt. Unmittelbar vor Eddystone Point hatte die Armada wieder ihre Schlachtordnung des nach vorne offenen Halbmonds eingenommen. In der Erwartung, den Feind vor sich zu haben, um ihnen den Weg zu verlegen, hatten die spanischen Kapitäne diese gigantische Sichel des Todes gebildet, um damit die Reihen ihrer Gegner auseinanderzuhauen. Zum Erstaunen der Spanier hatten die schlauen englischen Kapitäne die Gunst des Wetters genutzt und sich an ihnen vorbei in ihren Rücken geschlichen. Mit militärischer Präzision setzten oder refften die einzelnen Einheiten die Segel, bis die Flotte nun einen umgekehrten großen Halbmond bildete, dessen Spitzen nach Westen zum Eingang des Kanals wiesen. Nachdem die Spanier jetzt vor dem Wind segelten, konnten sie nicht in ihrer bevorzugten Gefechtstaktik nahe an den Gegner heranfahren und die Entscheidung im Nahkampf suchen.

Jonathans Wache war längst vorüber, aber er saß immer noch oben im Ausguck. Über Jonathans merkwürdiges Verhalten besorgt, kletterte Ginger Jack den Großmast hinauf und hockte sich neben Jonathan. »He, Kumpel, betrachtest du dir die Partie aus der Vogelperspektive?«

»Warum rücken wir ihnen nicht auf den Pelz?«, sagte Jonathan unruhig. »Wir sind doch nahe genug an ihnen dran, um ihnen eins überzubraten, oder haben unsere Admiräle keinen Mumm?«

»Spuck lieber keine großen Töne über Dinge, die du nicht verstehst. Siehst du die Halbmondformation? Brillant, großartig und tückisch. So, wie sie ihre Schlachtlinie aufgebaut haben, können wir kein einziges Schiff isolieren und es uns einzeln vornehmen. Drake möchte den Vorteil seiner günstigeren Position im Wind nicht aufgeben, und in diesem Fall kann er nur die Außenflügel des Halbmonds angreifen, aber dort hat der Schuft Medina Sidonia seine mächtigsten Galeonen postiert.«

»Und warum greifen wir die nicht an?«

»Selbst wenn es uns gelingen sollte, eine davon kleinzudreschen, könnten die Spanier leicht den Rückzug in das Herz ihrer Formation antreten. Wenn eines unserer Schiffe so unbesonnen wäre, die Galeone zu verfolgen, müsste es in den offenen Halbmond hineinsegeln. Die spanischen Galeonen auf den beiden Flügeln würden es umzingeln und von uns abschneiden.«

»Weil ihm dann die Spanier den Wind aus den Segeln nehmen würden«, sinnierte Jonathan.

»Wir machen noch einen richtigen Seemann aus dir! Wenn wir uns von den Spaniern in diesem Halbmond locken lassen würden, hätten wir nichts mehr davon, dass unsere Schiffe schneller und wendiger sind. Es käme zu einem Nahkampf, bei dem sich zur Rettung der Eingeschlossenen auch noch der Rest unserer Schiffe ins Kampfgetümmel werfen müsste.«

»Und das bedeutet entern und Kampf Mann gegen Mann!«, führte Jonathan den Gedanken fort und begriff auf einmal den Plan der Spanier. »Wir haben keine Seesoldaten an Bord, aber auf jedem Schiff der Armada fahren riesige Truppenkontingente mit.«

»Du bist soeben zum Konteradmiral befördert worden! Die Spanier wollen uns in einen Nahkampf Mann gegen Mann verwickeln. Mit dieser Methode haben sie die Türken bei Lepanto kleingehauen, und auch jetzt würden sie damit wieder siegreich sein. Wir dürfen ihnen nicht auf den Leim gehen. Wir müssen ihnen aus der Distanz mit unseren Kanonen Saures geben.«

Um neun Uhr vormittags hisste der Herzog von Medina Sidonia an Bord seines Flaggschiffs, der »San Martin«, sein heiliges Banner als Signal zum Angriff. Wie bei einem Ritterturnier vergangener Zeiten ging der Lord Admiral von England mit seiner »Ark Royal« gegen den spanischen Oberbefehlshaber der Flotte in die Schranken. Die »Ark Royal« feuerte eine Breitseite gegen die »San Martin«, doch die Geschosse prallten ohne Schaden anzurichten vom starkgefügten Rumpf des Gegners ab.

Lord Howard hatte die königliche Flotte in vier Geschwader unterteilt. Er selbst befehligte die »Ark Royal«, Drake drängelte kampflustig mit seiner »Revenge«, Hawkins war Kapitän der »Victory«, und das vierte Geschwader wurde von Frobisher mit seiner »Triumph« angeführt.

Die »San Juan de Portugal« lavierte sich heran und versuchte, die Engländer aus der Reserve zu locken, doch sie hielten sich auf Distanz und bestrichen die Galeone mit ihrem Feuer, bis ihr die »Grangrin« und der Rest der Biskayaflotte zu Hilfe eilten und die Engländer zurückdrängten. Die »San Juan« konnte sich in den Schutz des Halbmonds zurückziehen und ihre Wunden lecken.

Nach einem erbitterten Kampf von vier Stunden wurde das Gefecht um ein Uhr abgebrochen. »Die Spanier sind bessere Seeleute, als ich gedacht habe«, grollte Ginger Jack. »Wir werden noch eine ganze Menge Eisen und Gebete brauchen, und ein bisschen Glück.«

Wie zur Erhörung seines Stoßseufzers kollidierte drei Stunden später die »Nuestra Señora del Rosario« mit einem anderen andalusischen Schiff und verlor ihren Bugspriet. Kurz darauf flog die »San Salvador« mit einem gewaltigen Donnerschlag in die Luft. Offensichtlich war das achtern gelegene Pulvermagazin in Brand geraten und explodiert. Die vom Pech verfolgte »Rosario« hatte einen zweiten Unfall, bei dem das Ruder zu Schaden kam. Als die See unruhiger wurde, musste das Schiff zurückgelassen werden, während die Armada unbeirrbar ihrem Ziel entgegensegelte.

Auf der »Ark Royal« wurde die Flagge zur Einberufung einer Kommandeurskonferenz gehisst. Die vier Geschwaderkommandeure ließen sich zu Howards Schiff hinüberrudern. Das Gefecht des ersten Tages hatte zu keiner Entscheidung geführt, aber es hatte gezeigt, dass die Armada sich als umso unbesiegbarer erwies, je näher man ihr kam. Zum Erstaunen und zur großen Besorgnis der Engländer hatten die Spanier sich während des gesamten hitzigen Gefechts als ausgezeichnete Seeleute erwiesen. In majestätischer Unbeirrbarkeit strebte die Armada zu ihrem Rendezvous mit Parma den Kanal hinauf. Alle Bemühungen der englischen Geschwader hatten nicht vermocht, die festgefügte Ordnung des mächtigen Halbmonds aufzubrechen.

Eine pechschwarze Nacht brach an. Mit ihr kam die Besorgnis, dass die königliche Flotte sich zerstreuen und in die Fänge der Armada geraten könnte. Lord Admiral Howard gab Drake den Befehl, den englischen Geschwadern den Weg zu weisen. Mit seinen Hecklaternen als Leitfeuer sollte die Flotte ihm in dicht geschlossener Formation folgen. Mitten in der Nacht löschte Drake seine Laternen und machte im Alleingang Jagd auf die manövrierunfähige Rosario. Der spanische Kapitän kannte Drakes Ruf und übergab kampflos sein Schiff. Drake konnte eine beträchtliche Kaperbrise einstreichen.

Die englische Flotte jedoch war der Führung durch Drakes Laternen beraubt und zerstreute sich. Nur das entschlossene Eingreifen der anderen Kommandeure konnte verhindern, dass die Flotte mitten in den spanischen Halbmond hineinsegelte und von der Armada umklammert wurde. Als Hawkins und Frobisher gewahr wurden, was Drake sich erlaubt hatte, drohten sie, ihn eigenhändig zu erwürgen.

In der Morgenfrühe des dreiundzwanzigsten Juli hatte die Armada Portland Beam achteraus gelassen. Wieder gerieten die beiden Flotten aneinander und lieferten sich schwere Gefechte. Die »Disdain« fungierte als Avisschiff zwischen Admiral Howard und seinen Geschwadern. Jonathan fand sich unvermutet mitten im Kanonendonner und ätzendem Pulverdampf des Schlachtgetümmels wieder. Breitseite um Breitseite der »Ark Royal« hämmerte auf die »San Martin« ein. Die Kanonen der Engländer hatten größere Kaliber und mehr Reichweite, und ihre Kanoniere konnten dreimal so schnell feuern wie die Spanier, aber die Armada hielt unbeirrbar ihren Kurs. An der Küste waren die Menschen zusammengelaufen und verfolgten atemlos die Seeschlacht. Aus den Häfen herbeieilende kleine Boote versorgten die kämpfenden englischen Kriegsschiffe mit Nachschub.

Wieder waren ein Tag vorbei und eine Schlacht geschlagen. Die Unfähigkeit der königlichen Flotte, die Armada zu zerstören oder auch nur ernsthaft zu beschädigen, machte Jonathan halb wahnsinnig. Der Wind flaute ab, die Fahrt wurde zu einem Dahinkriechen mit zwei Knoten in der Stunde, was es den Spaniern sehr zum Kummer der Engländer erst recht ermöglichte, ihre enge und kaum aufzubrechende Verteidigungsformation beizubehalten.

*

Von Portland Bill bis zur Reede von Calais waren es ungefähr einhundertsiebzig Seemeilen. Von der englischen Flotte unentwegt verfolgt, bewältigte die Armada die Strecke in einhundert Stunden, also in nicht ganz vier Tagen. Angesichts der gefährlichen Untiefen vor der niederländischen Küste und des extrem niedrigen Wasserstands konnte Medina Sidonia nirgendwo näher an Parma heran als auf der Reede von Calais. Am Samstagnachmittag lief die Armada in diesen sicheren Liegeplatz vor Calais ein und holte die Segel ein, und Anker um Anker rauschte hinab ins Meer.

Die Engländer kamen hinterhergefahren. Zwei abgekämpfte Flotten lagen sich einen Kanonenschuss weit gegenüber. Auf der einwöchigen Verfolgungsfahrt von Plymouth bis zur Reede von Calais hatten die Spanier zwar umfangreiche, jedoch keineswegs tödliche Verluste einstecken müssen. Die Stärke der Armada war immer noch furchteinflößend, und Medina Sidonia hatte das Ziel von König Philipps Auftrag erreicht. Er hatte die Armada an einen keine fünfzig Kilometer von Dünkirchen entfernten Punkt gebracht, wo Parma mit seinen Invasionstruppen abfahrbereit wartete, um sich mit dem Schiffsverband zu vereinigen.

»Kumpel, jetzt geht es um die Wurst«, sagte Ginger Jack zu Jonathan. »Seit Tagen haben wir diese verdammte Armada mit allem beharkt, was Eisen spucken kann, und sie ist immer noch nicht im Eimer. Medina Sidonia braucht noch einen Tag, dann hat er die Vereinigung mit Parma geschafft. Der Teufel persönlich muss mit den beiden im Bunde sein. Wenn es dazu kommt ...«

»Können wir denn gar nichts dagegen unternehmen?«, rief Jonathan, bedrängt von der qualvollen Vision, wie Parmas Landungsflottille vom Halbmond der Armada schützend umfasst über den Kanal eskortiert wurde. »Wenn sie auf englischem Boden Fuß fassen, werden sie unsere Miliz in Stücke hauen. England steht vor dem Untergang! Eisen, Gebete und Glück reichen jetzt nicht mehr«, rief er verzweifelt. »Warum machen wir mit ihnen nicht das, was sie vor Cádiz mit uns machen wollten?«

»Sachte, Kumpel, sonst bekommen wir noch die Peitsche zu spüren. Unsere großen Tiere da oben haben den Einsatz von Brandern vermutlich schon längst geplant. Aber Brander sind ein Teufelszeug, besonders bei diesen unzuverlässigen Winden. Außerdem läuft der Gezeitenstrom jetzt nicht günstig. Das klappt nur, wenn der Herrgott Seinen Segen dazu gibt.«

Am nächsten Tag, dem 28. Juli, bekamen Admiral Howards Einheiten Verstärkung vom Lord Seymours Geschwader. Seymour hatte durch die Seeblockade der niederländischen Küste dafür gesorgt, dass Parma die niederländischen Häfen mit seinen Invasionsschaluppen nicht eigenständig verlassen konnte. Die königliche Marine hatte jetzt fünfunddreißig Schiffe zusätzlich zur Verfügung, darunter fünf große Galeonen der Königin.

In der Frühe des Sonntagmorgens hisste Admiral Howard die Flagge zum Kriegsrat. Er hatte zwar den Vorsitz, aber er war klug genug, die Planung des Vorgehens seinen erfahreneren Kommandanten Drake, Frobisher, Hawkins und Seymour zu überlassen.

»Wir haben nur dann eine Chance, wenn wir den Halbmond der Armada knacken, und dazu müssen wir die Schiffe von den Ankerplätzen hochscheuchen. Das ist nur mit einem Brandereinsatz zu machen«, sagte Drake, der sich weit über den Konferenztisch beugte.

Trotz der großen Rivalität und Animosität, die zwischen den Kapitänen herrschten – sie hatten Drake die tollkühne Extratour keineswegs schon vergeben –, gab es diesmal Einhelligkeit unter den Kommandanten des Geschwaders.

»Ich werde aus England ein paar nicht mehr seetüchtige Schiffe ...«, setzte Admiral Howard an, doch Drake fiel ihm ins Wort. »Wenn wir etwas tun, müssen wir es sofort tun, solange Wind und Gezeiten auf unserer Seite stehen.«

»... und bevor Parma und die Armada sich vereinigen können, sonst ist das Schicksal Englands besiegelt«, pflichtete Frobisher ihm bei.

»Die Spanier werden uns die Tour vermasseln wollen. Ihre Pinassen werden versuchen, unsere Brander an den Enterhaken zu nehmen und aus dem Gefahrenbereich zu schleppen. Deshalb brauchen wir nicht nur einen oder zwei, sondern müssen mit sechs bis acht Brandern angreifen, damit wenigstens ein paar davon durchkommen.«

Der Preis war hoch, aber die Runde der Kommandeure war

sich rasch einig. Jeder stellte eines seiner Schiffe für den Einsatz zur Verfügung, Drake opferte drei. »Es muss heute Nacht geschehen, meine Herrn«, sagte Drake nachdrücklich, »denn heute Nacht haben wir ein günstiges Zusammentreffen von Wind und Gezeitenstrom. Der Herr hat uns diese Gelegenheit geschenkt. Das Verderben wird über uns kommen, wenn wir sie nicht beim Schopf ergreifen. Und nun ans Werk, meine Herren, bevor Wind und Gezeiten wechseln, sonst ist England verloren.«

54.

Die Geschwaderkommandeure handelten rasch. Acht Schiffe wurden ausgesucht; das kleinste hatte neunzig Tonnen, die anderen zwischen hundertfünfzig und zweihundert. Die Besatzungen der Schiffe, die geopfert werden sollten, holten eilig ihre persönliche Habe, die Wasserfässer und die Schiffsvorräte an Butter, Fleisch, Schiffszwieback und allem, was sonst noch essbar war, von Bord.

Hundert Freiwillige wurden rekrutiert, ungefähr zwölf Mann für jedes der acht Branderschiffe. Die Besatzungen sollten die Schiffe unter Segel dicht an die Armada heransteuern und in Brand setzen, dann von den brennenden Schiffen in Ruderboote umsteigen und sich in Sicherheit bringen. Es war ein Himmelfahrtskommando. Unter den Freiwilligen sollten fünf Pfund Belohnung aufgeteilt werden.

Im Dunkel der Nacht und dem allgemeinen Durcheinander war es dem Kapitän der »Disdain« entgangen, dass Jonathan sich unter die Freiwilligen gemogelt hatte.

Ginger Jack packte ihn am Kragen. »Nun aber mal langsam, mein Freund! Ich bin dafür verantwortlich, dass du keinen Unsinn machst!« Doch Jonathan schob ihn beiseite. »Wenn du Dolores gesehen hättest und die brennenden Menschen, dann würdest du verstehen, dass ich einfach gehen muss.«

Ginger Jack stieß einen gewaltigen Seufzer aus. »Dann muss ich eben mit. Wenn ich mir vorstelle, dass ich in meinem Alter und so wie ich rieche noch einmal den Freiwilligen spiele – und obendrein auf einem Brander! Aber lieber das als den Zorn der Königin. Ganz zu schweigen von dem, was Mistress Goodfellow mit mir macht, wenn ich zulasse, dass dir ein Haar gekrümmt wird.«

Jonathan und Jack wurden auf die »Thomas« abkommandiert, eines der Schiffe, die Drake zur Verfügung gestellt hatte. Die Brander wurden mit allem vollgestopft, was leicht entflammbar war und ordentlich brannte: mit Pech, Baumwollwerg und Talg. Spieren, Takelage und Besegelung blieben unangetastet, damit die Schiffe unter vollen Segeln in die Formation der Armada hineinlaufen konnten.

»Dieser Pott wird brennen wie Zunder«, grunzte Ginger. »Sieh dir nur mal das verteerte Tauwerk an, die Segel, die von der Sonne ausgedörrten Decks – ein Funken genügt, und das ist ein flammendes Inferno. In die Kanonen hauen wir eine doppelte Ladung. Sobald es hübsch brennt, wird es rumsen, dass den Spaniern Hören und Sehen vergeht.«

»Dann lass uns beten, dass wir gut gezielt haben und die Armada mitten ins Herz treffen«, eiferte Jonathan. »Philipp von Spanien soll merken, was es heißt, wenn die Flammen an einem lecken. Er soll seinen Kreuzzug sein Leben lang bereuen!«

＊

An Bord der spanischen Schiffe ließen die Kapitäne die Abwehrmaßnahmen gegen die Brander anlaufen, die der Antichrist mit aller Gewissheit gegen sie einsetzen würde. Sie fürchteten, dass die Engländer ihnen auch mit den gefürchteten »Pulverschiffen« zu Leibe rücken würden, mit Schiffen, die eigentlich riesige Bomben waren, die bei der Explosion Hunderte von Menschen töten und ihre brennenden Wrackteile fast zwei Kilometer im Umkreis verstreuen konnten. Der italienische Ingenieur Giambelli hatte diese Höllenmaschinen erfunden, und die Niederländer hatten sie drei Jahre zuvor mit verheerender Wirkung vor Antwerpen eingesetzt. Das pyrotechnische Genie Giambelli arbeitete zur Zeit für Königin Elisabeth von England. Er hatte zwar mit den von Howard eingesetzten Brandschiffen nichts zu tun, aber der englische Botschafter und Walsinghams Doppelagent in Paris, Sir Edward Stafford, hatte ein paar Monate zuvor Bernardino de Mendoza die Information untergejubelt, Giambelli hätte ein noch viel schlimmeres Teufelszeug erfunden. Mendoza war auf Walsinghams Nervenkrieg hereingefallen. Er hatte die Desinformation geschwind weitergeleitet, und der Samen der Angst war im spanischen Oberkommando erwartungsgemäß prächtig aufgegegangen.

Wie von Drake vorhergesehen hielt Medina Sidonia ein Dutzend seiner schnellsten Pinassen bereit, um die Brander schon in vorderster Linie aufzubringen und von der ankernden Flotte klarzuschleppen. Sämtliche spanischen Kapitäne wurden informiert, dass mit einem Branderangriff zu rechnen sei, doch ein Schutzschild aus mehreren Pinassen werde ihn abfangen. Niemand dürfe den Ankerplatz verlassen. Falls doch ein Brander den Durchbruch schaffen sollte, habe der Kapitän an der auf volle Länge gefierten Ankerkette seewärts auszuweichen, indem er im Gezeitenstrom entsprechend Ruder legte, bis der angreifende Brander von der Strömung an ihm vorbei zur Küste getragen worden sei. Darauf habe das Schiff sofort wieder seine alte Position einzunehmen, um die Verteidigungsformation zu erhalten. Der Halbmond war der Garant des Sieges. Er durfte auf keinen Fall aufgegeben werden.

*

Gegen Mitternacht briste es auf, der Wind wurde stärker und böiger. Ginger Jack deutete auf die Wolkenfetzen, die vor dem Mond vorbeijagten. »Wir werden schwere See bekommen, vielleicht sogar Sturm. Egal, was Admiral Howard tun will, er muss es jetzt tun, sonst machen uns der Wind und die Gezeiten einen Strich durch die Rechnung.«

In diesem Moment kam von der »Ark Royal« das Signal. »Segel setzen, Leute!«, rief Ginger Jack der Mannschaft zu. Die »Thomas« legte sich in den Wind und lief zusammen mit sieben anderen Schiffen mit hoher Fahrt auf die ankernde Armada zu. Das Ziel kam näher, immer näher ... dann ein zweites Signal von dem englischen Flaggschiff. »Feuer legen!«, brüllte Ginger Jack.

Mit einer Fackel entzündete Jonathan das auf dem Deck verteilte Brennmaterial. Die Flammen loderten auf und schlugen hoch in die Takelage. Kurz darauf fraß sich das Feuer krachend durch die Decks. Die Mannschaft schwang sich über die Bordwand und glitt an vorbereiteten Tauen hinunter in das wartende Ruderboot, das sie in Sicherheit bringen sollte. Nur Jonathan flitzte noch wie ein Verrückter hierhin und dorthin und sorgte wie besessen dafür, dass alles an Bord lichterloh in Flammen aufging. »Für den englischen Kapitän!«, schrie er und hielt die Fackel an einen Haufen Werg. »Für Parzival« – die Funken stoben, sein Wams qualmte bereits – »Für Dolores und ihr Baby!«

Mit einem Fluch zum gnädigen Himmel kletterte Ginger Jack wieder zurück an Bord des brennenden Schiffs. Er packte Jonathan am Kragen und versuchte ihn mit sich zu ziehen. »Bist du verrückt geworden«, schimpfte er. »Willst du dich umbringen? Dadurch werden deine toten Freunde auch nicht wieder lebendig. Allmächtiger Gott, dein Wams fängt ja schon an zu brennen!«

»Vorn am Bugspriet ist aber ...«, wollte Jonathan einwenden, doch eine kräftige Kopfnuss warf ihn an die Reling. Ginger Jack packte ihn und warf ihn kurzerhand kopfüber über Bord. Die Matrosen im Ruderboot fischten ihn aus dem Wasser und zogen ihn zu sich ins Boot.

Die Mannschaft legte sich sofort mit aller Kraft in die Riemen, kaum dass Ginger Jack wieder unten im Boot war. Sie mussten von der »Thomas« freikommen, die in ihrem flammenden Spiegelbild als brennender Umriss vor dem Nachthimmel über das Wasser raste. »Pullt! Verdammt noch mal, pullt!«, brüllte Ginger Jack, während die Männer sich mit aller Kraft gegen Wind und Strömung vom Kielwassersog des brennenden Schiffs freizurudern versuchten.

Der Sturz ins kalte Wasser hatte Jonathan wieder zur Besinnung gebracht. Er schnappte sich ein Ruder. »Seht mal, da!«, rief er. Er sah zwei, vier, dann alle sieben restlichen Brander unter vollen Segeln mit hoher Fahrt auf sich zulaufen. Feuerschnüre sprangen die Takelage hinauf, während die brennenden Schiffe als Glutbälle vor nachtschwarzem Himmel von Wind und Strömung getragen wie eine Höllenvision auf die Armada losfuhren.

Die Brander liefen in dicht aufgeschlossener Kiellinie. Jonathan stockte der Atem, als er beobachtete, wie der Schutzschirm der spanischen Pinassen den Brandern zu Leibe rückte. Die beiden feindlichen Flotten ankerten so nahe beieinander, dass die spanischen Pinassen im Schussfeld der englischen Kanonen operieren mussten, die sie im Flammenschein der Brander unter Feuer nahmen.

Die spanischen Pinassen konnten dem dicht aufgeschlossenen Pulk der Brander nur von hinten beikommen. Jeweils zwei von ihnen nahmen im versetzten Angriff die jeweils beiden letzten Brandschiffe der Kiellinie aufs Korn. Unbeeindruckt von dem flammenden Inferno schlugen die Spanier ihre Enterhaken in die beiden in Schlussposition fahrenden Brander. In einer tollkühnen seemännischen Meisterleistung schleppten sie die brennenden Schiffe trotz des heftigen Windes und der starken Strömung vor dem Ankerplatz der Armada aus der Gefahrenzone und ließen sie zur Küste treiben.

Das nächste Pinassenpaar setzte zum gleichen Manöver an.

Doch während die Matrosen noch die Enterhaken schleuderten, detonierten die Doppelladungen der inzwischen rot glühend gewordenen Kanonen. Die Pinassen saßen mitten im tödlichen Feuer- und Schrapnellregen, der nach allen Richtungen aus den Brandern schoss. Sie mussten das Manöver abbrechen, um nicht selbst ein Opfer der Flammen werden.

In diesem kritischen Moment rauschten die sechs noch verbliebenen Brander durch den schützenden Kordon der Pinassen hindurch und stießen hinein in die auf der Reede ankernde Flotte. Wieder und wieder explodierten Kanonen mit gnadenloser Gewalt, jagten Flammenfontänen in den Himmel, regnete es Feuer auf die Armada herab.

Es kam zur Panik.

Medina Sidonia auf der »San Martin« versuchte die zerfallende Ordnung seiner Flotte zu retten, doch das endlose Dröhnen der Explosionen in der Nacht unterminierte das moralische Stehvermögen der Kapitäne, die dicht an dicht mit ihren Schiffen ankerten. Einer nach dem anderen kappte die Ankertaue. Die Kapitäne kamen sich nun auch noch gegenseitig in den Weg, während sie in der Finsternis mit ihren einhundertachtundzwanzig wild manövrierenden Schiffen verzweifelt darum bemüht waren, nicht miteinander zu kollidieren. Auf gut Glück steuerte jeder hinaus aufs offene Meer, wo der wogende Gezeitenstrom und der gewaltig auffrischende Wind die Schiffe in der Straße von Calais hoffnungslos zerstreuten. Jeder Ansatz von Ordnung war dahin. Die vordem so eindrucksvolle spanische Schlachtordnung war zerbrochen.

Ginger Jack und seine Mannschaft brüllten und jubelten.

Zerstreut, aber noch nicht geschlagen, dachte Jonathan. Die Glut der Rache brannte mit unverminderter Wut in ihm weiter.

*

Über einer dunklen und turbulenten See brach grau der Morgen an. Hohe Brecher donnerten über den Bug der »Disdain« hinweg. Kein Mann an Bord hatte noch einen trockenen Faden am Leib, aber die Schlacht, die unmittelbar bevorstand, brannte in ihren Herzen. Mit einer donnernden Salve versetzte Lord Admiral Howard die Flotte in Alarmbereitschaft. Die »Disdain« wurde wie ein Hütehund herumgeschickt, um Nachzügler aufzuscheuchen. Auf allen Decks riefen Fanfarenstöße die Schiffe der Königin zur Schlacht. Mit einhundertfünfzig Einheiten unter Segel rauschte die Seemacht Englands auf dem schäumenden Meer zum Angriff.

Nur fünf Schiffe der Armada waren noch in Sicht, aber es waren die mächtigsten der ganzen Flotte, die »San Martin«, die »San Juan«, die »San Marcos«, die »San Mateo« und die »San Felipe«. Stürmische Winde fegten aus Süd-Südwest heran und frischten im Verlauf des Vormittags zu Orkanstärke auf. Die »San Martin« und ihre Begleiterinnen liefen vor dem Wind mit Kurs auf die Niederlande. Unmittelbar vor Gravelines gerieten die beiden Flotten in Gefechtsposition. Admiral Howard gab Drake mit seiner »Revenge« die Ehre des ersten Angriffs des Tages gegen die Armada.

Jonathan beobachtete das Angriffsmanöver der »Revenge« gegen die »San Martin«. Diesmal gab es kein Artilleriegefecht über große Distanz. Für derartige Raffinessen war die Munition in beiden Flotten inzwischen zu knapp. Außerdem brannte in den Herzen der Gegner der heiße Wunsch nach der Entscheidungsschlacht auf Leben und Tod.

Die »Revenge« fuhr bis auf dreißig Meter an die »San Martin heran«, um ihre Breitseite abzufeuern, die von dem spanischen Flaggschiff trutzig beantwortet wurde. Die Galeonen erbebten unter dem tödlichen Feuer, Rahen splitterten, Segel wurden zerfetzt, die Schreie der Verwundenden und Sterbenden gellten im Getöse des Kanonendonners. Die unmittelbar hinter der »Re-

venge« laufende »Nonpareil« führte den Angriff fort und be-
strich die »San Martin« aus ihren Rohren, dann drangen sämtliche Schiffe aus Drakes Geschwader auf den Gegner ein. Frobisher auf der »Triumph« griff an, gefolgt von den Schiffen
seines Geschwaders, die ausschwärmten und die »San Martin«
über Bug und Heck mit dem besonders zerstörerischen Enfilier-
feuer bestrichen. Hawkins auf der »Victory« stürzte sich ebenfalls ins Gefecht, bis die »San Martin« sich allein gegen die gesamte englische Flotte wehren zu müssen schien. Ein Volltreffer
in eine der Geschützpforten tötete eine vollständige Geschütz-
mannschaft. Gewaltige Wolken von Pulverdampf wallten auf,
Kettengeschosse und Schrapnelle rissen Männer entzwei, gnadenlos spien die englischen Kanonen ihren tödlichen Feuerre-
gen. Bald färbte sich die See rot von den Bächen aus Blut, die von
den Speigatten der »San Martin« ins Wasser rannen.

Als Medina Sidonias Flaggschiff dem konzentrierten Feuer
nicht mehr standhalten zu können schien, kam die »San Marcos« zu ihrer Rettung herbeigestampft. Weitere portugiesische
Galeonen trafen ein und bildeten einen Schutzschild um die
»San Martin«. Als Nächstes erschienen die kastilischen Galeonen, dann die Florentiner Galeone »La Florencia«, dann das
größte und bestbewaffnete Schiff der Biskayaflotte. Schnell waren es zehn Schiffe geworden, dann zwanzig, bald fünfundzwanzig. In einem grandiosen Manöver bildeten sie in der
sturmgepeitschten See ihre berüchtigte Halbmondformation.
Mit seinem Heldenmut und seiner Disziplin hatte Medina Sido-
nonia die gesamte englische Flotte gebunden und den Kapitänen
der Armada die Zeit verschafft und den Mut eingeflößt, sich neu
zu ihrem tückischen und unbezwingbaren Halbmond zu for-
mieren.

Aber Heldenmut konnte fehlende Munition nicht ersetzen.
Die Spanier hatten sich gefährlich verausgabt. Ihre an Parma gerichteten Bitten um Nachschub waren unbeantwortet geblie-

ben, während die englischen Schiffe bei den vorangegangenen Gefechten im Kanal zum Teil neu munitioniert worden waren. Als die fünf englischen Geschwader die Munitionsknappheit des Gegners bemerkten, rückten sie auf tödliche Distanz heran und feuerten ihre Breitseiten auf die Spanier, ohne selbst allzu viel Abwehrfeuer einstecken zu müssen. Eine große Galeone nach der anderen, der Stolz Spaniens, wurde zu blutigem Kleinholz gehämmert. Die Spanier versuchten unbeirrt, auf Enterdistanz heranzurücken, um die englischen Schiffe im Nahkampf zu nehmen – ihre einzige Hoffnung, die Schlacht doch noch zu gewinnen.

Die »Disdain« raste mit Gefechtsbefehlen für die kämpfenden Geschwader von einer Himmelsrichtung zur anderen. Oben im Ausguck auf der Saling saß Jonathan. Sein Hals war ausgetrocknet, die Zunge klebte ihm am Gaumen. Es war jetzt vier Uhr nachmittags. Seit Tagesanbruch, seit fast zehn Stunden, tobte nun schon die Schlacht.

Allmählich, aber unübersehbar, fiel der spanische Halbmond auseinander. Einzelne Schiffe wurden vom Verband abgeschnitten, umzingelt und in Stücke geschossen. Als der Augenblick nicht mehr fern schien, an dem die gesamte Armada zur Beute des Meeres würde, fuhr ein Sturmwind mit gewaltigen Wolkenbrüchen zwischen die Gegner. Es war, als weinte der Himmel, als wäre der Herrscher des Friedens dieses Gemetzels müde, das in seinem Namen angerichtet wurde.

Mit Wind, Wellen und Unwetter trat ein neuer Widersacher auf den Plan und trieb die beiden Flotten auseinander. Sie waren erschöpft und betäubt. Keiner der Gegner hatte noch genug Munition, um die Schlacht wieder aufzunehmen. Aber die Armada war tödlich verwundet. Die »Maria Juan«, eine große Biskayagaleone, sank. Die »San Mateo« und die »San Felipe« liefen mit gefährlicher Schlagseite bei Ostende auf Grund und wurden von den dort auf sie lauernden kleinen und schnellen holländischen Fliebooten endgültig fertig gemacht. In Stundenfrist sanken einige weitere spanische Schiffe. Bei Einbruch der Nacht lief die Armada, von der königlichen Flotte verfolgt, auf Ost-Nordostkurs ziellos an der holländischen Küste entlang.

Die größte Gefahr für die restlichen Schiffe der Armada kam in der Morgenfrühe am Donnerstag, dem einunddreißigsten Juli. Der Wind hatte auf Nordost gedreht und trieb die Flotte unaufhaltsam auf die Untiefen vor der Küste von Seeland zu. Die englische Flotte war den Untiefen frühzeitig aus dem Weg gesegelt und wartete in tiefem Wasser, um die bevorstehende Zerstörung ihrer Feinde durch die Winde Gottes zu beobachten.

Jonathan wusste, dass die größeren spanischen Galeonen fünf Faden Tiefgang hatten. Mit angehaltenem Atem hörte er den Matrosen an Bord der »Disdain« die Lotungen ausrufen: »Sieben Faden ... sechs ...«

Die Spanier beteten und machten sich auf den knirschenden Stoß ihrer auflaufenden Schiffe gefasst. Doch der Wind schlug um. Er lief einmal um die Windrose des Kompasses herum und kam jetzt aus West-Südwest. Die Armada konnte wieder tiefes Wasser gewinnen. Die Spanier betrachteten es als ein Wunder, wenngleich nicht als das Wunder, das ihr König Philipp von Gott erwartet hatte.

Auf der »Ark Royal« wurde wieder Kriegsrat gehalten. Die Engländer beschlossen, die Armada in die Nordsee hinaus zu scheuchen, womit jede Vereinigung mit Parma vereitelt war. Lord Seymour und sein Geschwader wurden abgestellt, einen Versuch Parmas zu unterbinden, aus eigener Kraft eine Invasion Englands zu unternehmen.

»Jon, die Spanier würden zwar nichts lieber tun als umzukehren und sich mit Parma zu treffen«, erklärte Ginger Jack, »aber sie sind Gefangene des Windes. Wenn der Sturm weiter aus West-Südwest bläst, wird er sie unweigerlich noch weiter in die Nordsee hinein treiben. Nach Spanien kommen sie nur zurück, wenn sie oben um Schottland herum segeln und dann auf der anderen Seite von England westlich an Irland vorbei wieder zurück.«

Jonathan prüfte den Wind. Er prüfte ihn den ganzen Tag. Der Wind hielt.

Die Reste der Armada segelten nach Norden, argwöhnisch von den Engländern verfolgt, die einen Invasionsversuch der Spanier in Schottland befürchteten. Die Flotten kreuzten die Höhe von Hull, dann die von Berwick. Am Nachmittag des Freitag, dem zweiten August, stellte die englische Flotte die Verfolgung ein und drehte ab. Die Fähigkeit der Spanier, Schaden anzurichten, hatte sich erschöpft. Zudem hatten die Vorräte der Engländer einen bedenklichen Tiefstand erreicht.

Als das Scheitern des Heiligen Kreuzzugs des Philipp von Spanien zur Gewissheit geworden war, sank Jonathan auf das Deck und weinte.

55.

Am Vormittag des achten August 1588 liefen die Schiffe von Königin Elisabeths Großer Flotte im abflauenden Nordoststurm in den um die Themsemündung gelegenen Häfen ein. Lord Admiral Howard hatte die »Disdain« mit seinem Bericht an die Königin vorausgeschickt und ihrem Wunsch entsprechend dem Meldekommando den darüber sehr verwirrten Jonathan beigeordnet.

»Ich weiß gar nicht, warum ausgerechnet ich mitgeschickt werde«, meinte Jonathan.

»Du hast nicht zu fragen, sondern zu gehorchen«, bekam er zur Antwort.

*

Eine merkwürdige Laune des Schicksals hatte Königin Elisabeth an eben diesem Vormittag, noch in Unkenntnis des Eintreffens der Flotte, vom St. James Palast zu dem überdachten Kai von Whitehall reiten lassen, wo sie die königliche Barke bestieg. Die Glocken von St. Margaret verkündeten ihre Abfahrt. Alle Kirchen Londons stimmten ein in das Geläut, während die Prozession der königlichen Barken majestätisch flussabwärts von Westminster nach London glitt.

Die Königin befand sich auf dem Weg nach Fort Tilbury nahe der Themsemündung, wo der Earl von Leicester mit einer hastig zusammengetrommelten Milizarmee sein Lager aufgeschlagen hatte, um sich Parmas drohender Invasion entgegenzustellen. Die Kunde vom Schicksal der Armada hatte England noch nicht erreicht. Der stets um das Leben der Königin besorgte Walsingham begleitete seine Herrscherin. Wie alle Erzpuritaner seines Schlages war er fest davon überzeugt, dass mit Parmas Landung die englischen Katholiken die Maske fallen lassen und an der Seite der spanischen Truppen kämpfen würden. Doch Elisabeth hatte sich nicht zu harten Maßnahmen bereitgefunden. »Ich beabsichtige nicht, den Leuten in die Seele zu schauen. Sie mögen Katholiken sein, aber sie sind auch Engländer und meine getreuen Untertanen«, hatte sie wieder einmal in aller Bestimmtheit erklärt.

Als die königliche Flotille auf dem Ebbstrom durch die Bögen der London Bridge glitt, brachen Jubel und Hochrufe aus der Menge der Bürgerschaft, die sich an den Ufern versammelt hatte.

*

Morgana Bon Cœur ließ aus dem Fenster ihres Elternhauses Blütenblätter auf die königliche Barke herunterregnen. »Die Königin hat zu mir heraufgeschaut, ganz bestimmt, ich weiß es einfach«, rief sie völlig außer sich ihrem Bruder zu.

Boy kam gerade noch rechtzeitig zum Fenster geschlurft, um die Prozession der Boote den Fluss hinunter fahren zu sehen. »Wenn ich auch nur in den Kampf ziehen könnte! Wenn ich nur irgendetwas tun könnte!«, stieß er hervor.

»Ruh du dich aus!«, sagte Morgana im Befehlston. »Wir Bon Cœurs tun schon genug. Papa befindet sich mit Mylord Walsinghams Stab auf dem Weg nach Fort Tilbury, und Mama ist zum St. Bart's Hospital gegangen, weil sie helfen will, wenn Verwundete eingeliefert werden. Boy, was hältst du eigentlich von diesem Jon Ransom?«, sagte sie ganz nebenbei. »Papa hat gesagt, die Königin wäre außerordentlich begeistert von ihm gewesen, sie hätte ihm sogar eine Börse voll Gold-Souveräns geschenkt – aber dieser Trottel hat sie ihr wieder zurückgegeben. Meine Standpauke über Geld hat offenbar nichts genutzt. Ich frage mich, ob ich ihn unterschätzt habe. Mein Verlobter ist schon vierzig und hat die Königin noch kein einziges Mal gesehen, geschweige denn eine Belohnung von ihr bekommen. Außerdem hat er die zwei Töchter aus erster Ehe, und eine davon ist älter als ich.«

»Liebe Schwester, was erwartest du? Papa hat schon deinen Ehevertrag unterzeichnet!«

»Papiere kann man wieder zerreißen, und Papa kann man herumkriegen. Jons Herkunft ist dürftig, gewiss, und wenn er es zu was bringen will, muss er natürlich etwas dagegen tun. Aber er hat immerhin bereits das Wohlgefallen der Königin erregt. Könntest du dir mich als Hofdame unserer Königin vorstellen?« Sie legte nachdenklich den Finger auf die hübschen Lippen. »Jon könnte sich ja eines Tages einen Titel kaufen, oder nicht?«

»Ich warne dich, Morgana, spiel nicht mit dem Feuer! Damals, als ihr zwei euch das letzte Mal begegnet seid, habe ich euch streiten hören. Das ist nicht mehr der Jon Ransom von früher, den du einfach so um den Finger wickeln kannst.«

»Eben! Das macht es ja gerade so interessant! Papa sagt, es gibt Leute, die den Blitz anziehen. Es könnte gut sein, dass Jon so jemand ist«, meinte sie. Sie zog sich ein paar Mal den Verlobungsring vom Finger und steckte ihn wieder an. »Das Spiel mit dem Feuer ist ja so aufregend!«

✳

In Tilbury ging Königin Elisabeth an Land. Ihr Vater hatte dort ein kleines Bollwerk zur Überwachung der Themsemündung errichtet. Als sich die Zeichen für einen bevorstehenden Krieg mit Spanien verdichteten, hatte Elisabeth die Befestigungen verstärken und erweitern lassen. Die Anlage war jetzt ein in die Erde hineingeducktes Fort, dessen schwere Geschütze auf den Fluss gerichtet waren und das über ein komplexes System von Gräben und Vorwerken zur Sicherung des Zugangs von der Landseite her verfügte.

Die Königin und ihr Gefolge ritten von der Anlegestelle dreieinhalb Kilometer durch prieliges Schlickland, wo sich schon Auen von Riedgräsern festgesetzt hatten. Schwärme von Reihern, Rohrsängern und Krickenten erhoben sich aufgeschreckt vor den Pferden in die Luft. Ein Wanderfalke zog seine Kreise und lauerte auf aufgescheuchtes Kleingetier.

Der Earl von Leicester hatte sein Lager auf einer Hügelkuppe bei West-Tilbury aufgeschlagen. Hier machte die Königin kurz Halt. Sie konnte die Pontonbrücke erkennen, die nahe beim Fort über die Themse nach Gravesend hinüber geschlagen worden war, damit Leicesters Armee schnell hinüberrücken konnte, falls Parmas Invasion dort stattfinden sollte. Anthony Standens Informationen hatten die Königin Kenntnis vom allgemeinen Angriffsplan Philipps von Spanien gewinnen lassen.

»Robin, habt Ihr etwas von der Armada gehört?«, erkundigte sie sich bei Leicester.

»Noch gar nichts, Madam. Auch was das Schicksal unserer eigenen Flotte angeht, tappen wir im Ungewissen. Aber wir sind bereit, Parmas Invasionsversuch zurückzuschlagen.«

Auf dem Weg zu Ardene Hall, wo die Königin die Nacht verbringen wollte, betete sie in der kleinen Steinkirche von Tilbury, die sich unweit des Lagers befand.

Am nächsten Tag nahm sie ihr Mittagsmahl im Zeltpavillon des Earl von Leicester ein. Während des Essens traf ein Bote mit einer dringenden Nachricht vom Kontinent ein: »Man rechnet damit, dass der Herzog von Parma mit der nächsten Flut zur Invasion Englands ausrückt.«

Unter den gegebenen Umständen war die Zuverlässigkeit der Meldung zwar ungewiss, doch die Königin reagierte beherzt. Ganz Europa wusste, wie leicht Königin Elisabeth in Zorn geriet und wie schnell sie ärgerlich wurde, aber seit der Pfeil des Krieges auf schussbereitem Bogen auf sie zielte, hatte sich bei ihr eine dramatische Änderung vollzogen. Ihre unerschütterliche Überzeugung, dass England den Sieg davontragen würde, war ihrem Staatsrat während der vorangegangenen Flottengefechte im Kanal eine Quelle der unermesslichen Ermutigung gewesen. Angesichts der Drohung einer unmittelbar bevorstehenden Invasion hatte ihre Haltung sich ins Heroische gesteigert. Sie war mit jedem Zoll Königin und Kriegerin.

Nun schritt sie im Pavillon auf und ab. »Robin, es muss etwas geschehen, um die Kampfmoral unserer Armee zu stärken. Ich werde meine Truppen inspizieren, das ganze Lager. Ich muss meinem Volk Zuversicht einflößen. Ich ziehe mich jetzt zurück, um eine Rede aufzusetzen.«

Die Streitmacht setzte sich aus Regimentern von Fußsoldaten in einheitlichem Waffenrock und gewappneten Reitern mit wehenden Helmbüschen zusammen. Das Lager wirkte sauber und freundlich, mit ordentlich ausgehobenen Gräben und säuberlich ausgerichteten Palisaden; die leuchtenden Farben der bunten Pavillons für die Edelleute und Herren waren noch frisch und strahlend, die grünen Unterkünfte der gemeinen Krieger noch sauber und gepflegt.

Als die Königin Leicester von ihrem Vorhaben unterrichtete, war dieser entsetzt. »Ohne Leibwache, Madam?«, rief er aus. »Ihr wollt Euch ohne Leibwache unter die Truppen begeben? Das dürft Ihr nicht riskieren! Ich muss Euch doch nicht an die allgegenwärtige Gefahr eines Attentats erinnern.«

Walsingham und mit ihm sein ganzer Stab pflichteten Leicester vehement bei.

Die Königin wischte alle Einwände beiseite. Als Leicester seine Bedenken aufrechterhielt, fiel sie ihm ins Wort. »Ich bin hergekommen, um meine Armee zu sehen und von ihr gesehen zu werden. Ich habe nicht vor, dass wir einander über die breiten Schultern meiner Leibwächter hinweg oder durch das Dickicht der Helmbüsche meiner edlen Herren beäugen.«

Leicesters rote Wangen wurden noch röter. »Euer Gnaden, die Stimmungslage der Katholiken in unserer Bevölkerung ist immer noch nicht klar abzuschätzen. Englische Lotsen leisten Dienst in der spanischen Flotte, und ganze Kompanien englischer Soldaten dienen unter dem Kommando englischer Lords in Parmas Armee. Ein einziger Schuss, ein einziger Dolchstoß – wollt Ihr unserer Sache dieses Risiko zumuten? Gestattet mir, Euch mit einer vertrauenswürdigen bewaffneten Garde zu umgeben.«

Mit herrscherlicher Geste brachte sie Leicester zum Schweigen. »Inmitten meiner Landsleute, die sich in meinen Diensten unter Waffen begeben haben, brauche ich keine Garde!«

Krank vor Besorgnis blieb Leicester nichts anderes übrig, als den Stab der Begleitung nach den Wünschen der Königin zusammenzustellen. Als die Königin sich mit ihrer handverlesenen kleinen Begleiterschar in die Reihen ihrer Miliz begab, mussten die königliche Leibstandarte und die Marschälle des königlichen Haushalts im Fort zurückbleiben.

Der Earl von Ormande, ein Verwandter mütterlicherseits, schritt feierlich mit dem Staatsschwert voraus. Zwei in weißen Samt gekleidete Pagen folgten ihm. Der eine trug auf einem weißen Samtkissen den reich verzierten silbernen Helm der Königin, der andere führte ihr Pferd am Zügel. Elisabeth, eine ausgezeichnete Reiterin, saß in königlicher Haltung auf ihrem Ross. Rechts und links von ihr, jedoch einen Schritt zurück, ritten ihr

Oberbefehlshaber, der Earl von Leicester, und ihr Oberstallmeister, der Earl von Essex.

Leicester, untersetzt, ohne Helm, das gerötete Gesicht von einem weißen Haarschopf und einem weißen Bart umrahmt, hatte seinen frechen Charme, dem die damalige Prinzessin Elisabeth vor drei Jahrzehnten verfallen war, nahezu vollkommen eingebüßt. Zu ihrer Linken ritt ein junger Lord von auffallender Schönheit, groß und stark von Gestalt, mit hoher und klarer Stirn, dunklen verträumten Augen und sensiblem zartem Mund. Robert Devereux, der Earl von Essex, mit seinen dreiundzwanzig Jahren bereits Träger des Hosenbandordens und Stallmeister der Königin, hatte sich auf den niederländischen Schlachtfeldern ausgezeichnet. Er war der Stiefsohn von Leicester und ein Vetter der Königin. Er schien höher als irgendein anderer Mann in der Gunst seiner Königin zu stehen. Ihr Interesse ließ darauf schließen, dass ihm eine große Karriere bevorstand.

Den Abschluss der gesamten Eskorte – vier Männer und zwei Pagenjungen – bildete Sir John Norris zu Fuß.

Aller Augen hefteten sich auf die Königin. Sie ritt auf einem edlen weißen Wallach mit grau marmorierter Hinterhand. Das Pferd war ein Geschenk von Lord Burghleys Sohn Robert Cecil. Dem langen weißen Pferdegesicht des Wallachs war deutlich anzusehen, dass das Tier sich seiner königlichen Last sehr wohl bewusst war. Die Königin hatte ein Gewand aus weißem Samt angelegt, dazu einen silbernen Brustpanzer mit getriebenen Motiven aus der Mythologie. In der Rechten hielt sie einen goldgefassten silbernen Marschallstab. Sie ritt barhäuptig; ein Federbusch, schimmernde Perlen und glitzernde Brillanten bildeten den Kopfputz. Die Sonne spiegelte sich in ihrer stählern blitzenden Brustwehr.

In langsamem Schritt ritt sie durch sämtliche Quartiere des Lagers. Als die Männer bemerkten, dass ihre Königin ihr Leben vertrauensvoll in ihre Hände gelegt hatte, brachen begeisterte

Hochrufe aus den Reihen des gemeinen Fußvolks. Viele Männer wischten sich die Augen, während die Königin an ihnen vorbeiritt.

Als beflissene Lieferantin und Schöpferin von Wunschbildern wusste Elisabeth durchaus, welch entscheidende Rolle die Illusion spielen konnte. Sie vermochte die Realität umzuformen und zu verwandeln. Und während Philipp von Spanien, wäre er anwesend gewesen, vermutlich nur eine altjüngferliche Frau in mittleren Jahren mit wilder und etwas schiefer roter Perücke und gelblichen Zähnen gesehen hätte, sahen die Männer der Truppe etwas ganz anderes. Indem Elisabeth ihr Leben den Händen ihrer Untertanen anvertraute, hatte sie sich selbst in eine mythische Gestalt verwandelt, die großartiger war als Judith oder Esther, größer als die antiken Göttinnen Minerva oder Diana. Sie war die Gloriana, die »Jungfräuliche Königin«, die während der vielen langen und schweren Jahre der Regentschaft ihre Tugend gewahrt hatte, um ihr Volk desto besser zu beschützen und vor Unheil zu bewahren.

Und jetzt war sie in der Stunde der höchsten Gefahr für das Königreich gekommen, um zu ihrem Volk zu sprechen und sein Schicksal zu teilen.

»Mein geliebtes Volk, es ist Uns von einigen, die um Unsere Sicherheit besorgt waren, geraten worden, auf der Hut zu sein und Uns vor Verrätern in Acht zu nehmen, wenn wir Uns in eine bewaffnete Menge begeben. Aber ich versichere euch, ich habe kein Verlangen, in Misstrauen gegen mein treues und mir in Liebe ergebenes Volk zu leben. Sollen Tyrannen sich fürchten. Ich habe immer so gehandelt, dass ich, bei Gott, meine größte Stärke und Sicherheit in den treuen Herzen und der Liebe meiner Untertanen gefunden habe. So bin ich denn heute, wie ihr seht, zu euch gekommen, nicht zu meiner Erholung und Zerstreuung, sondern weil ich entschlossen bin, mitten in der Hitze der Schlacht unter euch allen zu leben oder zu sterben, für meinen Gott, mein Königreich und mein Volk meine Ehre und mein Blut zu opfern und in den Staub zu sinken, wenn es sein muss. Ich habe nur den schwachen und hilflosen Leib einer Frau, aber ich habe das Herz und den Mut eines Königs, und eines Königs von England dazu, und ich verachte den Gedanken, dass Parma oder Spanien oder welcher europäische Fürst auch immer es wagen sollte, die Grenzen meines Reiches zu überschreiten. Ehe durch mich Schande über dieses Land kommt, will ich selbst zu den Waffen greifen. Ich werde euer General, Richter und Spender des Lohnes für eure Tapferkeit auf dem Schlachtfeld sein. Ich weiß, dass ihr bereits für eure Bereitwilligkeit Lohn und Ehre verdient habt, und ich gebe euch Unser königliches Wort, ihr sollt beides nach Gebühr erhalten.«

Wie ein Mann brachen die Soldaten in gewaltigen Jubel aus.

*

Am nächsten Tag machte Lord Howards Abordnung die Königin in Tilbury ausfindig. Howard hatte den Earl von Cumberland und Robert Carey, einen Verwandten der Königin, beauftragt, die Nachricht vom Ausgang der Seeschlacht zu überbringen. Ein immer noch über die Maßen konsternierter Jonathan begleitete sie. Cumberland, Carey und Jonathan beugten vor der Königin das Knie.

»Hat Parma seine Invasionsflotte in Marsch gesetzt?«, verlangte die Königin zu wissen. »Ich habe hier einen Bericht ...«

»Euer Gnaden, der Bericht ist unzutreffend. Die Reste der Armada, soweit sie nicht versenkt worden sind, haben sich in der Nordsee zerstreut.«

»Gott sei gedankt«, hauchte sie, um sogleich die Nase zu rümpfen. »Ihr riecht alle nach Salz!«

»Wir ... bitten um Vergebung, Euer Gnaden«, stotterte Carey, »aber wir hatten noch keine Gelegenheit, uns umzukleiden ...«

»Dazu besteht auch keine Veranlassung. Es ist ein ehrlicher Geruch, der Uns gemahnt, das Meer nicht zu vergessen, das Unser Reich ernährt und beschützt – bei den Wunden des Herrn, muss ich erst zu Grabe getragen werden, bis ich eure Neuigkeiten erfahre?«

Aufmerksam verfolgte sie die Berichte über die Entwicklung und den Verlauf der Gefechte. Von Carey dazu aufgefordert, lieferte Jonathan einen Augenzeugenbericht vom Branderangriff vor Calais.

»Du Lausejunge!«, fuhr die Königin auf. »Hattest du nicht meinen ausdrücklichen Befehl, an ungefährlicher Stelle zu dienen? Woher nimmst du die Frechheit, mich unentwegt mit deinem Ungehorsam zu ärgern? Du kannst es wohl nicht lassen, das Schicksal herauszufordern!«

Der Earl von Cumberland berichtete der Königin von der gewaltigen Seeschlacht vor Gravelines. »Kein einziges der großen Schlachtschiffe Eurer Majestät ist verloren gegangen oder schwer beschädigt worden«, schloss er. »Wir haben noch keinen endgültigen Überblick über unsere Mannschaftsverluste, aber sie sind keineswegs hoch und dürften sechzig Mann kaum übersteigen.«

Königin Elisabeth schlug in dankbarer Erleichterung die Hände zusammen. »Gott sei gedankt!«, rief sie aus. Sie strich sich mit den langen, wohlgeformten Fingern über die feucht gewordenen Augen. Ein fast unhörbares Aufschluchzen wehte sacht durch die plötzlich eingetretene vollkommene Stille. Dann fasste sie sich wieder. »Gott hat geatmet, und sie wurden zerstreut!«, erklärte sie in unerschütterlicher Festigkeit.

Sie erhob sich von der einfachen Sitzgelegenheit, der ihre Anwesenheit die Würde eines Throns verliehen hatte, um den Raum zu verlassen. Im Vorübergehen wandte sie sich an den immer noch knienden Jonathan. »Ich erkläre dich vom heutigen Tage an zum freien Mann. Sobald die Lage sich etwas beruhigt hat, wirst du dich bei mir zu einer Audienz melden, damit Wir eine Entscheidung über deine Zukunft treffen. Du unbotmäßiger Bengel, Wir sind mit dir noch nicht fertig, noch lange nicht!«

*

Als die Nachricht von der Niederlage der Armada bekannt wurde, spielten sich im Lager wilde Freudenszenen ab. Doch woher kam inmitten der Jubelschreie die Angst, die Jonathan ans Herz griff? Das Blut wich ihm aus dem Gesicht, sein Atem ging flach. Nicht die Angst vor der Armada hatte ihn gepackt, denn die hatte er in sich ausgebrannt, als er beim Einsatz der Brander die Macht Spaniens zu Schanden gehen sah.

Was also hatten diese schlimmen Vorahnungen zu bedeuten, die ihm die Nackenhaare zu Berge stehen und kalte Schauer den Rücken bis in den Unterleib laufen ließen und Leben und Männlichkeit aus ihm herauspressten? Sein Herz fing an zu jagen. »Du musst nach London, auf, schnell nach London!«, flüsterte im Rhythmus seines Herzschlags die eindringliche Stimme eines Schutzengels in seinem Innern.

Er rannte zur Anlegestelle, wo die Flottille der Königin soeben mit dem Ziel London ablegte. Mit einem Sprung war er an Bord einer Barke. In der allgemeinen Hochstimmung kümmerte sich niemand um den eiligen Passagier.

Auf der langen Flussfahrt versuchte er sich wieder zu beruhigen. »Du machst dich doch nur selber verrückt, du bist doch nicht bei Trost, so etwas brauchst du doch überhaupt nicht zu denken ...«, murmelte er vor sich hin. Doch je näher London rückte, desto größer wurden seine Befürchtungen.

Als die Flottille an der London Bridge anlangte, wartete er nicht, bis die Laufplanke herangeschoben wurde: Hastig sprang er aus dem Boot und watete ans Ufer. Denn nun flüsterte ihm ein

anderer Engel ins Ohr – kein Schutzengel, sondern ein gefalle-
ner, der geschworen hatte: »Ich werde meine Kinder holen!«

»Maudy und die Kinder!«, stieß Jonathan hervor. »Er ist wieder da und nimmt mir Maudy und die Kinder!«

SCHLUSS

56.

Von Angst und Entsetzen gehetzt, rannte Jonathan zur Hollywell Lane. Er war noch lange nicht dort angelangt, da war Bürschchen schon an seiner Seite und lief mit heraushängender Zunge neben ihm her, sprang mit leuchtenden Augen hoch nach seiner Hand, flitzte in ausgelassener Freude wieder davon und hetzte in Kreisen um ihn herum.

Als Jonathan in die Hollywell Lane einbog, machte alles einen völlig friedlichen Eindruck. Rauch kräuselte sich aus dem großen Schornstein, und die Windmühlen in der Ferne drehten langsam und verschlafen ihre Flügel in der Abenddämmerung.

Jonathan stürmte ins Wohnhaus. Mistress Goodfellow stand am Herd, Maudy spielte Kuchenbacken mit Christian und dem Kleinen. Wie aus einem Munde schrien alle auf, als Jonathan hereingeplatzt kam. In grenzenloser Erleichterung ließ er sich zu Boden fallen. Die Kinder kletterten auf ihm herum, Bürschchen knabberte an seinem Schuh, und sogar Curiosity bequemte sich herbei und sagte miau.

»Nun lasst mich doch der Reihe nach erzählen«, flehte er unter dem Ansturm der Fragen. »Das Wichtigste zuerst: Die Armada ist geschlagen!«

Wieder ein Freudenschrei. Keiner wollte Ruhe geben, bis er nicht wenigstens in groben Umrissen alles erzählt hatte. »Jedes Mal, wenn du wieder nach Hause kommst, siehst du aus wie der Leibhaftige persönlich«, tadelte ihn Mistress Goodfellow, als wieder ein bisschen Ordnung eingekehrt war, und türmte Schüsseln und Teller mit Essen vor ihm auf.

»Es ist so ruhig auf der Straße, wo sind denn alle hin?«, fragte Jonathan, den Mund voll Hühnchen.

»Nachdem die Armada gesichtet worden war, kam das normale Leben vollkommen zum Erliegen«, erklärte Maudy. »Keine Bärenhatz mehr, kein Glücksspiel, alle drei Theater zu. Auch unsere Leute sind fort, manche zu ihren Sprengeleinheiten, andere zur Miliz.«

»Viele Nachbarn haben sich in den Schutz der Mauern Londons geflüchtet«, setzte Mistress Goodfellow hinzu. »Es ist ein bisschen unheimlich geworden, seit kein Mensch mehr da ist. Gott sei Dank haben wir Bürschchen. Er passt auf uns auf.«

»Die Königin wird bald den Befehl zur Demobilisierung geben«, sagte Jonathan zwischen ein paar großen Schlucken aus dem Alekrug. »Bald sind alle wieder hier. Die Armada ist in alle Winde zerstreut, und England ist wieder sicher – einstweilen wenigstens. Philipp von Spanien wird natürlich keine Ruhe geben. Er ist ja vollkommen verbohrt, und was noch schlimmer ist, das Gold fließt ihm zu wie das Salz aus der großen Salzmühle auf dem Grunde des Ozeans. Aber England ist gewarnt. Ich glaube nicht, dass Königin Elisabeth sich jemals wieder auf dem linken Fuß erwischen lässt.«

»Keine Nation der Welt kann einen wackeren freien Engländer unterkriegen, wenn er erst mal in Rage gekommen ist«, erklärte Mistress Goodfellow.

»Wenn Ihr die Sache so seht, Mistress Goodfellow«, nuschelte Jonathan mit vollem Mund, »dann ist es an der Zeit, den Hochzeitstermin festzusetzen.«

»Was für einen Hochzeitstermin?«

»Euren!«

Jonathan rutschte von der Bank hinunter auf die Knie. »Ich knie vor Euch als Hochzeitsbitter eines wackeren freienEngländers namens Ginger Jack Jackson. Wollt Ihr mich ... äh, ihn heiraten?«

Mistress Goodfellow griff nach der gusseisernen Pfanne.

Jonathan barg schützend den Kopf in den Händen, spähte aber durch die Finger. »Wollt Ihr Euch am Boten vergreifen? Ich bringe Euch einen redlichen Heiratsantrag, aber ich bin doch nur der Stellvertreter. Herrschaften von Geblüt machen es immer so. Also, was meint Ihr, holde Maid? Ich werde Euer Trauzeuge sein, falls es Euch den Entschluss versüßt.«

»Na, das ist aber ein verlockendes Angebot!«, sagte sie spöttisch.

»Ich sehe schon, die Sache ist nur dadurch zu retten, dass Maudy die Brautjungfer macht.«

Maudy sprang auf. »O ja!«

Neckisch blinzelnd lüftete Mistress Goodfellow ihre große Schürze an den Zipfeln und machte einen Knicks. »Da hat mich die wahre Liebe doch noch erwischt, und das in meinem Alter! Jon wird mein Trauzeuge, Maudy meine Brautjungfer, der kleine Christian trägt die Ringe, und Hänschen kräht dazu, wenn ich mein Jawort gebe. Und dann leben wir glücklich und zufrieden bis ans Ende unserer Tage.« In Mistress Goodfellows mächtigem Kielwasser tanzten alle durch die Stube.

Schließlich brachten sie die beiden Buben nach oben. Klein-Christian konnte schon aufs Töpfchen gehen, aber das Baby ...

Jonathan half Maudy beim Wechseln der Windeln. »O weh – Hänschen ist doch ein gewaltiger Hosenscheißer«, kicherte Jonathan.

»Das kannst du laut sagen!«, meinte Maudy und ließ Popo und Kränchen des Kleinen in einer Wolke Talkumpuder verschwinden. »Er sieht dir jeden Tag ähnlicher. Schau mal: Hat er nicht den gleichen ... Adamsapfel wie du?«

Als die Kinder fest eingeschlafen waren, zogen sich Maudy und Jonathan aus, legten sich zueinander und liebten sich. Seit dem letzten Mal waren fast zwei Monate verstrichen. So sehr Jonathan sich auch zusammennahm, er kam schneller als Maudy. Er liebkoste ihren langgliedrigen und doch so fülligen Körper mit Küssen. »Maudy, willst du mich heiraten?«, flüsterte er.

Sie hob den Kopf. »Jon, das brauchst du nicht zu sagen. Ich weiß doch, wie sehr dir die Schwester von Boy gefällt.«

»Morgana? Ach, das war doch alles nur dummes Zeug. Die ist mir viel zu albern mit ihren Flausen im Kopf. Sie will ein schönes Stadthaus fürs Leben und ein Mausoleum für den Tod. Und die Ehefrau des Lord Mayor von London will sie werden und was sonst noch alles.«

»Ist dein Protest nicht ein bisschen zu stark? Du hast noch das ganze Leben vor dir. Wieso solltest du dir eine abgetakelte Hausiererin mit zweifelhafter Vergangenheit und zwei Blagen ans Bein binden?«

»Weil ich dich liebe! Weil ich die beiden Blagen liebe! Und was dein früheres Leben angeht, meines war mindestens genauso ›zweifelhaft‹ wie deins. Wir haben beide im Gefängnis und im Stock gesessen, sind ausgepeitscht worden und haben Dinge getan, vor denen jeder Pfarrer samt seiner Gemeinde entsetzt gewesen wäre. Aber du hast doch selber gesagt, Gott weiß, wie es in deinem Herzen aussieht, und ich weiß es auch, besser als jeder andere. Du bist meine Maudy, und von dem Moment an, als ich dich damals auf dem Jahrmarkt sah, habe ich dich geliebt. Heirate mich, und wenn es nur wegen der Kinder ist, damit sie legitim sind und im Leben bessere Chancen haben als wir.«

»Dann sage ich ja, aber nicht wegen der Kinder, sondern wegen dir und mir!«

Er nahm sie in die Arme und küsste sie. Er spürte ihren warmen vollen Busen an seiner knochigen Brust, spürte die sanfte Umklammerung ihrer weichen Schenkel. Seine Leidenschaft regte sich erneut, und mit einer fast unmerklichen Bewegung war er wieder in sie geglitten. Diesmal liebten sie sich gemächlich, ohne Hast kosteten sie sich aus. Als er sich in sie ergoss, hatte er sie auf den Höhepunkt geführt.

Sie kehrten zurück in die Welt. Geflüsterte Versprechen erfüllten das Zimmer, Versprechen für die Ewigkeit.

»Für mich sind wir schon längst verheiratet«, flüsterte Jonathan leise.

»Jedenfalls vor den Augen Gottes«, hauchte Maudy.

»Der Rest ist nur noch Formsache. Wir werden die Papiere unterschreiben, und ein Pfarrer wird es als rechtskräftig verkünden. Wir werden gleich morgen das Aufgebot bestellen, und dann machen wir mit Mistress Goodfellow eine Doppelhochzeit mit einem Empfang im Theater. Alle sollen kommen, damit die ganze Welt weiß, wie sehr ich dich liebe.«

»Hast du kein Verlangen, wieder auf der Bühne zu stehen?«, fragte sie schläfrig. »Ich weiß nämlich, dass deine Kollegen dich sehr vermisst haben. Will Shakespeare hat vor, ein neues Stück zu schreiben. Diesmal soll es eine Komödie sein, in der sich ein Mädchen als Junge verkleidet. Da müsste ein Junge ein Mädchen spielen, das einen Jungen spielt. Stell dir mal vor, was das für einen Spaß und ein Durcheinander gibt! Will meint, jemand wie du könnte aus der Rolle was machen, könnte sie lebendig werden lassen.«

»Ich mag unsere Truppe wirklich sehr«, sagte er nachdenklich, »und ich bin überzeugt, ohne Burbage wäre ich schon längst irgendwo in London in der Gosse verkommen, aber ich kann mir nicht helfen, ich habe das Gefühl, dass etwas anderes auf mich wartet ... auf uns wartet.«

»Aber hier haben wir ein gutes Leben, und du bist doch auf der Bühne zu Hause.«

Er schüttelte heftig den Kopf. »Seit die Inquisition mir die Wasserfolter verpasst hat, ist meine Stimme nicht mehr wie früher. Ich glaube nicht, dass man mich oben auf der Galerie noch hört.«

»Aber das wird sich mit der Zeit geben. Oh, Jon, ganz bestimmt!«

»Ja, vielleicht, aber es wäre immer ein Blendwerk. Man stolziert auf der Bühne herum und berauscht sich an der Reaktion der Menge, bis man ganz besoffen ist und immer mehr davon braucht.«

»Jon, du weißt, dass ich ein einfacher Mensch bin. Ich habe jetzt erst ein paar Wörter lesen und schreiben gelernt, aber seit ich hier bin, ist mir ein seltsamer Wandel aufgefallen. Früher war das Theater bloß zur Ablenkung und Unterhaltung da, aber jetzt treten auf einmal neue Stückeschreiber wie Marlowe auf den Plan, die Fragen aufwerfen und sich mit überkommenen Vorstellungen auseinander setzen und das Publikum zum Nachdenken bringen. Will Shakespeare sagt, wenn das so weitergeht, wird das Theater eines Tages das Gewissen der Nation.«

»Will mag ja Recht haben, aber ich habe nicht das entsprechende Talent. Ich wäre immer nur das Sprachrohr für die Worte anderer. Maudy, alles hat seine Zeit. Es ist an der Zeit, dass ich aufhöre nachzuplappern, was andere Leute sagen, dass ich meine eigenen Worte finde. Es ist Zeit, dass ich nicht mehr andere Leute über mein Leben bestimmen lasse, sondern mein eigenes Leben lebe.«

»Aber du hast doch noch eine jahrelange Lehrzeit vor dir.«

Er schloss sie begeistert in die Arme. »In all der Aufregung habe ich ganz vergessen, es dir zu sagen: Ich bin ein freier Mann! Durch Erlass der Königin! Ich kann tun und lassen, was ich will, kann hingehen, wo ich will. Sie hat versprochen, mir zu helfen, wozu auch immer ich mich entschließe.«

»Was hast du dir denn überlegt?«, fragte sie leise. In ihrer Stimme schwang die Angst, dass sie in seinem neuen Leben keine Rolle mehr spielen könnte.

»Ich bin innerlich ganz zerrissen, Maudy. Es kommen mir immer wieder die Studenten in Oxford und von den Londoner Rechtsschulen in in den Sinn.«

»Dann willst du also Rechtsanwalt werden?«

»Ich glaube nicht. Mir fehlen die geschmeidige Zunge und die Gewissenlosigkeit, ohne Rücksicht auf Verluste stets der Sieger sein zu wollen.«

Sie spürte, wie er ihr immer mehr entglitt. »Ein Kirchenmann?«, murmelte sie nach einer Weile.

Er brach in schallendes Gelächter aus. »Ich, ein Kirchenmann? Wie unsere gute Königin Bess so schön sagt, beabsichtige ich nicht, anderen Leuten in die Seele zu schauen. Ich will lediglich wissen, wie es in meiner eigenen ausschaut. Ein Beruf würde mich allerdings interessieren. Ich habe so viele Menschen sterben sehen, dass ich mich zur Heilkunst hingezogen fühle. Aber was auch kommt, das eine weiß ich: Wenn es mir je gelingt, etwas aus mir zu machen und für uns zu sorgen, dann durch Lernen. Es gibt so unendlich viel zu wissen in der Welt, und ich weiß so wenig. In dem Punkt hat Christian Recht, so wahnsinnig er sonst auch ist.«

»Das ist ein wunderbarer Plan, Jon, zumal Gott dir diese große Begabung zum Lernen geschenkt hat.«

»Dann wieder juckt es mich, irgendwo anders hinzugehen, einen neuen Anfang zu machen. Du hast doch von dem neuen Land gehört, das Sir Walter Raleigh entdeckt hat. Er hat es Virginia getauft, nach unserer ›Virgin Queen‹, der jungfräulichen Königin. Er will dort eine englische Kolonie gründen. Ach, was träume ich davon, einen Ort zu finden, wo wir unsere Vergangenheit hinter uns lassen und vergessen können, wer wir waren und was wir getan haben.«

»Und wo wir Christian vergessen können«, fügte sie leise hinzu.

»Vor allem das. Welch eine Beruhigung wäre es doch zu wissen, dass er uns nicht mehr finden kann. Ich habe immer noch Albträume von ihm.«

»Ich werde von den gleichen Gedanken gequält, im Wachen

und im Schlafen – alsdann, ein neues Land? Aber was unsere Vergangenheit angeht, glaube ich nicht, dass wir sie vergessen können. Wohin wir auch gehen, wir werden sie immer mit uns tragen.«

»Damit magst du Recht haben, aber das ist doch kein Grund, nicht von vorn anzufangen und etwas aufzubauen, für uns, für die Kinder.«

»Aber sind sie nicht noch zu klein für so ein Abenteuer? Für eine Reise Tausende von Meilen übers Meer?«

»Nach ihren Lungen zu schließen sind sie kräftige Burschen von ausgezeichneter Gesundheit – dank deiner Pflege. Außerdem sind sie in London stärker durch die Pest gefährdet als irgendwo sonst.«

»Aber wo wir auch hingehen, wir müssen Mistress Goodfellow und Ginger Jack mitnehmen. Sie hängt ja so an den Kindern, und die Kinder an ihr! Es wäre mir ein großer Trost zu wissen, dass sie sich um die Kinder kümmert, bis sie für sich selbst sorgen können, falls uns etwas passiert.«

»Uns wird nichts passieren, Maudy, keinem von uns. Wir sind mit allen Schlägen fertig geworden, die das Schicksal ausgeteilt hat, und trotzdem noch nicht unter die Räder geraten.«

»Psst, nicht so laut, sonst hört dich noch der Eine, der das Rad des Schicksals dreht.«

*

Mitten in der Nacht riss Bürschchens wütendes Gebell Jonathan aus dem Schlaf. Im Aufwachen dachte er, dass wohl wieder einmal ein an Curiosity interessierter rolliger Kater ums Haus strich. Als aus dem Bellen ein tiefes unheilvolles Grollen wurde, befürchtete Jonathan, ein Rudel streunender Hunde könnte die menschenverlassene Gegend unsicher machen. Er schlüpfte in die Hose und ging nach unten.

Curiosity strich mit gesträubtem Fell an der Tür herum und sah aus wie ein Stachelschwein. Jonathan griff sich einen Feuerhaken. Er trat vor die Tür. Bürschchen fletschte an den Boden geduckt böse knurrend die Zähne. Von seiner Stirn bis zum Schwanz hatten sich die Haare aufgestellt. »Was ist los, mein Junge?«

Der zunehmende Mond stand zwischen jagenden Wolken am Himmel und versilberte immer wieder das Land. Jonathan bemerkte nicht den Schatten, der hinter ihm stand und nach ihm griff. Jäh wurde ihm der Arm auf den Rücken gedreht. Und an der Ohrmuschel spürte er die tödliche Kälte einer Dolchspitze.

57.

Eine Bewegung, ein Schrei, und du hast meinen Dolch im Hirn!«, zischte Christian. »Lass das Feuereisen fallen, weg damit!«

Der Schürhaken fiel klirrend zu Boden.

»Pfeif den Köter zurück, oder ich bring ihn um und dich dazu!«

»Bürschchen, Platz!«, rief Jonathan. Der Hund gehorchte, blieb aber mit gesträubtem Kamm auf die Erde geduckt hocken.

»Warum bist du so überrascht, mich zu sehen? Du hast doch gewusst, dass ich mir früher oder später meine Söhne holen würde – und dich auch, mein tapferer Freund, wenn du nur bereit bist, Herz und Seele zu öffnen und deiner wahren Bestimmung zu folgen.«

»Ihr seid wohl übergeschnappt! Nach allem, was Ihr mir angetan habt?«

»Was habe ich dir angetan, außer dir das Leben zu retten? In Madrid warst du schon so gut wie tot, das muss dir doch klar sein! Kein Geringerer als Philipp von Spanien hatte dich zum Tod auf dem Scheiterhaufen verurteilt. Keiner konnte dich retten – nur ich. Und ich habe dich gerettet.«

»Lügner! Und Dolores?«

»Eine verlorene Seele. Von dem Moment an, da die Inquisition sie in den Klauen hatte, konnte ich nichts mehr für sie tun. Niemand hätte etwas tun können. Diese unsäglichen Idioten, die allen Ernstes glauben, den Willen Gottes zu kennen, waren ja so wild darauf, diese Frau dem Wahren Gott zu opfern. Ich habe mitgemacht, aber nur, weil ich damals hoffte, ich könnte dich in der Menge finden und in Sicherheit bringen. Gottlob hast du es auch so geschafft.«

Die Dolchspitze drückte sich immer noch gnadenlos in sein Ohr. Ich muss ihn am Reden halten, dachte Jonathan verzweifelt, vielleicht werden Maudy oder Mistress Goodfellow wach.

»Wie leicht Euch die Lügen über die Lippen kommen«, sagte er. »Eure Zunge ist tückisch und gespalten wie die Zunge der Schlange.«

»Aber hat nicht die Schlange den Menschen das Wissen gebracht? Was ist dir lieber: Alles zu wissen, was es an Wissenschaft gibt, oder in einem dunklen Keller zu verrotten wie eine Runkelrübe? Haben wir nicht großartige Zeiten miteinander erlebt? Was haben wir gelacht! Und du hast mich einmal geliebt …«

»Weil ich aufs Sündigen aus war. Ich war ein dummer Junge.«

»Das sagt dein Kopf. Aber damals in dieser Zelle in Madrid hat dein Herz anders gesprochen – als ich dich in den Armen hielt und dir dein Leben, deine Männlichkeit zurückgab. Hast du denn noch nicht gemerkt, dass dein Leib auf immer mir gehört, nachdem ich ihn besessen habe – und deine Seele auch? Du wirst mir nie entkommen. Außerdem willst du es ja gar nicht, auch wenn du es nicht zugeben möchtest. Sieh nur, wie diese Vorstellung dich sogar jetzt noch erregt!«

In Jonathans Kopf rasten die Gedanken. In dem Moment, wo er bekommt, was er will, bringt er dich um, dachte er. Er kann nicht riskieren, dass du die Behörden alarmierst. Du musst ihn einlullen, bei allem mitmachen, was er verlangt, das hast du doch schon einmal getan …

»Rutsch mir den Buckel runter, du hast ja nicht mehr alle Tassen im Schrank!«, hörte Jonathan sich stattdessen zischen.

»Sträub dich ruhig gegen die Wahrheit, wenn du meinst, aber

das macht nichts. Meine zwei Söhne, die ich gezeugt habe, werden mich lieben. Ich werde sie mir jetzt holen.«

»Nein, du brauchst niemand, der dich liebt, du brauchst Sklaven. Ich weiß, was du mit den Kindern anstellen wirst. Du wirst sie nie bekommen. Niemals!«

»Mir geht allmählich die Geduld aus. Wie viele Leute sind im Haus, und wo schlafen die Jungen? Wehe, du lügst!«

In diesem Augenblick erschien Maudy in der Tür. Ihr Aufschrei lenkte Christian einen Sekundenbruchteil ab. »Bürschchen, fass!«, brüllte Jonathan und tauchte nach dem Schüreisen.

Bürschchen schnappte nach dem Handgelenk mit dem Dolch. Fluchend versuchte Christian den Hund abzuwehren. Jonathan schlug mit dem Schürhaken nach Christians Kopf. Geschickt wich Christian dem Hieb aus, warf sich den Dolch behände in die freie Hand und stieß zu. Bürschchen jaulte auf, als die Waffe in seine Flanke drang.

Jonathan schlug noch einmal zu. Er erwischte Christian an der Schulter, doch der schien nichts zu spüren. Jonathan sah den Dolch nach seiner Kehle stoßen. Er riss abwehrend die Hände hoch und spürte die Klinge seinen Unterarm aufschlitzen. Dann traf ihn Christians Faustschlag ins Gesicht. Halb betäubt sank er in die Knie. Christian packte ihn an den Haaren und zerrte ihm den Kopf in den Nacken. »Wir treffen uns in der Hölle!«, schrie er. Jonathans Kehle lag bloß. Die Klinge blitzte auf.

Maudy flog herbei. Ihre Fingernägel gruben sich in Christians Augenhöhlen. Fluchend wirbelte Christian herum und stieß zu. Sein Dolch senkte sich tief in Maudys Busen.

Mistress Goodfellow kam gelaufen, die eiserne Bratpfanne in der Hand. Sie sah Maudy und Jonathan zusammengekrümmt am Boden liegen und schrie auf. »Gnädiger Himmel, Maudy, du blutest ja!«

Geduckt rannte Christian ins Haus.

»Die Kinder!«, keuchte Maudy. »Jon, er holt sich die Kinder! Halte ihn auf!«

Jonathan rappelte sich hoch. »Mistress Goodfellow, kümmert Euch um Maudy«, rief er. »Alarmiert die Konstabler, wenn Ihr könnt!« Er taumelte ins Haus. Das Blut troff von seinem Arm, doch er achtete nicht darauf. Er versuchte, einen klaren Gedanken zu fassen. Eine Waffe! Sein Dolch lag oben in seiner Kammer.

Er war zur Hälfte die Treppe hinaufgerannt, als Christian oben im Stiegenhaus erschien. Ein Sack mit einer Trageschlaufe hing über seiner Schulter, in dem man Ärmchen und Beinchen zappeln sehen konnte. Jonathan sprang ihn an, doch Christians Fußtritt schleuderte ihn die Treppe hinunter. Als Christian unten an ihm vorbeistürmte, versuchte er dessen Bein zu packen, griff aber daneben.

Hinter Christian her stürzte er in die Dunkelheit hinaus. Auf Christians Pfiff kam Zentaurus auf den grasbewachsenen Vorplatz des Hauses geprescht. Mit dem Sack über der Schulter steckte Christian einen Fuß in den Steigbügel, um aufzusitzen. In diesem Moment fing eines der Kinder an zu weinen. Bürschchen fuhr hoch, flog humpelnd auf drei Beinen herbei und hieb die Zähne tief in den Vorderlauf des Arabers. Zentaurus bäumte sich wiehernd auf. Christian stürzte aus dem Steigbügel, und der Sack mit den Kindern flog in hohem Bogen ins Gras.

Jonathan schnappte sich den Sack, aber der Rückweg ins Haus war ihm durch Christian versperrt. Verstecken! Aber wo? Das dunkle Theater ragte hinter ihm auf. Er fuhr herum und rannte hinein. Während er den Bühneneingang aufstieß, schickte er ein Stoßgebet gen Himmel, Christian möge in der Dunkelheit seine Spur verlieren. »Ich muss eine Waffe haben!«, keuchte er. Er rannte in die Garderobe, wo die Waffen aufbewahrt wurden, griff sich einen Degen und riss die eiserne Schutzkappe von der Spitze.

Er konnte Christian in der Gasse lachen hören. »Du glaubst wohl, du kannst mir entwischen? Ich brauche doch nur deiner Blutspur zu folgen! Jon, gib mir meine Söhne heraus. Glaubst du denn, ich würde sie hier in diesem Loch voller Diebe und Dirnen verkommen lassen? Für meine Söhne ist der Umgang mit gekrönten Häuptern gerade gut genug. Gib sie mir heraus, und du hast mein Wort, ich werde dich und deine Klinkenputzerin unangefochten euerem läppischen Schicksal überlassen.«

Klein-Christian steckte den Kopf aus dem Sack. Jonathan legte ihm den Finger auf die Lippen. »Sei ganz still, und pass auf dein Brüderchen auf. Ich bin gleich zurück«, sagte er und schloss die beiden in der Requisitenkammer ein. Er schlich wieder aus der Garderobe. Draußen machte er ordentlich Lärm, um Christian von den Kindern wegzulocken.

Als Jonathan am Vorhang entlangschlich, stieß plötzlich ein Degen durch das Tuch. Die Klinge verfehlte ihn knapp und streifte seine Seite. Er lief auf die Bühne hinaus.

Im blassen Licht des Mondes umkreisten sich die Duellanten mit gezücktem Degen in einem langsamen Ballett des Todes. Ausfall, Parade. Ein blitzschneller Hieb Christians traf Jonathans Schenkel. »Jon, du bist kein Gegner für mich, du machst es mir zu einfach.«

Jonathans im Schauspielunterricht erworbene Fechtkunst konnte es in der Tat mit Christians Meisterschaft nicht aufnehmen. Ein paar Augenblicke noch, und er war tot. Jonathan konterte Christians nächsten Angriff mit einem Sprung hinüber zur ersten Galerie.

Christian war einen Augenblick lang verblüfft. »Du verlängerst deinen Todeskampf doch nur«, rief er und sprang hinterher.

Jonathan rannte die Stiegen hinauf zur zweiten Galerie, dann weiter zur dritten. Christians Schritte dröhnten gnadenlos hinter ihm her.

Oben angekommen, lief er an das Ende des Halbrunds der Galerie. Er riss die Tür zum »Himmel« auf, dem von den »Säulen des Herkules« getragenen Gelass mit dem Schnürboden direkt über der Bühne. In der Düsternis erkannte er schemenhaft die Seilwinden und Flaschenzüge, mit denen man Engel oder einen »Deus ex Machina« vom Himmel auf die Erde herabsteigen lassen konnte.

Hier oben hatte er sich beinahe den Hals gebrochen, als er vor langer Zeit in jener Jahrmarktszene versucht hatte, sich als Schlussmann auf die Pyramide hinabzulassen. Hier hatte er mit Maudy heimliche Schäferstündchen verbracht, und sie waren in ihrer Leidenschaft oft bis knapp an die Kante der vier Quadratmeter großen Öffnung im Fußboden geraten. Und hier in diesem Kabuff, das den Himmel symbolisierte, hing jetzt sein Leben an einem seidenen Faden.

Der große Durchbruch im Boden war mit einem an vier Eckpfosten angeschlagenen Holzgeländer gesichert, das die Schauspieler und Bühnenarbeiter vor dem Sturz hinunter auf die über sieben Meter tiefer gelegene Bühne bewahren sollte. Vom Blutverlust geschwächt, tapste Jonathan in der Dunkelheit herum. Er stieß an die Kurbel einer Seilwinde. Schwirrend rauschte der Flaschenzug in die Tiefe, bis das Seilende unten auf der Bühne aufprallte.

Christian trat durch die Tür. Er spähte in die Düsternis und entdeckte Jonathan auf der anderen Seite des Durchbruchs. »Jeder schuldet Gott einen Tod, und jetzt wirst du deine Schuld begleichen. Als Dank für die Lust, die du mir bereitet hast, werde ich es kurz machen. Ein schneller Stoß ins Herz – keine Qual, kein Schmerz. Allerdings wirst du mir zuvor verraten, wo du meine Söhne versteckt hast.«

»Den Ort wirst du niemals finden!«

»Dann wirst du einen langsamen Tod sterben. Weißt du noch, wie Anthony Babington krepiert ist? Wenn ich mit dir fertig bin, wirst du mich anwinseln, dich sterben zu lassen. Also, ich frage dich zum letzten Mal: Wo sind meine Söhne?«

Christian kam auf Jonathan zu. Jonathan wich ihm rund um den Durchbruch aus. Christian hieb ein paar Mal über das Loch hinweg mit dem Degen nach ihm. Die zischende Klinge erwischte Jonathan am Arm, am Hals.

Christian zog den Dolch. »Warte nur, bald hat der Blutverlust dich so geschwächt, dass ich mit der Arbeit an dir beginnen kann. Ich werde dir die Hose aufschlitzen und dir die Männlichkeit mit Stumpf und Stiel abschneiden, ich werde ...« Er drohte Jonathan sämtliche Scheußlichkeiten von Babingtons Hinrichtung an. »Und wenn ich mit dir fertig bin, werde ich deine Eingeweide und alles, was ich dir abgeschnitten habe, auffressen, damit du ganz und gar und auf immer mein Eigen bist!«

Rund ums Karree ging die wilde Jagd. Mit jeder Runde wurde Jonathan schwächer. Er strauchelte. Als Christian sich auf ihn stürzen wollte, konnte Jonathan ihm mit einem Sprung auf das dünne Geländer entwischen. »Nein, du darfst nicht springen!«, rief Christian. »So einfach entkómmst du mir nicht!«

Jonathan sprang nach dem Flaschenzug, der in der Mitte der Öffnung hing, und klammerte sich an die Seile. Christian beugte sich weit vor und griff nach Jonathans Kragen. Knacksend gab das morsche Geländer nach. Einen wahnsinnigen Augenblick lang hing Christian schreiend und verzweifelt und mit den Armen rudernd in der Luft, dann fuhr er in die Tiefe. Jonathan hörte das Übelkeit erregende dumpfe Klatschen des Aufschlags. Mit grotesk verrenkten Gliedern lag Christian reglos auf der Bühne.

Hysterisch schluchzend rutschte Jonathan an den Seilen des Flaschenzugs hinunter. Auf den letzten anderthalb Metern verließen ihn die Kräfte. Er purzelte auf die Bühne. Alle viere von sich gestreckt, lag Jonathan auf den Brettern und versuchte, wieder zu Kräften und zu Verstand zu kommen. Er kroch zu Christian hinüber, besessen von der Angst, der Dämon könnte sich wieder erheben und ihn packen. Zaghaft streckte er die Hand aus und schubste ihn. Christian bewegte sich nicht.

Er lag auf dem Rücken, seine leeren Augen starrten hinauf in den blaugestrichenen Himmel, aus dem er herabgestürzt war.

Wie ein Schwachsinniger vor sich hin brabbelnd, taumelte Jonathan in die Garderobe. Er befreite die Kinder aus der Requisitenkammer. Sie hatten das Abenteuer offensichtlich genossen. Er brachte sie zurück zu Maudy und Mistress Goodfellow. Maudy lag immer noch am Boden.

»Bist du schwer verletzt?«, fragte Jonathan unnötigerweise. »Ich hatte gar nicht bemerkt ...«

»Bleib bei ihr, und press ihr diesen Schürzenknoten auf die Wunde in der Brust«, befahl Mistress Goodfellow. »Ich bringe die Kinder ins Haus und gehe den Arzt holen.«

Maudy hob den Kopf ein kleines Stück. »Was ist mit den Kindern?«, flüsterte sie.

»Sie sind in Sicherheit«, stieß Jonathan hervor.

»Gott sei Dank! Und Christian?«

»Der Teufel hat ihn geholt.«

Maudy sank wieder zurück. Das Blut quoll unaufhaltsam aus der Kompresse. Erst jetzt erkannte Jonathan die Schwere der Verletzung. Er barg ihren Kopf in seinem Schoß. »Du wirst wieder gesund, ganz bestimmt!«, flüsterte er eindringlich. »Mistress Goodfellow kommt gleich mit dem Arzt.«

»Wenn nur die Kinder in Sicherheit sind ... mehr will ich gar nicht. Jon, gib deinen Traum nicht auf, versprich es mir ... folg deinem Traum! Für dich, für die Kinder ... für mich.«

»Maudy, sprich doch nicht so. Du wirst wieder gesund. Vertrau auf Gott. Er wird dich nicht sterben lassen – Er darf es nicht!«

Sie betrachtete ihn mit einem Blick voll unendlicher Liebe. Ihr Körper krümmte sich in einem Krampf. Sie sank wieder in seinen Schoß zurück. Ihr Atem ging kurz und stoßweise. »Gott?

Ich habe versucht, an Ihn zu glauben, habe es wirklich versucht. Anfangs habe ich gedacht, Er hätte uns Christian geschickt ... oder war Christian nur das fleischgewordene Böse in uns? Aber wer kennt sich mit dem Großen Gaukler da oben schon aus? Sein wahres Gesicht hat Er mir nie enthüllt.«

Ein dünner Blutfaden rann aus ihrem Mund. Jonathan wischte ihn fort. »Psst, streng dich jetzt nicht an.«

»Nein, Er hat mir nie Sein Antlitz enthüllt ... außer einmal vielleicht, als ich einen jungen Burschen singen hörte. Seine Stimme war so rein, dass sie nicht von dieser Welt sein konnte. Lieber Jon, sing mir noch einmal etwas vor, dein Lied soll in meinen Ohren klingen, damit ich es in mir trage, bis ich die himmlischen Heerscharen singen höre, falls es überhaupt ein Jenseits gibt ... sing!«

Heiße Tränen strömten ihm übers Gesicht. »Was soll ich für dich singen?«

»Mein Lieblingslied natürlich, ›Hänschen klein‹!«

Mit bebender Stimme fing er an zu singen. Mitten im Lied spürte er Maudys Körper schlaff werden. Das Leben war aus ihr gewichen. Sein Aufschrei gellte durch die dunkle Nacht. Er küsste sie leidenschaftlich, als könne der Kuss sie wieder zum Leben erwecken. Doch ihre Augen, diese wunderbaren Augen, die der Welt so unverdrossen in die gnadenlose Fratze gelacht hatten, starrten blicklos gen Himmel.

58.

Der Wahnsinn des Schmerzes hat viele Gesichter. Jonathan lernte sie alle kennen, Tage der endlosen Klage, Nächte des unerträglichen Schmerzes, Zeiten der geistigen Umnachtung und dumpfe Tage voller tödlicher Stille ... endlose Finsternis, endlose Nacht.

Der August verstrich. Manchmal überschritt der Schmerz jedes erträgliche Maß. »Warum musste sie sterben, warum nicht ich?«, fragte er wie ein Kind, das ein Rätsel zu lösen versucht.

Mistress Goodfellow seufzte. »Die einen müssen leben, die anderen müssen sterben. Gott hat entschieden, dass du leben musst, und sei es für die Kinder, wenn dir sonst schon nichts einfällt. Stell dir doch mal vor, was aus ihnen würde, wenn sie weder Vater noch Mutter hätten! Du brauchst doch nur an dein eigenes Leben denken, um zu wissen, was das heißt. Meister Jackson und ich werden die Jungen nach Kräften versorgen, aber die Rangen brauchen zum Aufwachsen einen jungen Vater – was sollen sie mit zwei alten Trotteln wie uns? Wenn je eine Frau das Leben geliebt hat, dann unsere Maudy. Und wenn du sie je geliebt hast, musst du dir ihren letzten Wunsch zu Herzen nehmen und wieder ja zum Leben sagen – das bist du ihrem Andenken schuldig!«

*

Um Jonathan auf andere Gedanken zu bringen, drängte ihn Richard Burbage, die Schauspielerei wieder aufzunehmen – jetzt allerdings nicht mehr als sein Lehrling, sondern als freier Mann mit einer richtigen Gage, damit Jonathan die Kinder versorgen konnte. Nachdem die Wunden vom Kampf mit Christian geheilt waren, versuchte Jonathan sich wieder als Schauspieler, einstweilen jedenfalls, bis er sich über seine Zukunft klar geworden war. In diesen kurzen Stunden auf der Bühne, in denen er einer Rolle Leben einhauchte, vergaß er sein Elend. Seine tragischen Rollen gewannen eine Bitterkeit, die betroffen machte, den komischen verlieh er eine überdrehte Heiterkeit. Das ganze Theater stand in dieser Zeit zusammen in dem Bemühen, Jonathan über seine Trauer hinwegzuhelfen. Man nahm ihn überallhin mit, spielte mit den Kindern, und Will Shakespeare, dem die eigenen Kinder sehr abgingen, begeisterte sich ganz besonders für die beiden kleinen Rangen. Auf diese Weise verging der September. Es wurde Oktober ... November.

Mitte November sickerten neue Nachrichten von der Armada nach England. Sie waren so Aufsehen erregend, dass Königin Elisabeth und ihr Geheimer Staatsrat den vierundzwanzigsten November zu einem Feiertag der Danksagung erklärten, zum »Thanksgiving Day«.

»Der Thanksgiving Day wird am vierundzwanzigsten November in der St. Paul's Cathedral gefeiert«, verkündete Mistress Goodfellow. »Wir gehen alle hin. Ich werde nicht zulassen, dass meine Patensöhne das Ereignis verpassen. Wenn sie einmal selber Enkel haben, werden sie ihnen noch jahrzehntelang davon erzählen. Jon Ransom, du kannst mitkommen oder von mir aus auch zu Hause bleiben und dich in deinem Selbstmitleid suhlen. Ich möchte dich nur darauf aufmerksam machen, dass dieser Tag auch für unsere Elisabeth kein ungetrübtes Vergnügen ist, so großartig er für sie als Königin auch sein mag. Ihr Robin, der Earl von Leicester, kann nicht mit ihr feiern, denn Gott hat ihn nach einem Fieber zu sich gerufen. Man munkelt, dass sie seinen letzten Brief immer noch neben ihrem Bett liegen hat, aber das hält sie nicht davon ab, ihre Pflicht zu tun. Das nenne ich wahre Charakterstärke. Nicht immer nur jammern und klagen wie jemand, dessen Namen ich lieber nicht nennen möchte!«

Lange vor dem Morgengrauen des vierundzwanzigsten November packte Mistress Goodfellow ein Fresspaket zusammen und bezog vor der St. Pauls Kathedrale Stellung, wild entschlossen, unter den Ersten zu sein, die eingelassen wurden. Von ihrer Patentante angestachelt, gingen die Kinder Jonathan so lange auf die Nerven, bis er sich um des lieben Friedens willen bereit erklärte mitzukommen.

Der Prunkumzug nahm am Somerset House am Strand seinen Anfang und endete in der St. Paul's Kathedrale. An der Spitze gingen die Hofbeamten, die Ratsherren und Richter, die Herzöge, Marquis, Grafen und Viscounts. Dann kamen die Erzbischöfe, die Botschafter, der Bürgermeister von London und schließlich das Kronjuwel des ganzen Reiches, Königin Elisabeth von England.

Zwei schneeweiße Rösser zogen ihre Kutsche. Das Gefährt war an allen vier Seiten offen, um den Untertanen freien Blick auf ihre Herrscherin zu gewähren. Vier schlanke Säulen trugen das als goldene Krone gestaltete Dach.

Die prächtige Prozession bewegte sich würdevoll ostwärts durch die Fleet Street, Ludgate Hill hinauf und durch das danach benannte Stadttor zum nahen Westportal der St. Paul's Kathedrale im Herzen von London. Alles, was Beine hatte, war gekommen, manche ließen sich sogar tragen, vom inneren Drang herbeigetrieben, an diesem Tag, der Englands Erlösung vom Feind markierte, dabei zu sein und der Königin Reverenz zu erweisen.

Der Dekan von St. Paul's und der Bischof von London begrüßten die Königin am Portal der Kathedrale. Nach ihrem Eintritt in das Gotteshaus kniete sie nieder und verharrte in stillem Gebet. Die Prozession formierte sich neu, und man geleitete die

Königin unter dem Gesang von Litaneien zu ihrem Thronsessel im Chorraum.

Unter dem Klang der Glocken sang der Chor das Loblied Gottes. Tausende hatten sich in die Kathedrale gezwängt, deren Wände unter dem Druck der Massen nachzugeben schienen, während vor den Portalen noch eine nach Abertausenden zählende Menge wogte und drängte.

Bischof Pierce von Salisbury hielt die Predigt. Während der fromme Mann sprach, ging Jonathans Geist auf Wanderschaft.

Hier war er mit Maudy auf den Turm gestiegen und hatte ihrer beiden Initialen in die Wand geritzt. Hier hatte er Christian und Babington verschwörerisch beieinander stehen sehen. Hier hatte die Kette der Ereignisse ihren Anfang genommen, die im heutigen Tag gipfelten – die Babington- Verschwörung, die Hinrichtung der Maria von Schottland, der Angriff der Armada.

Täglich liefen neue Nachrichten vom Schicksal der Armada ein: Von den furchtbaren Stürmen westlich von Irland, in denen die spanischen Schiffe zu Dutzenden leckgeschlagen und den Göttern der Tiefe anheim gefallen waren, bei denen sie nun auf ewig in ihren nassen Gräbern ruhten. Von den einhundertdreißig Schiffen, die in Lissabon zu Philipps Heiligem Kreuzzug in See gestochen waren, hatten sich nur etwa sechzig mit Ach und Krach wieder in die Heimat retten können. Über zwei Drittel der Besatzungen an Matrosen und Soldaten waren umgekommen.

Der spanische Koloss, der sich in Europa und in der Neuen Welt während der Jahrzehnte seines Aufstiegs von Sieg zu Sieg gewälzt hatte, war zum Stillstand gebracht. Die Christenheit der ganzen Welt hatte die Schlacht als den Kampf zwischen Christus und dem Antichrist verstanden. Das Ganze wurde durch die altertümlich-biblischen Prophezeiungen über das Jahr 1588 noch überhöht, an denen selbst die kritischsten Geister nicht achtlos vorübergehen konnten. Gott in Seiner unergründlichen Weisheit stand anerkanntermaßen auf der Seite der Gerechten. Er hatte unmissverständlich entschieden, welche Nation sich im Recht befand.

England war im Siegestaumel. Jonathan wusste, dass sich eine Legende bilden würde. Sie würde im Nebel der Geschichte wachsen und die Legende von König Artus überwuchern. Überall würden freiheitlich gesonnene Menschen Kraft aus ihr ziehen. Jonathan hatte eine kleine und unbedeutende Rolle darin spielen dürfen. Indem er sich auf das Wagnis eingelassen hatte, hatte er sich die Fesseln der Feigheit und des Schuldbewusstseins von der Seele gerissen.

Er betrachtete die Säulen, die ringsum in die Höhe strebten, Säulen, die hochgezogen worden waren, um Himmel und Erde miteinander zu verbinden; er schaute in den in allen Regenbogenfarben schillernden Kranz des Lebens und des Lichtes, der sich im Rosenfenster symbolisierte, und hielt Ausschau nach einem Funken der Erleuchtung, einem Aufblitzen des Glaubens, das ihm die Gräuel und Mordtaten begreiflich machen würde, die seit Menschengedenken unentwegt im Namen Gottes als des Königs des Friedens verübt wurden. Welchen Sinn hatte der ewige Mahlstrom des Lebens?

Vom Lichtbündel der Glasmalereien umfangen durchströmten ihn die Erinnerungen an Maudy. Sie war jetzt gewiss im Himmel. Er würde sie ohne jeden Zweifel eines Tages wiedersehen – falls Gott ihn in den Himmel einließ. Einen Augenblick lang spürte er das Licht seine Seele erfüllen, spürte eine ekstatische Freude in seinem Innersten emporquellen. Und in diesem Augenblick schaute er seinen zukünftigen Weg.

Er hörte Philipp von Spanien volltönend verkünden: »Die Winde Gottes werden uns helfen und uns zu unserem Sieg tragen.« Dann hörte er wieder Elisabeths Dankgebet: »Gott hat geatmet, und sie wurden zerstreut.«

War es wirklich der Atem Gottes, der die Armada ins Verderben gerissen hatte? Oder war es lediglich eine Laune des Wetters, ein zufälliges Ereignis, dem ungeachtet von Dr. Dees Gesprächen mit dem Engel Madimi jeder tiefere Sinn abging?

Jonathan wusste es nicht. Vielleicht würde er es nie wissen, aber eines wusste er genau: Das Streben nach der Wahrheit, das Streben, die Wahrheit zu entdecken, zu begreifen, daran zu glauben und für sie zu leben, würde ihm für den Rest seiner Tage in seinem Innersten voranleuchten. Er hatte sein höchstes Ziel gefunden. Die Dogmen des Papstes, die Diktate der Puritaner – er würde sie nicht anerkennen, er würde das Wesen Gottes selbst erkunden. Konnte man sich ein größeres Abenteuer vorstellen?

»Das ist mein Weg«, flüsterte er. »Ja!«

Evan H. Rhodes

IM ZEICHEN DES
KREUZES

Man schreibt das Jahr
1212. Das von den
Kreuzrittern gegründete
Königreich von Jerusalem
wird von den Sarazenen
schwer bedrängt. In
Frankreich und Deutsch-
land treten Kinderprediger
auf, die zu einem neuerli-
chen Kreuzzug aufrufen,
einem Kreuzzug der
Unschuldigen. Nicht mit
Feuer und Schwert, son-
dern mit der Waffe der
christlichen Nächstenliebe
soll Jerusalem endgültig
gewonnen werden.

Evan H. Rhodes
im Zeichen des
Kreuzes
historischer roman

BLT

Nr. 92 056

BLT
Mit der Welt
auf Buchfühlung

Nr. 92061

Eli Amir

DER TAUBENZÜCHTER
VON BAGDAD

Der junge Kabi liebt das
bunte Leben im Souk
Hinouni, dem jüdischen
Viertel Bagdads: den Duft
von frischem Brot, das
Lärmen der Kinder, die
schöne Amira, Tochter
des Taubenzüchters.
Doch im Hintergrund
lauern die Erinnerung an
die Pogromnacht, als das
Viertel brannte, und die
Furcht vor der Polizei,
die immer härter gegen die
Juden vorgeht. Und so
macht Kabis Familie sich
auf in das Gelobte Land,
um dort ein neues Leben
zu beginnen.
Eli Amir, einer der erfolg-
reichsten Autoren Israels,
nimmt den Leser mit
in eine fremde, magische
Welt.

Mit der Welt
auf Buchfühlung